2. サルトル家の農家、ピュイフェイベール（ドルドーニュ県）

3. ティヴィエ。サルトル一家の家屋は、トン通りの入口、右側にある。その向かいは、バルコンの下に見えるシャヴォワ薬局

4. ジャン＝バチスト・サルトル（ジャン＝ポール・サルトルの父親）1885年頃、ペリグーのリセの生徒の頃

1. サルトルのポートレート、1939 年（ジゼル・フロイント撮影）

SARTRE 1905-1980

by Annie Cohen-Solal

アニー・コーエン＝ソラル

サルトル伝

1905-1980

上

石崎晴己◉訳

藤原書店

5

6

7

5～7. 理工科学校の 1895 年度生 3 名
5. ジャン＝バチスト・サルトル
6. ジョルジュ・シュヴァイツァー
7. ジョゼフ・マンシー

8. 沿岸警備装甲艦「ブーヴィーヌ」。ジャン＝バチスト・サルトルが海軍中尉として乗船

9. アンヌ=マリー・シュヴァイツァー（ジャン=ポール・サルトルの母）結婚の頃

10. ジャン=バチスト・サルトル　同じ頃

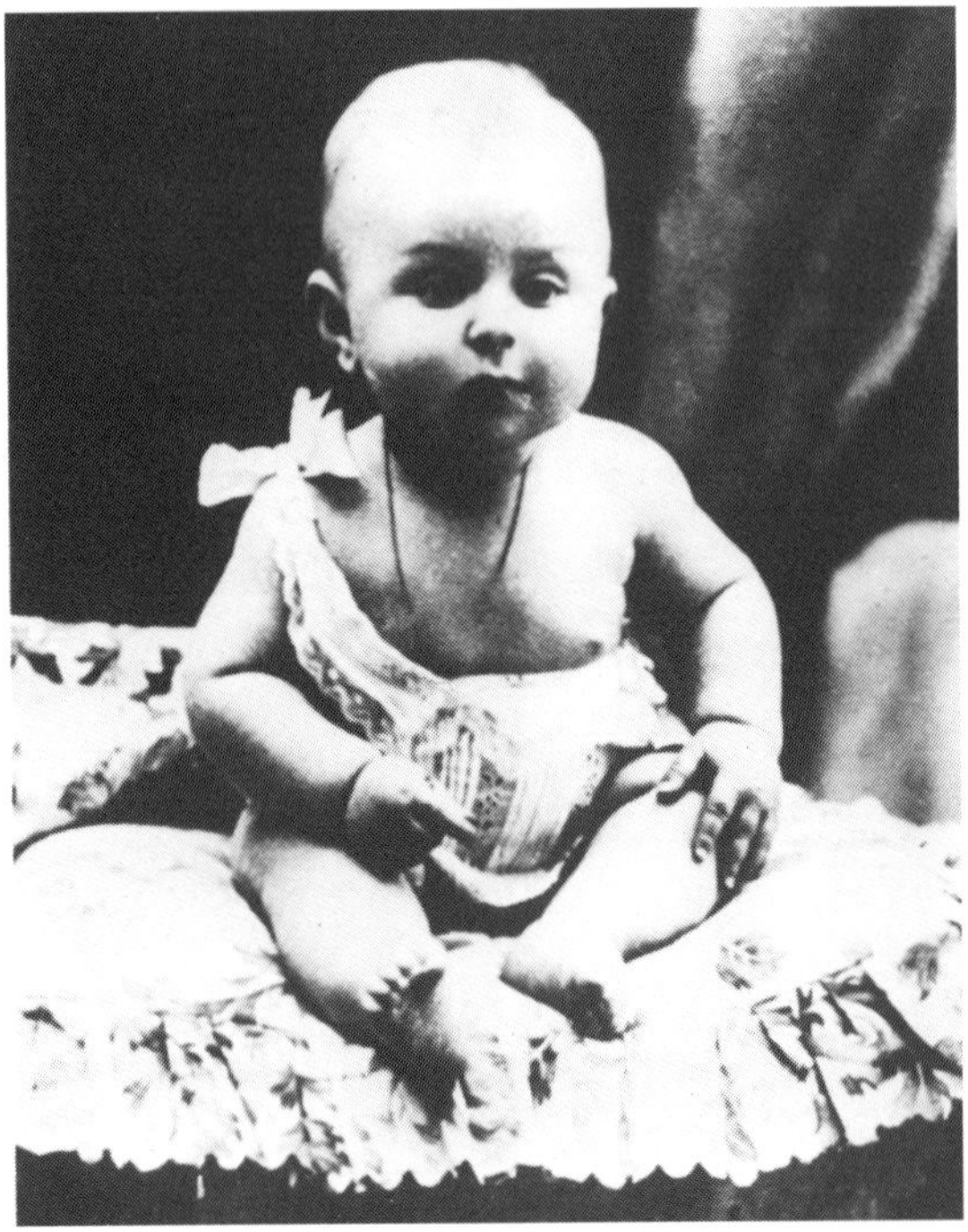

11. ジャン=ポール・サルトル、生後数ヶ月。
愛称「プールー」

12. プールー、1歳半

13. アンヌ＝マリーとプールー。ジャン＝バチストの死後

14.「シュヴァイツァー四人組」、プファッヘンホーフェンを訪れた際。左から右へ、シャルル・シュヴァイツァー（サルトルの祖父）、アンヌ＝マリー、エミール・シュヴァイツァー（母方の伯父）、プールー（八歳）、ビーデルマン夫妻（伯父と伯母）、ルイーズ・シュヴァイツァー（祖母）

15. ラ・ロッシェルのリセ、第 3 学級、1919-20 年度。
サルトルは前列左から 2 人目、床に座って腕を組んでいる

16. 母が描いた肖像デッサン、1913 年頃。「私は丸い頬をして、その眼差しの中には、既成秩序に対する愛想の良い敬意が窺われる。口は偽善的な傲慢さで膨らんでいる。自分の価値を知っているのだ」とサルトルは、『言葉』の中でこのデッサンを記述することだろう。

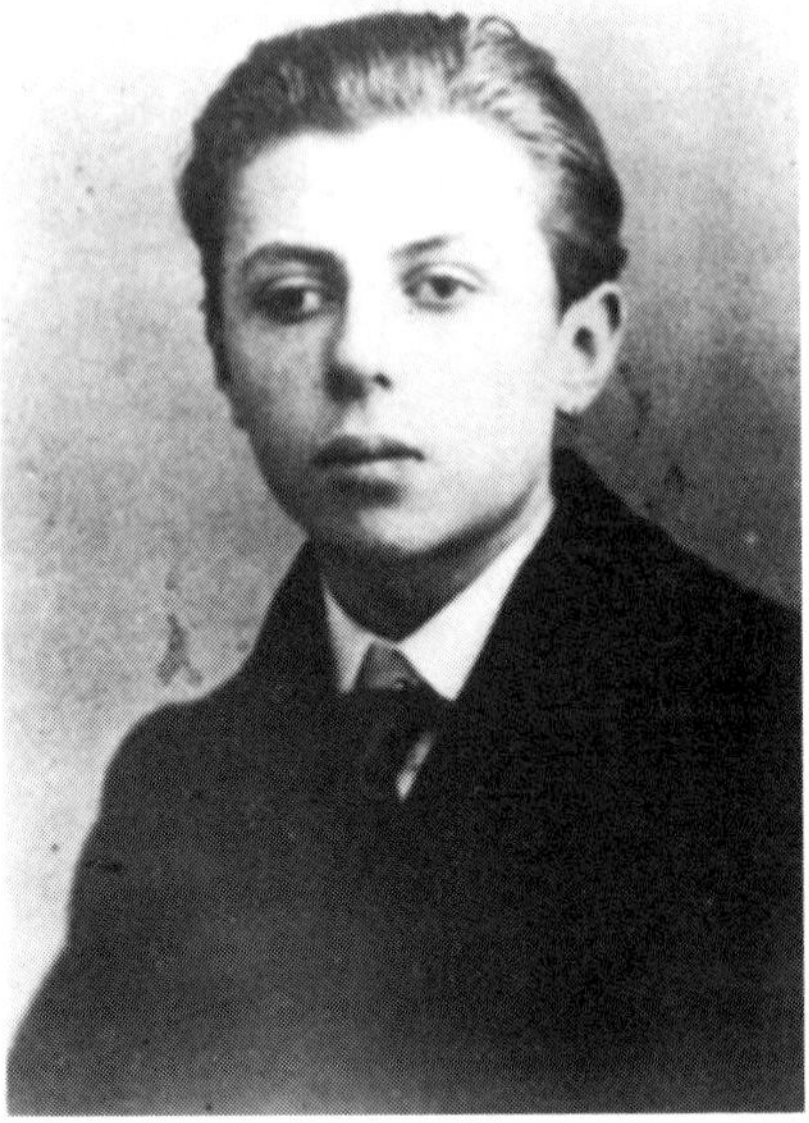

17. リセ〈アンリ四世〉の第 1 学級の頃

18. 高等師範学校、1924年。屋根の上の散策。煙突の上に座っているのがサルトル。下の列の左から2人目と3人目は、アンリエット・アルファン［後のニザン夫人］とポール・ニザン。後列左から二人目がダニエル・ラガッシュ

19. 高等師範学校、1925年のレヴュー［風刺喜劇］。「両世界レヴュー、あるいはラン＝ソンの災害」。サルトルはランソンの扮装。立っているのはデュピュイに扮したシルヴァン・ブルソーディエ

20. 同じレヴュー。ランソン役のサルトルと、ドナ・フェレンテス役のダニエル・ラガッシュ

21. 1929年夏、サルトル、空気銃の腕試し。右はエレーヌ・ド・ボーヴォワール。左に、顔が半ば隠れているのが、シモーヌ・ド・ボーヴォワール。その隣りは、画家のフェルナン・ジェラシ

22. ル・アーヴルのリセにて、1930-31年度

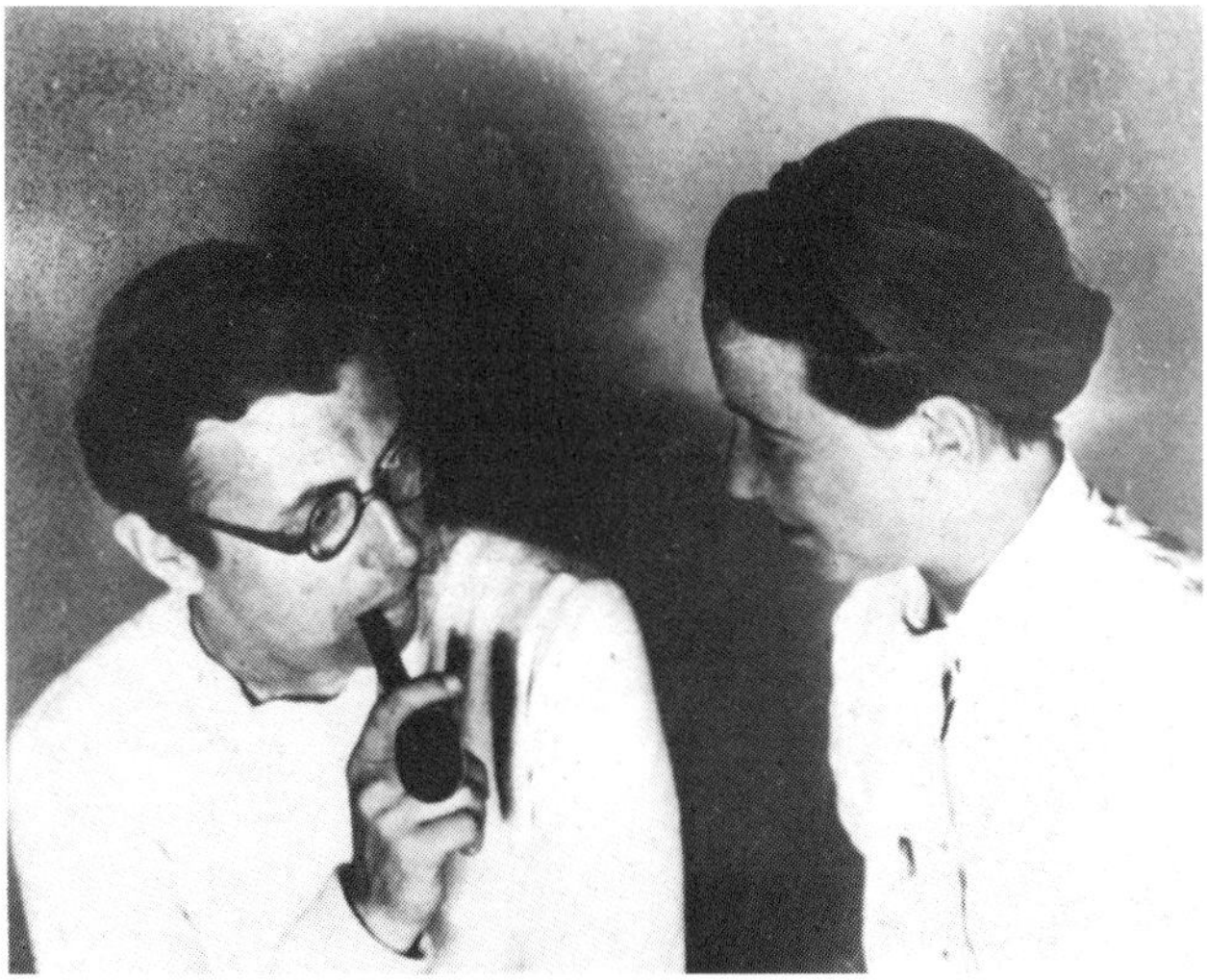

23.　1938年夏、ジュアン＝レ＝パンでのヴァカンス中に

24. 奇妙な戦争の間、気象観測二等兵サルトル、望遠鏡を覗き込んでいる。風船を手にしているのは、ピエール伍長

25. 1944年6月16日、ピカソの劇「尻尾をつかまれた欲望」の本読み。配役陣の勢揃い。後列左から右へ、ジャック・ラカン、セシル・エリュアール、ピエール・ルヴェルディ、ルイーズ・レリス、ザニー・ド・カンパン、パブロ・ピカソ、ヴァランチーヌ・ユーゴー、シモーヌ・ド・ボーヴォワール、ブラッサイ。前列は、サルトル、カミュ、ミシェル・レリス、ジャン・オービエ

26. 1944年10月16日、ナチズムの犠牲者を偲ぶペール=ラシェーズ墓地でのデモ。サルトルは、全国演劇人戦線の委員会のメンバー

27. カフェ〈フロール〉にて、1945 年

28.　1945 年 1 月から 3 月、最初のアメリカ旅行。八人のフランス・ジャーナリスト派遣団、サン・アントニオ（テキサス）空港にて。左から右へ、エチエンヌ・ベニション、フランソワ・プリウール、ルイ・ロンバール、サルトル、ピエール・ドノワイエ、アンドレ・ヴィオリス、ステファーヌ・ピゼラ、ロベール・ヴィレール

29. ウィリアム・レフトウィッチ撮影のポートレート。1946年に『タイム・マガジン』に掲載

30. ボリス・ヴィアンおよびその妻ミシェルと

31.「『レ・タン・モデルヌ』討論会」の録音現場

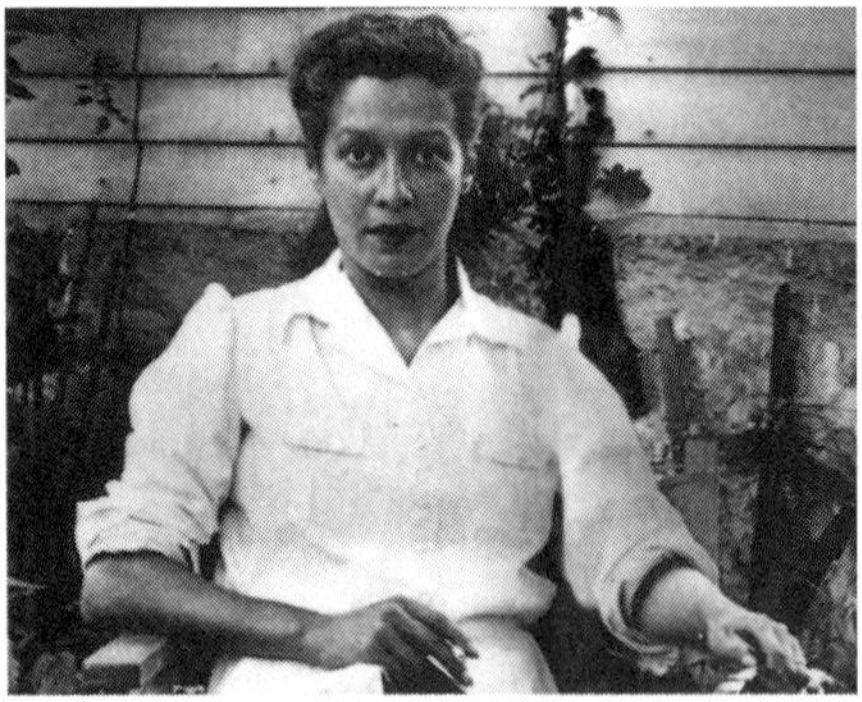

ドロレス・ヴァネッティ

32. 1948年4月2日、『汚れた手』の初日、フランシス・カルコと

33. 同じ日に、ユーゴー役のフランソワ・ペリエと

34. シモーヌ・ド・ボーヴォワール宅にて、『レ・タン・モデルヌ』の編集委員会。ジャック＝ローラン・ボスト、シモーヌ・ド・ボーヴォワール、クロード・ランズマン

35.〈ポン・ロワイヤル〉にて、ドロレス・ヴァネッティ、ジャック＝ローラン・ボスト、ジャン・コー、ジャン・ジュネとともに

36. 1954年6月、レニングラード［現サンクト・ペテルブルク］国立図書館にて

38. 1957年7月、ヴェネツィアのサン・マルコ広場にて

37. 1955年秋、中華人民共和国旅行。
陳毅元帥との会談

39. キューバ、1960年、フィデル・カストロと会う

40. ボナパルト通り 42 番の自宅の窓から。下に見えるのは、カフェ〈ドゥー・マゴ〉、奥に見えるのはレンヌ通り

41.　1959年9月、ルネッサンス劇場にて、『アルトナの幽閉者』の稽古。エヴリーヌ・レイとセルジュ・レジアニの姿が見える

43. ノーベル賞の通知を控えた、最後の平穏の時。モンパルナスのカフェにて

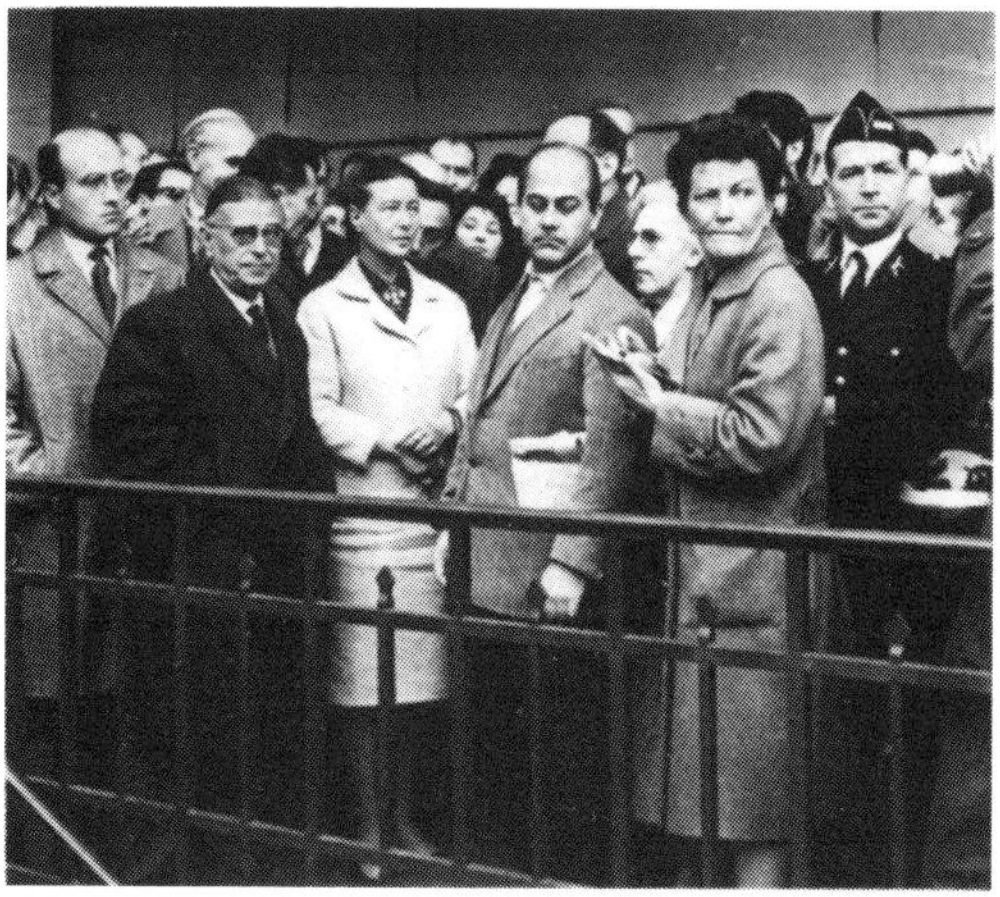

42. アルジェリア戦争の最中の1961年11月1日、モーベール広場にて、人種差別に対するサイレント・デモ

44. 1965年初め、〈クーポール〉にて、アルレット・エルカイムと

45. 1966 年 11 月 9 日、アパルトヘイト反対の記者会見

46. 1967 年春、エジプト旅行の終りに、パレスチナ難民キャンプを訪ねる

47.1967 年 3 月 21 日、ロッド空港［イスラエル］に到着。ユダヤ人学生とアラブ人学生の歓迎を受ける

48. 上ガリラヤのメルハヴィア・キブツ訪問

49.　1968 年 3 月 23 日、〈共済会館〉にて、ヴェトナム支援知識人デイ。ジョゼフ・ケッセルおよびローラン・シュヴァルツと

50.　1969 年 2 月 11 日、〈共済会館〉にて、机の上に「サルトル、短くしてくれ」という小さな紙片があった

51.　1970 年 6 月 26 日、『人民の大義』の違法販売

52. ラスパイユ大通り 222 番の自宅にて、ロベール・ガリマールと打ち合せ

53.　1978 年、エドガル=キネ大通り 29 番の自宅にて、『レ・タン・モデルヌ』の編集委員会。左から、ジャン・プイヨン、ベニィ・レヴィ、クレール・エチェレリ、フランソワ・ジョルジュ、アンドレ・ゴルツ

54. 1979年6月、「ヴェトナムへボートを」運動を支援するため、エリゼ宮［大統領府］に赴く

56. 1980年2月、エドガル=キネ通りの自宅、モンパルナス・タワーの陰で

55. 1979年9月27日、ペール=ラシェーズ墓地にて、ピエール・ゴールドマンの葬儀

57.　1980 年 4 月 19 日、埋葬。

〜訳者が訪ねるフランス、サルトルゆかりの地〜

写真提供：訳者

サルトル家の母屋、ピュイフェイベール——　……鶏小屋、家畜小屋、厩を通って道の奥まで行くと、小作農家サルトル家の母屋に着く（p.35）

フィリップ・シュヴァイツァー（サルトルの曾祖父）の家、プファッヘンホーフェン——
フィリップの豪華な大きな家はいまでも、この町のまっすぐで清潔で、華やかな目抜き通りで、いちばん立派な家である（p.55）

ティヴィエの町——この薬局の真ん前に、トン通りの実家の邸宅があった。……この町でもっとも羨むべき戦略的な場所を占めていた（p.33）

ル・ゴフ通り１番——パリのパンテオンとリュクサンブール公園の間にある、ル・ゴフ通りの最上階のアパルトマンで……（p.74）

リセ〈アンリ四世〉。
「作り話が好きで、反抗的な若者は、慌ただしくパリに戻り、リセ〈アンリ四世〉に再編入された。ラ・ロッシェルへ行く前、二年間いた学校である」(p.120)

リセ〈ルイ大王〉。
「リセ〈ルイ大王〉の高等師範学校受験準備クラスは、その名声に恥じぬ成果を上げていた」(p.126)

高等師範学校(エコール・ノルマル・シュペリユール)

雄鹿亭、ブリュマット――
雄鹿亭へたどりつくと、そこからカストールはサルトルに伝言を送り……（p.299）

アグノーの将校クラブ――
……町は、もうひと月も前から住民が立ち退いている（p.302-303、『魂の中の死』）

トリアーの捕虜収容所——収容所は、どんなところだろう。男だけ 2 万 5000 人からなる一個の村である（p.308）

リセ〈コンドルセ〉——
この間もサルトルは、……リセ〈コンドルセ〉で教鞭をとり続けていた（p.412）

カフェ〈フロール〉――この三つの点の間にサン・ジェルマン・デ・プレと、彼の根拠地、カフェ〈フロール〉が位置する（p.367）

映画館〈ユルスリーヌ・スタジオ〉――ムルナウの最新作やグリフィスの新作を観に、ユルスリーヌ・スタジオに通う（p.155）

ソルボンヌ

カフェ〈ドゥー・マゴ〉——
あらゆる観光バスが〈ドゥー・マゴ〉の前を通るほど有名になっていたが……(p.662)

ラスパイユ通り 222 番——
これは、サン・ジェルマン・デ・プレへの、戦後への、実存主義の爆発的流行への訣別であり、モンパルナスへの帰還であった（p.922）

エドガル・キネ大通り 29 番は、とりたてて不格好なモダンな建物で……（p.998）

モンパルナス・タワーの灰色のマッスは、周囲のすべての空間を圧迫している（p.998）

モンパルナス墓地の、サルトルとボーヴォワールの墓——
「ご覧の通り、とても静かです。それにボードレールの墓から遠くありません」。彼はこう言って、彼ら一人一人と握手をし、……（p.1058）

日本の読者へ

『サルトル伝　1905-1980』が、フランスで出版されてから三〇年にして、ついに日本で出版されるに至った。わが友にして同僚たる石崎晴己の並外れた仕事ぶりのお蔭である。この快挙を迎えるに当たっては、特別の感慨を禁じ得ない。サルトルの企てを一つの全体として紹介しようとする本書が、サルトルの作品が最も広範に普及している国の一つ、日本で読まれるということには、喜びを禁じ得ない。二〇一五年初頭のおぞましい出来事の巡り合わせを考えるなら、これがまさに今日出版されることは、特別な重要性を持つと思わざるを得ないのである。

周知の通り、一九三二年に、サルトルは日本での教員のポストを熱望していたが、果たせなかったために、やや不承不承、フランスの地方都市での教師のキャリアに向かうこととなった。それから三〇年以上も経った一九六六年に、彼と日本との最初の出会いが実現した。「今度こそ、私の少年時代の夢が叶った[1]」と、その時サルトルは言ったものだ。そして空港に着くや否や、彼は紛れもない聖像《イコン》のような待遇を受けることとなった。一流の報道陣が詰めかけて、サルトルの名は日本では、ナポレオンやド・ゴール将軍の名前と同じくらい有名であることを、証明したのである。本書執筆のための聴き取り調査をお願いした際、一九六六年に駐日フランス大使館の文化参事官を務めたベルトラン・デュフルクは、日本人がサルトルに寄せた感銘深い歓迎の一部始終を語ってくれた。しかしそれにも増して予想を超えたのは、一九八五年にガリマール社でお会いしたあの偉大なる大江健三郎が、サルトルの思い出を喚起した時に示した態度だった。私がサルトルの写真を彼に見せて、「ほら、あなたの友人ですよ」と言ったところ、彼は霊感を受けたような様子で両手を天に向けて差し上げて「友人だなんてとんでもない、私の師ですよ」と答えたのである。

サルトルが東京と京都で行なった三回の講演(2)は、彼の生涯で最も重要な証言であり続けるだろう。というのも、そこで彼はヨーロッパにおける知識人の系譜だけでなく、全く同時に日本における知識人の系譜をも、二つが交差する形で分析しようとしたのである。それは自民族中心主義を抜け出して、他なる者を理解しようとする姿勢に他ならなかった。「雑誌や本で読むことができたところから判断すると、日本の知識人と私たちフランスの知識人とは、同じ悩みを抱えており、同じ非難にさらされています。私がここにやって来たのは、そうした日本の知識人たちを支え力づけるためです。われわれに共通する諸問題について、一緒に考えることができるだろうと、考えたからなのです(3)」。

そして最も見事な高揚を見せた件《くだり》で彼はこう断言している。「ですから知識人とは、社会の中と彼自身の中にある、実践的な真理の探究と支配的イデオロギーの間の対立を自覚する人間のことです。……引き裂かれた社会の産物である知識人は、そうした社会の裂け目を内面化した存在であるがゆえに、そうした社会の証人なのです。要するに知識人とは、歴史的産物です。その意味で、いかなる社会といえども、己自身を告発するのでなければ、知識人に不平を言うことはできません。なぜなら社会は、自ら作り出した知識人しか持つことがないからです[4]」。

今日、二十一世紀がアイデンティティに関わる暴力の中に踏み込もうとしている時に当たって、サルトルの日本旅行は、サルトルの企てに含まれる一つの先駆者的次元、すなわち地政学的次元に関わる側面を、解き明かしてくれる。すでに一九四〇年に『戦中日記――奇妙な戦争』の中で、「私は世界全体を所有したい」と彼は書いていた。事実、サルトルはその生涯を通じて、疲れを知らぬ旅行者だった。彼の旅の道筋はその一つ一つが、変動する世界へと向けられた眼差し、それについての証言である。ところが当時の人々はまだそのような変動を意識していなかった。サルトルの旅行は、そのころ徐々に進行していた世界の中心の移動についてわれわれに語ってくれる。ヨーロッパから、アメリカ合衆国と日本への、しかしまた新興諸国の方への移動。それは二十一世紀になってさらに明確になって行く多極的な地政学の輪郭を描いているのである。一九五〇年代の始めに描かれていた世界の地図はやがて砕けて飛び散ってしまうであろうと自覚していたサルトルは、支配する者と支配される者の関係についての鋭敏な自覚が存在していたことを、時代に先駆けて、立証している。それはまさに大文字で始まる〈世界〉の到来に他ならず、われわれが住まうこの惑星への眼差しの変化に他ならない。その惑星の地政学的力関係は、根底的に違ったものとなったのである。サルトルのメッセージは、いまやかつてなく今日的なものとなっているのだ。

二〇一五年二月

アニー・コーエン＝ソラル

注

（1）Asabuki Tomiko, *Vingt-huit jours au Japon avec Jean-Paul Sartre et Simone de Beauvoir*, Paris, L'Asiathèque, 1996, p. 23.（朝吹登水子『サルトル、ボーヴォワールとの二八日間』同朋舎出版）を参照。

（2）これら三つの講演、「知識人とは何か」、「知識人の役割」、「作家は知識人か？」は、一九七二年に *Plaidoyer pour les intellectuels* のタイトルで刊行されている（『知識人の擁護』人文選書）。

（3）« Qu'est-ce qu'un intellectuel ? » *in* Jean-Paul Sartre, *Plaidoyer pour les intellectuels*, Gallimard, 1972, p. 38.（「知識人とは何か」同書）

（4）Jean-Paul Sartre, *op.cit*, p. 40-41.（同書、p. 43.［ただしこの引用自体は『シチュアシオン Ⅷ』二九四頁に正確に対応する］）

サルトル伝　上　　目次

第二部　大戦中の変身（一九三九年～一九四五年）　273

〈下巻目次〉

サルトル伝

1905-1980

上

関連地図

本文中に登場する地名のうち重要なものを採り上げたものである、必ずしもすべてを網羅したわけではない。

● 本文中に登場する都市
○ その他の重要都市

② フランス北東部

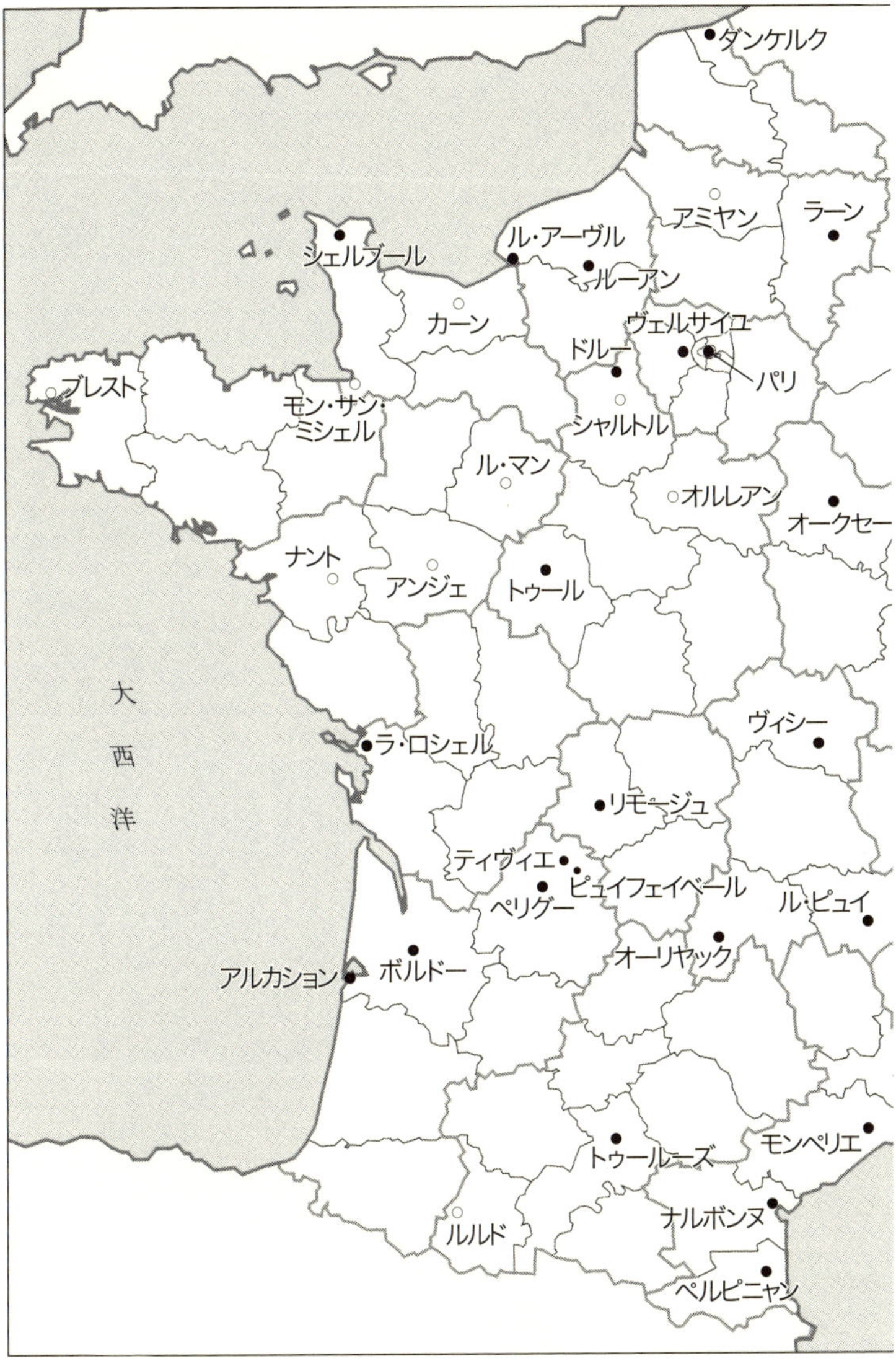
ダンケルク
アミヤン
ラーン
ル・アーヴル
シェルブール
ルーアン
カーン
ヴェルサイユ
ドルー
パリ
ブレスト
モン・サン・ミシェル
シャルトル
ル・マン
オルレアン
オークセール
ナント
アンジェ
トゥール
大西洋
ヴィシー
ラ・ロシェル
リモージュ
ティヴィエ
ピュイフェイベール
ペリグー
ル・ピュイ
オーリヤック
ボルドー
アルカション
モンペリエ
トゥールーズ
ナルボンヌ
ルルド
ペルピニャン

① フランスの都市

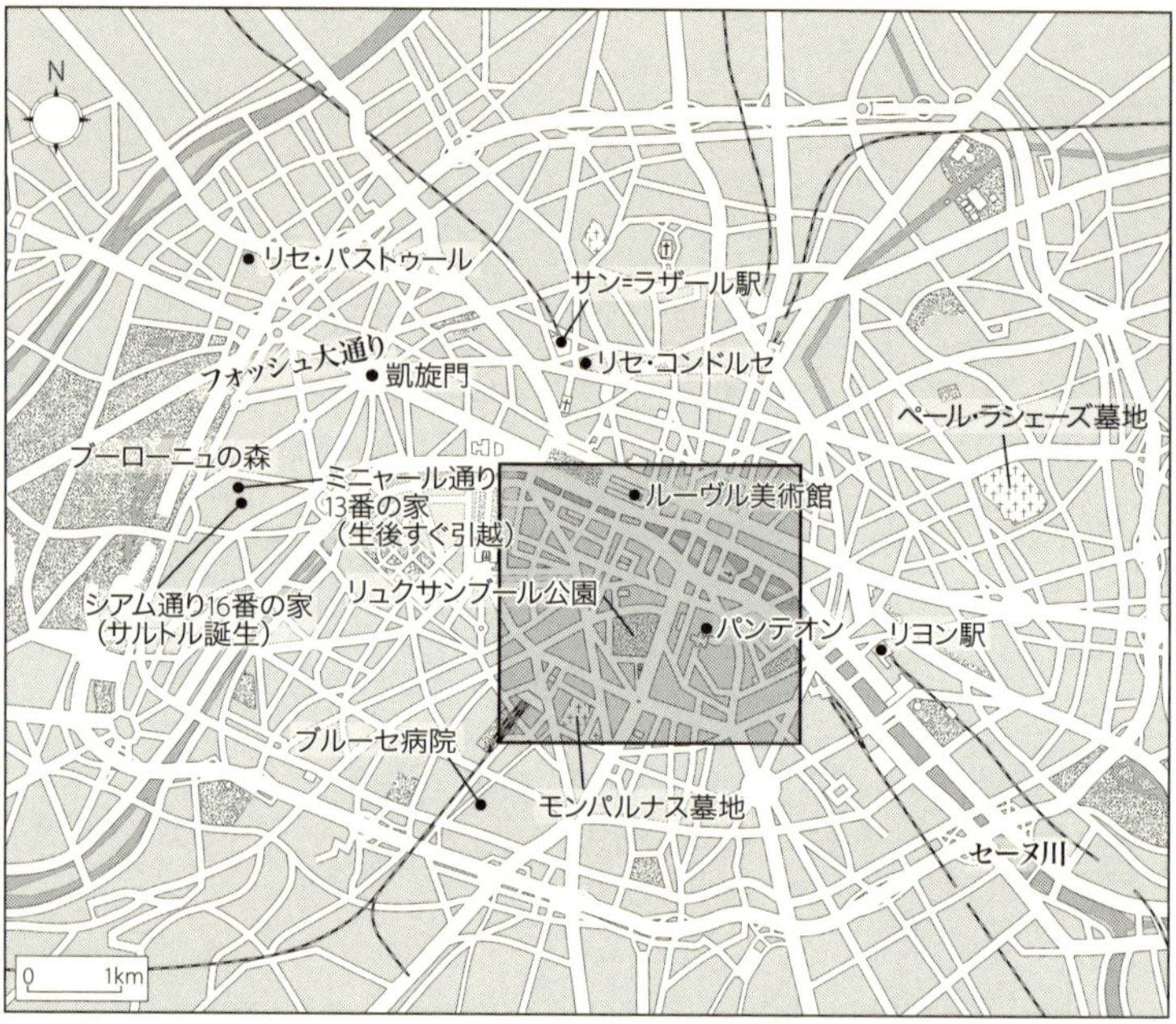
N
リセ・パストゥール
サン=ラザール駅
フォッシュ大通り
凱旋門
リセ・コンドルセ
ペール・ラシェーズ墓地
ブーローニュの森
ミニャール通り
13番の家
（生後すぐ引越）
ルーヴル美術館
リュクサンブール公園
シアム通り16番の家
（サルトル誕生）
パンテオン
リヨン駅
ブルーセ病院
モンパルナス墓地
セーヌ川
0
1km

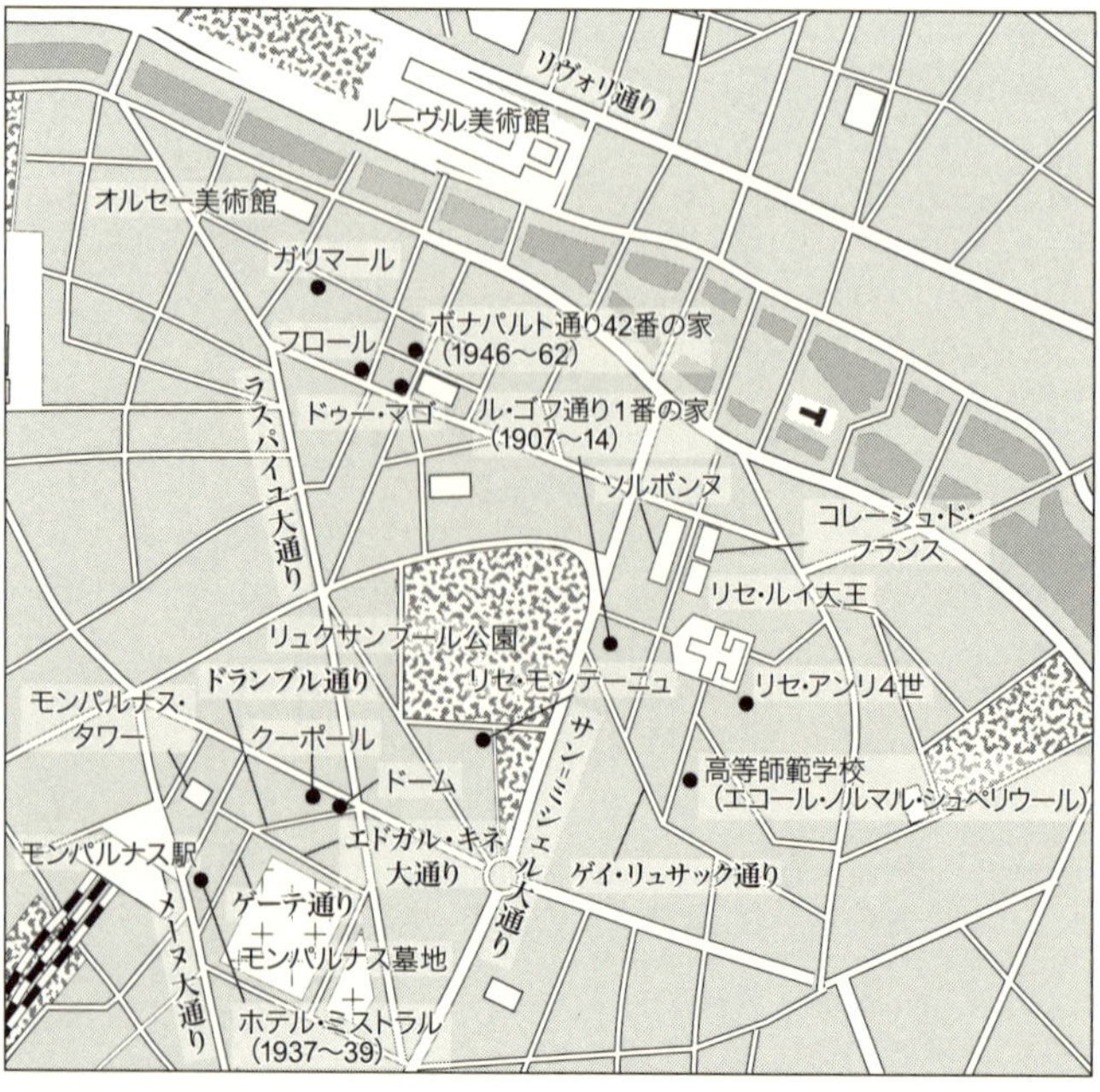
リヴォリ通り
ルーヴル美術館
オルセー美術館
ガリマール
ボナパルト通り42番の家
（1946〜62）
フロール
ドゥー・マゴ
ル・ゴフ通り1番の家
（1907〜14）
ラスパイユ大通り
ソルボンヌ
コレージュ・ド・
フランス
リセ・ルイ大王
リュクサンブール公園
リセ・アンリ4世
ドランブル通り
リセ・モンテーニュ
モンパルナス・
タワー
クーポール
サン=ミシェル大通り
高等師範学校
（エコール・ノルマル・シュペリウール）
ドーム
エドガル・キネ
大通り
モンパルナス駅
ゲイ・リュサック通り
メーヌ大通り
ゲーテ通り
モンパルナス墓地
ホテル・ミストラル
（1937〜39）

〈パリ市街拡大図〉

③ パリ市街図

凡例

一　原文の« »は、「 」とする。

一　原文の" "は、『 』とする。したがって、「 」内の引用文中での科白等は『 』内となる。

一　原文で、大文字で始まる重要な概念は〈 〉内で示す。その他、原文で特段の処理を施していない機関・組織等、また訳者の判断で何らかの強調が必要な場合も、〈 〉内で示す場合がある。

一　原文のイタリックは、書名、紙誌名の場合は『 』とするが、その他の場合は原則として傍点を付す。ただしラテン語等の外国語の場合は、原則として特段の処置をしない。

一　原文中の（ ）と［ ］は、そのまま（ ）、［ ］とする。訳者としての補足については、（ ）を用いることはなく、代りに〔 〕内に小字にて示す。ただし本文以外においては、この限りでない。

一　引用には、時として不正確さなどによる異同が見られたが、重要と思われるものについては訳註にて指摘した。なお、引用に邦訳がある場合は、参考にさせて戴きつつ訳者の責任で訳出した。

一　原文のパラグラフが長すぎるとき、読者の便宜を考慮して、途中で改行して、パラグラフを分割する場合がある。

一　原書における註は該当語の右に（1）、（2）で示し、各巻末の「原註」にまとめた。

一　訳者による註は、本文中に〔 〕で挿入した他、該当語の右に＊1、＊2、……で示し、各巻末の「訳註」にまとめた。

一　本文中ないし巻末の訳註において、原註ないし訳註への参照がなされたとき、特に断りのない場合は、当該の章の範囲内のものを意味する。〈例〉原註（6）参照。

「私は自由の中でしかくつろげない。事物から逃れ、自分自身から逃れて……
私はまさしく誇りに酔い痴れた、半透明の虚無なのだ……だから、世界をこそ所有したいのだ」。

ジャン＝ポール・サルトル
『戦中日記——奇妙な戦争[*1]』

はじめに

ヌーヴォー・ドルーオ[*2]の一号室には赤い敷物が敷かれていた。天井に金属製のレールが留めてあって、そこから、集まった人の上に目が眩むほど強い光が射している。パリ、一九八四年六月十二日午後三時。重苦しいむし暑さがそこらじゅうに淀んでいるようだ。「さあさあ、急いで下さい……さあ、少し急ぎましょう……そこじゃありませんよ、貴方……十六番、左手の御婦人の列です……真ん中じゃありません……でもありません……さあ、さあ……競りを始めますか？」ヌーヴォー・ドルーオのこの部屋は通りすがりに立ち寄る場所なのである。扉が開け放しになっていて観光客が出たり入ったりしている。ジーンズの娘、ショートパンツ姿の娘が一瞥を投げにくる。まるで観光名所みたいだ。実際のところ何か見るものがあるのだろうか。何もない。買い手たちが妙なバレエを踊っているだけだ。代理人やグレーの三つ揃いを着た見習い職員などが、腕を上げたり、気のないままに目立たないサインを送ったりするのが、リモコンで動くロボットのようだ。

この日は、モンテルランの恋文やジェラール・ド・ネルヴァルの覚書、プルーストが母に宛てた短い書付け、ロマン・ロランの献辞入りの書物などの競りがあった。それからサルトルの番がやってきた。競売人が「これから一一五番の競りを始めます。ジャン＝ポール・サルトルの原稿です」と告げた。そして四つ折判六ページの『文学とは何か』の草稿が持ち出された。付け値は三〇〇〇フラン。四八〇〇フランで売れた。次は『魂の中の死』の原稿、五四四ページ、八万五〇〇〇フランで落札。二七四ページのノート『倫理学ノート』は七万五〇〇〇フラン。「さあ、急いで下さい……」。競売人は苛々《いらいら》して、ヴァルダ・キャンディーを口に放りこんだ。サルトルの価値は下り坂なのだろうか？「さあ、今度は二ページ……どうですか。……『汚れた手』が二ページ……」。これは一八〇〇フランから始まった。その次はかなり速く売れた。『悪魔と神』の七ページが三五〇〇フラン。『言葉』の六ページが六〇〇〇フラン。ラッセル法廷に関する未発表原稿二九ページが一万二〇〇〇フラン。

サルトルの死後四年にしてこの競売会である。第一級の遺品の数々が散逸する。この場にはサルトルの近親者の姿もあって、挨拶を交わしていた。四年ぶりに会ったのだ。『魂の中の死』と『倫理学ノート』の原稿については国立図書館が先買権を行使した。あとは、外国人、たぶんアメリカ人が買い手であったと思われる。挨拶を交わして別れ、炎天の通りに出る。奇妙な儀式……。サルトルは生涯にわたって原稿をまき散らしていた。人にやったり、なくしたり。「サルトルの売れ行きはぱっとしないな。原稿が多すぎるようだ」とその道に詳しい玄人《くろうと》が言った。後日、日刊紙の『リベラシオン』が文学的遺産の競売を報じる記事で、この推測の当たっていることを認めた。「ボードレールの母親宛の手紙一通は一五万フランに上り……、モーパッサンが友人に宛てた走り書きは九万フラン……。今回の取引でサルトルの評価は下がった……」。

この競売の光景は私にはきわめて不快だった。象徴的価値には目を閉ざし、乱暴に数字で値を付け、さらしものにしたあげく売りとばす。そしてどこの誰とも知れぬ、グレーの三つ揃いを着た小者どもに持っていかれてしまう。この原稿はどれもサルトルの手で書かれたもので、なかには未発表のものもある。いったいどこへ行ってしまうのか、なくなってしまうのか？　これから原稿を調べることができるのだろうか？　いつか再び世の中に姿を現わすことがあるのだろうか。とにかくサルトルは値踏みされ、それもひどい値を付けられたのだ。ほんとうに量が多すぎたからこうして暴落したのだろうか？　あるいは、作家の死の直後に現われる――結局それは避けられないことなのだろうか――その作品の価値への懐疑のようなものなのだろうか？　というのも一九八〇年四月にサルトルが死んでから、たしかに彼の作品はいわば危険な空間、大きな危険がごろごろ転がっている地帯を通過中だったのであり、この競売という儀式はそのもっとも無難な兆候にすぎなかったのかもしれない。しかし、よく眺めてみると、原稿が現われたり消えたり、また現われそうな気配をはらんでいたりするこうした不思議なバレエの中に、サルトルの作品をめぐる永久運動のようなもの、ある流動性、不滅性があったのだ。

一人の作家が死ぬと、その直後の数年は何が起こるか予想もつかない。この時期に調査を企てる伝記作家もあらゆる嵐や逆風に身をさらし、作家とともに旅の危険を共有することになる。私は何度もこうした企ての限界ぎりぎりの辛酸をなめたが、その歓びも捨てがたかった。思いがけない証人と出会ったり、サルトルのこれまで知られなかった写真や声の録音が出てきたりして、調査の大筋が揺るがされることがよくあった。わかっていると思い、知っていると思っていると、突然予期せぬ資料に不意を衝かれ、驚いて、またやり直さなければならなくなる。また逆に、パズルのピースが一つ欠けていると、それが気になって、見つかるまで気が気でないこともある。サルトルが二十歳のとき書いた小説『ある敗北』のことはずいぶんよく聞かされた。私が会った高等師範学校《エコール・ノルマル》の出身者たちから、前以て「あの有名な小説はぜひ読んでおかなければいけません！　あれこそまさにエコール・ノルマルの神話なのです！」と気をそそられていた。だから、このテクストは長いこと探し求め、期待していたのだが、実際にはがっかりした。一読したところ、若書きの不完全な小説――本当に完成したわけでもなく、書きなぐった下書きともいえない――が、かみ合わない部品のように質を異にする章が次々に現われる中に展開しているだけであった。しかし、この雑然たる寄せ集めの中に、「妖精物語」という題で二〇ページばかりの素晴らしい文章があって、宝物のように輝いていたのである。きちんとまとまって、完全な構成を持った小芸術作品であった。主人公のフレデリックは、ブルジョワ家庭の家庭教師で、ジェニーとルイーズという二人の生徒と、彼が誘惑しようとしているその母親のために、毎回少しずつ本物の妖精物語を作って行く。それはどの妖精物語とも同じように「昔、昔……」で始まる、「素晴らしい知性とすぐれた美貌をそなえ」ながら、無感動で冷酷で「人間の心を信じない」王子の物語であった。王子は自動人形に取り巻かれて暮らしている。家来たちは真実を見抜いていたので、彼を「暴君」と名づけていた。ある日、この愛されぬ王子は馬で遠乗りをしようと森へ入っていった。

「王子は馬に跨り、ギャロップで走り出した。すると恐ろしい考えを抱いたのである。『あらゆる物には魂があるのだろうか？』彼が草原を過ぎると長い緑の草がおののいた。『どうなんだ？』魂のように草の中を走りぬけるこのおののきは何なのか？　草の中にはどんな得体の知れぬ生命があるのか？　こう考えると彼はひどい不快感にとりつかれた。拍車を入れると、馬は脅えて矢のように走った。その速さのために樹々は乱れ髪のようにもつれて迫ってきてはカードのように消えていった。……そしてあらゆるものが生きていて、得体の知れぬ、憎しみのこもった生命を持っているようであった。吐き気を催させるその生命は彼の生命の方に向かって来た。彼は彼の様子をうかがっている巨大な世界の真っ只中にいるような気がした。小さな流れや道の水溜まりは彼を待ち伏せしていた。あらゆるものが生きていて、何か考えているのであった。そして急に彼は自分の馬のことを思った。これも、このおとなしい動物も……。ジェニー、君は蜘蛛を怖がるが、馬に乗って蜘蛛の一群から逃げようとしているところを想像してごらん。そして突然馬が大きな蜘蛛だと気づくとしたら。そうすれば、王子の恐怖と不快が少しはわかるはずだ。……やっとのことで鞍にしがみついて、王子はこの巨大な得体の知れないものを見つめた。よく知っていると思っていたのに、今や恐ろしい幻のように見える樹木を。王子は大声を上げた。しかし木の下枝に激しく額をぶつけてバランスを崩した。いままさに終ろうとしている騎行は、最後は奈落の底にすっかり呑みこまれて終る地獄への疾走なのだと、狂乱の想像力が彼に教えた。そして彼は気を失って地面に落ちた」。

この貴公子の騎行は、あの競売場の情けない儀式の後まもなく見つかった。サルトルの作品が暴風圏を横切っている時に、これだけは吉兆のように目についた。その頃私はその豊かさをすべて捉えることはできなかったけれども、それが非常に貴重なものだということは感じていた。なぜなら、かつてたったひとりだった王子は、その騎行の果てに世界を発見したのだから。うようよ満ち溢れた生命からなる世界は、彼の自由と他者の存在の明証を彼にもたらした。騎行の果てに、王子は政治的に変貌した。サルトルはこう書いている。「彼は癒え、魂を持つ人間に囲まれて生きることに少しずつ慣れていった。他の人々と同じような人間、単に他の人より多少ましだというだけの人間になった。誰かの魂が苦しんでいるかもしれない、と思うだけで耐えられないのであった。彼は大臣たちを追放し、自ら正義にもとづいて国を治めた……」。それから王子は愛を発見し、羊飼いの娘を愛した。女性が媒介者になったのである……。王子の騎行は奇妙な迷宮で、そこではサルトル作品のあらゆるテーマやモチーフがからみ合っているように見えた。あらゆる領域が顔を出していた。二十歳の学生の書いたこの王子の騎行は、その後のサルトル作品の主要なテーマを予告している。『嘔吐』や『存在と無』の素描をそこに読み取ることができる。これは子供向けに話して聞かせる『嘔吐』なのである。大して苦労せずに、ここにサルトルの人生そのものの紛れもない寓意画を見出すことさえできるのである。

原稿の競売、未発表のテクスト。サルトルの死後五年経ったが、彼の作品は生き続けている。自らのリズムで生き、ひとの思惑をはぐらかし、どんなコントロールとも無縁である。サルトルは気前がよくて、贈り物でもするように原稿をひとにやってしまっていた。無頓着さからなくしもした。こうした生前の行ないのおかげで今日、何千ページもの原稿が現われてくることが保証されている。そして、そのおかげで今後彼の作品は守られるのである、いつも開かれ、いつも揺れ動き、いつまでもなお未完のままに。まるで、あの世へと旅立つ前に、彼がファイルを閉じ明かりを消すのをわざと忘れたかのように。まるで、最後の狂おしい試みとして、自分の作品を他人に委ねて囚われの身になることを、激しく拒んだかのように。

一九八五年六月十七日

アニー・コーエン゠ソラル

第一部

天才への歩み（一九〇五年〜一九三九年）

1　ジャン＝バチストに照明《ライト》を

「私の父は気をきかせて、自らの過ちで死んだ。……ジャン＝バチストは挨拶もせずにこっそり立ち去って、彼と知り合いになるよろこびを私に拒否した。今日でも、彼について私が知っていることがあまりに少ないのにびっくりするくらいだ。……だが、この男については、わが家の誰も、私の好奇心をかきたてることがなかった。」『言葉』[*1]

「愛する姉よ、約束どおり、土曜の舞踏会の話をしよう。この上なく念入りに準備された素晴らしい舞踏会だった。〈コンチネンタル・ホテル〉のサロンで開かれたのだ。サロンは広々としていてとても豪華だった。土曜日の夜、そこに三〇〇〇人ほど集まった。よりぬきの参会者たちだ。装いもきらびやかで、とても人目をひいた。もちろん、軍服姿も大勢いた。海軍士官や技官の制服のように際立ってみごとな軍服も多かった。昔の卒業生であるふたりの大臣も出席された。カヴェニャックとギエイスだ。十一時にフォール氏〔大統領〕の到着が告げられた。入り口に舞踏会幹事たち（私もそのひとりだった）が、彼のために剣をささげて垣をつくった。大統領はとても満足された様子で、月曜を一日休暇にしてくださった」〔図A参照〕。一八九六年一月二十二日、パリ。ティヴィエ（ドルドーニュ県）生まれのこの理工科学校生《ポリテクニシャン》[*2]は、その日も毎週しているように、国にいる姉のエレーヌに自分の新生活についてこまごまと書き送った。ジャン＝バチスト・サルトルは二十一歳、「一九五年度」の入試で二二三人中四六番で入学を許可されたのである。南西部フランスのこの医者の息子は、小柄でやせて、褐色の髪をした陰気な青年だった。そのまなざしには輝きは少しもなかったが、二十歳の時には分別くさく、三十の時には老けすぎている、そういう年齢のわからない者特有の生真面目さ、けだるさ、強さがあった。十一年後、この男は一人の息子、ジャン＝ポールをもうけながら、その息子をほとんど知ることなく、年をとったわけでもないのに死んでしまう。美々しい制服を着用し、立派なひげを生やしたこの男は、まるで扮装した子供、ちっぽけな人形、本物の鉛の兵隊のようだった。並外れた口ひげという不釣り合いな装飾がなかったら、誰がこの小男に注意を払っただろうか？　その口ひげたるや、端《はな》から人に挑みかかる、偉そうで好戦的で、褐色で大げさで、必ず注目の的になるといった代物である。挑戦的で押しつけがましい。身長など気にもとめぬ背丈の小さすぎる男たちの押し殺した皮肉、執拗さ、粗野な堅苦しさ、さらには不敵な目配せ……。

これまでサルトルは自分の父親、ジャン＝バチスト・サルトルについて一ページぐらいしか触れたことがなかったし、触れても、ついでにといった具合であった。ジャン＝ポール・サルトルは一度も、父親が理工科学校生だったことを語らなかった。サルトルは、とにもかくにも自分が知っていたわずかなことにもまったく触れなかった。つまり、彼の父親は秀才で、学位を二つも取得し、全国作文コンクールで三度も賞を獲得した良家の子弟だったが、ごく若くして自らの根を断ち切り、絆を断って、生地のペリゴール地方の小さな町をはるか遠く離れて、冒険に乗り出す道を選択したということにである。それにしても、ジャン＝バチストとジャン＝ポールの間には、なんと多くの共通点があることか！　肉体的にも二人はまったくそっくりなのだ。父親が一メートル五六センチ、息子は一メートル五七センチ。生まれも良く、経済的にも社会的にも恵まれ、生まれ落ちた時から出身階級である中流ブルジョワジーの安定した道を歩むことを約束されていたのに、二人とも自分を社会の枠外におきたがる気質の持ち主だったこともそっくりである。ジャン＝ポール・サルトルは作家になると、痕跡をくらまし、伝記作家を混乱させ、追随者をまいてやろう、と決意する。公式にサルトルの父親は存在しないということにして、誰の息子でもなくなり、自分で自分を選ぶことになる。たしかにサルトルはこの父親を知らなかった。ジャン＝バチストが死んだ時、ジャン＝ポールは生後十五カ月だった。この点について人に訊ねられると、サルトルは手がかりがないとか、家族が語らないとか、

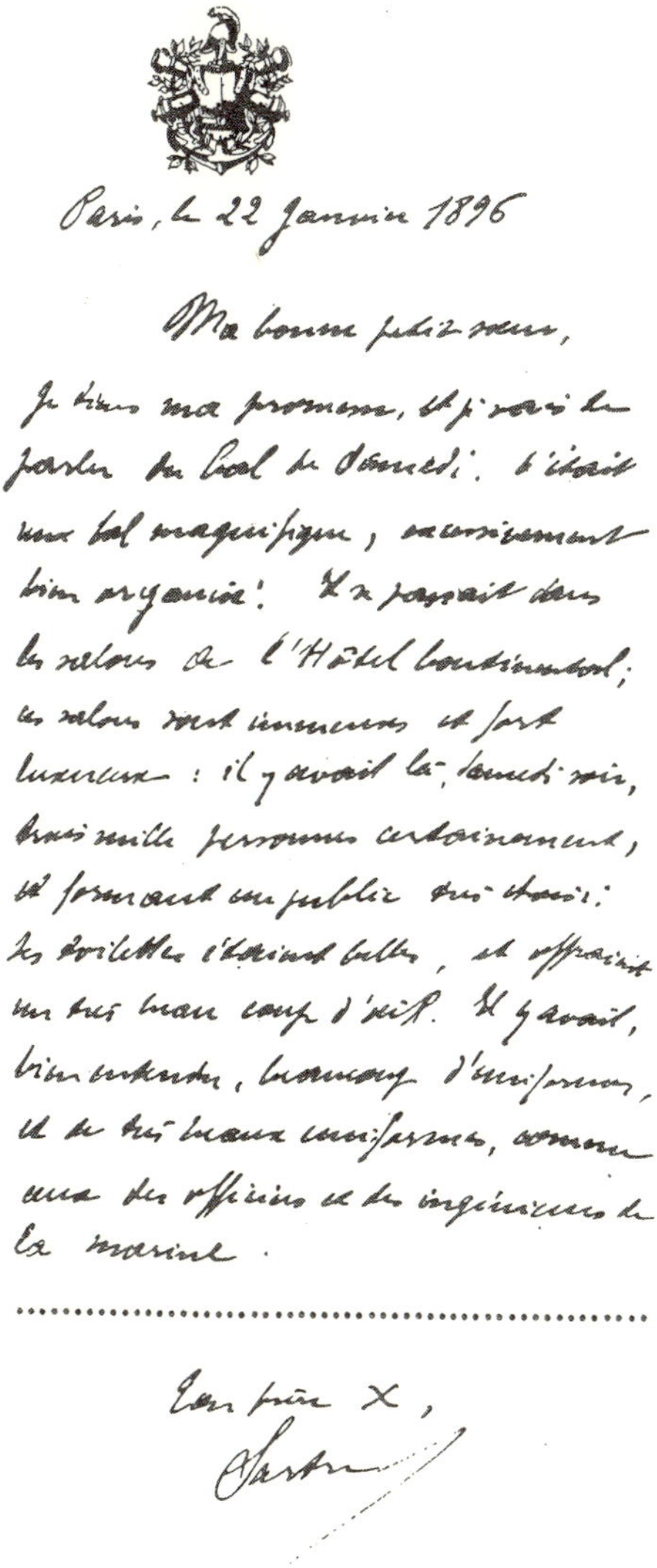

Paris, le 22 Janvier 1896

Ma bonne petite sœur,

Je viens ma promenade, et je vais te parler du bal de Samedi: c'était un bal magnifique, excessivement bien organisé: il se passait dans les salons de l'Hôtel Continental; ces salons sont immenses et fort luxueux: il y avait là, samedi soir, trois mille personnes certainement, et formant un public très choisi: les toilettes étaient belles, et offraient un très beau coup d'œil. Il y avait, bien entendu, beaucoup d'uniformes, et de très beaux uniformes, comme ceux des officiers et des ingénieurs de la marine.

....

Ton frère X,
Sartre

A 「愛する姉よ……」

あるいはあっさり、この親子の出会いがうまくいかなかったと言って口を閉ざすのだった。「私の父親？　母の部屋にあった写真だけさ……」と、無関心に答え、そして最後にこう言うのである。「私には父親がなかった」と。その声は断定的でわずかの感情もうかがわせず、「私には父親がなかった」という言葉の最後のシラブルを発音した途端に、話し相手との一切の繋がりを断ち切ろうとするようであった。この件はとっくに片がついていたわけである。

ところが、一九六〇年、無関心を装っていたまさにその時期、当時五十五歳の作家サルトルは一冊の自伝的書物——たぶん彼のもっとも見事な本——にとりかかっていた。三年後に出版されることになる『言葉』である。突然、周囲の誰かに知らせておいた方がいいとも考えず、サルトルはオーステルリッツ駅から汽車に乗って、ペリグー〔ドルドーニュ県の主邑〕で降りた。ペリグーには自分の父親の姉、エレーヌ・ランヌ伯母がいることを、漠然と思い出したのである。彼女は昔、教会に突き当たるサン・フロン通りに住んでいたはずだ。ジャン＝ポール・サルトルはサン・フロン通り七番地の呼び鈴を鳴らした。ブルジョワ風の家で、かつてペリグーのフリーメーソン本部だったが、いまではすっかりうらぶれてしまった古い建物の向かいである。応答がない。もう一度鳴らす。何も応答なし。それで、外へ出て、通りに面した古美術商で、ランヌ夫人のことを尋ねた。「ランヌ夫人？　ついさきごろ亡くなりましたよ。三カ月ほど前かな……」。この伯母といっさいの連絡を絶ってからもう三〇年以上にもなっていた。彼はこの伯母が好きではなかったが、彼女は父方の親族の最後の生き残りだったのである。

近所の人たちが未だに語っていることだが、彼女は「おしゃれなお年寄り」、ちょっと変わった老婦人としてその生涯を終えたようだ。口紅、頬紅をぬりたくり、夏冬かまわず、黒のスーツを着こみ、擦り切れた銀ギツネの襟巻きに赤いバラを挿して首に巻き、ペリグーの町を散歩していた。ご近所さんの一人は、別に悪意もなく、彼女に「お出かけ奥さん」とあだ名をつけていた。しかしサルトルが呼び鈴を鳴らした日、この閉まった扉の向こうには、手紙や写真など想い出の品々の詰まった箱がまだあったのである。この箱は後になって、建物の所有者によって回収されることになる。こうしてサルトルは突如好奇心に駆られたものの、ジャン＝バチストについて語る真新しい材料はなにも手に入れられず、『言葉』では、もともと乏しいいくつかの思い出をさらに切りつめるざるを得なくなった。この箱、手紙、写真、その他ジャン＝バチストの思い出の品々は、サルトル家に関する途方もない入り組んだ調査を進めるうち、一九八四年になって発見されたのである。それではここで、この父なき子の伝記の序曲を、書物の中の書物という形で始めることにしよう。それは、ジャン＝バチストはどのような人だったかという話であり、作家となったサルトルがペリグーまで捜しにいった情報のいくつかである。

朝の六時、ラッパの音で起床。六時から六時三〇分、勉強。六時三〇分から八時三〇分まで階段教室で講義。八時三〇分、牛乳一杯とチーズ一切れ（グールネイかロックフォール）の朝食……。ジャン＝バチストは軍服の威力を高く買っていたようだが、このような完璧な軍隊式慣例も高く買っていただろうか？ そして大小の用具とともに新しい軍装を手にしたその日、自分は多くの特典をともなう新しい身分に相応しい人間に生まれ変わるのだ、と思っただろうか？ 頭巾付きの外套……チョッキ……正装用ズボン二本……乗馬ズボン……上着二着……箱入り正装用軍帽……。数カ月後、彼は親に小額の送金を頼んでいる。「この夏、何か身につけるものが是非必要です。そのころにはもう将校になっていて、理工科学校生の制服は着なくなるからです。非常に安く、とても上品な服装を調えられるところがあるのです。お父さんが八〇ないし一〇〇フラン送って下されば、十分まかなうことができます。僕の最初の衣装になるでしょう。これは貸したのだとお考え下さって結構です。僕は来年から返し始めるつもりでいます[(1)]」。

ジャン＝バチストは、パリで勉強するようになって——リセ〈アンリ四世〉のグランド・エコール受験準備クラス[*3]で学んだ——から三年の間、故郷への手紙で、首都での最初の生活がもたらした社会観察、政治的見解を書き送っていた。彼は、兄のジョゼフがいつものように、エクシドゥイユの市へ豚を買いにいったり、革袋を肩に、一家が所有する小作地で、卵やアヒル、食用に去勢したおんどりを集めたりしていることをよく承知していた。姉のエレーヌが料理の上手な母親から、トリュフの皮入りのオムレツやトマトの瓶詰、あるいは桜桃ケーキの作り方を家で習っていることも、承知していた。信心深く、世間並みの女性である母親が外出するのはもちろんミサのためだけであること、毎週金曜日に町長夫人や代書人の娘と一緒にマゴンドーの娘たちを招いていることも、承知していた。また、父親が、二輪馬車に乗って、先を急ごうと「はい、どう」といつも叫んでいて、それはサン・ジェルマン・デ・プレやサン・シュルピス・デクシドゥイユで出産を待つ妊婦や、破傷風にかかった農民を救いにいこうとしてのことなのだということも、よく承知していたのである。さらにトゥーリエ家出身の祖母が、トン通りにある実家の大きな邸宅のサロンに座り、窓の傍らで編み物をしながら、同じ方角に並んで見える教会や薬局の周りを行ったり来たりする人々のことを「ご覧、またラコンブの娘が何か買いに行くよ……。お袋さんがまた、悪いのかしら?」などと噂していることまでも。パリにやってきた田舎者のジャン＝バチストは、ペリゴール地方のティヴィエに住む一家のために、共和国大統領御臨席の理工科学校舞踏会のことや、あるいは三年前、仏露同盟成立を祝って首都パリで行なわれた行列のことを知らせるさいに、こういう人々すべてを思い浮かべていたのである。また、兄と姉が上京すると言ってよこした二時半の列車を徒《いたず》らに待って無駄足をさせられた日に、かんかんになって手紙を書き、その最後に「取りやめを知らせて来なかったのは、きっと電報代の七スーを惜しんだからですね」と決めつけたのも、こうした人々を相手にしてである。

パリに上って来たとき、ジャン＝バチストは家族との絆をきっぱり断ち切っていた。理工科学校への入学によって、すでに始まっていた断絶はさらに深まることになった。自分の新体験で自信を深め、彼は首都から姉のエレーヌに向かって、父親代わりの兄のような小言をいい、お説教を垂れるのだった。たとえば、一八九三年十一月十二日、彼はこのような手紙を書いている。「貴女は雑踏やお祭りにのぼせすぎるようだ。よく考えてごらんなさい、そうすればそうしたことがすべて、いかに虚ろで空しいかわかるはずだ……。もし貴女がしばらくの間でも、自分に関心など抱いてくれない人々の群れの中で暮らしたとしたら……。貴女と同じ年頃の娘たちが大挙して、パリにやってくるのだよ。両親が彼女たちを養えないので、ポケットに数フランしか持たずにパリに押し寄せてくるのだ」。彼はさらにこうつけ加える。「何カ月も貧乏暮しをした末に、流行品の店に働き口を見つけても、三五フランから四五フラン稼ぐのが関の山だ、それもパリでだよ!!!」

彼は田舎者の姉のために、政治教育めいたことまでしようとした！「寒くてたまらなかったというのなら」、と一八九四年一月のある日、姉に書き送っている。「貧しい人々の一切の悲惨に同情すべきなのだ。ボロを着て寒さに震えている、そういう人々をどれほど見たことか！　木曜の晩、公衆便所で出会った人は、唾で手を温めようとしてしきりに手をなめていた。その目の前を、毛皮を首に巻いた御者が御する馬車が通り過ぎていく。こうした人々が憤慨し、激怒し、アナーキストになるのも、分る気がする。今は昔と違って、信仰が悲惨な人々を殉教者にまつりあげることもないのだから。貧しい人々に優しくなさい。そして、自分のことを幸せだと思いなさい。貴女の想像通りの楽しみがすべて手に入らなくとも、すくなくとも安楽に暮らしているのだから……」。

ジャン＝バチストがパリにやってきたのは、パリ・コミューンから四半世紀ばかり後のことだが、注意深い旅人なら、パリの町並みに、当時絶頂に達した産業の華々しい発展のしるしを見て取ったにちがいない。ジャン＝バチストは自分の政治的・社会的探究をさらに押し進めただろうか？　そう考える手がかりは何もない。しかしながら、彼はフランスの歴史の上でもことに激動の時期に、国の営みの中心にやってきたのである。帝政時代の名残、急進主義時代の開幕、フランス国民に深い傷を負わせた普仏戦争敗北の惨めな記憶。国が自己のアイデンティティを求めて模索を続ける困難な歳月だった。ジャン＝バチストが一八九四年の一年間に新聞で知った情報だけでも、深刻な激変の渦中にあったこの国の疑う余地のない象徴だったのではないだろうか？　だから彼は共和国大統領サディ＝カルノの暗殺、ドレフュス大尉有罪の判決も知っていた。この二つの暗い事件は、サント・ジュヌヴィエーヴの丘[*4]の高い白壁の内側に、それ自体は称賛すべき動揺をひき起こさずにはいなかった。こうして二人の理工科学校卒業生〔サディ＝カルノとドレフュス〕が一人は姿を消し、一人は断罪されたのだから、衝撃は生半可なものではなかったはずだ。もっともドレフェスを断罪したフランスは、依然として大勢は王党派、教権擁護派で、たいていは反ユダヤ主義者という軍の伝統を絶やさずに保存していたけれども。

いや、ジャン＝バチストは、「歴史」の激動にそれほど深く影響されなかった。彼は姉に書き送っているように、「出世」したかったし、理工科学校に入りたかったのである。この栄ある軍学校こそ、この一世紀間、エリート技術者ばかりでなく、オーギュスト・コントやジョルジュ・ソレルのような哲学者、サディ＝カルノのような国家指導者、フランスのインドシナ植民地戦争の立役者リゴー・ド・ジュヌーイやクールベのような偉大な提督――ジャン＝バチストは彼らの制服に憧れていた――をフランスに与えてきたではないか？　公共事業中央学校を理工科学校に改変することを決めた共和暦二年風月《ヴァントーズ》二十一日（一七九四年三月十一日）の法律は、「あらゆる種類の技術者を養成すること」と規定している。さらに条文は、「大革命の危機の数年間に中断されていた精密科学教育の復活」と続く。その結果、一世紀前から、厳しい試験で選びぬかれたフランス中の「数学に強い学生」が、理工科学校に集まっていた。こうして一世紀前から、理工科学校は、二年の軍事教練と集中学習によって国家有為の活動的なエリートになるはずの人材を供給するようになったのである。ジャン＝バチストはここで、天文学、立体幾何学、力学、建築設計、文学を学び、入学一年目より早くも優秀な成績をおさめ、入学試験で示した優れた能力を見事に裏書きしてみせた。一年目の結果は、軍事教練が一三・五〇、立体幾何学の作図が一四、文学と歴史も一四、天文学は一五・六七、力学は一七・六だった。彼は一八九五年入学の同期生と共に、勤勉な恵まれた生活を送った。サン・シール〔陸軍士官学校〕やパリ市庁舎で行われる恒例の舞踏会に欠かさず参加し、芝居に目がなく、あるいはもっと手軽には「二三号室」の仲間とポーカーに耽った。シャプロ、ペラ、ラファルグ、ヴァランタン、マルソリエ、シュヴァイツァー……。まるでゆりかごを出るなり軍服を着たような、ひげは生えかけてはいるが、ほっぺたのふっくらしたこの若者たちに較べると、ジャン＝バチストは真面目で、例のひげをたくわえ、目つきは注意深く、落ち着きはらい、陰気で、早くもどこか醒めているふうだった。

二年の勉学の後、最終成績判定で、自分が同期の二二三人中二七番――学生言葉で「ボット〔優等生〕」――であることを知ると、ジャン＝バチストはすぐ、この好成績の恩典に与《あずか》ろうともせずに、海軍入りを決意した。その理由は、ティヴィエの彼の家の隣にかつて、一八七〇年の陸海軍大臣だったフーリション提督が住んでいたことがあったからであろうか。この人がガンベッタと一緒に気球にのって〔プロイセン軍に包囲された〕パリを脱出した波乱万丈の冒険談は、まだ地元で微笑ましく語られていたのである。ペリゴール地方出身の海軍軍人はきわめて少ない。ちなみに、同期生の中でジャン＝バチストと同じ道を選んだクロワートル、ダンカン、マルトヴィルは、それぞれサン・ブリュー、カレー、シェルブール〔いずれも英仏海峡に面した港町〕の生まれで、三人とも亡父が水兵で、消すことのできない血統によって終生の天職を選んだのだ。(2)だが彼の場合は違う。ティヴィエは、リモージュとペリグーの間で必ず通らねばならぬ地点で、アキテーヌ地方が英領だったころ〔中世〕は、通行税の徴収が行なわれた国境の町、要衝だった。ティヴィエの町で歴史的郷愁をかきたてるものといったら、海戦とかスペインや英国の大艦隊よりも、この地方で鋳造された大砲、要害の城、跳ね橋、狭間から狙う大弓だったはずである。だが彼は、このティヴィエの町から出て、海に足跡を残すことを選んだのだ。ジャン＝バチストは、フリゲート艦や戦艦にとって代わったばかりの、装甲艦、魚雷艇、護衛艦、砲艦からなる艦隊を中心にして夢と計画を育んだのである。パリと理工科学校の後に、海軍を選んだことは、ティヴィエとの最も明瞭な訣別の印《しるし》だったのではなかろうか？　この仕事が自分を世界の果てに導き、故郷から遠く離れて、三年、四年、五年にもなる長い旅に連れていくことを承知していたはずだからだ。一八九七年十月一日、ブレストで帆走フリゲート艦〈メルポメーヌ〉に乗り組む前に、彼は最後のお別れにティヴィエを訪問している。

彼は見て歩いた。駅から教会へ向かう狭い急な坂道。〈釘〉の袋小路、〈油〉通り、〈射手山〉通り、〈三隅〉広場、〈赤頭巾〉広場など。それから粗壁と褐色の梁を持つ見事な中世風の家。大広場の楡の木立や教会の四角い塔、その後ろにある、友だちのマゴンドーの住む城、さらにその横にある薬局は曽祖父のジャッコ・トゥーリエが一八二一年に買い取り、後に一流の薬剤師だった祖父のジャン＝バチスト・シャヴォワが受け継いだものだ。さらにこの薬局の真ん前に、トン〔まぐろ〕通りの実家の邸宅があった。彼の祖父が一八六二年にジョゼフ・フォールから一〇〇〇〇フランで買ったものだ。ジャン＝バチストはこの家で生まれ、ペリグーやパリで勉強するためにティヴィエを離れる日まで、この家で暮らしたのである。四階建ての大きな立派な家が、白いなめらかな石でできた巨大な立方体といった感じで、この町でもっとも羨むべき戦略的な場所を占めていた。町の真ん中で、教会から一〇メートル足らず、薬局から五メートルもない所だ。部屋が二〇もある家で、大きな庭がついており、ラ・ブレジェールの農園と三七ヘクタールの所有地とともに、一家の財産の主なものだった。

これらの財産は、ジャン＝バチストの母方の家族が入手したものである。この家族は十九世紀半ばに、薬局の成功とたっぷり持参金の付いた娘を嫁に選ぶことによって、二〇年ばかりの間にティヴィエとその近郊一帯に、一九二〇年には一五万フラン以上と評価されたはずの安定した不動産資産を作り上げた。もっとも、ジャン＝バチストの母親は、エイマール・サルトル医師に嫁ぐさいに、二万フランの持参金を付けて貰い、「うち一万二〇〇〇フランは手渡し」された。彼女こそ、トゥーリエ、シャヴォワ、プーモー＝ドリーユ、バライエ＝ラプラント、フュール＝サブリエールなどの一族によって蓄積された財産の相続人だった。彼らは、トゥールトワラック、エクシドゥイユ、ボルドー、コレーズ県のジュイヤックなどから、ティヴィエ付近一帯の商業活動の利益に与ろうと、小さいがきわめて活気あるこの町に集まってきたのである。

こうしてジャン゠バチストは、この一八九七年の夏、長い不在を前にして最後のつもりで、母方の家族の跡がたくさん残っている緑のペリゴールの地に戻ったのである。というのも、トゥーリエ、シャヴォワの両家は、一七八九年の大革命以来、相当な数の市長や、副知事、県会議員、ドルドーニュ県すなわちペリゴール選出の代議士をフランスに送り出してきたのだ。ジャン゠バチストがそうしたことを万一忘れたとしても、通りの名前や追悼碑、あるいは単なる「民の声」がきっと彼にそれを思い起こさせたにちがいない。まず、彼はもっとも遠い祖先であるラプラントの殿ことレオナール・バライエを思い起こしたはずである。一七四〇年にルイ十五世の海軍の外科医となった人だ。ジャン゠バチスト・シャヴォワ弁護士（一七三八〜一八一八）も思い出したはずである。この人は、コレーズ県のジュイヤックに生まれ、一七八九年の憲法制定議会においてリモージュ代官領から出た、第三身分の三部会議員であった。ジャン゠バチスト・シャヴォワ医師（一八〇五〜一八八一）――またしてもジャン゠バチスト！――も思い出したはずだ。このジャン゠バチストはエクシドゥイユに生まれ、一八四八〜一八四九年の憲法制定・立法議会にはその地方を代表する議員として送りこまれ、その後、一八四九〜一八八一年には民主派・急進派の代議士を務めたが、とりわけ、その地方の「右翼」ビュジョー元帥との対立抗争で名を上げた人である。それから、一七九二年にティヴィエの初代町長になったジャッコ・トゥーリエ、その跡を継いでいずれも薬剤師で地方議員だったジャック、ジュール、アルベールももちろん思い起こしたはずである。彼らは自分たちの大邸宅と見事な庭園を町当局に売却し、それが現在の町役場になっていた。さらに、一八八一年以来の共和派代議士で、一八八九年の選挙戦で資本税創設を主張したアルベール・トゥーリエ医師や、同様に一八八一年に共和派議員として国民議会入りした公証人アンリ・シャヴォワのように、当時活躍中の人々もいた。ところがジャン＝バチストは、フランス南西部の歴史の中にこうした地方名士たちがしっかり残した一切の遺産を放棄して、シャヴォワ家やトゥーリエ家とは縁もゆかりもない領域を選ぶことで、自分の人生を築こうとしていたのだ。南西部の人々の記憶の中で、自分の祖先たちが久しく急進左翼、「左翼主義」でさえあり、どうやらフリーメーソンで、いずれにせよ一部の人々の言うところによれば「激しい反教権派で、ともするとセクト的な」急進左翼のシンボルであったことも、彼にとってはどうでもよいことだった。そうなのだ。成功し、能力があるにもかかわらず、ジャン＝バチストが地方の名士になることはないだろう。

いわんや、もっと農民的な、父方の家族の遺産を守る気はさらにないだろう。それは兄のジョゼフが継いでいた。ジャン＝バチストは父親が生まれた小集落、ピュイフェイベールへ戻って何を思っただろうか？ 子供の頃、馬車で往診する医師の父親について遠出をするのが好きだったことを思い出したに違いない。ティヴィエからコルニャック・シュル・リールまで小一時間、さらにコルニャックからクーロンジュに通じるうねうねと続く道を登るのにたっぷり二〇分、戸数五戸の集落ともいえぬような小集落に出る。ピュイフェイベールだ。道の角に丈の高い花崗岩の十字架がひっそりと立っており、ローマ数字で一八三六と建立の日付が刻んである。養禽場や鶏小屋、家畜小屋、厩を通って道の奥まで行くと、小作農家サルトル家の母屋に着く。石を積んだだけの壁と隅石の珪石を繋ぎ合わせたどこか乱雑な建て方の、長くて背の低い平べったい家。一八〇五年にジャン＝バチストの曽祖父が建てた家だ。王政復古の頃、庭に、パン焼窯と二四〇バリック〔一バリックは二〇〇～二四〇リットル〕の大水槽が増設された。これはまさにサルトル一族そのもののプロポーションを持った農家で、何と高さが一メートル七〇センチを越える戸口が一つもなかったのである！ 眺めは素晴らしく、そのおかげで歴史的にも社会学的にもサルトル家がたどった軌跡が一目でわかる。この家の入り口の壁の前でちょっと左寄りに立つと、まさに同一線上に、まず数メートル下方にラクション城のスレート葺の塔が見え、その先の地平線にティヴィエ教会の四角い鐘楼が見える。これらの三つの建物にはサルトル家の歴史が自然に刻みこまれていて、ここに立つと自ずと語りかけてくるのである。先祖の小作農サルトルは、リベラック伯とモンタグリエ伯を兼ねる、ラクション城の所有者たるシャプト・ド・ラスティニャック一族が、コルニャック教区内に持つ上級、中級、下級裁判権をともなう封土の中に縛りつけられていた。それからフランス大革命の後、一八〇五年にこの先祖は、自分の家の最初の部分を建てた。続いて一八〇六年生まれの息子のピエールが、農園を二〇から三〇ヘクタールの規模にまで拡げた。ピエールの息子が一八三六年生まれのエイマールだが、彼はピュイフェイベールを後にして、ティヴィエ、次いでペリグーに行き、そしてかの権威あるモンペリエ大学医学部[*5]で勉強を続けた。ラブレーから三世紀後に、彼はここで、脂肪腫《リポーム》に関する論文で医学博士号を取得して、ただひとりの医師としてティヴィエに居を定めた。後にこの町でもっとも豊かな資産家である薬屋の娘と結婚して、彼女とともに教会の鐘楼に面したトン通りの例の家で暮らすことになった。ラクション城は十七世紀の美しい建築物だが、奇妙に封建時代風なたたずまいをしている。この地方では、今でも次のような話が語り継がれているのだ。「一八五〇年にキュリアル男爵が亡くなり、城が売りに出されたとき、古い金貨を全部数えるのに三日もかかった……」。そういうわけで、ラクション城から、ピュイフェイベールの小作農家を経てティヴィエの鐘楼へと、サルトル家は三代で、小作農から大農民へ、そして田舎医者へと、絵にかいたような純然たる厳しい社会的上昇を実現したというわけだ。ジャン＝バチストがこの成功をさらに、先に押し進めようとしていた。彼によって、パリ、そして理工科学校が達成された。そうはいっても、この地方の人々にとって、サルトルという名前くらい田舎臭く聞こえる名前はない。彼らは巻き舌でRの音を発音し、最後のシラブルに強いアクセントを置いて「ルウ・サルトルウ」と発音してみせながら、「だけど誰だってよく知ってるさ。この名が『サルトール』という言葉から来ていることをね。ペリゴール方言で『お抱え仕立て屋』のことさ」というのである。

ジャン＝バチストは、こうしたことをみな知っていた。長い道のりをたどって、ピュイフェイベールに戻ったとき、人々が父親を迎えて方言でいう敬愛に満ちた言葉の中に、それは感じとれたのだ。なぜなら「エイマール先生《ドクター》」はもちろんこの地方の寵児だった。彼は一九一三年に死ぬまで、月に一度は定期的にピュイフェイベールにやってきて、周辺の集落の人々の治療をした。家には屋根付きのポーチと食堂に続いて小さな部屋があり、エイマール・サルトルはここで、患者を診察したのである。村人は今でも語りぐさにしていて「金が払えるなら、払う。払えなくとも、それでも診てくれた。貧乏人にはとってもいいお医者様だった」という。レイノー夫人はこんな話をしてくれた。「急患でティヴィエまで先生を迎えにいくことがあるんですよ。ここまで登ってきて、先生の乗ってる雌馬が路傍《みちばた》の草を食べたりしてもしたいようにさせて、先生は急がないんです。反対に、馬が走ったりすると、『おい、チビちゃんそう急ぎなさんな』と叫ぶのですよ[(3)]」。彼はうっとりするような起伏に富んだこの緑のペリゴールを往診して回り、ヴュー・サラザック、プティ・ボワ・ルーベ、ピュイ・バルボー、ネーグルヴェルニュ、あるいはサン・ジャン・ド・コールあたりまで出かけていった。そして時には患者に、方言でのお祈りは怪我の治療に大して効果がないことや、「父と子と、そいからペテロ聖人とパオロ聖人の名によりまして」を唱えても、ジフテリアや悪性気管支炎の病状は変わらないことを、一生懸命に説明するのだった。さまざまな迷信、異教信仰、中世的な無知蒙昧が、下《しも》リムーザンやペリゴールの農民の間になおも根強く残っていて、自分たちにとって最高悪とみなす都市文明から、それで身を守れると、彼らは信じこんでいたのである。そしてエイマール医師は日に四回、五回、六回と往診しながら、ごくわずかな収入しか得られぬまま、ドルドーニュ県内に留まらず、コレーズ、ジロンド、オート・ヴィエンヌ、シャラントの諸県に及ぶ広大な地域一帯で、農民はもとより、地方の名士のだれからも非常に尊敬される人物になっていた。

これほど献身的で情け深いこの田舎医師も、自分の家ではかなり口数が少ない人で通っており、彼についての思い当たることといえば、過激な無神論、健啖、それに財布に関して伝説的なほど慎ましいということだった。ジャン゠バチストはこの一八九七年の夏にも、沈黙のままの夕食に連なり、両親の間で相変らず交わされている陰にこもった緊張や潜伏する不毛の冷戦に、やはり立ち会ったに違いない。宗教か金銭か家柄か？　この事態は少なくとも、三つの大きな理由で説明がついた。つまり、彼の両親は同じ世界の人間ではなく、結婚も事態を解決するどころでなかった。エイマール医師とシャヴォワ家出身の彼の妻、エロディの間には長い沈黙のようなもの、結婚に対するのろのろした無関心があったのだ。それなのに結婚生活は四六年も続いた。しかし、ティヴィエの家は広大なので、彼らは互いに自分の領域にうまく閉じこもることができた。そしてジャン゠バチストは家族と生活をともにした十五年の間、母親が――たぶん、くやしまぎれに――宗教や料理の学習に異常なほど打ち込むのを、よく観察してきた。こうしたことが、彼女の時間の大半を占めたのである。たとえば、彼女が「肉屋をやる」とき、あるいは、彼女自身の言い草では三カ月の間「瓶詰作り」になるときには、季節と畑から穫れる作物に応じて、台所は本格的な食品工場になるのだった。もともと、彼女は特別美食に目のないこの地域の真ん中にいて、母から娘へと遺産のように受け継がれるさまざまな料理法を立派に身につけていたのである。トリュフ入りのフォワ・グラ、コンフィ・ド・カナール、栗入りブーダン、煮込み料理、ほろほろ鳥のシチュー、セプ茸入りオムレツ、マルメロのジャム、プラム酒といったものが、この疲れを知らぬ料理人のお得意の一部だった。一八九七年の夏の間中、息子のジャンのために、J・Bちゃんのために——その頃もまだ好んで彼をそう呼んでいた——彼女は美味いものを作るのにいつもの倍もこまごまとした注意を払い、気を使った。なぜ彼女はこれほど息子に夢中だったのだろうか？　末っ子だからか、家にいなかったからか、あるいはただ単純に彼が一家の天才だったからなのか？　自分でもさっぱりわからなかったが、彼女は息子が理工科学校に合格するよう一生懸命祈ったことを大変誇りにしていたし、今、目の前に迫った別れを悲しんでいるのは、いつまた彼に会えるかわからないからであった。ティヴィエには、ジャン＝バチストの兄ジョゼフと姉エレーヌの二人が彼女の側に残っていた。しかしそれはジャン＝バチストの代わりにはならなかった！　エイマール・サルトルとエロディ・シャヴォワの夫婦は、実際、ちょっと特別な子供の作り方をしていた。三人の子があって、それぞれ年が三歳ずつ開いている。ジョゼフはその夏、三十歳だった。エレーヌは二十七歳、ジャン＝バチストは一八九七年八月五日に二十四歳になるはずであった。エレーヌはそれほど美人ではなかった。しかし母親の生き写しだった。厚ぼったくてたるんだ重たげな丸顔で、目は小さく、大きな悲しげな口は両端がさがっていた。彼女は三十三歳まで結婚せず、家にとどまって母親の料理仕事を助けていた。魅力的な王子の出現をあてもなく夢みながら、眩いばかりの弟であり、一家の冒険者である英雄J・Bを、おそらく崇拝せんばかりだったに違いない。

もちろん、傍《そば》には兄のジョゼフがいた。しかし彼女にとっても、母親にとってもジョゼフはジャン＝バチストの代わりにはならなかった！　ティヴィエの町には、このジョゼフのことを「単純な人間」、「幸せな愚か者」、「仕事といったら、教会で蠟燭を持たせるのが似合いの男」という人が今でもいる。だが彼は、みながそう思わせようとするほどぼんやり者だったのだろうか？　たしかに学校にはほとんど行かなかったし、ひどく吃り、喋るのが大変だった。しかし親切で世話好きな男だった。女を知らず、ごく短期間「保険の代理人」を務めたらしいが、仕事らしい仕事はしていなかった。だがこの独身で無職の男は生涯、所有地の管理人の役を演じようと努力した。こうして、収穫の良し悪し、ブドウの取入れ、ワインの蒸留といった季節のリズムにあわせて暮らし、ラ・ブレジェールからラ・コンブへと小作地をみてまわって小作人たちにうるさがられ、ティヴィエの牛市からエクシドゥイユの豚市まで、家畜の市には欠かさず姿を見せた。布袋にその日の収穫をつめこみ、母親の台所に料理の材料を供給したのは彼である。「エイマールの夫人」とその息子ジョゼフの間にはやがてカップルの馴れ合い関係ができあがった。彼は母親には愛着をあらゆる形で示したが、父親にはそうしなかった。郵便局に行き、庭の芝生の手入れをし、召使たちを叱り飛ばし、いそがしげに隣家に足を運ぶ。使い走りのボーイか献身的で絶対服従の家令だ。しかし時には、自分の母や弟、妹にばかにされていることに気づかなかっただろうか？　というのも、彼がたとえば、従兄弟の家や親戚の家に出かけるさいには、エロディ、エレーヌ、ジャン＝バチストが協議をこらして、このお人好しのジョゼフがとんでもないことを言ったり、仕でかしたりしないようにいつも見張っていたからである！

ジャン＝バチストはティヴィエに戻ってきたけれど、そこには彼の関心をひきつけるものは何もなく、この夏、彼がブレストから軍艦に乗って海軍生活を始めるのを妨げるものは何もなかったに違いない。「お母さん」の丹精こめた御馳走も、ピュイフェイベール訪問も、トン通りの邸宅のすばらしい自分の部屋も。子供のころの仲良しだったマゴンドーやデュリユーとお城の方へ自転車に乗って出掛け、それから木蓮やはしばみ、葦のつくる垣のあいだを走って、ラヴォー川へ泳ぎに行くのは相変らず好きだったが、それさえも。だからジャン＝バチストは、気軽にティヴィエを去っていったのだ。地方生活の息苦しい環境も、おしゃべりも、ミサも、百姓暮らしも、とりわけ生家の腐ったような雰囲気も嫌いだったからである。

一八九七年十月一日、海軍少尉候補生、サルトル・M・J・B・E（マリー・ジャン＝バチスト・エイマール）――彼は以後、こう呼ばれることになる――は、ブレスト軍港でフランス海軍の軍籍に入った。帆船のフリゲート艦、メルポメーヌ号に乗り組んで、艦長テスタール大佐の指揮の下、甲板員養成でとくに定評のあるこの艦で船の整備・帆走技術の訓練を受けるのである。十月二十日、メルポメーヌ号はブレスト港を出航、十一月十一日にはマデール、十二月五日にカナリア諸島、同二十二日にセネガルのダカール港、その二日後にはベルデ岬諸島のサンビセンテに寄港し、その後リュフィスクとダカールに立ち寄ってからブレストに向け帰途につく。六カ月の訓練期間の終わりに、テスタール艦長は、「非常な熱意と積極性をもって勤務。……海上勤務に大きな意欲を示した」と評価し、早くもジャン＝バチストの内に、未来の提督の姿を見たと確信すると述べていた。(4) だが、ジャン＝バチストはこの間に、海というものをほんとうに知る時間があったのだろうか？　とにかく、彼はマストや縄ばしごに登り、帆を縮め、マストの状態や見張り台、ボート一式、ヤードを監視し、静索と動索の違いを見分けることを学んだのである。

西地中海・近東艦隊に加わって熱帯を初めて体験した後、ことは急速に真剣勝負の様相を帯びて行った。彼はシェルブール港でブリュイクス号に乗船し、マニラ経由で広州湾に向かった。そこに停泊しているデカルト号に配属されたのである。建造後わずか四年のこの二級巡洋艦は、大砲十四門と五五〇〇馬力のエンジンをそなえ、極東・西太平洋艦隊に所属していた。デカルト号は、フィリベール大佐、セルペット・ド・ベルソクール中佐の指揮下にあって、のちに見るように、この海域の艦隊の中で重要な戦略的地位を占めることになる。中国、インドシナ、日本およびフィリピン諸島が境を接するあたりに位置する広州湾島〔ママ〕周辺の素晴らしい湾や島々、水田地帯を巡航し、二年間にわたって絶えず、アロン湾〔トンキン湾の奥。ハイフォン付近〕から、ホイテウ〔Hoiteou 不詳〕、香港、呉淞、長崎、パゴダ〔Pagoda 不詳〕、南京およびマニラに向けて出帆したのも、きわめて特殊な計画にもとづくものだった。ジャン＝バチストはこの極東水域に着任早々、はじめの数カ月間に新任務の要領をのみこむ暇もなく、トンキン湾での征討作戦に参加しなければならなかった。彼の数学的技量が幸いにも活かされることになり、彼は時間計測と操舵室勤務に配属され、すぐに当直士官の規則正しい勤務体制に入ったのである。航路を正確に計算し、艦の状態を把握し、六分儀を操り、日誌を認《したた》め、見張り員の唱える測深報告に注意深く耳を傾け、スコールを見張ったのだ。だが、こうした見習いも長続きしなかった。戦闘に突入したからだ。

というのも、ジャン＝バチストは、植民地争奪戦の末期に、つまり仏、独、英、スペインおよび米国が、極東で貴重な領土を分割し合っていたころに、海軍に入ったのである。彼が極東で勤務したのは、極東艦隊司令官ド・ボーモン中将が、海軍大臣のベナール大将やアノトー外務大臣を、自分の併合計画を実行し、しかじかの島、租界、拠点を獲得することができるよう、新型艦艇や増援兵力を送れと責め立てている最中だった。ボーモンはこう書いている。「通商上の見地からみれば、広州湾を獲得すれば、素晴らしい希望が生まれよう。この地方は豊かで人口も多く、よく耕され多様な作物を豊かに産し、川や海によるたくさんの航路に恵まれている。働きものの住民は、われわれを冷静に迎えたが、その態度には好意が感じられた。われわれとの間で利益を上げることができる、と素直に計算していたに違いない。だが官吏や知識人たちはそうではなかった。彼らはわれわれの接近がはらむ危険、将来のわれわれの勢力拡大の不可避性を危惧していたのである……」(5)。

広州湾の征服こそ、ジャン＝バチスト――当時、時間計測および砲術の合同部署に配属されていた――が、デカルト号上で参加する最初の戦闘だった。すでに数年前から提督は地図の作成と領土の画定を進め、自分の勢力増大に役立つ戦略上きわめて大切なこの要衝地域をよりよく知るための作業や調査を行なうために、部下をこの地に送りこんでいたのである。トンキン湾の北東、海南島の北、中国南東海岸地帯にあって、香港と珠江デルタの間にはさまれた広州湾は実際、絶好の位置にあった。だから一八九八年の五月と六月、注意深く砲手たちの指揮をとるジャン＝バチストは、デカルト号上から作戦全体の指揮を取ったフィリベール艦長の命令に従わねばならなかった。ジャン＝バチストは、「熱意と勇気」をもって勤務したが、上官たちに完全に同調したわけではない。

一年後、最初の機会にデカルト号を下艦したさい、彼は父親に「フィリベール艦長は粗暴で、軽率です」と書き送っている。フィリベール艦長が作戦計画を示したとき、服従しなければならなかったが、熱烈にというわけではなかったのである。艦長自身によれば、艦長は広州湾の監督官、陳大佐に会い、近くの村の住民たちに対する苦情を申し立てていた。盗みと武器を手にした攻撃、「騒々しい住民たち」に対する苦情である。また、艦長はシュイカイ〔Sui-Kai 不詳〕の郡長とも会見していた。「郡長は恐縮し、怒りを示した」と述べたのちに艦長はつけ加えた。「郡長はホイテウ村の住民たちからひどいあしらいを受けたばかりで、村人たちは愚かで、何も聞こうとはせず、秘密結社に操られ、フランス人との話し合いを一切拒絶したと言った……」。

　そして起こるべきことが、起こった。一八九八年七月十二日から十五日にかけて衝突が起こり、提督は嬉々として、海軍大臣にそのすべての詳細を報告している。「七月十二日午後三時五〇分、ホイテウ後方にて、小銃や伐採刀、槍や楯で武装した五〇〇から六〇〇人の中国人が、突然、峡谷より出現。これとは別の少なくとも三〇〇人の一団が同時に南の村から出現した。命令は、この一団のうち赤旗を持った中国人が下しているものと見えた。かなり激しい砲火がわが方に浴びせられた。フィリベール艦長はただちに上陸し、自艦に対して、敵の集団およびホイテウを砲撃させた。六五ミリ砲の砲火が集団とホイテウ・カンおよび周辺の村々に浴びせられた。その結果、中国人側に約十名の死者、多数の負傷者がでた。午後四時四五分、砲火は止んだ……」。

　続いて補完的な行動、保護のためのパトロール、「一味が多数の茂みや土地の起伏の中に潜伏できないようにするために」派遣された陸戦隊の上陸が行なわれた。つぎの数日間には一連の威嚇作戦が行なわれた。たとえば七月十五日には、「さまざまな時間にわたって、デカルト号の一〇〇ミリ砲、要塞の六五ミリ砲が、放棄された近隣の村々にきわめて緩慢な砲撃を加えた。この砲撃は少しずつ狙いを変えて行なわれたが、それは住民たちが家に戻って平常の生活を続けるのを妨げ、彼らを絶えず緊張させておくためだった」のである。

　こうした帝国主義的な強引な戦争をつぶさに見て、ジャン＝バチストが決定的に士気を喪失したのも、もっともであろう。だがこれは、彼の海軍士官としての貧弱な経歴に特筆すべき事項となった。「トンキン征討作戦」と、上官たちは、ファイルに誇らしげに認《したた》めている。実際、戦争はもう、彼の勤務開始直後の数カ月に深い刻印を刻みこんでいたのである。彼はブリュイクス号上で、キューバ島をめぐる米西戦争のもっとも劇的な一場面に居合わせたことがあった。それは一八九八年五月一日、マニラに停泊中のことだった。スペイン艦隊は、米海軍のジョージ・デューイ提督の猛烈な反復砲撃を受け、数時間のうちに壊滅したのである。

　植民地作戦の後は悪天候である。一八九八年の夏、この地域はひどい気候だった。突風が吹き荒れ、スコールが多く、滝のような大雨が降り、海が荒れ、台風が襲い、軍も重大な被害をこうむった。悪天候が終わると、再び、新たな鎮圧作戦が始まった。ド・ボーモン中将は海軍大臣に、こう書いている。「ヨーロッパ人が新たに領土を併合したことは、中国国内に大きな動揺を醸成した。いたるところで、頻繁に民衆の反目に出あうことを覚悟しなければならない」。

　ジャン＝バチストは再び、この中華帝国の住民たちの中での秩序維持の任務を負わされた。この住民たちは、これもやはり中将によれば、「ヨーロッパ人に対する不信感に代々凝り固まっており、何百年にもわたる収賄の習慣に染まっているのである」。中将はさらに続ける。「彼らに道理を弁えさせなければならない。彼らは秘密結社にそそのかされて、北京に君臨する韃靼人[*6]の王朝を覆そうとしたのだからだ……」。

　フィリベール艦長の好戦的な熱意に辟易したジャン＝バチストは、デカルト号を去って、ジャン＝バール号に移った。家族への彼の説明によると、「こちらのほうが勤務はずっと楽で、管理も人間的。こちらなら作戦が終わるまで無事だと思って、こうしたのです」という次第だ。彼は自分を待ち構える状況については、こう書き送っている。「われわれはアロン湾を間もなく出航するでしょう。アントルカストー、デカルト、ジャン＝バールの三隻は縦陣を組んで広州湾に向けて出発します。そこで境界画定が我が方に有利に進むよう、示威行動を行なうわけです。どのくらいそこに留まることになるのか私にはわかりません。一カ月か二カ月か、あるいは数日なのかわかりません。それから後のことは、もっとわかりません。いずれにしても、あまり面白いことではありません。日本へでも行ければよかったのに。極東遠征は失敗で、まったく興ざめです。政府は英国との紛争を恐れるあまり、フランスの全艦艇をインドシナ海に閉じこめて、われわれが人目につかず、したがって誰にも不安を与えないようにしておきたいのです。ですから、いま私は日々近づく帰国を、ひたすら待ち望んでいるわけです……」。

ジャン＝バチストの海に魅かれる思いは、トンキン征討作戦とフィリベール艦長の行きすぎのために衰え、消えかけていたのだろうか？「極東遠征は失敗で、まったく興ざめ……日本へでも行ければよかったのに」。こう語っているのは、冒険家なのか、平和主義者なのか、下の階級の者に対して「穏やかで、かつ断固たる人間としてふるまう」すべを得ている、と船長が評した海軍士官なのか？　いずれにせよ彼は、失望し、苦い思いで幻滅した男だった。南シナ海での最後の数週間も、この男を容赦しなかった。こうして長いこと失望が尾をひいている間、欠けているものといえば病気だけだったが、その病気がやってきた。一八九九年八月、ジャン＝バチストは病を得たのだ。ジャン＝バール号上に広がっていた伝染病のデング熱ではなく、その一カ月後にラタピー大尉が倒れた腸チフスでもなかった。コーチシナ特有の全腸炎にかかり、そのためフランスに帰国しなければならなくなった。海軍中尉サルトル・M・J・B・Eは、長くて辛い帰国の旅の末に、マルセイユの帰国将兵収容第五病棟に入院したのである。ジャン＝バチストが寝たきりの病人としてフランスに運ばれているその頃、フィリベール艦長の方は別の「勝利の」旅に鼻高々だったのだから、運命の皮肉というほかかない。

というのも、八月二十四日以降、「フランス国旗が広州湾とナチャウ〔Nachau 不詳〕島の上に翻っていた」。

そこでフィリベール艦長は「陸路、トンキンに戻りたいという意欲を表明した」のであった。彼はお供に中国の陳大佐をともない、陸路六〇キロ〔ママ〕の旅が実現して大喜びだった。「完全武装の兵士一〇〇人、旗、トランペット、太鼓、日傘、輿、荷役人夫を従え、旅は三日以上に及び、一行は、これまでヨーロッパ人を見たことがなく、唖然としている住民の雑踏の間を進んでいった」。フィリベール艦長はさらに、「住民たちの態度は、好意的でもなければ、攻撃的でもなかった。ただ、ヨーロッパに対する野蛮な中国人特有の感情を抱きつつ、物見高かった」と述べている。そして次のような結論を下したのである。「要するに、反響はすこぶる大きく、何人かの真剣な顔つきは、これらの住民たちの真ん中を私が行進したこの日が、自分たちの歴史の転換点になった、自分たちにとって新しい時代が始まったのだ、という重大な思いを映し出ているように思われたほどだ」。

ジャン゠バチストの方は戦役と病の試練を経てフランスに帰ってきた。さまざまなイメージ、強烈な印象、それにティヴィエへの土産として若干の中国の絹織物を持って戻ったが、上官たちの好戦的な選択に対する熱情は、ほとんど持ち帰らなかった。それればかりか、まさにこの時に、心の中では海軍士官の道を断念したのである。彼はつぎに述べるように、一九〇五年十一月まではまだいくつかの軍艦に乗り組んだが、もう心はそこになく、しばしば体が弱って病気にかかるようになり、能力にも合わなければ関心もないポストに配属されることが多くなった。彼は失敗の立場に置かれたのだ。昇進の遅さには驚かれ、「当直士官として彼に乗り組まれるのは、その艦の艦長にとってえらい迷惑で、夜間に海上で、艦長みずから当直しなければならないことがあるほどだ」などと、あしざまに話されてさえいる。要するに悪循環だった。

当時のジャン゠バチストの生活は、いくつかの日付、いくつかの移動に要約される。一八九九年十二月一日、マルセイユの帰国者収容病棟入り、同年十二月十三日から一九〇〇年三月十三日まで、トゥーロンの病院、一九〇〇年三月から六月、ティヴィエで退院後の静養休暇を送る。海上勤務に復帰し、十カ月間地中海でリノワ号に乗り組む。続いて四カ月間、プロンビエールで療養。その後、シェルブール軍港を基地とするロワレ号に一年間勤務。さらに、カレドニアン、クーロンヌ、デュピュイ＝ド＝ロームそして、ブーヴィーヌの艦上に勤務。一九〇三年の間は砲術士官補佐、ついで照準教練の責任者として、完全に能力を回復し、健康を取り戻したように見えた。ほぼ二年間にわたって、当時の艦長は皆例外なしに、彼のファイルの健康欄に「優良」と書きこんでいる。

ブーヴィーヌ号艦長のデュフォール・ド・ラジャルト海軍大佐の命令で、照準教練に「賞賛に値する不屈な忍耐力」をもって専心していたジャン＝バチストは、ある日、上陸許可を得て一人でシェルブールを訪れた。九五年度組のかつての同期生ジョルジュ・シュヴァイツァーが、その頃ここで艦船工学技師をしているのを知っていたのである。住所を探して、彼に会いにいく。数日後、シュヴァイツァーは妹のアンヌ＝マリーをジャン＝バチストに紹介した。彼女は二十一歳になったばかりだった。数週間後、ジャン＝バチストは、同時に二通の結婚申込書を書く。一通はパリで大学教授をしている、アンヌ＝マリーの父親シャルル・シュヴァイツァー宛、もう一通は慣習に従い、海軍の上官宛である。第一の手紙の内容はわからない。二番目の手紙は、公式書簡の伝統的な形式に従ったものである。「艦長殿」と、ジャン＝バチストは書いている。「私は、パリ十六区、ミニャール通り十三番地にその両親とともに住む、アンヌ＝マリー・シュヴァイツァー嬢との婚姻を許可下さるようお願いする本要望書を、トゥーロン海軍鎮守府司令官閣下に御伝達下さるよう、御依頼申し上げる次第です」。北地中海第二艦隊司令官の海軍少将は、「サルトル氏とシュヴァイツァー嬢の間で企てられている婚姻は、望ましい適合条件をすべて満たすものと思われる」と、これを承認した〔図B参照〕。

ジャン＝バチスト・サルトルは、一九〇四年五月五日、パリでアンヌ＝マリー・シュヴァイツァーと結婚した。ジャン＝バチストの母親だけが一人でティヴィエから出てきて教会での結婚式に出席した。パッシー教会での祝辞でディビルド神父は「令嬢は、教養ある家庭環境で成長され、近代女性の教育を身につけられた方です……」と明言した。もちろん、皮肉ではない。「あなたは、気高く、純粋な古典美を愛することを学ばれ、科学の諸方法の手ほどきも受けられました。つまり、『数学によって育まれた男性』の伴侶たるにふさわしいお方なのです。……お嬢さん、彼について学びなさい。彼が与える書物を読み、彼の説明に注意深く耳を傾け、彼自身の研究について行くように、心がけなさい。あなたの知性に、われわれ男どもが僭越にも男性的と呼んでいる、あの決然とした態度と幅の広さを加えてください(6)」。当時は男女間の役割分担――男は知性、女には優しさ――が、なお妥当とされていた時代だったが、この祝辞に眉をひそめる列席者はいなかった。アンヌ＝マリーならきっと、理想的なフランスの提督夫人になるに違いないと思われたからだ。非常に美しく、海軍士官の制服姿の夫より、頭ひとつ分だけ背が高い新婦が、打算でこの結婚をしたのでないことは確かだった。規定により警察が行なう調査によれば、新婦が持参金で、海軍の薄給を十分補えるだけのものを所有していたことがうかがえる。アンヌ＝マリーは父親から四万フランの持参金を貰っていた。これだけあれば充分だった。

結婚して三カ月後、ジャン＝バチストはブレスト軍港で自分の装甲艦ブーヴィーヌに再び乗り組んだ。その後すぐに、個人的な都合によりパリで六カ月の無給休暇を得たいという希望を表明している。「海軍を辞めたいのです」。「この休暇が得られれば、新しい仕事が探せます」と彼は説明した。この休暇は認められた。

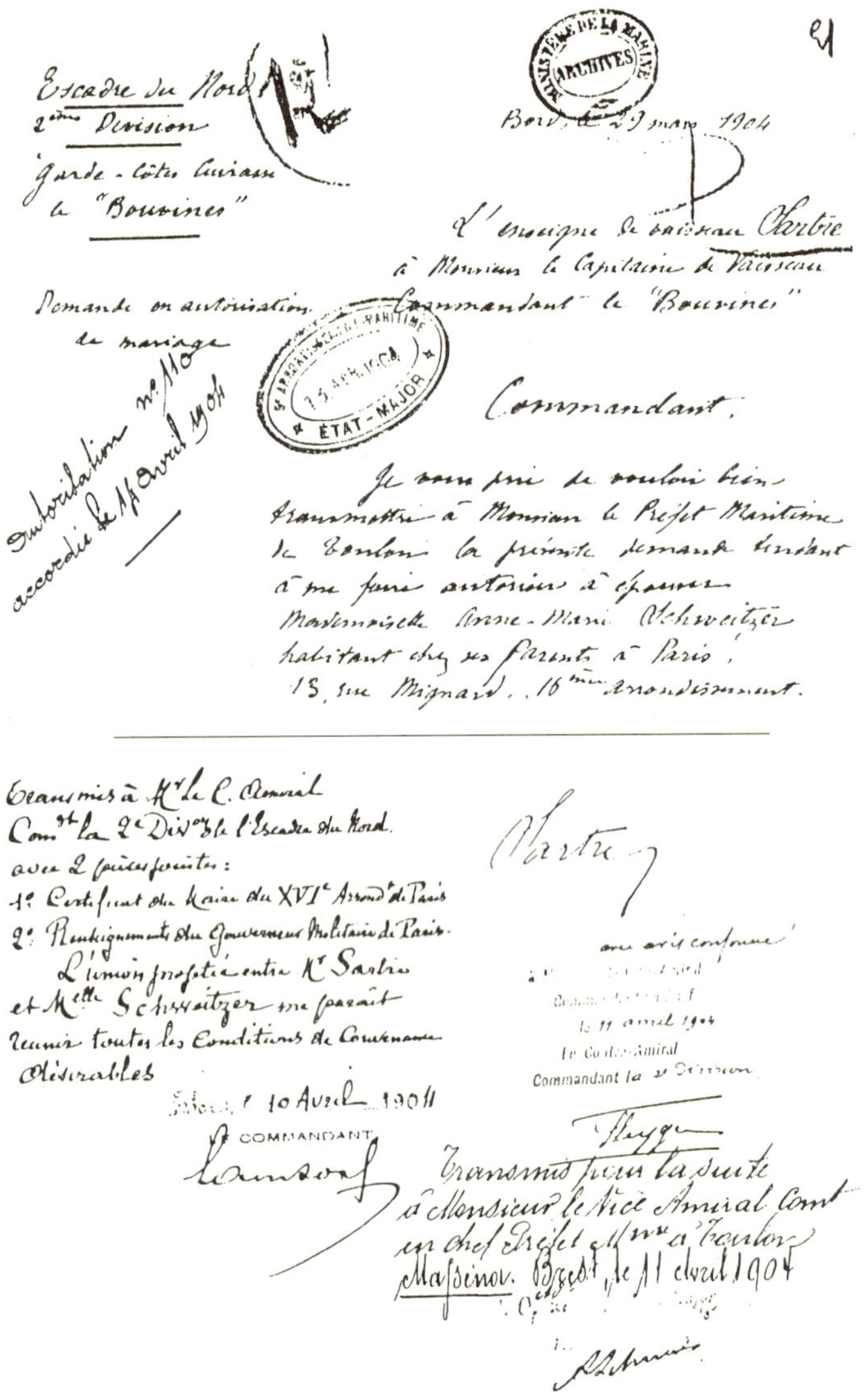
Escadre du Nord
2ème Division
Garde-côtes cuirassé
le "Bouvines"

Bord, le 29 mars 1904

L'enseigne de vaisseau Sartre
à Monsieur le Capitaine de Vaisseau
Commandant le "Bouvines"

Demande en autorisation de mariage

Autorisation n° 110 accordée le 15 avril 1904

ARCHIVES
ÉTAT-MAJOR
13 AVRIL 1904

Commandant.

Je vous prie de vouloir bien transmettre à Monsieur le Préfet Maritime de Toulon la présente demande tendant à me faire autoriser à épouser Mademoiselle Anne-Marie Schweitzer habitant chez ses parents à Paris, 13, rue Mignard, 16ème arrondissement.

Sartre

Transmis à Mr le C. Amiral Comt la 2e Divon de l'Escadre du Nord.
avec 2 pièces jointes :
1° Certificat du Maire du XVIe Arrondt de Paris
2° Renseignements du Gouverneur Militaire de Paris.
L'union projetée entre Mr Sartre et Melle Schweitzer me paraît réunir toutes les conditions de convenance désirables

Bord, le 10 Avril 1904
Le Commandant

avis conforme
le 11 avril 1904
Le Contre-Amiral
Commandant la 2e Division

Transmis pour la suite à Monsieur le Vice Amiral Comt en chef Préfet Mme à Toulon
Brest, le 11 avril 1904

B　ジャン＝バチストの婚姻許可申請依頼状と承認状

一九〇四年十一月十五日から一九〇五年五月十五日までだ。

こうしてジャン＝バチストはパリ十六区のシャム通りで六カ月間、妻といっしょに暮らした。クリスマスに、若い夫婦はティヴィエに出かけた。半年も前に、ジャン＝バチストの妻は「ご家族の皆さんにお会いしたい、J・Bが少年時代を過ごした地方を見に参りたいと熱望しております」と義母に手紙を書いている。一九〇四年十二月二十四日木曜日、ジャン＝バチストと、アンヌ＝マリー——実家では「ユウ」〔you〕という あだ名で呼ばれていて、サルトル家もこの習慣を踏襲することになる——は夕方の六時の汽車でティヴィエ駅に到着した。ジョゼフも彼らと一緒だった。クロワッセの従兄弟の家へ行っていたのだが、予定を繰り上げて、車中で落ち合ったのである。黒いタフタの長いスカート、黒アストラカンの上着、白いすみれを飾りにつけた明るい青灰色のフェルトの帽子という出立《いでたち》のユウは、着く早々際だった印象をあたえた。義母は「非常にあっさりした出立《いでたち》だが、とても趣味がよい」と評価した。パリ女風の気に障わる行き過ぎを心配していたのである。土産の披露。トゥーリエお祖母さんには黒い毛糸の大きな立派な肩掛けを、義父にはボンボン二袋をユウは贈った。リシュリューのレースのアップリケがついた黄色いサテンのクッションは、ユウが義母のために自分で縫ったものだ。続いて挨拶回りである。ヴァンサン家、エリエ家、デュシュトゥール家、ファラン家、ラコスト家、ラプイヤード家、オートフォール家、それに神父が、新婚夫婦の訪問を受けた。こちらへ訪ねてきてくれる人々もいた。デュシュトゥール夫人、デュリユー夫人、エリエ夫人など。家では御馳走ずくめの素晴らしい晩餐がいくどもあった。二十七日の日曜日には、通りがかりのジョゼフ・ジョリヴェもやってきた。ひとりだけ足りない人がいた。エレーヌがいないのは、六カ月前にモンペリエ勤務のフレデリック・ランヌ大尉と結婚し、どうしても来られなかったからだ。この三日間、天気は素晴らしかった。サルトル一家は、新しく家族となった、美しく、教育があり、慎み深いユウを大いに評価したようである。ことにサルトル医師は、夫人の言うところでは、「彼女に対しては、いつにもまして精一杯の愛想と思いやりを示したが、相変わらず、財布の紐は固いまま。だが彼女と大いに話しこんでいた」。一方、ジャン＝バチストは「ユウはごく自然な優しさで皆の心を奪ってしまった。だがとにかく、ここではたちまち時が過ぎた」と語っている。たしかに束の間だった。二人は三日後には、二時の汽車で発ったのである。ティヴィエではしばらくのあいだ、人々はジャン＝バチストが顔色が悪くなって痩せたと言い、またあの頻繁な偏頭痛が再発するではないかと心配した。反対に、ユウの方は元気一杯のように見えた。母親のサルトル夫人は娘のエレーヌへの手紙に「おなかの中には元気な赤ちゃんがいるのです。おなかが大きいわけではないけれど、腰が大きくなっています。顔つきもあまり変わっていなくて、いつもいい血色をしています。要するに、どこから考えても順調な妊娠だと思います。もう月数の半分近く過ぎていて、六月の初めにはおめでたが……」と書き送っている。

実際、ユウが宿している「おめでた」はティヴィエの人々を喜ばせ、あわれなジャン＝バチストの再び衰えをみせた健康に対する懸念を、いくらかは和らげたのである。この手紙から、それから数カ月間に起こる出来事をあらかじめ読み取ることができる。悦びと心配の連続だ。ティヴィエの人々はよく見抜いたのだ。「彼らは二人とも、とても幸せそう」と、サルトル医師の夫人は結論している。たしかに彼らは幸せそうだった。ユウは旅行でちっとも疲れなかったという礼状を出している。それどころか、お父様は自分に「とても親切だったし、お母様も「自分たちを甘やかし放題だった」、誰も彼も自分たちを「親切に歓迎してくれた」と書いている。もっともそれは、いかにもブルジョワ的な礼儀の範囲内の当り障りのない言い方でしかないのだが。

この時、彼女が身籠もっていた子供が、のちにジャン゠ポール・サルトルになる。サルトルは自分の父親の故郷について、多くを語らなかった。彼の最初の本『嘔吐』の中でそうだったように、さりげなく、たいていは何を言っているのかわからないほのめかしがいくつかあるだけである。彼ははっきりとした形で、ティヴィエにも、ペリゴールにも触れることはけっしてなかったし、たまたま機会があると、葉緑素への激しい嫌悪[*7]を表すのであった。ある日、レストランで、サルトル姓を名乗る、フランス南西部出身の若い女性が近づいて、自分は遠縁の従妹だと自己紹介した。この見知らぬ女性の質問にサルトルは大変丁寧に答えたが、会話が途切れるやすぐに食事に戻ってしまった。そのサルトルも、つまらないことだが、たった一つだけ、ジャン゠バチストの故郷に譲歩することがある。彼がクリスマスの時に食べることを受入れるフォワ・グラは「ペリゴール産」でなければならず、ティヴィエやピュイフェイベールでするように、「陶器の菓子焼き」に入れて焼いたものでなければならなかった。ジャン゠バチストが遺した本としては、ル・ダンテックの科学の将来に関する本と、もう一冊、ウェーバーの『絶対的観念論から実証主義へ』を、読むともなくぱらぱらページをめくったのちに、彼はさっさと売り払ってしまった。

2　アンヌ＝マリーの不幸の数々

「みんなは私に、若い大柄な女性を指して、これが私の母親だといった。そういわれなければ私はその人を姉だと思っただろう。……彼女は私に我が身の不幸の数々を語って聞かせ、私は同情してその話に耳を傾ける。大きくなったら彼女を守るために、彼女と結婚しよう。私は彼女に約束する……。」『言葉』*1

ラ・コキーユ、ビュシエール＝ガラン、ラファルジュ、ネクソン、リモージュ……。黒いアストラカンを着た、とても上品な二十二歳のアンヌ＝マリーは、今度の旅行に満足だったのだろうか？　彼女は帰りの汽車の中で、まだ訪れたことのない多くの町や村の名が通り過ぎていくのを見ていた。彼女はティヴィエに感激していただろうか、それとも落胆したけれど口に出さなかったのだろうか？　思いがけない歓待を受けて、喜び驚いていただろうか？　彼女は、何も言っていない。ジャン＝バチストにも話さなかった。従順な彼女は、皆が「親切」だったと思い、言うべきことはすべて言っていたのだ。何年も受け身で寡黙な生活を送った人間は、急にお喋りになったり、人に逆らったり、文句を言ったりしないものだ。だから、ティヴィエから戻ったのち、彼女は何の感想も漏らさなかったが、紛れもない文化的格差《ギャップ》というあの違和感を非常に強く感じ取っていたのである。

アンヌ＝マリー・シュヴァイツァーは、ジャン＝バチストと結婚するまで、放任されて成長した。幼女から若い娘へ、黙って長く伸びる蔓のように、将来の生活へのはっきりした計画もなしに放って置かれたのである。彼女の父は「シュヴァイツァー家の人間は生来、音楽家だ」といつも言っていた。したがって彼女は、両親のピアノでベートーヴェンのもっともむずかしいソナタを弾き、自分で伴奏しながらシューベルトやブラームスのリートを歌った。いつも心から幸せな気分で、裁縫やデッサンも習った。もの静かで口数も少なく、受け身な態度で、彼女は、己の境遇の女性にふさわしい気品をもって、何も要求せず、苦難に耐える良家の令嬢という自分の運命におとなしく従ったのである。シュヴァイツァー家の人は皆そうだが、彼女もスラリと背が高く、しっかりした教養があった。美人だったけれども、その美しさはこれみよがしでもなければ、人をはっとさせるような性質のものでもなかった。明るい大きな目、官能的な口許、豊かな髪、そして穏やかなまなざしは、いささか男たちの重圧に打ちひしがれた、諦念に満ちた淑やかな若い娘のものだった。

アンヌ＝マリーの父親のシャルル・シュヴァイツァーも、祖父のフィリップ＝クレチヤンも、個性の強い人間として知られていた。プファッフェンホーフェンはフランス北東の端の三角地帯にある小さな町だが、この町の人々はシュヴァイツァーと聞いただけで、いろいろなことを思い出す。フィリップの豪華な大きな家はいまでも、この町のまっすぐで清潔で、華やかな目抜き通りで、いちばん立派な家である。彼らの祖先のジャン＝ニコラ・シュヴァイツァーは、フランクフルト・アム・マインの船頭の息子だったが、一六六〇年にストラスブールにやってきて、牧師になった。それ以降、この一家の男たちは皆、小学校教師の職に就いていた。シュヴァイツァー家は、紛うかたなき家門であり、先祖である牧師の息子から、アンヌ＝マリーの祖父まで、七代にわたって、フーフツハイム、エックヴェルスハイム、そして最後はプファッフェンホーフェンというアルザス地方の小さな町の小学校の教員のポストを代々引き継いできた。しかし、アンヌ＝マリーの祖父は、心ならずも自分がその末裔である先祖代々の教職を、歴史的な新情勢を鑑みて、継がない決心をした。帝政復活に際し、彼は公然と左翼的な考えを掲げ、ナポレオン三世に宣誓することを拒否して公務員の職を失い、食料品屋になった。政治好きで骨の髄まで共和主義者だった彼は、その後（一八七五年から一八八六年まで）プファッフェンホーフェンの町長を務めている。彼は、日記の中でフランス語、ドイツ語、アルザス方言を交互に用いて、当時の政治的事件の大部分に丹念に註釈を加えた。一八七〇年の五月八日に行なわれた〔アルザスのドイツ併合を問う〕住民投票のときには、怒って「祖国が求める秩序と自由の名において、私は『ノン』の一票を投じた[(1)]」と書いている。しかしながら、フィリップ＝クレチヤンは二重に好機を逸することになる。つまり、第三共和政が到来して、教育においても政治においても、彼の考えがあらかた実現されるようになったのに、一八七〇年のフランスの敗北後、ドイツ領となった土地に留まることを選んだのである。そして、後に「プロテスタンティズムの黄金時代」といわれる時代が始まったちょうどその時、引退の年齢に達しようとしていたのだ。当時、ジュール・フェリィ[*2]は初等教育の新しい概念を作り上げようと、プロテスタントの優れた教育学者やリベラルなプロテスタントたち――フェリックス・ペコー[*3]やフェルディナン・ビュイッソン[*4]のような――を自分の周りに集めていたし、初等教育の正真正銘のバイブルである『教育学事典』は、鋭い批判精神をそなえた、自由で自主的な個人を育て上げようという野心に燃えて、リベラルなプロテスタントたちがたえず発展させ、伝えてきた思想の大部分を取り入れていたのである。それは、子供の自由意志、理性、歴史、自然への信念に他ならなかった。「大革命がやり残した教育事業を引き継ぐことこそ、第三共和制の使命である」と、フェルディナン・ビュイッソンは誇らしげに語っている。政治運動家の情熱と伝道者の献身的精神に燃えた、これらの啓蒙的な教育学者たちは、明確で野心的な理想を自らに課した。あまたのカトリック系団体が施している硬直した教育からフランスを蘇らせ、各人に個人の責任の感覚《センス》を持たせることによって、国民を教育しようとしたのだ。ちなみに、すでに二十世紀に入る前に、大学教授のブレアルは、「われわれの初等教育の組織編成は、プロテスタンティズムの申し子である……」と述べている。シュヴァイツァー家の人々はすべて、自分たちの信念に確信を抱く、強力で誇り高い少数派、あの純粋で、共和主義的で、戦闘的な、少数派中の少数派、つまりリベラルなプロテスタントに属していたのだ。

フィリップ＝クレチヤン・シュヴァイツァーは五人の子持ちで、うち三人が男子だった。オーギュストは「もっとも金持ち」で、パリでペルーとの貿易の仕事を始めていた。ルイは「もっとも信心深く」、カイゼルベルク、ついでグンスバッハで牧師を務め、有名なアルベルト・シュヴァイツァーの父親になった。[*5]「もっとも頭がよい」――当人が自分でそう言っていた――シャルルがアンヌ＝マリーの父親である。シャルルは五人の子供のいちばん上で、母親は、この「神童」を牧師にしようとした。ところが、移り気でしかも頑固なシャルルは、女がらみのことでプロテスタントの神学校を追われ、その後さしたる努力もせずに、ドイツ語の教授資格試験に通った。彼は一八七二年五月一日にフランス国籍を選び、自分が教えていたマコンで、この地方の娘ルイーズ・ギユマンと結婚した。いささか風変わりなこの夫婦の間に三人の子ができた。九五年度に理工科学校へ入学することになるジョルジュ、父親同様、のちにドイツ語の教授になるエミール、それにアンヌ＝マリーである。「三人の子供のうちで、わたしが気にいっていたのはジョルジュです」と、アンヌ＝マリーの母親はよく言っていた。「あの子が一番、音をたてなかったから」と、大真面目に説明するのだった。シャルル・シュヴァイツァーと結婚したこのルイーズ・ギユマンは、あまり母親らしい人ではなかったのである。いや、母親らしくないばかりか、妻らしい妻でもなかった。時代が違っていたら、自主的で自由な女性の生き方を選んだにちがいない。控えめなところはまるでなく、情熱的で、教養もあり、ユーモアにも溢れるこの反抗的な女性は、際だって個性的な自分の夫の、いささか押しつけがましい人柄に抵抗するために、奇妙な慢性病にかかり、そこに閉じこもることを選択したのである。例えば夫がリセ〈ジャンソン・ド・サイイ〉に転勤になっても、パリについて行くことを拒否し、三人の子を寄宿舎に入れてしまう。二人の息子はドミニコ会の寮へ——彼女はカトリックだった——娘は尼僧の所へ預け、自分は決定的に病人の役どころに腰を据えてしまったのである。

こうして何年もの間、彼女は抵抗した。最初はアルカションの療養所の病床にあったが、のちには、サン・ゴバン近くの自分の両親の別荘のベッドか、あるいは時たま、シャルル・シュヴァイツァーと同じ屋根の下でも別の部屋のベッドへ移ったりして、ちょうどハンガー・ストライキをするように、命《いのち》のストライキをやったのだ。だが、何という女性だろう！　冷笑的で誇り高く、しかも寛容な彼女は、好んでヴォルテール、ディドロ、『百科全書』を引用したし、気の効いた科白や警句が大好きだった。不器用に、女としてのアイデンティティを自力で模索しながら、シャルル・シュヴァイツァーといっしょにではなく、その傍らで暮らした。シャルル・シュヴァイツァーというあまりにも自信過剰で、人を見下し、演技過剰なこのドイツ語の教授資格保持者は、家族で食事したあと、遠慮会釈なく——妻がその場に居ても構うことなく——自分の兄弟たちとアルザス方言で長々と冗談をいい合うのであった……。

ペリゴール・パリ間の汽車にゆられながら、アンヌ＝マリーには、このようなイメージや思い出のあれこれが心に浮かんだにちがいない。きっと、シュヴァイツァー家とサルトル家の間には、大きな文化的格差があるという感じが漠然とあったに違いない――この差はしだいに大きくなっていくのではないだろうか？　またとりわけ夫婦生活というものは確かなものではないという深い確信があった。自分の父と母の結びつきは、喧嘩ばかりしていた割には生彩に富んでいたが、要するにあまりうまくいかなかった。ジャン＝バチストの両親の方も、もっと世間並みな関係――毎日、同じ屋根の下で、無関心のまま救いようもなく果てしなく続くうっとうしい争い――にがんじがらめになっていた。だがこうした不吉な先例にもかかわらず、この数カ月間は、二人の若い旅人にとって、幸せな時期だったようだ。ジャン＝バチストはかつて姉のエレーヌに対してしたように、兄として、保護者として、彼女の世話を焼いたし、アンヌ＝マリーも、やっと自分に語りかけ、読書の相談に乗ってくれ、才能を認めてくれる人を見出したのである。一九〇五年という年が始まろうとしていた。アンヌ＝マリーは数カ月すれば、彼女自身がそう言っていた「可愛いアニー」か「ポール坊や」を生むはずだった。彼女は明らかに女の子のほうがよいと思っていた。一九〇五年が始まろうとしていた。アンヌ＝マリーと生まれてくる子供のために、夫の海軍士官は、かつて夢見た日本行きを諦める決心をした。植民地戦争、病気、上官からの圧力などのため、出発する気が萎えてしまったのである。それ以来、ジャン＝バチストは絶えず陸に戻ろうとしていた。彼は省庁や官房を駆け回り、「海軍文書担当官」の職に応募し、そのために公式の支援さえ頼んで回り、どんな突拍子もない解決策にも飛びついた。

可愛いアニーかポール坊やが生まれるのは六月の初めか、うまくいけば五月の終わり、とジャン＝バチストは期待していた。無給休暇が五月十五日に終わることは、はっきり決まっていた。規則は厳格で、いかなる違反も処罰されることになる。できれば予定日以前に子供が生まれることを秘かに望みながら、この呪わしい五月十五日より前に陸上の勤務を見つけようと、時計と競争していたのである。だが、ユウもジャン＝

バチストも、その期待がかなわないことに、たちまち気付くことになる。海軍の行政当局は彼らのために特別の便宜を計ってくれなかったし、子供については、どうやら出産を一カ月早くに予定するという計算違いをしたに違いなかった。

一九〇五年五月十四日、ジャン＝バチストはいやいや、トゥーロンに向かってパリを出発した。同月二十九日、絶望した彼は、遠洋魚雷艇ラ・トゥールマントに次席士官として乗り組み、シチリア、ついでクレタに向かった。途中、メッシナ、パレルモ、カニア〔クレタ島〕に寄港する。この港々から、彼は妻に電報を打った。海に出てから毎日、彼は出産の知らせを待っていたのである。「トゥーロンから艦に乗ります。母親になる直前にユウの許を去らねばならないと思うと、悲しくてなりません。また、子供を抱くこともできないのは、本当に残念……」。彼は、ティヴィエにこう書き送っている。そして、ユウの方でも同じことを言っている。「私の優しいジャンがいないので大変悲しいのですが、うまくいけば、十月に会えるかもしれません。もし彼の乗船期間が十八カ月だけで済むのなら、私はクレタ島のカニアへ行くつもりでいます」。そしてこう続けている。「いまはおなかが大きくなりすぎて、とても外に出られません。もしお望みでしたら、九月末に赤ちゃんを連れてまいります。その頃には、赤ちゃんも元気で可愛くなっていることでしょう」。さらに彼女は具体的にこうも言っている。「洗礼はジャン＝バチストの帰りを待ちたいと思いますが、生まれたらすぐ、略式受洗をさせることになるでしょう」。これらの手紙から明らかなように、ジャン＝バチスト不在のまま事は進められていた。船乗りの父親というものは、それだけですでに失踪しているも同然なのだ。こうして、クレタ島でも、ティヴィエでも、パリでも、だれもが出産を待ち望んでいた。シュヴァイツァー家では、七月一杯、マコネ地方〔ブルゴーニュ〕に大きな家を借りることにしていた。しかし「計算違い」からいろんなことが狂ってしまいそうだった。子供の生まれるのが遅ければ遅いだけ、子供をパリから外に連れ出す可能性が小さくなる。とにかく、この不都合には、本当に皆いらいらさせられた。未来のサルトルの祖母は、六月二十一日の日付でティヴィエから、「私たちの小さな水兵さんの知らせは、相変らずありません」と手紙を書いている。それから何時間かして、二通の電報がシュヴァイツァーの祖父によって打たれた。一通はクレタ島へ、もう一通はティヴィエへ。男児出産を告げるものだった。(2)

ジャン=ポール・サルトルはこの世に遅れてやってきて、端《はな》から家族の立てた予定を台無しにした。しかしこの年には、二十世紀を代表するようないくつもの政治的事件が起こっている。一九〇五年は第一次ロシア革命や日露戦争の年、またもっと彼に身近なところでは、政教分離法が成立した年である。ティヴィエでも、「おめでた」が待たれている間に、自然発生的な街頭デモや暴動が起こり、この有名な法律をめぐって、賛成派と反対派が真っ向から対立し、この小さな町にも潜在的な緊張が高まっていたことがわかる。それに、ペリゴール全体でも、一九〇一年に宗教団体による教育を禁止する法律の投票が行なわれて以来、騒ぎが絶えなかった。

ことに、ペリグー司教のドラメール猊下《げいか》が、ルーベ大統領の宗教相エミール・コンブに公然と反対してから、騒ぎは一層激しくなった。ティヴィエには、反教権闘争を代表する人物が三人いた。共和派左派の市長プレヴォー医師、とくに戦闘的な市会議員のレイ。レイはその夏、「われわれは教権派を左翼に取り込むことに成功した」と公言している。もう一人はフリーメーソンで印刷業者のファルジョ親父《おやじ》だが、これはそんじょそこらの印刷屋ではない。何しろ、日刊紙『ティヴィエ・アンデパンダン』を印刷していたからだ。一九〇四年二月二十二日、三〇〇人の女性のグループがティヴィエの教会の前に集まって、厳かに、「祖国とフランスの自由に神の君臨を取り戻すこと」を約束した。すると、件の市会議員は、「市民社会の優位を守るために、私は宗教やコングレガシオン[*6]の専制に断固反対する」と応酬した。女たちが「ユダヤ人とフリーメーソンを倒せ」とやりかえせば、反対派は「教権派の蒙昧打破、理性と啓蒙、宗教から独立した教育万歳」と叫ぶ。トン通りの自分の部屋の窓から、医師サルトルの妻はいわば特等席で、ティヴィエ市民の政治的対立を目撃していたのである。一九〇五年八月二十一日、彼女は娘のエレーヌに、こう手紙を書いている。「マリー・ジューセ嬢はティヴィエ公立学校の正教員に任命されました。教会の出口でたまたま、彼女のお母さんに会いました」。続けて「本当に彼女がかわいそうです。わたしは一部のティヴィエの人たちの考えを知っていますからね。気の毒に、あの人は監視されるに違いない！　彼女は今から脅えているけれど、宗教上の慣習をすこしも変えるつもりはないのです」とも書いている。このように、教育の宗教からの独立をめぐる衝突は、ティヴィエの保守的な人々の間では、いささか個人的な色合いを帯びることが多かった。政教分離法が可決されたのは一九〇五年十二月九日である。サルトル、シュヴァイツァー両家の跡継ぎはまもなく、生後六カ月を迎えようとしていた。

この両家にとってこの年最大の事件は、彼の誕生だった。写真狂だったシャルル・シュヴァイツァーは孫の写真を、孫だけ、あるいは母親といっしょに、あらゆる角度から撮りまくった。それらの写真はクレタ島沖を遊弋《ゆうよく》する遠洋魚雷艇ラ・トゥールマントへ送られ、ティヴィエにも送られた。どこの家庭でもそうだが、だれもが写真に夢中になった。トン通りの家を訪れる人々は皆、この写真を見せられたし、モンペリエに住むエレーヌのところにまで写真が送られた。それからティヴィエでは、赤ん坊のサルトルをうやうやしく迎える準備が始まった。新しく祖母になったサルトル夫人は次のような手紙を書いている。「私は、私の揺りかご、いえむしろあなたの揺りかご作りで午後のひとときをすごしました。揺りかごを塗り直させ、網と縁飾りを洗濯させせました。カーテンの裏地のようなクレトン地の布をいっぱい見つけたので、揺りかごの裏打ちに使い、モスリンの寝台の古いカーテン生地があったので、新しい覆いにしたのです。つまりほとんどお金をかけずに素晴らしい揺りかごを作ったのです。あの子を連れてきても、私の作った揺りかごがJ・P〔ジャン＝ポール〕を迎えるばかりになっています」。まるで会う前から一家の一員にしてしまおうとするかのように、赤ん坊を早くも愛称で呼ぼうとしていた。J・Pがサルトル家の家族一同の間で有名になった頃、J・B〔ジャン＝バチスト〕の方は、魚雷艇の上ですっかり意気阻喪していた。「僕はブルジョワのような生活をしているわけじゃないんだ」。ジャン＝バチストは冷たいといって彼を非難した姉のエレーヌに、きつい返事を書いている。「僕には手紙なんか書く暇はないんだ。魚雷艇がどんなものかわかっているのかい？ もう四カ月も、僕は魚雷艇の上で暮らし、食べたり、眠ったりしている。一度も陸に上っていない。……すこし想像力を働かせて、クレタの荒海やここの夏の暑さを思ってくれれば、姉さんだってわかるはずだ」。そして、すっかり参ってしまったジャン＝バチストは、こう付け加えている。「帰国の可能性がちらりと見えないわけではない。それは決定的な帰国となるだろう。十月になれば海軍をやめる絶好の機会があるかもしれない……。もう一度、普通の生活に戻れれば、僕は再び幸せになれるに違いない。妻とポール坊やのことは聞いたでしょう。二人がとても健康であるという知らせが、せめてもの慰めなのだ。ポールは素晴らしい子らしい。可愛い坊やとの初対面を果たし、彼のママンと再会するのが待ち遠しい！ 戻ればたくさんの幸せが、僕を待っている。わかるだろう、ここで暮らすのが、どんなにばかばかしいことか……」。どんなに努力しても、どんなに望んでも、ジャン＝バチストには海軍を離れるチャンスはまったくなかった。六月二日に、彼は配置転換願を出し、七月十八日には、地上勤務のポストを獲得するため商務大臣の推薦状を受け取った。八月二十三日、文書担当官候補者名簿に登録される。そして、九月十日、彼は「健康回復」のために、一年間の無給休暇を願い出た。しかしどれも実現しなかった。八月、九月、十月と過ぎ、彼が「ポール坊や」と呼ぶ息子は、生後二カ月から三カ月、さらに四カ月になったが、ジャン＝バチストはクレタ島の沖で力なく衰えていくばかりだった。気持ちが子供に向かうのは、病気のせいだった。十一月五日、彼は本国に帰還し、トゥーロン第五帰国者収容所に入った。アロン湾のころに健康悪化のため初めて本国に送還されてから、ちょうど五年ぶりであった。その一週間後には、彼はシヤム通りの家で、ユウとポール坊やの傍らにいた。ユウは素晴らしく健康だと彼は思った。

父親と息子は初めて顔を合わせた。息子の方は後年、次のように書く。「彼と私はしばらくの間、同じ地上にいたことがある。それだけの話だ」。ジャン＝バチストの方は、息子に初めて会って大感激だった。「僕のポール坊やは素敵な子です」と両親に述べている。「何でも面白がり、絶えず動き回り、興奮し、大声で叫び、笑い転げるのですが、決して泣かないのです。まなざしは好奇心に満ち、利口そうで、たいへん優しい……。窓辺の小さな安楽椅子で僕の横にすわり、通りを眺める、それが大好きです。数珠をいじくりまわしては放り投げ、僕がなんども拾うわけです……。零歳にしては進歩がとても早く、僕にはよくわかりませんが、たいへん可愛い顔をしていると思います……」。

ジャン＝バチストは生後五カ月の子供に有頂天になりながら、ゆっくりと衰弱していった。「自分が元気になったとは、とても言えません」と、彼自身も認めている。「どうみても、この夏の六カ月が僕にはきつすぎました。休養と手当が必要です。とりわけ、自宅にいることが必要なのです」。一九〇五年のクリスマスには、サルトル家の三人――父、母、息子――は、シヤム通り十六番の家でそろってイヴを過ごした。赤ん坊はツリーや蠟燭を喜び、ジャン＝バチストはティヴィエから小包みで送られてきたものを賞味し、「回復はしたが、元気一杯ではない」と感じていた。だが「ポール坊や」の洗礼が問題である。パリでするのか、ティヴィエですることになるのか？

ジャン＝バチストの希望とはうらはらに、休息も、治療も、家庭生活も、病気がぶりかえすのを食い止めることはできなかった。クレタ島で過ごした夏の数カ月の間に、まずコーチシナで患った全腸炎が再発し、ついで気管支炎が見つかった。これには「肺の右先端部の硬化」というしゃれた名称が付けられた。こうしてジャン＝バチストの生活は不幸にも、海軍保健衛生上級審議会への度々の訪問や、給与半額支給の病気休暇を給与全額支給の病気休暇に切り換えることを要望する嘆願書を書くことに追われることになる。この二つの疾患の治療は長引き、費用もかかるからである。病気回復のための最初の休暇は十一月十二日から三カ月だったが、二月十二日から三カ月延長され、五月十二日からさらに三カ月、八月四日からも同様になお三カ月延長された。この間に、八十歳を超えたトゥーリエ方の祖母がトン通りの家で亡くなった。彼女は遺言によって、サルトル家の三人の孫を自分の財産の主要相続人にしていた。ジャン＝バチストはとくにラ・ブレジエールの所有地を兄のジョゼフと分けあった。一九〇六年五月十一日に、ジャン＝バチストは母親宛に、初めて、しかも黒枠付きの弔文用の紙に認《したた》めた妙な知らせを送った。「変更です。われわれは家財道具を持ってティヴィエに行きます。あなたは、カエサルとその幸運にまた会うでしょう」と、謎めいた書き方だ。

「熟慮を重ねた結果、われわれの家具をティヴィエに残した方がよいと思ったからです。……これはまた、後で説明するつもりです。……この仕事を引き受ける運送屋を見つけました。……ユウとミネ〔坊や〕はティヴィエへ行くのをとても喜んでいます、もちろん僕も！　いい空気は僕の体に良いでしょう。小康状態が続いているのですが、いまひとつ冴えないのです。僕はここで、当分辛抱することになりそうです」。だが彼は手紙の調子を和らげるために、こう書き加えている。「心配しないで下さい。僕たちは、あなたを疲れさせないつもりです。でも、よく考えなければならないことばかりです。……ミネがおばあちゃんに熱いキスを送っています……」。一九〇六年五月十五日、ジャン＝バチストとユウとポール坊や――彼はJ・Pとも「ミネ」、あるいは「プールー」とも呼ばれた――の三人からなるサルトル一家が、すべての家具とともに到着した。振り出しに戻ったわけだ。余儀なくされた帰郷だったが、要するに理にかなっていた。病人は地方で病気の回復に努める必要があったし、たいした財産の持ち合わせもなかったからだ。ところがごく最近、ティヴィエから五分の、大きな土地を相続したわけである。ジャン＝バチスト夫妻は早速、ラ・ブレジェールに居をかまえ、赤ん坊の方はティヴィエに残された。結局この方が実際的だった。祖父のサルトル医師とその妻たる祖母、それにジョゼフが赤ん坊の様子を知らせるために、ふたつの家の間を目まぐるしく行ったり来たりした。七月には祖父のシュヴァイツァー氏が、婿に会いにラ・ブレジェールにやってきた。不安になっているアンヌ＝マリーを力づけるためでもあった。医師サルトル夫人は、こう説明している。「かわいそうに、彼女は悲嘆にくれていたので、父親が来てくれたことで、少しは慰められたようです。ジャンも喜んでいます。でもシュヴァイツァーさんも、ジャンがすっかり老け、変わってしまったと言っています。まだ希望はあるけれど、あの方も結局、悲しい真実を理解するに違いない、と思います……」。夏の三カ月の間にこうしてジャン＝バチストは一層衰え、「ひどい状態に陥った」かと思うと、「快方に向かい」、ついで「発熱し」、その後、再び「絶望的な容体に」なっていった。二人の医師が協力して、この病人を診ていた。まず彼の父親、それから彼の少年時代の友人のジャン゠ルイ・デュリユー。デュリユーも毎日、診察にやってきた。実のところジャン゠バチストは、同時に二つの病と闘わねばならなかったのである。それで、彼の体はしだいに抵抗力を失っていった。全腸炎は、日々彼を衰弱させていったし、結核は、すでに弱った体にとりついて、いよいよ進行していった。赤ん坊がこれもまた、弱りかけていた――母親と一緒にいないためだろうか？　祖母サルトルも、「二人の病人」と言い出す始末である。手紙の中で彼女は、こう言っている。「プールーはシュヴァイツァーお祖父さんがよくわかって、歓迎しました。だけどかわいそうな坊やは、歯が生え始めたので痛がっています……」。自分の娘宛のこの手紙の終わりで、彼女はさらにこういっている。「私は歳をとって、本当に年寄りになってしまいました。だけどプールーをあやしたり、眠らせたりするために、結構つらいのですが、も一度若返って、歌をうたわなければなりません……」。そういうわけで、皆がプールーを楽しませるためにかりだされた。彼は一歳を過ぎ、すでにこの病的な環境の中でいろいろなことを感じていたに違いない。ジョゼフが一番プールーの世話をやいた。すぐ後に暇を出された女中のジュリエットも同様だった。

一九〇六年九月十六日、このみじめな夏の終わりに、サルトル夫人はまた、娘のエレーヌに手紙を書いた。「ラ・ブレジェールへ行かなければなりませんでした。ジャンの具合がわるかったのです。夕立があがってさわやかな天気でしたけど。あの人たちは、明日からこちらに来ることになりました。お父さんが、ジャンを迎えにいきます。容体がわるいのでいろいろ気をつけることが多いのです。かわいそうな坊やの方は、ジョゼフがお守りをします。坊やは写真では可愛いかったけれど、体が弱いのです。……あの子は子羊を欲しがっているので、私が『エレーヌ伯母さんに、可愛いプールーに子羊を一匹送ってくださいって手紙に書こうね』と言ったら、にっこり笑いました」。九月十七日、予定通り、エイマール・サルトル医師は、ジャン゠バチストとユウをティヴィエの家に連れてくるために、ラ・ブレジェールに出かけていった。ジャン＝バチストは道中、ひっきりなしに咳をした。父親が助けて車に乗せ、二階に落ち着かせてやった。病床へ「ポール坊や」を連れていってやると、坊やはひどく泣いた。歯が生えて痛がっていたのである。それから数分後、一九〇六年九月十七日の夕方の六時、ジャン＝バチストは自分の幼年時代の部屋で亡くなった。

一九〇六年九月二十一日水曜日午前十一時、ティヴィエの墓地。黒山の人がドクトゥール・ジュール・トゥーリエ広場に葬列が到着するのを待っていた。少年時代の友人たちが、棺の掛布の紐を持ち、代表としてやってきた理工科学校の友人たちは棺を覆う黒布の端を持った。ジャン＝バチストの剣と階級章が棺の上に置いてあった。その周囲を花々、花輪、花束が埋めた。少年時代の友人であり、その最期を見取った医者であるデュリユー医師が弔辞を読み、まだ若い故人の経歴と病の進行を語り、故人は人生で成功するために精一杯努力しながら、それを果たせず、駒を並べ終わっただけで、ゲームを始めるに至らなかったと述べた。「もし、行き届いた介抱、愛情のこもった世話、哀しみを抑えた幾晩もの徹夜の看病、そして押し殺されたすすり泣きがあれば、健康回復の奇跡が実現するというのなら、まさに家庭の天使であるご婦人によってこの奇跡は実現したはずです。しかし、それが実現しなくとも、病の床にある若者の感謝の念は、どんなに大きかったことでしょう！　最後の闘いの最中、臨終の床にあるこの哀れな病人は、咳き込む合間に何度も超人的な力を振り絞って、後に残していこうとするご婦人に最後の微笑みを送りました。まだ元気なころ、出航する軍艦の上から、しばらく別れなければならない親しい人々にはるかに手を振ったように、この最後の微笑も、訣別の合図ではなく、再会の合図のように私には思えました。それゆえ私は、この葬儀の席においでの、彼が残した若い未亡人と幼い子供、悲嘆にくれる肉親の方々、大勢の友人とともに、親愛なる故人に希望に満ちたお別れをしたいと思います」。

地方週刊誌『アンデパンダン・デュ・ペリゴール』は、この出来事を大きく扱い、ジャン＝バチストが「輝かしい未来を約束されており、ティヴィエの町の栄光となるはずだった」と書いた。この時、アンヌ＝マリーは二十四歳、彼女の息子は生後十五カ月だった。彼女は、長い黒い服を着、白い紐で髪に留めた黒いクレープのヴェールをつけていた。幼い息子には、子供たちがよく着る、白とネイヴィーブルーの縞の入った大きな襟のついたセーラー服を着せていた。ジャン＝バチストを思い出す唯一のよすがは、海軍中尉の制服に身を固めた、いささか儀式ばった肖像写真だったが、息子のベッドの上に掛かっていたこの写真も、一九一七年には姿を消してしまう。

アンヌ＝マリーにとって、ティヴィエに関することは、実際上はジャン＝バチストの末期の間しか続かなかった。じつはそれがはるかに長く尾を引き、厳しい足枷《かせ》になろうとは思ってもいなかったのである。この悲しみのあとでは、ティヴィエの公証人のところで相続問題の決着に専念する気にはなれなかったから、彼女はとりあえずシュヴァイツァー家へと戻ることにした。トン通りの家に老いた義理の両親を残して去っていくのである。両親の方は、息子があまりにも早くあの世に旅だってしまったことへの奇妙な罪の意識と、このよそものの女を前にして覚える妙な気づまりとの間で揺れていた。何しろ一族は数カ月の間に二つの死を迎えたのだ。しかし運命の歯車は回ろうとしていた。数日後には、エレーヌとその夫がティヴィエに到着するはずだった。エレーヌがここで、赤ん坊を産むことになる。プールーの遊び仲間になる女の子の誕生が待たれていたのである。

ラ・コキーユ……ビュシエール゠ガラン……ラファルジュ……ネクソン……リモージュ……。アンヌ゠マリーは、パリに戻る途中、もう一度これらの駅の名前が過ぎ去っていくのを目にした。小さい息子は窓の前に陣どって、川や茂みや馬が過ぎ去っていくのを眺めていた。何とも奇妙な帰還だった。彼女は埋葬が終わると、さっさとティヴィエを立ち去ったのである。ジャン゠バチストがいなければ、そこには用はなかった。彼女は、ジャン゠バチストにとって、あの最後の旅がやむを得ない帰郷だったことをよく承知していた。彼女にとってこれ以降、ティヴィエとラ・ブレジェールは、死の前兆を刻みこまれたものとなる。

3　お山の大将の私的寓話集

「甘やかされた子供は悲しがっているわけではない。王様のように退屈なのだ。あるいは犬のように。」

『言葉』[*1]

ティヴィエからリモージュまでの小さな車輌の中でも、それからリモージュ・パリ間の列車の中でも、セーラー服を着た金髪の子供は、背の高い黒衣の若い女といつもいっしょだった。きわめて漠然とにせよ、彼は、母親をめぐる自分の最大のライバルだったジャン＝バチストからこれで解放された、と感じていただろうか？　この子は誕生の瞬間からアンヌ＝マリーにとって身近なただ一人の男性だった。その間、ジャン＝バチストはクレタ島の沖合いでひとりで待ちあぐねていたのである。ところがその後ジャン＝バチストは帰ってきて、不幸な幕間劇さながら、「小さなポール」を玉座から追い出したのち、やがて消えてしまった。ティヴィエの夏の間、子供は辛い思いをして痩せ細り、生まれて初めて自分の母親を失ってしまったのだった。しかしいまや、再び母アンヌ＝マリーを所有し、彼女と二人っきりで、まったく自由に、まったく穏やかに帰途についていているのである。父親が戻ってくることは決してあるまい。これに続く十年は、難破し無一物になりながらも熱烈に愛し合う二人、母と息子の大いなる時代であった。それはシュヴァイツァー家での十年でもあった。アンヌ＝マリーはこうして、賢明な解決策、両親の許に帰ることを選んだのだ。無意味だった結婚とその成果である「歳のわりに早熟な男の子」といっしょに。その子は後年こう書くことになる。「家族にとって、シングル・マザーよりも、夫に先立たれた女の方がましなことは確かだが、それも五十歩百歩である[1]」。

後にサルトルは一九〇七〜一九一七年のこの十年間のことを、しかもこの十年のことだけを、自伝的作品『言葉』の中で物語ることになる。彼は書いては消し、探索し、また書き始め、そして焦点を絞り、つぎ合わせ、範囲を限定してはめこみ細工を行い、構築するのに躍気となった。こうして、容易に理解できる理由から彼は、この幸福な歳月の前と後の二つの時代を括弧に入れて触れずじまいにしたのである。直前の時代にはジャン＝バチストがおり、直後にはもっと嫌いな二度目の夫、ジョゼフ・マンシーがいる。アンヌ＝マリーの二人の男たちである。五〇年近く経ったのちに、作家サルトルの処理によって『言葉』の中に完全に再構成された、この「シュヴァイツァー時代の歳月」の蓋いを、執拗な伝記作者が力ずくで突き破ろうとするのは、不謹慎なことかもしれない。このような傑作の中に、考古学の発掘道具を持ちこもうとするのは、恥知らずなことかもしれない。『言葉』は、一気に書かれた輝かしく完璧な作品で、解説や注釈の余地はほとんどないからだ。断固として力強く、魅惑的で抗いがたい書物で、複数の際立った対照をなす戦略によって読者を捉えて拉致し、その心を奪い、熱狂させ、そして結局は読者の心に忘れられない跡を残したまま放り出すのである。まさに衝撃なのだ。この本は、一九六三年に出版されてから長い間、サルトルによるサルトルの少年時代の物語として読まれてきた。だが実のところは遥かにそれ以上のものであると同時に、遥かにそれ以下のものだったのだ。つまり、都合のよい解釈や主観性、抒情性をたっぷり背負いこんだ、大人になってから書かれた修業小説《ビルドゥングスロマン》であり、また、自分の少年期をめぐるすさまじいうわ言に他ならなかったが、彼が断固として忘れようとしたジャン＝バチストのことやティヴィエをめぐるすべてを含めて、多くの痕跡がそこからは消えうせていた。自己分析の書だが、道具に細工をした金細工師によって按配されたものである。自画像だが、むぞうさに人を愚弄し、その中で彼は気前よく自分をいたぶっている。落し前をつける行為であり、母親への頌歌《オード》でもあり、美しい芸術作品だった。そう、それら一切なのだ。『言葉』はこうしたものすべてであり、さらにそれ以外のものでもあった。そして伝記としての側面は、そうしたもの一切のはるか手前に留まっていた。とはいえ、これから見る通り、伝記の作者と作家はすれ違い、合図を送り合ったりするが、それも遠くからで、それきりなのである。なぜなら、作家はこの立派な作品――難攻不落の要塞――を残して、助けにもなったが、同時に邪魔もしているからだ。多くの情報、立役者たち、具体的なイメージ、謎を解く鍵、たくさんの大きな空白を提供しているが、同時に暗号《コード》に工夫を凝らし、跡をすっかりくらましているからだ。問題の十年間について調査を進めながら、私は『言葉』という暗礁を回避したり、もろにぶつかったりを繰り返してきた。したがってこれから続くページが、作家サルトルとの避けがたい辛い対決の痛みを感じさせるとしても、驚くに当たらない。当然だ。どう考えても、サルトルの中に入るのは、水車小屋に入るように、出入り《ではい》自由というわけにはいかない。

ともかく、このお山の大将が、後に自分で描き出すことになる人々に囲まれて暮らしていた場所に入りこんでいくことにしよう。祖父は高慢で全能で、「他の多くの者、とくにヴィクトル・ユーゴーその人と同様に、自分のことをヴィクトル・ユーゴーだと思いこんでいる、十九世紀の人間だった。……長いひげを生やした美丈夫で、アルコール中毒患者が酒なしでいられないように芝居がかった所作をいつも求めていた……」(2)。

シャルル・シュヴァイツァー、六十二歳、その孫にとっては「カルル」だった。その傍らに「マミー」と呼ばれる横柄で気位の高い祖母のルイーズ・シュヴァイツァーがいた。五十八歳。「活発で茶目っ気たっぷりだが、冷たい女。彼女は、夫がきちんと、しかも斜にかまえて考えるものだから、自分の方はだらしなく、しかもまっとうに考えるのだった。……徳の高い役者たちにかこまれて彼女は、お芝居と美徳を憎悪するようになった」(3)。それからもちろん、アンヌ＝マリー。二十四歳。サルトルと同じ部屋で寝起きする母親＝姉、近親相姦的愛人である。サルトルは『言葉』の中で恥じらいながらこう書いている。「一九六三年の今日になってもなお、近親相姦*2は、私の心をかきたてる唯一の肉親の絆である」(4)と。最後に、この奇妙な三人組の真ん中に、金髪の巻き毛で、みんなにちやほやされる素敵なプールーという子供＝王様、二歳の坊やがいる。この時からティヴィエの人びとが彼につけた呼び名はおしまいになる。「J・P」も、「ミネ」(甘えん坊)も、「ポール坊や」も。優勢になって勝ち残ったのは、アンヌ＝マリーがつけたあだ名、「プールー」だ。ムードンの大きな家で、次いでパリのパンテオンとリュクサンブール公園の間にある、ル・ゴフ通りの最上階のアパルトマンで、さらにサン・ゴバンのマミーの親戚の家や、ニエーヴル地方のゲリニーのジョルジュ伯父の家や、夏休み中のアルカション、グンスバッハ、プファッフェンホーフェン、占領下のアルザスという具合にあちこちに移りながら、シュヴァイツァー家のこの四人組は、彩り豊かで充実した、正真正銘の家族生活を送ったのである。

「まさに天国だった」と、『言葉』も述べている(5)。「毎朝、目が覚めると私は嬉しさにぼうっとなった。この世でもっとも美しい国の、もっとも仲睦じい家族の中に生まれたという、信じられない幸運に感嘆しながら」。実際、時はまさにベル・エポックで、落着いた快活さ、ブルジョワ的晴れやかさが頂点に達した時代、進歩と科学の幸せな幻想の時代だったのである。それは大いなる奇跡であり、映画、ラジオ、電話、自動車、飛行機がいっせいに誕生した、祝福された時代だった。そして地球は、西欧列強の帝国主義と新たな技術革新の偉業の相乗効果に征服されてしまったかにみえた。社会的均衡、全世界的秩序の確立は、ブルジョワ一般を、そして個別的にはシュヴァイツァー家の人々を満足させていた。しかし、アルマン・ファリエール大統領の時代〔一九〇六～一九一三年〕になると、激しい社会的動揺が姿を現わした。蜂起、デモ、ストが相次ぎ、偽の至福の均衡に激しい揺さぶりをかけたのである。「働いているのはわれわれだ、だのに一文なしだ……。われわれこそ、陽に焼かれて農具を振るい、腕いっぱいブドウをかかえる者だ……。働いて食べ、生きる権利を持つ者だ。われわれは飢え死になぞするつもりはない……」。ラングドック地方では、極貧層の蜂起が農村社会を揺さぶり、農民組合もしだいに過激な集会を開くようになる。第三共和政下でかつて見たことのないデモの大群衆が、ペルピニャン、ニーム、モンペリエに結集し、ナルボンヌ市の市長は市庁舎に黒旗〔アナーキズムの旗〕をかかげ、総理大臣のジョルジュ・クレマンソーは親しく農民代表を会見した……。パリでは、リュクサンブール公園近くの角の建物の、七階の道路に面した天井の高いアパルトマンのカーテンのかげで、シュヴァイツァー家の四人組は、『ル・タン』や『マタン』紙を、もったいなくも祖父の解説付きで読んで、こうしたニュースに接していた。だが「このドレフュス派は一度も私に、ドレフュスの話をしてくれなかった」と、孫は残念がることになる。女子供に禁じられ、もっぱら男たちに委せられた領域についてシャルルは極度の保護政策をとり、彼らに何も話してくれなかったにもかかわらず、除け者にされた三人組の方は、一九一二年一月十七日に市民シュヴァイツァーが、急進党のポワンカレがパムを抑えて共和国大統領になるよう投票したことをちゃんと見抜いた。「タバコ屋」と呼ばれたパムは、のちに農相となる。もちろん、選挙権はまだ女性には認められておらず——認められるのはやっと一九四四年になってからだ——、まして子供は問題にならなかった。ハイカラーのテュールのシュミゼット、長目のプリーツ・スカート、ハイウエストのすらりとした長身をコルセットで締め、レースの胴着、肱の所がふくらんだ袖、ヴェールと花をのせた帽子を斜めにかぶって、シャルル・シュヴァイツァーに「私の女たち」と呼ばれていたルイーズとアンヌ＝マリーは、良家において母から娘へと受け継がれてきた立居振る舞いと作法を二十世紀の初めの十年間にも守り続けていた。一九〇七年七月三日には、下院で婦人労働の保護に関する初の法律が可決された。だが家事についてはアルザス出身のお手伝いさんに手助けされているシュヴァイツァー家の二人の女性には、左翼連合[*3]を崩壊させた労働騒擾の現実もほとんど何の影響も及ぼしていない。

　これに対して、一九一四年の大戦勃発は、シュヴァイツァー家の見事な均衡に突然、穴をうがつことになる。それというのも当然ながら、かつて奪われたアルザス・ロレーヌのフランスへの回復という問題があり、この希望が、のちにサルトルが「過激愛国主義的」と書くような、およそ考えられるあらゆる形の民族主義的妄想を生み出したのである。たとえばある日シャルル・シュヴァイツァーは、孫とその友達を楽しませてやろうと、「十人の登場人物による愛国劇」を書き、上演している。その中でプールーはアルザスの青年の役を演じ、「ドイツへの併合を嫌ってフランスを選んだ父親に会うために、ひそかに国境」を越えるのである。『言葉』を読むと、こう書いてある。「私のために聞かせどころの科白が用意されていた。私は腕をまっすぐ伸ばし、首をかしげ、肩の窪みに頬をうずめながら、『さらば、さらば、わが愛しのアルザスよ』と呟くのだった」[6]。それにプールーはアンシ小父さん[*4]の絵本を繰り返し読んでいる。この絵本には青色や多色刷りの絵が入っていて、アルザスの愛らしい村が描かれており、必ず鐘楼があって、その天辺《てんぺん》にはきまってコウノトリがおり、次のような文が添えられていた。しかもそれはプロイセンによる占領の最中なのである。「四〇年来、わが地方は何も変わっておりません。二つの国民、二つの人種が、決して混じり合うことなく、別々にわかれて暮らしを続けています。一方は、その文化遺産、そして苦しみを耐えしのんできたことを誇りとするアルザス人。もう一方にはゲルマン化を口実に、ドイツ文化を押しつけようとする、騒々しく、傲慢きわまりない侵入者です……」。したがって半世紀の間、アルザス・ロレーヌの子供たちは皆、こうした絵や漫画、特別に彼らのために書かれたフランス史を通じて、フランス文化を人工呼吸させられていたのだ[7]。戦争が始まった年、傷ついたアルザス人たるシャルル・シュヴァイツァーは、例えばある友人宛の次のような手紙に見えるように、自分の不安と懸念を打ち明けている。「明けたばかりのこの年は果たして、我が愛する郷土が息をふき返す年になるのでしょうか？　細心な手配りが必要でしょう。アルザス語を一語も解さず、アルザス人の心情のもっとも単純な要素さえわからぬ役人どもの大群で、郷土が覆われてしまうことにでもなったら、それこそおぞましい不手際になるでしょう。……私と、私のような年老いた多くのアルザス人の胸を締めつけたこの不安は、ポワンカレ大統領の報告によって、この地方を知っているアルザス人の役人が現地に派遣されるという保証を得ましたので、少しは薄らぎました。だが残念ながら決定するのは議会なのです。われわれの議会がどんなものか、あなたも私同様ご承知でしょう。議会が反教権主義的な政治を行なおうとすれば、農民たちは反革命叛徒《シューアン》に豹変するに違いありません[8]」。政治的思弁を大いに好む彼のこの情愛と警戒心は、さしずめ、自分の国の複雑さを背負ったパリ駐在大使のそれといったところである。当然のことだが、幼児の方も祖父の真似をすることが多かった。ずっとパリで暮らしてきたこのアルザス人の孫は、祖父の仇を討とうと考える。勇敢な子供はこう叫ぶのだ。「僕が後を引き継ぐ。僕という人間を通して殉教のアルザスは大学の教職に就くのだ[9][*5]」と。

この祖父はしかしまた「神の降臨」よろしく人前で派出な振る舞いをすることがあったが、さすがのプールーもこれにはついて行けなかった。「一九一四年の九月、彼はアルカションの映画館に姿を現した。私と母は二階席にいたが、彼は灯りを点けろと要求した。他の紳士連中は天使のように彼を取りまいて、『勝った！ 勝った！』と叫んでいた。神〔祖父〕は舞台に上り、マルヌ戦線の戦勝コミュニケを読み上げたのである」[10]。館内は熱狂して全員総立ちになり拍手した。もちろんそれは、勇敢なフランス兵の勝利への拍手であったが、この堂々として劇的な人物への拍手でもあった。しかしプールーとしては冷や汗ものだった。彼はきまりが悪くなって、遠くから舞台を黙ってみつめていた。彼にとって第一次世界大戦とはとりわけ、新しい形態のヒーロー、すなわち集団的ヒーローを発見することだった。それは、彼の内なる世界の多くの物と衝突した。

というのも、この時まで、この神童は、祖父の書棚の本を読んで大勢の個人的ヒーローに出会い、その行動や業績に親しんできたのである。また、この時まで、カルルの配慮によって「プールー」の役を与えられていたが、それこそ、シュヴァイツァー家の屋根の下で、毎日繰り返し上演される、果てしない波乱万丈の抒情的な芝居の中心人物たる個人的ヒーロー、主演男優、名高いスターにほかならなかった。『言葉』の中で、サルトルはわれわれに作り話をしているのだろうか？ セーラー服を着た巻き毛の坊やは、祖父の手中に入って、まるでこのアルザス人の老人がゼペット爺さんよろしくピノキオを作り出したかのように、気味の悪い小さな怪物、うぬぼれの強い大人の縮小版、雑種動物、学者犬、サロンの小犬、おしゃべりなオウムといった奇妙奇天烈な製作物に、はたして本当になってしまったのだろうか。だがそれは行きすぎた復元ではないだろうか。個人的な解釈ではないだろうか？　少なくともシャルル・シュヴァイツァーは、後に発見されたいくつかの手紙の中で、全然別のことを書いている。一九一五年一月にある友人に宛てた手紙の中で、彼はこう説明しているのだ。「このおちびさんの先生をつとめ、自分でも勉強しながら歴史や地理を教えている。小さな優れた頭脳を耕し、種を撒くのは実に素晴らしい……」。彼の父のフィリップ・シュヴァイツァー、祖父のジャン＝クレチヤン・シュヴァイツァー、さらに曽祖父およびその先の先祖のジャン＝ルイ・シュヴァイツァー、ジャン＝ジャック・シュヴァイツァーといった、十八世紀初頭からアルザスで教師をつとめてきた八代の人々がシャルルの一身に乗り移って、この五歳の子供であるプールーの運命、自由意志、教養に意を注いだのである。つまり祖父は自分の孫の人間形成を己の仕事にしたのであって、それは男同士でなされる男の仕事でもあった。祖父は、問題のこの小さな頭脳に、申し分のない個人的なエリート教育を施した。根っからの教育者は喜び勇んで仕事に没頭し、この青い麦のための学校の先生になったばかりでなく、師そのものとなったのである。使命感をかきたてられ、この稀有の機会に、これまで模範的教育者としての経歴の中で浪費してきたすべての精力を取り戻し、熟達の限りを尽くして、その精力を、こんなにも才能に恵まれた生徒、独特にして無二のこの個人授業の生徒に傾注したのである。

後に、この優れた生徒は、祖父から受けた歴史教育を自分なりに描き出し、その恩についてこう語っている。「祖父は、わが国の歴史を教えてくれた。この国は長い間、王たちの悪しき統治が続き、それは一七九三年まで続いた。十九世紀になると皇帝によって支配されたが、彼らにも用心しなければならない。なぜなら、今日では万人に投票権をみとめる選挙法のおかげで政府を掣肘できるようになり、多数派が勝利をおさめるからだ。こうして私は民主主義の何たるかを学び、一部の個人、他の人間たちより才能と勇気に恵まれた人々が民主主義を指導するという条件つきで、民主主義を愛することも学んだのである。私はアナーキズムと民主主義を和解させた、ということは、すぐれた人物、ヒーローたちによって人間を支配させるということになる。こうしたこと一切は別に私の発明ではない。時代の考え方だったのだ[11]」。

すでに見たように、シャルル・シュヴァイツァーは自分の二人の息子の教育に不満を残していた。息子たちはその母親によって、ドミニコ会の寄宿学校に進んだのだ。だが彼は自分が教鞭をとった高校では、八代にわたって伝わる初等教育への情熱をよく生かすことができた。きわめて熱心な教育者にとっては、教育の中で実感する歓喜や驚嘆が報奨となるというのはよく知られていることだが、彼もそうであったことがあらゆる点から証明される。だからシャルル・シュヴァイツァーは情熱と献身、ときにははち切れんばかりの旺盛さをもって、自分の孫の教育に没頭した。引退した教師が、再び仕事を始めたのである。父性愛に満ちたこの祖父は、充実した教職生活を終えたのちに、隠退生活の歳月の中で読んだり書いたりすることができたはずの書物のことなどあっさり諦めて——それは彼の義務であり、彼はそうしたのだ——、相変わらず情熱をこめて、パリに実用言語の学校を創設した。「プールー」というこの子供のために、彼は第二の青春を見出したのだ。実に気前よく、そして強烈なナルシストたちの御多分にもれず、自分が気前がよいことが気に入っており、惜しみなく自分の全力を尽くす機会を授けてくれたこの小さな子供への感謝の念にわれを忘れていた。それは贈り物、奇跡のようなものだった。それは彼が撃ちつくす最後の薬莢であり、その人生の一括払いだった。この根っからの教育者にとっての、最後のトラック一周だった。寛大なひとりの老人の最後の大パレードだったのである。

「私の小さな生徒は——孫自慢を許して下さい——もちろんあらゆることについて驚くほど頭がいいのです。私は彼が将来何者になるか考えていますが、理工科学校出身者《ポリテクニシャン》の息子ではあっても数学者にはならないでしょう。……彼の適性が目立つのは、言葉《パロール》です。彼は父方の血筋からいえばベルトラン・ド・ボルン[*6]の国の人間です。彼は冒険譚や詩のことばかり考えていますが、そんなものはこの二十世紀には無用の要因です。喧嘩っ早く弁が立つというところで、弁護士か代議士になるのがせいぜいでしょう！　とにかく目下のところ彼はとても元気で、この世でもっとも幸せな性格に恵まれ、一日中歌をうたっています……」〔図C参照〕。シャルル・シュヴァイツァーのこの予言は、的中したのだろうか？　とにかく、この数行の文章のうちに、自分の孫の将来に対する、はっきりした近代的なもくろみが読みとれるのである。だとすると、孫を、ベルトラン・ド・ボルン、あの喧嘩っ早い吟遊詩人、戦士で文筆家、冒険家で文人だった人物とくらべるという選択は、どう考えればよいのだろう？　後年成人してから、この子供が時にはこの有名なモデルにわが身をなぞらえるようなことがあったかどうかは、のちに解明を試みよう。獅子心王リチャードはこの人物の傍らで死に、ティヴィエが国境の町であったころの英領アキテーヌにあって、この人物は、オック語で彼のもっとも美しい詩《うた》『シルベンテス』を書き、のちに盲目になってヴェーゼル渓谷の僧院に引きこもり、冥想のうちに生涯を終えたといわれる。

よしんば祖父が、ゼペット爺さんがピノキオを作ったように神童を作ったのだとしても、彼は、サルトルが『言葉』の中で述べているような野心ばかりの三文文士よりもむしろ、この手紙に出てくるような文学的冒険家に孫がなることを夢みていたに違いない。しかし二歳、五歳、七歳という齢で、どうしてこの強烈すぎる祖父の個性の影響を蒙りながら、ある種の異常さへ向かわないでいられただろうか？　何しろプールー

De par son atavisme paternel, il est du pays de Bertrand de Born – il ne rêve qu'aventures et poésie. Mais ce sont là facteurs bien inutiles en ce vingtième siècle. Batailleur et éloquent, il y a là, hélas, tout au plus de quoi faire un avocat ou un député!

En attendant, il se porte bien et a le plus heureux caractère du monde – il chante toute la journée, et nous en sommes trop heureux après l'avoir vu si longtemps débile.

………………………………………………………………

Votre cordialement dévoué

Schweitzer

C　祖父シュヴァイツァーの手紙　「彼は父親の血筋からいえば……

は、十歳になるまで、一度だけ非常に短い期間に受けたのを除けば、公立学校の教育を受けたことはなかったのである。最初の数年間、彼は、祖父という一人の先生のたった一つのクラスのたった一人の生徒だった。このプロテスタントの祖父は——神学の勉強を放棄して、自分の父親の望んだ牧師の道に初めから目もくれなかったにしては——、それ以降も『神的なるもの』を持ち続け、それを文化の中に注ぎこんだ[12]」が、バッハの音楽、古典的作家たちの作品、それに自分自身のほどよい洗練と、やや清教徒的な文化観、というような文化的影響を、無防備な子供に選別もせずに注ぎ込んだのである。この祖父の業績として、ほぼまとまった作品群といえる、真面目で論証をつくした、彼の文化的根源のイメージにふさわしい一連の著作がある。十六世紀の音楽家、詩人、歌手であったハンス・ザックス——ワグナーの『マイスタージンガー』の主人公の一人——についての博士論文、アキテーヌ公ギヨーム〔最初のトルバドゥール〕についてのラテン語の副論文、『ドイツ語読本』という直接教授法によるドイツ語教科書、ヨハン・セバスチャン・バッハに関する本——もっともこれはごく身近な二人の牧師音楽家、弟のルードヴィッヒと甥のアルベルトとの共著であるが。

「ヴォルテールやルソーは自分たちの時代に激しい戦闘を行った。まだ暴君が残っていたからだ。ユーゴーは亡命先のガーンジー島からバダンゲ〔ナポレオン三世の仇名〕を打ちのめした。祖父は私にこのバダンゲを嫌悪すべきだと教えた[13]」。殉教のアルザス、啓蒙の思想家《フィロソフ》たち、倫理と芸術による救済、といったぬいぐるみ人形を当てがわれて、幼いサルトルは三世代近くも時代のずれた人生への手ほどきを受けたのだ。サルトルは次のように書いている。「第一次ロシア革命と第一次世界大戦の間の時代に……十九世紀の人間が、自分の孫にルイ＝フィリップ時代に通用した思想を押しつけたのだ。……私は、八〇年のハンディキャップを負ってスタートしたのである[14]」。

シャルル・シュヴァイツァーの蔵書は一〇〇〇冊以上に及んだ。余談になるが、ムードンからパリに移ったとき、本を整理するのに四年近くかかったそうである。「うちの女どもは、書斎とサロンがいっしょだというので、しょっちゅう私に文句を言った……」と、彼は友人に話している。要するに、祖父の書斎で、そのグランドピアノとお茶を飲むときに使う長椅子の間で、プールーは生きることを学んだのだ。祖父の本は彼のお気に入りの狩猟場になった。他の子供なら庭の奥に子供の遊びの世界の架空の境界を見出すところなのだが、これが彼の領土というわけである。「本が、私にとっての鳥であり、巣であり、家畜であり、牛舎であり、私の田園だった。蔵書は、鏡の中ににとらえられた世界だった……」[*7]と、彼は後に書いている。そして冒険家の父ジャン＝バチストがインドシナ遠征に身を投じたように、息子もまた、ふしぎなもの、予想もつかないもの、無限の多様性が交じりあった刺激にかられて、読書に身を投じたのである。

大人向きの、フランスとドイツの古典からなる蔵書は、祖父が再び教職についていた間、すべてこの子供のものであった。サロンの絨毯に腹這いになって、プールーは何時間もの間、一ページ一ページ辞書を読み進めるのだった。さらには、『偉人伝』といった大人向けの要約概説書も。これは二五年も前に算術の二等賞としてジョルジュ伯父が貰ったものだ。『レ・ミゼラブル』『諸世紀の伝説』〔ヴィクトル・ユーゴー〕『ボヴァリー夫人』など、フランス文学のあらゆる古典や傑作、古代ギリシアの歴史に関するあらゆる書物も、順番に読まれていった。そこで、この書斎の中で、少年サルトルはきわめて特殊なやり方で、偉人たちについて手ほどきを受けたわけである。この特殊な接し方を、サルトルは一生涯貫きつづけることになるだろう。彼は偉人たちの本を読み、仲間のようにつき合い、ごく自然に話しかけた。いかなる障壁にもはばまれず、天才たちと同じ高さで直に接していると感じる者の気安さをもって。ユーゴー、ヴォルテール、コルネイユ、ラシーヌ、ラ・フォンテーヌはそうした天才たちで、彼らが十歳のプールーの本当の相棒だったのである。

サルトルが『言葉』で語っているところによると、この少年読書家はたちまち暴走し、ついでにほら吹きで滑稽な、いやらしい少年作家になる。しかしその逸脱は、サルトルが言っているように、祖父の野心が単にそのまま結果としてあらわれたものだろうか？　作家サルトルが自分の幼年時代を再現する上で犯した最大の行きすぎとは、まさにこの点であろう。シャルルがプールーにものを書いてみるように勧めたとしても、それは作家の道を志すなら、という限りにすぎないのである。シャルル自身がこの子の早熟で度はずれた野心を刺激したり、不滅の天才への道に彼を引っ張りこんだという証拠はどこにもない。まったく反対である。プールーが早熟な天才のインスピレーションを受けて、「小説帳」に、『蝶を求めて』や『バナナ売り』などの最初の作品を書きこんだとき、シャルル・シュヴァイツァーはただ肩をすぼめただけだった。彼は、「つまらん」とつぶやくだけで席を外した。シュヴァイツァー家をめぐる人々の中で、このように穏やかで良識的な態度を見せたのは彼だけだった。子供の書くものは、たいていいささか人をはっとさせると同時に、きわめて月並みな感興で書かれるものだが、彼はそんなものにはいたって限られた関心しか寄せなかった。ところが彼以外の者たちは小さな怪物をあおりたて、誉めちぎった。アンヌ＝マリーは有頂天になって、自分の小さな紳士の書いたものを写し、読んで、気のすむまで配って歩いた。エミール伯父さんはただちにタイプライターをプレゼントしてくれた。お祖母さんも温かく励ましてくれた。シュヴァイツァー家の友人であるピカール夫人は、この子供の制作のヒントになるようにと、世界地図を持ってきてくれた……。

たしかに、『言葉』の中でサルトルが熱中しているのは、シャルル・シュヴァイツァーの役割をどう解釈するかという点である。そして彼の幼少の頃の物語で、真相がわからないままなのが、まさにこの部分なのである。というのも、教育者シャルル・シュヴァイツァーの書簡には、どれも節度と自制が見られるからだ。サルトルの最初の小説《ロマン》を前にして見せた態度から、彼が家族の中でもっとも賢明な人物だということがわかるからだ。しかし、もしサルトルが母親を愛してやまず、激烈きわまりないエディプス・コンプレックスに捉われて、自分の母親を傷つけないようにするために、この世の罪をシャルル・シュヴァイツァーに負わせるより他によい手段がなかったのだとしたらどうだろうか。そして、アンヌ＝マリーがますます熱心に神童である息子を賛嘆したことは確かなようだ。このことで誰かがとがめられなくてはならないとしたら、それはまさしく彼女だったはずである。

さらに、幼い頃に自分が書いたジョルジュ・クルトゥリーヌ宛の手紙が発表された時、サルトルは——当時五十歳に近かったはずだ——激怒した。この手紙はたしかに非常に奇妙なものだが、果たして『言葉』に描かれた小さな怪物の姿を如実に示していただろうか？　サルトルが怒ったとすれば、それはきっとこの手紙が、自分が『言葉』の中で提示している自己解釈の体系を崩しかねなかったからであろう。それはさておき、余計な注釈はなしで、問題の手紙[*9]は次のようなものである〔図D参照〕。

ル・ゴフ通り一番地、一九一二年一月二十六日

親愛なるクルトゥリーヌ様

あなたがとても大きな勲章を貰ったことを、おじいさんから聞きました。僕はとても嬉しくなりました。どうしてかというと、うちの前で演《や》っているテオドールとダンテオン・ブーレルを読みながら僕は大いに笑っているからです。テオドールをうちのドイツ人の女中と訳そうとすましたが、可哀そうなニ

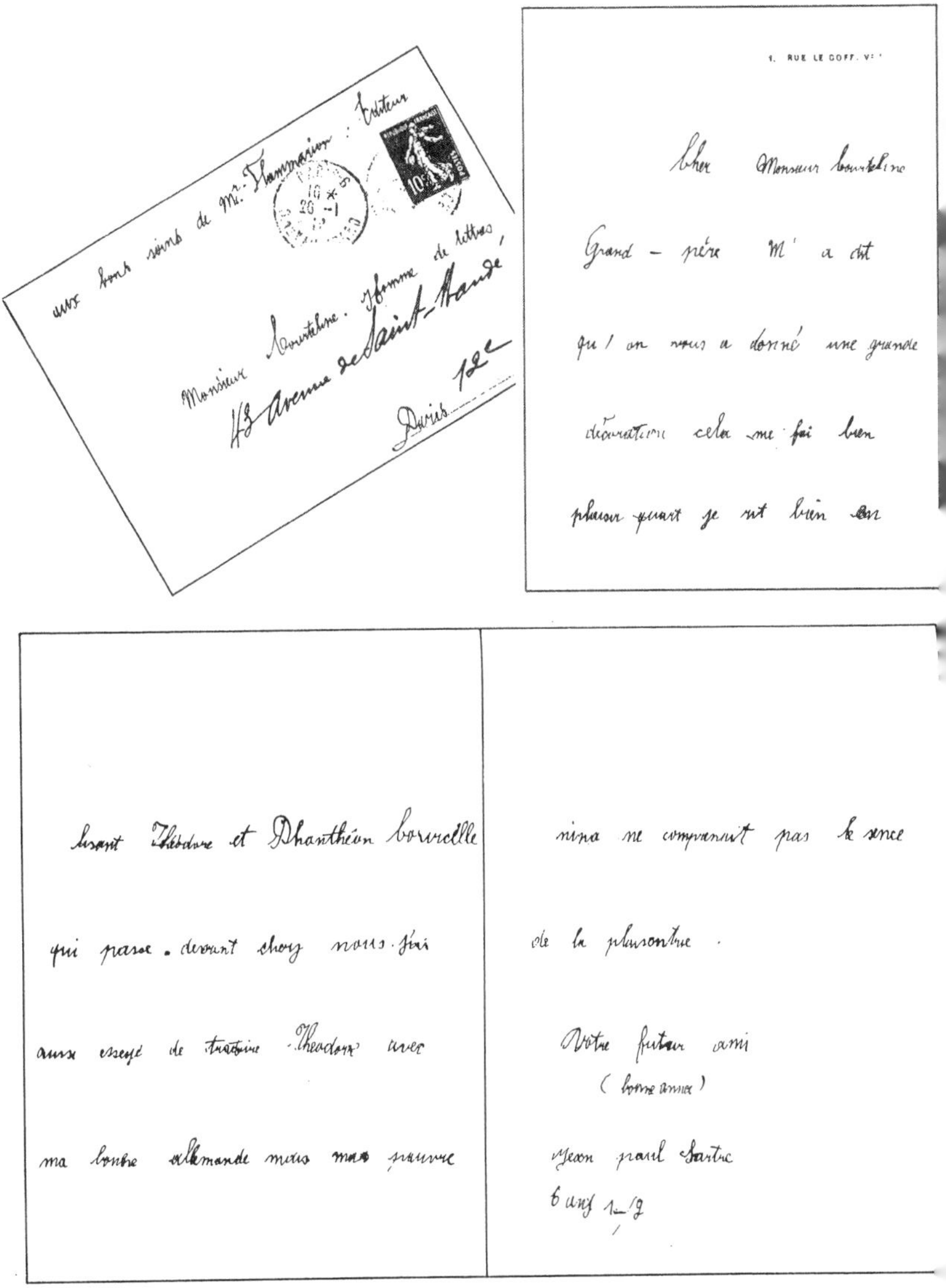

aux bons soins de Mr Flammarion : Editeur

Monsieur Courteline. homme de lettres,
43 Avenue de Saint-Mandé
Paris 12e

1, RUE LE GOFF. Ve

Cher Monsieur Courteline

Grand-père m'a dit
qu'on nous a donné une grande
décoration cela me fai bien
plaisir quant je sui bien en
lisant Théodore et Panthéon Courcelle
qui passe devant chez nous. J'ai
aussi essayé de traduire Théodore avec
ma bonne allemande mais ma pauvre
nina ne comprenait pas le sence
de la plaisanterie.

Votre futur ami
(bonne année)

Jean paul Sartre
6 ans 1/2

D　クルトゥリーヌへの手紙

ナは冗談のいまいがわからないのでした。

あなたの未来の友人より（よいお年を）

ジャン＝ポール・サルトル　六歳半

たしかに、『言葉』はアンヌ＝マリーへの頌歌《オード》でもあるが、あけすけに語ることのない、時には仮面をつけた頌歌《オード》である。また、何度も脱線を繰り返すこの本を貫くテーマは、サルトルの生涯に特有ないくつかの要素にきわめて近い。近親相姦、創造性、不死性、ライバルあるいは誘惑といったテーマである。それゆえ実際の生活と語られた生活の間には大きな親近性があるのである。ところが作家の解釈があとから介入してきて、足跡がくらまされ、登場人物の扮装が変わってしまうことになる。だが当面は、サルトルは、他者について、世の中について、厳しい修業を続ける幼児にすぎない。唯一祖父の教育的権威のみに服する集中的個人教育の第一段階を終えて、彼は公立の小学校、次いで中学校に通うことになる。そこで味わう幸福の度合いはそれぞれに異なるだろう。

政治は？　それは男の仕事だ。歴史は？　それも男の仕事だ。詩は？　これまた男の仕事である。それでもプールーは、アンヌ＝マリーのおかげで、またアンヌ＝マリーといっしょに、年相応の娯楽に手を出していく。それを、未成年者扱いされていた母親が共にするのだった。こうしてアメリカから輸入された漫画を発見し、映画を発見する。あるいはまたこうして、母はピアノに、息子は遊びに向かい、一つの部屋の中でともに夢想と気晴らしにふけりながら長い時間を過ごすのだった。そうした気晴しは、本当に二人で同じものをいっしょに経験したというわけでないにしても、やはり気心の知れた二人がいっしょにいるという関係、優しくかけがえのない身近さの中でくりひろげられたのである。

『ラクロスはアメリカ合衆国最大の悪党の一人だ。奴は前代未聞のやり方で俺のことをコケにしてくれた。だが、俺は奴にその借りを返すまでは、一瞬たりとも休まない。そのご立派な紳士とやらを、絶対絞首台に送ってみせる……』。ニックは、チックとパッツィの方を振り返って言った、『今ならぎりぎりニューヨーク行きの列車に間に合う、すぐに発つよ』」。「アメリカ最大の探偵」ニック・カーターは、一九〇七年の三月二十二日にフランスの市場に登場した。たちまち大ヒット。それ以後七年間、フランスの読者は、毎週水曜日にその新しい小冊子が出るのを待ち焦がれ、二五サンチームで手に入るあの三〇ページたらずの中で、史上もっとも有名な探偵が、敏腕刑事の直観と勇気と人のよさのおかげで——だから警官、運転手、看護士その他の善良な人々を、あっというまに説得し味方につけてしまうのだ——、ただし「勇気を支配的特性としない愚かな黒人」はまったく信用せず、チンピラや、強盗やろくでなしを次々と懲らしめるのを見るのだった。ニューヨークには彼のアジトがたくさんあって、そこから阿片窟へ乗り込み、魔術師のように変装したり身分を変えたりするかと思うと、「ニック・カーターだ」とあっさり一言いうだけで、大事にされたり感心されたり助かったりし、手のこんだ情報網を操り、カヌーで市街電車で汽車で自動車で馬でアメリカを縦横に駆けめぐって、ひとびとの情熱を爆発させるのだった。彼の活躍する世界がまったく勧善懲悪的で、ばかばかしく人種差別的で、すべてが彼を中心に回る仕組になっていても、いっこうにかまわなかった。捜査の技術が単純きわまる直観と経験に頼るだけのもの——「ところが探偵は、これまでになく頑固に、これまでほとんど自分を裏切ることのなかったあの内面の確信を実感していた。何かが彼にこう言うのだった……」——であっても、いっこうにかまわなかった。ニック・カーターは、毎週毎週、号を追うごとに『コヨーテの道』から『ミシガン州デトロイトの詐欺師』や『グラブステーク鉱山の金《きん》泥棒』といったタイトルで登場し、ハラハラさせ続けたのである。こうして十九世紀のアメリカのいかがわしい空き地、ニューヨーク市の建物の屋根の連なり、またハーレムやバワリーといった危険な街は、お山の大将にとって決定的にエキゾチスムと冒険の恰好の場になったのである。

子供は、絵本をそろえた。この続きもののバックナンバーを安く売る、グラン・ゾーギュスタン河岸《ケー》の古本屋の店から店へ母親をひっぱってかけずりまわりながら、小冊子を集めたのだ。洩れなく本棚をあさっては、新しい冒険談を探し求めているうちに、アンヌ＝マリーの協力を得て、彼は立派な『ニック・カーター』のコレクションを作り上げた。それからすぐ、『バッファロー・ビル』や『テキサス・ジャック』や『シッティング・ブル』を知り、あらゆるアメリカ生まれの作品をあさり尽くした。美しいヒロインを「ほとんど人間なみに頭のよい素晴らしい動物」である馬に乗せ、「いつも血と略奪を求めてやまぬ凶暴なインディアンの部族の襲撃」から輸送隊を守るW・F・コディ大佐、通称バッファロー・ビルは、ニックとともにこの子供のアイドルとなった。「無法者《アウトロウ》」や強盗、「ならずもの《デスペラド》」を追跡する、「インディアンの恐怖の的」テキサス・ジャックも、それから、地面まで届く鳥の羽の冠をつけた勇敢なシッティング・ブル〔スー族の酋長〕も、そうだった。伝説的な高貴な魂を持ったこの「最後のスー族」は、一八七六年ローズバッド川周辺に金の鉱脈を探しにきたカスター将軍に戦いを挑んだのである[15]……。

同じように、小説家ミシェル・ゼヴァコ[*10]の物語る騎士パルダイヤンとその冒険談も、家にばかり閉じこもっているこの子供を熱狂させた。子供がアメリカからスペインへ渡ると、そこでは、堂々とあらゆる権威に立ち向かう、孤独で自由な、輝くばかりの騎士が、宿敵ファウスタ王女と再会するのであった。「あの高名な作家ミシェル・ゼヴァコの名は、売れっ子中の売れっ子、人気作家中の人気作家として、勝利のファンファーレのように高らかに響き渡っていたが、彼は『英雄小説』の中に、自分のすぐれた数々の資質を投入して、多大の成功と世界的名声を勝ち得た。この素晴しい作品集から、映画のパルダイヤン物が作られた……」。これは一九一三年十二月十二日のその宣伝文句だが、ご覧のように、節度などお呼びでない。それはある一つの時代をまるごと反映したもので、幼いサルトルはその時代の熱烈な出演者である。「パルダイヤンは私の師であった。その真似をしようとして私は、何度も、雄鶏のような細い脚を尊大に踏ん張っては、アンリ三世やルイ十三世を平手打ちした(16)」。さらに彼は生まれたばかりの芸術、映画を発見して陶然となる。アンヌ＝マリーとの午後の映画見物は大きな楽しみだった。映画館に転用された劇場の闇の中では、ピアニストが即興で、次々に画面に急展開する冒険にあわせて伴奏をするのだった。セヴィリアではパルダイヤンを応援し、ニューヨークではニック・カーターに付いてまわり、またパリでは、「社会に根深い憎しみを抱きつづけているらしい不思議な人物」ファントマの影に怯える、といった具合に。

「一九一四年頃は、私の幼児時代でもっとも幸せな日々だった。母と私は同年齢で、いつもいっしょだった。彼女は私を『私に忠誠を誓った騎士殿』とか『私のかわいい人』とか呼んだ。私は母にならなんでも打ち明けた(17)……」。暗黙の共謀、二人だけの言い回し、未成年者同士の結託、とにかく二人は一身同体の似合いのカップルだった。これは、次の例からもよくわかるに違いない。「ある日河岸《ケー》で、私はまだ持っていないバッファロー・ビルを十二号も見つけた。母が代金を支払おうとしていると、一人の肥って青白い顔をした男が寄ってきて……彼は母をじっと見つめ……『いいな、坊や、いいご身分だな』。……私はその男の偏執的な目つきに気づいた。そしてもはや母《アンヌ＝マリー》と私は、怯えて後に飛びのく若い娘にすぎなかった……。この事件があってから私たちのきずなはさらに強まった。私は厳しい態度で母と手をつなぎ、ちょこちょこと走るのだった。こうして彼女を保護しているつもりだったのである」[18]。このような場面に手を加えてはならない。容認し、黙って耳を傾け、眺めていればいいのだ。母親が、子供の巻き毛を前にして満足げに、写真を撮り、写真を撮らせ、写真を修整し、気品のある頬、肉づきのよい唇、帝王然とした風釆、気取ってなよなよした金色の立派な髪に仕立てるために図柄を試みてている、そのさまを。

二人の女に優しくされ、ちやほやされて育った子供は、それればかりか、祖父から、一夫多妻という職責を与えられた。祖父自身、妻が最終的ストライキを開始して以来、この職責を大いに実践していたのである。プールーが女の子に出会ったり、近づこうとしたり、夏休みにヴィシーやアルカションで同じ年頃の少女と遊ぶのを見たりするたびに、シャルルは孫に新しい「許嫁《フィアンセ》」ができたといって得意がるのだった。こうしてプールーはほとんど我が意に反して、祖父の言葉の力のおかげで、行く先々の町に「許嫁」を持つことになった。たとえばティヴィエには従妹である、エレーヌ伯母の娘のアニー・ランヌがいた。二人とも同い年ぐらいの同じような性格で、自尊心、教養、知的好奇心まで同じだった。プールーがティヴィエの祖母に手紙を書くときは必ず、「いとこのニニー」が懐かしい、「こんどの夏休みには逢いに」行くと書くのだった。この男の子と従妹は明らかに互いに本物の愛情を抱いており、子供向けの恋物語と呼べるような間柄だった。一歳半年長のプールーは、兄として、親切なナイトとして小さなニニーを庇護し、面倒を見た。二人は休みをともにし、文通し、プレゼントを送り合った。プールーは人形を贈り、本を貰った。ときどき従妹の玩具について自分の判断を述べたくなることもあった。「僕は、ニニーの不細工で間が抜けた人形の思い出を捨て去るために、新しい人形を送ります。その代わり彼女は可愛がっているベビーを捨てること。そうしたら僕はニニーの両方の頬にキスします」。人一倍独占欲の強いこの子供は、こうはっきりいうのである。こうした他愛のない遊びは、思春期まで続くことになる。

こうした「男の仕事」と、良い呼び方がないから取りあえず女の仕事と呼んでおくもの、すなわち芸術・文芸の罪のないよろこびとの板挟みになった少年サルトルは、己れの道を見つけ出すのに手こずった。女たちは彼を神に引き合わせる役を引き受け、それに成功した。十二歳まで彼は信者だったのだから。ディビルド神父——憶えておられるだろうが、彼の両親の結婚式を執り行なった人である——の塾で、キリストの生涯に関する発表をしたりして、鍛えられた信仰を持っていたのである。その発表がうまくいったときは、銀メダルをご褒美に貰ったものだ。宗教の問題こそデリケートきわまりない領域だった。なにしろ、祖父はプロテスタントで、神父にも法王にも激しいアレルギー反応を示す。祖母はカトリックというよりは自由思想家であるし、母親はといえば、ノートルダム寺院でオルガンの演奏やバッハのカンタータを聞くと感動しはするものの、それが神への愛によるものなのか、音楽への愛によるものなのか、自分でも分からなかった。夏休みに友人のマゴンドーの家の客としてティヴィエで過ごす子供の許へ、母親は手紙をよこして「周囲のカトリックの人々に逆らわないように」と、強く勧めている。にもかかわらず、八月十五日の聖母被昇天の儀式で、告解室で唱えなくてはならない痛恨の祈りの文句が思い出せるかどうか心配になった彼は、正確に思い出そうと一生懸命になったが、やはり駄目だった。数年後の一九二〇年のある日、いっしょに学校へ行く友達を待っている間に、彼はまるで奇跡によるようにして信仰を失うことになる。

シャルルが自分のイメージにしたがって作りあげようとした、〔女性の〕保護者である高邁な小紳士と、女たちが長い髪をカールさせるのを好んだ両性具有の子供との間のシーソーゲームも、つらいものだった。特権を有する祖父と、感嘆してやまない二人の女との間のシーソーゲームである。だがある日、ついにシャルルは実力行使に出た。それは専有であり毀損行為であった。ブロンドの巻き毛を切ってしまったのだ。自分の孫がこれ以上女の子まがいの属性も振る舞いも物腰も持つべきではない、と決断したのである。これ以上臆病者と思われる恐れのあることはやめるべきだ。彼は誰にも言わずに子供の頭を刈らせた。そうすることによって、自分が一番の強者であることを示したのである。この争いについて、サルトルは後にこう説明している。「私はひき蛙のように醜くなった」と。アンヌ＝マリーは、自分が手入れし、自分のために大事にとっておいた、金色の球を突然、失う破目になったのだ。

同じころ、彼女は別の戦線で別の戦いを繰り広げてもいた。ジャン＝バチストの相続問題がまだ片づいていなかったのだ。義兄のジョゼフは、委任状や署名、許可証の発送というような役所の手続きを怠っていた。彼女は、初めは丁重に自分の権利を実現しようとしていたが、しだいに断乎とした態度をとるようになった。アンヌ＝マリーの母性愛が非常に急速に情熱的に、また時には独占的になった理由の一部は、この行政や法律関係の役所を相手にした戦いのせいなのだ。そしてプールーは幼い子供ながら、二人のシュヴァイツァーの間で身動きもならずにいた。その人生で多くのものを失ってしまっていただけに、二人の彼への期待は大きかった。息子たちを失った祖父はプールーの裡に、最高の弟子を見出していた。夫を失い、後見の権利を奪われたアンヌ＝マリーには、最後まで自分の生涯ただ一人の男でありつづける少年サルトルだけが残されていた。積極的で闘争的で過激な二人の大人の強烈な意志が、教育の過剰投資と、愛情の過剰投資という形で、子供の頭上にふりかかってきたのである。彼は、芝居がかった祖父と災難に遭った母にとって、奇跡の子であり、最大の戦いの目標であり、最後の頼みの綱だった。彼はシャルルとその娘という思いがけないカップルの唯一の子供であったのだ。シュヴァイツァー家の祖母であるルイーズが、アンヌ＝マリーが家庭の運営に大きく携わることに、しばしば不機嫌と苛立ちを覚えていたとすれば、ある種の役割が不当に侵害されたように漠然と感じていたからに違いない。二つの強大な圧力と、度を越した期待を背負い、子供はとにかく精一杯歩んだ。彼は祖父の分身であり、母の夫でもあった。五歳の身で、七十歳にも三十歳にもなったわけである。殉教のアルザスの復讐と、女性に仕える騎士の役割を見事にこなし、二人を喜ばせようと努めたのである。ごく自然にこれらの役をこなし、外見を派手に装って、身についた子供らしい巧みさで、彼は二人の出資者を満足させた。ほかにどんな手があっただろうか？　六歳で、二人の傷ついた大人の制作物、目標、彼らの復讐、そして希望に仕立てられてしまったのだから。それにとりわけ、狂気をどうやってさければよいのか？

「おば〔あ〕ちゃん、ぼくは病気をしていましたが、たいし〔た〕ことありませんでした」（ママ）と八歳の子供は書いている〔図E参照〕。「母上様、プールーは軽い気管支炎のために床に就いています。お医者様はたぶん明日は起きてよいとおっしゃるでしょう。しかし少なくともこの冬は学校はもうおしまいです。学校の勉強はプールーにとってお遊戯みたいなものですが、隙間風がよくないので、プールーには避けさせなくてはなりませんから……」とアンヌ＝マリーは義母に書き送っている〔図F参照〕。「今はもう元気にしている。長い間病弱だったあとなので大変嬉しく思っている」。祖父のシュヴァイツァーもこう認《したた》めている。

E 「おば（あ）ちゃん、ぼくは……」

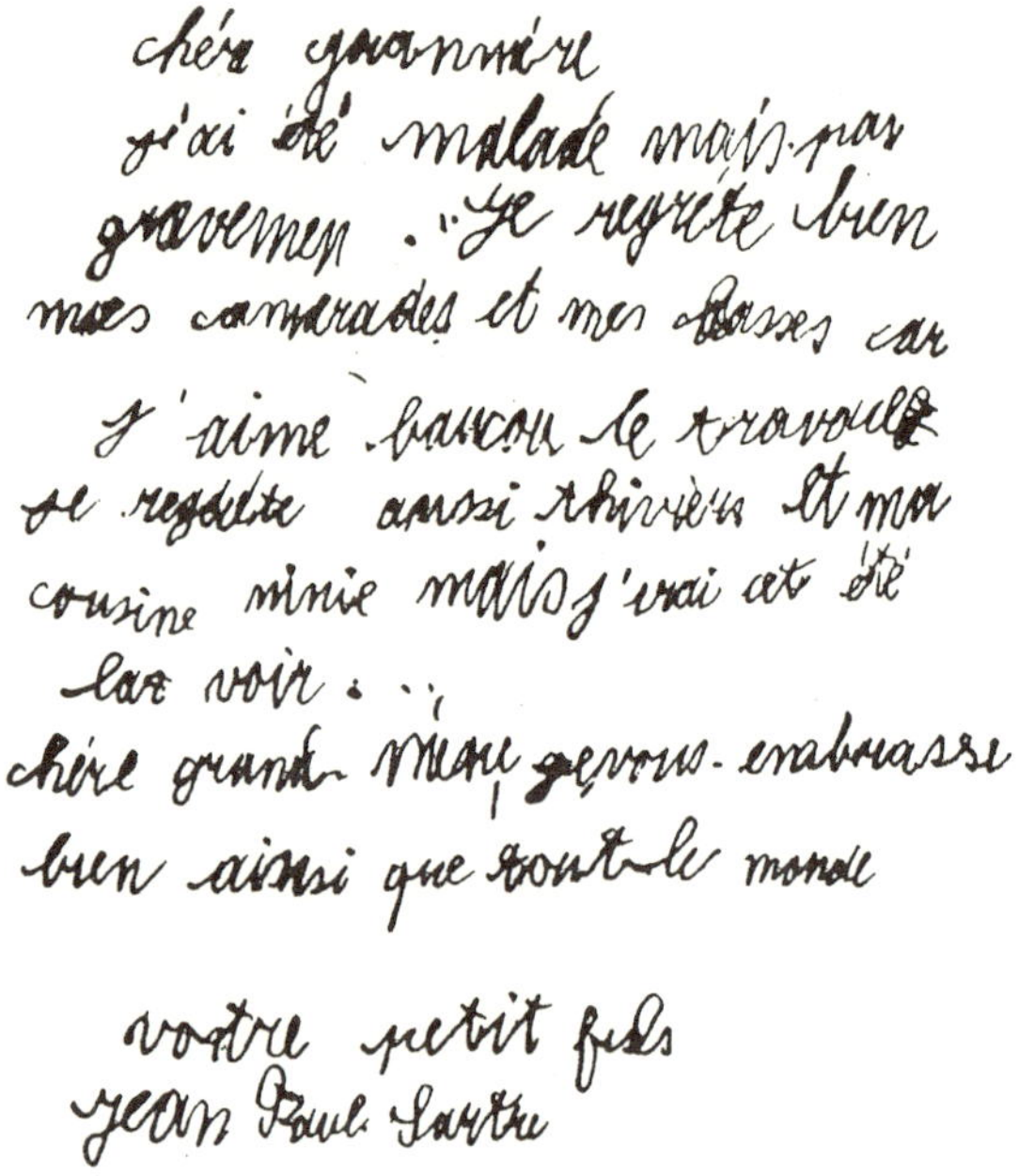
chère granmère
j'ai été malade mais par
gravemen . Je regrète bien
mes camarades et mes classes car
j'aime baucou le travaille
je regrète aussi thivières et ma
cousine ninie mais j'vrai ait été
lar voir . .
chère grand mère je vous enbrasse
bien ainsi que toute le monde

votre petit fils
Jean Paul Sartre

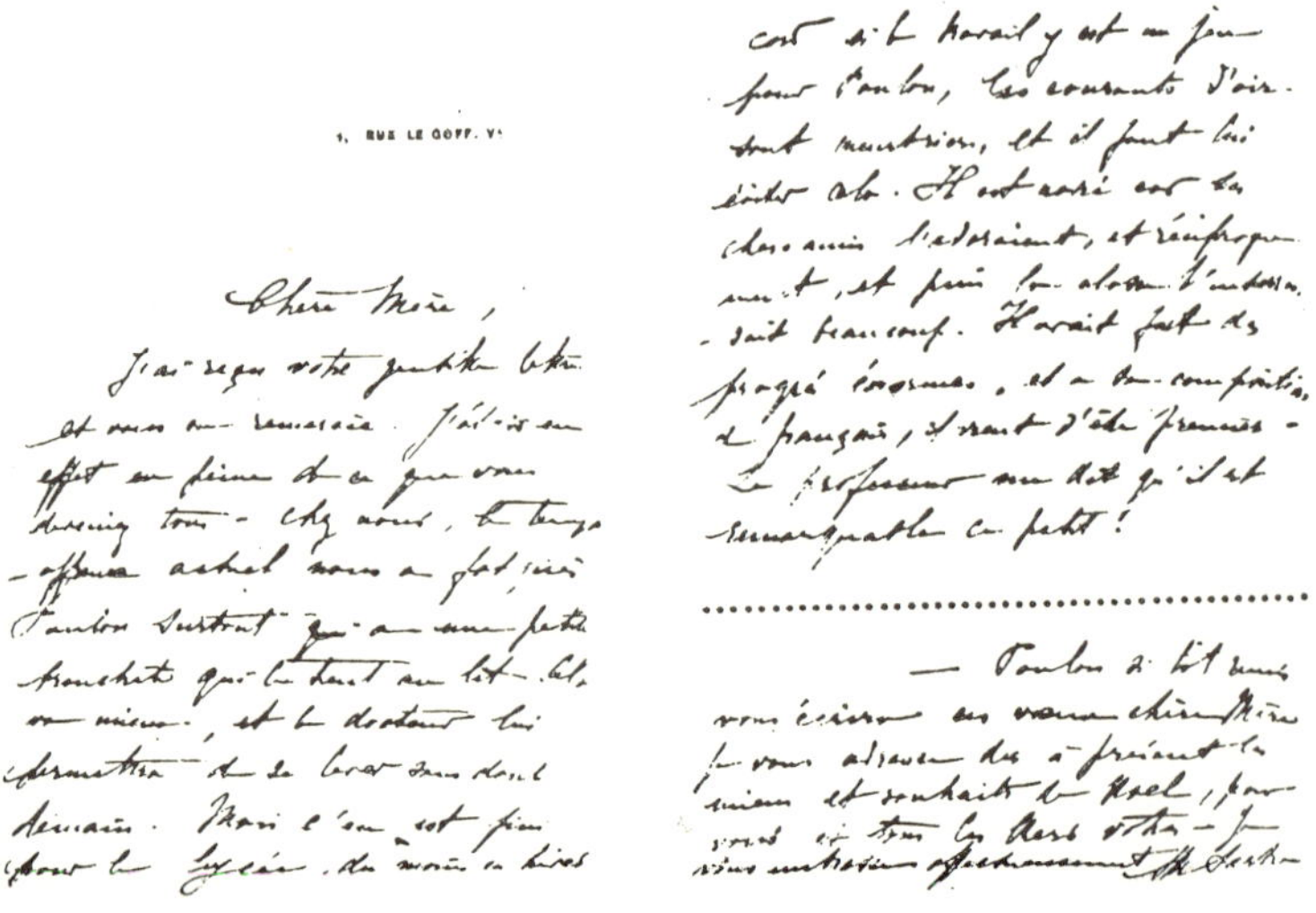
1, RUE LE GOFF. V°

Chère Mère,

F 母上様、プールーは軽い気管支炎……

小さなサルトルはひよわな、痩せっぽちで病弱な子で、ある時は風邪のために、ある時は耳炎あるいは気管支炎のために床につくことが多かった。子供の病気を語る言葉を分析するのは難しく、そこから出てくる帰結を正確に推測したり、こうした病弱の意味を決定することも難しい。この虚弱な健康状態は長続きしなかった。それは一種の逃避、一種の表現形式、一つの段階だったのだろうか。この時期の唯一の後遺症といえばおそらく、右眼の斜視である。四歳のとき、流感のあと角膜に白い斑ができて、右目は以前のように使えなくなる。

プールーはおそらく、自尊心や病気を狂気に対抗する手段としていたわけだが、その間、アンヌ＝マリーはティヴィエの人々との果てしない手紙のやりとりにかかりきりだった。ジャン＝バチストの死後、遺産相続の手続きに手落ちがあって、アンヌ＝マリーは自分の持参金の一部分を取り戻せずにいた。彼女は最近割増金のついた一〇〇フランのインドシナ債権二枚を現金化する権利を得るために――なんとばかばかしい闘いだろう――義父と義兄から委任状を貰わなくてはならなかったのだ。最初は丁重に相手を信用して、「どうぞ、いささかなりともご迷惑をおかけするつもりはございませんので、ご安心下さいますよう……」と書いていたのが、少しばかり不安になって「お返事頂けないのに驚いております……」となり、それからしだいに傷つき、不快になって、「私がそちらの公証人に勝手に手紙を送ったとのお咎めでありますが……」となって、ついに喧嘩腰で、「もし私の後見人としての立場を緊急に明確にすることが必要でなかったなら、決してこんな問題は持ち出したりはいたしませんでした。この不毛な問題には、どんな代償を支払おうとも決着をつけたいと望んでおります」と書くのである。ティヴィエとパリの間の関係があまりにも急速に悪化したので、仲介人が必要となる。サルトル家の友人のエリエと、ジャン＝バチストの友人デュリユー医師が、相前後してアンヌ＝マリーに話をしにいく。「遺産の共有状態に終止符を打つことが誰にとってもよいことなのです」と、二人とも口をそろえて言った。もちろんサルトル夫人は「この問題に決着をつける以外の野心はなく」、「夫人の言い分にはひたすら子供を養育したいという願い」しかみとめられない、と付け加えることも、ふたりは忘れなかった。

一九一三年十月に、エイマール＝サルトル医師が七十七歳で亡くなった。葬儀のため多くの人々がティヴィエに集まった。遺体は、トゥーリエ家とシャヴォワ家、それに息子「J-B・サルトル、海軍中尉」の傍らの、大きな十字架のある白い大理石の家族墓所に埋葬された。トン通りの家に二〇〇通近いお悔み状が届いた。フランス西南部の隅々から送られてきたもので、いずれも「良い先生」、「立派な先生」、「その全生涯を人類にささげた」人の、並外れた人望を如実に物語るものだった。市長、県知事、郡長、代議士、上院議員、県会議員、治安判事、弁護士、弁護士会長、公証人など、あらゆる地方名士はもちろん、レストゥラド・ド・コンティ伯爵、ファルヴェリ・ド・ラ・マルトニー伯爵、デュ・セニュール伯爵夫人、グランジュヴィエイユ・ド・マゾベール家、イサレーヌ・ド・ルーヴィル家、パルーティ・デュ・グレゾー家など、当地の貴族、主任司祭、修道院長、司祭、司祭長、教会参事会員、助任司祭、女子修道会上長者、医師補に軍医、一級薬剤士に二級薬剤士、銀行の頭取や教師まで、あらゆる人々が、ボルドー、ペリゴール、リモージュ、モンペリエ、ジュイヤック、ブラントーム、ブールデイユ、アヴィニョン、エクシドゥイユ、キャドジャック、スイヤック、アジャン、ヴィルヌーヴ・スュル・ロ、トゥールーズ、それにもちろんパリから、お悔み状を送ってきた。それはまるで喪に服すおごそかな長い行列のようで、故人の未亡人に、ごく短い間に迎えた三度の死——母、末の息子、そして夫——はどんなにか辛いことだろう、しかし悲しみを埋めあわせる慰めもいくつかあるのだと、入れかわり立ちかわり述べるのだった。例えば、サルトル医師がキリスト教徒として亡くなったことは大きな慰めだというわけである。デュシュトゥール夫人はこう書いている。「サルトル先生のキリスト教信仰に私は驚きませんでした。私はきっとこうなると、よく話してきたからです。なぜならば、先生がお歳を召すにつれ、宗教的な考えに関心をお持ちになったのが、よくわかったからです。そして皆様は、そうなったことを喜んでおられるに違いありません」とこの夫人は、ある種の気味の悪いユーモアのセンスをもって付け加えている。「これは皆様の信仰と敬虔に対して、神が下さる大きな慰めと言えましょう……」。こういうわけでサルトル医師は終油の秘蹟を受け、誰もが救われたのだ。そしてまたこの流れは受け継がれていくものと思われていた。ところがおかしなことに、手紙をくれた人の多くが小さなアニーのことに触れているのに、ジャン゠バチストの息子のことを考え、プールーのことを思い出した者は、誰も、ほんとうに誰一人としていないのである。サルトルを名乗る唯一の子孫で、しかもアンヌ゠マリーが葬儀へいっしょに連れていっているにもかかわらずである。これは遺憾ながらたまたまそうなったというだけの話だろうか。ジャン゠バチストに対する気まずさの現われか。家族からしめ出されていることの現われか、それともアンヌ゠マリーとの関係が緊迫している印だろうか。とにかく、この厖大なお悔み文の中で、小さなプールーはサルトル家の子として扱われていなかった。もっともこれは悪いことではなかったのだ。もっと後になって、彼が自分から断絶する、その方向に沿うものだからである。

サルトル医師の死去にともなって、プールーの後見監督人もいなくなった。そこで一九一三年十一月二十二日にティヴィエの治安判事は、ジャン゠バチストの兄、ジョゼフ・サルトルを新しい後見監督人とした。プールーは当時八歳、伯父は四十四歳だった。それにしても以後四年間、「家の馬鹿息子」で通っていたジョゼフ伯父が、もちろんアンヌ＝マリーとともに、法律上、わが神童の責任者となったのは皮肉なことである。そのジョゼフは、一九一〇年にこんなことを書いている。「まったくひどい天気だ。天気がよければ収穫はまあまあだったろうが、これからうんと暑くなって、雨がないとよい。土地はもうぐちゃぐちゃだから。麦も黄色くなりはじめた。〈彗星夫人〉の悪ふざけにはもうこりごりだ。昨晩見えたのだが……」。ジョゼフは天文学者よろしく自分の部屋のベランダから、一九〇五年八月三十日の日食や一九一〇年六月の彗星を観察し、収穫、雨、ブドウの取り入れ、地方の定期市などの合間に、母を手伝い、妹に手紙を書き、家の小作地を監督しながら、農村の人間らしい暮らしを送っていた。当然の結果として、アンヌ＝マリーとプールーのサルトル母子と、エロディとジョゼフのサルトル母子との間のみぞが深くなるのは、思ったよりもはるかに早かった。しかしそれは結局両方のせいだった。「もうずいぶん長いことユウとプールーから音沙汰がない。私のほうから手紙を書かなければならなかったのかもしれないけれど、いったい何を書いたらいいのか。何も書くことがない、彼女に何も言うことがないのだから」とサルトルの祖母は書いている。けれども、時折、彼女はかなりトゲのあるいい方さえしている。「ユウはそこらじゅうを歩きまわっている。ティヴィエ以外のところばかりをね。でもそのことは言わずにおきましょう」などと皮肉っているのだ。ジョゼフはジョゼフで、皮肉に追い討ちをかけている。「彼女はヴィシーから戻ってくると、九月には両親といっしょにルツェルン〔スイス〕の湖畔に滞在しようというつもりでいる。これではプールーが地理に強くなるわけだ」。非難された当人は、義姉のエレーヌにこう返事を書いている。「今年はティヴィエに行けないと思います。お母さんがどうしていらっしゃるか知りたいと思います。けれど、その点については私も筆不精ですが、あちらは私以上に何もおっしゃらないのです」。

ジャン＝バチストという幕間劇があまりにも短く影の薄いものだったのに、ティヴィエに関する幕間劇は際限なく後を引き、アンヌ＝マリーにとっては、出来の悪い十九世紀フランス小説をなぞった悪夢のような茶番劇の様相を帯びることもあった。だがそれにも、彼女にとって好都合な解決の糸口が見えてきた。一九一七年四月十四日、彼女は当時十一歳のジャン＝ポールの後見問題に決着をつけるために、親族会議の開催を要請した。そう決断することによって、当面は肩の荷が下りた気持ちになった。「親族会議は、サルトル夫人の子息に対する愛情に鑑み、マンシー氏が全幅の信頼を寄せうる人物であるが故に、サルトル夫人が子息の後見人であることを確定し、併せて元海運局長、ラ・ロッシェルのドゥロネー・ベルヴィル社社長、マンシー・ジョゼフを共同後見人とする」。

その頃、アンヌ＝マリーは再婚しようとしていた。今回も相手は理工科学校卒業生で、兄ジョルジュの同期生だ。最初のときは、ペリゴール地方の医者の息子ジャン＝バチスト・サルトルを選んだ。二度目は、リヨンの鉄道員の息子、ジョゼフ・マンシーで間にあわせたのである。こうして彼女は少なくとも息子にまともな後見人が付くようにし、今後まったく自由に子供の教育を決定できる保証を得たのだった。プールーの利益の所在を、あちらのジョゼフからこちらのジョゼフへと移したのである。これからは戦うにしても後ろ楯があり、歴とした経済的基盤に支えられることを、彼女は承知していた。というのも、国務院からやっと獲得した軍人遺族年金は大したものではなかったからだ。ジャン＝バチストの一連の公式文書のあとを不吉な形で引き継いで、一九〇六年十二月二十二日に彼女はこんな手紙を書いていたのである。「海軍大将閣下、私に残されたささやかな金額では、私と十八カ月になる子供の将来に不安を覚えます。当面は実家に身を寄せておりますが、今後ずっと、資産もない元教師である老いた父の世話になるわけにはまいりません……」。海軍省、国務院、保健上級委員会との間で法制上・行政上のすったもんだが六カ月以上も続いた。サルトル海軍中尉は最初の病気の再発によって死亡したのか、あるいは、熱帯地方での全腸炎が完治したのちに、かの「肺の右先端部の硬化」つまり結核によって死亡したのか。とにかく審議は、アンヌ＝マリー・シュヴァイツァーが最初から死を免れない男と知りながら扶養料目当てに結婚したのではないかどうかを見極めることに集中していた。彼女はへまをした。当時の社会通念から結核というのを恥じてか、夫は結婚したときすっかり癒っていたが、死因は最初の病気の再発だったと断言してしまったからだ。こうなるともちろん専門家の審議は無礼極まりないものとなる。それでも一九〇七年七月十三日、彼女の要求は受理される旨通知され、彼女と息子は毎年八三三フラン受け取ることになったのだった。しかし、一九一七年、再婚にともない、こうした金銭的な問題もすべて消滅した。彼女はティヴィエの重圧を脱け出して、寝室から正装したジャン＝バチストの肖像を取り除き、再度シュヴァイツァー家を後にした。これですっかり息子を取り戻したと思いながら。しかし実は息子を失おうとしていたのだ。

大方の予想に反して十年近くも続いたシュヴァイツァー家の支配は終わった。サルトルは五十歳を過ぎてから『言葉』の中でこの数年間のことを語ることになる。そしてアンヌ＝マリーは、「プールーは自分の幼少期のことなんか何もわかっていないわ」と、憤慨して叫ぶことになる。サルトルは母方の家族に愛着を抱いてなどいなかった。ある時シュヴァイツァー家の従兄の一人が、喜ぶだろうと思って一族の家系図を送ってきたことがあったが、ちらっと一瞥をくれただけで、ごみ箱に放りこんでしまった。彼はかつてジャン＝バチストの蔵書を売り払ったものだが、今度はこうして、シュヴァイツァー家 対 サルトル家の虚構の中での闘いでは、自分を生んだ二つの家族のどちらの肩ももたなかったわけである。そして自分だけは、無傷のままそこから抜け出して行った。

4　ラ・ロッシェルの生活情景

「ラ・ロッシェルで、私はその後の人生にとって重要なものとなる発見をした。人間どうしの根本的関係は暴力に基いている、ということだ。」
「自伝素材集」[*1]

「ラ・ロッシェルは五時から六時にかけての街、秋の黄昏の街だ。夕日を浴びる古い港が、最後の光線の灰色のくすんだ色調でかすむ。……港の入口の二つの古い塔の輪郭は、ほのかな空の色に侵食される。……港の水は重く、自動車が舗道に残すベンジンの黒いしみのように白い斑点を浮かべて澱んでいる。帆船は、まるで魔法の船のように、次々に音もなく港に戻ってくる……」。長目の半ズボン姿の強情そうな十二歳の少年が、一九一七年九月の秋の新学期にラ・ロッシェルのリセの第四学級〔日本の中学二年〕に編入された。この少年が数年後には自分なりのやり方で、秋の初めの日々に、デッサン画家や色彩を愛する画家を魅惑するラ・ロッシェルの光の魔術を謳い上げるようにさえなる[(1)]。

だがラ・ロッシェルでの体験は、始めから終わりまで苦難の連続であった。サルトルはこの時の体験には自分から触れるのをいつも避けるようになる。触れるのはずっと後になってからのことで、それも自分の少年時代のことを訊ねられて、はぐらかすこともならない場合のみであった。ラ・ロッシェルで、一連の宿命的な事件が彼に襲いかかったのだ。まるで曲がり角で卑劣な不意打ちを食らったかのようだった。彼のナルシシスムは荒っぽい試練にさらされた。プールーはシュヴァイツァーの天国から——そこではこの甘やかされた子供は何でも望みどおりに手に入れることができた——乱暴で残酷な中学生の現実世界へ追いやられたのである。リセの学生たちは、このホラふきの小怪物には軽蔑的な拒絶しか感じなかった。なにしろ年寄り臭い本を読み、頼まれもしない気のきいた科白を口にし、容貌は奇怪で、パリふうに気取った物腰のこの少年は、態度が尊大だったのだ。

アンヌ＝マリーはジョゼフ・マンシーを共同親権者として認めさせて、ティヴィエとの果てしない手紙のやりとりや、ジャン＝バチストの死後、彼女の生活を悩まし続けたお役所とのごたごたに、やっと終止符を打つことができた。ジョゼフ・マンシーの登場によって、シュヴァイツァーの殻はすっかり壊れ、アンヌ＝マリーに、経済的自立、社会的・心理的な支え、親権を行使する法的根拠がもたらされたのだ。つまりある意味で彼は、彼女を「出戻りの若い子連れの寡婦」という曖昧で不安定な依存的状況から救い出したのである。三十四歳でやっと、彼女は理工科学校出身《ポリテクニシャン》の夫と家、女中、社会的なつき合い、子供のための父親を手に入れた。要するに、さまざまな運命の行き違いのあげく、彼女は、夫の社会的地位を自分の人生の意味とする女性に共通の運命の中に陥ることとなったのである。

「母が義父と結婚したのは、愛情によるものでないことは確かだ。そもそも、彼はあまり愛想がよくなかった。痩せた背の高い男で、黒い口ひげを生やし、かなり凹凸した顔、とても大きな鼻、そこそこきれいな目をして、髪は黒かった。四十歳だったはずである」(2)。彼はP・L・M〔パリ・リヨン・地中海線〕鉄道会社職員の息子で、理工科学校でジャン＝バチストと同期だった。マンシーがアンヌ＝マリーとともに暮らすようになったその日に、あの不幸な海軍士官の肖像は完全に姿を消してしまう。ジャン＝バチストと彼の制服、すでに薄れていた彼の痕跡は舞台から消えた。もちろん、ジョゼフ・マンシーは、さまざまな面でジャン＝バチストに勝ろうと躍起になった。ジャン＝バチストは、その不在ゆえに主《あるじ》として君臨し、海での冒険という全能の魅力を差し出すばかりで、つかまえようにもとっかかりがなかった。いささかの欠点も、非難の余地もない絶対的純粋そのものだった。ジャン＝バチストは、まさにこれからという時に、死の中に滑りこんだのである。ジョゼフ・マンシーは十年遅れて同じことをしなければならない。彼は自分流にうまくやって失われた時を取り戻すだろう。だが、このプロレタリアの息子は、サルトルがいつも主張していたような、鉄のごとき経営者に本当になるだろうか？　それはともかく、この父ならざる者は現在の義父にして、真の夫になるだろう。つまり、ジャン＝バチストがまったく経験せずにすんだこの社会的コメディを、ジョゼフ・マンシーはとことん演ずることになるのである。後年、サルトルはこう説明する。「私の家族は壊れた。私は自分の父親の役を演ずる男と暮らすことになったのだが、この男は私には赤の他人だったのである」。この三人組はラ・ロッシェルで相次いで二軒の豪勢な家に暮らすことになるが、この新しいチームのメンバーはそれぞれ、他の二人になかなか打ちとけられなかった。自分の母を奪った四十三歳の男と向き合う十二歳の子供。責任ある大人に向き合う、独占欲の強い、嫉妬深い少年。女の方は、夫と息子の仲をどうにか取りもとうと努める。侵入者であるジョゼフ・マンシーは、へたばりかけていた父親の役をジャン＝バチストから引き継いだわけだが、シャルル・シュヴァイツァーからは、文化の松明を引き継ぐことになる。これは何とも急なカーブだった。若きサルトルは、十九世紀の仏独古典文学から一転して、精密科学の長所が賞めそやされるのを聞かなければならなくなったのである。毎晩、始めはカルノ大通り、ついでサン・ルイ通りの家の広いサロンで、ジョゼフ・マンシーは少年に幾何や代数の長時間の勉強を押しつけるのを己の義務としたが、この無理強いはしばしば平手打ちで終わった。

自分の後見下にある子供の教育と並行して、マンシーはアンヌ＝マリーよりさらに精力的に、ティヴィエの祖母の遺産相続問題を解決しようと試みた。祖母は一九一九年に亡くなったが、ジャン＝ポール・サルトル、伯父ジョゼフ、伯母エレーヌの三人が遺産相続人だった。分配は醜い争いになった。伯母は強情だし、伯父は欲張りだったからである。プールーが受け取ったのは、布巾六枚、コーヒー用スプーン三本という、食器のお余りだけだった……。そしてアンヌ＝マリーが義兄のジョゼフに、ラ・ブレジェールの敷地——これは彼の相続の取り分で、彼はそれ以降そこに一人で暮らすつもりだった——の中に自分と息子のためにヴァカンス用の家を残して欲しいと頼むと、ジョゼフはこの要求をはねつけたのである。妻に代わってこの問題と取り組んだジョゼフ・マンシーは、「こんな関係が続けば、堪忍袋の緒が切れることになりかねない」と言って、はるかに厳しいきつい言葉を選んで、勉学の費用、勉強部屋の家具の備え付けの費用など、後見下にある子供の当然の権利を主張した。継子を守るためにこれほど苦労した男に対して、当の継子は恩知らずではないだろうか？　ジャン＝ポール・サルトルは徐々に、この権威主義の男、一九二〇年のスト潰しのパトロン、この型通りのブルジョワが、自分の世界と正反対の世界に住んでいることに気づいていく。このことは次の話からわかるだろう。十五年後に、サルトルが恋人シモーヌ・ド・ボーヴォワールの話をすると、義父は果して彼女に会うことも彼女が訪ねてくることもきっぱり拒絶する。彼女とサルトルが婚約も結婚もしていないからという、ただそれだけの理由からだった。とにかく、プールーは自分からアンヌ＝マリーを奪ったジョゼフ・マンシーによって王座を追われ、サルトル自身の言葉によると、廃嫡の王子、「二流の王子」の地位に転落したのであった。

あるラ・ロッシェル出身の画家の伝記はこう言っている。「家庭の雰囲気は、硬直したモラル、労働崇拝、伝道者的な厳しさ、つまりラ・ロッシェルを本拠地とするフランス・カルヴィニスムのあらゆる特徴に貫かれていた」。塔と古い港によって外界から護られている、愛すべきこの地方都市は、どんなフランス史の本にも、何度も包囲されながら、誇り高いプロテスタントの町として抵抗しぬいたと書かれているのが、自慢だった。この町の、ゆったりして、洗練された閉鎖的な上流社会の人々は、他国者《よそもの》を招くことのない晩餐会で出会う習慣だった。御婦人方はラングラード菓子店の有名なプティ・ガトーでお茶の集まりをする。日曜日には、家族連れだって海に沿った遊歩道を散歩し、簡易ルーレットができるあの閉鎖的でプライベートなクラブであるカジノの庭園を観賞するのである。こうしたフランスの地方のすばらしい精神状態は、己れの特権と身の安全を確信したフランスのブルジョワの利己的な享楽の特徴であった。ラ・ロッシェルふうの優雅さはさらに「ラ・ロッシェル方言」を鼻にかけていた。それは、古いフランス語や「バイユ」bailや「タンブル」timbreといった航海用語の名残を留めた言葉だった。猜疑心が強く用心深いラ・ロッシェルの人々は、自分たちの金《かね》やしきたり、自分たちだけに通じる言葉、レースのカーテンなどの背後に隠れて、町にやってくる新参者には興味を示さず、好奇の目さえ向けなかった。まったく無関心だったのである。

第一次世界大戦が始まると、町はずれのラ・パリス港に米軍の基地ができた。この第七基地に、ドイツ軍と戦うための八〇万トンの武器、および一七万五〇〇〇頭の馬やラバが送られてきたが、港の沖ではドイツの潜水艦が客船や漁船を魚雷で攻撃していた。リセは病室用に教室をいくつか提供した。ラ・ロッシェルの駅に戦争捕虜が何度も到着するのが見られたが、彼らはただちにレ島〔ラ・ロッシェルの沖〕の要塞に送られた。ベルギーやフランス北東部からは、避難民を満載した船が続々と港にはいってきた。シャルル・シュヴァイツァーはアルザス人の誇りを失わず、彼なりに興奮してこう叫んだ。「このひどい戦争はいったい何だね？　おお、汚らしく、忌まわしいドイツの種族よ……」。ラ・ロッシェルから、ジャン＝ポール・サルトルは〈歴史〉が世界に刻む最初の足跡を読みとるすべを学ぶことになる。彼が一九一七年のロシア革命の話を耳にした場所はラ・ロッシェルであった。第一次世界大戦が、十九世紀ばかりでなく、彼がその時まで二人の祖父から受け継いでいた遺産までも、おしつぶしてしまったことに気づいたのも、ラ・ロッシェルにおいてである。

エイマール・サルトルとシャルル・シュヴァイツァーが語った世界、分断され引き裂かれたあのフランス、文化的統一もなく非常に強固な地域的な領土に細分化されていたパズルのような国は、大戦後、近代的で統一された六角形のフランスという国土に変貌する。祖父たちが一八五〇年に知ったフランスと、第一次世界大戦後、その孫たちが少年時代の何年かを過ごしたフランスとの間で、この国はもっとも根本的な、もっとも徹底的な社会の再編成の時代を経験したのだ。二人の祖父は、やがて呑みこまれてしまう世界のこと以外、いったい何を証言しえただろうか？　また、すでに時代遅れになった、最後の力をふりしぼっている古風で閉ざされた世界に関する情報以外に、祖父たちは彼にどのような情報を提供できただろうか？　第一次大戦はこうした最後の抵抗、最後の砦の息の根をとめたのであって、ジャン＝ポール・サルトルは父のいない子であるという特権に加えて、祖父たちの世界が完全に凋落する、まさにその瞬間に大人になるという特権を手にすることになる。舫《もや》い綱を失った子供、絆のゆるんだ家族、社会的大変動の時代、こうした状況が重なって、サルトルは望む時に、空気のように自由に、何ものにも縛られず、のちに彼が心ゆくまで演じることになる、「誰の息子でもない者」の解放者的な役割が自分の当り役だと思うことができたのである。跡取りという点では、彼は十全に跡取りだったが、祖父たちの世界と完全に断絶した世界にいた。跡を継ぎはしたが、連続性はまったくない。この違いは重要である。

戦争のために一部接収された男子リセで、サルトルは、その長目で上品な、場違いな半ズボンでたちまち目立ってしまう。なぜなら、ラ・ロッシェルのブルジョワ階級では、少年には父親のお古を仕立て直して着せていたので、このパリ風のしゃれた恰好のせいで、サルトルは最初から、子供たちの間では許されることのない差異の一つを持った人間ということになってしまった。上の方は、神父たちの学校といわれるコレージュ〈フェヌロン〉――この町のカトリック貴族の子弟が入れられる――に「引き抜かれ」、下の方の子供は、職業見習いを始めるために就学を止めてしまうため、男子リセのクラスは、非常に異種混合的な集合体だった。リセに残るのは、とりわけプロテスタントの上流ブルジョワ階級の子弟と、多くは寄宿生活を送る、近隣の村々の牡蠣養殖業者や漁師の家族の子弟だったからだ。

「乱暴なクラスだった」と、サルトルは後に言っている。実際、戦線に釘づけにされていたため大人たちがおらず、同年代の若者グループが、街の通りでさんざん乱暴を働いていたが、その中でリセ・グループは緩衝地帯的なグループだった。一方には、「お坊っちゃんたち」のグループ、制服を着た、型にはまったおとなしい神父さんたちの生徒のグループ、もう一方には、年は同じだが、もう学校をやめて職業見習いをしている「不良少年」、――サルトルに言わせれば「ならず者小僧たち」――のグループがいた。敵対する徒党は通りでぶつかりあい、なぐりあい、にらみあい、対立した。サルトルはリセの仲間同様、「不良」に対抗して「神父さん」の生徒たちと同盟した。野蛮な力関係。だれもがラ・ロッシェル生まれの同じ社会階級の者にしか扉を開こうとしないこの閉ざされた小さな町では避けられない階級紛争だった。すでにかなり滑稽な存在で、うまくグループに溶けこめない少年にとって、対立は強まるばかりだった。おまけに彼は、体が大きくならないくせにいつもホラ話をしていた。子供とは優しくないものだということはよく知られている。だがすべてが手を組んで、紛争を激化させる状況のなかで、哀れなサルトルは悪戦苦闘し、被害を蒙ったのである。彼はいじめられっ子であり、除け者、仲間はずれだった。もっともティヴィエの遊び仲間も、同じ印象を持っている。クロッケーも嫌い、ボールも嫌い、あらゆる遊び《ゲーム》が嫌いなサルトルは、フランス南西部の子供たちの間では評判がよくなかったのだ。「とても自惚れがつよく、楽しむことができない」と、どこでも言われていたのである。このちびインテリを引きつけ、そのナルシシスムをくすぐった唯一の楽しみは、最新の「乾板」写真機を発見したことだった。サルトルは頭に月桂樹の葉を載せて、写真を撮られては悦にいっていたという。「注意して、とくに顔の表情をうまく出すようにね！」、大根役者よろしくサルトルは、ポーズを仕切る新米写真家にこう頼んでいる。[3]「いやな餓鬼」というこの評判は、ペリグーまで彼について回った。従妹のアニーも明らかに、このとんでもないプールーの一連の「愚行」を苦にしていたようだ。一緒に夏休みを過ごすたびに、少女は大好きな従弟のひどい悪戯で傷つくのだった。あまりの酷さに、時々、アンヌ＝マリーが裁定役を買って出なければならないほどだった。彼女は少女にこう書いている。「彼はあなたを忘れていません。あなたにひどいことをしたとしても、要するに大きな悪戯坊主なのです！」

　サルトルと同じクラスの最年少の生徒だったギイ・トゥーブランの回想によると、「サルトルは不機嫌で怒りっぽく、喧嘩っ早くて他人には不愉快な少年[4]」だった。「自分が他人より上だと思う傾向がややあり、人づきあいの悪いこの少年」に、彼は興味をそそられていたのである。この少年はフランス語の教師に公然と逆らって、仲間をあっと言わせることになる。教師が韻文劇の散文化をしたが、下手くそだったので、サルトルが別の案を提案したというのだ。早くもサルトルは、リセの「伝説」になりかけていた。どこでもそうだが、ちょっと変わった人物は目立つものだ。フランス語の教師で、いささか滑稽なロースドレ神父は恰好の標的だった。大きな鼻がちょっと紫色をしていて、生徒から「紺碧でか鼻」というあだ名を進呈されていた――この教師はサルトルの若書きの小説『ふくろうジェジュ』のモデルになった。またドイツ語教師のリーメルは、このリセでももっとも独特の人物で、ジャーナリストで詩人、いまでいえば広告マンでさえあった。偽名の才があって、ジャン・ポピュロの名で左翼系の新聞『デモクラシー』に集産主義についての一連の論文を書き、中傷する連中を挑発していた。またジャン・ド・ラ・ジュネットの名で、ある生徒の死や大戦の戦没者の死を悼む詩を書き、本名ではドイツの詩人レーナウを翻訳し、ポワンドスー靴店の広告を作ったりもした。

同級生だったゴントラン・ラヴォワシエールも、「サルトルは優れた少年だった」と認めている。「頭のよい少年で、勉強しているようには見えないが実はよく勉強し、友達づき合いも良かった。だが内に閉じ籠もって、打ち解けなかった(5)」という。彼のこと、その性格や愛読書、一風変わった物腰などは、人々の記憶に残るだろう。けれどもラ・ロッシェルの人々は、作り話にふけり、クラスのいじめられっ子だった少年のことは忘れてしまうだろう。そうしたことから判断すると、少年サルトルは、ジョゼフ・マンシーの出現によってすでにナルシシスムに動揺を来しているところへもってきて、リセで笑いものにされたが、それを切り抜け、対立を避けるために、まったく知的な手段を求めたのだ。後年、彼が語るところによると、「しばらくの間、私は闘うか――結果は予測できなかったが――、さまざまな企みに彼らをひきずりこむかして、迫害に対抗しようとした」。だが、この企みも出来が悪く、穴だらけのことが多く、しくじるとひどい結果になった。ある日少年サルトルは、ラ・ロッシェルの歓楽街の女たちやヴォワリエ通りの娼家のことを想像して、豊富で濃密な性生活振りをでっちあげたが、もちろんこれは仲間の作り話と張り合うための偽りだった。彼の説明によると、「一緒にホテルに行く娘がいると言ったのだ。これがとくに皆をびっくりさせたらしい。つまり私が午後彼女に会い、仲間の連中が娘たちとやっていると称することを、私も彼女とやるということがね。……私は母の女中をしていた若い女性に、『愛しいジャン＝ポール……』とか何とかいう私宛の手紙を書かせさえした。この手紙は読み上げられ、いんちき［が見破られた］。……私は白状した。これがクラス中に広まった」。溺れかけた者のあがき、嫉妬する者の不器用さ、異様な子供の失敗。自分を守るつもりでもっと深みにはまってしまい、からかってやろうとして、笑い者になってしまったのだ。彼は続けてこう言っている。「いまでも遊歩道で、クラスメートの周りをうろうろしていたことを思い出す。……仲間に入れ、と言ってくれないかと期待していたのだ。……しまいには呼んでくれたが、彼らはなかなか声を掛けないのを楽しんでいたのだと思う(6)」。ラ・ロッシェルは悪運だらけの町だった。少年たちは誰もが、この種のいじめ、残酷な侮辱を忍ばねばならなかったという。第一次大戦当時のラ・ロッシェルの若者は、自分たちから大人を奪った「ドイツ野郎」を殴ってやろうという思いに燃えるあまり、戦時下の若者だけが経験する、あの内にこもった集団的な暴力に駆り立てられていたのである。そうなると、運悪く暴力本能の標的にされた人物は——サルトル少年の場合がそうだった——、二重の意味でいけにえになるのである。ことにサルトルのように、そうならないように気を付けることがない場合は。「ラ・ロッシェルの連中は、パリの仲間よりもずっと荒っぽくて教養が乏しかった」。ずっと後になってサルトルはこう語っている。「彼らはよく私を殴った。たいていは父親が前線に行っていて、いるのは母親だけだった。父親がいないために、彼らの家族関係はすっかり変わってしまった。私のクラスメートの一人で、デッサンの先生の息子は、母親がまた昼食にジャガイモを出したといって、ナイフで母親を脅した」(7)。サルトルは、ラ・ロッシェルで暴力を学んだのである。彼が初めて「政治的な」目で世界を見たのもラ・ロッシェルでだった。ここで彼は反植民地主義を発見したのだ。後に彼はこう説明している。「たぶん、それぞれの国からフランスの工場に連れてこられた黒人、アラブ人、中国人を見て、それ〔反植民地主義〕をごく自然に感ずるようになったのだろう……」。

苛立つ青少年たちのクラスで、何物も――社会も歴史も時代も――緊張と紛争を免れることができなかった戦時下のこの町で暮らす良家の息子の苦しみはたしかに激しいものだったに違いない。だが、それもデシェーヌという少年――戦争遺児として国の保護を受ける給費生であり、寡婦であるその母親は病院の雑役婦の仕事をしているのに、それでも毎年、数学の一等賞を獲得し続けていた――に比べればずっとましだったのではないか？　第一次世界大戦の終わりとともに、なぜ情勢が一変してしまうのか、その理由もいまや納得がいくはずだ。サルトルは陣営を変えたのである。なるほど、一九一七年には彼はまだ、金持ちの子弟といっしょに「不良少年たち」に殴りかかっていた。だが間もなく決定的に境界を越えて、富裕階級の子弟に敵対して、社会のはみ出し者の側に立つことになる。第一次世界大戦は、大革命が葬り去ることができずにいた古い貴族制の名残をフランスから一掃した。この大変動の中で、祖父たちに大事にされてずっしりと重い蘊蓄《うんちく》を背負いこんでいたにもかかわらず、サルトルも、ゼロから再出発することにしたのである。自分の出身を消し、祖父たちとの関係を絶つことを断乎決意し、いささか並みはずれた闘いに身を投じたのだ。それは絶望しているが、明晰でとてつもなく誇り高い十五歳の少年が、義父に対して、社会に対して、自らの出自《ルーツ》に対して反抗する闘いである。大戦は彼を根本的に変えた。ラ・ロッシェル社会のきわめて厳しい緊張のいくつかを、彼は体験していた。また、伯父のランヌ大尉――従妹のニニーの父親――が一九一七年に戦死して、ティヴィエでジャン＝バチストの傍らに埋葬されたことを知らされた。ラ・ロッシェルで暮らした数年間にさまざまな事件が目白押しに続発したが、こうしてさらに一つの死が付け加わったわけである。誰の息子でもなく、自分の社会階層から脱落した、私生児で前衛主義者の少年は、結局はいくつかの切り札を手中に、戦争の試練から抜け出し、始まろうとしている新しい時代に立ち向かおうとしていた。(8)

明晰で誇り高く、狂気じみた少年の最後の跳躍。十二歳と十五歳の間に、あらゆる面で攻撃を受け、おびただしい傷跡を残すほどの試練にさらされたサルトルは、怒り狂って、ひとつの社会的人格、つまり、自分の社会的人格の土台を固めたのである。大人の猿真似をする子供という人物像、甘やかされた子供、一人息子、その一部はアンヌ＝マリーによって作り出された温室育ちの花のひ弱さ、こうしたものから身をひきはがすのに必要な大きなエネルギーを見出すことによって。彼は悲痛な努力の末、明晰さを保った。たぶん明晰さだけが、この困難な時期における彼の真の力だったに違いない。ますます彼は「ぼくは天才だ」と自分に言い聞かせるようになる。

憎悪、荒々しさ、不器用さ、いずれも追いつめられた獣が見せる反射的行動に他ならない。甘やかされた王子は、目が覚めると、自分がひき蛙であるのに気づいた。ほら吹きのみじめなお山の大将は、挫折と拒絶、嘘と自己嫌悪の名状しがたい混淆の中に己れの道を求めたのだ。当然のことながら、近づきつつある思春期につきものの悩みもあった。この年ごろの少年たちの言う「スケ」探し、つまり娘たちをめぐる、興奮した若者たちの張り合いだ。その当時はまだ、女の子を誘惑する能力は、ポーカーで有り金を残らず賭ける大勝負のように、挑発、エスカレート、鉄拳の繰り返しのなかで、面目をまもるための最後の切り札、唯一の最後の手段たりえたのである。

ラ・ロッシェルでの最後の悪夢を、彼が語るのを聴こう。一九一九年、当時彼は十四歳で、旧港ぞいの遊歩道を仲間と一緒に歩いていた。彼は可愛いリゼット・ジョワリスを待ち構えていたのだ。「船具商人の娘で、とてもきれいだと思っていた」。仲間内の話し合いでは、サルトルはお願いする方だったから、立場が弱すぎたのだ。彼はリゼットに出会いたいと言い、仲間はそれに同意した。だが彼には内緒で、あらかじめ娘には知らされていたのである。「彼女は自転車に乗って散歩道を走り去り、ぼくはあとを追った。……しかし次の日、彼女は私の方を振り返り、級友たちのいる前でこう言ったのだ。『ばかみたい、眼鏡なんかかけて、大きな帽子をかぶって……』」と。仲間たちは「やっぱりお前はかっこ悪すぎるのさ」と言い放った(9)。こうして最後の頼みの綱だった誘惑も失敗に終わった……。

こうして哀れにも、最後の機会がエスカレートしていった果てに、ラ・ロッシェルでの最後の災難が待ち構えていた。アンヌ＝マリーの方への道は、もう閉ざされた。今さらあと戻りの希望はない。女の子の方については、二回も、それも大っぴらに失敗してしまった。これはもう決定的だ。女の子を誘惑するのはうまく行きそうになかった。残るは級友を誘惑するしかない。彼らを贈り物攻めにするという思いつきだ。彼らは菓子が好物だから、菓子を買い与えればいい。だがリセの学生がよくやるように、学校の売店のチョコレート・パンを買うのでは駄目だ。ずっと高級な、パレ通りのラグラード菓子店の一つ三スーのババ・オ・ラムでなければならない。この目的のために唯一可能な戦術はアンヌ＝マリーのハンドバッグから金を盗むことだ。何週間かの間、少年サルトルは、罪を犯したにもかかわらず、その猶予期間の間だけ、おそろしく気前のいい堂々たる王様に戻った。だがそれは、アンヌ＝マリーが子供の上着のポケットに七〇フランも入っているのを発見する日までだった。サルトルはこう説明している。「私はこう言ったのだ。それは冗談で〔級友の〕カルディノーから盗んだ金だと」。つまり、とてつもない嘘を言い張って、母親にも、仲間にも、自分自身に対しても面目を失い、ついには祖父のシュヴァイツァーの信用も失うというひどい苦痛を味わうことになったのである。祖父は彼を拒否し、彼が地面に落ちた金を急いで拾おうとすると、それを押しのけて辱めさえしたのである。滑稽な子からグロテスクな子に転落し、嘘の策略はことごとく見破られ、誘惑しようという試みもそのたびに失敗し、さらしものになった以上、再び本に没頭する以外に何ができただろうか? こうして彼は、図書館や市の図書室の定期会員となって読書に耽り、ポンソン・デュ・テライユ[*2]やクロード・ファレール[*3]に夢中になり、新たな影響に身を委ねた。それにまた書き続けた。一石二鳥だったのは、書くことによって、仲間とジョゼフ・マンシーの両方から身を守ることができたことだ。「書くことで、私は彼の上に立つことができたのである」と、彼は後に言っている。また「マンシーは十四歳の子が文学をやる決意をすることなどありえない、と思っていた。そんなことは彼にはとても想像のつかないことだった。……私がものを書いたのは、いつもこうした人物に対抗するためだった。生涯そうだったのである」[(10)]とも。

ラ・ロッシェルに着いた時から、この流れはすでに始まっていたのであり、子供＝作家はすでに萌芽状態にあったのである。戦争、暴力、孤独、迫害、嫉妬、さまざまな挫折は、この文学的覚醒の刺激剤の役割を演じ、いくつかの直接的な自伝的作品を生んだ。最初の小説は、『勇敢な兵士、ペランの物語』である。「若い勇敢なフランス人兵士が、ドイツ軍陣地に潜入する。彼は前線を視察中のドイツ皇帝を捕虜にし、わが方に連れてくる。彼は皇帝を縛り上げて背負ってきたのだが、フランス軍陣地の中に入ると、彼は皇帝の縄を断ち切り、殴り合いという奇妙な決闘を挑む。皇帝はこの闘いに応じ、この闘いに戦争の帰趨が賭けられることになる。フランス兵は実はボクサーだったので、皇帝を打ち倒す。打ち倒された皇帝は気絶して地上に横たわった……」。サルトルは続けてこう書いている。「これで小説は終わりになったわけではないが、とにかく私は、自分が戦争に勝ったかのように得意だった」(11)。ついで、十三歳から十四歳の時期に書いた剣戟《チャンバラ》小説『ゲッツ・フォン・ベルリヒンゲン』*4は、逃げ場、内向、復讐といった、いくつもの機能を果たすことになる。主人公は、中世ドイツの暴君で、自分のまわりの人々によかれと願いつつ、彼らを打ち破り、恐怖が支配するにまかせていた。その結果、主人公はきわめて残酷な死を得ることになる。鐘楼の時計の十二時のところに頭を固定され、正午になると時計の針で首をはねられるわけである……。

巡りあわせか？　まったくの偶然だろうか？　サルトルは一九二一年の夏の終わり、ラ・ロッシェルでの最後の夏休みに、深刻な頭部疾患を病んだ。「プールーが海水浴で風邪をひきました」。アンヌ＝マリーはいささか心配げに義兄のジョゼフにこう書いている。手紙は続く。「耳の中にできたおできがひどくなって手術――穿頭手術――をしなければなりませんでした。脳膜炎にかかる恐れがあったからです。……でもプールーはいまは前と変わらず敏捷に、活発に、誇らしげに通りを歩きまわっています。もっとも、かわいそうに頭は包帯でぐるぐる巻きですが。……長い包帯です」(12)。子供の小説家は、ゲッツ・フォン・ベルリヒンゲンの首をはねたその数カ月後に、自分自身が「誇らしげに」包帯した頭をいただくことになったのである。自損行為だろうか？　罪の意識が強すぎたためだろうか？　乱暴な解釈にはこと欠かないだろう。とにかく、十五歳になった少年は、きわめて力にみちた状態で、ラ・ロッシェルを立ち去ったのである。脳みそに包帯をした男だった。彼は巨大な頭をした男、そして挑戦者として、再びパリでシャルル・シュヴァイツァーの庇護の下に入った。幕の終わり、一段落ついたところだ。少年期は終わった。幕である。青春時代も終わった。『言葉』の著者は、のちに次のように書くことになる。「それに読者は、私が少年期と、その一切の名残を嫌悪するのを理解されたことだろう」と。

5　千人のソクラテス

「青年期の、成人後の私の人生の第一期は、一九二二年から一九二九年までで、これは楽観主義の時代、私が、『千人のソクラテス』であった時代だ……」
『戦中日記――奇妙な戦争』[*1]

作り話が好きで、反抗的な若者は、慌ただしくパリに戻り、リセ〈アンリ四世〉に再編入された。ラ・ロッシェルへ行く前、二年間いた学校である。だが、今度は最高の罰として寄宿生にされたから、女の子の尻を追いかけるどころではない。まだ「田舎者の粗野で野蛮な乱暴さ」が強くしみこんでいるこの男は、祖父母の家には週にたった一度、日曜の朝のミサを唱えた後に行くだけで、ほかの田舎者たちと一緒に共同寝室で寝起きしていた。彼は、カルチエ・ラタンのブルジョワ子弟のうち、三年前に別れた仲間の何人かと再びめぐりあった。ベルコ、グリュベール、ニザン、フレデなどだ。やがて彼はラ・ロッシェル暮らしの影響、ことに読書傾向に色濃く残る影響の大きさに気づくようになった。仲間が、クロード・ファレールやポンソン・デュ・テライユといった作家にまったく無関心なことが、すぐわかったのだ。そこで彼は仲間たちが最近読んだ、モラン、プルースト、ヴァレリイ、ジロードゥーなどをむさぼり読み始めた。数週間で、彼は後れを取り戻してしまう。

つねに一人息子で、はみ出し者、孤独者であるサルトルにとって、その当時の大きな事件は、もう一人の一人息子、もう一人の作家の卵、ポール・ニザンと出会い、さしで語りあい、友情を結んだことである。まことに例外的現象だが、ニザンは筆が速くしかも大量に書くという点でサルトルよりも勝っていた。彼はすでに、詩や小説を書いていた。その後の四年間に、ニザンは小説を三篇、詩を二つ、文学評論を四篇、学生雑誌や前衛新聞に発表した。それらの作品の中で、プルーストに敬意を表し、ジュール・ラフォルグ、ジロードゥーを模倣し、ダダイストを検証し、ジャン＝リシャール・ブロックを参照し、バレスを評価していた。確信、早熟、円熟、闊達……、ニザンはたちまちのうちに、いささかの桎梏もなく、パリの文学界に入りこんで行く。彼がサルトルを引っ張っていくことになるだろう。

リセ〈アンリ四世〉の二人の寄宿生は、十六歳、十七歳、そして十八歳で、二人の体験も似通っていた。病気がちで顔色の悪いませた子供だった少年時代、早熟で貪欲な読書熱、作家たらんとする野心。二人はごく自然に結ばれ、二人組としての共同の押し出し、共同の防衛、共同の歩調、共同の人格を作りあげていく。この時から六、七年の間、二人はニトルとサルザン、サルトルとニザン、ニザンとサルトルであり続けた。たとえばレイモン・アロンは――彼が二人に出会ったのはもっと後のことである――サルトルの死の直後に語ることを求められて、「ニザンのことを語らずにサルトルについて語れない」と言っている。協力者、一体化した共犯者として、二人は爾後、手に手をとって進んでいく。サルトルは後にこう言っている。「われわれは識別不可能だった。彼の肖像画なら、いつでも描けた。中背で黒い髪の毛。私同様に斜視だが、しかし反対方向の、つまり感じのよい斜視だった。外斜視は、私の顔を荒涼たるものにした。彼は内斜視で、こっちを注目しているときでも、一種の意地の悪い不在とでもいった様子を彼に与えていた[1]」。ニザンは、父方からいえば字の読めない従順なブルターニュ農民の孫だったが、サルトルに、文化への情熱、貪欲、渇望を吹き込んだ。これは父親の後をうけて、彼が世に出る唯一の道、王道として築き上げたものだった。サルトルが無頓着に、自明なこととして、偶然性の中で受け取ったものを、ニザンは必然性と不安と混沌の中で、体験してきたのだった。ニザンはごく初期において、第三共和制の公教育がもたらした奇跡を、真面目な労働者だった父親という代理人を介して受け取っていたとさえ言えよう。サルトルの祖父や曽祖父たちが熱心に――アルザスでもフランス南西部でも――成しとげた営々たる努力は、ニザンの父親のような才能に恵まれた子供を引き立てるためになされたのである。二人とも、非宗教的な共和制的教育への礼讃の中で育てられた。しかし、そのうちの一人にとってはそれは当然のことであり、もう一人には奇跡だったのだ。文化による社会的地位向上の可能性を、ニザンは父親から何ものにも代えがたい贈り物として受け取ったのである。このことからしても、彼は何ものにも代えがたい強烈な欲望、知への情熱を持っていた。サルトルは裕福で、ニザンは成り上がり者だった。あとでわかることだが、いざ行動に移るという段階になると、身分の違いによっていろいろなことが変わって来る。裕福なサルトルは、まさにその度合いに応じて、成り上がりのニザンより消極的にふるまうことだろう。さしあたりは、この不揃いな組み合わせの二人の生活を少し眺めることにしよう。ひとりは中背のニザン、もうひとりはひどく小柄なサルトル。二人とも斜視だった。ニザンは内斜視、サルトルは外斜視。けれども、ニザンがデリケートで洗練され、とらえどころがなく優雅で、みだしなみの良さで印象的だったのに対して、サルトルはむしろ、助平で身なりがだらしない、いたずら好きのやんちゃ坊主に見えた。

それでもこの二人の少年の間にはたちまち、真の友情が成立した。サルトルはもったいぶって、自慢の従妹のアニー・ランヌをニザンに紹介した。彼女はずっと母親と二人きりでペリグーで暮らしていたが、ニザンも少年時代にペリグーで何年も過ごしたことがあったのだ。ある日サルトルは従妹に手紙を書いた。「わが友ニザンは禁酒同盟の会長になり、ペリグーにも支部を作りたがっている……。この話に興味がある？」ニザンも自分でアニーに直接便りをだしている。自信たっぷりに「聞くところによると、貴女は全国禁酒同盟の業績と仕事に大変関心をお持ちだということです。私はこの同盟の副会長です。この同盟は当初パリに限られていたのですが、地方に拡大することを考えています」と述べて、「貴女をわが協力者淑女諸氏の一員に数えられれば、幸甚です」と結んでいる。パリとペリグーの間で、アニーが学ぶ女子カレッジの娘たちとパリの二人の寄宿生の間で、出会うことは滅多にないが、互いに相手を極端に理想化する青年期特有の手紙のやりとりが行なわれた。彼らは英語風の名前を用いたり、英語で手紙を書いたりしたが、ある日、「ジョン＝ポール」は、「アニー」（Anny）に電話をかけてくれるよう頼んでいる。「私ハ、アル事ニツイテ、貴女ト話シタイ。タブン、貴女ハソウスルコトニ異論ハナイト思ウノダガ……」という謎めいた説明が英語で書いてある。それに次いで彼は、数年間の寄宿生活について語り、「大学入学資格試験のための悲惨な労苦、その試験のあげくのどんでん返し」について述べ、「教授職に安住するために是非とも必要な同じような面白くもないこまごまとした仕事（哲学〔ママ〕や物理学）」を想い起こす。試験に合格したときは、有頂天になる。「あの無益で退屈な試験を厄介払いしたので、安堵の溜め息がでた」。さらに、観劇にでかけたときの様子を描き（「君も踊ったことがあるオペレッタ、『デデ』を見にいく手段が見つかったよ、アニー。『私は従う』と歌う一節を聞いて、ティヴィエや復活祭の休みのことを思った……」）、さらに、相談相手の兄の役回りを果たして、「約束した仕事の一つだけを送る。もう一つの方はまったくばかげたものだったと思うからだ……。兄として君にキスを送る、つまり額《おでこ》にね」と続け、最後に、アニーのパリ上京を待ちこがれる想いを綴るのであった。「高等師範に来て下さい。ここは人を歓待する古い館で、そこで僕はとても自由にやっているはずだ。君に優しいキスを送る……」。

サルトル＝ニザン＝アニーという興味深いトリオができあがった。ニザンは数年前、七歳になる実の妹を心臓病で失っており、この妹の写真が家中の部屋という部屋に飾られており、一家はいつも死と悲哀が漂う雰囲気の中に閉じこもっていたのだ。こうしてごく自然に、ニザンはアニー・ランヌの恋人になるのである。だが、ペリグーの娘たちがしばしば夢に見たと白状するのは「かわいい従兄」のプールーの方だった(2)……。

ニザンの助力、仲間意識、友情に支えられて、サルトルは自分を取り戻し、数カ月の間に圧倒的な人格を自ら作り上げていく。フランス最良のリセの一つのエリート学級——ラテン語・ギリシャ語クラス——全員にとって、サルトルはもはや、「S・O」つまり「公認の色魔《サテイル・オフイシエル》」以外の何者でもない、ということになってしまう。「私には長い間、ワルであること、ことにひとにそう見えることが望ましく思われていたのだ」と後年、彼は説明している。あけすけで、冷笑家、皮肉屋のサルトルは、冗談、ほら話、猥談が巧みだった。ニザンが彼を助け、サポートし、ネタを与えさえしたのだから、なおさらである。何とも豪気な話だ。彼はそれに活気づけられて、人々の心をとらえ、それに見合った名声を手にする華々しい時期を過ごすことになる。彼は学業でずば抜けた成績を収めた。優等賞、そしてやすやすと二次にわたる大学入学資格試験に通り、さらにフランス語論述、ラテン語作文、哲学などで、おびただしい一等賞を、ニザンと公平に分けあったのである。フランス語の教授だったジョルジャンの言葉によると、サルトルは「たしかに素質と独創性に恵まれている」ということになるが、彼はニザンに真の「文学的才能」を認めている。しかし、二人ともに、方法を確立し、確実な文法的知識をものにすること、つまりすでに身につけたものを固めるべしとの助言がなされた。末恐ろしいわが二人組は、やがて、自分たちの哲学教師の「とんま哲学者」ことシャブリエの講義をさぼって、高等師範学校受験準備クラスの、その名も高いアラン[*2]の生徒たちとさしで議論を交わし、時には二人の水準より明らかに上のアランの授業に呼ばれさえして、評判になった。アラン組のひとりであったジョルジュ・カンギレムは「サルトルとニザンは、校庭を休みなく歩きまわりながら喋り続けていた。われわれアラン組の受験準備クラスは彼らより二歳から四歳は年上だったが、すでに彼らをむしろ対等と思うようになっていた[(3)]」と述べている。哲学を語り、文学を語り、まるで自分たちの隣人であるかのようにスワンやシャルリュス〔『失われた時を求めて』の登場人物〕の恋を話題にしながら、二人はリセ〈アンリ四世〉からすぐ近くのリセ〈ルイ大王〉の「高等師範」受験準備クラスに進む。リセ生活の最後の情景。ニトルとサルザンは、大学入学資格試験合格ではしゃぎ、酔っぱらって、半ば挑発、半ばなりゆきで、リセ〈アンリ四世〉の校長の足の上にゲロを吐いた。少なくとも伝説ではそういうことになっている。よみがえり、活気を取り戻した幸福なサルトルは、ゲリニーとラ・ブレジェールの間で夏休みを過ごしに出かけた。試験という肩の荷を下ろし、楽観的になり、いろいろな考えが溢れんばかりであった。つまり彼はひとりで千人のソクラテスだったのである。

高等師範学校受験生といえば、身なりのさっぱりした若者だなどという評判はどこへ行っても聞きはしないが、リセ〈ルイ大王〉では、だらしのない身なりが一種独特のスノビズムで尊重されていた。たぶん、サルトルは、とても居心地がよかったに違いない。寄宿生たちは、形の崩れた灰色の長い上っ張りのポケットに両手を突っ込み、「純粋精神」の伝統を推し進めるあまり、めったに着換えをしなかった。勉強室から共同寝室に行って、寝るときに上っ張りを脱ぐだけだった。朝は寝間着やニット・ウェアを幅広のズボンの下に押しこみ、例の上っ張りでそれをすっぽり覆って、スリッパ履きで教室に出かける。シャワーは？ 週に一回。しかも試験の時期にはまったくなしだった。寄宿生も半寄宿生も通学生も、こうして何年も――もっともいい場合で二年、悪くすると四、五年も――一〇〇人以上の仲間に交じって雛段式の大教室で暮らしたのである。大教室では、選抜試験の五教科、哲学、フランス語、ラテン・ギリシャ語、外国語、歴史の教授たちが入れかわり立ちかわり授業をした。高等師範学校の校長がつい最近、「この国のエリート軍団」と形容した者たち、つまり優等賞を貰った若者、クラスのトップ、大学入学資格試験の優等生、全国作文コンクールの入賞者たちが、リセ〈ルイ大王〉の高等師範学校受験準備クラスの一年次と二年次に集まっていた。これらの若者は、全国のリセの教授、校長に選ばれてやってくるのだ。その年には、リモージュのリセ〈ゲイ＝リュサック〉、トゥールーズのリセ〈ピエール＝ド＝フェルマ〉、アルジェのリセ〈ビュジョー〉など、地方や植民地のリセが、最良の条件で高等師範学校の入試に挑戦するため、大勢の秀才たちを送り込んできていた。受験勉強とエリート主義が教育制度のキーワードとなるような学業システムがこうしていつまでも続いていく。文化の真の沸騰の場たる、リセ〈ルイ大王〉の高等師範学校受験準備クラスは、その名声に恥じぬ成果を上げていた。このクラスの生徒の五〇パーセントが、毎年、入試の狭き門を「パス」した。当時は文科系の合格者は年に三〇名を越えなかったのである。それにリセ〈ルイ大王〉――サン・ジャック通りとパンテオン広場の角にある――と高等師範学校は数百メートルしか離れておらず、そのため合格への渇望はいやがうえにもかきたてられたのだ。

地方出身の生徒の中には、小学教諭、リセ教授、小学校校長の子弟が多かった。あたかも、自然発生的に、一九二〇年代の文化は、一八七八年以来君臨するあの教授たちの共和国をできるだけ長い間再生産することを目的としているかのようだった。パリ在住者も寄宿生も半寄宿生も、上流ブルジョワジーの子弟も教育者の子弟も、熱心な信者も無神論者も、さまざまな若者がこの階段教室に集まった。出身もまちまちなら、野心もさまざまで、あらゆる地方の訛りを混ぜ合わせて、彼らは、高等師範学校受験準備課程一年クラスには一九二二年の新学期に、二年次クラスには翌一九二三年の新学期に、やってきたのだ。十六歳から十九歳の若者が、二年か三年の間、おびただしく本を読み、おびただしく書き、何時間も何時間も講義を聴き、ノートを取り、そのノートを読み返し、論文試験、摸擬試験、口述試験の練習をし、プラトンとカントにおける内在性と超越について論述し、フローベールのテクストを説明し、シェイクスピア、ホメロス、ウェルギリウスを翻訳し、フランス大革命やパリ・コミューンの原因を叙述するのである。彼らがのめり込み、はまり込み、潜り込んだこの異界の中で、彼らは、発表、論文、解説といった技術に、サーカスで綱渡りの芸を繰り返し練習するように、できる限り完全に習熟しようと努めるのである。囲いの高い温室、管理のよい苗床、難攻不落の要塞のように、ラテン語作文だのギリシャ語翻訳が主《あるじ》として君臨するこの帝国では、外部の出来事も世界も政治も実際には市民権を持っていない。二年、三年、どうかすると四年にもなる、きびしい食餌制限──『ガッフィオ・ラテン語辞典』と〈ラルース古典叢書〉だけの──を続けて、聖なる門をくぐることができるのだ。しかし門をくぐって外部世界に出るのは、転落にほかならず、彼らは呆然自失することになる。だがさしあたり、これらの勤勉な勉強家の若者たちは、半ば誇り高く、半ばおずおずと、それなりに寛ぎもし、ばかをしでかし、互いに臭いをかぎあっては、社会的・地理的な条件によって、あるいはまた時には本物の親和力から、仲間になるのである。(4)

「俺たちは受験クラスに行く／豚みたいに勉強さ／けれどやつらは——腰巻きもなしに——／淫売屋通い（繰り返し）／俺たちは「歴史」をやるというのに／やつらは、娼婦といちゃつく／苦い杯を飲み干すのは大変／それに杯は糞だらけ（繰り返し）／女のおっぱいの代りに／俺たちはバイイの辞書をかわいがる／神様さえ信じてたら／文句ひとついわずに我慢するのに[5]★　★ジュール・ラフォルグ参照」。この詩にはサルトル＝ニザンの共同署名がある。この詩は、必要とあらば、全面的な無菌状態、自ら選びとった暫定的で不条理な隔離生活、自ら同意した犠牲や、その他の一時的剥奪を確証している。ニザンが後に書いているように、「リセは白っぽい煉瓦の兵舎みたいなもので、金文字で数字が書かれた日時計がある。そこでは十九歳の若者が、ギリシャ人やローマ人、観念論哲学者や七月王政の正理論派に交って暮らしすぎたために、世界のことはなにも学べなかった[6]」のである。

「山腹が毛むくじゃらのヴォージュ台地だった……」。この勤勉な何年かの間に最初の武器、つまり最初の文学的な試みが鍛えられた。ニザンにひきずられて、サルトルは短命に終わる文学雑誌『題名のない雑誌』に二編の短篇『病的な天使』と『田舎教師ふくろうジェジュ』を発表した。田舎教師の生活についての暗い二編の報告、克明で悲観的な二つの肖像だ。彼の皮肉、不健全や狭量を探知する能力、型にはまった、意気地のない、あるいは除け者にされた生活に対する嫌悪が炸裂している。彼はこう書いている。ルイ・ガイヤールは「不幸にも、アルザスの気のいい乱暴者である生徒たちに、自作の詩を読んで聞かせる羽目になった。彼はやじられ、頭にインク瓶をいくつもぶつけられ、怒り、悲しくなって、夏休みに自らの憂鬱をヴォージュ台地の静寂と、澄み切った沈黙のなかで癒しに来たのだ」。アルザス、ラ・ロッシェルと、サルトル自身が移動した跡や、行動の跡が読み取れる。サルトルはさらに次のように書いている。「彼女の娘は彼女から、人に認められたいというあの狂気じみた欲望を受け継いでいるようだった。また時とともに唇が薄くなり、黄色くなった歯が出て、頬にはしわが寄り、娘はどこからどこまで母親そっくりの意地悪ばばあになることが目に見えていた[7]」。教師に対する軽蔑、ブルジョワと田舎者と教師へのない混ぜになった挑発という楽しみ、つまりは、仕返しの年齢のたけなわなのだ。早くもベルクソンの読書が影響しているのだろうか？　これらの最初の探究に影響を及ぼしつつあったのだろうか？『田舎教師、ふくろうジェジュ』の中に、サルトルは実際に、ラ・ロッシェルで過ごした数年間の自伝的要素のいくつかを、一人称で取り込んでいる。自己分析とものを書くという行為、十八歳で彼はすでに、その生涯のもっとも長い期間にわたって救済に至る王道になるはずの一切の技法を実験していたのだろうか？

　こうして、サルトルが最近の出来事に沈潜して、自分の若い内面生活の混沌とした領域を探ることで、この二編のささやかな短篇を作っている間に、ニザンの方はもっと手の込んだ、もっと野心的な話をもとに、文学作品の下書きを書きつつあったのである。その標題は、『メリーランドを二箱吸いながら、恋人を解剖した、医学生の嘆き節』という至極単純明快なものであった。ニザンの方はすでに自分の文体を確立していたのに、サルトルは個人的な話で息を切らし、第一歩から、母方の祖母の旧姓を借用しなければならなかった。ジャック・ギユマンという変名を用い、その陰に隠れたことは、どう説明すべきか？　この変装をどう判断すべきだろうか？　ここにも、二人の間の隔たりを示す証拠、徴候があるのだろうか？

　もう一つ、同じ隔りを示す例。その頃、サルトルはニザンの論文を拾い読みして呆然となった。しばらく前に自分が持ちこんだ引用や参考文献、アイデアがそっくり盛りこまれていたのだ。彼は仲間のフレデにこう打ち明けている。「あん畜生はなんでもかんでも、とことん利用しやがる！」すでに二人の間には、別々の文体、別々の行動、別々の文学的個性が認められる。サルトルの方がおそらくより自分自身の開墾に足をとられており、労多くして功少ない自己解読の作業にすっかり打ち込んで、距離を欠いた自己中心的なものを書いているのに対して、ニザンの方はもっと巧みで大胆で、たぶんもっと早熟で、サルトルが知らない急迫性につき動かされていた。この頃、二人の間に最初の仲違《なかたが》いが起こり、それが数カ月も続いたが、いったいどうしたのだろう？　ニトルとサルザンはこの二年間、文字通りクラスのマスコットだった。教授が姿を消すと、休憩時間の間じゅう、二階の自習室で入場無料の演芸会を開き、いつもの十八番《おはこ》で仲間を楽しませたのである。たとえば蓄音器あそびである。サルトルが黒い布で覆われたテーブルの前に立って、蓄音器のハンドルを回すしぐさをする。するとの下に隠れたニザンがブリュアン*3のシャンソンを鼻声で真似るのだ……。それから彼らは、自分たちで発明した儀礼的な言い回しで、他の追随を許さなかった。「うけたまわった」、「ごもっとも」、「いかにも」といったセギュール伯爵夫人*4の荘重な調子を、わいせつであけすけな冗談に使った思いがけない言葉の混ぜあわせである。二人が内輪で考えだした新カクテルは、しだいに趣味のある若者たちにはこたえられない極上品となった。というよりむしろ、彼らの中でも特に文学的な若者同士の識別のサインともなり、また彼らがクラスの中で「いやしいガリ勉ども」とみなしている――たしかにその通りだ――連中に対する優越感を認め合うサインとなったのである。

この仲違いの期間にサルトルは『種子と潜水服』という作品を書いた。そこには二人の友情の物語を、ほとんどそのまま読み取ることができる。この友情について、サルトルはこう語っている。「この友情は、恋愛以上に激しいものだった。私は偏執的な恋人のように、かたくなで、嫉妬深く、思いやりも優しさも持ち合わせなかった。ルッセルは独立心が強く、陰険で、機会があれば私をだまそうとするし、日曜や木曜日にはしばしば口実を作って逃げ出そうとするのだった。彼はまた、よく友達を作った。たとえばアルジェリア生れのユダヤ人、それからマルセイユの男にごく短い間だが熱をあげた。そうすると何日も私を避けるのだ。私は諦めなかった。新顔に飽きると彼は私のところに戻ってきた。そんなとき私は情愛を口にできず息が詰まったが、彼の目には相変らず攻撃的で、気難しいと映った」[8]。青年の友情、所有欲のつよい友情、独占的な友情だった。あけすけな若者と上品な若者というこの不釣り合いな一組を見て、ずるくて独立心の強いニザンが、サルトルを苦しめているなどと誰が思っただろう？　口が達者で、ひとをばかにしてつっかかるサルトルが、時にはねつけられる苦しさを味わったなどと誰が思うだろうか？　ニザンが閉じこもり、距離をおいて、自分の本に専念していたその時期に、サルトルは怒りを爆発させた。このサルトルの爆発のうちに、ニザンは自分に欠けていた攻撃的な言葉、笑い、嘲笑、冷笑の力を汲み取った。こうした挑戦的な荒々しさに心を捉えられたのである。寡黙な人とがなり立てる奴、上品な人とだらしない奴、穏やかな人と乱暴者、一九二七年まで、二人はこのように互いに補いあい、違った人間のままだった。そしてニザンは疑いなく、全世界を総括してサルトルが大審判官を演ずる全世界的な裁判を味わっていたのである。

それから町歩きがあった。パリ中を歩き回り、それが文学ゆかりの地と哲学的計画を突き合わせる機会となった。二人はモンマルトルではラスティニャック〔バルザック『ペール・ゴリオ』の主人公〕、シャンゼリゼの公園ではプルーストになって、小説の主人公よろしくオルセー河岸、サント・シャペル、ブーローニュの森の小道を散策した。こうした遊び、文化的な共謀の中では、彼らは率直に自分たちを超人として扱った。のちにサルトルが語るところによると、「われわれは若さにものをいわせて、自分たちの神話と理論を作り上げる二人の超人のように、パリの街を歩き回った。ときには第三の超人が一緒だった。仲間の一人だ。だがニザンと私はひそかに、彼には超人らしいところがまったくないと考えており、ただ単に気の毒だから仲間だと思わせてやっただけなのだ。……とはいえ、われわれは人間を愛していた。……超人の思想はふしぎなことに、われわれのうちに平等の思想を育みもしたのである。自分たちはまだ、人間と、つまりときどき自分たちも紛れこむあの巨大な群衆とまだ同等の者になってはいない、と私は思った。彼らはわれわれより劣っていたが、われわれ二人は根本的にたがいに平等であり、また世界のすべての超人たち、われわれが知らず、彼らもわれわれを知らないが、地方にも、あるいは地球上のほかの国にもきっといるに違いない超人たちとも平等なのだ。それ故われわれは平等な者からなる軍団の一員であり、今のところわれわれはその中のたった二人だけを知っているのである。つまり、われわれだけを。こうしてわれわれはいささかニーチェ風の貴族主義と、実在しない社会の漠然と平等主義的な構想とから生まれた思想を抱いていたのである[9]」。

「そいつはなかなかいい、おい、この小さな手帖に書いておけよ……面白いぞ」。サルトルは楽しそうにもったいぶって、友人のフレデにベージュ色の手帖を返した。フレデはこの手帖に、毎日、読書からの引用、思想の抜粋、発見や情熱の対象を書きこんでいた。モンテルラン、プルースト、ハーフィズ[*5]の名が、サン＝ジョン・ペルスやジロードゥー、さらには楔形文字や象形文字《ヒエログリフ》のヘブライ語アルファベットとともに書きこまれている。発見と混合が面白くてたまらず、サルトルは、この手帖にすっかり惚れこんで、読み返し、写し、それから発想を得たのである。フレデは外科医の息子で、サルトルとともにパリ中産階級の文化的ゆとりを共有しており、サルトルが文学を発見し、当時のもっとも前衛的な作品を探す道中の道連れとなった[10]。

雑多な寄せ集め、徹底したディレッタンティズム、移り気な文化渉猟。それに終止符が打たれるのは、忘れがたい哲学教授のコロンナ・ディストリア――サルトルによれば「おそろしく発育のよくない、私よりずっとチビな身障者」――が、持続に関する論文作成の参考に『意識の直接的与件』を読むようすすめた日のことである。サルトルは全面的なベルクソン主義者になることは決してないだろう。だがこの本を読んだことは、知的形成期のこの数年間にあって、間違いなく青天の霹靂、明証そのもの、絶対的啓示の役割を果たした。後にサルトルは「私は、たちまちそこに私自身の心的生活の描写を見出した」と説明している。この本を読んだことをきっかけに、サルトルは熱情と必然性のうちに哲学者になるのである。哲学こそ、それ以前のいかなる啓示よりも遥かに強力で、遥かに有効な道具であることを理解したからだ。この時以降、彼は自分が哲学と呼ぶものに、全能性の地位を与える。もっとも哲学に関して、自分の個人的必要から、自分のために、徹頭徹尾個人的な哲学の定義を発明してはいるが。後年彼はこう注釈している。「私がそのころ、『哲学』と呼んでいたものは、要するに心理学にすぎなかった[11]」と。ただちに、磁石が北を指すように、千人のソクラテス〔サルトルのこと〕は、その中心を見出したのだ。哲学は彼の至高の道具になったのである。哲学は理想の協力者だった。とくに関心を抱く二つの領域に同時に接近することを可能にするものだったからだ。一つは駆け出し作家の内面的生活、もう一つは彼が創造しようとしている小説の世界である。そしてサルトルはこの魔法の鍵を手に、高等師範学校の入試の準備にいそしむことになる。

コロンナ・ディストリアが喜んだのも当然である。高等師範学校合格者二八人のうち十四人が、リセ〈ルイ大王〉の受験準備課程で手塩にかけた生徒だったからだ。ディストリアは一九二四年八月八日ニザン宛の手紙にこう書いている。「君たちに心からお祝いを申し上げたい。私は入学試験の結果に大変満足です。

……君たちは高等師範で若き哲学者のグループを作るでしょう。私は、未来が約束する諸君の成功を喜んで見守りたいと思います」[12]。彼らの将来の成功について、ディストリアが予測を誤らないことはほぼ確実だった。だが、その彼もまだ知らなかったことは何か？　わが輝かしき二人の受験生が、同年度のほかの哲学徒たち、例えばリセ〈コンドルセ〉出のレイモン・アロン、ダニエル・ラガッシュなどと栄光を分かち合うことになるということだった。

高等師範学校との最初の出会いは、むしろ意外なものだった。「高等師範の物質的生活条件は、もっとも初歩的な衛生観念とまったく対立しています。寝室は一度も風を通したことがなければ、掃除もしたことがありません。塵がベッドの下に積もり、衣類にくっつき、呼吸する空気にも充満しています。朝の洗顔もきわめて原始的なやり方でするしかありません。洗面台の上に小さな流しがついている者は、まだましなのです！　そうでない者は隅っこにある汚らしい流しのところまで行って、ちっぽけな蛇口から流れる水で顔を洗わなければなりません。この流しは、生徒たちの靴の泥を洗ったり、ほうきやごみ入れを置いたりするのに使われているものです。食事はどうにか満足できるものだとしても、サービスは満足にほど遠いものです。皿はろくに洗いもせず、底が黒ずんでいますし、垢のこびりついたナイフとフォークは、ばい菌を運ぶ恰好の道具となっています」[13]。たったひとりの蜂起だったのだろうか？　たしかに気難しいところのあるこの高等師範生は、実は新入生全員が心の底に抱いている苦情を校長に表明しているのである。というのも、新入生が首尾よく入学したこのエリートの温床も、一九二四年当時は、まだリセ〈ルイ大王〉よりも汚くて、老朽化した、ひどい場所だったからだ。朝食は？　スープ皿から匙で飲む。飲み物は？　食事の際は、個人用の金属コップ一杯を除いて禁止。ユルム通り四五番地の格子の門を入ると、四角い高い建物がある。長い廊下が延びていて、いくつもの直角に曲がる角で反響が和らげられる。四角い中庭に面してガラス窓があり、春には窓辺にバラが咲きほこる。中庭の有名な池の噴水の下では古風な金魚が、時として戯れている。その廊下を通って、まさに肉体から離れた知性そのもの、純粋精神に他ならない若き高等師範生たちが、勉学の場であり私的な空間である自分の閉ざされた壺へと戻っていくのだ。一九二四年における高等師範学校はどのような存在だったのだろうか？ フランスでもっとも威信のある施設、すなわち典型的なフランス的伝統、世界で唯一無二の伝統の旗手であり、国の誇りでもあるグランド・エコールの一つ。知識人のピューリタン的なスノビズムなのか、それともまだ余燼くすぶる大戦後の財政逼迫のためなのか、物質的な不如意などは、間もなく大した問題ではなくなってしまい、学業や交友や読書の系統、規範や儀礼の綱の目がたちまちのうちに張りめぐらされ、それによって早くも今後四年間にわたる友情や反発が織りなされるのである。

「お前は征服者《コンキスタドール》だ――むしろコン・キ・タドール〔お前自身を熱愛するばか〕と言え」。ギュスターヴ・ランソン――高等師範の校長――に扮し、白いあごひげに、ヘルメット、ゲートルをつけたサルトルは、入学早々から、生徒による恒例のレヴュー〔風刺喜劇〕で忘れがたい活躍をして、大成功をおさめた。一九二五年三月二十八日土曜日、フィッシャー階段教室、別名ファール教室で「高等師範狂気劇団」が、「大スペクタクル・レヴュー」を上演した。「両世界レヴュー」[*6]、あるいはラン＝ソンの災害」である。父兄、教授、教授の令嬢たちから成る上品な観客は、劇中の冗談、地口、気のきいたからかいを大変おもしろがった。ノルマリアン〔高等師範学校の現役学生および出身者〕にはすべてが許される！「壊れた学校」、「半処女林」、「金持ち外国人の平和」、才気豊かな若者たちは大っぴらに、権威や文化、それにもちろん高等師範学校を皮肉ったのである。

第二幕。サルトルは、ドナ・フェレンテス[14]に扮したダニエル・ラガッシュ――頭にはシニョン、花柄の上衣、ジプシーの長いスカートという出立ちの――の顔を愛しげに見つめて、『ツルと大蛇《ボア》』[15]というシャンソンを口ずさむ。カンギレムやラガッシュと一緒に、マレー地区からピガール広場まで、扮装用の衣装やエキゾチックなアクセサリーをあさって、古着屋を駆けずり回ったのだ。彼らは何をしようというのか？　ノルマリアンが新しく熱中しはじめたこと、例えばS・D・N〔国際連盟〕のような国際的大組織に職を求める流行をあざ笑うことだ。ぽっちゃりしてコケティッシュなブラジルの金持ち女、ドナ・フェレンテスにランソンが誘惑される場面は、この流行をおだやかに、暗喩的に説明しているとみなされた。ピアノに向かえば、サルトルはプロの音楽家だし――「シュヴァイツァー家の者は生まれながらの音楽家だ」と、シャルル・シュヴァイツァーは断言していた――、あやしげな衣装、文学的なほのめかしに満ちた科白、あけすけな自由奔放さに、教授の家族たちは上品に笑い、着飾ったその娘たちは時折ひそかに顔を赤らめるのだった。けばけばしい化粧をして、見事に女装したラガッシュは、ブラジル美人の攻勢にへどもどする、ひげ面のわがサルトルより、頭三つ分背が高い。この誘惑の場面が終わろうとする頃、奥の扉が開いて、観客席の最前列に、首相のエドゥアール・エリオ、国会議長のポール・パンルヴェ、文部大臣のフランソワ・アルベールらが席に着くのが見えた。三人とも「大立方[16]」で、それぞれ一八九一、一八八三、一八九八年度の入学である。三つ揃いのスーツでチョッキのポケットに懐中時計をしのばせた、この左翼連合の有力メンバーたちは、微笑みながら、ジャン＝ポール・サルトルという名の、見たこともない二十歳の若者の道化芝居に拍手を送った。そのサルトルはこの日はじめて、七十歳の高等師範学校校長のギュスターヴ・ランソンの役を、服装、身振りもそっくりに演じたのだ。エリート同士のこうした共犯関係、堅固な伝統、ノルマリアン同士のこの馴れ合い関係を、いったい何というべきだろうか？　この関係こそ、お祭りの日ともなれば、相異なる人々、対立し時には敵対する人々を、ユルム通り四五番地という番地だけによって、このばかみたいだが強力な絆で結びつけるのだ。

この一九二五年三月二十八日に、エドゥアール・エリオのような人間にとって、ノルマリアン特有の共犯関係は明らかに重要な役割を演じたのである。なぜなら、サルトルとラガッシュの愛のダンスに臨席したこの日、彼の首相の地位はもはや余すところ数日にすぎなかったからだ。一九二四年五月に、左翼が政権についで以来、金融危機、政権運営の不手際のため政治情勢の悪化は加速する一方だった。そして一九二五年四月十日には、エドゥアール・エリオは、ポワンカレなどによって辞職に追いこまれるのである。こうしてきわめて不安定な時期、大いなる幻滅の時期、相次ぐ短命内閣の連続の中での衰退の時期が始まり、一九二六年、ポワンカレが再び政権の座に戻って、一九二九年の金融大恐慌までの間フランを安定させるまで、その状態が続いていく。自分自身がかつてない危機に直面し、フランスが本格的な政治危機に見舞われている時に、高等師範学校のレヴューに唐突に出席するということは、首相にとっていったいどのような意味があったのだろうか？　ジョルジュ・カンギレムは楽屋で、この著名な観客に敬意を表する短い挨拶の文章を書くのにかかりきりになりながら、「ああ、たまげた！」とつぶやいた。彼は数分間で『森の小さな兵士』の節まわしで即興詩をこしらえて、大いに受けた！　その歌詞はこうだった。「エリオよ、もっと早くあんたが来るのがわかってたら／芝居に出してあげたのに／たちまち、役を作ってね／でもやってきたのは正しかった／教訓を学びにね／ランソンみたいなことをしちゃいけない……」。当意即妙のこの歌は教授連を喜ばせ、令嬢たちの心を奪い、エリオを嬉しがらせた。やがて椅子を隅に寄せて、立食パーティになった。すると、エリオはテーブルの上に上って、自分の出席をめぐる疑心暗鬼を一掃した。俳優や父兄、教授連に囲まれて立って、昔よく歌ったシャンソンを歌うことにも喜んで応じたのである。高等師範在学当時、こうしたシャンソンのおかげで、彼は「いいやつだ」という評判をとったのだった。ラガッシュに次いで、サルトルに次いで、カンギレムに次いで、首相は歌った。しかし歌ったといっても、権威を恐れぬ若きノルマリアンたちのように、無償の振る舞いだったわけではまったくない。ただ後になって一部の人々は、たぶんエリオの振る舞いには、無意識か熟慮のすえかは分からないが、出身集団によって再確認されたいという願望、そしてまたもしかしたら多分出身集団によって信任されたい、という願望がひそんでいることを理解したのである。(17)

この後も毎年、サルトルは楽しく俳優、歌手、さらにはピアニストとしても才能を発揮しつづけた。それに一メートル五七センチという背の低さも十分に活用した。ひげとレジオン・ドヌール勲章をつけただけで、特に扮装しなくともギュスターヴ・ランソンと瓜二つだったからだ。一九二六年には『花咲ける若き間抜け面《ビーユ》のかげに』[*7]という巧みにプルーストをもじった題を付けたレヴューで、新聞に出るという名誉に浴しさえした。三月二十二日付の『ルーヴル』紙に「生徒サルトルはランソン氏の役を見事に演じた」とある。記事の横には、この上なく名誉なことに、このかけだしの俳優の写真までも載っていた！　一九二七年のレヴューはまったくこれまでと違った種類のもので、もっとも意地の悪い、もっとも乱暴で、それにもっともスキャンダラスなものとして、ノルマリアンたちの記憶に長く残っている。そして予想に違わず、サルトルもそれに無縁ではなかった。こうしたノルマリアンの世界でも、亀裂が感じられるようになっていた。まず宗教上のグループ――「カトリック系《タラ》」と「異教徒《パタラ》」(18)――の間で、次いで政治的グループの間でも。社会主義者、共産主義者、王党派、お好み次第のあらゆる党派があった。サルトルは「異教徒《パタラ》」と平和主義者のグループに加わった。軍隊と第一次世界大戦を基準としてものを考えようとするいかなる動きにも猛烈な怒りをもって反撃する、主としてアランのかつての生徒たちから成る少数派である。このグループは、一九二七年、とくにポール・ボンクール法に反対して立ち上がった。同法は「国防のために国力を振り向ける方向を、知的領域の中に樹立」しようとするものだった。反対派は、あらゆる学年、学科をあわせて五四人の高等師範校生の署名を得ることに成功して、請願書を作り上げた。そして、一九二七年度の公演の軸を高等師範学校の「軍事化」に対する抵抗に絞ることにした。この年度の主な俳優は、もちろんサルトル、そしてよく知られた「アランの弟子たち」、カンギレム、ペロン、ルバイユ、リュコとブルーソーディイエであった。

『ラ・マルセイエーズ』の曲に合わせて大尉の扮装をした生徒が風変わりな、好戦的シニスムを誇示する歌をうたう——何たるスキャンダルか——のが聞こえてくる。「軍隊に入ったとき／まだこの仕事はよかった／戦争が期待できたし／昇進だってできた……」。ついで曲は『さくらんぼの実るころ』に替わり、騒ぎはさらに激しくなる。「けれど聖なる戦争が戻ってくれば／中尉、大佐、代議士、上院議員どもが／こぞってお祭り騒ぎ……」。(19) 最初の稽古で口笛が飛んだ。公演では文字通り大騒ぎになった。ホールの中では「平和主義を口実に、他の人々を迫害する暴君的な与太者の集団」に反対する激しい抗議が起こった。生徒たちは、ある者は舞台に罵声を浴びせ、ある者は立ち上がった。紛れもないスキャンダルだ。数日後、新聞がこの事件を取り上げたが、『ラ・ヴィクトワール』紙のギュスターヴ・エルヴェは、このフランスの知的エリートの殿堂でフランス国旗が汚され、フランス軍が侮辱されて、なおかつ何の処罰もなされなかったことに対する憤激を表明するには、いくら厳しい言葉を並べても足りないと述べた。ギュスターヴ・ランソンは第一次世界大戦で一人息子を失っており、それ以来、鬱状態に陥ったままで、日常の業務から遠去かっていたと言う話だった。一九二七年の学生レヴューのスキャンダルは、その彼に直接打撃を加えたのだ。査問委員会、規律会議、生徒に対する懲戒、新聞に現われた疑惑、高等師範の名声はこの騒ぎで、軍人好みの表現によれば、「致命傷」を負ったのだ！　一九二五年と一九二六年のからかいはまだおとなしいものだったが、それが突然、本物の反逆行動に変わったのである。育ちのいいノルマリアンの伝統、習俗だったものが、爆弾となって仮借なく炸裂し、校長の顔に唾を吐きかけたのである。事件の首謀者たちを「革命派《パルティ・レヴォリュショネール》」を意味するPRという記号でブラックリストに載せた軍の報告書は、「党派心と社会への憎悪の表れ」と説明している。

　こうしてサルトルは、高等師範学校在学中、あらゆる催し、悪ふざけ、騒動のおそるべき元凶だった。彼は、言い出しっぺ、意地悪で凶暴な道化の役を休みなく演じた。とりわけ、一味徒党を語らって級友たちに悪ふざけを仕掛ける発明の才では卓越していた。その中でも強烈なものとして後々まで鳴り響いているものがある。[20] たとえばロジェ・デルビオースに対するものだ。デルビオースを最近、界隈で起こった外交官夫人殺害の犯人だと告発する手紙を警察に送ったのである。あるいはラルーティス、バイユー、エルラン、ニザンとともに仕組んだ、飛行士リンドバーグ――単独飛行で、大西洋を横断したばかりだった――が、高等師範学校の「名誉学生」の称号を受けるという悪ふざけもその一つである。あらゆる新聞社がわれらが若き「ホラふきども」にひっかかり、あらゆる新聞がこのことを報道した。五〇〇人にのぼる新聞記者、カメラマン、野次馬が、ラトー通りからクロード・ベルナール通りまで、ユルム通りを包囲した。サルトルの語るところでは、「ぼくらは連中の間抜け面をたっぷり冷笑したのち、ちょっと〔リンドバーグに〕似ているベラールを、ラトー通りのガス灯づたいに地上に降ろした。彼は十五分後にタクシーで到着した。すぐさまわれわれは彼に喝采を浴びせ、その両肩を掴んで、彼をかつぎ上げて肩車した。群衆は行進し、ある老人はベラールの手に接吻した。その間じゅう、音楽室ではピアノとバイオリン二丁が熱意溢れるコーラスとともに『ラ・マルセイエーズ』を鳴り響かせていたのである。群衆はしだいに四散し、十時四五分にベラールが授業に行くために再び外に出たときには、午前中ずっと彼をつけてきた三人の警官しか残っていなかった」[21]。調査が命じられ、夕刊各紙は「ランソンに対する裏切り」と書き立てた。そして、少なくともサルトルの説によると、高等師範学校校長は、ひとつにはこの悪ふざけのせいで、さらに高等師範学校の評判を傷つけた一連の事件のせいで、自ら辞任したのである。つまり、二十歳のサルトルはランソン失墜の首謀者のひとりだったわけだ。まず、一九二五、一九二六年の芝居でやんわり冷やかし、ついで一九二七年のスキャンダルと一連のデマ騒ぎで、新聞や警察や監督機関に対して、高等師範学校校長がそれまで博していた威信を失墜させるのに、疑いなく貢献したからだ。

サルトルは高等師範学校入学以来、個人的挑戦ともいうべきものでランソンの忍耐を挑発したのだろうか？　それとも、別の人間が始めた運動についていっただけで、補助的な歯車にすぎなかったのだろうか？　おそらく、さまざまな理由から、この二人の人間の対決は検討に値する。彼にしてもランソンにしても、シンボルとしての重みを担っているからだ。ランソンを攻撃することはサルトルにとって、そんじょそこらの権威の表われに対する攻撃ではなかった。この攻撃は、最高権威、基準そのもの、シャルル・ペギーの表現によれば、「フランス語の守護聖人」を根底から疑問に付すことにほかならなかった。実際、ランソンはこの世紀の初めから、あらゆる権力を兼ね備えてきた。リセにおけるフランス文学教育の方法、技術、領域を一変させた大変有名な教科書の著者であり、ついで文学研究に歴史の方法を初めて取り入れた人物であり、さらに大衆紙と専門紙を問わず、新聞紙上の第一級の批評家だったのである。彼は、碩学から大衆までのあらゆる読者を相手に、ジャーナリズム的批評から、伝記、解釈、さらには教科書にいたるまで、すべての言語表現を自在に操ったわけで、いたるところに対話相手がいた。サルトルの教授たちもランソンによって教育された人々であり、サルトルが使ったフランス文学の教科書も彼の書いたものだった。ランソンは、中等教育と大学のカリキュラムから修辞学教育を削って文学史を導入した。彼は、ブリュヌティエールと文学作品の主観的分析というその伝統を葬り、ラ・ブリュイエールやフェヌロンのような十七世紀の作家たちを捨て去って、はるかに自分の趣味にあったヴォルテールやディドロのような、啓蒙の世紀の作家たちを優遇した。だからランソンは三重の負債、三重の刻印をサルトルに負わせたわけである。サルトルが攻撃したのは、ランソンに代表される一切の伝統だった。彼は、その伝統をもっともよく受け継いだ嫡子であるとともに、そのもっとも激しい異議申立人だったのである。首相エリオの面前でランソンをからかうサルトルのこの姿を見失ってはならない。それはまた、教授の共和国 対 文学共和国の対決なのである。それは、上昇世代の中でもたぶんもっとも才能に恵まれたノルマリアンの悪ふざけを、尊敬すべき古参衛兵隊が目のあたりにしているという図にほかならないのである。不遜で反抗的な、挑発者サルトルの姿を見失ってはならない。このイメージはライトモチーフでもあるかのように、彼の生涯のあらゆる段階に規則正しく現われるものである。年齢も成功も名誉も、何ものも、サルトルが解毒剤のように自分の内に分泌する不敬不遜の気分を抑えることはない。彼が校長に扮したただひとりのノルマリアンだったのは、もしかしたら第三共和国の教育を象徴するかくも多くの特徴の背後に、シャルル・シュヴァイツァーの面影がほの見えていたせいかもしれない。

しかしこのひょうきん者の外見の背後にどのような真実が潜んでいたのだろうか？　この粗野で、いつもネクタイがうまく結べない、不器用な若者の悪意のかげには、どのような探究心が潜んでいたのだろうか？　華々しく鉄棒で大車輪をやるために、校内の体育館で筋肉を鍛えた、このずんぐりした、見えっ張りの若者の内には、どのような深さが潜んでいたのだろうか[22]？　それはまた特に拳闘や殴り合いに強くなるためでもあったが、それに対してほかの仲間たちは、アロンがテニス、カンギレムやリュコがラグビーというように、グループでする、技を競うスポーツの方を好んだのである。サルトルはなぜ、攻撃性と純然たる力のスポーツを選んだのだろうか？　ひそかに仲間たちが羨んだに違いない、サルトルの評判、威信、名声はいったい、まだ何を隠していたのだろうか？　仲間が目を輝かして、神話でも語るように話していた彼の有名な小説だろうか[23]？　彼のすばらしい、強く堂々とした声、ピアノの即興の才――彼は音楽室でピアノを教えてもいた――、生まれつきの音楽家、才能ある俳優、創造的な作家、奇妙な演出家、あるいは一流の挑発者の全部をひっくるめてだろうか？　あるいは、彼の知性、明確な判断力、その非常に強烈な個性の威信だろうか？

とにかくサルトルは、大いに幅をきかせていたのである。食事の時、彼が食堂に入っていくと、大きなざわめきが起こる。「サルトルだ……！」という叫びが、彼の騒々しい到来を告げ、それに続いて数秒後には「それにニザンもいっしょだ……！」という驚きの叫びが湧いた。いずれにせよこうした人々の共同体、こうした慣例や儀式が、彼に友人や観客層を供給し、彼はすこぶる居心地がよかった。要するに、猛烈な勉強、くそ暗記、競争の二年間――高等師範学校受験準備課程は一年目も二年目もそうだった――の後に、高等師範

G　ボクシングの練習をするサルトル。ポール・ニザンによる

在学の数年間は、新しい自由、真空状態、幸福感をもたらしたのであった。それだけで何もかも――ほとんど何もかも十分に――説明することができる。

大戦記念日が鳴り物入りで祝われ、ポワンカレがふたたび強力な指導者、天佑の人になる、この不確かで雑多な要素の混じり合った数年間の間、高等師範の生徒たちは自分たちの政治的アイデンティティを作り出そうとして、政治の不安定そのものの中に、きわめておぼつかない投錨点を読み取り、探り、求めていた。たとえば「サークル・ジャン・ジョレス」は、社会党系学生を集め、しばしば著名な政治家との会合、議論、討論会を組織した。高等師範学校の校門に、レオン・ブルム、マルセル・カシャン、マルク・サンニエ（この人物は理工科学校出身者で、九五年度入学者の記念写真では、アルファベット順のため偶々ジャン＝バチスト・サルトルのすぐ隣にいた）があいついでやってきた。社会党系学生グループは例えば、一九二四年十一月二十五日には、ジョレスの遺骨がパンテオンに移されるときに起こった、まったく予期せざるデモに参加している。エリオ首相が演説し、かなりの人数にのぼるノルマリアンたちが、レオン・ブルムも含む政治家に紹介された。この紹介を企てたのは、高等師範の図書館司書、リュシヤン・エール[*8]である。彼は一九二五年六月に引退するが、社会主義者として、ドレフュス支持者として、わがジョレス支持者たちに、大きな影響を残すことになる。当時の一部の社会主義学生たち、例えばジョルジュ・ルフランやレイモン・アロンは、当時のＳＦＩＯ〔社会党〕とのつながりは別にして、左翼連合の実験を最後まで支持する。レイモン・アロンが国民議会で、エリオとポワンカレが対立した一九二六年の予算案討議を傍聴する、という一幕もあった。左翼連合の勝利に「喜びで有頂天になり」、アロンは当時、進んでパリの街頭デモ、とくに〈アクション・フランセーズ〉の学生たちに反対するデモに加わっていた。また、『ルーヴル』、『ル・コティディアン』、『ル・タン』など多くの新聞を読み、そこから自分の政治的アイデンティティを築き上げようとしていた。自らの政治参加の準備を進めながら、仏・独の和解の可能性を夢想していたのだ[24]。サルトルの方は、二十代の間はずっと、その友ニザンの反抗的ロマンチスムとも、アロンの現実主義的思考とも無縁だった。サルトルは自然にアナーキー化し、体制内政党にも、議会の討議にも無関心だったのだ。街頭デモにも参加せず、新聞も読まず、いかなる政治的立場にも熱中せず、そもそも幻想など抱かなかったから、幻滅することもなかった。そして平和主義者の友人の中に、自分に似合った言葉の激しさや、自分の人柄にふさわしい皮肉や世間から一歩退いた姿勢を見出していた。高等師範学校のこの四年間を、サルトルは後に「幸福な四年間」と回想するようになるが、この年月を彼は自己分析の長い個人的作業に費やしたのである。

一九二六年に、ジャン＝ポール・サルトルはランソンに扮し、レヴューや、シャンソンや悪ふざけなどを通じて、権威や積極的教育法、祖父の世代やフランス国軍などといった、自分につきまとう亡霊と決着をつけることを追求していた。また、コクトーやダダイストやシュールレアリストを読んで刺激され、上位の美的な暴力を作り出そうとしていた。そのころポール・ニザンの方は、違った読書をし、長い旅行に出発するところだった。イギリス、エジプト、エチオピアを旅し、最後にアデンでフランス人家庭の家庭教師になったのである。浄化の旅であり、断絶の旅でもあった。帰国すると、ニザンは別の人間になっていた。一九二六年の七月十四日、仲間と外出から戻ったニザンは、女友達にこう書いている。「国民の祭日だった。仲間の連中がわたしを街に連れ出した。サルトル、ペロン、ラルーティス、カッタン、それにわたしだ。だがグループの時代は終わったのだ。もはや六人の仲間が一緒に進むのではなく、サルトルも、ペロンも、ニザンも、各人各様の生き方があり、他にましなことがないので一緒にいるにすぎない。真夜中になると、ラルーティスとサルトルはへべれけだった。カッタンもそうだ。ペロンとわたしはそれを愉快とは思わなかった。われわれは、家に帰った」[25]。アデンから戻ったニザンにとって、グループの時代は終わった。彼は二十一歳だった。矢継ぎ早に、婚約し、結婚し、子供を作り、正式に共産党に入党して、ジャーナリスト兼作家の道をごく自然に歩み始めていた。その手始めに、最後っ屁の激しさで、高等師範学校《エコール・ノルマル・シュペリユール》在学中の歳月、「規範的《ノルマル》と称し、高等《シュペリユール》と言われる」この学校の制度、教授連中、生徒たち、寄宿舎などをごたまぜにしてはねつけたのである。「なぜ、私がそこ残っていたのかというと」と、彼は憎しみを込めて書いている。「怠惰と、優柔不断と、手に職を持たぬせいであり、国家が私を養い、住まわせ、無償で書物を貸してくれ、月に一〇〇フランくれたからである」(26)。情け容赦ないとどめの一撃はこうである。「諸外国がこの制度を羨んでいるが、……傲慢な魔術師の養成所だ。……そこには神学校や軍隊の団体精神が支配していた」。

彼ら二人は、一九二四年に、他の何人かと同居の部屋に共に残ることを決めたときは、まだニトルとサルザンだった。悪ふざけや読書で、ともに他の連中を挑発していたときも、まだニトルとサルザンだった。それらのことで二人は優越した、他の誰も割り込むことのできない一組として固く結ばれていた。二人が挑発のため部屋の壁にムッソリーニの肖像を貼ることを決めたときも、サルトルがひどく早く起こされて、ニザンを罵ったときにも(27)、やはりニトルとサルザンだった。二人ともいささか酔って、陽気になり、ゲイ・リュサック通りのあのありふれたカフェ〈ラ・バロンヌ〉で議論が白熱しすぎたときも、そうだった。電話を使った悪ふざけは、あらかたはこのカフェで計画が練られたものである。二人ともこのカフェが大好きで、さいぜんまでどこにいたか尋ねられて、喜んで余裕たっぷりに「おいおい、ぼくは〈ラ・バロンヌ〉にいたんだよ」と答える醍醐味は、こたえられなかった。その効果はてき面だった。

ニトルとサルザンのコンビにはひびが入ったが、ドラマも、憎しみもなく、本当の決裂になることもなかった。それは、沈黙が積み重なったときに、カップルが経験するゆるやかな漂流のように穏やかに進行した。それぞれが自分の関心の方へ自然に漂っていき、やがて情愛を残しつつ、決然と遠ざかっていくのである。サルトルとニザンのカップルはゆっくりと解消していった。ニザンはユルム通りとサルトルとから同時に離れていった。サルトルにはほかの友人もいて、ニザンのアデン旅行の間は、アロンとピエール・ギーユとトリオで暮らした。アロンとは、非給費生という特権的身分——といってもほとんど目につかなかったが——が共通だった。同じ学年で四人の生徒が、家庭の収入状態からみて裕福すぎるため、学友たちが「小遣い」として使っている月一〇〇フランの「給与金」を受けるには及ばないと判断されたのだ。サルトルとアロン、ルクール、ベラールがこの非給費生だったが、四人ともユルム通り四五番地の賄いつき寄宿舎をもっぱら用いていた。ほかの生徒同様、「個人教授に走りまわった」のである。月末のやりくりをするために個人教授の生徒を探すのは、ノルマリアン好みのスポーツで、あるものはラテン語を教え、あるものは英語、あるものは文学を教えた。こういうふうにして、ニザンはヴァンデ地方の城に住む王統派家族や、アデンに発つことになる卸売商人の家へ出かけたのだ。ギーユは、若いパリジヤン、アルベール・モレルを「個人教授」したが、この生徒の母親に熱を上げた。彼は訪問するときにサルトルを連れていき、サルトルもたちまち、夢中になってしまう。

「チビはちょっと陰険だぞ」と、ピエール・ギーユはアロンに告げる。サルトル——「チビ」と呼ばれた——がアロンのしかじかの論文、ギーユのしかじかの文章をどう考えているかを知るために、彼らが見つけた、おそらく唯一の手段はどんなものだったか。最近になってレイモン・アロンはこう言っている。「サルトルの変わっている点の一つは、彼が私の仕事をほんとうはどう思っているかを、どうしても面と向かって言わないということでした。私はギーユに頼みに行き、ギーユが私にそれを伝えてくるのでした……」と。アロンは意外な感情の動きを見せて、さらにこう付け加えた。「彼が私の論文をよくないと言ったとしても、それで私が気にすることはなかったはずです。ある時、彼はルソーに関する私の論文をいい出来だと評価しました。別の時には、心理学へのアプローチをつまらないと言いました。両方の場合とも、彼の判断は正しかった。だが、とにかく私にそう言ってくれてもよかったのです！」こうして、感じやすく、不器用な若者たちの間に一種の暗号が押しつけられた。チビは、この三人組中の第三者に向かって、否定的な、あるいは肯定的な打ち明け話をすることによって、「少し陰険」だったり「いささかお世辞がすぎ」たりしたのである。こうして、友情に敏感な、われらの三人の若者たちは、どうにかこうにか、互いの意見を交わすことができた。そのかわり、哲学的なやりとりでは遠慮は無用、果てしない対決がつづいた。文学系のギーユは、多分、内心では互いに競走相手と目していたこの二人の哲学徒の友人の対決を、距離を置いて見守っていた。レイモン・アロンはこう語る。「あの頃は、私が彼のもっとも良き話し相手でした」と。「毎週、毎月、彼は新しい理論を思いつき、その判断を私に委ね、私がそれに反駁したのです。思想を展開したのは彼であり、それに反駁するのは私でした。私は彼に理論を委ねませんでしたが、それはまったく単に、私が理論を持たなかったからです。彼は絶えず、新しい考えを試み、それがうまく行かなかったり、私の注意をひかなかったりした場合には、また別の考えに移っていきました。時には、彼がまったく行き詰まってしまったような場合、怒り出してしまうこともありました。例えば、ニーチェにもとづいて、彼が物の不条理な惰性態と意識あるいは対自存在とを対立させたのを、私が評価しなかった日がそうでした。私には、われわれの目の前にある影が、どうして意味のない物質でありうるのか、よくわからなかったのです(28)」。

この高踏的な哲学遊戯の数年間、ジャン＝ポール・サルトルとレイモン・アロンとの間にはおどろくべき共犯性、相互補完性があった。サルトルは、いつも支配し、知り、征服しようという切迫した思いに狂おしく駆り立てられる大胆な発明家だった。一方、アロンは、計画的で合理的で慎重であり、哲学の世界を探究するに当たって、細心で注意深い知性をきわめて繊細に働かせるのであった。サルトルは自分自身を解読することに意を用い、アロンは世界を解読することに熱心だった。サルトルは融通がきかず、晦渋であり、アロンはより柔軟で、交渉にたけていた。サルトルは壮大な世界像を構築する人であり、アロンは適切な理論的用具を発案する人だった。サルトルは天才的な創造者であり、アロンは優れた知性だった。サルトルは有無をいわさず断言し、アロンは精妙な均衡を見せる。サルトルは説得力に富み、アロンは示唆に富み、サルトルは敢行し、アロンは和らげた。サルトルは決定的な計画、構想中の哲学や、またそれに基づく小説を開陳する。アロンは含みを持たせ、読んだ本をほのめかして、穏やかな上に穏やか、慎重の上に慎重である。この数年の間、二人は、部屋をともにし、同じ書物を読み、同じ講義を受け、果てしない自己満足の哲学バレーという真剣勝負に耽ったのである。もちろんその後、不和があり、絶交があり、罵しり合いさえあるだろう。だが、数十年後、彼らの生涯の終わる頃に、二人が図らずも、ある大きな公共の建物〔エリゼ宮〕の石段で出会ったとき〔口絵写真54〕、アロンがその後間もなく盲目になるサルトルに「やあ、相棒」といったのは有名な話だが、その時、高等師範時代の情愛、哲学的な親密さ、友情に満ちた応酬、ブランシュヴィックの講義でアロンがきびしく批判した聖アンセルムにおける存在論、カントにおける自由の概念の役割、などというあらゆる思い出がアロンの心を揺さぶったようだ。それ以外のことはすべて消えてしまっていたのである。

おもて向き、サルトルは落ち着かず、遊び歩き、好んで助平ぶった。だが実は、大変な勉強家で、全速力で一年に三〇〇冊以上の本を読んだ。プラトン、ショーペンハウエル、カントとスピノザ、クレチアン・ド・トロワとマラルメ、ネルヴァルとセルバンテス、アリストテレス、ベルクソン、シェイクスピアとトルストイ、メーヌ・ド・ビラン、エラスムスとジロードゥー、セネカ、ルクレティウス、聖アウグスティヌス、カザノヴァ、ラミュ、スタンダール、そしてキケロ。[29] 彼は「千人のソクラテス」であり、飽くことを知らず、生産的で、顰蹙を買う男だったのである。

例えば一九二六年に、彼はそのままの勢いで、シャンソン、詩、短編小説、長編小説――その一つはガニュメーデースとその妹のヘーベ――の神話に材をとった小説『アルメニア人エル』で、ティターン族によるオリュムポス山攻撃の話をそのままたどったものである――、文学評論、哲学エッセーを書き、彼の説明によれば、完璧な美学へのプレリュードをなす「芸術家における想像力の役割に関する複雑な理論」の準備さえまことに真剣に進めており、さらには、偶然性を発見している。彼の内にはラブレーとカジモド*9がいた。ある人々は「前進する力」だと言い、ある人々は「いかした奴」と言った。「意地悪で残酷な男」と言い張る者もいた。いずれにせよ「仕事をするとてつもない能力を持った男」として、ひとから羨まれ、賞めそやされ、恐れられたのだ。すでに二十歳にして、高等師範学校の枠の中で、背後に重い神話と逸話の数々をひきずる人物だったのだ。ジャン・バイユーの語るところでは、「皆、サルトルの内に、非常に大きな知的厳密さがあることを見抜いていた。彼は明確であいまいさのない立場から考えを述べるので、彼の考えを聞いていると、非常に堅固で、がっちりと補強された、スケールの大きい推論を眼のあたりにすることになるのだった……。これは、同じ年頃のわれわれにとって、近寄りがたいことだった。なにしろわれわれときたら、自分の計画については当時はとくに迷ってばかりだったからである」。アルマン・ベラールもこう言っている。「サルトルは完全に自分で自分を作り上げた。意志の力で自分を頑健に作り、作家にしたのである。ニザンさえ、まだ自分の道を探していた。私は、サルトルがある日、こともなげに『毎日、書くことさえできるなら、セルバンテスかベネディクト会修道僧のように閉じ込められて暮らしたって、かまわない』と言い放つのを聞いたことをよく覚えている」。ジョルジュ・カンギレムも、印象に残ったことを次のように描写している。「サルトルといえばまず第一に、二十歳なのに、おそるべき知的能力を備えていたことだ。それは幅広い読書によるものだ。それから何の懸念もなしに何でも喋りまくる情熱的な喋り方。それに大胆さときたら、『厚かましさ』と言ってよいくらいだった。そういうところが、当時若者だったわれわれ皆からかけはなれていた」。

サルトルは、当時必読の書とされた重要な著作を自分のものにする技術を、試験準備のために勤勉に取り入れた。その文章を筆写するのである。彼は高等師範学校で支給される、青色やベージュ色のふつうの紙を折って、ざっと八つに切って作った不揃いなカードを、左から右に、上から下へ余白を残さず、息もつかず、せっかちな書体で――文字が重なり合い、ゆがんだまま――、課題に従ってカント、プラトン、デカルトあるいは自由についてという具合に、読んだ本の内容と自分のメモで埋めつくすのだった。そうやって一九二八年には、心理学と哲学史の、一九二九年には哲学一般と論理学、倫理学と社会学の修了証書を獲得した。彼は情熱もなくさまざまな教授の講義に出席したが、レオン・ブランシュヴィックの観念論的合理主義の伝統にはなじめなかった。実証的科学主義を受け付けず、自分を哲学に引きつけた者であるアンリ・ベルクソンの探究を続けて行った。

唯心論と実証主義の間に第三の道を切り開こうとして、創造と生成の思想に向かって模索し、完全に非宗教的な自由の哲学を、独力で作りあげて行く自分自身の知的な必要という直観だけに導かれて、師を持たず模索を続ける彼は、かつて子供だったときに偉大な人物の本を耽読したように、重要な著作に読み耽った。

深味がないと自分が判断した教授連は顧みず、デカルトに、カントに、またスピノザに個人的質問を浴びせ、あちらからもこちらからも借用し、そこここから適切な概念やカテゴリーを落ち穂のように拾い集めて、寄せ集めだが首尾一貫した、自分自身の思想体系を作ろうとしたのである。後にサルトルはこう書いている。「ニザンとアロンと私があの気の毒な人々〔教授連中〕に対してとった態度は大変不当だった。あの人たちは本当に哲学のセンスを備えていたのだが、道具を持ち合わせなかったのだ」。これらの「上品だが、無気力な思想」に反対して、彼らは三人とも「デカルトの旗印の下に」、またその「一刀両断にする」「革命的思想の影響下」に身を置いた。その頃の彼らにとって、この「爆発力のある思想家」[30]ほど有益な哲学者はいなかった。

ある日、『ヌーヴェル・リテレール』の「今日の学生」についてのアンケートに答えることを求められたサルトルは、短いが、きわめて密度の高い回答をしている。「人間の仕事は必然的なものを作り出すことであるのに、人間が、存在の水準まで自分を高めることができないというのは、精神の逆説である。他人の未来を予言する占師たちが、自分のことはわからない、というようなものだ。それゆえ私は人間の根底にも、自然の根底にも、哀しみと倦怠を見る。……われわれはあなた方が望んでいるように自由だが、無力なのだ。……そのほかは、権力への意志も、行動も、生活も、虚しいイデオロギーにすぎない。権力への意志などどこにもない。何もかも弱すぎる。あらゆる物が死へと向かっている。ことに冒険はまやかしである。私が冒険と言うのは、それでもやはり実在すると人の言う必然的連関なるものへの信仰のことである。冒険家とは、自分のことを自由だと思っている、首尾一貫した決定論者である。……われわれはもっと不幸だが、もっと感じがいい[31]……」。これを書いた時、彼は二十一歳だったが、この文章の中には早くも、のちの『嘔吐』と『存在と無』のテーマが萌芽の形で存在している。人間はその生涯を審美的作品たらしめることができるだろうか。それは、たった一人で、生涯を小説として生きる冒険家の選択である。ベルクソンは、サルトルが自分の哲学を自分自身の内的体験の底にしっかりと根付かせる助けになった。デカルトはこの主体的な哲学に合理的次元を保証し、プラトンはプラトンで、審美的要素を加えるのに役立った。彼が、それまで読んだあらゆる書物をもとにここに築き上げているものは、彼自身の体系であり、心理的レアリスムの一つの形であった。それは自分の内的体験の概念化にして、自分自身の美学的計画の根拠付けにほかならなかった。哲学はある意味で、心理学、および小説創作の準備過程であろう。

サルトルは、ヤスパースの『一般精神病理学』の校正をするとか、ニザン、アロン、ラガッシュと一緒に毎週日曜の朝、サン・タンヌ病院に出かけて患者面接に立ち会うとか、高等教育修了資格論文をアンリ・ドラクロワ教授の指導によって提出することに決定するなど、とくに心理学の領域を開墾した。そのときの論文「心理生活におけるイマージュ、その役割と本性」は、「優秀」の評価を得た。その頃ニザンはすでにスピノザ主義者で、共産主義の体系のうちに不安を打ち砕くイデオロギーを見出していたが、サルトルの方は、将来の自分の計画に関する非常に一貫した説明を提示している。それは、哲学は彼にとって小説にたどりつく手段、特権的な道具であるというものだ。大哲学者たちからは自分の利益になるものを取ったが、その誰にも同調することなく、教授たちの講義には通ったものの、その誰にも真に共感せず、師もなく、後見者もなく、彼は自分の決意を固めるのである。後になって、彼はこう言う。「私はひとに賞賛されることにちょっと頼りすぎる」。

「私は一番たくさん物を知っている人間になりたい」。ある日サルトルはダニエル・ラガッシュにこう言ってのける。これほどの自信、思い上がりに、ラガッシュはびっくりしてしまう(32)。教養への貪欲さ、あらゆる方向への探究、多くのものを自分の中に取り込む数年間だった。哲学徒サルトルは世界の中心にあって、人間行動の分析の中に何度も観測機を飛ばす。それが心理学や精神病理学への情熱、最初の小説の執筆にほかならない。哲学徒は、確立しつつある新しい芸術形式に熱中する。ムルナウ〔ドイツの映画監督。のちにハリウッドに渡る〕の最新作やグリフィスの新作を観に、ユルスリーヌ・スタジオやシネ・ラタン、スタジオ28*10といった映画館に通う。こうして熱烈な論文「映画擁護論――国際的芸術の擁護と顕揚」が書かれた。貪欲でせっかちで、「われわれより遥かに同時代の思潮に通暁していた」とカンギレムがいうサルトルは、前衛や最先端の芸術に出あうとそれだけますます大きな意欲をもって、思想や創造の領域に打ち込むのだった。この論文の終わりに彼は書いている。「映画は時代の表徴である。したがって一八九五年に二十歳だった人々は、自分たちとわれわれの間に精神状態の避けがたいギャップがあるのは映画のせいだという。ソクラテスを非難したように、映画こそ青年を堕落させるものだと非難し、ダンスホールといっしょくたにする。……だが、映画は万人に訴える。……懐中時計を引き出して『今この時間には、フランスの学童は皆同じフランス語の宿題をやっている』といったあの大臣も満足するだろう。夜の十時、サン・ドニで、バルベスで、ブールヴァールで、マリヴォーで、ゴーモン〔後の二つは映画館名〕で、さまざまな人々が、さまざまな階級の人々が、ちょうど大寺院の身廊のように暗い部屋にすわり、スクリーンに身を乗り出して、同じ苦悩、同じ喜びで一つに結ばれているのだ。なぜなら、皆が同じ瞬間に、白い布の上に映ったアンドレ・ノックスの狂った顔やチャップリンの笑顔を目にしているからである。民衆は手放しで熱狂した。ところが『教育のある人たち』は勿体をつけていた(33)」。哲学徒サルトルは、「すべてを裁断した」のちに、自分の古典的教養の新しい方法を映画に適用する。自分自身のカテゴリーをもちいて、映画というこの上ない新芸術を検討し、貪婪に映画を吸収しながら映画を説明するのだ。この技法には今後、年とともにますます磨きがかかっていく。それに彼が、あの「放浪者チャップリン」とその冒険、こうした「痩せっぽちで、気のいい、いたずらっぽいヒーローたち」の発見に、逆らえるはずはなかった。

ニザンは高等師範学校の最初の舞踏会で出会った娘と婚約し、結婚した。一九二七年十二月二十四日、パリ第五区の区役所でこの結婚の証人を務めたのは、ジャン＝ポール・サルトルとレイモン・アロンだった。しかしサルトルにとって、結婚生活とは訳のわからない変なものなのだ。彼の女性関係は急に、たいそう独自な形を取るようになる。ノルマリアンたちは、周知のように、好んで女子高等師範の卒業生、教授資格試験受験者、教育者の娘と結婚した。外交畑や財界に入ろうとする連中はそうではなかったので、伴侶えらびを見れば、彼の将来の計画がわかるのだった。

サルトルは、恋愛の領域でもあらゆるジャンルを試みた。最初の本物の恋愛関係が始まったのは、一九二五年、ティヴィエの周辺で、それもきわめて不健全な形でだった。当時、サルトル家は相次いで死に見舞われていた。一九〇六年ジャン＝バチスト、一九一三年エイマール・サルトル医師、一九一七年ランヌ大尉、一九一九年サルトルの祖母……。トン通りの家は一九一〇年六月二十七日、競売に付された。ジョゼフは新しい所有者たちが一家の家を模様替えするのを悲痛な想いで見守っている。彼はこう書いている。「心が痛む。家を買ったのはリモージュのラシャ商人だそうだ……」。そうして部屋が一つ一つどう変わったのかを、列挙している。ひとつの資産が解体し、ちりぢりになって、別の資産がそのあとに納まり、そこにまた生命をもたらすのだった。ジョゼフは妹のエレーヌにこう書いている。「私がプールーからの便りをいまも待っていると言ったのは……、彼に手紙を書こうと思ったが、よくよく考え直して、彼が便りを書いてくるのを待つことにしたのだ。お前は手紙を貰ったかい？　まったく冷淡なものだね」[34]。プールーのヴァカンス用にラ・ブレジェールに部屋をとっておくことをジョゼフが拒否してからというもの、二人の間は不仲のままだった。若者の方では、一家に続いた死のことなどわかりきっているのに、伯父がそのことばかり繰り返すのを大いに結構だとは思わなかったのだ。彼は自分から、ティヴィエに行こうとはしなかったが、やがて行かざるをえなくなる。従妹のアニーが病気になったのだ。それも結核に！　彼女がパリに勉強しにきていた何カ月かの間、サルトルは保護者役を務めさえしている。まもなく彼女は助からないことがわかり、一九二五年、十九歳で亡くなった。その年サルトルは高等師範学校の第一学年を終了する。ティヴィエで彼が知った、最後の、若くて刺激的な人間が姿を消してしまったのだ。彼女のクラス・メイトの話だと、彼女はどうやら、「従弟の分身のような女[35]」になっていたらしい。挑戦的で優秀で、華々しく、不遜で、先生たちは並みはずれた教養を持つこの子供を、どう扱っていいかまったくわからず、怖れもし、賛嘆もしていたのである。サルトルは一度も、アニー[*11]の話をしたことはないが、その名を『嘔吐』の登場人物と、『存在と無』で例として挙げる恋人に与えている。この控えめな痕跡は長い間謎として残るだろう。

サルトルはこうして、ティヴィエに出かけ、またしても、埋葬に立ち会うことになる。知っている人もしだいに少なくなっていたが、彼はそこで、伯母のエレーヌ、伯父のジョゼフに再会した。マンシー夫人もこの新たな悲劇のために、当地にやって来ていた。重要なのは、サルトルがそこでアニーの父方の従妹と知り合ったことだ。彼女は、トゥールーズの一流の薬屋、ジョゼフ・ジョリヴェとフレデリック・ランヌ〔伯母エレーヌの夫〕の姉の娘である。この年、彼女は二十一歳だった。サルトルはすぐ見知らぬ大人たちの中にいる若い女に目をつけた。「私は、ティヴィエで行なわれた従妹の葬式でシモーヌ・ジョリヴェに出会った」とサルトルは後に書いている。「われわれはにぎやかに埋葬に連なりました。それから伯母のエレーヌが十五人ばかりの人を昼食に招待しました。言っていることがよく分からないティヴィエの名士たち、医師や公証人などなどに私はうんざりしていました。私はこの若い娘に話しかけようとし、向こうも私と話したがっていましたが、医師や公証人たちが問いかける質問で、会話は邪魔されました。そこで、コーヒーを飲みおえるとすぐに娘と飛び出し、二人で野原を散歩しました。その後数年間続く交際は、こうして始まったのです[36]」。

シモーヌ・ジョリヴェは、モンパルナスのカフェに出入りし、文学者に憧れる、狂った時代〔一九二〇年代〕の若い女たちの、これ見よがしで放縦な生活をトゥールーズの田舎へ持ち込んでいた。ナンシー・キュナールがルイ・アラゴンに出会い、コレット・ペニョがクルヴェルやピカソやブニュエルと出会った頃だ。シモーヌ・ジョリヴェは「ミエット」とか「カミーユ」とか「トゥールーズ」と呼ばれ、サルトルとニザンの寮の部屋に一種独特の挑発とスキャンダルの雰囲気を持ち込んだ。スタンドの笠として、自分のパンティーを彼らにプレゼントすることを思いついたりした。この話がきわめて正確に伝わることになったのは、アンリエット・ニザンの驚異的な記憶力のお蔭だ。「モーブ色の木綿地で、オークル色の機械編みの細長いレースのついたパンティーだった」。高等師範学校の二度目の舞踏会では、彼女は、ゲートルをつけた、お洒落できざなサルトルの腕にすがって現われ、奇抜な、つまり、大胆なドレスでセンセーションをまきおこした。恋するサルトルと、美しいブロンドの髪ときつい青い目をして、あまりに優美なこの大柄な若い女性との関係は、本格的な仲には至らず、苦悩に満ちたものだった。サルトルにとっては美しい星空の下、ベンチで何度も待たされたり、他の男との情事を語って聞かされたり、彼女を楽々と囲いものにすることができる金持ちの男たちと競争させられたり、恋人の気まぐれのせいでかなりひどい目にあわされる辛く悲しい関係だった。「とにかく、はっきりさせる必要がありそうだ。君は僕に会いたいのか会いたくないのか、僕は絶対に認めないぞ。二週間に一度定まった時刻に手紙を書いては、遊び相手の一人として繋いでおき、年に一度、三日間だけお情けで会う、そんなお相手のように僕を扱うやり方は(37)」。時々、あまりひどい目にあうとサルトルはかっとして開き直った。ある時など、きっぱりはねつけるほど怒ってもいる。シモーヌ・ジョリヴェに向かってこう叫んでいるのだ。「犬にやるみたいに、時々角砂糖を投げるのは止めてくれ」。だがこうした冷遇にもかかわらず、この断続的恋物語は——点描風に——ほぼ三年続いた。こうしてわが不幸な恋人サルトルは、ティヴィエ、トゥールーズ、バリとかわるがわる場所を替えて、数日間彼女とともに過しては、感動にうち震えることになる。だからこの情熱的な関係は、何度も何度も再燃したわけだが、ことに文学的な交流に富んでいた。サルトルは好んで——かつてアニーにもそうだったが——読む本を奨めたり、意見を尋ねたり、自分の秘かな計画を明かしたり、取りかかっている仕事の話をした。後に彼は次のような手紙を書いている。「恋人よ。『僕を、ラ・マリエッタのように情熱をこめて愛する』っていうのは、あまり嬉しくない。ラ・マリエッタというのはファブリスのことを漠然と愛している尻軽女だ。『情熱をこめて愛する』という言い方は、彼からできるだけたくさん金を引き出そうとしていた遣り手婆の考え出した科白なのだ。だが、僕に対する君の愛が、ファブリスに対するサンセヴェリナ[*12]の愛のようなものだったら歓迎するよ(38)」。また時には、告白もする。「『仕事の能力』があるとして知られた男が、一日十五分以上仕事をするのに自分に鞭を入れている(39)」。あるいは「僕は去年までとても憂鬱な気質だった。自分が醜く、それを苦にしていたからだ。だが僕はそいつを完全に追っ払った。それは弱さだからだ[40]」と。

サルトルは、「磁器の少女」という綺麗な名で呼んでいたシモーヌ・ジョリヴェのために、最初の小説『ある敗北』を執筆しようとする。リヒャルト・ワグナー＝コジマ＝フリードリッヒ・ニーチェの三角関係から直接の想を得たもので、モレル夫妻のところで家庭教師をした最近の自分の体験も多く取り入れ、さらにシモーヌ・ジョリヴェとの愛の苦悩も影をおとしているこの青春小説は、驚くべき記録である。サルトル的主題やサルトル的固定観念がきわめて早くに形成されていた証拠を探そうとするなら、『ある敗北』こそ、その核心的資料を提供してくれるに違いない。

三人の主要人物が登場する。年老いた創作者であり、作曲家で作家のリシャール・オルガント、その若い妻コジマ、コジマの三人の幼い娘たちの家庭教師で、リシャールを敬愛しながら、その妻を恋するフレデリックである。要するにトリオだ。サルトルの伝記に照らしてことごとしく強調したり、安易に長々しい注釈を加えることさえ無用であろう。ジャン＝バチスト、アンヌ＝マリー、プールー。シャルル・シュヴァイツァー、アンヌ＝マリー、プールー。ジョゼフ・マンシー、アンヌ＝マリー、プールー……。いずれにせよ、恩しらずの孫が二十歳にして書いたこのテクストには、シュヴァイツァー家に対応するところが実に多い！というのも、サルトルのドイツ的教養が物語の筋全体の横糸の役割を演じているからである。彼は参考資料として、さらにショーペンハウエル、ニーチェ、ワグナーの生涯、おびただしい数の音楽史、音楽家の伝記を読み直し、それればかりか、E・T・A・ホフマンと『このひとを見よ』を再読し、高等師範学校の図書室に『神々の黄昏』の楽譜を注文している。そんなとき彼は、母親の従弟のアルベルト・シュヴァイツァーが、ある時期バイロイトに年老いたコジマを訪ねたことがあり、彼女との間に興味深い手紙のやりとりがあったことを、思い出しただろうか？

　暗黙のシュヴァイツァー的教養を土台としながらも、サルトルが語るのは自分のこと、自分のことだけである。美的なものとしての創造性、近親相姦、三角関係、強い人間と弱い人間、若者と壮年という二つの対立の組み合わせ、他者の視線、社会的・形而上学的自由、社会の固定性、下種《げす》野郎の出現、自己欺瞞……、後のサルトル作品のあらゆる主題がみごとに輪郭を現わしている『ある敗北』は、また愛の小説、不幸な愛の小説でもある。教養小説、それも題からわかるように、挫折した修業を語る小説でもある。しかし、二重の挫折——知性と愛情の——は、この小説では、徹底的なオプチミスムへ向かって跳ぶための真の原動力、跳躍板として書かれている。「要するに彼の敗北は一つの勝利だった」。この新米の小説家はある章の終わりに、そう書いている。

　しかし、話はそう簡単ではない。というのは、『ある敗北』の中でサルトルは自分自身を、同時に二人の男性、リシャールとフレデリックに投影しているらしいのだ。この二人の関係、やりとり、水いらずの対話は、奇妙なひびきをおびている。これは、二十歳のサルトルと七十歳のサルトルとの間の対話そのものではないだろうか？　二人がかりのゆっくりした知的生成なのだろうか？　師と弟子の間の絶えざるやりとりなのだろうか？　まるで、互いに刺激しあい、衝突し、たえず豊かになっていく、二つの知性、二つの経験の間の自由な循環のようである。これについてはすべての疑問を決定的に押しやってしまう箇所がある。「フレデリックはオルガントの友人ではなかった。自分を彼と対等とは感じていなかったからだ。彼はオルガントに名状しがたいある愛情を抱いていた。……彼がリシャールの中でもっとも深く愛していたのは、リシャールが貸し与えてくれる『力』だった。リシャールのことを思うとき、その顔を思い浮かべることはなく、激流か、突撃する騎兵のおぼろなイメージが心をよぎり、彼は拳を握りしめるのだった。ときどきひとりで、『激流』とか『力』という言葉をつぶやく。すると、リシャールの力を感じるのか、自分自身の力を自覚するのかよくわからないが、ある内的な現前を感じるのだった。……彼は自分のために、この運動選手のような猫背の巨体を本当に愛していた。彼を見ると、戦慄を覚え、やがてこの男と格闘するのだと思うと、恍惚とするのだった。そして体は早くも身構えるのだ。壁にこすりつけるように体を彼にこすりつけて、何よりも本気で戦い、力いっぱい彼を締めつけ、地面に叩きつけてやりたいと思った。オルガントに会うまでは、そっけない対話装置としてしか期待しなかった彼とのお喋りは、いつもその枠を超えてしまうのだった[41]」。

この原稿を読んだノルマリアンたちはだれしも[42]——と言うのも読者はいたのだ——、その中に、筋肉隆々のあの空威張り屋、体育室で週一度ボクシングをする男、強烈で残酷な悪ふざけの主、毎日ひとつの理論を創造する男といった特徴のどれかを見たのであった。肉体的な力、強い筋力、すさまじい創造力がそこでは、ぎりぎりの必要性に結びつけられていた。サルトルはこう書いている。「彼は筋肉の中に、自分の格闘士のような筋肉の中に、闘い、相手をうちのめそうとする、不断の欲求を感じていた。彼の巨大な身体の喜びと苦痛は、未曽有の激しさを帯びていた。ものを書く時、彼はペン軸を折れんばかりに握りしめた。彼の書く書物の中のどんな文章にも、オペラの中のどんなメロディーにも、己れのすべてを投入し、全身の重みをかけたのである[43]」。サムソン、ミケランジェロ、アンタイオス〔ポセイドンとガイアの子〕、フェニックスなどの神話が、この長い対決の下に透けて見える。

シモーヌ・ジョリヴェとの関係は、それがつねにまとっていた断続的な情熱という形態で終わりを告げる。そうして、このティヴィエの恋人同士は、生涯ずっと友達づきあいを続けることになる。彼女の方は、計画のひとつを実現するだろう。シャルル・デュランの愛人となるのだ。そして、舞台女優、劇作家、一般に「女流文学者」といわれるものになっていくが、常軌を逸したでたらめぶりは変わらない。この小説は結局、二人の恋愛関係の産物だったが、サルトルの周囲のこれを読んでいた人たちは、二〇年近くたっても、まだこの小説からいろんなものを取り出すことになる。モレル夫人など、時々サルトルに向かって「貴方はまたフレデリックみたいな調子になったわね」と言ったり、時には笑いながら、「ほら、あの哀れなフレデリックにまた戻ってしまったわ！」と叫んだりするのだった。

常識はずれの時期に続いて、世間なみの時期が来る。サルトルは同期の仲間、アルフレッド・ペロンの従妹と婚約する。招かれて休みを過ごしにいったユソン・アン・フォレで出会った女性である。「彼女は恋愛を必要としていたのだと思う。私に対する彼女の感情を煽ったのは、この私だ」。一年近く続いたこのエピソードを、後にサルトルはかなり波乱万丈の、きわめてシニックなやり方で、再現してみせることだろう。アロンとギーユはそれぞれ、この新しい「婚約者」にお祝いの手紙を送ったが、婚約者の方は彼らの凡俗ぶりを嘆いた。この娘はリヨンに住んでいて、サルトルは滅多に彼女に会わなかったが、事はいささか変わった成り行きを見せることになった。「彼女の両親は、私についてもっと知りたいと思い、私立探偵に私をつけさせたのです。そしてこの探偵は、私が学校で自分のフィアンセのことを不快な野卑な言葉で話しているのを聞いたという話を、両親に告げたのです」[44]。この関係は、最初の教授資格試験とともに終わることになる。皆が驚いたことに――高等師範学校の校長自らそのことにふれている――サルトルは筆記試験ではねられ、アロンが一番で合格した。伝説によると、アロンは大喜びし、嬉しさのあまり帽子を踏んづけてしまった、という。未来の義父母になるはずの者たちは、たとえノルマリアンだとしても、最終試験にパスしないような学生に娘を委ねるのは断ることにした。これはサルトルにとってもその両親にとっても二重の挫折だった。わざわざペロンの両親の許へ赴いて行なった正式の申し出を却けられたのだから。「私は酒瓶を抱えてひとりで野原へ行き、そこで酒を飲みました……。泣きさえしました。泣いたのは飲んだせいですが、それでよかったのです。故意にそうしたというつもりはありませんが、幾滴かの涙でけりをつけたことで満足したからです。これで気が済んだのです[45]」。彼は後になっても、この「フィアンセ」については語らず、ごくまれにほのめかすだけだった。彼に言わせると、彼女は何よりまず「食料品屋の娘」だったのである。

教授資格試験《アグレガシヨン》とともに、修業時代――Bildungsjahren と、われらがドイツ好きの哲学者なら言ったかもしれない――は終わった。彼はノルマリアンの伝説中の人物となったが、ほかの連中とは違っていた。ほかの連中は母港か、同業組合か、新しい家族のように、終生ユルム通り四五番地に執着し、同窓会の会費を払い、定期的に後輩たちの催しを訪れ、毎年、同期生の宴会に出席する。ところがサルトルは、高等師範学校に二度と足を踏みいれず、同窓会の会費も払わず、ユルム通り崇拝に与することはなかった。そのため彼が死んだ年、死亡通知を出す段になってはげしい議論が起こった。「彼は一度も会費を納めていないから、通知を出してもらう権利はない」と、強硬派、杓子定規な会則尊重派は主張した。これに対して、寛容派は「そうはいっても、彼は世界で一番有名なノルマリアンだったのだから」と応じた。結局、意見は対立したままとなり、筆者の知るかぎり、高等師範学校の同窓会は、そこで「幸福な四年間」を送ったと述懐している人物〔サルトル〕に、最後の敬意さえ払っていない。

この誇り高い男は、両親や仲間の手前、何としてでも二度目の試験で輝かしい成績をおさめなければならなかった。一九二九年六月の哲学の教授資格試験には、七六人の受験生が参加した。一次合格者二七人のうち、サルトルは一番、最終合格者十三人中でも一番だった。審査員の中のパロディ、ヴァール両氏は「厳密で透徹した知性、知識豊かだが、時として確実さを欠くように見えた」という評価を下している。しかし、サルトルはどうやら、独創性一点張りよりも良識という安全策を取るべきだという、レイモン・アロンの助言で発奮したらしい。とにかく彼は、筆記試験では二位の受験生を大差で引き離している。こうしてサルトルは筆記の論述『自由と偶然性』ならびに『演繹諸科学における帰納の役割』で、天才につきものの逸脱を避けることができた。だが語り草になった口述発表『心理学と論理』では、彼は自分の考えをもっと打ち出している。モーリス・ド・ガンディヤックなどは今日でも「教授資格試験の彼の口述はすばらしかった。彼はまれに見る自信をもって語り、審査員は、委員長のラランドをはじめすっかり圧倒されてしまった」[46]と語っているくらいだ。サルトルは一九二九年度の哲学の教授資格試験の首席だったが、二番になった女性の受験者、シモーヌ・ベルトラン・ド・ボーヴォワールとの差はごくわずかだった。ガンディヤックはこうも言っている。「彼女は厳密で、要求水準が高く、精確で、テクニックにたけており、この年度の最年少者だった。二十一歳だったのである。ということはサルトルより三歳若く、勉強期間を一年縮めるという離れ業に成功したのだ。高等研究免状と教授資格試験の準備を同時に進めたからである。審査員の教授たちの中でもダヴィとヴァールのふたりは、彼女とサルトルのどちらを一番にするか決めかねて、ずいぶん迷ったと、後に私に打ち明けている。というのは、サルトルは明らかな資質をそなえ、その知性と教養は疑う余地がなかったが、時として大ざっぱなところがあった。哲学者として折り紙をつけるなら彼女の方だ、と認めることでは全員が一致していたのである」。

この受験準備の二年目を、サルトルはジュールダン大通りの大学都市で過ごした。一回目の試験に失敗したので、ユルム通りの部屋に住む権利を失ったからである。この年も活気にみちた年であり、ソルボンヌのさまざまな講義を聴き、ニザン、マウー、ガンディヤックとグループで受験勉強に精を出した。この一九二八〜一九二九年度の受験者たちは、サルトル、ニザン、マウーといった堂々たるノルマリアン三人組をマークしてはさまざまに取り沙汰した。中でもサルトルは、「頭はいい」のだが「三人のうちで一番手に負えないらしい」、はては「飲みすぎると非難されている」という評判が立った。マウーが国立図書館やソルボンヌの階段教室で出会った娘たちのうち、哲学の教授資格試験を受ける、大柄で生真面目な、青い目の娘について、サルトルはすでに独自の意見を持っていた。「感じはよく、きれいだが、服装がよくない」。サルトルは先輩ぶって、尊大な断定的な声で、そう言っていたのである。サルトルとシモーヌ・ド・ボーヴォワールの関係は、こうして始まった。マウーは彼女に「カストール」というあだ名をつけた。「英語の『ビーバー』[*13]はカストールのことだ」し、カストールは仕事熱心と元気のシンボルだからである。この関係は五一年間続くことになる。

ほとんど神話となったこの出会いについては、サルトルとカストールが自ら語るのに任せよう。現に、この話はシモーヌ・ド・ボーヴォワールの回想録の第一巻、『娘時代』の中心をなしている。しかし、この年の仲間の一人、モーリス・ド・ガンディヤックの話だと、初めの出会いはいささか異なる趣を呈している。「彼女が『回想録』の中で好んで語っているような、『ついにサルトルが来た』[*14]といった類の話ではまったくありませんでした。つまり同年代の、互いに多少なりとも知り合い、行き来する人々の一団があって、そんな状態がある時期続いていたのです。この中に、サルトル、ニザン、マウー、メルロー＝ポンティ、シモーヌ・ド・ボーヴォワール、それに私自身などがいました。私はメルロー＝ポンティを通じてシモーヌを知り、彼女は私を通じてマウーを知り、マウーによってサルトルやニザンと会うようになったのです。とにかく、こうしたことはみな、われわれが教授資格試験の受験勉強をしていたこの学年の間にあったことです」。したがって、ガンディヤックによれば、「一目惚れ」などではなく、二人はもっとゆっくりと、熟慮しながら、想像されているよりはたぶんもっと平凡な形で、近付いていったようだ。

試験の課題図書の読書会というしきたり、読書に倦み、試験の約束ごとや試練のプレッシャーにいらいらしているふたりの学生の間にだけ通じる暗号。と言うのも、最初の本格的な出会いは、口述試験を前にして気が昂ぶっている最後の数日間のことだった。サルトルは、大学都市の自分の部屋で「いっしょにおさらいしよう」とこの娘に言った。回想録の中で彼女はこう語っている。「本と紙とそこらじゅうに煙草の吸い殻があって乱雑をきわめ、煙でもうもうとしていた。サルトルは気取った様子で私を迎えた。パイプをふかしていた。癖のある微笑を浮かべた口許にシガレットをくわえたニザンは、押し黙ったまま、考え深そうな様子で厚い眼鏡越しに私を観察していた。その日は一日じゅう、気おくれしてすっかり固くなりながら、私は『形而上学叙説』〔ライプニッツの著作〕を注釈した[47]。服装はさえなかったかもしれない。だが彼らは、知的に言って、彼女が「すぐれている」ことを認めざるをえなかった。サルトル、ニザン、それにマウーは彼女を自分たちの勉強トリオに入れることにした。「サルトルはずば抜けてよく知っていた」と彼女は書いている。「彼は、私たちが彼の知識を利用できるように気を配っていた。実にすばらしい知的トレーナーだった……」。私は彼が気前がよいのにびっくりしてしまった。こうした勉強会で彼は、何も学ぶことがないのに、何時間ものの間、惜しみなく尽くしてくれたからだ。……彼はさんざんサービスに努めた後、蓄音機でレコードをかけるのだった[48]」。

親切で、気さくで、ひとを楽しませ、面白く、気前がよくて、元気一杯のサルトルは、試験の間じゅうも、そのあとの夏も、さらにその後の二年間も、自分より三歳年下のこの女性の恋する同伴者、堅実で助言をしてくれる兄、啓発的な話し相手であった。彼女は、私立のカトリック学校で教育され、家族の慣習に囲まれた、まじめなお嬢さんという過去とのきずなを断ち切ろうとしているところだった。家族の慣習にも、もはや敬意を払うまいと固く決心していたのである。ヴァカンスに出発する前に、サルトルは決闘の申し込みでもするかのように、「僕は君を引き受けるよ」と言った。

試験にへとへとになりながらも、つねに人格的向上に熱中しているこの二つの思考機械の間で、それからたびたび逢う機会が重なるようになる。それは知的な真剣勝負でもあった。「毎日、そして一日中、私は彼に戦いを挑んだが、議論ではとてもかなわなかった。……ある朝など、私が自分で考えだした多元論的モラルを彼に説明すると、……彼はそれを木っ端みじんにした。……私は敗北をみとめざるをえなかった[49]」と彼女は語っている。三カ月もすると、彼女はサルトルのことを十五歳のときに夢見た自分の「分身」のように語るようになり、手紙のやりとりも日常化し、この付き合いを通じて、二人は一切の束縛から解放された未来をどのようにつくり出すか思いめぐらせるようになり、サルトルは自分を待ち構えている兵役や、しばらくは諦めなければならないあらゆる自由のことを自覚するようになった。そうなった時、彼らは、これからの自分たちの生活を直視し、熟考したのである。

サルトルは一気に、自分の原則を押しつけてきた。旅行、一夫多妻主義、ガラス張りを貫くこと。彼はこれらの健全なる条項を、どれひとつ断念するつもりはなかった。地方での教師生活の退屈を避けようとして、サルトルは兵役が終わるその翌年、日本での講師のポストを求めていたのである。彼はこの旅行に執着しており、きっとかなえるつもりだった。同様に女性との友情にいつも心を奪われており、彼はそれを諦めるつもりはなかった。こんな円積問題のように解決不可能な状況において、新しい恋人も自分の基本的な原則も失いたくはない彼は、もちろん創造性を発揮した。そこで、「必然的な愛」と「偶然的な愛」という概念と、「二年間の契約」という着想をデッチ上げたのである。シモーヌ・ド・ボーヴォワールの方も、サルトルにほかの関係を禁ずることなしに、彼と特権的な愛情関係を保つことになる。サルトルの方も、日本に出発するまでの二年の兵役期間中、好きな時に彼女に会えるわけである。そしてガラス張りも貫かれることになった。サルトルは後年、カストールに出会う前の時代を想起しながら、次のように書いている。「私はとりわけ、女たちにさからってこの自由を肯定しようと思ったのである。だがこれは滑稽なことだった。女たちが私を追いかけたのではなく、私が彼女たちを追いかけたのだから。……一度だけ私は、自分の仕掛けた罠にはまった。カストールがこの自由を受け入れ、それを保持したのだ」[50]。

兵役が始まり、彼は登録番号一九九一で気象観測班二等兵となり、自らの表現によれば「きわめて謙虚な態度」を強いられることになる。サン・シール要塞、ついでトゥール近傍のサン・サンフォリオン兵営で、彼は気球、経緯儀、六分儀、八分儀、羅針盤の取り扱いを学んだ。彼はこの「あまりにも規則正しい生活」にうんざりしたが、「あらゆる幽閉者と同じ状態」[51]を何とか耐え忍んだ。彼は階級や命令や軍隊の束縛から身を守るために、大いに書きまくったのである。こうして、「中間期的な」三篇の作品が生まれた。ユルム通りと教職の間の不安定な数年間に書かれた、「青年期の作品」といわれる三篇である。『真理伝説』は確実なものの伝説、蓋然的なものの伝説、単独の人間の伝説の三部から成っている。ギリシャの古典から受け継いだ形式による、サルトルの個人的な知的関心事に深く根ざした討論である。というのも事実上、シュヴァイツァーとマンシーが登場し、どちらも否定されるのである。これは後に見るように、一部が発表されるに留まる。二つの戯曲、『エピメテウス』と『ぼくは立派な葬式をしてもらう』が、これに続いて引出しにしまわれる。ここには、芸術家というテーマ、技術者と対立し、来るべき自分自身の死を直視する単独の人間というテーマの回帰が見られる。カストールはこれらの作品の最初の読者であり、最初の評者になった。この間に、彼女は教職につくのをできるだけ遅らせようと心に決めていた。サルトルが兵士である間は、彼からあまり離れずにパリで暮らしたかったのだ。彼女はこう説明している。「私はいささか身を委ねたかったのです。幸福に、サルトルの愛に……。彼が私にこう言ったのです。『だけどカストール、なぜ君はもう考えようとしないのかい？　なぜもう勉強しないのかい？　君は書きたかったんだろう！　家庭の女になんかなりたくなかったんだろう、そうじゃないか？』と」[52]。サルトルは全力をあげて、愛するカストールが自立を保つように、ペンを取るように、知的な意味で絶えず創造活動や永続的な批判的研究をつづけるようにと勧め、励ましたのである。こうして彼女も小説を書き始める決心をする。しかし、彼らの計画は事の成り行きで修正されることになった。若い兵士は、東京の講師に選ばれる幸運に恵まれず、一九三一年三月一日から、神経抑鬱症になった前任者の代わりにル・アーヴルのリセ教師に任命されることになったからだ。二人の間の二年間の契約期間は終り、旅行は拒否され、約束を再検討しなければならなくなった。彼にとっては幻滅だった。日本には長いこと魅かれていたのに、フランスの田舎などうんざりだったからだ！　彼女にとっても幻滅だった。一九三一年十月の新学期に、彼女はマルセイユの教師に任命されたからだ！　だが二人は新たな任期に対処し、それを視野に入れながら調整する手段を見つけるのである。青春時代の出口は、彼が予想したよりずっと狭かった。兵営を遠く離れる時、彼は依然として「千人のソクラテス」だった。それから彼はサン・ラザール駅からル・アーヴル行きの列車に乗った。この初めての旅の後に、彼は「ちょうど、探偵小説を一冊読む時間だ」と、楽しそうに語るだろう。

6　ただひとりのソクラテス

「突然、私はただひとりのソクラテスになってしまった。……それまで私は生きる準備をしていればよかった。……今や本番をやっているのだ。これ以降、私のすることはすべて、私の人生と共になされるのだ……。」

『戦中日記――奇妙な戦争』[*1]

一九三一年三月、あれほど恐れていた地方のリセ教師という役で、取り返しのつかない舞台の幕が上った。東京を望んでいたのだが、実際に手に入れたのはル・アーヴルだった。教職は避けたいと思っていたのに、一九三六年六月まで、彼はル・アーヴルに留まることになる。フランスの軍隊、フランスの地方、教師の時間割、彼はそのまま現実生活の中に、労働と日常生活、時間割と給料、固定され序列化された人間関係の中へと転落する。とはいえリセ教師という役回りは、これまでの勉強によって予定され、完全に振り当てられたものにほかならない。高等師範学校《エコール・ノルマル・シュペリユール》、ついで教授資格試験《アグレガシオン》、一つの技能と、守るべき義務、しきたり、行動を伴う、はっきり定められ、枠の決まったポストに就いたのである。要するに、人を受け入れ、同化し、プログラムを組み、生涯続くその人その人のレールに乗せる機構に組み入れられたということだ。官吏になったのである。つまり定年まで国家に雇われ、面倒を見られ、学年休暇中も病気休暇中も賃金は支払われ、何ものにも妨げられない国家との暗黙の同盟に守られている、そういう身分になったのである。

リセ〈フランソワ一世〉の門を潜ると、彫像が並んだ中庭。「校長室」に入る。黒革の重い扉を開けるとワックスが臭い、清潔さがぷんぷんする。高さ四メートル一五の長い廊下を進む。礼拝堂と生徒たちは入れない正面入り口を訪れる。この巨大なリセは一つの街区全体を占めている。教師たち専用の施設では、静謐と秩序に満ちた重々しい沈黙の音が聞こえる。サルトルはたちまち、フランスの地方特有の、時間の流れない、人をほっとさせる世界の罠にかかったのだ。おなじみの付きものは、沈黙、清潔、倦怠。閉じ込められた状態だ。突然、彼はひとりぼっちのソクラテスになった。突然、すべてが崩壊したのである。

一九三一年七月十二日、リセに採用されて四カ月後、彼は初めてル・アーヴル市の公式行事に姿を現わした。華々しく飾りたてられた大体育館での恒例の終業式である。この式のために、毎年、フランス中のどこのリセの校長も一生懸命になる。長年繰り返され、伝統で凝り固まった儀式。社会的な儀式であり、家庭的な儀式でもあるので、日頃は外界から隔てられたリセという世界に、生徒の父兄や招待された来賓たちが一日だけ入りこんでくる。突然クラスの壁がとりはらわれ、受賞者名簿、一年間の勉学の成果を映し出すと考えられる生徒名簿が公表される。競争と選抜が合言葉の教育システムをとことんまで突き進め、「優れたもの」を選び出し、それ以外の者は忘れ去る、不当で残酷な儀式である。上っ張りや木靴、紫色のインクのしみのある手に、この日ばかりは晴れ着や「晴れの日」の一張羅がとって代わる。凍りついた厳粛さ、芝居がかった静寂のうちに、月桂冠や天金を施した本の山が授与される。賞状の読み上げ、拍手、優等生紹介、格式ばった握手がこもごもに繰り返され、生徒たちは誇らしげに、あるいは恥ずかしげに、父兄やクラスメート、先生たち、郡長に視線を向ける。知性の光明を四方に放射する儀式にして、不条理な儀式。ホールの奥には大きな演壇があり、中庭まで長い赤い絨毯が続いている。真ん中に座っているのは、父兄や来賓たちだ。その周りの階段席にはクラスごと、学年ごとに全生徒が勢ぞろいする。八〇〇人以上の「観衆」が順に着席すると、長衣《ガウン》をまとった教授連中の長い行列が始まる。行列は、校長と教頭を先頭に赤い絨毯の上を一列に進み、席次にしたがって次々に、花とツゲの枝で飾られた演壇に着席する。

「親愛なる皆さん、記憶による引用ですが、サント＝ブーヴはこう言っています。どの国もそれぞれ、お国ぶりの楽しみを持っていると。ベルギーでは闘鶏、スペインでは闘牛、われわれは終業式を持っている……」。ジャン＝ポール・サルトルがマイクの前に進み出て、内気そうに、しかも力強く、困ったようだが皮肉たっぷりに、ぶっきらぼうな、抑えた、耳障りな、思いがけない声で、すさまじい早口で語りだした。これまで聞いたこともない口調に、集まった聴衆は固まってしまった。一九三一年七月、サルトルは二十六歳になったばかりだったが、リセのもっとも若い教師が式典全体の皮きりの演説を行うよう校長に命じられるのが伝統だった。

生徒の父兄や名士たちは、この日はじめて「トップ」と噂されていた人間の顔を見た。なにしろ、たしかな筋の話だと、彼は高等師範学校《ノルマリアン》出で、哲学の教授資格試験の首席なのだから。文科系を表わす黄色の胸飾りとストール、それにストールの下部には、教授資格取得者《アグレジェ》を表わす三段の白い貂の毛がついた黒い式服に身を包み、丈の長すぎる長衣の襞にからまれながら、ジャン＝ポール・サルトルは、地方の郡を代表する選ばれた聴衆を前にして、とにかく式典の皮きりをする責任を負わされ、一日スターの役を務めることを余儀なくされ、びっくりしているようだった。どだいこんな式典など、彼にはどうでもよかったに違いない。

この年、式を主宰したのは、セーヌ・アンフェリウール県〔現セーヌ・マリチーム県〕議会議員で、県委員会委員長のアルベール・デュボスだった。彼は、学監のロベール・ブロンデル氏——二つの大きな尾だけに色のついた黒の式服――から、やむなく欠席の郡長の代わりとしてこの役を仰せつかったのである。この二人に挟まれ、あたりさわりのない開会の挨拶と成績発表の間で、型通りのお二方《ふたかた》のこれまた型通りの挨拶の間で、サルトルは言いたい放題であった。なにしろブロンデル学監は職業軍人の息子で、一部の人々に言わせると、このリセの規律を懸命に守り、さらにリセを兵営とみなして、教師にも生徒にも整列や敬礼を強い、極端な厳しさを要求していたのである。一方、ほんの数年前、高等師範学校生サルトルは、「やんちゃ坊主」だった。それが突然、秩序の守護者たちの一団に投げこまれたのだから、いきり立って反抗するしかない。そこで、生徒だけをめがけて、焼夷弾のように演説を投げつけたのである。おごそかな演壇の高みから、嬉々として観衆に火矢を射かけたわけだ。このもったいぶった息苦しい儀式――役回りも年齢もスタイルも地位も変えろと強要する――の中で、若者たち、生徒たち、未成年者、青少年、彼の唯一のほんとうの仲間たちと手を組むことで、なんとか突破口を開き、生きのびる手段を選んだのである。断乎として、若者の心を奪い、年寄りを不快がらせようとしたのだ。こちらには気にいられようとし、あちらは顔を逆撫でしてやろうとしたのである。自分の役割、式服、演壇、序列に我慢がならない。そのあげく、話し始めに、どんなつまらぬ挨拶にも最低限の礼儀として呼びかけるはずの「議長閣下」、「紳士淑女の皆さん」を忘れてしまい、恐ろしいスピードでしゃべりだし、執拗に階段席〔生徒たち〕の方に顔を向け、不満の呟きが起こるのには一切お構いなしだった。一九三一年七月十二日、サルトルがル・アーヴルの上流社会でスキャンダルを引き起こしたのはいうまでもない。「終業式に先立って、贖罪の生け贄が捧げられる」と、彼は続けた。「教師のうちでもっとも若い者が、その学年のすべての罪を背負って、みんなの前で悔い改める。それがこの恒例のスピーチであります。スピーチが終わると浄めの式は完了したとされ、フランスのすべてのリセが新しい学年を無事に迎えることになります。このお勧めはスケープゴートになった教師よりも、それを聞く諸君にとって辛いはずです。少なくとも教師の方は、テーマを選ぶことができるからです。その際、テーマは儀式と必ずしも関係がなくともいいことになっています。私はこの権利を行使する。映画について話すつもりです」。両脇にクラスごとに座らせられた生徒たちから、面白がる笑いや微笑が起こった。中央の父兄席では、驚愕、困惑、沈黙。サルトルの方は少年時代の最良の思い出に浸り、儀式のものものしさを笑いものにし、しかもそのことを高らかに公言し、まったく大真面目に、自分の愛するものについて語って、その幸せに浸り、しきたりに対してまったく自由に振る舞って、しきたりを解体しつつ、アナトール・フランス、イソップ、ピランデルロを引用し、気取った冷ややかなこの町、傲慢で冷淡なブルジョワたちを前にして、多くの例をあげて映画が「本物の芸術である」ことを証明しようとしたのである。最後の突きを繰り出すときは、これまでになく嬉しそうだった。「諸君のご両親は」、と演説者は父兄を無視し、間接的に挑発しながら話を続ける。「ご両親は安心なさってよろしい。映画は悪しき学校ではありません。それは一つの芸術……、現代の文明を反映する芸術です。いったい誰が諸君に、君たちが生きている世界の美しさを教え、スピードや機械の詩について、産業の非人間的にして華麗な宿命について教えてくれるのか？　諸君の芸術である映画以外に何があるのでしょうか？」そこで一息入れて彼はこう付け加えたのである。「頻繁に映画に行きなさい。もっとも映画は季節が悪いときの娯楽です。ですからその前に、良いヴァカンスを過しなさい(1)」。

動機のない挑発か、安易な煽動か。ル・アーヴルのお高くとまった階層の人々には、冗談が通じなかった。この若い小男はさっぱり評価されず、その言うところは許しがたく、彼のスピーチも場違いで不快だとみなされた。早くも、子供たちに不吉で有害な影響を及ぼしかねないと憤慨する者もあった。人々は不信を抱き、危険を予想し、反発し、不快がりながら、次に何が起こるか固唾を呑んで見守った。手袋をはめ、スミレの花飾りのついた帽子をかぶった山の手の奥様方は、歯ぎしりし、喉がつまって声も出せず、かくも多くの悪趣味に憤慨しながら、良識溢れるしゃっくりを何とか呑みこんだのである。ちなみに件の狂信者は、次の年の終業式にも姿を見せたが、同僚のボナフェ、イゾレ両氏に両側から支えられて長い赤い絨毯をよろけながら進み、演壇に引き上げられた。そしてしばらくして非常階段から姿を消してそれっきり戻らなかった。だがその後、人々は驚くべきニュースを知った。彼は酔っぱらっていたのだ、と人々は眉をひそめて語り合った。前の晩、クラスの大学入学資格試験《バカロレア》受験者たちの合格を祝ったのだ、ある所で……綺麗どころといっしょに……何と言ったらいいのか……つまり、前の晩、生徒たちといっしょに町のあいまい宿で酔っぱらっているところを見られてしまったのだ！

だが、そうしたこともほんの手始め、小手調べにすぎなかった。サルトルは五年にわたって、ル・アーヴルの町と関係を持つことになるが、その関係は情熱的で、中身の濃い、暴力的で、肉体的なものだった。そして品行方正な父兄は、何度も非難に夢中になる機会に恵まれることになる。サルトルとル・アーヴルの関係は、格闘であり、良好かと思うと険悪、抑圧的かと思うとロマンチック、ぎすぎすしたかと思うと心を奪われるといった具合に、絶えず変化した。フランスの地方都市で、ル・アーヴルほど町の社会構造と階級差が地理的にあからさまに現われているところはない。まるで通俗版画のようだ。下の方、駅に近い港湾地区には、繁華街、下町、ドックがある。町を見下ろす崖の上には、サント・アドレスとフェリックス・フォール丘陵の豪奢、海を見晴らすブルジョワ風の邸宅や英国風の庭園があり、乳母やお行儀のよい子供たちがいる。サルトルのクラスには毎年、船主の息子と港湾労働者の息子が混じっていた。ル・アーヴルの上流ブルジョワ階級は、三〇年代にはまだ、十九世紀にアルザスやスイスからやってきたプロテスタントの息子たちによって形成されていた。彼らは大港湾と海上貿易の産業的発展に魅せられ、砂糖やコーヒー、綿、香辛料などの貿易に身を投じて成功し、繁栄し、富裕になった。彼らは四階、五階建ての家を所有し、ときには六人もの召使を使い、辻馬車か乗合馬車で駅まで「下りてくる」のである。サルトルはたちまち、陣営を決めた。下町地区と港湾労働者の息子たちの陣営である。そしてまず手始めに、汚くて惨めで不吉な感じのする、記念すべきホテルで暮らすことに決めた。〈ホテル・プランタニア〉という美しい名にふさわしいところだ。

だがその前に、彼はフランソワ一世大通りにある友人から紹介されたご婦人のところへ間借りの相談に行っている。彼はその時の情景を、こう書いている。「私は、とある一角にブルジョワ風の家を見つけた。ブルジョワ風のほの暗さの中に沈んだブルジョワ風の玄関に入った。……［デュフォー未亡人が］現れた。……私に言わせれば彼女は未亡人の典型、人間の屑の典型だった。彼女の家で暮らすと考えただけで、ぼくは逃げ出した(2)」。ちょっとした妥協も不可能なくらい、アレルギーがひどかったようだ。未亡人のいるブルジョワ風の家に間借りなどとんでもない。やはりホテルだ。「ル・アーヴルでも特に私が大好きな駅のすぐ側の区域にある」ホテルと、その同じ日に彼は書いている。ホテル・プランタニアは、駅と港の間の、シャルル・ラフィット通りというほとんど行き止まりの殺風景な通りと、名もない小道の交わる三角形の中に押しこめられた、風に吹きさらされて、見捨てられたような場所にあって、旅商人や、最終列車で夜遅く到着する人などがよく泊まった。サルトルの部屋は、ある生徒の言葉を借りれば、「怪しげなホテルのいかがわしい部屋」で、活気のあるガラス張りの操車場や発電所に面していた。灰色と緑色の自動遮断機や変圧器の電線や鋼鉄がもつれ合い、赤煉瓦の高い壁を越えて、絶えず唸り声を上げており、その音は夜となく昼となく部屋に侵入する。片時も途断えることのない不気味な圧迫。「地獄の騒音」とある生徒は言った。だが、サルトルはあえてこの部屋を選んだ。監視室のように、ここから汽笛や汽車のしゅうしゅういう音を聞くことができるからである。海への出発も陸の出発も手に取るように見渡せるこの休息所から、彼はル・アーヴルの町の音に耳を傾けるだろう。無賃旅行者が進行中の列車のステップからいつでも飛び下りる用意をしているように、彼はいつも身構えていたのである。当時、彼はこう書いている。「人間どもが夜やっていることは何もかも聞こえる。通り全体が私の部屋を通り抜け、私の上を走っている」(3)。

三〇年代初めのことであり、海港と鉄道駅にはさまれたル・アーヴルのこの界隈も、ごたぶんに洩れず深刻な経済危機の様相を示していた。サルトルは、港のカフェや飲み屋にたむろする行き場のない民衆を愛した。彼はル・アーヴルを歩きまわるようになった。湿気の強い青緑色の冬の夜という逆境の中に倒れて行く人々の間近で、商業港の停泊区の間を通りすぎる。そこには魚、重油、タール、潮風の臭いが混じり合い、埃や石炭の煤が漂い、トロッコが動き、港湾労働者たちが競りを待ちながら、鉤を手にたむろしている。彼は油じみた敷石、夜明けのランプの荒々しい光、水面すれすれに滑り行く夜の魔術的な光に慣れ親しんだ。船から下ろされる荷や、忙しく動く起重機、ひっかけて運ばれる綿の梱包などの動き、港の舞踏、労働者たちの作業に親しんだ。人間や機械、曳き船、水門、貨物船や係留ロープの動き、そうしたリズムのある激しい往復運動に親しんだのである。これらの運動は、沖に向かって開かれ、フランスと全世界との取引、貿易を組織しているのだ。それは、フランシス・カルコの小説やマッコルランのシャンソン、ブラッサイの写真が物語る、オウムを売る耳輪をつけた異様な海賊と入墨をした水夫たちの世界、酔っぱらいの水夫、乱闘や淫売宿の世界だった。

サルトルは、ガリオン通りと、〈紫の星〉、〈赤い提灯〉、〈ジャヴァア〉といった名の付いた連れ込み宿が好きだった。ダミアとフレエル[*2]のシャンソンの重々しい声、悲痛な歌詞を愛していたのだ。ダミアは「その町の下町に、名もない通りがある」と歌っていた。フレエルはそれに「また戻ってくる悲しみと夜。私は支えもなく、ひとりぼっちなの」と応えた。

サルトルがそれ以降ずっと守ることになる暮らしの習慣を身につけたのは、このル・アーヴルにおいてなのだ。そこで彼は、人の集まる公共の場所に親しみ、カフェやホテルをしげしげと訪れるようになったのだ。それは一つの習慣、生活規則、必要、倫理になった。昼は〈ギヨーム・テル〉でシュークルートを食べる。すり切れた赤いビロードの腰かけ、金箔張りで、緑の植物という店内。それから、カフェ〈グランド・ポスト〉で、一フラン二五で、三五〇ミリリットルのビールを前に、パイプと万年筆をはなさず、何気なく人の出入りを眺めながら何時間も仕事をした。こうして彼は少しずつ、生活そのものにほかならない、この雑多な人間模様の一員になっていくのだった。

ル・アーヴルのリセの生徒たちは、サルトルのスピーチ、その映画擁護論に無関心だったわけではない。彼らはこの男に目をつけた。たまたまその少し前から、日刊紙『ル・プティ・アーヴル』紙が若者をある種の危険、とりわけ映画から守るチャンピオンをもって自任していたからだ。映画は若者を堕落させ、道を過らせるというのである。サルトルのスピーチは、まさにグッドタイミングだったのである。ジャン・ジュスティニアニはこう語っている。「親たちはサルトルのスピーチを罵っていました。しかし私は彼の話に夢中になりました。それは実に機転に富んでいたのです。……十月になって、サルトルがクラスに姿を見せたとき、みんなは、すでに分かっていました。『あいつはアナーキストだ。感じがいい奴だ』と」。ル・アーヴルのリセにいる間、サルトルの教室はずっと同じだった。建物に入って左側の一番はずれの二階の離れた教室だった。階段教室で、とても広く、奥に巨大な石炭ストーブがあり、大きな明るい窓がひとけない通りの木立や家々に向かって開いていた。

ジュスティニアニはこう話を続ける。「ポケットに手を突っ込んで、帽子もかぶらない小男が入ってきました。当時、帽子をかぶらないのは珍しいことでした。それにパイプを燻らせていましたが、これもとても変わっていました。彼はノートもなしに、机の上に腰掛けていきなり喋りだしたのです。そんなのは見たことがありませんでした」(4)。サルトルと初代の彼の生徒たちの年齢差は、八歳から九歳だった。たちまち仲間意識が芽生える。例えば一九三五年十月の新学期にはこんな具合だった。「サルトルは初めて、スポーツ・タイプの上着、黒のワイシャツ、ネクタイなしの格好で教室にやってきました。われわれはすぐに、彼はほかの教師たちとは違うことを理解したのです」。ロベール・マルシャンドーがこう付け加える。「心がこもっていて、しかも非順応主義者。ほんとうは彼は講義したのではなく、若者たちと話し合ったのです」(5)。「異議申し立て」の精神を持った、有能な教師、この組み合わせはたちまち、人気を集めた！

サルトルに出会ったル・アーヴルのリセの五回にわたる卒業生はいずれも、熱っぽい証言を寄せている。もっともごく少数の不協和音もあるが、これについてはのちほど紹介することにしよう。生徒たちの中でも、もっとも夢中になったのは、おそらくジャン・ジュスティニアニである。社会に出てから彼の歩んだ道や職業を見ると、サルトルとの出会いの刻印があまりにもはっきり刻みこまれており、サルトルが及ぼす決定的で根本的で不可逆的な影響のモデル、原型をなしているのと言えるのである。「ジュスティ」は父がおらず、お針子だった母と暮らしていた。船に上がり込み、外国人水夫とおしゃべりするようになってから、彼は港の生活を愛するようになった。いつもいっしょにいるのが、「モルザ」と呼ばれた仲良しのモルザデックで、彼の母親はサン・フランソワ街の居酒屋で働いていた。二人の少年は、この不潔な居酒屋で水夫や娼婦たち、行きずりの旅行者たちに出会った。彼らはそこで英語を覚え、世の中について学んだのである。彼らは二人とも、後に抜群の成績で英語の教授の資格を獲得する。ジュスティニアニは語る。「小男の先生がやってきて、僕はそれまでの勉学の数年間に学んだこと一切の再検討を迫られました。ジャン＝ポール・サルトルこそ私の師、思考の師でした。私を今日の私たらしめたのは、彼だといっても、決して過言ではありません……」。

責任感を抱かせる教育法、「目覚めさせる」教育法の先駆。つまり、当時としては新しい方法だったのだが、毎週、生徒が発言して発表するのである。これは生徒尊重の教育法であり、階層と権威の人為的な障壁を即座に打ち壊してしまう。「ほかの教師たちは、われわれを小僧っこ扱いしましたが、サルトルは対等の人間としてわれわれに話しかけました。そうすることで、われわれが個人的に考え、絶えず批判精神を働かせ、既成観念をいつも再検討すること、つまり模範的な知的誠実さを持つようにしむけたのです」（ジュスティニアニ）。同様に、「サルトル親父」の教室が先駆けになったのは、規律に関するあの特異な考え方で、ピエール・ギタールによれば「六八年五月の先駆をなす考え」である。ギタールは次のように説明している。「われわれは教室で煙草を吸うこともできたし、夏は背広もネクタイも取ることができた」(6)。ルネ・ピカールも面白いエピソードを紹介している。彼は自転車でネクタイなしで学校にやってきたところ、校長につかまってしまった。校長が身なりが正しくないと叱責すると、そこへサルトルが通りかかり、生徒を弁護して、こて自転車に乗っているのを、ご覧になったことがおありですか？[7]」

要するに、機械的に知識を詰めこむより、精神を発達させることにより配慮する教育法なのだ。論理学と心理学、サルトルはこの二つの学問分野に、年度の講義と発表の大半をあてた。哲学を発見して貪欲な関心を示す若者たちの前で、例えば病理心理学に関する自分の最新の読書の成果を詳説するのが嬉しかったのである。彼はまた、数年前に参列したサン・タンヌ病院での面接について話し、休み時間には高等師範学校での経験を話して聞かせたりした。逆に、試験の課題学科となっている倫理学と形而上学については、サルトルは生徒に教科書で勉強せよと言うだけだった。

サルトルと生徒たちの間の関係は、ただ教室だけに限られていたわけではない。〈ギヨーム・テル〉や〈グランド・ポスト〉で、彼らは一緒にパナッシェ〔ビールのレモネード割り〕やドゥミ〔中ジョッキの生ビール〕を飲み、それからピンポンやポーカー遊び、とりとめない論議に耽ったりした。サルトルは生徒たちに、好みや生活について問いただしたり、からかったりし、自分のことも話して聞かせたのである。生徒たちの方も、モルザ、ジュスティ、その他二、三人が、サルトルとあと二人の「いい先生」を、一緒にル・アーヴルの浜辺の伝統的なピクニックに参加するよう誘ったりした。五月、六月の天気のいい季節のことである。ジュスティによると、「まず泳いだ。サルトルは長時間泳いだ。彼はなかなか耐久力があった。それから皆で食べたり、飲んだり、歌ったりした。ある晩、サルトルはわれわれにあきれたシャンソンを歌って聞かせた。猥褻なシャンソンやオペレッタのアリア、それに彼自身が書いたものも歌った。こうしてわれわれは、真夜中近くまで一緒だった」。

「お前の睾丸《きんたま》を地面にひきずれ／お前のペニスを手で摑め、友よ／戦争に出かけよう／娼婦狩りに」。サルトルが歌い、座を盛り上げた。五〇年も経ってピエール・ブリュマンは「彼のおかげで下品になった」と説明している(8)。それからパリ通りのクールサール座での映画見物もあった。当時はトーキーが始まったばかりで、観衆は叫んだり怒鳴ったりして、文字通り興奮して映画の動きに加わったのである。みんなでそうやって、例えば『王妃の首飾り』[*3]を観たのだ。彼はみんなの兄貴であり、仲間、中心人物、先輩、相談相手だった。

ある日、サルトルの同僚の中でもっとも型破りな三人、英語教師のイゾレ、体育教師のラスカン、フランス語教師ボナフェが、サルトルをシャルル・ポルタ・ホールに一緒に来るように誘った。彼らはそこでボクシングの稽古をしていたのである。たちまちこれも習慣になった。サルトルは高等師範学校で独力で筋肉を鍛え、レスリングや段違い平行棒を覚えていた。今度はル・アーヴルで、三〇年代のボクシング熱に刺激されたわけである。当時、ル・ペルソンというル・アーヴル人がライト級フランス・チャンピオンになり、フランス人の若者の多くが彼のようになりたいと夢見ていた。サルトルはきっと「僕はスパーリング・パートナーが欲しいんだよ」といって、生徒たちをシャルル・ポルタ・ホールに連れていったに違いない。がっしりと頑丈で、タフで、スピードがあり、息切れを知らないサルトルは、生徒たちと対戦し、彼らの多くに左アッパーカットや右フックをお見舞いし、ガードの固め方やパンチング・ボールの練習、縄跳びを教えた。だが生徒たちはたちまち先生の強敵になった。生徒たちはずっと若く、体も大きい。彼らは恐るべきリーチの持ち主であり。ことにピカールは小柄なサルトル親父よりも四〇センチも背が高かった。

しかしル・アーヴルでは、誰もがサルトルの「熱狂的信者」だったわけではない。例えばまず、校長や学監は、いつも開いている大教室が日ごとに校内の極左主義の牙城になっていくのを、かなり当惑した目で眺めていた。その教室では、校内で通用していた一切の規則、一切の伝統や掟が突然、廃止され、無益な古びたものとして、不条理なしきたりとして片付けられてしまったのである。厳しい規律も、出欠も、答案の定期的添削もなければ、試験や採点の儀式もなく、競争も機械的な学習もなくなった。それでもサルトルは、バカロレアの試験で、同僚たちと同様の――以上のではないまでも――成功を収めることを、堂々と証明してみせた。こうして張りぼての楼閣を吹き倒すように、彼は多年にわたる伝統的教育を踏みにじった。同様に、教師と生徒、学校と日常生活、哲学学習と人生勉強の間の従来の便宜的な境を、魔法のように一掃してしまった。三〇年代にこのような教育法を行なった彼は、先駆者だった。そして少なからぬ人にショックを与えたのである。

ル・アーヴルのリセのクラスは、かなり忠実にこの町の社会構造を反映していた。というのは、息子を〈サン・ジョゼフ学院〉に通わせるカトリックのブルジョワ階級を別にすれば、リセ〈フランソワ一世〉では、「山の手」の子弟と下町の子弟が混じり合っていたからだ。ジャック＝ローラン・ボストは、長い間リセ付の牧師だったシャルル・ボストの末っ子で、一九三五年の新学期からサルトルの生徒になり、サルトルの親密な友、生涯にわたる忠実な友人となる人物である。その彼は、この一風変わったル・アーヴルの社会について、こう語っている。「プロテスタントの大ブルジョワとそうでない人間の間に、格差があることに気づいたのは、ボーイスカウトにいる時でした。山の手の子供たちは立派な邸宅と召使、馬車を持っているのに、例えば私の家庭は、文無し牧師の家でした。またリセに進学しない子、初等教育修了で学業をやめてしまった子供たちに出会ったのも、ボーイスカウトででした(9)」。

サルトルのクラスもあらかたはブルジョワの子供で、父兄にクラスの雰囲気、哲学教師のやり方を報告する者があった。父兄のなかには、憤慨して、校長に文句を言いに来る者もいた。彼のやり方、「ボヘミアン風のスタイル」が顰蹙を買ったのである。彼の靴下にはばかでかい穴があいており、それが靴の外にまで見える、という噂さえ立ったほどだ！　一部には、この新システムについていけず、先生への挑発に舞い戻る生徒もあった。中には、毎週月曜にきまって十分遅刻し、中折れ帽をとって茶化すつもりで「お早うございます。サルトル先生」と授業を中断させる奴もいた。ボストは「右翼の白痴野郎！」と解説している。

ル・アーヴルでの避けがたい反発や非難の頂点をなしたのはたぶん、ルーアン出身の同僚、トゥルード氏がサルトルに対して抱いた反感だった。もっとも、問題のこの同僚が年度末のバカロレアの試験のさいに、サルトルの生徒たちに復讐してやろうなどと考えたりしなかったら、何も実害はなかったに違いない。サルトルは辛抱強くこの策略の裏をかいた。生徒たちにテコ入れをし、試験の前夜にはトゥルードが必ず質問してくる形而上学の受験勉強を直接指導し、「信徒たち」の防衛に自ら乗り出したのである。「サルトルの透徹した智恵は彼の決意とあいまって、トゥルードのけちくさい怨恨を完全に圧倒しました。彼はサルトルが私たちにとって傑出した師匠だったことが許せなかったのです」(10)とジョルジュ・ル・シダネは言う。視学官たちも、それを見抜いていた。「説明はよどみなく」、「価値のある個人的教育」、「最新の著作に通暁した見事で豊かな解説」、「生徒たちが喜んで傾聴する確固とした個性的な考察」、「類まれな情熱、独創性、並ぶもののない知的な力、優れた資質、第一級の職務能力をそなえており、輝かしい将来が約束される」(11)、と認めているのである。

サルトルの方も、ル・アーヴルの生徒たち、最初に出会った若者たちに対して抱いた思いを、後々までずっと抱き続けた。実際、青春期に対する、生命と反抗と憎悪という酵素に対する彼の共犯関係が生まれたのは、そこにおいてだった。この共犯関係はその後、決して消えることはない。彼はのちにこう言っている。「成績が上位の者はそれほど好きではなかった。思想を持っている者、考察力を持ちはじめている者、まだできあがっておらず、自らを作りつつある者たちに関心を抱いたのだ」[12]。一九八〇年、サルトルの死後、最初の公の顕賞として、サルトルの教室にそったアンスロ通りが、市当局によってジャン＝ポール・サルトル通りと改称された。校長の話によると、以来、この通りの名を記した標識はいつも汚されてきたという[13]。異議申し立てには反発も多い、ということだろうか？

カストールも、ル・アーヴルのリセの生徒たちにとって、謎めいた、愛着をそそる人物となった。サルトルはまず、彼女がマルセイユ、ついでルーアンで教えていると説明していた。ことに水曜日には授業を終えると、彼はルーアン行きの列車に乗り遅れないように、走って出ていくことが知れ渡った。選りに選ってある水曜日に、彼のコートの二つのボタン穴を南京錠で留めてしまった生徒がいて、サルトルは、寒い冬の日に、背広姿で「シモーヌ」と会わねばならぬことになったのである。同様に生徒たちは、ほかの人々の名前、サルトルとカストールが徐々に自分たちの周りに作り上げた小さなサークルの人々の名前が口にされるのを耳にするようになった。小サークル？　むしろ動物の群れだ。順番にいうと、コブラ、別名チビ、および彼のカストール、さらにブーブー、ババ、ラマ、牝ラマ、糸玉、モップ、ベル・ウート、ズオル、ウサギ、ワシミミズク、そしてお上臈《じょうろう》、と続く。それぞれ、サルトル、シモーヌ・ド・ボーヴォワール、フェルナンドとステファのジェラシ夫妻、マウーとその妻、アルベール・モレルとその妹、ピエール・ギーユの妻、マルク・ズオロ、エレーヌ・ド・ボーヴォワール、ポールとアンリエットのニザン夫妻である。

この見事な動物見本には高等師範学校での数年間の痕跡が目立つが、とりわけ内輪の者たちのサークルが強化されている。サルトルのモレル夫人への友情は有名だ。彼女は彼の個人授業の生徒の母親で、「あの奥さま」といわれた。カストールはこのモレル一族に受け入れられ、ラスパイユ大通りのアパルトマンや、ロワール河畔のラ・プエーズの彼らの家、あるいは地中海沿岸のジュアン・レ・パンの家に招かれるようになる。つまり、高等師範学校時代の友情を起点として、小さなネットワークが、友情の交流や地理的流動につれて、次第に編みあげられていったのである。カストールは受け入れられ、自分の友人のジェラシ夫妻を連れてきた。しだいに、生徒＝友人たちが代る代る、親密度の違いはあっても、このネットワークの中に入ってくる。一生涯変わらず、そこに留まる者もいれば、わが道を行く者も出てくるだろう。

「私たち二人の間柄を定義する前に、私たちはこれを『貴賤相婚』〔王侯貴族と身分の低い女性の結婚〕と名づけてしまった。私たちのカップルは二つの正体を持っていた。普段は、官吏のM・オルガナティック夫妻で、金も野心もなく、わずかなものに満足している。だが時として……、シャンゼリゼの映画館や〈クーポール〉のダンスホールに出かけていく。そういうときは、アメリカの億万長者のモーガン・ハッティック夫妻だった」(14)。『女ざかり』と題されたその膨大な回想録の中で、シモーヌ・ド・ボーヴォワールは、御存じのように、両大戦間の彼らの共通体験を報告している。彼らの旅行や読書、ひとととの出会いを詳細にたどっているが、それらは二人の個人を識別不可能なシャム双生児のような一人の人物に溶解してしまう「私たち」で語られている。しかしながら、もともとサルトルが持ち出した散文的な契約は、「二年契約」という、ほとんど出まかせのようなものだった。このカップルは多くの世代にとって、一種のスペア・モデル、共犯関係の継続の夢、すばらしい成功とみなされることになる。それは、彼ら二人が一見したところ両立しがたいものを両立させ、二人のパートナーが自由で、対等で、互いに嘘をつかないという関係を継続させたからである。

この例のないカップルはどうやって誕生したのだろうか？　どうやって絆は結ばれたのか？　どのような経過をたどったのか？　これまでの一切のモデルを越えて、小男と彼のカストールは、とにかく結婚を回避しながら、対等者同士の交流・対話を確立し、それはその後長い間、続くことになる。彼らはたしかにそれに成功した。だがどんな代償を払ってか？　彼らはある人々を仲間に入れたが、どのような身分としてか？　彼らはある人々を拒絶したが、それによってどのような損害をこうむったのか？　シモーヌ・ド・ボーヴォワールはこの自由の協定を受け入れ、自分の自立性を高め、サルトルの自立性も尊重し、彼女自身の高い要求水準という罠にサルトルを捕えていく。それ以降、彼らは共通の趣味、共通の拒絶を培い、反俗性、挑発、下種野郎に対する憎悪、公共の場所への頻繁な登場などで、しだいに日常生活のカウンター・カルチャーをつくり出していく。

「あなたは私を後悔させる」、「それは私を完全に詩的にした」、「それがこれほど私を無償で必然的にすることは滅多になかった」。サルトルは、彼の「小さな花」、「可愛いカストール」にこう書いている。グループの用語集を念入りに作り上げると、それは動物の群れのようなあだ名とともに、外からはうかがい知れない、すばらしい共犯関係の印となっていく。彼らは一緒に日常の社会生活を追い出し、透明性に憧れる。一九三九年にサルトルは、こう書くことになる。「私のどんな些細な感情、どんな些細な考えも、生まれるやいなや公のものとなった。……今度の戦争まで私は公的に生きてきた(15)」。彼らは一緒にセリーヌやフォークナー、カフカを発見し、一緒にナポリ、バルセローナ、ロンドン、アテネ、ハンブルク、そしてラバト〔モロッコ」を訪れ、一緒にパリに最近できたジャズ・カフェを探訪しようとし、酩酊するまで、一気飲みに酒を飲むのを好んだ。肉体的にはちぐはぐなカップルで、アンヌ゠マリーとジャン゠バチスト〔サルトルの両親〕のように、彼女は大柄で、めだって美しく、彼はどちらかといえば醜かったが、いつも一緒の雄弁家同士であり、親密な友人だった。彼は兄であり、教授資格試験の口述試験の時のように、絶えず雄弁を振るい、彼女は傾聴し、助言した。読書も計画も友達も金銭も共同だった。彼が母方の祖母から相続した全額を、二人の旅行に使ってしまったこともある。二人の知識人は、自分たちがその慣習、基準、法規に「取り込まれる」ことを嫌っている社会にさからって、新しいモデルを作り出したが、のちにその信奉者が出てくるようになる。その当時は、ふたりは哲学教師にすぎず、フランスの地方を激しく嫌い、自分たちの同僚をかなり嫌い、ホテルやカフェで暮らし、奇妙なことに互いに他人行儀に「あなた呼ばわり」していたのである。

その間、サルトルは相変わらずものを書き続けた。カフェでも市立図書館の閲覧室でも。一九三〇年には彼の原稿『真理伝説』が、ニザンの紹介で、リーデル社の編集長ジャック・ロベールフランスの手に渡ったが、断られる。同じころ、小説『ある敗北』が、これもニザン経由でマルローによって、ガリマール社に提案されたが、これも断られた。『真理伝説』の抜粋が、ニザンが完全に牛耳っていた『ビフュール』誌のある号に載ったが、この作品の論考部分はついでに全部削除されてしまった。兵役期間中に、彼はまた思索を始め、研究を続けて、一九二九年に『ヌーヴェル・リテレール』誌のアンケートで打ち出した考えをさらに練りつつ、偶然性をめぐる長期にわたる労苦を開始していたが、このころ急に論争的になり、これは重要なことなのだが、十七、十八世紀から受け継がれた、教訓的であると同時に真摯な形式、「弁駁書《ファクトゥム》」の形を選ぶ。ヴォルテール、ボーマルシェ、フュルティエール〔十七世紀の辞典編纂者〕の伝統を受け継いで、彼はニザンとともに、攻撃的な傾向を持つ、あらゆるタイプの分析を「弁駁書」と呼ぶのを慣わしとしていたのである。兵役期間中から、彼はこの『偶然性の弁駁書』に没頭した。この冒険は、あとで見るように、紆余曲折の長い期間に及ぶものになる。

サルトルはかつて、シモーヌ・ジョリヴェにこう書いている。「ぼくは栄光を、ぼくの名誉を祝って盃をあげている燕尾服姿の紳士や夜会服《デコルテ》姿の淑女でいっぱいの舞踏室として想い浮かべるのです。まったく月並みなイメージですが、ぼくは子供のころからこうしたイメージを抱き続けてきました。このイメージそのものは今ではぼくを惹きつけませんが、栄光には惹かれます……」[16]。こう書いたとき、サルトルは二十一歳で、今にも有名な作家になると確信していた。そのすこし後だが、彼は随想ノートに、「二十八歳で有名でない人間は、永久に栄光をあきらめるべきだ」という文を書き写している。これはトゥップフェル〔スイスの作家〕からの引用だが、彼は当時、ずいぶん気楽に自分のこととして引き受けている。自分が二十八歳になっても「有名」ではなく、三十歳になっても三十二歳になっても有名にならないとは、夢にも考えなかったのだ。最初の文学的著作が発表されたとき、彼は三十三歳に達していた。名声と栄光を手に入れるのが、彼の予想に反して第二次世界大戦後、四十代になってからだとは、想像さえしていなかったに違いない。その間、彼は自らの予言通りに、永久に栄光を諦めそうになり、侮辱、痛手、再検討、拒絶を受けたばかりでなく、彼のナルシシスムも屈辱、打撃、悪夢に悩まされた。非常に辛い、深刻で根源的な個人的危機に陥っていたのであり、彼以外の人間だったら決定的に駄目になってしまったに違いなかった。彼がそこから脱出できたのはほとんど奇跡だったのであり、仕事、明晰さ、苦悩と挫折のお蔭だった。

サルトルがル・アーヴルにいた数年の間、彼の仲間だったアロンやニザンはそれぞれ自分の道を歩み続けた。前者はドイツに赴き、ブーグレ、デュルケムの伝統に棹さし、帰国して、論文と最初の著作二冊を発表した。後者は、とりわけ教条主義的だった時代に共産党に加盟し、きわめてラジカルで強固な、妥協を許さぬ活動家になろうとしていた。積極的活動家として早くから、出版、ジャーナリズム、政治の分野に同時に進出していく。まず雑誌の編集長となり、一九三二年の国会議員選挙に立候補し、ラファイエット通りの書店の主、そしてついには、一九三三年に党専従になる。一九三一年と一九三二年に二冊の論争的著作『アデン・アラビア』と『番犬たち』、一九三三年には最初の小説『アントワーヌ・ブロワイエ』を発表。一九三四年は一年間、モスクワで暮らす。

この二人の歩みに比べると、サルトルの歩みはほとんど期待外れだ。高等師範学校に在学中、二人の同級生たちは、ニザンとサルトルのどちらが勝者になるのか決めがたかった。だが一九三三年には、この問題はもはや話題にもならなかった。アロンがケルン大学でフランス哲学を教え、ニザンがブール・ガン・ブレスで選挙に出馬しているのに、サルトルはル・アーヴルで、時代との対話すらほとんどない状態で、ナルシシスムにとって辛い体験を経ていたのである。

シュヴァイツァー家の小怪物であり、暴れん坊で貪欲なノルマリアンのサルトルは、失敗さえしなければ何にでもなれるはずだった。若きサルトルは、自分の天才、名声、生涯、才能を確信して、自らを「若きサルトル」と思いこんでいた。形成期の作家という快い境地に浸り、ゲーテやシェリー、ニーチェやバイロンのような、もしかしたらあり得る小説じみた生活に酔い痴れ、壮大な構築、崇高な推測、優雅な限りない誘惑に身を委ねてへとへとになったのだ。自分だけが、偉人たちの討論の場に紛れこみ、その内輪の付き合いにずかずかと踏みこむ絶対的な自由を知り、経験することを認められており、この閉鎖的で卓越した文学者のエリート集団に、気軽に対等な者として入ることを認められている特権的で恵まれた人間だとして、無造作に偉人たちの生涯を自分のものとし、偉人たちの輝かしい衣装をこっそり試着してみたためである。

若きサルトルが思いも及ばなかったことは何か？　それは、あらかじめ作り上げたあの人生の枠組みが空っぽのままだったということだ。経歴についての幻想も、編集者たちがそろって彼の最初の原稿を拒否し、原稿が否定的な判断をつけて返され、要するに、文学界にいとも簡単に登場することが公然と禁じられることによって、みじめにも崩壊してしまったのである。子供のころサルトルは、書くことと有名になることが一体であることを決して疑わなかった。アンヌ＝マリーはいつでも、彼の書いたものを写し取り、拍手喝采した。友人たちもほめそやし、時には微笑を送った。だから、書くこととイコール有名になること、という等式にどこかでひびが入るなどありえないことだったのだ。思いがけないこと、予想できないこと、外部の世界が入りこむ余地など想定されていなかった。彼自身と世界の間は、初めから太鼓判で封印されており、いかなる外部からの汚染も排除されていたのである。まだ二十五歳にしかならなかったときにも、サルトルと名声の間には、ものを書くことを媒介にした疑う余地のない特別契約が存在したのだ。しだいに彼は自分が道を間違ったことに気づき、態勢を立て直した。手はいくらもあった。間違っていただって？　彼は、突き返された原稿をまたポケットに押し込み、探究を続け、確信と決断と決意をもって自分の畝を耕すのである。その数年間、彼はどこへ行くにも例の『偶然性の弁駁書』を携えていた。原稿は次から次へ三回もすっかり書き直された。タイトルは分かっているだけで四つもある。多くの人が読み、たくさんの削除が行なわれ、書いていく途中の旅行や出会いの影響によって、かえってこの原稿には結果として、サルトルの全経験が込められることになる。そしてとうとう、果てしないトンネルをくぐり抜けて、一九三八年春、この原稿は『嘔吐』という題名で世に出ることになる。

レイモン・アロンの記憶によれば、サルトルが初めて偶然性をめぐる思想を練り上げたのは一九二六年のことのようである。当時、サルトルはレオン・ブランシュヴィックの講義に出ながら、ニーチェ哲学を検討していた。[17]ついで彼は、映画に関する論文の中でこの概念を具体的に説明することに興じている。続いて、「単独の人間」という自分の考えについて考察を始め、最初のいくつかのテクストを書きあげた。そのひとつ『真理伝説』では、彼はまず観念論哲学を清算して祖父との関係に決着をつけ、続いて科学的認識を清算して義父との関係に決着をつけた。シュヴァイツァー、マンシーの両方ともを一くくりにして追い出したのである。兵役から彼は謙虚さということを学び、「非常に慎み深く」なった。ル・アーヴル体験によって、単独の人間という選択が固められ、彼の偶然性に関する考察は爾後、新たな実験的なコンテクストの中で展開していくことになる。後に『嘔吐』になる原稿は、初稿から、一人称の日記の形式を取っている。ひとりでブーヴィルに暮らし、そこで十八世紀の碩学、ロルボン侯爵アデマールについて研究するアントワーヌ・ロカンタンの一人称の日記という形式である。

「私はひとりで、完全にひとりで暮らしている。決してだれとも話をしないし、何も受け取らず、何も与えない。独学者など問題外だ。〈鉄道員さんたちの店〉の女将のフランソワーズがいることはいる」[18]。ほかのどんな草稿も、『嘔吐』のためにサルトルが受け入れたすさまじい産みの苦しみから決して彼を引き離してはくれないだろう。ブーヴィルの町の人影もまばらなたたずまい、この地方都市での日曜の散歩、汚らしいホテルの部屋の壁越しに聞こえてくる料理女たちが夜たてる物音、そして、通りすぎるはしけのように自分の実存を曳きずっていくロカンタン。彼はよそ者で覗き屋で、目に見える光景の裏側を見破り、どこよりも覆い隠された社会、地方社会の底辺を歩き回るのである。人とものの中に次から次へと「甘ったるいむかつきのようなもの」、「吐き気のようなもの」、離脱と近接性を感じながら。彼は、「血もリンパ液も肉体も持たない」純粋さを追い求める。さらには自由──「なぜだかわからないが、今朝、私はあの苦い、豪奢な自由を再び見出したのだ」──、過敏な明晰さ──「私が目にしていることはもはや説明できない。誰に対しても」──、歯止めのきかない陶酔──「今や私はゆっくり水の底を滑っていく、恐怖に向かって」──、めくるめく孤独──「私はいつも世間の人びとのすぐそばにいて孤独の表面にとどまり、緊急事態発生の場合には、彼らの間へ避難しようと固く心を決めていた」──、強い憎しみ──「人間を愛さないでいられるだろうか、と私は一瞬自問した。しかし結局、今日は彼らの日曜日で、私の日曜日ではないのだ。……私にとっては、月曜日もなければ日曜日もない」。そしてまた、我有化、嚥下、内面化によって、目もくらむような実験を進めていく。マロニエの根っこ、ビールのコップ、平べったいすべすべした小石、そして人間の手。ホテルの部屋での眠れぬ夜から、カフェのマダムとの退屈な形だけの性交へ、市立図書館での味気ない午後から、公園のベンチに腰掛けた存在論的な体験へ。「私には失うべきものがあるだろうか？　妻も子供もおらず、この世での特別な使命もない。指導者でも、責任者でもなければ、それ以外のどんなばかでもない」[19]。

『偶然性の弁駁書』の第一稿は、ル・アーヴル体験から得られたものをすべて見事に活かしており、いろいろなテーマが織り込まれている。これらのテーマは第二稿、次いで第三稿で発展し、明確になっていく。ブルジョワ的思考と「下種ども《サロー》」にとってのこの上ないカテゴリーである「真実味」、後に忘れがたく素晴らしいページとなるヒューマニズム批判、記憶というものを全くのフィクションに還元してしまうこと、冒険の錯覚性、さらにもっとも重要な、限界的体験の中での実存と偶然性の知覚と、それに続く超明晰性と狂気の大団円。われわれはシモーヌ・ド・ボーヴォワールから、この原稿の推敲の進む過程で彼女がいかに重要な役割を演じたかを、よく知らされている。とくに第一稿の時にすでに、なお強く残る「十九世紀風」の文体上の気取りに気づいたのも、ほかならぬ彼女である。彼女は、偶然性に関する論述に起伏がなさすぎるのを不満とし、また劇的な進行を選ぶよう示唆した。彼女は一九二九年にサルトルの生活に加わって以来、彼の相談相手、批評家、いわば彼の現実原理となっていた。彼女は、アロンが高等師範時代に果たしていた、サルトルに対する現実主義的忠告者という特権的役割を彼の手から象徴的に引き継いだのだ。

同様に、サルトルとともに現代文学における新しい作家たちを発見し、議論し、対決し、熱中し、正当化する際のとびきりの証人となったのも、もちろん彼女だった。『嘔吐』の推敲過程で影響を受けた作家の中に、セリーヌ、カフカ、クノーがいる。いくつもの波となって打寄せた影響が原稿に痕跡をとどめている。例えば『夜の果てへの旅』の不遜で辛辣で、あらゆるものを剝ぎ落とす文章の影響。この本は一九三二年に発表され、コミュニストのニザンにいたるまで批評界の一致した歓迎を受け、のちに同じくコミュニストの夫婦、アラゴンとトリオレによってロシア語に翻訳される。「巣穴」や『変身』のような、当時フランスで翻訳され始めていたカフカの中編小説の影響。それからクノーの影響。彼はル・アーヴル生まれで、その作品『はまむぎ』で、あまりにも因襲的な言語をむぞうさに転覆させ、生涯その身上とした辛辣で皮肉で華々しい調子で、都市周辺部やカフェや列車のコンパートメントの日常の情景、あるいはカウンターの上で泡立っているビールのジョッキのそばでもがいている蠅の汚さを語ったのである。

持ち前の繊細さ、細心さ、知性をもって、シモーヌ・ド・ボーヴォワールは、自分が考えた方向で徐々に、劇的な効果の導入、小説的なモンタージュ、文体の若返りを計る方向で、原稿を採点して行く。彼女はロカンタンの脇役である二人の登場人物、オジエ・Pこと独学者とアニーについても意見を述べたに違いない。ロカンタンの荒涼たる世界に二人が登場するのに立ち会ったはずである。彼女は小説家サルトルの棒のひとふりで現実が最初の変容をとげるのを目にする、極めつきの特権的観客になる。なぜなら、サルトルはシモーヌ・ジョリヴェとの恋愛体験から、ロカンタンとアニーの心の通わない息苦しいやりとり、「完璧な瞬間」についての異様な長科白を書いているからだ。彼の最初の小説のたったひとりの重要な女性の登場人物、アニーの大役を、サルトルは配役に恵まれない女優、シモーヌ・ジョリヴェへのすばらしい贈り物にした。彼は後にも、女性たちにいつもこのような贈り物をし続けることになる。実は彼女には二重の贈り物をしているのだ。従妹で自分そっくりの女性だったアニー・ランヌの名前をも与えたことになるからだ。彼女は死ぬまでシモーヌの友達でもあった。思い出をさかのぼれば、サルトルがシモーヌと出会ったのはティヴィエでのアニー・ランヌの埋葬式においてであって、シモーヌはその際に、いわば愛情を引き継いだのであった。かくしてサルトルは、真心と情熱をこめて、この二人を最初の女性登場人物の中に混ぜ合わせ、永久に結びつけたわけだ。そして二十歳で亡くなった「ニニー」も永遠の生命を与えられたのである。

同じくこの草稿によって、ボーヴォワールは、サルトルが世界を我がものとするための特権的様態である認識と冒険をどのように始末しているかを発見した。一九三九年にサルトルはこう書いている。「私の理論の一つ一つが征服と所有の行為だった。最後に理論を全部つなぎ合わせれば、私だけで世界を征服できるに違いないと思えたのである」。というのも、ジャン゠バチストの息子である哲学者サルトルにとって、冒険、発見、征服、世界の我有化は、結局、認識を通して行なわれるのである。それに、教授資格試験合格の直後、サルトルは外国にポストを得ようとしたではないか？　日本行きの話に大喜びしたが、誰か別の人間にさらわれてしまった。同じころ、彼はカストールに出発への願望、大旅行への夢を洩らしていたではないか？　彼女はこう書いている。「コンスタンチノープルで荷揚げ人夫と仲良くなり、社会のどん底で女のヒモたちと酔っぱらうだろう。彼は世界一周をするだろう。そして、インドの賤民《パリア》たちも、アトス山のギリシャ正教の司祭たちも、ニュー・ファウンドランドの漁民たちも、彼には何でも打ち明けるだろう」[20]。日本のポストが得られなかったので、彼はル・アーヴルのリセに行ったのだ。

次の年、彼はもう一度出発を試み、モロッコのポストを求めたが、うまくいかず、ル・アーヴルに残ることになった。しかし、サルトルとシモーヌ・ド・ボーヴォワールは、教師がよくやるように、学校の休暇ごとに旅に出かけた。クリスマス、復活祭、夏の三カ月といった具合に。もっとも、行き先はヨーロッパ地域という穏当な範囲内のスペイン、イタリア、英国、ノルウェー、ベルギー、ギリシャで、唯一の例外は北アフリカのモロッコだった。しかし、やがて旅行は仕事に打ちこむサルトルに逆らうようになる。〈歴史〉も、それに政治もやはり逆らうのだが。旅先で、彼は懸案を解く力をほとんど見出すことはできない。むしろ、自分の強迫観念と紙切れを持ちこんで、ときどき雰囲気や着想や読書の感想をつけ加えるだけになってしまう。さらに旅というものに完全に落胆してしまい、それからは、ピンポイントの類縁関係や目くばせや共犯関係を識別しては、行き当たりばったりに『弁駁書』の中で使えそうな雑多な材料を発見するようになるのだ。

アントワーヌ・ロカンタンはその日記に――これは『嘔吐』の決定版からは削除された箇所だが――こう書き記している。「突然、旅行という観念が、もっと正確にいえば冒険という観念が浮かんできて、どっかりと居すわった。……ときどき立ち止まってかつて見たことのある国や都市を指折り数えてみた。それだけでは十分ではなかった。決して十分ではなかった。そうしてまた出発した。……日本へ向かって出発したのだ。……東京と大阪に一年留まり、すこし金を貯めてから、ジャワ、上海、インドシナへと出発し、あちこち歩きまわった。私とフランスとの最後の繋がりは断ち切られた。ヴェリーヌの死を東京で知った。朝鮮への小旅行から戻ったときだ。ほんとうにこの世でたったひとりになったのだ。親類では、従兄弟がひとりだけ、カンのところをaと書くロカンタン[*4]がペリゴール地方に残っているだけのはずだ」[(21)]。〔この文章には〕ジャン゠バチストの足跡とティヴィエの痕跡が見られる。ジャン゠バチストの息子は、自分の最初の小説の主人公を身代わりの冒険者として、自分ではしていない旅行へ送り出し、自分の父親の足跡をたどらせたのである。ジャン゠バチストの息子は、異国趣味の礼賛から無縁のところに、大旅行というもののこのうえない効用を見出した。ルーツとの決定的な断絶。過去や家庭や出身地との断絶――幻想だろうか――である。もっともティヴィエは、ジャン゠バチストやアニーとともに、『嘔吐』の中のあちこちに亡霊として出没しているようにも思える。とりわけ、彼が憎々しげにこう叫ぶ時だ。「あなた方、知事デュコトン、大学区視学官アンペトラーズ、公共事業視察官ブルガディエ……あなた方の美徳と、地位のある人々や既成観念への敬意、貯蓄、品の良い礼儀作法のせいで権勢を揮う人々。それからまたあなた方、通りの角の街路名の表示板に名前が書いてある、大して重要でもない守護神の方々、……市会議員、医者、経済専門家、……。あなた方はいずれも運命を決定する人々で、ブーヴィルに君臨している。だが、あなた方が私にかかってきても無駄だ。あなた方の呪文なんか怖くない[(22)]」。

アプリコットのカクテルだったのか、ただのジョッキ一杯のビールだったのか？　一時パリに出てきたアロンがサルトルとシモーヌ・ド・ボーヴォワールに会い、二人に自分の最新の哲学的発見を開陳したあの恵みの日の飲み物の種類については、今なお諸説紛々ではっきりしない。シモーヌ・ド・ボーヴォワールは、間違いなくアプリコットのカクテルだったと断言している。レイモン・アロンはただの一杯のビールだったと神かけて誓っている。サルトルは、私の知るかぎりでは、飲み物の種類についてひとことも言っていない。真偽のほどは不明なのだ。一九三三年の初めにアロンがこのカフェで会おうと提案したとき、三人とも興味ある情報交換を期待した。アロンはドイツ、二人はフランスと、別れ別れに暮らしている彼らの最近の読書や互いの仕事について話が弾むだろう。だが三人とも、この日、それ以上の出来事が起こるとは予想していなかった。

だがそれは単なる出会い以上のものになった。サルトルは自分の『偶然性の弁駁書』について、アロンは最近の読書、ドイツ哲学について語った。最後にアロンが、サルトルの意図を理解し、現象学のアプローチの概略を説明した際に、奇跡が起こったのだ。すなわち、現象学者たちはこのコップ、このテーブルについて、哲学的様態で語るのだと……。サルトルがたちまち親近感を抱くにはそれで十分だった。彼はエマニュエル・レヴィナスが三年前にアルカン社から出版した本を買い込んだ。『フッサール現象学における直観の理論』という本である。彼はページをめくるのももどかしく、貪るように読み進み、一ページごとに慣れ親しんだものに出くわし、何かしら見覚えのあるものに出会うという印象を抱いたのである。とにかく一見したところ、フッサールは、頻繁に偶然性の観念に取り組んでいるようだった。こうしてサルトルはフッサールと出会ったのである。一九三九年まで、哲学の領域では、彼はもっぱらフッサールを読むことになる。またしても、対決、格闘だ。六年間にわたってサルトルは、『デカルト的省察』『現象学的哲学のための諸構想(イデーン)』を研究する。彼は独特の固執観念にかられてこの難しい読書に挑戦し、フッサールに没頭し、完全に浸ることになる。一九三二年に、一年間の研究のためにベルリンのフランス学院でレイモン・アロンの後任になることを申し出たのも、フッサール理解を深めるためだった。「心的現象と生理的現象一般との関係」と彼は給費申込みの書類に記入している。なかなかいい条件だった。彼は教師としての給料を確保し、アロンがル・アーヴルのリセで彼の代講をする、というものだった。

フッサールとの情熱的な出会い。ル・アーヴルのリセ教師はドイツ系ユダヤ人哲学者を発見した。フッサールは一八八三年にウィーン大学で数学の博士号を取得、続いてブレンターノと出会って哲学を発見した。そして、初期の数学的論理に関する著作に続いて、ゲッチンゲン大学、さらにフライブルク大学での講義で自分の哲学研究を練り上げた。一九一六年以後は、ドイツで、次いでフランスで最初の弟子たちに大きな影響を与え、その思想は二十世紀の哲学に革命を引き起こすことになる。

フッサールが即座にサルトルに青天の霹靂《へきれき》のような衝撃を与えたとしたら、その理由のひとつはたぶんデカルトである。それもフッサールを魅了した『省察』のデカルトだ。デカルトは「自分だけの力で本源的真理の探究に出発しようとした英雄」のまさに典型だったからであり、「そのために彼はまず最初に方法的誇張懐疑を行なわなければならなかった。それはもっとも確実と思われる信念やもっともよく構築された知を白紙に戻すことにほかならない(23)」。サルトルが高等師範学校の自分の哲学教授たちを軽蔑する一方で、読書を通じて友情をこめて付き合った偉大な人物たちに魅かれていたことが思い出される。例えばカント、そしてとりわけデカルト。デカルトは「爆発力のある思想家」であり「優雅でしまりのない思想に対抗する革命的な思想」の徒であり、「剣をきらめかして」[24]認識に迫ったのだ。デカルト的な純化の手続、存在論的な簡素さ、極端な厳密さへの要求、思弁的哲学の破産の確認、「その展開そのものの中に、それ自身の根拠を確保する」[25]基本的プロジェクトを哲学に付与すること。つまりサルトルがフッサールの現象学の中に発見した知的手続きの段階、テーマ、回り道の一つ一つが、彼を自分の知的手続に連れ戻すのだった。一九二九年にフッサールがソルボンヌで行なった一連の講演をサルトルが聴かなかったというのは、驚くことであろうか？　この講演は大学のドイツ語学科とフランス哲学会の共催によるものであり、いずれにせよ、ジャン・カヴァイエスなどには感銘を与えたのだが。

同様にサルトルは当時、ハイデッガーにもあまり注意を払っていなかった。しかし、ハイデッガーの講義『形而上学とは何か』は、サルトルの『真理伝説』の抜粋とともに『ビフュール』誌の同じ号に発表されていたのである。サルトルは、偶然性に関する彼自身の考察が始められ、熟し、さらにル・アーヴルでの生活で実験され、『弁駁書』の第一稿で描かれたときに、はじめてこの「天才」、彼の「師」[26]であるフッサールに出会うことになったのだ。自分の哲学上の計画に完全に没入し、学と世界内存在とを同時に考える助けとなるこの「二十世紀のデカルト」とともに歩み、もっとも緊急かつ本質的な思想のもっとも革命的な展望に自分がそっていると確信しつつ、サルトルは、フッサールによって現象学を発見するのであった。現象学との出会いこそまさに彼の生涯の出会いであり、彼は決してそれを手放すことはなかった。彼は自分の道を歩む途上で、二十世紀思想のモニュメント、自分の最適な拠りどころを見出したのだ。以後サルトルはもっぱらそれを研究活動の中心に置くことになる。

彼は後にこう書いている。「フッサールが私を捉えてしまい、私はあらゆるものを彼のパースペクティヴで見るようになっていた。彼の哲学の視点を通してすべてのものを見るようになったのである。……私は『フッサール学徒』だったし、その後も長い間そうだった。それと同時に、理解するために、ということはつまり、私の個人的先入観を打破し、私の原則ではなくフッサール固有の原則から出発して、フッサールの思想を把握するために努力を傾注したところから、その年の間、私は哲学的に言って精根尽き果てていた。……私がフッサールを汲み尽くすのに、四年かかった[27]」。

実際、ベルリンでの日々は精力をすりへらすものとなる。サルトルは自分から苛酷な時間割を作ったのである。朝はフッサールの読書、午後は例の『弁駁書』の第二稿の執筆。自らのエネルギーと注意力の一切を呑みこむ極限的な情熱と集中であった。それというのも、すでに彼はフッサール批判、とりわけ『形式論理学と超越論的論理学』や『デカルト的省察』に述べられている独我論への論駁に対する批判を企てていたからだ。サルトルはこう書いている。「われわれが提起する〈エゴ〉の概念は〈超越論的領野〉の純化と解放とを同時に実現するもののように思われる。〈超越論的領野〉は、あらゆる自我論的構成から純化されて、ここにその原初の明澄さを恢復する[28]」。抽象的な議論だが、まことに重要な議論である。哲学者サルトルは「エゴ」をめぐる議論で立場を明確にしているのである。「大部分の哲学者にとって〈エゴ〉とは意識のなかに住まう一〈住人〉である。……ここでわれわれが明らかにしようとするのは、〈エゴ〉は形式的にも実質的にもそのように意識のなかにあるのではないということ、〈エゴ〉は外部に、つまり世界のなかにあり、他者の〈エゴ〉とおなじように世界の一存在者であるということ、これである[29]」。

これは純粋に形式的な論議だろうか？　サルトルはこの一点に局限したフッサール批判を強調して、この批判によって、現象学はその観念論から、あるいは「かくれ家の教説」だというもっともな非難から救われるのだと言う。そしてこう結論する。「自我をもって世界と厳密に同時的な存在者だとし、その存在は世界と同じ本質的性格をもつものだとする場合には、こんな非難ももはや存在理由をもたなくなると、私たちには思われるのだ(30)」。そしてさらにだめ押しをして、勝ち誇るのである。「現象学者を観念論者と呼ぶくらい、不当なことはない。それどころか、数世紀このかた、哲学において、これほどまでに現実主義的な思潮が感知されたことはなかったのである。現象学者は、人間を世界のなかに沈めもどし、人間の不安に、人間の苦悩に、また人間の反抗にも、そのすべての重みを取り戻させたのだ。絶対的に肯定的な倫理と政治とを哲学的に根拠づけるためには、もはやこれ以上は不必要である(31)」。

サルトルによるフッサールの超克は、「エゴの超越性、現象学的記述の素描」と題する論文の形をとって現われ、一九三六年、コイレ、プエック、スパイエが責任編集する雑誌『哲学探究』に発表された。こうして、サルトルの研究は現象学のフランスにおける潮流の中に位置づけられた。彼の研究は、『具体的なものをめざして』へのジャン・ヴァールの序文やハイデッガー、コンラッド・マルティウス、オスカー・ベッカー、カール・レーヴィットらの論文の翻訳、「所有の現象学」に関するガブリエル・マルセルのエッセー、ミンコフスキーの「現象学的素描」などと肩を並べたからだ。サルトルのこの論文はそのフッサール批判とともに、ラテン・アメリカでもポルトガルでも、イスラエルやスウェーデン、もちろんドイツやイギリス、アメリカ合衆国でも、現象学者たちの世界で、反響と論議を呼んだ。激烈な論争、いくつもの大陸にまたがる討論、玄人の間の反駁が反駁を呼ぶ長い連鎖が続き、一九三六年から半世紀近くの間、サルトルが立証したエゴの超越性は「根本的に間違っている(32)」のか、それともサルトルは正しく、フッサールは間違っていたのか、一体どちらなのかをめぐって、応酬が繰り広げられてきた。

サルトルはドイツから帰国後も、引き続きフッサールの影響下で自分自身の哲学研究を続けた。一九三五、三六年には『想像力』と『想像的なもの』〔『想像力の問題』〕を書き、一九三七年には「自分の思想を明確にするために大作『プシケ』に取りかかった(33)」のである。しかし、その後これを放棄し、その中から『情動論素描』だけが残った。したがって、三〇年代はサルトルの主要な面、つまり哲学者としてのサルトルが形成され、練り上げられる重要な時期だったのである。彼はこの時期に、やがて自分のものとなる知的用具を作り出し、使い慣らし、実験した。さらに、世界観の基礎になる諸概念や範疇、論法を練り上げたのである。こうした側面を持つということは、同時代の小説家たちの間ではおそらく比類のないことであり、過小評価されるべきでない。サルトルは高等師範学校時代から、哲学と文学を密接に結合する計画を抱いてきたのであり、この計画は、たとえ彼があらかじめ心に描いた時間内には実現しなかったとしても、ゆっくりと現実化していくことになるのである。

哲学者が小説家より先に姿を現わすことになるだろう。概念の創造者が虚構の創造者に先行するのだ。しかし計画自体は尊重され、〔小説家と哲学者の〕二つの道は競合しながら前進することになる。「現代の作家たちは哲学者に後れをとっている」と、一九三九年にサルトルは、フォークナーについてポーランに宛てた手紙の中で記している。「時間をこんなふうに考えるのは、デカルトやヒュームの中に見出される理論の小説的焼き直しに過ぎません。ハイデッガーの時間を小説化した方がずっと面白いと思う。私はそういうことを自分でやろうとしているのです(34)」。しかし哲学と文学との対話を自分自身の論理に沿って進めることは容易ではなかった。さまざまな葛藤、緊張、緊急事のために、どちらかを選ばなければならなくなることが多かったのである。例えば一九三七年の秋、彼が哲学に没頭していたときにこんなことが起こった。「熱狂のうちに三カ月で〔プシケを〕四〇〇ページ書いたが、それから理由があってやめた。短篇集を完成したかったからだ。それでもなお私が研究にどっぷり漬かっていた証拠には、二カ月以上もの間、文学の仕事の方はまったくどうでもよいものと思えたほどだ[35]」。

これはサルトルの個人的意図を越える葛藤を生む。小説家である前に哲学者として世に出たので、彼はそのような読者や対話相手を持ち、問い合わせを受けるようになる。DES〔高等教育終了証書〕の彼の指導教官だったドラクロワは、アルカン社の叢書のために本を一冊書けと言ってくるし、ジャン・ヴァールは一九四〇年に、『想像的なもの』をソルボンヌの国家博士号用の論文に書き直すように勧めていた。

文学をとるか、哲学をとるのか？　文学と哲学の両方だ。彼はル・アーヴルでは絶えず、同時代の小説家を発見し続け、とりわけそれらの作家たちの技法を解釈し、その時代のフィクションに用いられる一切のからくりを細心に分析し続けていたからである。彼は毎月、〈ル・アーヴル竪琴会館〉のホールで文学講演を行なっていた。文学愛好者たちが出席するこの長い夜間連続講演は、一九三八年と三九年に『N・R・F』に掲載されて、彼に一応の「名声」をもたらすことになる。のちに発表する一連の文学評論に、六、七年も先立っていたわけである。興味深いのは、〈ル・アーヴル竪琴会館〉での講演の時点ですでに、のちの文学評論と同じ領域に研究が及んでいることだ。フォークナー、ドス・パソス、ヴァージニア・ウルフ、ジョイス、ハクスレー、内的独白の技法などが、こうして次々と、真摯に、すばらしい教養と厳密さでこの地方都市に紹介され、解読され、分析されたのである。一九三一から三二年ごろ、こうした講演はきわめて斬新なものだった。取り上げられた小説家たちはまだまったく知られていなかったからである。

彼はこの講演を「談話」と名付けていたが、最初のころの「談話」の中で、彼は内的独白の技法の発展を説明している。この技法は一八八七年、エドゥアール・デュジャルダンの小説『月桂樹は切られた』で初めて登場したものである。「なぜ、一八七〇年でも一九〇〇年でもなく、一八八七年だったのか？」とサルトルは自問する。それから、この技法の出現を象徴主義運動の開花、その「内的生活の礼賛」、無意識の発見と結びつけてみせる。「無意識とは、未知の、未踏査の世界であって、意識は巨大な波のような無意識の水泡にすぎない」と、彼は断定する。彼はまた全体芸術作品というワグナーの影響を強調し、どのようにして「明らかに観念論的な思潮から出たこの手法が、英国のネオリアリストの手に移り、様式化し、豊かなものになったのか。……初めはわれわれに意識を発見させただけであったのに、ついには、世界全体を組み込んでしまうに至り、絶対リアリズムという目的に役立つようになった……」のかを、説明しようとしている。

ル・アーヴル市民のために準備されたこの「文学談話」は、実に驚くべき細心さと豊かさを見せているのである！　アンダーラインを施し、何度も手を入れた小さな紙片からなる原稿は公刊されていないが、これを見ると、サルトルがほとんど大学の講義の準備のようなこと、つまり碩学が行なう作業をしているばかりでなく、同時にまた彼がすでに小説家であることが透けて見える。この「談話」は、まだ世に知られていない作家の、主要な概念用具、省察的で理論的な側面であり、また彼の個人的探究であって、そこでは哲学が文芸批評の思弁と合体していた。シュニッツラー、ドス・パソス、フォークナーなどの作品のフランス語訳がでる前に、三〇年代の初めからサルトルは、ル・アーヴルの少数の聴衆を相手に、彼らについて言及し、ここでも新風を吹き込んでいたのである。[36]

サルトル思想の非常にこみ入った仕掛けが作り上げられ、経験の層、文体の地層、思想のさまざまな次元が積み上げられていく間、どれもこれもさし迫った概念、ジャンル、方向のどれを選ぶか、サルトルという機械が迷っている間に、人間サルトルの方は、地理上の居所を変えた。ル・アーヴルのカフェを後にして、九カ月の間、ベルリンの街の魅力たっぷりな居酒屋《クネーペン》で、おびただしい種類の濃色ビールを味わうことを学んだのだ。たぶん同じような熱心さで哲学探究を続けたのは、別の場所においてである。それはベルリンのヴィルメルスドルフ街ラントハウス通り《シュトラーセ》十四番地のフランス学術会館である。地理的な背景も、歴史的背景も一変した。ル・アーヴルでの彼の生徒たちは、彼が何時間もの間、カフェや町の図書館で、あるいは授業の休み時間に、たくさんの紙を黒々と文字で埋めていくのを目撃していた。ベルリンの彼の同僚たちは、彼がカフェやビアホール、二階の彼の自室で研究に没頭するのをあっけにとられて眺めることになる。一九三三年の一連の焚書事件、フンボルト大学の前でのフォン・パーペン[*5]の演説にも、仕事熱心なこの学者は関心を示さず、構想中の彼の哲学もそれらから何の影響も受けなかった。ドイツの諺がいみじくも言うように、まるで「油を塗った鴨の上を水が流れるよう」だったに違いない[(37)]。

この三〇年代の初めには、たくさんの仏独文化交流が行なわれた。「戦後の仏独問題」、「ドイツとフランスにおける活力《ダイナミスム》と停滞」といった、一九三〇年から三一年にかけて流行したテーマをめぐって、会議や討論会がしきりに行なわれたのである。アンドレ・シャンソン、ジャン・ゲエノ、ウラジミール・ドルメッソン、あるいは若きレイモン・アロンなどのフランス知識人たちは、一堂に会して、不安とか前方への逃亡といった言葉を大胆に用いて、ドイツ国民の「活力《ダイナミスム》」について考察した。戦後の両国の接近は、大学人の議論が見事に使いこなす非常に丁重で慇懃かつ節度ある言葉使いで行なわれた。しかしまた、ことにゲルマン文化の偉大な伝統や、ヨーロッパの知識人に対するその絶対的な魅惑の力も追求された。ゲーテ以来、シラー以来、ハイネとノヴァーリス以来、ドイツ文化は衰えることはなかったし、プロイセン帝国は十九世紀を通じてその声望を決して裏切ることがなかった。

　サルトルにとってもアロンにとっても、彼らの前の世代にとっても、ドイツでその文化にふれながら暮らすことは、意義深い巡礼をすることであり、ヨーロッパ思想の土台を再発見し、彼らの影響や情熱の源泉を探検することだったのである。シュヴァイツァー家がアルザスの出であることや、サルトルの祖父の書棚にどんな本が並んでいたか、高等師範学校在学当時のジャン＝ポール・サルトルが最初の小説でどんなテーマを選んだか、今更指摘する必要はあるまい。たしかにサルトルにとっては、ドイツへの旅行は、アロンにとってよりもはるかに当然で必然的なことだったのである。

　ベルリンのフランス学術会館は、こうした文化的伝統の一翼を担うものだった。オープンして二年になるが、この会館は、全員教授資格《アグレジェ》所持者で、あらかたノルマリアンという、水準の高い若い研究者たちの間の特権的な懸け橋のようなもの、つまり質の高い拠点を確立しようとしていた。パリでもドイツ会館の建設が予定されていたのだが、ナチス体制の成立という政治的偶然のために、計画段階で葬られることになったのである。さて、サルトルがアロンに推されて一九三三・三四年度の研究員を志願すると、ただちに承認の返事が返ってきた。そして、一九三三年の秋に、ヴィルメルスドルフ〔ラントハウス通り《シュトラッセ》〕の館《やかた》に迎えられたのである。この館はかつてフォン・クリュック将軍が所有していたもので、この住宅街の中のスウェーデン教会に面していた。彼に与えられたのは、すばらしい古風な板張りの内装のある二階の大きな部屋で、庭に面するバルコニーがあり、昔の喫煙室の趣があった。(38) 彼はそこで、何となく高等師範学校時代を思い出させるような、ちょっと風変わりな共同体と出会うことになる。というのも、そこにいたのはアンリ・ジュールダン館長の下、同じ年頃の、研究のために滞在を認められた文科系と理科系双方の若い教師のグループだったからである。

ラントハウス通り《シュトラーセ》〔フランス学術会館〕で、サルトルは彼より二歳年上の、ノルマリアンのドイツ文学者、ウージェーヌ・シュジニと出会った。彼は非常に学のある快活で温かい人柄の若者で、コルシカ出身、小柄ながっしりした体つきをした、真面目なカトリック信者で、ちぢれた漆黒の髪の持ち主だった。このシュジニに、ある日サルトルはこう打ち明けた。「僕は、フッサールこそはカント以後のドイツ哲学の最高峰だと思う!」[39] また、クレー某というアルザス生まれの巨漢とも知り合いになった。一メートル九〇センチ以上もある男で、すでにドイツ語の教授資格を取得していたが、ひとを見下すような硬直性で際立っており、人種的偏見を隠さず、会館内の多くの者に共感を示さず、ドイツ人と交際する方が好きだと公言していた。「二四年度組」の旧友、ジャン・エラールもいた。だがサルトルはそれほど懐かしさを覚えなかったようだ。さらに数学の教授資格所持者でノルマリアンのジャン゠アンドレ・ヴィルが夫人同伴で——彼女については後述する——いた。サルトルはこの夫婦を「夢見族」と名づけた。

そして、アンリ・ブランシュヴィックがいた。ストラスブール大学でマルク・ブロック[*6]の指導の下で研究した歴史の教授資格所持者で、この「ノルマリアンのクラブ」に対して違和感を感じており、ベルリン滞在を大して喜ばず、ドイツ人が嫌いで、当時ワイマール共和国に広がっていたユダヤ人排斥運動を苦々しく思っていた。それでも彼は丸四年もベルリンに留まることになる。もう一人、パスカル・コポーは『N・R・F』創刊者のひとりであるジャック・コポーの息子である。政治学の勉強を終えたところで、『ル・プティ・

ジュルナル』と『ヌーヴェル・リテレール』のベルリン特派員としてジャーナリストの仕事を始めていた。市内に部屋が見つかるまでラントハウス通り《シュトラッセ》に住んでいるのだったが、自分の仕事の必要上、誰よりもドイツの政治状況に敏感だった。

「明白な失敗」、「魔力は失われた」、「牽引力も挫折したようだ」。一九三二年十一月の総選挙〔この国会選挙ではナチスは後退した〕の翌日にこう書き送ったのは、こともあろうに、もっとも有能な駐独大使といわれたアンドレ・フランソワ゠ポンセである。このドイツ語の教授資格所持者である元ジャーナリストは、一九三一年から三八年まで大使の職にあったが、当時なお、ドイツが直面する危機をかなりのオプチミスムをもって眺めていたのである。もっとも、この種の状況判断の過ちを犯し、押し寄せるナチスの危険を過小評価したのは、フランス人のドイツ観察者の中で彼だけではなかった。『ポピュレール』紙は「ヒトラー、政治の舞台から退場か?」と書いた。これに応じるかのように『エコー・ド・パリ』紙も「ヒトラーは衰退しつつある……。彼は最高権威を手に入れることはあるまい」と書き立てた。『レ・デバ』紙はさらに輪をかけるかのように、「ヒトラーは好機を逸した」と言い切った。

一九三三年一月三十日の選挙直前にも、消息通の解説者たちの頭に血の上った意見がいくつも発表された。この日付を境にヒトラーは公式に、しかも合法的に第三帝国の首相になるのだが、フランス世論はそれを警戒しただろうか? ほとんどしなかったようである。なぜなら、こんなに明瞭な事件の後でも、半信半疑が一般的で、この新しい現象に「対処する」方法について躊躇が残っていたからである。『ル・タン』紙は「新首相が政争でたちまち消耗することもありうる」と書いた。しかし『わが闘争』は一九二五年に出版されており、フランソワ゠ポンセ大使も原文で読んでいたが、この本は、とくに彼のような事情通の人物なら不安をおぼえてしかるべき点を含んでいたはずなのである。ところが果してそうではなかった。フランソワ＝ポンセという「永遠なるドイツのエキスパート」、日課の散歩をしていると「ティアーガルテン〔ベルリン都心の広大な公園。ブランデンブルク門に至る〕で住民から挨拶される」この尊敬すべきドイツ専門家、どこへ行っても「好意的な言葉」が繰り返される彼でさえ、それに不安を抱くすべを知らなかったのだ。(40)

「大掛かりな街頭示威運動にあまり慣れていないわれわれにとって、その光景は荘重で力強いものだった。若い隊長の指揮に合わせて小フルートと太鼓の『軍楽隊』が行進曲を高らかに演奏した。赤と白の鉤十字の旗が脱帽した人々の頭上に翻った。旗竿には喪章が結び付けられていて、暴動のときその支部に死者を出したことを表わしていた。喪章付きの旗の数はおびただしかった。ゲッベルスが演説を終えると、群衆の間から三度短い喚声が沸き起こった……。どんな神秘主義にも目がなく、それを必要とする大衆は、たちまち醜悪な集団としての様相を呈したのである」(41)。『パリ・ソワール』紙の特派員として現地にあったピエール・マッコルラン〔小説家〕は、ヒトラーの政権掌握を取材して、ベルリン街頭の不気味な様子をパリに伝えたが、警鐘を鳴らすわけでも、事態の進行を阻止しようと決意するわけでもなかった。こうしたことにどこかしら本気でないようなところがある、と思われたのである。そればかりか、ベルリンという都市の不吉な光景にもマッコルランは大いに興味を引かれている。彼はこう書いている。「この街に足を踏み入れただけで、悲惨がどれも同じ形をした不気味な獣のようにうずくまっていることに気づく。だがかの有名な長いフリードリッヒ通り《シュトラッセ》を歩いても、その悲惨はすぐには目に見えない。……アレクサンダー広場のすぐ近くのミュラック通り《シュトラッセ》は、悲惨が流行歌のようにはびこっている通りだ。それがわかるのは、暗い表情の娘たちが客を待っているからである。……そこにこそ、ドイツの犯罪的ロマン主義を本来の姿で位置づけることができる」(42)。

サルトルは、この街の光景にあまり関心を持たなかったようだ。一九三三年の秋、ヒトラーの政権掌握から九カ月後にベルリンに到着したとき、彼もまたほかの人々同様、あまり洞察力を持ち合わせていなかった。クリストファー・イシャウッド*7のようにワッセルトル通り《シュトラッセ》の不潔で惨めな民宿ペンションに入りこんだなら、イシャウッドのようにティアーガルテン近くのランダウアー家の豪華なアパルトマンやヴァンゼー湖畔の別荘をしげしげ訪れたことがあれば、ナタリア・ランダウアーと文学を語ったり、その従兄弟のベルンハルトと哲学を語ったりしたことがあれば、ヨーロッパ文化の洗練をきわめたこうしたユダヤ系大ブルジョワと親しみながら暮らしたことがあったなら、彼らとともに、連日届く脅迫状を読み、略奪や侮辱、圧迫を経験したとしたら、たぶんサルトルも、すでに露骨になっていたナチズムの秘密により深く通暁したに違いない。『さらば、ベルリン』の中で、イシャウッドは「ベルリンはふたつの中心をもつ都市だ」と書いている。サルトルは、三〇年代のベルリン社会の偉大と頽廃に気付いていただろうか？　それが抱える宝石と怪物に？　解体する世界の最後のきらめきに気づいていただろうか？　クロイツベルクのくずれたできもののような通りや、ブダペスター通り《シュトラッセ》の豪奢な家並みの背後で、なお贅を尽くした夜会を続けながら、衰えていく腐った世界に？　あの呪われた登場人物、もはや自分たちの手におえなくなった笑劇の不気味な俳優たちのまばゆい合図に、気付いていたのだろうか？　ツァーラ・レアンダー*8がヒステリーの絶頂に達して「いつか、どこかで、大きな愛が訪れることがあるさ……」と歌ったとき、彼はこの嗄れ声の中に破産するこの世の名残を見ていただろうか？　彼はたしかに、毎日繰り返されるこうした光景の傍観者のひとりだったが、その楽屋に近づくことはなかった。ほかの人々同様、反ナチの傍観者、仕事に忙しい傍観者にすぎなかったのだ。

フッサールを渇望してサルトルが降り立ったフランス人の小宇宙には、彼の意表をつくようなところはなかった。ユルム通りの古き良き高等師範学校時代のように、決まった俸給を受け、住居を保証され、館の食堂で決まった時刻に食事をするという、賄いつきホテル風のきちんと組織立った集団の中に引き取られたわけである。図書館もあり、ベルリンの文化的催しを訪れる便宜にも恵まれた。フリードリッヒ駅付近の前衛映画館、〈フンボルト記念館〉の学生クラブ、クルフュルシュテンダム周辺のいくつかの劇場、それにヴァンゼー湖でのヨット帆走などだ。また、彼がレイモン・アロンの直後に来たので、ラントハウス通《シュトラッセ》りの誰もが、この二人の人物をつい比較してしまうのは避けられないことだった。口ごもりがちなサルトルに対してアロンがしゃべるドイツ語の流暢《フリュシッヒカイト》さ、サルトルがほとんど謙虚ともいえるのに、アロンは万事に優れていたこと、アロンの辛辣さ、さまざまな事件への敏感さ、ティアーガルテンやウンター・デン・リンデン方面の十八世紀の邸宅の見物に関心を抱いていたこと、市街電車の中で学生たちと出会うとよく話を交わしたこと、が想い出された。これに対してサルトルの方は、もっぱら読書、研究、原稿に没頭していて、言葉の壁もあってか、人に会うことにも明らかに無関心であった。

ところで、アロンはなぜ、ナチス体制の反ユダヤ主義に個人的に関心を抱くことがなかったのだろうか？ フランス会館の館長に、会館居住の若いフランス人研究生をドイツ学生委員会に入らせるよう提案した、〈フンボルト記念館〉の館長は、アロンやブランシュヴィックがその候補に上がると、次々に拒否した。「それが……ちょっと困るんでして……おわかりでしょう？」と、彼はアンリ・ジュールダンに言ったものだった。(43)

かなり閉鎖的な形で動いていたささやかなフランス人コロニーの中で、サルトルはフッサールとの本格的な組み打ちの第一段階にあった。師のきわめて抽象度の高い諸概念をめぐって猛烈に悪戦苦闘しながら、自分の『弁駁書』第二稿とフッサールの独我論に対する最初の反論とに並行して取り組んでいたのである。夜が更けてからブランシュヴィックといっしょに、彼は最上階の突き出たシュジニの小部屋に議論しに上っていったものだ。「鳩小屋」といわれた部屋である。時には、コポーに引っ張られて、運河に近い旧ベルリンの盛り場でコポーが見つけたホモセクシュアル専用の新しい居酒屋についていった。ビールやソーセージのとりすぎで太った体を減量するために、毎朝、何枚も羊毛のセーターを重ね着しては、息を切らせながら窓の前で体操をしたりもした。あるいは、ブランシュヴィックを説得してノイエ・ヴェッレの最新式のプールへ一緒に出かけ、人工波さえ作り出す最近の施設で、息が切れるまで泳いだりもした。さらに、こうしてブランシュヴィックと結んだ友情の中に、大いなる共犯性の瞬間を見出すのだった。

サルトルが例の下種野郎《サロー》の理論を開陳すれば、ブランシュヴィックは反ユダヤ主義について感知したことを開陳し、彼のミュールーズでの体験についてサルトルは問いかける。ブランシュヴィックが書いたばかりのシャトーブリアンに関する論文に触れると、サルトルはそれを読みたいと言い、一ページごとに、詳細に批評した。街角で、勝ち誇るファシズムの醜悪きわまりないデモ行進に突然出会った体験について話し合ったりもした。シュジニがヴィルメルスドルフで興奮したS・S〔ナチス親衛隊〕とS・A〔ナチス突撃隊〕の一団に中折れ帽を奪われた日もそうだ。コポーが我を忘れて、目撃したばかりの焚書の光景や、ラジオでがなりたてるゲッベルスの演説について聞かせてくれた日もそうだ(44)。またベルリン北部の下町にある「中央市場」で催された、ドイツ人でなければできそうにないとてつもないばか騒ぎのお祭りを見に、テンペルホーフ地区〔むしろベルリンの南部〕までみなで一緒に行った日もそうだ。黒ビールの泡がおびただしく流れ、人々は酔い始め、小柄なまるっこい女たちは肌も露に情欲をそそる。それはまったくの無礼講で、人々は歌い、踊り、触り、はしゃぎ、だれもが集団的歓喜の次第に進行する至福の輪の中に浸っていくのであった。

サルトルはこう語っている。「ベルリンにいたとき、私はドイツ人がそうした同時性をいかに享受しているかを見て恐ろしくなったほどだ。……一人が空中に帽子を投げているあいだに、もう一人がダンスをし、三人目の男が狩りの角笛を吹いている」(45)。騒々しく異様なドイツの中にぽつんとおかれたフランス人の一群のささやかな、位相を異にする小宇宙《ミクロコスモス》、波に呑み込まれた小島のささやかな情景、時に周囲の背景と没交渉のことも多い日常的な光景であった。自分たちの言葉や暗黙の了解、共通の参照基準で互いに結ばれたフランス知識人同士のフランス語の会話は、決して、あるいはほとんど、第三帝国の現実に迫ることはなかった。なぜなら彼らは自分たちの仕事や、読書、時間割、習慣に閉じこもっていたからだ。ことに、彼らが引きつけられていたのが現代ドイツではなく、疾風怒濤《シュトルム・ウント・ドランク》時代の作家だったり、十九世紀の哲学者や過去のある歴史的時期だったりしたからである(46)。

フランス人の小グループはしたがって、ヴィルメルスドルフの館という安全な境界の中で知的な生活を楽しみ、それゆえにまた、いわば突発的・偶発的にしか、ドイツと出会わなかったのである。言葉の障壁を乗り越えようという気にならない引っこみ思案なフランス人気質が、自分たちの研究の狭い、決まりきった空間に閉じこもる知識人気質で倍加されたのだ。彼らはそんな具合だったし、そのままであり続けた。彼らがなかなか目を開くに至らなかったのも、そのためだった。食事のときには、フランスふうの冗談を言い合い、異国の環境で孤立したグループ特有の平々凡々たるひそかな日常生活に明け暮れたのである。未知なものに接触するのが怖いので、現地の人々の中に入りこんで何かを見出そうとするよりは、たまたま一緒になった仲間同士で固まるのであった。

もちろんサルトルは、こうしたフランス式会食の席にうってつけの人物で、ル・アーヴルについて語り、自作のシャンソンを歌い、カストールのことを話すのだった。復活祭前のある日、彼はブランシュヴィックに、彼女がやってくるので部屋が問題なのだと打ち明けた。ブランシュヴィックはしばらく前から住んでいた街中の部屋を提供すると言ってくれた。その方が二人には好都合だろう。唯一、考えられる難点は、家主の女性が正式に結婚していないカップルに、ウンと言わないだろうという点だった。そこで早速、わが二人の親友は結婚指輪を買いに行き、最初に出会った宝石店で買い求めて、堂々とカストールを迎える準備をととのえたのである。

「私はもう何年も前から女たちに取り囲まれている。それでもいつも新しい女と知り合いになりたいと思う。……私はアロンと哲学の話をするより、女とつまらぬ話をする方が好きだ。……私は一時、自分の醜さの重荷を軽くするために女性の連れを求めていたのかもしれない……。当時、私はたしかに美に対して激しい欲望を抱いていたが、その欲望は真に官能的なものではなく、魔術的なものだった」[47]。カストールには、美と対話の両方が一緒になって見出された。彼女とは二重のカップルができたのである。まず男と女のカップルとして、彼は彼女の美しさと一体になる喜びを覚えた。友達のカップルとしては、かつてニザンやギーユやアロン相手にしたように、自分のぱっとしない労作、さまざまな理論や計画を休みなく喋り続けたのである。彼女はしっかりしていて活発で、てきぱきと現実的で、彼の最良の相談相手、支援者、第一のファン、拠って立つ岩となる能力を持っていた。やがて彼はベルリンに出かけることになった。「ドイツ女との恋愛を経験してやろうと固く決意して出かけたのだったが、しばらくして気づいたのは、会話ができるほど十分にドイツ語を知らないということだった。こんな具合に武器をもぎ取られた私は、すっかり茫然としてしまい、何かを試みる気になれなかった。ひとりのフランス女性で我慢しなければならなかったのである」[48]。

カストールがベルリンに到着し例の結婚指輪で迎えられた時にも、サルトルはやはり自分が本気で共感を抱いたあの「夢見る女」のことを話している。マリー・ヴィル。フランス学術会館の研究員の妻である彼女は、最初の日からその無口、無頓着さ、控えめな美しさでサルトルを魅了した。ブランシュヴィックの話だと「サルトルは彼女に対する焦立ちと好奇心でそわそわしていた。彼女は捉えどころがなくて、それが彼をひきつけたのだ。何とかして、彼女が喋るように、自分の殻から脱け出すように持っていきたいと思ったのだ」。もっと後になってサルトルは、この現象、この「もっとも本質的な構造」、「すべての『本性』、苦痛、歓喜、世界内存在を知ろうとする……一種荒涼たる貪欲さ」について自問している。それから続けてこう書いている。「とらえどころがなく、途方にくれたような女たちが私に及ぼす魔術的な牽引力は、そこに由来する」[49]と。

サルトル＝ボーヴォワールが築いた愛の殿堂に訪れた最初の危機、必然の愛の傍らへの偶然の愛の最初の介入である。カストールは、自分に認められていたヴァカンスの期間を大幅に延長して、困難な条件の中をベルリンにやってきたのに、そのベルリンで、危険を予感させる証拠を目にしなければならないのか？　それともそれは仲を固め直すための外交的訪問だったのだろうか？　一部の人々の話によると、サルトルはフランス学術会館での哲学研究を、一年延長することができればよいと本気で思っていたらしいが、カストールが帰った後は、ふっつりとその話をしなくなり、ル・アーヴルのリセに戻ることになった。

しかし彼は別人になったのだ。この年、「哲学的に言ってフッサールによって精根尽き果てていた」のに、彼はそれに続いて、ハイデッガーに取りかかろうとしたが、うまくいかなかったのである。「私はハイデッガーを読み出して五〇ページほど読んだが、その語彙の難解さに、取りつく島もなかった。……ヨーロッパの二カ国の貿易について、一国ずつ学ぶように、このように重要な哲学者二人を、一人ずつ続けて学ぶことができると思ったのが、間違いだった[50]」。

一九三四年六月、ベルリンを出発するとき、フッサールで飽和状態にあるこの二十九歳の男は、ドイツでの過剰な美食で肥ってしまい、もはやただひとりのソクラテスではなかった。形成中の哲学者、仕事熱心な作家として、個人的な危機、通過儀礼、三十歳の坂にさしかかろうとしていたのである。

彼の去ったあとには、ブランシュヴィックとの友情のようないくつかの友情と、変な奴という印象が残った。フランソワ＝ポンセ大使は、彼について不可解という印象を抱いている。サルトルときたら大使館での晩餐の間中おし黙って、隣席の人と一言も口をきこうとしなかったのだ[51]！ かと思うと共感に満ちた印象もある。当時、ハレ〔ドイツの都市。大学で有名〕の講師だった文芸批評家のアルベール・ベガンは、そのベルリン訪問についてこう報告している。彼の妻の話によると「彼はジャン＝ポール・サルトルという若い哲学者の知性に深い感銘を受けて戻ってきたのです……。何日もの間、ショックが治まらぬかのように、サルトルのことを語り続けていました[52]」。逆説的な話だが、パリでもル・アーヴルでも、さらに後にはナポリやローマ、ニューヨークでも、サルトルはすぐれた街の探訪者で、これらの街との肉体的な接触を愛したのに、ベルリンとは、実際の接触に移らないうちにその滞在が終わってしまった。どこにも、この街の中に彼の歩いた足跡は見つからないし、街の魅力についてどこにも言及していない。この街はもしかしたら、ほかのいかなる街よりもはるかに、彼の想像力と幻想をかき立てることができたはずなのに、ベルリンが身を委ねることを拒んだのだろうか。

7　不機嫌、狂気、そしてあれこれの旅行……

「私たちは、あまりにも長いあいだ節度を守っていたので、行き過ぎの必要があった。こうしたことすべては、その年の三月に狂気へと転じたあの不機嫌によって終わった……。」　『戦中日記――奇妙な戦争』[*1]

のちにサルトルが「ベルリンのヴァカンス」と呼ぶようになる滞在から戻ると、彼はル・アーヴル行きの列車、リセの時間割り、同僚たちの皮肉な挨拶、ルーアンへの旅という習慣を取り戻す。ベルリン・フランス学術会館での滞在のあとでは、これらの拘束はこれまで以上の苦痛となった。不愉快な一連の習慣が蘇ったが、それは今や癒すことのできないものとなっていった。芸術による救いが日ごとに現実性と強度を失っていったからである。「カストールと私は〈鷗〉という名のカフェに腰掛け、もはや新しいことは何も私たちには起こりそうにない、と嘆き合った……」。さまざまなノスタルジー、たとえば「乱脈な生活」へのノスタルジー、誠実でありたいという欲求、幻滅、疲労、「ねばねばした、やり損ないの」生《せい》の爪に捕らえられてしまったと感じる悲しさ。この悲しさは、彼が夢見た「偉人の生涯」からはひどくかけ離れたものだった。そればかりか、三十歳代の危機がドイツから戻ったばかりの彼に襲いかかってくる。魔術的な、儀式ばった、手の施しようのない一連の徴候、一連のイメージ、恐慌状態、際立った特徴を伴って。この危機は――なんとシュヴァイツァー的なシンボルだろう！――髪の毛の話で始まったのである。ある日、鏡の前に立ったサルトルは初めて、自分が禿になりつつあることに気づく。のちに彼は「これは私にとって、象徴的な災難だった」と結論し、「禿頭化」(ママ)は彼にとって「老化を実感する徴候」だった、と説明することになる。そして「私は長いあいだ、鏡の前で頭をマッサージした」とこの話を結んでいる(1)。この最初の髪の喪失とともに、それまで頑張ってきたただひとりのソクラテスも、決定的にひっくり返ってしまう。奇跡の子は——だがそんな子は本当に存在したのだろうか?——とうの昔に死んでいた。祖父によってブロンドの巻き毛がいけにえとして刈り取られ、丸坊主にされたがま蛙の苦悩も今では薄らぎ、はるか昔の甘ったるい傷になっていた。一九三四年の秋、彼はル・アーヴルにいる、チビで小太りの、そして早くも老いはじめた田舎教師にすぎなかったのだ。偉大な人間になるという可能性も、著名な作家になりたいという夢を投影すべき無限の空間も、おしまいだ。彼は早くも、でっぷりしたたばこ屋のばあさん、厚ぼったくて気味の悪い、醜悪な小さな仏像のような、どうしようもない容貌になっていた。そこで、ギーユは彼の脂肪分をつまもうと、セーター越しに両手でサルトルの腹を摑んでからかうのだった!

ドイツから帰国したとき、彼の生活の土台はかなり腐っていたわけである。さらに、一連の手厳しい打撃が事態をいっそう悪化させて行く。暗黒時代、厳しい、おもしろくもない歳月が続くことになる。完全に社会的なはみだし者として、限界状況の探究を標榜するのだ。サルトルはそのころ意気消沈し、「何度も平然と死を思い描き」、かつてないほど「世界を解読すること」に執着しながら、観察者としての活動を続けた。リセ〈ルイ大王〉在学当時に彼は、哲学こそ自分の最高の武器と心に決めていた。そこで、まず自分自身の解読を達成するために、心理学のあらゆる傾向を探究したが、次いで全体化の意志によって、世界に向かって何度も執拗に強力な探査ゾンデを投げ入れた。その際、哲学は調査、征服、我有化の理想的な用具になったのである。この数年の間、このシステムはフル回転で稼働した。彼はかつてない明晰さで観察と解読を行ない、さらには覗きにさえ徹し、どんな限界にも挑戦したのである。例えば、帰国後、高等師範時代の師ドラクロワから、彼がアルカン社で監修に当たっていた哲学叢書のための執筆依頼を受けると、サルトルは想像力に関する書物を書こうと提案した。それは自分が読んだフッサールを同化し、像《イマージュ》というものの身分についての考察を深める恰好の機会だった。さらにまた、幻覚症患者における像《イマージュ》の本性を理解する機会でもあった。そこで幻覚剤実験が、研究者サルトルの心を誘い、探検者サルトルを魅惑し、哲学者サルトルを熱中させることになったのである。彼は、サン・タンヌ病院の医師になっていたダニエル・ラガッシュを訪れた。この病院で十年前サルトルとラガッシュは一緒に、例の有名な患者面談に立ち会ったことがある。それが彼らが精神病理学に接した最初の体験だった。ラガッシュ自身も、ドラクロワ監修の叢書のために『言語上の幻覚とパロール』と題する著作を書き上げたばかりだった。サルトルが関心を抱いた幻視は、とくにメスカリンの作用で現われるものだった。メスカリンの作用は四時間から十二時間に及ぶが、習慣性を引き起こさない。だが経験後一年の間、ときどき心地良い「ぶり返し」が起こることがある。一九三五年一月にサン・タンヌ病院でサルトルは、科学的動機から医療的監視のもと、ラガッシュによって、「驚異に目を見張らせる植物」ペヨートル〔メキシコ産のサボテン〕から抽出された幻覚剤メルクのメスカリンの注射を受けた。『想像力』[(2)*2]の中で彼はこう語っている。「私は、短い幻覚現象を身をもって検証することができた。それは明らかに、この側面的性格を示していた。誰かが隣の部屋で歌っており、それを聞こうと耳を傾けると——私はまさにそのために前方を眺めることをやめていた——三つの並行する雲のようなものが目の前に現われた。この現象は、私がそれを把握しようとすると、ひとりでに消えた。……それはただ人目をぬすんで存在し得るのみであり、またそのようなものとして与えられていたのだ。この三つの小さな霧が消えさった直後に、それが私の想い出の域に移ったその仕方には、何か不安定で、同時に神秘的なところがあったが、そのことは私には、意識の境界で解放された自発性の存在をそのまま伝えているものに他ならないと思われた……」。要するにサルトルはひどく悪いトリップをしたのであり、もう一度これを繰り返すことはなかった。シモーヌ・ド・ボーヴォワールの語るところでは、「雨傘は禿鷹に、短靴は骸骨に見え、人の顔は化物のようだった。そして体の両脇といわず背後といわず、蟹だの、蛸だの、しかめっつらをしたものどもがうようよと這いまわっていたのである」[3]。彼の場合、幻覚は夢幻的なものでも、美的なものでもなく、空間と時間のたえざる解体をともなった、宇宙的で、幻想的なものだった。

極めて異常なことが起こったわけではない。しかし、当時彼が直面していた懐疑と疲労の状態からして、この経験は、彼の身に苦しい「ぶり返し」を引き起こし、おそらく彼は以前より心理的ショックに傷つきやすくなった。彼はこのトリップによって、ボードレール以後、アルトー、ミショー、シュールレアリストたち、さらにごく最近ではルネ・ドーマル[*3]のように、何らかの麻薬を、超越、超明晰性、見者性《けんじゃ》——それなしでは、いかなる詩的活動も、世界解読という真の意味を失う——に近づく手段とした一群の芸術家たちの仲間入りをしたことになる。それとは別の狙いからサルトルは、部分的には当時の文学の関心事に出あうことになる。彼は自分の内面的限界を、哲学研究のきわめて理論的・概念化的発展の中に探ろうとした。ただし、いかなる神秘主義的、詩的、純然たる形式的な意図もなしにである。しかし、やがて彼は、一九三〇年に「直観においてなにか不条理なものが与えられるかもしれない」と書いたドーマルの気がかりに同感できるようになるだろう。また同様に、三〇年代の自分自身の生活の美学そのものの中に、本質的には、シュールレアリストたちと心からの合意に達するような素地があったことに改めて気づくことになるだろう。このはみ出し者の美学は、新しい人間と社会主義建設を説くコミュニストのモラルと真っ向から対立するもので、そのためのちに見るように、サルトルは、フランス共産党の陣営内では、資本主義の生んだ堕落頽廃分子、解体しつつある体制の最後のゴキブリとみなされることになる。

こうした暗鬱な数年の間にサルトルは、いくつかの挫折を体験するが、その中にはほかに呼びようがないので、「オルガの話」と呼ぶしかない、不幸な愛の物語がある。これは、彼がボーヴォワールと二人で築いた関係の必然的・偶然的殿堂にとって、最初の本物の深刻な打撃だった。ベルリンの夢見る女事件は、結局たやすく解決できたが、オルガをめぐるできごとは、二人にそれまでの計画、習慣を乗り越えることを要求したからだ。しかもそれは、ふたりの均衡を深刻に脅かし、オルガを含む三人を嵐に捲き込み、ひどい結末に至ったかもしれない、非常な危険をもたらしたのである。

この事件は消しがたい痕跡を残した。すでに惨めな状態にあった小男には、二年間の悲嘆と小説の登場人物を一人、シモーヌ・ド・ボーヴォワールには、一つの小説をもたらした。彼女は『招かれた女』——一九四三年に出版された——の中で、ついでその回想録の中で、この出来事について語り、大衆に、サルトルの私生活について具体的な情報をいくつか与えることに貢献することになる。オルガが「ファミリー」に決定的に入りこんだときから、彼らの幸福と苦難が始まる。オルガ・コサキエヴィッチはルーアンでシモーヌ・ド・ボーヴォワールの生徒だったが、先生がこの変わった娘——「ロシアの小娘」と呼ばれていた——に注目するようになったのは、学年の終わり頃になってからのことだった。シモーヌ・ド・ボーヴォワールは今(4)〔一九八三年現在〕でも、こう語っている。「オルガは仲々の人物でした。非常に頭がよく、誇り高く、大変優雅で、身のこなしが洗練されていました。彼女のなかには、幼少のころに身について、しかもその後も失われないままに残っている或る力がありました。若い頃にかなり系統的な変わった教育を受け、その跡が残っていたのです。例えば、冬でも朝早く、裸足で露を踏んで歩くのが好きといった……。フランス人だった母親は、ひとりでロシアに出かけ、金持ちの貴族の家の家庭教師になったのです。そこの息子がこの美しい女性に惚れ込み、彼女を妻にしたのです……」。夫婦は二人の娘を得た。オルガとヴァンダだ。オルガは、両親が一九一七年の革命を逃れる前に、モスクワで生まれ、教育やこうした家族の経歴から、一種の「亡命貴族の尊大さ」を身につけており、カストールの言うところによれば、それが「私たちの反ブルジョワ的アナーキズムと一致していたのである(5)」。

神秘的で気紛れなスラブ娘のオルガ！　ブロンドの髪が下すぼまりの面長な顔にかかり、顔色は蒼白で、左右に離れた眼は大きく、激しい気紛れな行動に走り、街中でもダンスのステップで歩くのだった。挑発的で晴々しい風変わりな思いつきの持ち主で、その自然な真率さ、誇らしげな天真爛漫さは、醒めた精神を持つ先生〔シモーヌ・ド・ボーヴォワール〕を取り囲む火の輪のようなものを描いていたのである。音楽、文学、チェス、リキュールのがぶ飲み、ルーアンの町の騒々しい散歩を通じて、オルガは一九三四年にはカストールの親友になった。彼女がサルトルに近づくのは、もっとあとのメスカリンの「ぶり返し」の最中で、サルトルはひどい発作を経験し、自分が大エビに追いかけられていると思いこんでいる頃だった。若い娘は彼の話に耳を傾け、彼を楽しませ、笑いながらその妄想を分かち合い、彼を長い散歩、大旅行、そして果てしない具体的な言葉のやりとりへと連れ出した。いずれも空間をわがものとする特権的瞬間だった。サルトルは全面的な情熱に陥り、それは二年間も続く。

「私はいらいらし、落ち着かなかった。毎日彼女に再会する瞬間を、またその瞬間のかなたに、なにかわからぬ不可能な和解を待ち続けていた。あれらすべての瞬間の未来とは……あの不可能な愛だったのだ」[6]。不幸な苦悩に満ちた愛の二年間、病的な激しい嫉妬、妄想、めまいの二年間だった。オルガはなびかず、といって完全に拒むわけでもない。こうして彼は、あいまいな愛、疑惑に満ちた状況という、厄介で耐えがたい状態に留まり続けることになる。彼は熱に浮かされたようになり、絶望して、ひとつの身ぶり、きっかけ、変化を待ちながら生き、ユーモア、知性、寛大さ、想像力を動員して、誘惑しようと努めたのである。「彼女に対する私の情熱は」と、サルトルは続けて言う。「ブンゼンバーナーの炎のように、私の型にはまった不純な部分を焼き払った。私はカッコウのように痩せ細り、取り乱した」[7]。小男と若い娘の間の危機、恐怖、危険な戯れ。彼女の方は、彼の嫉妬に満ちた「暴君ぶり」が耐えがたくなり、彼は彼女の果てしない気紛れに正気を失い、二人は絶えず喧嘩さわぎを起こしては、代わる代わるカストールを証人にするのである。この歳月を形容するのに、サルトルはためらわずに「情熱と狂気」と書いている。

気紛れで魅惑的なこの若い娘は、五年前に知的に構築された殿堂を揺るがせたのである。サルトルは新しい愛に門戸を開いておきたい、と望んでいた。その機会は突発的な凶暴性をもって現われ、「必然的な愛」、「偶然の愛」というカテゴリーを事実による検証にかけ、惑乱、嫉妬、狂気、絶望の内に、知性のみによって練り上げられた枠組みを葬り去るのだった。その過程は、深い傷などに頓着せぬ荒涼たるものであった。それはとくに、このようなタイプの構築物が、凶暴な情熱によっていかに簡単に吹き飛ばされ、一掃され、壊滅させられてしまうものか、ということに頓着しなかった。愛がひとたびとりつくや、人間は極端に傷つきやすくなり、最後の確信までも粉々に打ち砕かれて、恋する人の側にいて、その声を聞くことだけしか求めない不安定な依存状態に追いこまれてしまうという、そのことにも頓着しなかった。彼はこうも書いている。「生まれて初めて、私は自分が他人の前でへりくだり、武装解除していると感じた。そして学びたいと願ったのだ[8]」。

彼のすべての幻想、すべての確実性が、オルガと呼ばれる十八歳の若い娘の、繊細で優雅な拒絶にあって崩れ落ちたのである。もはや価値ある生涯の幻想も、バイロンもシェリーも未来の「偉大な人物」の幻想も消え失せ、ひとを喜ばせることもできず、いっぺんに「老け、衰え、もうおしまいだ」と感じているひとりの男がいるだけだった。天使の失墜は、もはや希望を残さない。若い娘は彼に世界を拒絶したのである。彼は一生涯飽くことなく、若者たちに自分の研究、思想、書いたものへの認可を求めて行くだろう。だから例の『弁駁書』や最初の短篇小説をオルガの手に委ね、彼女の賛同、ひとつの言葉、承認を得ようとすることになる。彼女の口から出たのなら、どんな言葉でも、そんじょそこらの編集者の言葉より遥かに重きを置かれたにちがいない。力、傲慢無礼、現在という時、挑発、笑い、自信、強さ、粗暴さ、毒をもった批評精神、ひとを征服する優雅さ、このうえない無造作、こうしたものは当然、青春につきものだ。これはサルトルの公理であり、彼は決してそれから外れることはないだろう。しかしのちに『嘔吐』になる草稿を初めて読んだオルガは、むぞうさに「まずまずというのよりは上」と書いている。

「自分でもはっきりさせられないままに」と、シモーヌ・ド・ボーヴォワールはのちに書いている。「私はサルトルに対しては、こうした状況を作り出したことを、オルガに対してはそれに乗ったことを、恨んだ。それにしてもそれは混沌とした、われながら恥ずかしいような恨みだったが、自分が自認していないだけに、かえって耐えがたいのだった[9]」。オルガの事件では、結局、サルトルとカストールはライバル同士になったのである。他人を所有するとか、排除するとか、嫉妬とかいう古い図式……。因襲的なカテゴリーに立ち戻らなければならないのか？　自由な結合、ガラス張りの人間関係の成果は一挙に無に帰したのだろうか？　物語を書くことによって、自分自身にとって非常に苦痛に満ちた状況を再び調整し、事態を把握することに成功したシモーヌ・ド・ボーヴォワールは、「われわれは真のトリオの関係を作ろうとしたのだ」と書いている。彼女はこう続けている。「三人の間での、均衡の取れた、誰も犠牲にしたりしない生活。たぶんそれは賭けだったが、試してみる価値はあった！」[10]「トリオ」の発想は、サルトルとボーヴォワールのカップルによる、オルガを「取り込もうとする試み」だった。これはカストールの表現だが、サルトルも正確に同じように考えたのだろうか？　あるいはこれは不幸な、だが巧妙な女性によって、回想にもとづいて再構成されたものなのか？

これもボーヴォワールが語っていることだが、カップルとなって数カ月の頃に、すでにサルトルとボーヴォワールは、バーで出会った、いささか崩れた感じの娘を「養女にしよう」という奇妙な思いつきに熱中したことがあったという。そして彼女はこの魅惑現象、この取り込みの試みのさまざまな段階を赤裸々に分析している。それは若さ対経験の関係なのだ。彼女はこうも書いている。「私たちは若さを崇拝していた。……だから、オルガにさまざまな価値や象徴を積み込んだのだ。彼女は次々に、ランボーやアンティゴーヌや、おそるべき子供たちになったり、ダイヤモンドの天空の高みから私たちを裁く黒い天使になったりした」[11]。当時、サルトルとシモーヌ・ド・ボーヴォワールが行っていた一騎打ちを、完全に明確に把握することは困難である。しかしながら、カストールの力、自己制御力、決断が際立っていたことは間違いない。彼女は堅忍不抜の力を発揮し、情勢全体への支配権を決して失うことはなかった。いずれにせよ、彼女は次のように書いている。「私はオルガが私の生活に持ち込んだにきまっている混乱を拒否した。……私は、以前から私が考えていた通りの人間として彼女を扱おうと努めた。……私は自分が占めてきた、一切に対する真の中心という、あの至上の座を彼女に明け渡すつもりは毛頭なかった」[12]。

「オルガは異様でやさしく……傷めつけられた一輪の花の如き、演技された優しさがあった」。「オルガへの狂気」が終わってしばらくして、サルトルはカストールにこの娘との昼食の様子を描写してみせた。その日、彼女は「ちょっとねっとりした湿っぽさ」[13]の表情を演技してみせて、淋し気だったという。オルガは疑いなく、サルトルの生涯の二つか三つの大恋愛の相手のひとりである。彼はそのことはほとんど語らない。しかし嫉妬が話題になるような時は別である。「私は嫉妬しない」と、彼は言下に答える。けれども、過去に嫉妬の思い出がないのかとしつこく尋ねると、彼は認め、うっかり忘れていた、というように、「いや、ある。オルガに対してだ。一度窓ガラスをぶち破ったことさえある」と答えるのだった。ところで、彼がオルガ事件について語ったのは、彼が好んで行なった――すでに見た通り――ように、実体験に基いた言説を通しての小説的虚構によってであった。一九三九年から着手され、一九四五年に出版された彼の連作小説『自由への道』には、イヴィックという女性が登場するが、この女性は、心を掻き乱すようなオルガの洗練振りの面影を宿している。ことに彼女が、サルトルの分身であるマチューと対面する混沌としたいくつかの場面で、それは際立っている。支配欲が強く、エキゾチックで抑鬱症的な、ぎくしゃくしたイヴィックは、サルトルの小説世界の非常に強烈な登場人物であり続けるだろう。例えば火のついたたばこを自分の手に押しつける場面のような、無償の行為、ひとを傷つけるむら気、消極的な自己防御や倦怠の時間、苛立たしい長広舌やぼんやりした期待など。小説家自身が、その最良の一節の中で「彼女はもっとも不快な状況に、膨れ面した横柄な態度で身を委ねる」と書いている。もっとも胸を刺す場面はたぶん、ミント水の入ったコップを前にしてマチューとイヴィックが向かい合う、カフェの場面であろう。ミント水は彼女が注文したものだが、すぐに大嫌いだと言い、だが注文は取り消さないと言う。とにかく、喉なんか乾いていないと言いながら、コップをオブジェのように見つめ、二つの四角い氷のきれいな緑色をためつすがめつしながら、マチューが電話を掛ける間に結局は飲んでしまう。「彼女はグラスを眺め、マチューは彼女を眺めていた。激しい何かあいまいな欲望が彼を襲った。一瞬でいいから、我を忘れ、自分自身の臭いに満ちているあの意識になりたい、あの華奢で長い腕を内部から感じたい。……この私であることをやめずに、イヴィックでありたい[14]」。こうした場面に呼応するかのように、『戦中日記』にも次のような数行がある。「私はたしかに美に対して激しい欲望を抱いていたが、その欲望は官能的というより魔術的なものだった。できればその美しさを食べてしまい、それを自分の体に取り込んでしまいたかったのだ。……すべての美しい人々に対する同一化のコンプレックスに苦しんでいたのだ[15]」。

六年後、オルガはル・アーヴルでのサルトルのお気に入りの生徒のひとり、ジャック＝ローラン・ボストと結婚する。だが彼女は決して「ファミリー」から出ていかず、しばしば「国王夫妻」から財政的に世話になりさえし、サルトルの最初の戯曲の主役を演じたが、友人、側近、ファンのサークルに対して自立性を獲得することはなかった。これから見ていくことだが、やがて小さなサークルは、しだいに非常に興味深い組織になっていき、オルガはそのメンバーのひとりになる。要するに彼女はサルトルとの関係を絶たず、その友人のひとりと結婚し、二重の意味で彼らと結びついたのである。彼女の妹のヴァンダも、数年後には、サルトルの愛人になる。こうしてゆっくりと、一族の形ができていくことになる。サルトルの生徒のひとり、リオネル・ド・ルーレが、カストールの妹のエレーヌ・ド・ボーヴォワールと結婚する。

オルガ事件は、透明な人間関係という彼らの共通の神話の実態を明らかにした。彼女はサルトルとボーヴォワールの両方の文学作品に登場するけれども、それぞれの作品で大きく隔たった意味を担っている。『招かれた女』は不可能なトリオの物語で、結局は殺人、カップルに潜在的に取り込まれた状態にある若い娘グザヴィエールの殺害に終わる。だがサルトルの話にはこのようなものは何もなく、「トリオ」の企てもいっさいなく、あるのはただ不幸な愛だけである。サルトルとボーヴォワールの間に、透明性という共通の神話はあったのだろうか？　ボーヴォワールにとって外側に向けて事実に基く物語を選ぶことが防御の武器だったのか？　影と羞恥の部分をそっとしておこうとすることに、サルトルの生き方の美学があったのだろうか。あれはほんとうに同じ事件だったのだろうか？

それこそまさに、パルダイヤンのナルシシスムの転落の最後の段階にほかならないが、偶然性の弁駁書、『メランコリア』の原稿がガリマール社に拒絶された。彼は、ベルリンから帰って原稿の第三稿に取り組んだが、やっと語りのサスペンスと哲学を統合するものができたと思った。ニザンがこの仕事の売り込みの仲立ちを買って出ていたが、数週間後、サルトルは短い返事を貰う。作品は受け入れられなかったのだ。「それは私にとって打撃だった。私はこの本に自分のすべてを注ぎ込み、長い間かかりっきりだった。この本を拒絶することによって、彼らは私自身を拒否したのであり、私の体験を排除したのである」と後に彼は語っている。(16) この作品とその出版の一件はこれで終わったわけではない。まもなくその続きがわかる。とにかく、サルトルはがっかりするが、書き続ける。行き止まりにぶち当たったにもかかわらず、あるいはおそらくだからこそ、彼は寸暇を惜しんで書いた。授業や情事や列車の旅、マンシー夫妻とのお義理の昼食などの合間に、教え、観察し、記入し、昼食し、書き、眠り、書く……という具合に。

彼の視覚の鋭さはこの数年の間、あまりにも多くの挫折の組み合わさった圧力によって、さらに鋭さを増しただろうか？　この時期に彼の書いたものにはすべて、この暗黒の歳月の印が深く刻み込まれている。激烈なアナーキストの彼は、こうした一切の拒絶に耐えられなくなりながらも、世界を、社会の枠の外や底辺を、そこから生ずるもっとも病的なもの、猥雑なもの、もっともおぞましいものの中で観察したのである。同時にまた、ありふれた犯罪事件にも非常に敏感で、パパン姉妹事件[*4]やヴィオレット・ノジエール事件に熱中した。ヴィオレットは、十八歳半ばで両親を毒殺したかどで告発された。一九三四年十月に開かれた裁判は、盛んに書き立てられ、この娘が思春期の始めから父親に近親相姦を迫られていたと訴えたことが、保守的でプチブルのフランス人の道徳観に衝撃を与えた。ブルトン、エリュアール、ムザンス[*5]、ペレなどのシュルレアリストたちは、ヴィオレットと彼女の引き起こしたスキャンダルにすっかり興奮してしまい、ことに彼女が結果として、家庭の尊厳を色あせたものにしたことに驚嘆した。サルトル＝ボーヴォワールのカップルとシュールレアリストたちは、こうした領域では同じ気風を共有していた。徹底したアナーキズム、社会的偽善の拒否、要求の徹底性において同じだったのである。

この不機嫌の数年の間、サルトルは大いに書き、細心極まりない、いささかマニアックな、ほとんど覗き屋のような観察者の視線を世界に対して注いだ。いささかも美化することのない視線で、世の中の欠陥や醜悪さや猥雑さを絶えず観察したのである。当時の彼の書簡、そのころ彼が書いた小説、旅行、さまざまな都市との出会いの中に、こうした雰囲気がうかがわれる。サルトルは一九三四年夏にカストールに「老人のズボンの前の合わせ目に血が付着しているのが見つかった」と書いて、祖父が「完全に耄碌している」とはっきり言う。そして「例の未婚婦人[*6]は疲れを知らぬ手首の持ち主だったわけだ。……彼女は午後やってきて、祖父に何滴か血を流させ、それから極度の興奮状態の彼を残して立ち去る[17]」と続けている。また一九三六年〔三七年の誤り〕四月にも、彼女に田舎のホテルから次のような手紙を書いている。「例のカトリックのあばずれ婆あが編み物をしていた。……ぐちっぽい母親は縫いものをしていた……緑色のビロードの軍帽を被った若い獣医士官が〔坐った。〕桃色の肉の、無気力で同時に神経質な顔、たるんだ好色そうな口は、超然としてどことなく尊大な薄笑いを浮かべたまま、動かない[18]……」。

また、一九三六年の夏、ナポリの町からオルガに宛てて次のように書き送っている。「ナポリ人というのは、ヨーロッパの人間のうち、……外国人が何かを言うことのできる唯一の例かもしれない。なぜなら彼らは、その生活を何から何まで人目にさらして暮らしている唯一の人々だからだ……」。サルトルは「恐ろしいが、異様な美しさをもった」ナポリの情景に取りつかれて、三二ページもの手紙を書き、「お尻を出した」子供たちをこう描写している。「いたるところ子供だらけ、いたるところお尻だらけ、さもなければぶらんぶらんしている小さなちんぽこだらけだ。子供たちはそれを四方八方へ振り動かしている。……そして事実、この汚らしい尻や性器の蝟集様は、ひどく動物的なものだ」。ナポリの路地の絶対的な不作法さにすっかり心を奪われて、その様子を詳細に描写しながら、こう述べるのだ「ナポリ人たちはこの中間的な世界で、生活上の主要な行為を行なっている。屋内《うち》も屋外《そと》もなく、街路は部屋の延長となり、彼らは街路を自分たちの肉体の臭いと家具で埋めてしまう」。ナポリがサルトルにとって魔術的な力を持つ秘密は、開けっぱなしで淫らなナポリが秘密を持たず、住民たちが屋外に腰を下ろして、「フランス人なら人目を避けてやるようなことを何でもせっせとやっている」[19]ことだった。

　手紙のこれらの箇所が繰り返し伝える雰囲気は、同様な執拗さで、さらに遥かに露骨なやり方で、その頃彼が書いた中編小説群に現われる。『真夜中の太陽』、『エロストラート』、『異郷の生』、『部屋』、『水入らず』などは、いずれもこの系列に属する。彼がその後二度と書くことのない文学的濃縮物。病的なもの、狂気、病理学的な性のうえに注ぐ凝視の濃縮エキス。つまり、スケッチ、クロッキー、社会の情景や状況の写実。おそらく彼はそこに自分自身のもっとも苦悩に満ちた核心部を託していたのである。例えば、ドランブル通りとエドガル・キネ大通りの角、つまりモンパルナスのサルトル圏内で、誇大妄想狂の絶望的な身ぶりで群衆に銃を乱射するポール・イルベール〔『エロストラート』の主人公〕のような作中人物は、部分的にはこの作家の分身、ただし抗いがたく錯乱に向かう心の動きに滑りこみ、沈みこんだ分身なのではないだろうか？

　大きな混乱に陥っているサルトル自身を探る旅。サルトルはしだいに、日常生活における病理現象を内側から理解することに関心を抱くようになる。例えば、精神病院のような、狂気が閉じこめられている限界的な場所への関心である。カストール、ボスト、オルガといっしょにサルトルは、ある日一日がかりでルーアンの精神病院を訪ねているが、この日の発見は長い間消えずに残る刻印を彼らに刻み込んだ。

　主要で決定的な根源的な体験、サルトルの生涯でもっとも大きな被害をもたらした体験、しかしそれだけにもっとも救いとなった体験は？　それは疑いなく、この悪路であまりに早くわだちにはまり、思いがけず故障したことであった。成熟のあげくの危機——齢を重ね、観客を失いだした女優の危機、定年で引退した男の危機——人生の曲がり角を経たのちに、魅力や、能力、才能の喪失という形で訪れる危機に、サルトルは早い時期に襲われたのである。サルトルの十代、二十代の幻影の中に確実に、必然性として存在していた彼の観客、礼賛者、読者は、にわかにかき消えてしまったのだ。

鋼鉄の梁となって、自尊心と自明性の殿堂をそっくり支えてくれていたアンヌ゠マリーによる賞賛は、引き継がれることなく、実りもなく、受け継ぐ人もなく、そのため無用の飾りとなってしまった。彼の周りのすべてが崩壊し、彼の内のすべてが崩壊してしまい、かくも早くからかくも固い合金で作られていた彼のアイデンティティは、突然まったく奇怪な形を帯びることになる。

事物の裏側へ、舞台装置の背後へ、機械の歯車装置の中へ、天使は墜落する。自己愛が蒙った傷はまことに徹底的かつ致命的なものであったために、それは彼自身と、ついに彼が直視するに至った世界との上に、極度に明晰で、目のくらむようなむき出しの光を当てたのである。それは彼にとって救いでもあった。つまり彼は事物の「いかにして」の中に踏みこんだ、人がごくまれにしか、精神異常かひどく酔った状態でしか達しない、あの微妙な境界を越えたのである。もし彼の人生設計がずっと前に予想されていた通りに進まなかったとしたら、それによって、彼の英雄の死ではないまでも、うまくすれば、その根底的疑問視が引き起こされただろう。だからパルダイヤンは間違っていた。完全な袋小路に追いこまれ、自分自身にとっても汚らわしい虚偽、つまりカジモドとなってしまったのだ。しかしこの挫折は神童とその潜在的天才を葬ったとしても、サルトルという人間の可能性を打ち砕くには至らなかった。七年後に彼は、応急修理した機械、再び回り出したモーターで再び浮上して来る。彼は酔いどれ船の、社会の果ての、絶対的などん底の経験をしたのだ。社会の見張り番という特権的な視点から、カフェやホテルで動き回る人々を遠くから観察した。首都を離れて過したいく夜もの眠れぬ夜から、生活の物音やうごめきや身震いが、あたかも別世界から来るかのように、自分のところにやって来るのを待ちかまえ、それに耳を傾けるようになったのである。「人間どもが夜やっていることは何もかも聞こえる。……通り全体が私の部屋を通り抜け、私の上を走っている。……私は通りすがりで……他人の家を訪れているかのようだ。……私は自由だ[20]」。

一九三〇年代は、ほかの多くの人にとってフランス文学の黄金時代だったといえるが、サルトルにとっては受難の時、大きな空白、砂漠の横断行、絶望と疑い、孤立の歳月だった。当時のフランスは作家、編集者、雑誌が百花繚乱だった。マルロー、ジッド、バルビュス、ロマン・ロラン、マルタン・デュ・ガール、ニザン、モラン、アラゴン、ドリュ・ラ・ロッシェル、ゲエノ、シャンソン、モーロワ、デュアメル、ジャン＝リシャール・ブロック、シュールレアリストたち、バタイユ、それ以外にも大勢の作家たちが本を書き、出版し、旅行し、政治参加し、自分たちの時代の歴史を編んでいたというのに、サルトルはといえば、生活やそれに劣らず軽蔑している職業のぬかるみにはまり、ずるずる滑り込み、足を取られ、地平線を見つめることも少なくなっていた。あまりにも見つめすぎて、目が眩んでしまい、いまではその地平線を憎悪していたのだ。三〇年代は彼の失墜の時代でありながら、同時に豊かさの時期でもあったということになるだろう。この時期は彼の受難の時でありながら、もっとも集中的に書いた時期であり、窮乏の時代にして多産の時代、もっとも苛酷でもっとも幸運な歳月、もっとも世間からはみ出しながらもっとも何かに心を奪われていた歳月、もっとも非社会的でしかももっとも多作な年月ということになるだろう。仕事をし、観察し、記録し、闘っているかぎり、そのほかのすべては、自分の怪物と闘うこの男の私的な戦いの周囲から消え失せるのである。そのほかのすべてとは何か？　歴史、政治、スペイン戦争、ソ連における新しい人間の建設、フランスにおける人民戦線の勝利、デモ行進、ストライキ、有給休暇、ドイツにおけるファシズムの抬頭、極右同盟、民衆の力の高まり、集団的熱望、新時代の到来や正義と平等によるインターナショナリズムの確信、世界秩序の転覆、革命歌、旗、ふりかざされた拳、絶対的明白さ、最後の勝利への確信、搾取者への憎悪、被搾取者の陶酔、あらゆる社会正義の絶対的天国であるソ連邦という絶対的信仰、おびただしい協会・委員会・会議で労働者とともに手と手をつなぐ知識人の大ミサなど、ごちゃまぜになった一切合財である。これらの協会や委員会や会議は、台頭するファシズムと闘い、よりよき明日を歌い、世界の健全さ――それはこうして呼び覚ますだけで十分なのだ――という絶対的な理想を大々的に賛え、前進する勝利に酔い、闘い、説得し、告発し、唯一の真の革命路線たる正しい路線、もっとも正しい路線を明示するのである。

例えば一九三五年は、この潜在的な作家〔サルトル〕にとってもっとも難しい時期のひとつであったが、また文学諸団体の大がかりな再編成の時期、人民戦線に先立つ左翼合同の大歓喜、アムステルダム・プレイエル運動の反ファシスト会議における欧州芸術家結集の時期でもあった。一九三五年六月二十三日、パリの〈共済会館《ミュチュアリテ》〉ホールの演壇にアンドレ・ジイド、アンドレ・マルロー、ルイ・アラゴン、ポール・ニザンが並び、熱烈な大衆の前で右手の拳をかかげて、『インターナショナル』の最初の数小節を敬意をこめて迎えた。この文化防衛のための国際作家会議は五日間続き、フランス人作家に混じってハクスレー、フォースター、パステルナーク、バーベリが参加した。ロジェ・マルタン・デュ・ガールも加わったし、死を二カ月後に控えた、老いたアンリ・バルビュスは、大衆に厳粛な声でゴーリキーのメッセージを読みあげた。さまざまな政治分野から大勢の作家が招かれていたが、モンテルランだけは右寄りすぎると判断されて招集されなかった。アラゴンは元シュールレアリストとして、この直前に自殺したルネ・クルヴェルの思い出を語った。アンドレ・ブルトンは、ソ連で投獄されたヴィクトール・セルジュ支援のために大衆を立ち上がらせようと試みたが、徒労だった。成功しなかったので、彼は激烈な論文を書き、事態を説明した。この会議は、「明らかに組織的な抑圧、真の文化問題の抑圧の旗印のもとで進行した」と彼は書き、それに続けて、「これらの新たな筋金入りの順応主義者たち」たるコミュニストに対して〔この会議が示した〕追従と小児症へ非難を並べている。(21) というのも、これはコミュニストとシュールレアリストの間の倫理的対立でもあり、アンドレ・ブルトンのような人間とジョルジュ・バタイユのような人間が「反撃《コントルアタック》」運動で接近したことは、いかにして、政治組織や政党の中に溶け込むことなく、ファシズムと闘うかが求められていたことを立証するものである。

同じ一九三五年に、サルトルはニザンと長い政治的会話を交わす機会があった。ニザンは丸一年ソ連に滞在したのち、地方を巡回して政治集会を開き、ソ連の実験の成果を語っていた。こうしてルーアンで、二人は再会したのである。ニザンの演説後、サルトル、カストール、コレット・オードリィの四人で夕食をともにした。オードリィはシモーヌ・ド・ボーヴォワールの友人、同僚であり、CGTU〔統一労働者総同盟〕の活動分子で、これまでにも彼らと念入りな政治的会話を交わし、二人に、少なくとも教員組合に加わるよう促していた。サルトルとカストールは彼女を「コミュニスト」と呼んでいたが、二人とも、共産党の外にいて党に批判的でなおかつシンパであるという彼女の立場が理解できなかった。サルトルは、「共産党にいるか、そうでないかだ」と言っていた。しかし他方では、労働者にとっては他に救いはないと考えていた。ニザンはこの夜、ソ連について講演し、コレット・オードリィはそれを「きわめて革命的」と評価した。非常に教条的で党派性の強い時代を経た後、ニザンは党とともに開放政策へ方針転換を行ないつつあった。ソ連擁護一点張りではなく、カトリックに向けて手を差し伸べる政策を、間もなくトレーズ〔仏共産党書記長〕から任されることになる。すでに三年前から常任委員であり、モスクワとアジアやカフカスのソヴィエト共和国で丸一年を過ごす間に彼の地位はさらに昇進していた。文学では第一作以来、ゴンクール賞候補であり、ジィドやドリュ・ラ・ロッシェルと文通し、ソ連ではマルローの案内をした。「もし君が政権を取ったら、アンドレ・マルローをどうするつもりだい？」会話の中で小男〔サルトル〕はだしぬけにこんな問いをぶつけた。ニザンは落ち着きはらって、「一室に閉じこめ、ものを書かせ、監視するさ」と答えた[22]。

数カ月後に、ガリマール社からニザンの四冊目の本、『トロイの木馬』と題する小説が出版された。ニザンの本の中でもっとも教条的な本である。その中でとくに、ランジュという名の人物像の下で地方のリセ教師が描かれているが、この男はとりたてて絶望的・否定的で、アナーキズム傾向の人間で、肯定的な英雄集団――コミュニストの活動家――に対して、曖昧で危険な引立役をみごとに演じている。「ランジュは高等師範学校出だった」とニザンは書いている。「これは、彼がほとんどの同僚から憎まれるもう一つの理由だった。彼は、孤独と死が境を接する境界地帯で教養がそういう困憊に合流する極限地点にいた。……ランジュはにやっと笑った。『僕はマルクス主義者が好きじゃない。精神分析家もだ。……君たちは意味のないことを問題にする。はっきりさせねばならないのは、人間と存在の関係だ。……僕の無関心〔「憤り」の誤り〕は君のそれよりずっとラジカルなんだ[23]」。

この徹底したペシミスムはしだいに小説の推進力の一つになっていく。そして小説のクライマックスは大衆のデモの場面となるが、その中でランジュは見境のないテロリズムに移行し、結局、労働者階級のもっとも憎むべき敵の側に合流する。ニザンはもちろんかつての学友に対して悪意など抱いてない。後に見るように、二人は一九四〇年まで、心底からの、十分理解しあった関係を持ち続ける。だが、第二次世界大戦中も戦後も、サルトルがフランス共産党に接近を試みたとき、たぶんこのランジュのイメージが、サルトル自身の書いたものによってさらに強められて、いかなる出会いも不首尾に終わらせてしまうことになるのである。ニザンはさらに書いている。ランジュは「生まれて初めて、集団行動に引っぱりこまれたが、それが敗北だったとは、ついてなかった[24]」。

実際、サルトルは、十五歳のころからの幼馴染みの、活動家の体験と確たる信念に裏打ちされたこの熱烈な小説に賛同できなかった。「〈歴史〉の爆発」、死に対する勝利、生まれつつある新世界、物事の秩序を覆す国際プロレタリアートの不可避的な力などを予告する、理想主義的な長口舌に賛同しえなかった。ある批評家は「プロパガンダの響き」の強い集団倫理と書いており、どう考えても『トロイの木馬』がサルトルの支持を得ることはなかっただろう。たまたまある時、サルトルはニザンに、ランジュという人物には自分に似ているようなところがあるように思えたと言った。シモーヌ・ド・ボーヴォワールの話によると、「ニザンはさりげない調子で、しかしきっぱりと、このモデルはブリス・パランだ、と断言した。上機嫌でサルトルは、そんなことは全然信用しない、と答えた[25]」という。

一九三六年の春、『メランコリア』はガリマール社からサルトルににべもなく送り返された。同社の原稿審査員、セーリグマンが認めなかったからだ。数カ月後、第二のアタックが同時にガストン・ガリマールとジャン・ポーランに対して、サルトルの生徒であり友人である男の兄、ピエール・ボスト——小説家でシナリオ作家であり、同社の原稿審査員でもある——と、シャルル・デュランの双方から試みられた。当時、シモーヌ・ジョリヴェと暮らしていたデュランは、別の筋から働きかけることを引き受けたのである。一九三七年の四月三十日の金曜日、小男はようやく「可愛いカストール」に次のように告げた。『メランコリア』はいわば採用され、ポーラン氏は中篇小説のひとつを『N・R・F』に、もうひとつを『ムジュール』誌に載せたいと言っている(26)」。そして、控え目で簡潔な言葉を一言つけ加えている。それだけで十分に懐疑と「不機嫌」の歳月を締めくくる言葉になっているのだ。「できれば、現在ぼくの心の中がどれほど変てこで、さらにとりわけ快い状態にあるかを、あなたに説明したいのだが、心理状態の説明というのは、時間が足りなくて、おそらくできない話だろう……」。その通り、心理状態は問題ではない。それにこれからは、手早くやらなければならない。

8　慌ただしい幕間劇――二年間の幸福

「すべてが私に微笑みはじめた。……いきなり私は奥底から湧きあがるすばらしい若さに浸されるのを感じた。私は幸せだった。自分の人生を美しいと思った。『偉大な人間の生涯』のようなものは何もなかったが、私の人生だった……。」　『戦中日記――奇妙な戦争』[*1]

『メランコリア』はいわば採用された……」。まだ正式な通知ではなかったが、この知らせはゆっくりと崩壊しつつあったサルトルの生活に魔術的な効果を及ぼした。それに引き続いて、彼が長いあいだ待ち望んでいた二つの成功があって、彼は相次ぐ悦びに浸ったのである。まず、一九三七年十月の新学期から彼はパリに、正確にはヌイイ〔パリ近郊〕のリセ〈パストゥール〉に就任することになったという知らせである。これでようやく彼が言い寄る女たちも、もっとにこやかに彼の申し出を受け入れるようになるというものだ。だが、こうして始まった彼の良き時代は、たちまち危機の高まり、第二次世界大戦の勃発によって打ち砕かれてしまうことになる。その間、作家ジャン゠ポール・サルトルはフランスの文壇に登場するのに――だが何という登場ぶりだったことか！――数カ月、一年ちょっとしか使えない。その『弁駁書《ファクトゥム》』〔『嘔吐』〕の登場は、一連の手直しのため、さらに遅れることになる。以下に述べるように、その話だけでも優に一冊の小説に匹敵するほどである。

というのも、ジャン＝ポール・サルトルのガリマール社との関係は、決して幸先のよいものではなかったのだ。一九七八年十二月三十一日の数字によれば、この出版社の稼ぎ頭の書籍十点の一つになるはずのこの本は、二度も門前払いにあい、個人的な「後押し」で三度目にやっと受け入れられたのである。同じ数字によると、彼の作品のいくつかは仏語版だけで二〇〇万部に達することになる。それにその死の直前、サルトルはすべての自分の未発表原稿について、ガリマール社といかなる制限もない独占契約にサインするのである。彼は出版社に対して恩知らずでなかったばかりか、初め二度も拒絶されたこと、つまり一九三〇年の『真理伝説』、一九三六年の『メランコリア』を拒絶されたことについて、あまり悲痛な想い出は持たなかったということになろう。この出版社所属の哲学者、ベルナール・グレトゥイゼンは、その評価カードに「優れた精神、すぐ押さえるべきだ」と認めている。ブリス・パランもニザンやノルマリアン筋の評判に影響され、「サルトルは逸材だ。逃すべきではない」と繰り返している。ジャン・ポーランの最終評価カードにはこう書いてある。「天才的な、すばらしい、傑出した本。たぶんこの作家の唯一無比の作品になるに違いない」。これが受理を決定することになる。(1) ポーランはサルトルにかなりいい加減な説明をしているが、この説明は少なくとも、この二人の自尊心を損なわずにすむというメリットを持つものだった。つまりポーランはサルトルにこう説明した。誤解があったのだ。『メランコリア』の原稿は、『N・R・F』誌の部署に行ってしまった。そこで当然、拒否されることになったようだ。デュランとボストの仲介による二度目の持ち込みで、やっと持ち込みの目的が、〔雑誌の連載ではなく〕単行本としての出版であることがほんとうに理解されたのだ、というのである。サルトルは後から加えられたこうした説明をやすやすと信じたのだろうか？

「ぼくは意気揚々と入っていった。中二階にしょぼくれたのが七人ばかり、ある者はブリス・パラン、ある者はイルシュ、ある者はセーリグマンに会うために、待っていた。ぼくは机に向かって何台もの電話を操作している女性に名前を告げ、ポーランに会いたいと申し出た。彼女は電話を取り、ぼくの名を取りついだ。五分待つようにと言う。ぼくは隅っこにある台所用の小さな椅子に腰を下ろして、待つことにした。ブリス・パランが通りかかったが、彼はなんとなくぼくを眺めただけで、見覚えがない様子だった。……小柄なさっそうとした紳士が現われた。まぶしいほど真白なシャツ、ネクタイピン、黒い背広、縞のズボン、ゲートル、それにちょっとあみだに被った山高帽。鼻筋の通った大きな鼻のあから顔で、厳しい目つきである。ジュール・ロマンだった(2)」。これが未来の自分の版元の社屋を訪れた作家の第一歩であり、最初の印象、最初のメモである。ガリマール社に入っていくサルトルはどこか、公園に入っていくロカンタンのようだった。気取りも感嘆も特別な気持ちも一切持ち合わせず、生《なま》の状態の世界を知覚しているだけだった。オルガの試練などで、千人のソクラテスの頃の過度な高揚や、不安な情熱、苛立つ傲慢さはすっかり消え失せていたのである。

皮肉で、よそよそしく、ほとんど無関心。ガリマール社へのこの最初の遠征のすべての段階を、サルトルは、終始こうした態度で乗り切った。ポーランは？「日焼けした大男。……灰色になりかけた口ひげ。……小肥り……(3)」。ブリス・パランは？「兄貴づらをしていて、好きじゃない(4)」。そういえば、何カ月か前、ポーランに返事を書く必要があったとき、毒舌から始めたのではなかったか？ ジャック＝ローラン・ボストがその手紙を口述筆記し、封筒に切手を貼って投函したのである。生徒の方が逆に介添えして先生を世間に送り出そうとしていたのである。サルトルはまたこの話を笑劇風に語るのが大好きだった。サルトルとかつての生徒ジャック＝ローラン・ボストの関係には、それだけで、当時のサルトルのもっともサルトルらしい特徴や行動がありありと現われている。実際、ボストがその兄への仲介の労をとらなかったら、誰がこの作家のために出版社からの返事を貰ったり、編集者と会う約束を取り付けたりしただろうか？ 少年時代からの友であり、すでに作家として一家をなしていたニザンの二度にわたる仲介の試みも、成功しなかった。ただデュランと、二年前リセの最終学年でサルトルの生徒だった「二十歳の若僧」ジャック＝ローラン・ボストの再度の斡旋だけが功を奏したのだ。

この「小ボスト」という大変な美少年は、ル・アーヴルの自由主義的牧師の末っ子だった。明るいまなざし、くすんだ顔色、貴公子のような横顔、持って生まれた、はっとするような魅力を持ち、振る舞いはのびのびと自然だった。ただその自然さは、時々、頭を傾げたり、腕を組んだり、あるいはぎごちない動作でその魅力を一層抗しがたいものにする軽い困惑を示したりする、プロテスタントによく見られる軽い遠慮で抑制されていた。ベルリンから帰ったサルトルは、落第して原級に留まったこの興味深い少年に注目した。ボストとレイモン・アロンとは、前の年、時々ピンポンの手合わせをしたにもかかわらず、あまりしっくりとはいかなかったようだ。ボストは今では「あの頃は、僕は徹底した極左だったからさ」と語っている。サルトルとボストとの友情は、社会の拘束を断ち切ったプロテスタント同士の共犯性、ラジカルな気質同士の相互の認めあい、二十歳の青年と三十歳の男の相互の魅了によって、火がついたのだろうか？ サルトルとボストの友情は結局、サルトルの死まで続く。仲間として同盟者として、二人は実際に分かちがたい仲になり、ボストはこの作家の生涯の決定的瞬間に、二度も枢要な役割を演じるのである。

二度も枢要な役割だって？ というのは、自分の兄のピエールとガリマール社への仲介という積極的な役割を演じただけでなく、ボストは自分では気づかずに、サルトルの中編小説『壁』のためのモデル、ヒントにもなったからだ。これは、当時書き溜めていたものの中で一番後に生まれたものだが、最初に発表されたものである。「徹底した極左」だったボストは、ル・アーヴルからパリへと旅し、大規模な大衆デモに参加することに熱心だった。一九三五、一九三六年に、人民戦線の実現、その政権獲得の地ならしの役割を果たしたデモである。彼がサルトルに「僕と一緒に来ませんか？」と尋ねると、サルトルは「興味がないね。行列は好かないから」とにべもなく答えるのだった。ついでボストは彼に、スペイン戦争で革命軍側に参加するのを援助して欲しいと頼んでいる。サルトルは「しぶしぶ」彼をニザンの所に送り、ニザンはマルローに紹介した。マルローは二つの質問をした。「君は兵役についたことがあるかね？　自動小銃は使えるかね？」答えがどちらもノーだったのにがっかりして、マルローはこう付け加えた。「ガスチーヌ＝レネットの所に、自動小銃の訓練所があったはずだが(5)」。ボストにしてみるとスペインへの道は、アンドレ・マルローのところで止まってしまったわけだ。だがサルトルはこの話から、中編小説『壁』の材料を引き出した。『壁』は明らかに一九三七年の初めの数カ月に書かれている。サルトルは最初にポーランと会った時にこの小説を渡しており、ポーランはただちにこの小説の価値を認めた。この中編小説はこの二人の間の興味深いすれ違い劇とも言うべきものの開始を告げたわけである。

一九三七年四月三十日、サルトルが文学の殿堂に初めて足をふみいれ、ポーランに出会ったあのよき日に、ガリマール社内部で二点の本の企画が並行して進行することになった。この日、サルトルが持参した中編小説と、もうひとつはもちろん、『弁駁書』である。中編小説の方は、簡単・迅速に事が進んだ。全作品を盛り込んだ本が二カ月たらずで出版され、好評を博したのである。しかし『弁駁書』の方はこみ入った事情のため曲折を経、出版されるまでなお、十二カ月ほども待たなければならなかった。「著者を働かせる」役目のブリス・パランが、あまり露骨すぎて「告訴されるかもしれない」部分の削除を、サルトルと話し合ったのだった。サルトルは心ならずも、一カ月半もその仕事にかかりきりになったが、それは原稿が確実に受理される前に通らなければならない過程だった。「親愛なるパランよ。原稿の中には、どぎつい言葉はひとつもなくなりました」と、彼は六月初め、いらいらした調子で書いている。「皆が満足すると思います。とにかく私は、もうこれ以上できません」[6]。彼はパランや、ガリマール社の出版法律顧問、モーリス・ガルソン弁護士の圧力で、いったいどこを削除したのだろうか？　彼自身の表現によれば、「いささか……自由な」箇所ということになる。最初は、彼はいやがりもせずに、四〇ページほど削除する。だがパランは乱暴にも「ガルソンは君がもっと直すことを望んでいる。露骨すぎる用語を削除するんだ」と言った。パランは駄目押しのために、こうも付け加えている。「ガストン・ガリマールも同じ意見だ」[7]と。こうなってはサルトルにどんな選択がありえただろうか？　こうした削除や検閲が――あとから振り返ると正しかったのだが――出版の「必要不可欠条件」になったのである。こうして彼の最初の作品は、集団的出産とでも言うしかない奇妙な現象を経なければならなかったのだ。つまり、「完成した製品」には、産科医、助産婦、鉗子の介入が必要だったのである。

「拝啓。『メランコリア』と題する貴殿の作品に関する署名入りの契約書をお送りします。われわれは、この題名の変更を貴殿にお願いする次第です。この題は作品の売り込みにあまりふさわしくない、と思われるからです。何卒ご検討下さりますよう」。ガストン・ガリマールからは、手紙でこう言ってきた[8]。そしてガリマールは折り返し、著者から代案の申し出を受けた。拙劣だが心を打つ申し出である。どんな作家でも、自分の原稿が問題にされるときは、怒る気をなくしてしまうものなのだろうか？　サルトルはこう書いている。『メランコリア』がお気に召さないようですので、『アントワーヌ・ロカンタンの並はずれた冒険』というのはいかがでしょうか?」そしてさらに次のような提案をしている。「帯に『冒険はない』とか、なにかそのようなことを刷るというのは、いかがでしょう……。この題でよければ有難いのですが」と彼は結論している。「私にはほかの題を見つけられませんので」。これにたいしてブリス・パランは、手短に答えている。もちろん、「この帯は読者が逃げていくのを見たいというのであれば、適切でしょう[9]」という見解だった。こうした修正・削除はサルトルにとって苦痛でなかったのだろうか? 彼が『メランコリア』という題を選んだ――おそらくシモーヌ・ジョリヴェの忠告にもとづいて――のは、デューラーの版画『メランコリア』が頭にあってのことだが、もっと広く古典思想における憂鬱《メランコリー》の伝統の一切も踏まえていた[10]。

「ぼくは一人前の作家気分で街を歩いている……」。原稿が最終的に受理された日は、サルトルにとって自分自身の承認《ルコネサンス》と、おそらく同時に真の誕生《ネサンス》の日であった。彼はさらにこう述べている。「どうやらこの数日来ずっと鬱々としていたのは――それをぼくは複雑微妙なことが原因だと思っていたけれど――ただ単に『メランコリア』の採用が完全に確定していなかったせいらしい[11]……」。というのも、実際『メランコリア』の原稿はガリマール社内で、「一門」の小グループの中で次々に読まれていたのである。ポーラン、グレトゥイゼン、ついでパラン、最後に社長のガストン・ガリマール。一九三七年の春から夏、『メランコリア』は受理され、次いでロビーでさまざまに論評された。とび切り優秀な少数の読み手が、階段や扉のかげや閉め切った部屋に集まって意見を交わし、賛辞を述べ、問題点を指摘しあったのである。

社内ではすぐ、これはいけると思われた。本の信頼性はまず、このように何人もの人に読みこまれ、原稿がまさに本物の集団批評に委ねられることによって測られるのではないだろうか? こうした批評は、印刷より以前に作品を認知し、変容させ、読者やジャーナリストたちによる一般の読みを先取りするのである。ロベール・ガリマール[*2]も、「非常によい兆候が続いている」と言っている。[12] こうした発見と議論の中に、ガストン・ガリマールが最終的で決定的な貢献をもたらした。一九三七年十月十二日に、やはりパランが手紙でこう書いてよこした。「ガストン・ガリマールが君の本に、ぼくもすばらしいと思う題を提案した。『嘔吐』だ」。さらに続けて彼は、「この題はちょっととっつきにくいようだが、誰も尻込みしなかったのだから、これに決めるべきだろう。君はどう思うかね？」[13] 原稿は胎児の状態のまま、相次いで『偶然性の弁駁書』、『精神の孤独についての試論』、『メランコリア』、『アントワーヌ・ロカンタンの並はずれた冒険』と名付けられたあげく、最終的にはガストン・ガリマールのこのすばらしい思いつきに落ち着いたのである。彼は優れた名づけ親として、この子供にあっというまに名前をつけたのだ。実の父の方は七年に及ぶ仕事で疲れ果て、自分で名づけることができなかった。休みなく闘い続けた英雄的な戦士の道だった。『嘔吐』は一九三八年四月に出版された。執筆開始より八年以上も後のことである。

テクストの削除、標題の変更の交渉が行なわれている間、彼は何度も汽車に乗り、ホテルに泊まり、何度も何度も人と会ったが、その間も寸暇を惜しんで書き続けた。私的な書簡や中編小説、論文、当時発見しつつあったハイデッガーについての読書ノートなど。彼はまた、一九三七年十月に勤め先となったリセ〈パストゥール〉で、新しい環境、ヌイイの生徒たちが作り出す世界も発見する。赤煉瓦の長い壁、スレートの屋根、古びた廊下、当然ながら陰気な教室も。そこで彼は何人もの大柄で優雅な若者を発見するが、彼らは大部分、首都の西部の、この庭園のような地区の静かな長い大通りに守られた大ブルジョワの子弟である。だがクラスの子弟の出はまちまちだった。このリセの学区は大ブルジョワの住む郊外たるヌイイと、つつましい階層の住む郊外たるルヴァロワにまたがっていたからである。教室では小さな衝突しか起こらなかったが、校外では〈アクション・フランセーズ〉や王党派のファシストのリセ学生たちが声を張り上げてそれぞれの新聞を売り合うような日に、はるかに激しい衝突が起こった。ラウル・レヴィの物語るところによると、「授業の最初の週は、われわれはいい先生に当たらなかったと皆が一斉に嘆きました。サルトルは擦れててかてか光った服を着てやってきたのです。鼻には大きな赤い吹出物があって、ポケットに手を突っ込んだまま、われわれにまったく不可解な講義を始めたのです……。絶望だ！　しかし、たちまち事態は一変しました」(14)。レヴィは、もちろん教師の友人になるばかりでなく、優等賞と哲学の一等賞を同時に獲得することになる。その彼が続けてこう語っている。「クラスの態度豹変を引き起こしたのは、彼が狂気や、逸脱、精神病理学を語った時の面白さでした……」。ル・アーヴル以来、おなじみのやり方がここでも行なわれた。リセ〈パストゥール〉でも、ほとんど同じ言葉遣いで、ある者は共感を、ほかの者は反感を表明し、大げさな礼賛と激しい拒絶とが観察されることになるのである。学校当局は、この小男の教師が竜巻のようにすさまじい勢いでやってくる出勤ぶりに当惑してしまう。時間ぎりぎりに校門にタクシーで乗りつけ、教室に突進してすぐさま喋り始めるのだ。ブルジョワ風に育てられた少年たちが夜、家の夕食の最中に、冷ややかに「狂人は狂人ではないのだ。あるいはすべての人間が狂人であり、かつだれも狂人ではない」などと言い放つようになる。彼らの両親の憤激した反応を前に、少年たちは「怒りは弱者の反応である」とか、もっと頻繁に「下種野郎《サロー》の反応だ」とか言い出す。時にはよく消化されないままの言葉の断片、青年らしい挑発の発作は、これらの若者の多くにとって、自分たちの出身環境との間に冷ややかな距離を取り、それを急速に広げる機会になった。サルトルは、この年頃にはすでにはっきりしている批判的傾向に火をつけたのだ。ジェラール・ブランシェも、「サルトルのお蔭で、私は世代を変えました」[15]と語っている。

サルトル方式は、ル・アーヴルの時と同じように続けられた。父兄たちは嘆き、「感染」という言葉さえ口にし、二年間にわたって最終試験のことを考えて気をもんだのである。ヌイイでも、ル・アーヴルの時と同じように、靴下の穴、破れた靴、おかしな合成毛皮の茶色の外套が人目を引いた。サルトルは冬になるとこの外套をまとうのだが、そうすると彼は背の低い丸っこい独楽そっくりになった。ブランシェは「あの頃の漫画のチビの王様そっくりだった」と述べている。パイプ、シガレットはボヤール〔褐色種のタバコ〕、そして白いワイシャツと交代に着る黒いトックリのセーター――当時は教師にしてはきわめて個性的な服装だった――も人目についた。トックリを着てきた日に、ある生徒が気をきかせて、「ワイシャツは洗濯屋ですか」と尋ねた。「そうさ、まったくその通りだよ」。サルトルはぶっきらぼうにこう答えて、その日の授業に入った。

結局、サルトルとヌイイのリセ学生の間のもっとも重要な出来事は、〈青い木靴〉というカフェを舞台にして起こることになる。〈パストゥール〉の男子生徒と真向かいの学校の女子生徒が計画を練るのはたいていここで、これは恰好の場所、とくに恵まれた出会いの場所だった。先生と生徒の序列や、男子と女子の別が生活をこむずかしくしていた当時、〈青い木靴〉ではみんなが均衡を取り戻し、自由になり、煉瓦の壁の間では禁止されていた外の空気を吸うことができた。

新聞『トレ・デュニオン』発刊のアイデアが生まれたのも、ここだった。頭がよく、文学的で活発なセルジュ・デュマルタンがこの着想をみごとに具体化した。彼のまわりにはすでに、人材が集まっていた。編集長になるクリス・マーカー、それに真向かいの女子リセの魅力的な女子学生、シモーヌ・カマンケル（シニョレ）[*3]がいた。彼女はこの若者たちの心をめちゃくちゃに悩ませたものだ。若者たちは、彼女と一緒に新聞の校正刷を印刷屋に持っていく役目を奪い合った[16]。もちろんサルトルも〈青い木靴〉の常連で、飲み物やたばこを振る舞い、若者たちをからかい、挑発し、質問ぜめにした。若者の中にいてとても居心地が良かったのである。「先生、仕事があるのに、僕たちと一緒にこんなに何時間もいていいんですか？」こんなことは前例がないのでびっくりし、感激してこう尋ねた生徒があったほどだ。彼はこう答えたものだ。「ばかどもと一緒にいても、いつも学ぶことはあるものさ[17]」。それから、ルネ・クレールの最新作、ヘミングウェイの最新の小説の話をしたり、若者の中の誰かがきっかけを作ると、神の存在について意見を交わしたりした。サルトルはこう聞き返す。「告解は、君にとっていったい何の役に立つのかね？　君は木の箱の中に入る。それからどうなるんだ？」そして「……とにかく説明してくれたまえ。理解できればいいのだから」と、時には背徳的に言葉を続けるのだった。

　サルトルは、〈青い木靴〉では気どらない、陽気な、実に良い仲間だった。『トレ・デュニオン』紙に記事を書くことさえ引き受け、ビールのお代わりをする間に、この諸兄の雑誌のためにアメリカ小説について一文をものした。しかも特筆すべきは、その間に『嘔吐』が出版され、先生は一躍スターの地位を獲得したことである。生徒たちは早速買い込んだ自分の本に、献辞を書いてくれと頼みにきた。サルトルは署名の前に、「ラウル・レヴィに。その蔵書のために」と認《したた》めた。レヴィの方は「重要な天才的な作品。最高だ！」と、その時思っていた。この優れたクラスには、逸材が少なくなかった。ラウル・レヴィ、ジャン・カナパ、ベルナール、ランブラン、ジャック・ベス、ギィ・ジョフロワ、ジャン＝ピエール・ユベルソン、ティムチーヌ・

アジベイリ＝ベイなど……。けれどもこのうち、ベスとランブランの二人はホット・ジャズの熱狂的ファンで、『嘔吐』を読んだあと、『いつか近いうちに』という曲を用いたことについて留保を表明した。先生は音楽知識ではいささか遅れている。ジャズが好きだといっても、コクトーと同じで、自分たちのように本当の情熱からではなくて、流行しているから好きだというにすぎない、というのである。この俊英たちは、ソルボンヌに行って哲学を勉強し、サルトルの狂暴な信奉者となり、文学と哲学の最大の天才と親密であるという並はずれた思い上がりで、他の連中を圧倒することになる……。その後になると、彼らもひとりでに目を覚まし、健全な距離をとるようになるのだが。もしかしたら、例えばジャン・カナパ[*4]の例に見るように、距離をとりすぎる者も出て来るのである。一九三九年当時、ソルボンヌの学生たちは、これらの若者を「小サルトルども」と呼び、珍獣扱いしたのだった。

知的な意味で——それはもちろんだ——サルトルは生徒たちを二重に感嘆させた。前代未聞の先生で、しかも天才的な小説家なのだ！　そのうえ生徒たちに、彼らの出身家庭のモデルと正反対の彼の生活という見本を示したのである。「私は何も持っていない。何も所有していない」と、サルトルは語った。ドランブル通りの自分の部屋の話をし、時には生徒たちをそこに連れていった。ベッド、洗面所、テーブルと椅子、灰色の三つ揃いの背広一着、何冊かの本、それだけだった。ブランシェに言わせると、「学校の引け時に、若い女性、女優が彼を迎えにくることがあった。われわれはささやきあったものだ。おかしいのは、まず、彼ぐらいの年齢の男が結婚していないこと、それに彼はホモにも見えない。何人か恋人がいて、その一人が女優だ……かっこいいじゃないか！」ということになる。そしてサルトルがあらゆる黙殺に決定的に打ち勝つ日が、もちろん訪れる。ハイデッガーの引用文が——彼は講義で絶えず、ハイデッガーのことを話していた

――バカロレアの課題として出されたのだ。生徒たちはあらゆる試練に対して批評精神を持ち、いかなる時にも責任を取るサルトルのおかげで、階級闘争や忍び寄る人種差別を感じとり、他者を受け入れ、狂気の正体を見破り、結婚や私有財産その他のブルジョワ的生活のシンボルを徹底的に攻撃し、人為的な階層序列を、無用な因襲を破壊することを学んだ……つまり真の市民教育を受けたのだ！

一九三八年に、ある生徒が「よいユダヤ人と悪いユダヤ人がいる」と言ったことがある。するとサルトルは憤激してこう応じた。「君は原始人みたいなことを言う。とにかく、なんとしてでもスケープゴートが欲しいというのか？」その間、彼はそしらぬふりで、これらの極右のリセ学生を観察し、批判的視線という己の利点を利用して、彼らの行動やしぐさをしげしげと探りながら、『ある指導者の幼年時代』という中編小説の執筆に励んでいたのである。とはいえ毎度のことだが、生徒の間に当然、誹謗する者が出るのも避けがたかった。例えばアルフレッド・トマティスは、「サルトルの即興の才能、その知性の活力と輝き」に脱帽しながらも、後年こう語っている。「彼の言うことを文字通り真面目に受け止めた結果、クラスの一部は絶望に陥り、不安を解消する手段を、麻薬や、極端な場合には自殺に求める者さえあった……」。そして最後にトマティスは「あの男〔サルトル〕は……その生命力、明敏さからいって、例外的なスケールの人物だった……」と結論している。(18)

これもまたどっちつかずではあるが、総視学のダヴィも、早くもこの作家兼教授の力量に注目しており、一九三九年三月十四日付で視察リポートを残している。いささかあいまいだが、おそらく納得のいくリポートだ。当時このリセにはロベール・メルル、ジョルジュ・マニャンヌ、とりわけ歴史教師としてダニエル＝ロップスのような作家の教授が大勢いた。総視学はこう書いている。「雑誌『N・R・F』に親しみ、『嘔吐』や

『壁』を読んだ人なら、サルトル氏の教室に入ろうとすると、才能に出あうことを期待してしまう。実際サルトル氏はきわめて確実な表現能力、真実性、的確性、明晰性を備えた見事な言語を身につけている。同様に生徒たちをしっかり把握しているようだ。生徒たちの年齢やパリの有名リセの若者であるという特徴からして、文学界で名をあげつつも、同時にいささか彼らの仲間でもあり続けるかに見え、親しく彼らの間を歩き回りながらノートなしで語る教授に対して、彼らが好感を抱くのは当然と言えよう。しかしながらまさにこうした風貌と、私が参観した授業で氏が展開した、情動についての一方的で全く教条的な独白との間の対照は、極めて大きい。現象学的見解に親しんだ生徒たちでも、おそらく講義についていくのはかなり困難に違いないと思われる。私が参観した限りにおいて、彼らが講義にきちんとついていくこと、またいかにして情動が実際上、『世界を否定し』、あるいは『現実の構造を解体し』、あるいは『行為を単純化する』のかを彼らが理解していることについて、一瞬たりとも確信が得られることはなかった。決定的真理として公式が押しつけられている感がややあり、それらの公式が情動の真実を汲み尽した上で事態を説明しているのだということが、充分に証明されたとは思わないのである」[19]。

実に見事なリポートであり、現代ドイツ哲学について、いかなる視学官、一流の視学官をも凌駕する読書量を誇る哲学者の抱える矛盾がすべて捉えられている。初心者に教える哲学理論家、教授として生活を立てる小説家、そのような人間にとって、バカロレアの準備というちまちました事柄など、おそらくいささか面倒すぎることなのである。総視学ダヴィはこのことを理解したであろうか？　当時すでにサルトルは教師の服が窮屈になっていて、他の活動の圧迫と、その避けがたい影響で、縫い目はいたるところで綻びる始末だった[20]。

『N・R・F』誌で初めて『壁』を読むと、アンドレ・ジイドは、「このジャン＝ポールって新人は何者かね？」とポーランに尋ね、(21)「この男は大いに期待できそうだ。〔彼の〕小説については、私も傑作だと思う」と言っている。この新発見をめぐって文学談義が交わされた。ジャン・シュランベルジェは友人のジイドに「この方が、マルローの『侮辱の時代』よりましだと思うね」と言った。するとジイドは、「私もだ。マルローは大変面白いが、言語のセンスがない」(22)と答えている。成功の条件はすべて整った。編集者や批評家が読み、解説がすんで、これほどの拍手喝采を浴びることは滅多にない。『嘔吐』と『壁』は似たような経緯をたどって、数カ月の間隔を置いて出版され、作家ジャン＝ポール・サルトルの文学界への堂々たる登場を決定的にした。逆説的なことだが、長すぎるくらい待たされたことは、結局、作家にとって有利に働いたのである。本は連続して出たので、一般読者は、『嘔吐』と『壁』を引き続いて読み、二冊の本に順に目を通したり逆戻りしたりして、二冊の関連を思い巡らし、サルトルのすさまじい世界に一挙に踏み入っていったのである。

「この数年のもっとも輝かしい文学的デビューのひとつ」、「もっとも辛辣な作品のひとつ」、「あらゆることを期待できる作家」、「常識を逆なでする奥深い本」、「彼は現代文学のあらゆる傾向を要約している……カフカ、ジョイス、ラブレー*5、ドストエフスキー、フローベール、セリーヌ、プルースト、ニーチェ……」、「すばらしい構想……最大の賞賛に値する類まれな企て……衝動的体験……事柄との接触ではなく事物の実存との接触〔において〕……存在することなく実存する」、モーリス・ブランショ。「真に独創的な精神……」、「本物の詩人」、「もっとも純粋な芸術家の一人」、「情け容赦ないまでに厳密な批評精神、それは地の塩であり……読み終ると眩惑にとらわれる」、ジャン・カスー。「期待できる作家の初めての小説……特異で力強い精神の初めての呼びかけ……われわれは次の作品と教訓を、待ちかねている」、アルベール・カミュ。「セリーヌとカフカの中間に位置する、若い作家」、「哲学小説、ほんものの……事物に最大限の実存を返した……」、「詩的な小説……サルトルは二十世紀の感受性に新しい領土を加えようと企てた」、クロード＝エドモンド・マニー[23]。その最初の作品で、これに匹敵する関心の嵐を引き起こしたのは、おそらく、数年前のセリーヌの例があるだけだろう。有名な『夜の果てへの旅』である。

『壁』、きわめて密度の高い作品……非凡な才能が一ページごとに爆発する……例外的な天賦の才……傑作……時の流れもこれには歯が立つまい」、「なんとすばらしい才能だろう！　われわれを人生の混沌とした波に沈め、息がつまって嘔吐するまで、俗に言う『溺れさせる』、そのやり方のなんと無造作で高飛車なことか！　サルトル以上に、生きることの恐怖を表現したものはいないだろう……堂々とした……傑作」、「ずっと以前に溯っても、もっともすばらしいデビュー……非常に強力な作家」、「すでにひとりの作家についてその業績を語ることができる。その作家は二冊の本によって、本質的な問題に直ちに切り込んだのである」、アルベール・カミュ。「力強い否定しがたい才能……」、「たけだけしい分析の才能、息を呑む鋭い見方、明瞭で、非のうちどころない、精緻な卓越した文体、それらは彼の否定しがたい才能を立証している……」、『嘔吐』は昨年の新発見だったが、『壁』もまた、類まれな才能を持つこの作家への期待を裏切らなかった」、「純粋で、〔赤裸々で〕充溢した言語……実存についての〔この〕思索によって。サルトルはわれわれの文学に、まったく新しいテーマを取り入れたのだ……」、ガエタン・ピコン。『壁』は『人間の条件』の最良の部分と比較しうる」、ガブリエル・マルセル[24]。

その間に、おそらくやや早すぎると思われるのだが、サルトルはゴンクール賞に擬されることになった。「ゴンクール賞の候補が巷で取り沙汰されている」と、『パリ・ミディ』紙の批評子は書いている。「J-P・サルトル氏の『嘔吐』を彼らは読んだのだろうか？　読みたくなくても読むべきだ。多くの批評家、それも一流の批評家たちが、この本を読み、傑作の味わいを認めている。評判は新聞紙上にも書き立てられ、口づてで広がっている。慎みから名前は出さないが、十人の選考委員のうち数人が……といった噂まである。要するにつまり、出版社が『厩舎』を持ち、賞というものが『競馬のレース』になって以来、こんな言い方がなされるようになったが、これは本命馬なのだ(25)」。「傑作」「本命馬」「巷の噂」、要するにパリ特有の旋風が吹き起こったのである。たとえサルトルがゴンクール賞を獲得しなくとも、この迅速で、お先走りで、その場かぎりの民の声は、今や彼の作家としての成功を不動のものにしたように見えた。さらに、一九三八年十一月から、彼はポーランの誘いで『N・R・F』誌の専属となる。毎月定期的に一つ時評を書くこと、四〇〇フランから五〇〇フランの固定給、選ぶテーマはサルトルの自由である。さらに中編小説の出版に続いて、彼は長編小説に取りかかる。サルトルはカストールにこう書いている。「ぼくらの小説のテーマと規模と標題が一挙に見つかった。主題は『自由』。それから標題（第二巻の名は『誓約』となろう(26)）……」。

かくも多くの称賛の言葉と敬意の表明、そしてすべての批評家がそれぞれ自分の好みを披露した。たとえば、アンドレ・テリーヴは『ル・タン』紙にこう書いている。「『壁』……例のない力と独創性に満ちたすばらしい作品。だが、『部屋』はさらにすぐれていると評価することもできる……。『一指導者の幼年時代』は一〇〇ページほどだが、本格的な風刺小説である」。「『一指導者の幼年時代』は、見事にもっとも的確なやり方で、素描している……ひとつの若者世代全体の道徳的清算を」と、アンドレ・ビリィも『ルーヴル』誌で評価している。

だが誰一人として、五つの中編小説からなる小説集『壁』――集中の一番目の中篇小説の題をとってこう名づけられた――全体の中で、二つの作品がサルトルの作品としては初めて、当時の歴史的諸問題に対するサルトルの関心を証言していることに気づかなかったし、気づきえなかったのである。一九三九年二月に刊行されたこの小説集では、作品は『壁』、『部屋』、『エロストラート』、『水いらず』、『一指導者の幼年時代』の順で並んでいる。真ん中の三篇の中編小説――いずれも冷酷な病理に貫かれた見事なスケッチ――をのぞいて、一番目と最後の小説は、この作家にとって政治的事件の影響が次第に増大していることを雄弁に物語っている。フランスの両大戦間のファシスト運動を『一指導者の幼年時代』ほど鋭く分析したものが、ほかにあるだろうか？　サルトルが幼年時代から追跡する、このリュシヤン・フルーリエのたどる道程、童貞を失ったその日に愛国者青年団に入る「のっぽのアスパラガス」の変貌、政治と恋愛という同時進行する二つの修業の各段階の物語、労働者に対する憎悪、ユダヤ人への憎悪、女への憎悪のうちに、本物の社会的アイデンティティを獲得する顚末、こうした若いフランスのブルジョワ青年の青春期の刻々の変化のすべてを、サルトルは見事にとらえている。ことに卓越しているのは、リュシヤンがファシストの青年たちに近づくところを語りながら、軽い気持がしだいに決定的な加盟に傾いて行くメカニズムを見事に解明している点だ。まずリュシヤンを誘惑する。お世辞を言い安易な競争心を褒めそやす。彼のユダヤ人に対する憎悪を煽る。するとある日、今度は彼が、律儀なフランス市民を死ぬほど殴りつける。その翌日、彼は決意を固め、「決めた。僕は諸君の仲間だ」と宣言するのである。サルトルはこう書いている。「真のリュシヤンというもの――今では、彼は承知していた――は、他人の目の中に探すべきものなのだ。ピエレットやギガールの恐れに満ちた服従の中に、彼のために成長し成熟するすべての人々、やがて彼の職工になるはずのあの若い見習いどもの、希望に満ちた期待の中に[27]」。

恐怖、軽蔑、力、卑劣さの間をゆれ動きながら、リュシヤンはこの七五ページにわたる小説の中で一つのシンボルになっていく。見事な濃縮エキスたるこの中編小説は、いくつかのテーマ、いくつかの糸口、要するに戦後のサルトルのほとんどすべてを、すでに萠芽としてはらんでいたのである。自らの変身が終わると、リュシヤンは鏡の中の自分の姿を見つめて「口ひげを生やそう」と決意する。戦前の文学的な局面、サルトルの全生涯でもっとも文学的な局面はこの言葉で締めくくられる[28]。それにしてもばかみたいな、その場かぎりの言葉ではあるまいか。

モーターが動き出すのに、随分時間がかかった。だが数カ月のうちに、彼を知らぬ者はひとりもいなくなり、サルトル抜きでは現代フランス文学を考えられないようになっていた。また非常に素早く、ポーランは彼を仲間に入れ、励まし、刺激した。それはまさに作家誕生の奇跡だった。多年の沈黙、相次ぐ挫折、根本的な疑い、片隅に生きた年月、測り知れない数々の苦境、それが急に穿たれ、開かれ、乱暴にと言っていいほどの勢いで穴が開いた。それほどコントラストは強烈だった。フランスの作家たちは、すでに見たように流星を発見した。だがそれはジャン・ポーランがしかけたプレス・キャンペーンに拠るところが大だった。ポーランは人に会い、手紙を書くたびに、必ずこの「若い」新人を話題にし、その本を読むことを勧め、文学界のすべての友人に語りかけたのである。ジュール・シュペルヴィエルには、「君はサルトルを読んだかい？」、アンドレ・ジィドには「貴方はサルトルの『壁』を読まれましたか？　彼は大物になるに違いない[30]」、ロジェ・マルタン・デュ・ガールには、「私はサルトルを『大長篇を書くという遠征』へと向かわせようと努力しています。彼以上にその力のある若い作家はいません。すべては今や言われるべきなのだ[31]……」、ウンガレッティには、『ムジュール』誌を読んだかい？　サルトルは逸材だと思う。彼は戦後文学の泥にすっかり足を突っ込んでいるが、彼がそのことを反省しているなら、もうそれを乗り越えたも同然だ[32]」と。

新しい話し相手に刺激され、間近に迫った自分の著書の出版に興奮して、サルトルは一九三八年の前半、その文学創造のもっとも幸運な時期を過ごすことになる。同時に二つの計画、『一指導者の幼年時代』と『N・R・F』誌のためのフランソワ・モーリヤック論にとりかかったが、これは彼の作家生活にとって二つの決定的契機となった。いかなる偶然性、いかなる緊急性からも解放されて、彼は自分の文筆活動の中に、これまではおそらくあまりに重くのしかかっていた恐怖のゆえに表現できなかったアイデンティティの形を見出していく。それればかりかこの二つのテクストによって、戦争が勃発する前に、サルトルのイメージが決定的に形づくられることになるのである。というのも彼はほとんど喧嘩腰なくらい攻撃的で、強硬で非妥協的な姿を見せているのだ。出版が確実とわかると、彼は単刀直入に、戦場を決め、鉄条網をめぐらせて、敵を告発した。いうまでもなく、彼は素早く仕事にかかり、始めから撃退してやろうと思っていた連中に、闘志満々容赦ない決闘を挑んだのである。彼の最初の二人の敵は、したがって一方ではモーラスの知的影響の下に〈アクション・フランセーズ〉のリセ学生や、大学生の間で勢力を伸ばしているファシズム傾向の極右、他方では、保守的でカトリックの、ややアカデミックな一部の文学であり、サルトルに言わせれば、その代表がフランソワ・モーリヤックだった。ペンと剣をひっさげた、パルダイヤンの復帰だ。プールーと仲直りした小男を再び救うために馳せ参じたのである。目前に迫ったこの二つの決闘の共犯者で、「大物」になろうとしているこの男を、楽しんで見守っている最初の見物人であるポーランとの長い話し合い。ポーランは才能の発掘に長じ、状況をよく感じとっていた。この時サルトルが「攻撃をしかける」のを容認したところこそ、彼が編集者として鼻が利く所以であった。

「前略。貴方がお申し出の削除に賛成です。けれども、〈アクション・フランセーズ〉は陰謀団だ、という考えは残しておきたいと思うのですが……。御存じのようにモーラスは『われわれは政党ではない、われわれは陰謀団なのだ』と書いています。……モーリヤック論の校正刷の一枚目の下段に、原稿を一枚追加しましたが、ご覧になりましたか？　あれで充分だと思うのですが……。ほかに何か、まだおありでしょうか？」(33)これは二人が付き合い始めて何年間かのポーラン＝サルトル往復書簡からの引用だが、実にすばらしい証言である。サルトルはうやうやしく、丁重に、感謝しながら、ポーランに押しつけられた削除、手直し、表現の緩和のすべてを受け入れている。だがそれは長続きしない。やがて「大サルトル」になった彼は自分の考えを弱めるようなどんな要求にもほとんど応じなくなる。

こうした削除や示唆の打ち合わせや、例えばド・バッシアノ夫人宅での社交的招待などの機会に、今後の計画、示唆、読書のプランが練られた。まぎれもなく文学者同士の文通である。「友よ、言葉の持つ力についての貴方のお手紙をいま読み終えました」と、カサブランカでのヴァカンスに向かう船の中から、サルトルは震える文字で手紙を書いている。「私は貴方とまったく同意見です……。貴方は一種の挑戦を行っているように、私には思えました。今現在、話をしているその瞬間に、自分は言葉の力に敏感だ、と言える人間がいたら、お目にかかりたいとおっしゃるのですから。ここで、貴方は社会学の土俵でなくて……、心理学の土俵に立っているのです。つまり貴方は内省を呼びかけているわけです。この点で私は、自分がこの珍しい（さほど珍しくはありませんが）鳥であるとお答えできるように思われます。私は言葉の何かに敏感ですが、その何かとは、言葉の概念的意味ではなく、むしろ言葉の魔術的意味と呼びたいものです……」[34]。そしてこの珍しい鳥は、言葉の魔術的な力について、見事な論を長々と展開し、しかるのちにころ合いを見計らって、ポーランに問いかけ、彼の「非常に繊細な分析」のはるか彼方に本来の彼を求めようとするのだ。かくしてポーランが自分自身を乗り越えざるを得なくなってしまう。『一指導者の幼年時代』と、モーリヤックに関する論文が済むと、サルトルは続けざまに、フッサールに関するノート、ニザン論、さらにフォークナー論を準備し、近作の中編小説に続いて、『リュシフェール』[*6]という名の長篇小説」に取りかかろうとした。当時、彼はこの小説の「主題がかなりはっきり見え」た、と明言している。一つ書き上げた勢いにのって、完結することのない計画に熱中する最初の兆候。これから見られることだが、サルトルはこのように常に、熱中と未完成とにあけくれることになる。『リュシフェール』はその最初の警告にほかならなかった。

しかしいささかの動揺もなくサルトルは、分析、提案、示唆を続ける。小説における時間の概念に基くフォークナーの解釈を書き上げると、彼は平然として「これこそは現代文学における時間の解体現象についての、ほかの諸研究の端緒となるものです[35]」と告げた。彼の最初の一連の論文は非常に注目され、今やル・アーヴル講演を引き継ぎ、それを延長し、掘り下げ、潤色することになる。つまりドス・パソス、フォークナーが、この一連の論文の背後に浮かび上がる本格的な理論の中で同じ分析を受けるわけである。彼は、すべての自分の論述を決定的な文句で始めるのだった。「小説とは鏡である」。「小説は物を提供するのではなく、物の記号を提供する」。「すこし遠くから眺めるなら、よき小説は全く自然現象に似通ったものになる」[36]。彼は剣を振り回し、開墾し、虐殺し、称賛する。一方で「私はドス・パソスを当代最大の作家とみなす」と言い、「神は芸術家ではない。モーリヤック氏もまた芸術家ではない」とも言う。言いも言ったり。試合の最中に繰り出された左ストレートさながらの激しさで言い放たれたのである。文学界にとって何という驚きだったろう！

批評家としてのサルトルの「名声」は、一九三九年二月に『N・R・F』に発表された「モーリヤック氏と自由」と題する論文によっていっきょに打ち立てられた。彼は『テレーズ・デスケルー』[*7]とその著者にたて続けに攻撃を浴びせ、一九三二年以来アカデミー会員で、広範な尊敬を集めていた、二十歳も年長の作家を暗殺したのだ。ここで彼が殺したのは、多少はティヴィエであり、またフランス南西部の地方主義的な作家としてのフランソワ・モーリヤックではなかったか？　サルトルは好んで皮肉たっぷりに、「私はオーリヤック[*8]を賛える詩人には決してならない」と語っていた。モーリヤックはその後数年間、この理屈を並べためった打ちから立ち直れなかった。サルトルの方は、これによって文学共和国の中での検閲官という定評をかちとった。人々は、彼の華々しい攻撃、「口うるさい」攻撃、その情熱と憎悪を識別するすべを学ぶことになる。

パリ文壇における当面の第二の敵は、ロベール・ブラジヤックだった。彼は『一指導者の幼年時代』が自分に向けられたと感じ、「退屈で」、「かなりうす汚いエロチスムで下手くそに」書きなぐるこの著者に対して、『アクション・フランセーズ』誌上で悪罵の反撃にでたのである。とはいえ彼は、サルトルを「創意ある繊細な精神、ただしある種の憎しみのこもった知性に裏打ちされている」と認めていた。彼は、サルトルの小説集の全体的雰囲気に道義的に憤激したのである。「なぜなら、哀れなサルトルよ」と、彼はサルトルを哀れんで叫ぶ。「日がな一日、悪臭や、不快な生活習慣、汚れた下着、不健康な部屋、シャワーも歯磨きも知らない人間のただなかで暮らすのは、面白いはずがないではないか？」[(37)]これを追うように、ジャン＝ピエール・

マクサンスの『グランゴワール』紙での批判が続く。それは、この「力強いおぞましい世界、うじ虫がうごめき、悪性の熱病が広がり、その上に鉛の空がのしかかる世界、つまり徹底的ペシミスムの世界で、それに比べれば、ルイ＝フェルディナン・セリーヌの世界もにこやかに見える」[38]そうした世界に対して、顔をしかめ、激しく抗議する。だからサルトルを中傷する者たち、身ぎれいなおとなしいファシストの歯ブラシと目の細かい櫛に、好きなように言わせておこう……。やがてまた、彼らは対面することになるだろう。[39]

「ジャン＝ポール・サルトル氏は、たしか哲学教授だったと思うが……小説で華々しいデビューをした」。これはポール・ニザンがかつての級友の文壇登場に祝福をおくり、公式に「フランスのカフカ」、「第一級の哲学的小説家」、「荒々しいユーモアと激烈な社会風刺のセンス」[40]を認めた日の、とぼけた言い草、共犯のウインクである……。一九三七年三月より、彼はアラゴン、ジャン＝リシャール・ブロックとともに、『ス・ソワール』紙の責任者の一人となり、国際政治欄を担当していた。そしてこれはその『ス・ソワール』紙上での公式の挨拶だった。スペイン戦争、国際連盟総会、ミュンヘン協定、フランスの閣僚たちの東欧訪問、こうした出来事のどれひとつとして、このマルクス主義者の報道員は見逃しはしない。しかも彼はこれと平行して、作家活動も続けており、『嘔吐』出版と同じ年にサルトル同様ガリマールから出した『陰謀』で、一九三八年度ゴンクール賞候補になり、結局、ジャーナリスト作家に与えられるアンテラリエ賞を獲得している。当然、考えられることだが、こんどは『陰謀』が、かつての級友の暗黙の同意を示す賛辞を返礼として受ける。こんどは『N・R・F』誌で、「ニザンの辛辣で暗鬱な人となり」に賛辞が送られたのである。「自分の青春を許そうとせぬ」この男に、その「乾いて投げやりな、美しい文体、まるで自分を支え切れないかのごとくに、節の真中でがくんと落ちこみ、それから突如として再び跳び上って空中に消えてゆく、そのデカルト風の長い文章」[41]に対して。

二人とも、青春時代に、合わせ鏡のようなこんな場面をどんなに夢見ていたことだろう！ そして互いに結託した批評の言葉をどれほどか、それぞれの頭の中で考え、練り上げたことだろう。戦争の一年前に、二人はやっとそこへたどり着こうとしていた。しかしニザンは一九四〇年に死んでしまう。こうして合わせ鏡の初めての目くばせもそれっきりになってしまう。ニザンとともに、「サルトル少佐」――ニザンが著書の中で好んでそう書いた――と「ニザン憲兵」――サルトルがお返しにそうやり返していた――をつなぐ線は消えてしまうのである。

二人の間の共犯関係は全く文学的なものだが、二人が本当に行き来することはもうなくなっていたから、それは距離をおいた関係であった。サルトルの方は、後にこう説明している。すなわち自分の親友が毎日『ス・ソワール』紙に外交政策についての論説を書いているというだけで、時として何とも軽薄にも、自分の方は能動的な政治から「免除されている」ような気になっていた。また、ニザンがジャーナリスト、フランス共産党の序列の中で第一線の政治的責任者となっているのだといささか軽率に思いこんでいた。その後急速に起こった一連の出来事によって、やがてサルトルはそれが逆であったと知らされる。

さしあたりは、迎えられ、受け容れられ、認められて、サルトルは世界を、今後は当事者として眺めるのである。すでに、一九三八年九月のミュンヘン協定調印の時には、個人的にも不安を覚え、ヨーロッパの政治と歴史の転換により組み込まれ、それ故より傷つきやすくなっている。戦争の足音が近付きつつあったリセ〈パストゥール〉の哲学クラスでは、サルトルの最大の敵はダラディエの息子以外にないという冗談が言われていた。内閣首班エドゥアール・ダラディエの息子のジャン・ダラディエは、一九三八年の新学期に「フランス帝国青年団」の運動を開始して、リセ〈パストゥール〉の教室の中に、騒々しい混乱を持ちこんでいた。郵便物はたくさんくるし、ラジオのインタビューはやるし、という具合で、いわばちょっとした有名人になっていたのである。ところがある日哲学の時間に、サルトルは彼が何通もの手紙を開封しているのを見て、だれにも聞こえる大声でこう言った。「ダラディエ君、二時から四時までは面会時間ではありません、二時から四時までは授業時間です[42]！」

サルトルは、きちんと新聞を読むよりも、映画——相変らず大変楽しく観にいっていた——を介して歴史の変動にますます敏感になっていき、この特殊な戦前期に、自分の「独断的な眠り[43]」から抜け出そうとしていた。のちに彼は書いている。「一九三〇年以後、世界的不況、ナチズムの抬頭、中国での諸事件、スペイン戦争がわれわれの眼を開いた。足元の大地が崩れてゆくような気がした。突然、われわれにとってもまた歴史の大手品が始まった。突如として、世界の大いなる平和の最初の年月を、両大戦間時代の最後の年月として直視しなければならなくなった[44]」。それにまた、ミュンヘン協定の前のこのような精神状態や、帰国するダラディエを歓呼して迎えるような「偽りの小康状態」、こうした「意気地のない安堵」に、サルトルはほかの誰よりも敏感だった。

何カ月か後に彼は、一九三八年九月の数日間を、三部作『自由への道』の第二部『猶予』の歴史的枠組みとして設定する。こうしてますます関連を深めていき、彼は戦争に向かって進んでいく。ところがこのころ彼が読んだ本は、政治に関するものより映画についてのものの方が多かった。しかしそれが何だと言うのだ。今や彼自身がこの困難な時代について証言するのだ。読んでいたのがフリッツ・ラング、チャーリー・チャップリン、オフュルス[*9]、ルビッチ[*10]、パープスト[*11]、あるいはカルネ、ルノワール、ルネ・クレールだったとしても、いいではないか。これからは彼が証人なのだ。彼は時に明晰であり、かと思うと不安になったり、信じられなくなったりと、態度は何度も変わったが、その間に〈歴史〉は彼の中に浸透し、彼はいやおうなく〈歴史〉に引きずりこまれ、関心を抱かざるを得なくなっていった。

「われわれがその領土の保全を保証した国が押し潰されるのを、手をこまねいて見ているなどということが考えられるだろうか?」ミュンヘン協定とチェコスロヴァキア見殺しの直後、彼はカストールにこう書いている。そして同じ手紙の中で「民主主義国はヒトラーを後退させうるという希望を決定的に失った」こと、「これは国際政治の場においてだけではなく、おのおのの国の内部でもまぎれもなくファシズムが勝利したということだ」[45]と認めるのである。今やサルトルも、ほかの人々と同じように不安なまま漂っている。もちろん例によって彼なりの仕方で文学的生活と私生活を営んでいることに変わりはないが。


「ここにいて満足かしら、プールー」

「ええ、お母さん」

「どう? 気分悪い?」

「いや、いいですとも、お母さん」

「とにかくあなたのためになるわ。健康にいいのよ[46]……」

一九三九年夏の初めの何週間か、三十四歳のプールーは、母親と義父にはさまれておとなしく食卓につき、あまり盾突きもせず、恒例の家族の夏休みにつきあう。イヨンヌ県のコレットの家の近くで、一同は散歩したり、本を読んだり、エムリィ家へ昼食に行ったり、ブリッジをしたり……。フランスの田舎の退屈さ、夏だけの社交生活、そして義父との間には気づまりな沈黙。夏にはまた、毎年きまってプールーは喘息の発作で、夜、眼を覚ます。家族の許へ戻ると必ず喘息を起こすのだ。しかし同時に、それと並行して、まったく別のことがある。カストールや他の女たちとの、入念に計画を練った、かなり綱渡り的な夏休みの過ごし方である。

苦境から脱け出すとともに、サルトルの多妻主義は羽ばたき始めたらしく、ヴァンダ——オルガの妹——、デュランの講座の女学生である「リュシル」と「マルティーヌ・ブルダン」の二人、カストールの生徒の「ルイーズ・ヴェドリーヌ」などが、代わる代わる、あるいはいっしょに、モンパルナスのホテルの一室へサルトルと夜を共にしにやって来ていた。

彼は夏休みの日々を、母親とはオークセールの近くで、カストールとはマルセイユとジュアン・レ・パンで、「ルイーズ・V」とはラ・クリュザスで、ヴァンダとはマルセイユで、というふうに公平に分配した。毎日そこにいない女性全員に手紙を書き、誰に対しても何もかも話し、自分の房事から食事、読んだ本のことまで描写するのである。いわばペンの力と如才なさを頼りに、遠隔操作で紛れもない小ハーレムを維持し、囲っていたわけである。そして金や、贈り物や住所や約束を送りつけ、誰もかれも飼い慣らしながら、そのうちの一人でも失いはすまいかという恐れから、時間も日もかまわずに絶えず追いかけまわすのだった。

カストールとの間には、これ以後、あらゆる「周辺的に生まれる仲」を容認することが決められたらしく、カップルとしての奇妙な均衡ができる。サルトルがヴァンダや「ルイーズ・V」に対して新たに恋心を抱いても、カストールとは海辺のモレル夫人の家で二週間過ごし、泳いだり、書いたり、読書したり、友人たちと騒いだりするのである。それに、見たところ、カストールからこの夏休みの権利という優先権、特権を取り上げることができるものは何もなかった。それに、いちばん多く事細かに情報を受け取るのも、おそらく催促の結果であろうが、共有された話題の中でサルトルと一種の共犯性を持つのも、彼女ではないか。オルガの一件以来、リスクは小さくなっていて、サルトルも、新しい女性が好きになっても、一途で破滅的に身を滅ぼす、これしかないというような自殺的な情熱に陥ることはもう決してなかった。だからカストールにとって、周辺的なリスクをコントロールしうることはもはやほとんど確実となっていた。彼女は承認し、支持し、自分にとってもはや危険とはならぬこういった情事を励ましさえするのだった。

それに、サルトルがいくら情事の話をしても、彼女が不平を言うには及ばない。「ぼくたちは何も言わないでいじくりまわし合ったさ」と、サルトルは「マルティーヌ・ブルダン」と過ごした夜を思い浮かべて、カストールに向かって語っている。「寝る以外のことはすべてやった……大恋愛家だ……褐色の髪の女と寝るのは初めてだ……香水の香りがぷんぷんして、いやに毛深く、腰の窪みに黒い小さな毛並があり、体は真っ白……ミルリトン〔棒状のパイの一種〕のような舌はとどまることを知らずに伸びてきて、扁桃腺まで愛撫してくれる」[47]。極端なガラス張り、覗き趣味、多妻主義。リセ〈パストゥール〉の生徒たちも彼の放縦を見抜いて熱狂していたが、これを知っていたらどうなっただろう！

一九三九年八月の後半、彼はマルセイユ港で、ニザン一家と偶然に出会う。彼らはコルシカへ行く船に乗るところだった。皆で食事し、近づいてくる戦争について情報を交わす。これがサルトルとニザンの最後の出会いになる。一九三九年八月末、サルトルは「ルイーズ・ヴェドリーヌ」への手紙に「わかるかい、恋人よ。かりに戦争があったとしても、ぼくたちの三人にはそのあとがあるだろう。その点は絶対確かだと思う。

ぼくたちの人生は続くんだよ。だが、そもそもぼくはほんとうに戦争が起こるとは思っていない[48]」と書いている。十八歳の若い娘を不安がらせまいとする願いか、無理して平静を装っているのか。独ソ不可侵条約の直後、ニザンはうんざりしてフランス共産党を離れ、そのことを『ルーヴル』紙上で公式に表明した。しかしニザンの辞任の翌日も、サルトルは動揺していなかった。「ドイツ国民の今の精神状態では、ヒトラーが戦争を始めようとすることなどありえない」と、彼はさらにこの若い娘に書いているのだ。「これはこけおどしだ[49]……」。翌日、サルトルは動員された。

いやおうなく、母やカストールや恋人たちを置いていくのだ。ポーランに頼まれた書きかけの評論や引き受けたばかりの『ウーロップ』誌の文芸欄を担当する新しい仕事も。綱渡りのような自分の時間割りも、友人のような生徒たちも、小説の原稿も、ハイデッガーの読解も置き去りにして、エッセイ・レ・ナンシーへ向かい、気象班二等兵の制服を着るのである。「年齢は三十歳そこそこに見える。お世辞にも立派な体格とは言えぬ。髪の色は薄くてさえない。眼鏡の下のぼやけた目。しかし薄い唇の方が、微妙な曲折によって、ものを眺めているように見える……」。クローディーヌ・ショネスは、最近、文壇に出現した新人の人物描写を『マリアンヌ』誌上でこんなふうに試みている。「純然たる哲学者、精神のみに過剰に養分を供給するために血と肉が内側に引っこんでしまった人、といった外見……。彼はまず書物の間で、次いでカーニュ〔高等師範学校受験準備課程〕のクラスだの高等師範学校の寮の壁の間で育った[50]」ともつけ加えている。

脆弱な青白い小説家、純然たる哲学者、書物の中に囚われていた人は、自分の熟知する、また新たに征服したばかりの領地をあとにして、装備一式、制服、軍隊手帳を携えて、遠く冒険の旅へと発つのであった。それは、おそらくもっとも大胆な冒険、ヨーロッパが、納得せぬまま、しかも納得していないことを承知しながら陥っていく戦争という冒険、サルトル自身もほかの誰も無傷で帰ってくることのない戦争という冒険であった。

第二部

大戦中の変身

（一九三九年～一九四五年）

「どうやらぼくは、伝記作家が伝記の一五〇ページあたりで言うせりふを借用するなら、『自己を発見』しつつあるらしい……。」

シモーヌ・ド・ボーヴォワールへの手紙[*1]

一九四〇年一月六日

サルトルはほんとうに「自己を発見しつつ」あったのだろうか？　このマリンブルーの軍服に身を包んだチビの兵士は？　ズボンを膝で留め、膝から下はソックス、でっかい軍靴、金ボタンのシングルの上着という出立《いでたち》でベレーを斜めに被り、ごつい革ベルトをぶきっちょに締めたところは、なにかの包みをベルトで締めたといったあんばいだ。この男を過去に結びつける物質的標章として唯一目につくのは、白い海泡石のパイプと、茶のべっ甲の丸い眼鏡だけにすぎない。このパイプと眼鏡は、今後とも戦前のサルトルの永続性を保証し続ける。それもあらゆる有為転変に抗して保証し続けることになるのだ。「戦争はほんとうに私の人生を二つに分割した」(1)と、のちに彼は言うであろう。その真偽のほどを点検するには及ばない。この以前・以後の対照関係は、実に見事に機能するのだ。一九四五年のサルトルは、もはや一九三九年のサルトルではない。それは彼の人生の大変動、大変身であった。トンネルに入るときには、彼はリセの哲学教授、業績として二冊の著書を持つ、孤独な個人主義者、現世の事柄にはほとんどあるいはまったく関わりを持たぬ、全面的に非政治的な存在であった。トンネルを出たときには、さまざまなジャンルに自分の才能を効率よく配分する作家、政治的には積極的で、またそうありたいと願う人間、数カ月後には国際的な有名人となる、押しも押されもせぬ大作家になっているのである。

スターリンとヒトラーの大仕掛けな駆け引きのあれこれ、国際政治戦略の動き、軍服姿の将軍たちやひげ面の国家指導者たちの思惑――こうしたものは、この出来事の当事者たるB級兵士サルトルの視野には当面はあまり入ってこない。サルトルは一九三九年から四五年の戦争の一当事者であり、三十二歳以上の兵士が分類されるB種枠の一兵士である。もっとも今や彼は、軍隊という集団につきものの均等化を蒙り、新たな身分を獲得する。彼は、登録番号一九九一番の兵士サルトルとなり、第十一軍団所属、第七〇師団の砲兵連隊一〇八区域A・D観測班[*2]に配属され、フランソワ将軍、ド・ラルミナ大佐、ピエール伍長の指揮下に入るのである。

1　カフカ風の戦争

「動員以来、しょっちゅうカフカのことを考えました。彼ならこの戦争が気に入ったに違いない。そしてこれは、彼にとって恰好のネタになったでしょう。グレゴワール・Kという名の男を登場させて、必死になっていたるところに戦争を探し求め、いたるところにその脅威を感じるけれど、決して戦争を見つけだすことができない、という具合にしたことでしょう。『審判』の判決のいくつかと同じように、猶予中の戦争なのです……。」

ジャン・ポーランへの手紙
一九三九年十二月十三日

奇妙な戦争は戦争ではない。彼らは、父から、祖父から、叔父から、すべての従軍経験者から、すべての兵隊さんから、第一次大戦の無数の話を聞かされて、塹壕、目に見える敵、正面衝突、英雄的兵士のことを想像するよう教えられていた。ところが九カ月以上というもの、果てしもない無意味な待機の中で、フランス人の同胞とだけ顔をつき合わせて過ごすことになるのである。彼らは、何がどうなっているのか、自分たちがどうなるのかも、ほんとうには分からぬままに、退屈し始め、カードをやり、本を読み、女房や情婦の話で時を過ごす。サルトルはサルトルで、こう書いている。

「今や私は兵士で、しかも精勤しています。しかし戦士ではありません。砲座のあたりに、鳩でも放つように風船を上げては、風の方向を測定するために、それを双眼鏡で追うのです。……小説を書き続ける暇はあります。冬の間には書き上げられると思います。それに、時勢に合わせて、『死についての省察』を書こうとも考えています。出来上がったら『N・R・F』に出したいものです」(2)。

一九三九年九月二日、総動員の日に、東部戦線に臨むエッセイ・レ・ナンシーの兵営で、チビの男は軍服を受け取り、兵士に姿を変える。そして、第七〇歩兵師団の気象観測班の指揮官ピエール伍長が、手渡されたリストに記載された三人の戦友を呼びに大部屋にやってきたとき、この非常に多忙な兵隊、作家の兵隊は、呆然自失してベッドに腰かけていた。それから九カ月の間、これ以上ないほど不揃いの人間たちの臨時の組み合わせである四人の兵の小グループは、珍妙で波乱万丈の日常生活をともにしていくのである。まず、太ったパリの婦人服商、ピエデルコフスキー〔ピエテルコフスキーの誤り〕、地方の電話会社の社員ミュラー、バル・ル・デュックのリセの数学教授ピエール伍長、そしてサルトルであるが、彼はほかの三人の目には、ほとんど初対面から、かなり閉鎖的でおそろしく無愛想な男と映った。身の上話の類は嫌いだったが、それでも彼がパリで哲学を教えていることは、皆にもわかっていた。

奇妙な戦争とは何か？ 目的もなく、変化もなく、狼狽と倦怠とだらけた無気力のどんよりした空気の中にとろけていく、予期せざるヴァカンスの期間にほかならない。それから三五年後にサルトルは、動員されたての兵士としての最初の感想をシモーヌ・ド・ボーヴォワールに語るが、その際、彼は、あの不条理の想い出を何一つ忘れていない。「そういうわけでぼくは、全然似合わない軍服を着て、ぼくと同じ服を身につけている、ほかの人間たちに混じっていたわけだ。われわれのつながりというのは、家族のつながりでもなければ友情のつながりでもなかったが、それでも非常に重要なつながりだった。われわれは外から割り当てられた役割を持っていた。ぼくは気球をあげ、それを双眼鏡で見ていた。赤い風船を空にあげるという行為と、われわれを取り巻いている目に見えないこの戦争全体との関係が見えてくるようになるには、自分自身に働きかける必要があったのだ。その術をぼくが修得したのは兵役の間で、その時はそんなものを用いることになるとは夢にも思っていなかった。ところが今や、知らぬ他人に混じってその職務を遂行していたわけだ。彼らもぼくと同じようにこの職務を遂行しており、ぼくの職務の遂行を助けてくれたし、ぼくの方も助けてやった。で、ぼくの上げた風船が雲の間に消えていくのを眺めていた。しかもそこから数キロ先にはドイツ軍がいて、そこにもわれわれと同じことを一生懸命やっている人間がいるかと思えば、攻撃を準備している人間もいた、というわけだ。それは絶対的に歴史的な事実だったのだ。ぼくはいきなり大勢の人間の中に投げこまれて、明確だがばかげた役目を与えられ、ぼくはその役割を、ぼくと同じく軍服を着ており、われわれがやっていることを失敗に追いこみ、最終的にはこちらを攻撃することを役目とする別の人間たちの面前で、演じていたわけだ[3]」。

彼は君臨する術を学んでいた。観念の上に、言葉の上に君臨する術を。彼は、家族、ブルジョワ社会、高等師範学校《エコール・ノルマル・シュペリユール》、大学教授資格《アグレガシオン》、リセの世界という風に、次々と段階を踏んで、エリート集団の甘ったるい空気の中に浸っていた。いずれも閉鎖された場、かいこの繭であって、おかげで彼は社会・政治的喧騒を免れることができた。彼は幼少の頃から作家としてのキャリアを紡ぎ始め、言葉によって奇妙でとらえどころのない誇大妄想的野心を養っていた。ところが突然、奇妙な戦争とともに、すべてが崩れ去る。コードもプログラムも知らない劇の中にいやいや登場させられた俳優のように、この造物主たる彼ともあろうものが、これまで立ち会う羽目になったもっともつまらぬ茶番劇を、じっくりと味わわされることになったのだ。まさに冒瀆だった。滑稽な服装、割り当てられた行為、異様で虫の好かない同室仲間。これまで常に自由に行なってきた選択とは、全面的・徹底的に正反対の試練である。

サルトル、ピエール、ピエデルコフスキー〔ママ〕、ミュラーの四人のグループは、ナンシーから、サントレイ、サントレイからマルムーチエ、マルムーチエからブリュマット、ブリュマットからモルブロン・レ・バンへとちょこちょこと移動を繰り返し、アルザスとロレーヌの田園の美しさ、その小ぢんまりと小綺麗な村々、木骨造りの白壁の家、花咲き乱れる学校、愛想よく人を迎えるカフェやバー、ドイツ風文化の香り、こうしたものを発見していく。冬の終わりに、ブークスヴィレールで数週間を過ごし、一九四〇年の五月にはまたモルブロンに戻ってくる。彼らが受けた最初の派遣命令にしてからが、それだけでもう大仕事だった。第七〇歩兵師団の参謀本部が結集しつつあるサントレイの兵営に合流せよ、というものだったのだ。そこで彼らは、トラックを入手すべくボーダン兵営に派遣された。「ところが、車は手に入ったものの、規定によりガソリンは一滴も支給すること罷りならぬ、と言われたんです」と、ピエール伍長は語っている。しつこく何度も請願を行なったが、結局駄目だった。そこで、この軍隊式官僚主義の極めつきの袋小路を脱出するための手段を見つけ出したのはサルトルだった。「彼は、『フランス共和国』の頭書がついた用紙で、ガソリン徴発の命令書を作成することを思いついたのです」と、ピエール伍長は説明する。「そのおかげでガソリンスタンドでガソリンを二〇リットル手に入れることができました(4)……」。ところが、そうやって参謀本部へ着いてみると、またまた厄介なことが起こった。気象班の上級指揮官であるラルミナ大佐は、彼らに関していかなる派遣命令の伝達も受けておらず、彼らの受け入れを拒んだのである。そこで彼らは遊休中の四銃士のように、再び自然の中へと送り返された。秋たけなわのロレーヌの田園の美しい景観を前に、いつ終わるとも知れぬばかばかしい待機が一カ月も続くのだった。

サルトルは多少のユーモアをこめて書いている。「われわれは住民が立ち退いた一軒のホテルに入れられました。全部で十七人で、それが『区域』になるわけです。このホテルは平時にはつましいリューマチ患者が主要な客筋になっていたものです。おそろしくバネの効いたベッドと鏡付き洋服だんすが残っています。軍隊的社会主義というのも、壁に花柄の壁紙を貼った小さな部屋に腰を据えるとなると、牧歌的でフーリエのファランステール〔協同組合社会〕のような様相を帯びてきます。フーリエ主義者たちの実験がうまくいかなくなり、派遣隊のメンバー同士が憎み合い始めた頃のような具合です。かなり詩的で、非常に興味深い[5]」。

ブリュマット滞在は、数カ月にわたることになる。この典型的なロレーヌ〔実際はアルザス〕の小都市は、国境をはさんでドイツ側のバーデン・バーデンと厳密に対応する位置にあった。彼らは住民の家に宿泊したが、食事はレストランでとった。それらのレストランは、雄鹿亭とか黒牛亭とか金獅子亭といった色とりどりの名がついていて、仏独二国の争奪の的であったこの地方の動物絵巻がすっかり姿を現わしていたわけである。彼らの仕事というのは、相変わらず風船を上げて、それを双眼鏡で追うことだった。「それを、『気象観測を行なう』と称しています」とサルトルは説明する。「それをやってから、砲兵隊の将校に風の方向を電話で知らせるわけですが、彼らはそれをどうしようと勝手です。若手の将校はこの情報を利用しますが、古手はくず籠に放りこんでしまいます。なにしろ発砲することがないのだから、どちらの方法をとっても同じというわけです。この仕事は、きわめて平和的で（これより穏やかで詩的な任務というのは、伝書鳩係ぐらいのものでしょう。もっともそれが軍隊の中にまだあるかどうか知りませんが）、おかげで私にはたっぷりと暇があるのです[6]」。

そこでサルトルは、ソ連がフィンランドを攻撃している間、フランスとイギリスが単独講和は行なわないと約束しあっている間、デンマークとノルウェーが第三帝国の兵士に侵略されている間、この奇妙な戦争の九カ月の間というもの、この長い余暇の時間を、自分にできることをして過ごした。つまり、ものを書き続けたのである。臨時の戦友たちについて、通り抜けた場所について、カフカにどっぷり浸ったあとで、今度はなにやらクルトリーヌ風になってきたこの奇妙な戦争について、彼は信じられぬほど詳細な記述を遺すが、しかし結局、政治的事件の分析に関する痕跡はほとんど見当たらない。しかし、その一方では、先祖たるシュヴァイツァーの国に里帰りしているという事実が、このルーツなど気にもとめぬ傲慢な男の中に、思いもかけぬ反応を引き起こしてもいる……というのも、早くも一九三九年九月二日には、アルザス・ロレーヌに居住する全住民の大量移住が決定されたのだ。行き先は、何と……フランス南西部であった。実のところは、アルザス・ロレーヌの住民と、すぐ隣り合わせのドイツ人とが再び手を握ってしまう危険を予防することが眼目であった。「ドルドーニュ県ストラスブール[*1]」と、当時『ルーヴル』紙は書いている。アルザス人とペリゴール人という、まったく対照的に離れた位置にあった二つの住民の思いがけない邂逅の中に生まれた、いささか驚異譚めいた感じをこのように表現しようとしたわけだ。サルトルは、遊休中の兵士という観察にうってつけの立場から、アルザスのビストロの女将たちとか、徴発されたホテルの持ち主とかが、この件について現地であれこれ加えている論評をもちろん聴きとることができた。彼にとって、住民の移動は実のところいささかも突飛なものではなかった。それは反復であり、アンコールであり、複写だった。シュヴァイツァー家の人間がサルトル家へと行くこと、アンヌ＝マリーがティヴィエに移ること、祖父シュヴァイツァーが、祖父サルトルの穏当を欠き良識に反した言動の一々を発見することであり、要するにプファッフェンホーフェンとピュイフェイベールが、いきなり鉢合わせすることにほかならなかったのである。彼はこう記す。「この技術戦争のもっとも興味深い現象の一つは、アルザス人たちの組織的移住であったということになるだろう。……彼らはリムーザンの土百姓のところ、遅れて、鈍く、欲の皮がつっ張っているくせに貧乏な、最低の連中のところへ送られた。自分たちの整然として手入れの行き届いた耕地や美しい家の記憶にまだ目がくらんだままのあのアルザス人たちが、あの田舎、あの汚い町の中に、あの猜疑心の強く、醜い、大抵は汚らしい連中の住むところに追いやられたわけだ。……清潔好きの習慣を持つ彼らは、ほんの十二年前まで食物のごみも糞尿も一緒くたにはき溜めに捨てられていたティヴィエのようなああした小さな町々では、さぞや不快感を味わったことだろう。いずれにせよ結末は明白だ。このアルザス人たちは故郷に手紙を書くときに、リムーザン人を野蛮人呼ばわりする。この言葉はどの手紙の中にも繰り返し使われる。『ここは野蛮人の国です』というのは、まさに集団的表象となっている。一方リムーザン人の方は、アルザス人を〈ドイツっぽ〉扱いするのだ(7)」。

ここでもまたサルトルは、御覧の通り、自分がシュヴァイツァーでありアルザス人である方を好んだ。ここでもまた彼は自分をあの尊大なアルザス人たちと同一視した。そのアルザス人たちとは、「この野蛮人たちの農具の原始的な」様相に軽蔑の念を抱き、ある種のペリゴール料理――まさかガルビュール*2かトリュフの皮入りオムレツではないだろうが――を目にして、眉をひそめ、「連中は汚物を食べている！」と叫んで嫌悪の情を表わし、自分たちに対する「リムーザン人の猜疑心」にあって、自分が確実に侮辱されていると感じ、また、ペリゴールの農民に自分たちの仕事のやり方を教える――「忠告好きなアルザス気質」の然らしめるところだが――ことができないといって、決定的に失望を感じる、そうした人間たちであった。次いで、いきなり与えられた、人を面喰らわせる一つの機会にせき立てられるようにして、サルトルはプファッフェンホーフェン「巡礼」を試みる。今では遠い存在となっていたが、「私の記憶が正しければ、私の母方の家の発祥の地」と、彼は説明している。「私はそこに詣でる義務があると思いこんだ。なぜだろう?」と彼は自問する。「要するに、かつて暮らしたことのある町との唐突な接触によって、想い出が突然モクモクと湧いてきて、それが結晶となるということをいささか期待したのである。それに、海底に呑み込まれたイスの町[*3]のように、私の記憶の底に埋もれたこの小さな都市は、なにやら詩的な気分にさせるものだった……」。一九一三年の夏休みは、このプファッフェンホーフェンの小さな町の大伯母のカロリーヌ・ビーデルマン――シャルル・シュヴァイツァーの姉――の家で過ごしたのだった。そこで少年サルトルは、最初の作品の一つ、『蝶を求めて』を書いたものである。それから二六年後、兵士サルトルは、銃とヘルメットを携行して、その町を再び訪れたわけである。「巡礼行の標準的な持ち物ではない」と、彼はユーモアをこめて記している。一九三九年十二月二十二日金曜日、口ひげを生やした太ったアルザス人が運転する軍用トラックで、夜明けに出発。サルトルは前に座り、戦友グルネルは後ろに陣取った……エーベルバッハ、……シュヴァイヒハウゼン、……、ニーダーモデルン、……とても寒い。マイナス九度だ。細い田舎道を行く三人の兵士には、すれ違う者もほとんどいない。何頭かの農耕用の馬と、他の兵隊、それに農民に出会うくらいだ。どんよりとした蒼白い日の光が、雲の垂れこめた空の下に広がっている。午前七時。体内の血を温めるために、シュナップスを一杯、それからラムを一杯。それからプファッフェンホーフェンに到着である。サルトルは――だれも意外とは思わないが――ロマンチックな郷愁などまったく感じなかった。そこで彼は記している。「私は、この豊かだがいささか淋しい大きな町をさ迷ってみた。何も思い当たるものはない。あの過去は、すっかり埋もれてしまい、それを蘇らせるものは何もなかった。……とある角を曲がると、黄土色の大きな建物の前に出た。屋根はスレートで小塔と三角の切り妻壁を付けた、ひどく不細工な建物だ。それがビーデルマン商店だった。そこまできても、私の記憶は物言わぬままだった[8]」。

こうして巡礼兵は、自分の先祖の村にいくつかのシニカルな言葉を残して、ブリュマットへ戻った。しかし、すでに一カ月前から、おそらくはもう一つ別の形のアルザスへの郷愁――もっと気恥ずかしい、もっと逸脱したもっと個人的な郷愁――のせいであろうが、彼は自分の過去の断片に思いを馳せ、それを書き綴り始めていたのである。そして、自分ではいささかも求めることなしに立ち戻ったこの聖なる土地は、おそらくそのことと無関係ではない……。

しかし、当時彼の日々の生活を占めていたものは、とりわけ日常的な共存、つまり、上官、より具体的にいえば、中でももっとも直接の上官ピエール伍長との不断の緊張関係であった。サルトルの描写によれば、この人物は、「やせて神経質で、鉄の眼鏡をかけた、リセの数学教師」である。ラ・ロッシェルの家でのジョゼフ・マンシーとの代数の勉強の遠い想い出なのか？　この数字のエキスパートを想い出させるあらゆるものへの根本的なアレルギーなのだろうか？　サルトルはさらに続ける。「ピエールが目印なしに生きられないのは、彼が数学の教師だからだろうか？　冬の間、この男は毎日のように情勢の点検をした。しばしば雪の中を十五キロも歩いて、無線のトラックにニュースを聴きに行ったものだ。……この澱み切った戦争の間中、彼は、妻のいる所とどれだけ離れているのか、この先どれくらい防衛区域に留まることになるのか、賜暇名簿の中で自分は何番目か、こういったことを知っていた[9]……」。

こういうわけで、この二人の間は、きわめて異なった気質の相互反感の正真正銘の実例であった。先に嫌いになったのはどちらの方だろう？　いずれにせよサルトルは、ピエール伍長が自分に対して全然好意を持っていないと確信し、こうも付け加えている。「彼とぼくは二人とも教師だった。だから共通の絆があるはずだと、ピエールはなんとなく思っていたが、こっちはそうじゃない。ぼくにとっちゃそんな絆は存在しなかった。で、彼は気に入らなかったわけだ[10]」。実際、サルトルとピエールはしょっちゅうぶつかっていた。伍長は、偏執的で、的確で、丹念で、秩序とヒエラルキーを全面的に尊重し、軍に組み込まれており、病的なまでに現実と直結している。サルトルの方は、世をすねて、孤独、型にはまらず、器具類が苦手で、秩序と軍を憎んでいる。この二人の関係は、やがて偏執的妄想にまで転化し、サルトルはボーヴォワールに、こう書き送ったほどだ。「今日の午後、ぼくがどんなに淋しげな様子で頬杖をついていたか、見せたかったほどだ。……それで、ぼくの気力が弱った隙をいつもうかがっているピエールは、さも思いやりがあるといった上から人を見下すような皮肉な調子で、気分でも悪いのか、それとも家から悪い知らせでもあったのかと尋ねてきたものだ。お前の知ったことか、ときっぱり言ってやったがね[11]」。のちに、今度はピエールの方が、サルトルの奇妙な気性について語ることになる。彼は、それが周期的で不安定だと判断する。「訓練の間、彼は測地器を据える場所についての私の助言を考慮しようとしなかった。そして『ぼくは君の生徒じゃない』と言って、不満を表わした[12]」と、彼は書いている。どうやらサルトルは、この閉ざされた世界の中で、ヒエラルキーの重圧を最も挑発的に排撃したのであるらしい。ル・アーヴルのリセの教師が、校長との上からの関係を嫌がっていた、ということではなかろうか？　この兵卒が、しかつめらしい伍長にさとされるのが耐えられなかったのも無理はなかろう。もっとも、ピエールの評価報告はいずれも、唯一にして同一の考え、つまりサルトルは、軍に対していささかの関心もいささかの評価も持たず、アナーキストで変人として振舞うはぐれ者であるという考えに立脚している。彼の無遠慮さ、むさくるしさ、不器用さに関するほのめかしは絶え間がない。すでに最初から、「われわれは、この男がわれわれにとって、軍事的にはいかなる有用性もありえないとの印象を持った[13]」と決めつけているのだ。

何しろ、サルトルはゲームの規則を心得ていないのだ。こうした二流の役割、強いられた男の友情、予期せざる親密さという状況、こういうものは彼にはうんざりだった。例えば、たぶんミュラーとおぼしき一人の兵士が、彼に打ち明け話をしたときなどが、いい例である。「このことが作り出す感情的絆、彼にとって彼の人生を知っている人間であり、彼がいろんなことを話す相手であって、そのあとでそういったことを覚えてなきゃならない、そういう絆ってものは、ぼくには耐えがたく思えたんだ。……それは関係をゆがめてしまう。動きがとれなくなるんだ。相手は、こっちの意見を参考にしようっていうんだから。打ち明け話を聞いてくれる人間には、一種の尊敬のようなものを持つものだ。で、ぼくは、結局はなりたくないと思っていたもの、弟子に対する師というやつになってしまうのだ。だから、打ち明け話をされるのは嫌だった[14]」。

人の下にも立たないし、上にも立たない。家父長的態度でやられるのも、感心されるのも、サルトルは我慢できない。だから強迫観念にとりつかれたような、たいそうかたくなな態度に閉じこもる。人から忘れられるよう、尊重してもらい、そっとしておいてもらうよう、自分の特殊な仕事に閉じこもった、わらじ虫になっていく。タイプを打つ兵士、これこそ彼に打ってつけの、彼だけの特別の役割となっていくのだ。そして、やがて彼の余技に気づいた下士官や大尉や大佐などから、敬意をもって見られるようになる。サルトル自身がきわめてユーモラスに報告している幕間狂言の一場面を見てみよう。

「一人の大尉――さっそうたる士官学校出で、将軍とも夕食を共にするといったタイプ――がやってきて、ぼくに言った。『このすっかり参っちまったような面をしたのは、何をやってるんだ?』ぼくは参っちまったような面は全然してなかったけれど、仕事をしている時のいつもの面をしていた。『個人的仕事であります、大尉殿』。『何だ』。『書きものです』。『小説か?』『はい、大尉殿』。『どんな話だ?』『それは一言では説明しかねます』。『つまり、女と寝たり、亭主がコキュになったりするやつか?』『その通りであります』。『それは結構。仕事ができてよかったな』。そう言ってから、彼は秘書たちに向かって、いささか物悲しげな口調でこう言った。『本の著者なんてものは、間近から見てはならないものだ』[15]」。

伍長――しかしあのピエール伍長なのだろうか――によれば、ほかにも軍のお偉方がやはりこの一風変わった兵卒に目をとめた。彼は語る。「モルブロン・レ・バンで、ド・ラルミナ大佐が、彼に明らかな興味を示した。大佐はしばらく前から、彼がもの書きであることを知っていたが、彼の作品は一つも読んだことがなかった。サルトルは滅多にひげを剃らなかったが、その彼の無精ひげを大佐は師団の飾りと心得ていた。サルトルは、表は『邪魔してもいいぞ』、裏は『邪魔するな』というプラカードをいつもかついでいた。大佐がやってきた日は、サルトルの頭の上のプラカードは良い方が表に出ていた。そこで大佐は、このような幸運な巡り合わせに大喜びしたわけである![16]」作家の兵士などというのは、この小グループではまさに興味深い珍品である。猜疑心からだろうと驚嘆の念からだろうと、いずれにせよ人の関心を惹かずにはいない。彼が他人とは違っていたのも確かだ。「悪臭を放つ彼の部屋」とか、「通りを横切って十スー払えば、好きなように温泉施設の一室を使うことができるのに、体も洗わず」何週間もそのままにしていることとか、「手が肘のあたりまで垢で黒く汚れていた」ために、兵営で「黒手袋の男[17]」というあだ名がついたこととか、そうした報告は枚挙にいとまがないほどである。

さらなる証拠として、もう一つだけ逸話を紹介しよう。これも伍長が語るところだが、「私は、一度だけ彼と激しくやり合ったことがある。彼は薪を伐りにいくのが面倒で、われわれが住んでいる家の家具を燃やそうとし、それを止めようとした私と衝突したのである。彼は何をおいても、読書と執筆に用いる時間を一分も無駄にしてはならないと考えていた」[18]。

こうしてサルトルは、この九カ月の間、平均して日に十二時間を書くために費やすことになる。ある時は、教室で、あたりでいくつものグループが話に打ち興じているときにも書き、戸外で膝の上で書き、歩哨に立つ間も書き、スープ当番の合間を縫って書く、という具合だ。「今晩、歩哨を代わってやるとピエールに言った。その方がたくさん書けるのだ」[19]と、ボーヴォワールへの手紙に記している。彼は、気球を飛ばしているとき以外は、四六時中書き続ける。酸素を吸うようにものを書くのだ。他人に密着されないため、自分のテリトリーを守るため、むかむかさせるこのあらゆるべたべたしたものから身をふりほどくために、書き続ける。そして、作中人物や、対話相手を作り出し、自分の友人を選び出す。呑みこまれる恐れに対する積極的な抵抗手段として、自分だけのために一つの世界を再構成し、コミュニケーションの方法を再び作り直す。そして、彼は生き延びるのである。文通相手と小さな手帖は、まさに世界そのものの代用物なのであった。

要するに、生き延びるためにサルトルは手帖という手段を考えつき、生涯で初めて毎日日記をつけるということを行なったのである。この手帖は、彼の救命ブイ、日々の救済となっていく。それにしても、それは彼の生来の性向からは非常に隔った執筆活動だった。それよりほんの数カ月前に、『N・R・F』が掲載する予定の「アンドレ・ジィド讃」に加わるよう、ポーランから誘われた際、サルトルは自分から、日記というジャンルそれ自体に釈然としないものを感じていることを表明していたはずである。ポーランに答えて、こう言っているのだ。「彼の日記について、『内面の日記』を付けるという姿勢一般が何を意味するかについて、何か書いてみたいと思います」。それは一九三九年八月のことだった。だからその当のサルトルから、一九三九年十二月十三日付で、次のような手紙を受け取ったとき、ポーランがどれほど呆気にとられたかは、想像に難くない。それにはこう書いてあった。「二カ月前に日記をつけることに決めました。日記というジャンルには、どうしても好きになれないところがあるのですが。それは衛生のための方策です。戦争とC・T兵士[*4]としての自分の条件とから思いつくあらゆることを、その中にぶちまけています。こうやって時局に対する債務を支払ってしまえば、一九三八年を舞台にしたきわめて平和的な小説を書くための、自由な精神が持てるという寸法です(20)」。

サルトルの手帖とは、奇妙な戦争の間の二重生活の定着を意味するものにほかならない。共犯者であり、霊感の源であり、旧友でもあるこの手帖は、まもなく有限の物品という身分を越え出て、魔術的なものとなっていく。当時、カストールにこう書き送っている。「今、山ほど着想がある。そして、この小さな手帖をつけるのが実に楽しい。それらの着想はこの手帖から生まれるのだ。……おかげで、現実の生活の上にもう一つ小さな秘密の生が生まれた。その生が含み持つ喜びや不安や悔恨は、この黒革の小さな品がなかったなら、その半分も知ることはできなかっただろう(21)」。

ある日など、雑役当番の合間に、サルトルは手帖を八〇ページも書いてしまう。また、新しい手帖に一日で三〇ページ書いた日もある。その手帖は、シモーヌ・ド・ボーヴォワールからのプレゼントで、サルトルはそれを「あなたの濃紺色の綺麗な手帖[22]」と呼んでいる。物神的崇拝物の美学というわけだ。彼はさらに続けて打ち明ける。「これまで持ったことのない思考の自由を持っているような気がする。戦争ということと、すべての再検討ということもあるが、手帖という形式のおかげもずいぶんあるのだ。この形式は自由で、連続する必要がないから、前の考えに縛られることなく、その時々の都合で別のことを書いてもよいし、好きな時に点検すればよいわけだ[23]」。手帖という形式は、サルトルにとって、まさに新たな執筆の快楽の発見であった。

一九三九年九月二十三日から一九四〇年六月二十一日までの間、こうしてサルトルは、黒革や灰色のモールスキンや濃紺の亜麻布表紙の、いずれも上物の十五冊以上の小さな手帖の恵み深い内密性のおかげで、奇妙な戦争を生き抜いた。その十五冊以上の手帖には、細かな文字が、左右にも上下にも欄外にはみ出して、ぎっしりと書きこまれている。その十五冊の手帖のうち、今日では五冊が災難を逃れて生き残っているにすぎない。おそらくその全体は、一個の文学作品をなしていたのだ。この生き残った五冊は、養女の世話で、サルトルの死後三年目に、『戦中日記――奇妙な戦争*5』という標題で刊行される。これは何という資料であろうか！　サルトルはその中に、実に多様な主題をごた混ぜに投げ入れている。読んだ本、同室の戦友、ル・アーヴル、ラーン、ベルリンでの体験、高等師範学校の友人、女との交際、失恋の数々、政治との関わり、あらゆるものが出てくる。彼のそれまでの全生涯が、今や兵士としての目を通して、いくつもの断片となって繰り拡げられる。つまり、この不条理で無駄な九カ月の間に、作家サルトルの自己への回帰の最初の強制労働、彼が「解読」と呼んでいるものが、姿を現わすのである。のちに、五〇年代半ば頃に、彼の自伝の初稿という形をとり、一九六四年に『言葉』として刊行されるに至るものの、最初のエスキス、最初の形跡にほかならない。

　無秩序に絡み合ったさまざまの観念の錯綜、哲学から文芸批評へ、果てはスターリンとヒトラーにはさまれた政治状況の分析へと、勝手気儘に飛び移るすさまじい脱線、こうしたものの中に、この奇妙な戦争の兵士は、養父のこととか自分の金銭との関係についての報告も書きこむのである。フッサールとハイデッガー、フローベールとヴィルヘルム二世、アロンとギーユとニザン、カストールとオルガと養父、フォークナーとボストとヘミングウェイ、こういった具合に何もかもを一緒くたにしたいわく言いがたい天才的なごた混ぜの中で、彼は無邪気に、時としてばか正直に、自分の生涯を自分自身に物語って、それを観測し理解しようとしている。そこにはまた、『存在と無』や『分別ざかり』のような、当時進行中であった作品の生成過程がうかがわれると同時に、『言葉』や『フローベール論』のような未来の作品もすでにここに輪郭を現わし、予感されるのでもある。

　さらにまた、欠点であれ長所であれ、ともかく彼自身の特性、つまり、自尊心、知性、明晰、誇大妄想、気前のよさ、といったものに関する解明も見出せる。例えば、こうだ。「私は金《かね》を使うことが必要だ。といっても、別に何かを買うためではなく、貨幣エネルギーを爆発させるため、言わばそれを厄介払いし、手榴弾を投げるようにそれを自分から遠くへと放り出すために、必要なのだ。金《かね》には一種長持ちしないはかなさのようなものがあるが、私はそれが好きなのだ。私は金《かね》が指からこぼれて消えていくのを見るのが好きだ。……金《かね》というものは、捕えようとしても捕えられない花火となって消え去るのでなければならない。例えば一晩で」(24)。

　一九三九年になって、これまで見てきたような状況の中で、彼が自分の生涯を分析する必要を、それも初めて感じたというのは、どうやって説明したらよいのだろう？　ある日彼はこう言明している。「青年期の、また成人後の私の人生を……三つの時期に分けたとしても、真実にもとりはしないだろう。最初の時期は、一九二一年から一九二九年までだ[25]」。まるで臨終の男の脳裡に繰り広げられるかのような、過去を分類し、分析し、客観化しようとするこうした不器用な企て、こうしたものすべては実際のところ、この気詰まりな生活を強いられた兵士について、何を語っているのだろうか？　変身が近い、あるいはすでに進行していることの予感、そして彼が破局に直面しており、まるでやむにやまれぬ悪魔祓いの行《ぎょう》をおこなっているように、書きに書いているということを、物語っているのにほかならないのではないか？

自覚、解読、強迫観念じみた分析。例えば、彼が以前、「戦争が勃発したとき」「錆びつき」の状態にあったと語るところなどが、それだ。「〔ぼくの小説は〕フッサール的作品だ。そして、ひとたびハイデッガーの信奉者になってしまうと、そのことがいささか吐き気を催させる[26]*6」。波にもまれ上下する孤独者の航海。高揚のあとには自己への疑いが頭をもたげ、自分の過去を振り返って下す判断も、辛辣な鋭さを免れることはなく、自己満足のかけらも見られない。ここにこそおそらくは、サルトルの人格の不変性がうかがわれる。つまり、きわめて厳しく、容赦ない、己れの過去への批判、そして何よりも、根本的な変身の確信である。それゆえに急激な切断が新たな自己同一性を保証するのだ。別の言葉でいえば、それは断絶の中から生が出現するという確信にほかならない。

例えば一九四〇年一月六日の日付の〔ボーヴォワールへの〕手紙には、こうある。「極左に対する劣等感を断ち切ってからというもの、ぼくはこれまで持ったためしのない思考の自由を手にしているような気がする。現象学者に対してもそうだ[27]」。進行中の変身の予感が、新たな持ち駒の分配を促しているのだろうか？　政治についてもそうだし、哲学についてもそうだ。まるで過去を償い、汚れを洗い清め、ゼロから再出発する必要があるとでも言わんばかりである。そこから再生してくるのは、いかなる汚点も持たない真っさらの人間であり、しかも連続性を持ち、サルトル自身にとって安心のできる人間である。

「五冊の手帖を読み返してみたが、いささか期待していた心地よい印象を得ることがなかった。あいまいなところや甘いところがあり、もっとも明瞭な考えは、ハイデッガーの二番煎じにすぎず、この九月以来、『ぼくの』戦争などといろいろ書いてきたが、結局ハイデッガーが歴史性について十ページで言ったことをごてごてと敷衍していたに過ぎないような気がした」[28]。彼が自分自身を眺め、こね上げ、破壊し、再び調整するに当たって、どれほどの厳しさ、正確さをこめているかがわかる。

「自分がどこにいるかを知ることは、『どこにいたか』から出発するのでなければ意味を持たない」。これまでたどってきた道、現在築かれつつある存在に関する瞑想。しかしまた、もう一つの変化の兆しが見える。今やほかの何にもまして、歴史性の概念が彼につきまとうのである。十月二十六日、このテーマをめぐって、手帖の十ページが費やされる。その同じ日に、漠然とではあるが自分の戦前の非政治性に対する自分自身の批判を実感しつつ、まだほんとうに明瞭には何一つ分析するに至らないとはいえ、彼は、もし「この地平線に横たわる戦争を、この時代の歴史的可能性として」生き、かつ考えていたのなら、その時には、「〔自分の〕歴史性を……把える」[29]ことができただろうと、漠然と感じるのである。ハイデッガーの影響だろうか？　もちろんそうに違いない。しかしまた、新たな自己への取り組み、世界に対する自己というものへの、まだおずおずとした取り組みが始まっていることも疑いを容れない。ブーヴィルの辻公園は、己れの無から抜け出して、世界へ向かって漕ぎ進んでいく。

手帖および日々の内省と緊密に結びついて、哲学の営みがある。全能の手帖の紛う方ない補完物である哲学は、「ぼくの生活の中で、戦争の憂鬱、その陰鬱さと物悲しさとから僕を護るという役割[30]」を持っている、と彼は言う。そしてこうも付け加える。「ぼくはぼくの人生を、あとになってから、哲学によって護ろうと努めることはしない。それは卑怯というものだ。また、人生を哲学に合わせようとするつもりもない。そんなのはペダンチックだ。そうではなくて、ほんとうに、人生と哲学はもはや一体不可分のものなのだ[31]」。同様に理論的な支えもできあがる。十二月の初めに、彼はシモーヌ・ド・ボーヴォワールに、次のように書き送っているのである。「ここ三カ月来ぼくが実践しているその倫理学が見えてきたのだ。ぼくはまだその理論を作り上げていないが、それを実践している。いつものぼくの習慣には全く反することだが。……当然、すべては、自由、生、本来性の観念を中心に展開する[32]」。それから一週間もたたぬうちに、彼は「ぼくはぼくの倫理学を完成した」と、誇らかに叫ぶ。ハイデッガーとの出会い、現実への実存的アプローチとの出会い、〈歴史〉との出会い。それは辛抱強い探究の作業であると同時に、浄化《カタルシス》の実験でもある。

当時彼はこう書いている。「人は、無数の不合理なものを含む条件の中に投げこまれている。そして、それらの不合理なものを覆い隠すことによっては、それらを消滅させることはできない。覆い隠すというのは要するに、それらのものに対してまさに非本来性の態度をとるということなのだ。そうした不合理なものは、これまでいくつも挙げてきた（誕生、世代、社会階級、等）が、さらに戦争もある。……ぼくは戦争を自分自身の目から覆い隠していた[33]」。

さらに、つきつめてみれば、それは確実な洞察力の鍛練の中で己れの真実を徐々に発見していくことにほかならない。「ぼくはもはや、いくつかの指令（左翼、フッサール）を考慮に入れてものを考えるということはしない。好奇心と純粋な公平さによって、全面的な自由と無償性をもって考えるのであって、正しい推論の結果、自分がファシストになるものならば、あらかじめそれも受け入れる」[34]。

さらにまた、これらの探究、これらの変身と緊密に絡まって、彼の小説がある。『自由への道』の第一巻、『分別ざかり』となっていく作品である。すでに一九三八年七月には、彼はシモーヌ・ド・ボーヴォワールにこう書き送っていた。「ぼくの小説のテーマと規模と標題が一挙に見つかった。……テーマは、〈自由〉」[35]。

一九三九年十月二十二日、彼は自由を主題としたこの小説の九〇ページ目を書き終える。彼は嬉しくて仕方なく、この小説の完成に自信を示す。十二月三十一日、誇りと驚きに満ちて、歓喜しつつこう書く。「わかるかい、小説を書き終えたんだ。ページの下に〈完〉と書いたのだ」[36]。それから時を移さず、その続篇に取りかかり、直ちにそのタイトルを『九月』*7と決める。ついで再び何度も推敲を重ね、一九四一年春にはもう最終稿が完成する。何と大急ぎに、何と集中的に、この小説の草稿に打ち込んだことだろう。何が何でも、できるだけ早くこれを出版したくてたまらず、彼は可及的速やかにこの原稿が出版社に届くよう、あらゆる手段を求めるのである。要するに、紛れもない時計との競走なのだ。それにしても、何がいったい彼をこれほど急がせたのか？　彼は、早く進めるために、自分で原稿をタイプで打つ。

一九四〇年五月一日、彼は『N・R・F』の七月号からそれが連載される見込みに確信を示しさえする。その一方では、戦争を解読し続けながら、その頃彼は今後の成り行きにいささかの悲観も示していない。彼の奇妙な戦争とは、あたかも首都を遠く離れたところに滞在し、静けさを利用して心ゆくまで仕事をすることであるかのようだ。彼はある日こう書いている。「わかるだろうけれど、この小説はぼくの生涯の一段階だ。

これを決して仕上げることができないのじゃないかと、ずいぶん不安だった」[37]。

それは、いつ果てるとも知れぬ手直しの期間であった。それからまた疑いの。「全体が全く実存的ではないのじゃないかと気になる」[38]。また疑問の。「ぼくは小説的想像力を持っていないと思う」[39]。そして確信の。「今では、それが完成することを知っている。ただ、いつ刊行されるかはまったくわからない（検閲があるし）」（一九三九年十月二十二日）[*8]。あるいはまた、突き放した自己批評の期間でもあった。「今朝目を覚ますと、ぼくが小説を組み立てるやり方がどんなものかわかったような気がした。ぼくは小説向きに出来ていない」[40]。

ドイツ軍の攻勢とフランス軍の壊滅のほんの数日前まで、彼は確信をもって執拗に「この本は十月には出版が可能なはずだ」[41]と繰り返し言い続けるのである。最後に、彼の執筆の活力を示すきわめて強力な指標として、自分の名声に興味を持っている点を挙げねばなるまい。一九四〇年四月に、『壁』がポピュリスト小説賞を受賞した。彼は大急ぎでどんな新聞の切り抜きでもいいから送ってくれと頼んだ。まるで、飢えた人が最初に到着した食糧に跳びつくといった調子だった。そうして『パリ・ミディ』紙を入手したわけだが、授賞を報じた記事には、「尋常ならざる受賞者」という派出な見出しがついていた。それが彼だった。

兵隊作家の貪欲な意欲は、しかしそこで止まることがない。手帖、哲学、小説に続いて、さらに演劇に、さらには文学批評にまで手を伸ばそうとする。もっとも、こちらの方はあまりうまくいかなかった。「芝居が書きたくてたまらない」[42]と、ある日彼は決然と宣言する。それからしばらくのちに、「お仕舞いだ。最初の六ページを破いた。……こんなのを書いたのが恥ずかしい。……失墜したワルキューレのような気分だ」[43]。また別の日には、もう一つ別のアイデアに跳びつく。「それは、ちょっとした文学批評の本になるだろう」[44]。しかし、その後彼は二度とその話はしない。そして、素晴らしい霊感を受けたある日など、彼は自分がインクで汚した何キロもの紙を眺めながら、告白さえしているのである。「ぼくはこれまで常に、量の多さとは美徳だと考えてきた(45)」。

さて執筆活動の最後の構成要素の番だ。つまり、書簡作家サルトルのことである。手帖、哲学、小説が彼を世界の外に連れ去り、戦友たちに対する遮蔽幕を張りめぐらすのに寄与したのと同様に、女友達が日々そこに臨在しているという事実は、彼の感情生活をそのつど回復させてくれる。彼は彼女たちを自分の許に招待し、要するに、召集する。彼のほんとうの話し相手は、彼女たちなのだ。ピエール伍長は記している。「毎日彼は三、四通の長い手紙を書いていた。シモーヌ・ド・ボーヴォワール嬢やそのほかの女性たちに宛てである。そのほかの女性たちのうち二人は、互いに相手を知らなかったが、それ以外の者は、こうした複雑な文通の存在を承知していて、文句も言わずにそれを容認していた。……ある時など、彼が休暇を貰って出かけるとき、彼はその文通相手の一人に毎日きちんと一通ずつ着くようにしてくれと、われわれに頼んで十五通の手紙を準備して、それに番号をつけて置いていった。その休暇期間の半ば頃に、電報を一本打つということまで、やらされたのである(46)」。せいぜい女房か「フィアンセ」が一人いるだけ、悪くすると一人も女がいないという、欲求不満の男たちの集団の中で、このはぐれ者で攻撃的なタイプライター・マニアが、しかもこれ見よがしにたくさんの女に手紙を書いているというのが、どれほど言語道断なことであったか、想像に難くない。サルトルが死ぬまで大切に育て続けていく一夫多妻的関係は、この奇妙な戦争の中で見事な滑り出しを見せているわけだ。もっとも、兵隊たちは知らなかったのだろうか？　彼の文通相手の中でマンシー夫人とは、彼と姓は違うが、彼の母親にほかならないということを。

しかしながら、彼の数ある文通相手の中で、休暇をとって出かける特権を認められたのは、ただ一人、カストールだけだった。彼女は一九三九年十月三十一日、自ら進んで決心してパリを発ち、アルザスへ向かう。雄鹿亭へたどりつくと、そこから彼女はサルトルに伝言を送り、それからまた待ち続ける。彼女の回想録によれば、「通りのはるか向こうに……歩き方も背格好もパイプも彼だとすぐにとわかったが、もじゃもじゃのひげをはやしているために、顔が変わっていた。……しばらくのちに、彼はさっぱりとひげを剃って再び現われた……」。十一月一日から五日までの四日間、こうして二人はブリュマットで一緒に過ごすのである。もっともそのためには、戦時下にあって、こうした夫婦同然のカップルを、婚姻関係にないというだけで否認しようとするこの上なく野卑な罠をくぐり抜けねばならなかった。「私のフィアンセです」、「妻です」、「恋人です」と何度も訂正しながら、ホテルで破廉恥漢扱いされずにダブルベッドのちゃんとした部屋を手に入れようとして、サルトルがした苦労たるや、かつてベルリンでしなければならなかった苦労の比ではなかったのだ。結局、雄鹿亭、レストラン黒牛亭、カフェ〈エクルヴィス〉が順番に、八週間の別離ののちに再会した、語り合うべきことのかくも多い、ほかとは違ったこのカップルの逢引きの場所となった。絶え間なく人が行き来し、下品な目差しを向け、異様な風体の人間たちのざわめきで四六時中ワンワンいっている、まるで駅のホールか、刑務所の面会所のような雰囲気の中での逢瀬だった。

「サルトルは、戦闘はないだろうと考えていた。現代絵画に主題がなく、現代音楽にメロディーがなく、現代物理学に物質がないのと同じように、これは殺戮をともなわない現代戦争だ、というのだ[47]」と、カストールはのちに日記に記す。二人はおっそろしい味のアルザスのコーヒーを飲み、ばかでかいビールのジョッキ、なみなみとつがれたラム酒を、何杯も飲みほし、シュークルートとブーダンのマロン・クリーム添えを食い、そして何時間も何時間も語り続けた。カストールは、手帖、インク、本を山ほど持ってきた。そして、日中サルトルが気象のエキスパートとしての義務を遂行している間、彼女は、この二カ月間に彼が書きこんだ手帖を読んだ。彼女が去ってものの数時間もたたないうちに、サルトルは彼女にこう書き送った。「結局のところ、これはものすごく単純なことなのだ。ぼくは深く、そして心安らかに幸せだった、ということ。……今日は、祭の翌日のようだ[48]」。その後まもなく、彼はカストールに対して一つの正当化を試みている。「北部で人間が蠅のようにばたばた死んでいるときに、ヨーロッパ全体の運命が決されようとしているときに、ものを書いているなんて滑稽だと思う時もあります。しかし、いったい私に何ができると言うのか？ それにこれは私の運命、厳密に私個人の運命なのです。そして、集団的なこけおどしは、どんなに大きなものであっても、私の運命を私に放棄させることになってはなりません。……私の小説は六月十五日前後にはできあがっていなければならないということ。それだけです。それだけが私の小説の未来なのです。そのあとは、もう私だけではどうにもならない。……とは言え、私が書くという行為を行なうのは——象徴的に——民主主義と自由の破産に抗して、連合国の敗北に抗してなのです[49]」。

この前代未聞の文通によって、書くという行為は、量的にほとんど算定不可能な絶頂に達する。奇妙な戦争の全期間について、二〇〇〇ページか？ それ以上か？ それともそれ以下か？ いずれにせよ、ほとんど一年間にわたって間断なく、日に数通の、しかもそれぞれ数ページにわたる手紙を彼は書き続けたに違いない。こうして書かれた何千何万行の文の意味は、恐らく全体が何ページになるかということよりもはるかに興味深い。というのも、彼は、戦友の一人一人、集団生活の情景の一つ一つ、読んだ本の、とった食事の一つ一つを、事細かに書き記しているわけだが、その実、外の世界の、彼が張りめぐらしたネットワークの掌握を続けようとも試みているのではないだろうか？ だとすれば、奇妙な戦争の間のサルトルの多食症的文通は、軍というゲットーから脱け出そうとする必死の企ての如きものであったのではなかろうか？　自分は留守になどしてはおらず、まるで相変わらず元気一杯でみなの傍らにいるのだという風にするための、言わば、パリで起こっていることの監督権を保持するための必死の企てだったのではなかろうか。

「これからもずっと何でも詳しく話してくれたまえ。それがぼくには、ものすごく興味深いのだ」と、彼はカストールに頼んでいる。こうして、青い軍服のチビの兵卒は、東部の戦線から糸を引き、操り、もっと詳しい情報をと要求し、弟子のこと友人のこと、だれかれのことを話し、まるで何事もなかったかのように、全くとぎれることのない日常生活的な交際を——とくにシモーヌ・ド・ボーヴォワールとの間に——維持するのである。彼は金の問題も決定する。自分の個人的用途のために一〇〇〇フラン送るよう彼女に頼み、自分の母親から借りるよう、カミーユやいとしいKたちに貸してやるよう、彼女に助言する。彼女と読むべき本についての助言を交わし、この本を送れと言い、あの本を読めと言い、そのあとではこういう計画にとりかかると宣言する……まるで日常生活が、文学生活が、一瞬たりとも停止しはしないとでもいうようだ。「戦争が終わったら、タイプライターを買って、ニザンのように論文を自分でタイプするようにする積もりだ」(50)と、ある日彼は胸を張って告げている。こうしてサルトルは、この戦争の数カ月の間中、カストールのおかげで虚構の二重の正常生活を送ることができ、手紙を受け取り、手紙を書き続ける。そして、シモーヌ・ド・ボーヴォワールは、かなりばらばらになったサルトルの小ファミリーの筆頭の地位にあって、みんなの面倒を見ながら、彼らのあだ名や悪癖や、どんな些細な事実や行為もあまさず取り上げるのである。ヴァンダはレーグルにいたんだっけ？　ボストはモルジーヌか？　オルガはパリ。カミーユは田舎。カナパは南仏にいるんだったな？　彼女はだれとだれが引っ越したとか、だれとだれがこういう手紙を書いたとか、こんな人間に会ったとかを報告し、〈フロール〉での情景を語り、会話を引用する。要するにそれは、日記ならぬ日常生活の日刊新聞にほかならない。ある日サルトルは、こう愚痴をこぼしたものである。「わかるだろう。日に手紙三通と小説を五ページ、それに手帖を四ページ書くというのは、大変な仕事だよ。生まれてこの方、こんなに書いたことはない(51)」。

一九四〇年五月のある朝、ドイツ軍進攻の知らせが、モルブロン・レ・バンの彼らに達する。偽の戦争が七カ月続いたのちのこと、このまま戦争ごっこが続いていくのだと彼らが七カ月間信じ続けた果てのことであった。いきなりすべてが急速に動きだし、戦争がほんとうに存在し始めた。いきなりサルトルは目覚める。戦争は今後どうなるのか？　これについて彼はこれまで楽観的で、軽薄でさえあり、軽口や気の利いた冗談を無遠慮に吐いていた。ところが突然揺り動かされ、敵が迫り、接近し、すぐ側にいることを知らされたのだ。彼らは、アグノーへ、ブレシュヴィレール――ドンノンの近く――へと退却し、ついに六月二十一日、パドゥーまできたところで、捕えられる。

春の二カ月は、彼らの逃亡の物語となる。しかし彼は、手帖だけはつけ続ける。もっとも間もなくなくしてしまうわけだが。しかし、一九四二年に、ジャン・レスキュールが、自分がジュネーヴで発行している雑誌『メッサージュ』に原稿を依頼してきたとき、サルトルはこの敗走をもう一度書き記すこと、しかも、なんと手帖形式をもう一度採用することを選ぶのである。

できあがった文章*9は、実に見事なもので、一九四〇年六月十日と十一日の両日のことを詳しく物語っている。アグノーへの到着。この町は、フランスの北東の端の三角形の中に位置する。「町は、もうひと月も前から住民が立ち退いている」[52]。小グループの兵隊は少しずつ死んだ町に入っていく。市役所、学校、そして教室。「教壇には、桃色のノートの山が二つ。私はパラパラとめくってみる。フランス語作文帳。どれも一九四〇年五月十日で終わっている。『お母さんがこちらに戻ってきます。その様子を述べなさい[53]』。そして、のろのろと情報が入ってくる。まだ混乱していて疑わしいが、すでに非常に不安な情報だ。「ドイツ軍はどこまで来ているのか、パリ前面か、それともパリの中にいるのか？　パリで戦闘が行なわれているのだろうか？　五日前から、われわれは、新聞もなし、手紙もなしだ。一つの情景が私にとりついている。所は、私がときどき行ったサン・ジェルマン・デ・プレ広場のカフェだ。それが、はち切れそうなほどに一杯なのだが、中にいるのはドイツ兵なのだ。ドイツ兵の姿が目に見えるわけではない――戦争が始まって以来、私は一度たりとも、ドイツ兵の姿を想い浮かべることはできなかった――。しかし、連中がそこにいることは分かっている[54]」。

呆然自失したフランス兵たちの群衆シーン。オペラの書き割りの中への登場。幻影のような現実、骨組みだけの町の発見。混沌の、戦争の自覚、逆向きの現実の知覚「いささか途方に暮れて、あたりを見まわす。すると急に日曜日のような感じがし始めた。日曜の午後、地方都市の、ある夏の日曜日。本物よりも一層それらしい。……私は頭を振って、こう自分に言い聞かせようとする。『今日は水曜日だ。そして、午前中だ。これらの放棄された部屋はどれも、カーテンの向こう側で、人気《ひとけ》もなく、暗いばかりだ』。ところが、どうしようもない。日曜日はびくともしない。もはやアグノーの町には、週のうちのただ一つの曜日、一日のうちのただ一つの時間しかない[55]」。

ベルイマンの幻想的映画や、ブルガーコフの小説のようだ。作家、小説家、哲学者でもあるこの二等兵は、幻想の扉をくぐって戦争の中へと入っていく。それは何という発見なのだろう。それこそが戦争の現実なのだ。小学校の生活の途中で停止した桃色のノート、どっしりと腰を据えて、いやおうなく目に見えてくる偽の日曜日、現実は変装して狡猾に身を隠し、真実は偽りと取り違えられる……のちに彼はシモーヌ・ド・ボーヴォワールとの対談の中で、まさしくこの最初の契機、戦争が戦争の当事者へとやってくる、この契機のことを力をこめて語る。「こうした事実は取るに足らないもので、どんな教科書にもどんな戦争の歴史書にも登場しないような事実だ。小さな村が爆撃された。もう一つの村は待機していた。今度はその村がやられるのだ。……ぼくは外に出た。そのときに感じたあの映画のような奇妙な印象は今でも忘れない。自分は映画の一場面を演じている、これは本物じゃないという印象だ[56]」。

これは作家サルトルにとって、実に強烈な衝撃であった。一九四〇年六月のこの日々の一つ一つが、のちに一つの物語の素材となるのである。例えば、『魂の中の死』〔『自由への道』第三巻〕の中には、六月十六日日曜日が出てくる。「マチューは目を開けて空を見た。空はパールグレーで、雲一つなく、底なしの、不在そのものでしかなかった。朝がゆっくりと形をなしつつあり、ひと滴の光がやがて大地に落ち、大地を金色に浸そうとしていた。ドイツ軍がパリにいる。われわれは戦争に敗れた。一つの始まり、朝。……パリでは、ドイツ兵たちがこの空に目を上げ、そこに彼らの勝利と彼らの明日を読みとっていた。このおれにはもはや未来はない[57]」。あるいはまた、その翌日の六月十七日月曜日。「オートバイ兵たちは、爆音をたてながら広場を一周した。……動くものは一つもない。ただ雀が飛びたっただけだ。……マチューは、射すくめられたように、『ドイツ兵だ』と考えていた。……死ぬのは怖くなかった。憎悪が恐ろしかった[58]」。

さらに、ある種の文学的ユーモアをこめて、サルトルはポーランに彼の生活の本質的要素——小説——について語っているが、その際、付随的だが刺激的な歴史的背景——戦争——を想起させることを忘れない。「われわれはこの数日、かなり動転させられました。もっとも、相変わらず死のような静けさが支配する地区に留まってはいるのですが（私の戦争はカフカ風です。それは五月十五日までは愉快なものでしたが、今や厄介なことになりつつあります。何しろ、ほかの連中は本物の戦争をやっているのですから）。それでも、一週間ほどで例の小説を仕上げる積もりです。できあがったら、あなたにお任せします——もし、状況が許して、送ることができ、発表できればの話ですが。さもなければ、もっと良い時節を待つ必要があるでしょう」(59)。

最後に、六月二十一日。これもやはりいささかカフカ的な形で、シモーヌ・ド・ボーヴォワールに対して語られる。「みんな歩かされた。どういうことになるのかはよくわからなかった。一、二週間もすれば釈放されるだろうと期待する者もいた。実はその日は……ぼくの誕生日だったが、一方ではそれが休戦の日になったのだ。われわれは休戦の数時間後に捕虜になったわけだ。憲兵の兵舎に連れていかれたが、そこでもまたぼくは、歴史的真実とは何かを学ぶことになった。自分がさまざまな危険にさらされた国の中に生きている何者かであり、この何者かはまさにそれらの危険にさらされているのだ、ということを学んだのである。そこにいた人間のあいだには一種一体性の如きものがあった」(60)。

人生のリズムとは、こういう風に、移り気で、気紛れで、思いがけぬ歩みを見せる。数時間、数日のことが、生涯に刻印を刻み、その影響力をとてつもなく広く拡げていく。そうした数時間・数日というものは、待機やうたた寝の数年間よりもはるかに長く続くことになるのだ。人生の周期とは、こういう風に進むのである。それを検出し、尊重し、理解し、追跡し、ほとんど尾行する必要があるのだ。サルトル自身もこれらの日々に、その重要性が自ずと浮かびあがってくるような、そうした形、そうしたイメージを与えたのだった。

一九四〇年の五、六月の潰走は、前線で過ごした作家の奇妙なヴァカンスと八カ月の捕虜生活とにはさまれた、この上なく強烈な時間となっていく。それは、アナーキーな作家の社会的なものおよび〈歴史〉との最初の本当の出会いとなるだろうし、最初の本当の決裂となるであろう。「それ以前の歳月にぼくが学んだこと、書いたことの一切が、もはや効力あるものとは思えなくなり、何らかの内容を持つとさえも思えなくなった[61]」。その最初の切断面は、明瞭で鮮明で、ナイフのように鋭く尖っている。自己欺瞞もなければ、妥協もない。別人がそこに生まれ出たのだ。「退却の途中で、われわれは包囲されたことを知った。それまでは多くの兵士に対して攻撃的な態度をとっていたサルトルは、その時になって、他人との連帯性の真の本能を自分の裡に感じたようであった[62]」と伍長は記している。奇妙な戦争は、遭遇の場でもなく、いささかも対決の場、戦闘の場でさえなかったわけだが、決裂を生み出した。奇妙な戦争は、捕虜生活へと引き継がれていく。新生サルトルは、誠実にそれを生き、そして幸せでさえあることだろう。

2 尊大な捕虜

「連中はわれわれを世界から引き剝がしたが、……その世界は何と小さく見えることか。……この世界はわれわれをはねつけたのだが、われわれはこの世界を支配しているような気がする。……すべてはわれわれの足下にあるのだ……。」　「マチューの日記」[*1]

ロレーヌ地方の中央、ストラスブールとナンシーの中間に位置する、ムルト河の辺のバカラにあるアクソ兵営での二カ月。一万四〇〇〇人の他の兵士とともに閉じ込められた生活。ばかげた戦争、偽の戦争、奇妙な戦争ののちに、一切が一変した。捕虜生活とは、めまいがするほどの、気が狂うほどの空腹に他ならない。それは、すし詰めで床に直に寝る経験でもある。それはまた、知的活動としては、機動憲兵隊の図書室から本をかっぱらってきて、もっぱら本を読むだけという生活でもあった。彼は、モンリュック〔十六世紀のフランスの元帥〕の『回想録』を読んで退屈し、ヴォーラベル〔十九世紀の歴史家〕の『二つの王政復古の歴史』の一つの巻だけを見つけ出して読んだ。これには「大いに興味をそそられました」。というのも、「この本の中に、この新たな王政復古――一九四〇年の王政復古――つまり、フランスが占領され、ペタンがルイ十七世〔ママ、十八世の誤り〕の役回りを演じていたこの時代の様相を見出したのです」と、彼は説明している。それに『八十日間世界一周』も読んでいる。(1)

今や読書は、唯一の逃避活動として、ものを書く活動よりはるかに重要だった。それにしても、どれほど待たなければならないのか？　どんな見通しがあるのか？　サルトルは依然として楽観的で、近いうちに釈放されると信じており、ドイツへの移送の恐れをこれっぱかりも感じていない。このバカラでの二カ月に関する数少ない証言は、彼について一つのスナップ写真を伝えてくれる。彼は、こうした重苦しい倦怠の中で、ちょっとしたゲームを見つけ出し、大いに打ち興じた。野営鍋、つまりスープを運ぶのに用いるブリキの軍用鍋を手に取り、それをずっと遠くの兵営の端の方に放り投げては、大急ぎで反対側に駆けていって、それがたてる音のこだまを聞くのである……。

八月半ば頃、ドイツへの移送。ルクセンブルク国境にほど近いトリーアへの移動である。釈放を信じていた者、せめてフランスに留められるものと期待していた者は、打ちひしがれる。サルトルの方は、移動の間もまったく落ち着いたものである。トリーアに着いたとき、彼だけは抒情味たっぷりに風景の美しさを強調している。家畜用車両で運ばれてきたにもかかわらず、汚いバラックと鉄条網に迎えられたにもかかわらず。

彼の収容所は、どんな所だろう？　男だけ二万五〇〇〇人からなる一個の村である。三階建ての木造バラックが並び、一部屋に四〇人が詰めこまれる。規則や法律や消灯時間があり、ドイツ人——居丈高なボスたちとその部下たち——と第三部類の村民——捕虜たちが住んでいる。儀礼や慣習、それに、フリッツとかフリゼ〔ともにドイツ人の蔑称〕とかレヴィール〔営内病室〕といった合言葉もある。音楽、演劇、読書などの娯楽もある。自給自足の生活、そこではウイルスのように、汚いやり口、あらゆる種類の物々交換、いんちき、さまざまの密売、逃亡の企てが蔓延する。外部との接触はほとんどない。戦争の推移について、どんな情報が得られるというのか？　どんなニュースが？　わずかに秘密のラジオが一台どこかに隠してあって、時々詳報をもたらすけれど、大抵の場合は誤報か、さもなければ古くなっている。捕虜の中には、その時々の作業や近くの僧院での雑役のために、収容所の塀の外に出ていく者もいる。その帰りに彼らは、何本かのワインや食糧とともに、時に情報や本、外の世界の動きを持ち帰ることもある。

「われわれの条件のパラドックスは、それが生きがたいと同時にまた生きやすくもあるということだ[2]」と、サルトルは、事態を解明してみせる。何しろ彼としては紋切り型以上のことを言う必要があるのだから。それにしても、捕虜の生活というのは、のちに懐かしさに変わるような隠れた魅力を持つものなのだろうか？　虱《しらみ》や蚤《のみ》や南京虫にもかかわらず、凍てつく冬——零下四〇度——と食糧不足にもかかわらず、新たな秩序が形作られる。それは、通常の世界におけるより残酷であると同時に、より共犯的であり、より規律正しいと同時に、より保護されている、そうした秩序である。集団雑役、スープの時間表、消灯時刻という障害、グループでの娯楽、日曜の散策、赤十字の食糧小包、郵便物、こうしたものがその秩序にリズムを与える。収容所は一切を奪い去ると同時に、また保護もしてくれる。労働、金銭、性欲、政治といった社会的な元手の大部分を眠りこませる。しかし、別の地盤の上に別の元手を作り出し、新たな特権、新たな特権階級を生み出していく。例えば衛生隊などがそうで、彼らは自分たちだけで閉鎖的なグループを作り、食糧もたっぷり与えられ、虱にもやられず、煙草と砂糖にもありつけるという貴族階級をなしていたため、とくに嫌われていた。

均等化の第一段階は、入所の手続きにほかならない。身体検査には、しばしば個人の所持品の没収がつきまとう。ついで、髪を刈られ、体を洗って虱を除去されたのち、捕虜は顔写真付きのカードに記載される。この手続きによっていかなる特殊性、いかなる社会的識別性もすっかり巻き上げられ、削り取られ、払い落とされる。第二段階は、予備段階を経ずにいきなり物々交換のジャングルへと放りこまれることである。新入りの到着と同時に、古手の捕虜、例えばポーランド人などが襲いかかり、固くなったパンと交換で時計をむしり取っていくのだ。スープ一杯のために、六時間も列に並ばなければならないような状況では、口に入るものなら何にでも跳びついてしまうのもやむをえない。その果てに、何か目印はないか、知った顔はいないかと、いじましい特権を探し求めることになるのである。

こういうわけでサルトルも、もぐりで「レヴィール〔営内病室〕」にもぐりこむことになる。つまり偽病人になりすまして医務室にもぐりこみ、おまけに多少の砂糖と煙草にありつくのである。彼は数週間そこに居座るが、やがて見つかってしまい、芸術家専用廠舎に送られる。捕虜の同化はいくつかの段階にわたって行なわれる。まずドイツ人に対して、肉体的暴力・屈辱・恣意的な命令に対しては、捕虜は他の捕虜と一体となっており、もはや全体の一部にすぎない。「われわれは非常に数が多く、匿名でそれぞれ見分けがつかない存在であったから、何も怖いものはなかった。脅しは儀式になっていたのだ」[3]。一方、集団としての捕虜全体に対しては、「他人のことなど構ってられない」という、自己保護の本能、獰猛な利己主義へ閉じこもる反応が生まれる。脱走したり、ずるい手口を思いついたり、いずれにせよそれは一人で、場合によっては小人数のグループで経験する、生の欲動にほかならない。

このような奇妙な環境の中で、二万五〇〇〇人の人間に混じって、サルトルは一つの冒険を、一種の横断航海を経験していく。家畜用車両で収容所に送りこまれたサルトルは、一通の偽造文書のおかげで免役除隊となって釈放され、二本の足で堂々とそこを出ていくことになる。この収容所時代は、戦争のもっとも厳しい段階、もっとも根底的な変身の期間、決定的な数カ月であった。その期間ののちに、彼は活動的で戦闘的な人間として立ち現われるわけだが、そうなるために、いったい何が彼の中で起こったのだろう？ 奇妙な戦争の間じゅう、人との接触を嫌い、偏執狂的な執筆の中にぬくぬくとくるまっていた彼は、どのように他人と交わったのか？ 壁を設けて閉じこもり、孤独で寡黙であったのだろうか？ それとも、陰気で悲観的で絶望していたのだろうか？ ところがこの点でも、彼はわれわれの意表を突く。「私は捕虜収容所で、高等師範学校《エコール・ノルマル・シュペリユール》以来経験したことのなかった集団生活の一つの形態を見出したわけです。つまり私の言いたいのは、結局のところ、あそこでは幸せだったということです」[4]。ドイツのトリーアの台地の一角で、戦争捕虜として囚われの身のサルトルのこの幸福は、いったいどこから来ているのだろう？

　彼に最初に感銘を与えたもの、最初の喜びとなったもの、それは収容所の地勢的位置であった。それは町を見下ろすケンメルの丘の上にあり、モーゼル川、村々、町といった一切の上に張り出す格好になっていた。「私は、町の上方の山の上に住んでいることを非常に強く感じる。……私は、自分の地理的位置の高度と、何かしら精神的優越性のようなものとを混同する。すべてが私の足下にあるのだ」[5]。

　あるいはまた、「自由が下に、私より下方にあることに、驚いてしまう。囚人が山の頂きにいるというのは、私にはパラドックスのような気がする。……われわれをこんな鷲の巣の上に運び上げて、連中はわれわれを世界から引き剝したが、その世界の何と小さく見えることか。まるで玩具ほどの大きさなのだ。この世界はわれわれをはねつけたのだが、われわれはこの世界を支配しているような気がする。……すべてはわれわれの足下にあるのだ。プファルツ地方の赤い道、うねうねと稲妻のように平らに伸びているモーゼル河、そして、われわれを征服した者たちの民。……しかし今のところ、われわれのまなざしはわれわれ自身よりも自由であり、町に住む看守たちのまなざしよりも自由だ。われわれのまなざしは上空を滑翔《かっしょう》し、あらゆるものを睥睨《へいげい》する。しかしわれわれはここに居るのだ[6]」。

　奇妙な戦争は彼を陰鬱にさせ、彼はただひたすら、それも大量に書き続けた。捕虜生活は彼を上機嫌にさせ、彼は幸せと感じた。のちに『アデン・アラビア』の序文[*2]で語ることになる、あの高等師範学校での「幸福の四年間」のように。この対比は表面的なものだろうか？　それとも、もう少しつっこんでみる必要があるのだろうか？　二つの経験の間には、一つの共通点がある。いずれも閉ざされた機構、人間の共同体の中におけるものであるという点だ。サルトルはその点を的確に把握し、のちにこう説明している。「それは昼も夜も、およそ隙き間のない交流だった。……共同トイレがあった。ところが、共同トイレというものを大勢で使っていると、エリート階級などは消え失せてしまう[7]」。そして、ほかの人間ならこうした経験によって憔悴し、打ちひしがれ、駄目になってしまうところを、サルトルは意気軒昂で、ざらにはない旺盛さで才能や活動力や生き残りの戦略を発揮するのである。収容所の何が気に入ったのか？「大衆の一部であるという気持ち[8]」だと言う。彼が痛切な欲求もないままに、まるで挑戦するためだけに収容所から脱け出すことになるのも、徹底的に大衆の一部となっていたからに他ならない。

　この「これまで人に命令された覚えがない」父なし子を、刺激し駆り立てたのは、権威というものが不断に目に見える形で現前していたという事情なのだろうか？　何しろ、ドイツ軍特務曹長とその補佐官たちは伊達や粋狂で規律や法やヒエラルキーを押しつけてくるわけではない。《Dass muss man tun, Punkt.》「これは命令である。以上」。異論の余地もなく、説明もなしに下される馬鹿げた命令。しかし、いかなる口実があろうとも、その命令には交渉の余地はなく、必ず実行しなくてはならない。服従しなければ、尻を蹴とばされるとか、銃剣で尻をどやされるとか、顔に唾を吐きかけられるとかいった懲罰が待っている。少数の文配者グループの権威が大勢の被支配者大衆に圧政を振るい、抑圧し、侮辱を加える、そうした類の機構の中ではおなじみの一本の境界線が二つの陣営を画然と分かつ、黒と白に色分けされた世界という構造。許可と禁止、善と悪、責任者と服従者という二項対立。生涯で初めてサルトルは、こうした目で見、手で触れることのできる形を持った抑圧というものに、もろにぶつかるのである。そのような抑圧に対して不真面目な態度をとることはけっして許されない。消灯時間にも、錠のかからぬトイレにも、タラのスープにも、虱にも、雑役にも、文句を言うわけにいかないのだ。いかなる例外も、いかなる手抜きも認められない。いかなる脱走の企ても、まさに命賭けである。

こうした事態に対しては二つの解決策しかない。戦争が終わるまで、最大限に受け身の服従に徹するか、抜け目なく才覚を働かせて、自分の想像力と思いつきによって日常生活を過ごしやすくさせてくれるようなちょっとした策略に訴えるか、である。サルトルはもちろん、二番目のカテゴリーだ。彼はまず、医務室の特権者たちの間に隠れ家を見つけ出す。ついで、そこから追い出されると、今度は芸術家専用廠舎だ。そこでは彼は、劇作家で通してしまう。そして収容所のゲームの規則に従って行動するとなると、まさに見事にやり抜くのである。日常生活に、さらに広範に集団生活に積極的に参加し、歌を唱い、劇を書いて上演し、自分でも舞台に立ち、作曲し、講演や授業をし、道化役を演じ、あげくの果ては偽造書類で逃亡してしまう。以上が、華々しくも生きられた捕虜生活の各段階である。何しろこの試練は、彼を打ちのめすどころか、発奮させたのだ。

そして、彼が第十二D捕虜収容所のある丘の上で嬉々として立ち回っていたのも、彼がほかの者と共犯関係にあったからである。「われわれがイワシとあだ名をつけた曹長は、よく殴った。……ドイツ人が何に驚き、意気阻喪し、あるいはまた激怒したかと言うと、それはわれわれのだらけた無規律ぶりだった。……消灯時間になってもわれわれはバラックの前に残っていて、すっかりくつろいで、飛び去っていく一分一分を楽しんでいる。……イワシは怒鳴り出し、声は怒りでしゃがれる。彼の近くにいた者は、バラックの中に戻るが、彼が背を向けるとたちまちまた外に出てくる。別の者たちは待ちかまえていて、彼が近くに来ると姿を消す。彼が戻ってきてみると、われわれはみなドアの前にいるという寸法だ。……こんな堂々めぐりが十分も続くと、彼は逆上して殴り始める。みんな一目散だ。……と言うのもわれわれの態度は、われわれを卑屈にさせようとすることへの防衛でもあるのだ。……もっとも、ほかにもたくさんの防衛法がある。じっと動かないというのから、ヘラヘラ笑っているというのまで(9)」。

こうしたいくつかの集団シーンでは、捕虜生活は林間学校のようなものとして体験され、権威の消耗が最高の喜び、自尊心の最後の証《あかし》となっている。おれたちは捕虜だが、まだちょっとは人間なんだぞ、というわけだ。そしてこのような手練手管の中から少しずつ、サルトルやほかの者にとって、次のようなドイツ人像が形作られてくる。それはもはや紋切り型のイメージではなく、経験によって描き直されたイメージである。「自己欺瞞と、いささかおどおどした優しさ、ペダンチックな教化熱と功利主義、こうしたものの混合(10)」。これがドイツ人像だが、またフランス人像も形作られる。「生まれつきはしっこく、抜け目のないパリの若造が、総身に知恵がまわりかねるドイツ野郎の指の間をすり抜けていく。……『好きなだけ殴るがいいさ。いつだって何とか都合つけて、連中にキスしてやるさ(11)』」。

互いに相容れない二つの階級が向かい合っているというのが、収容所生活というものの解釈をやり直した結果明らかになった、その実態なのである。そしてサルトルは抑圧された大衆への融合を十全に演じ切る。

今後は彼は、自分だけ助かればよいというあの三〇年代の個人主義者ではない。屈辱の試練を乗り切ったのだ。

「例えば昨晩、けつを蹴っとばされるという光栄に浴した」(12)。幼年時代を省略して済ませてしまったこの男は、三十六歳にもなって、ドイツ士官のグロテスクな専断にいきなり委ねられたのだ。「私は時間に遅れてしまい、もう消灯時刻はとっくの昔に過ぎていた。……忍び足でたどり着いたと思ったら、建物脇の道で懐中電灯の光を真っ向から浴びせかけられた。……歩哨は銃剣をつきつけて怒鳴り出した。その男は私の腹に銃剣を突き立てようという積もりはなくて、私の尻をつっついてやったら面白かろうと思っていることがわかった。彼は私が背を向けるのを待ち構えていたのだ。私はゆっくりまわれ右をした。背中の下にぎっしり詰まっているこの動きのとれない肉の存在を、これほど強くはっきりと感じたことは一度もない。結局私はすさまじい蹴りを一発食らい、ドアまで突きとばされた。部屋に戻ったときにも、まだ笑いが収まらなかった。仲間に、『けつを一発蹴とばされちまったよ』と言うと、皆は屈託なく笑い出したものだ」(13)。

仲間というのはどんな連中なのか？ これがまたおよそ種々雑多な人間たちで、とくに司祭たち——収容所で知識人といったらほとんど彼らだけである——が主であったが、また真の友情を結んだ相手——例えばル・アーヴルの新聞記者のマルク・ベナール——、さらに「ブラコ」(14)のような、その場だけの仲間もいた。このアルデンヌ県出身のずんぐりした男は、猿のように抜け目がなく、人並みはずれた密猟者《ブラコニエ》の才能のゆえに、「ブラコ」とあだ名されていたのである。聞きとりにくいピカルディ方言を喋ったが、おそらく虚言癖があったのだろう、奇妙な戦争の間に女房が浮気をしたので叩き殺してやったと、あちこちで触れまわっていた……。字が読めなかったが、収容所の陰の顔役の一人で、たった三語しか知らないドイツ語を巧みに操って意思を伝え、衣類と食糧を交換するという、ほかのだれにも真似のできない芸当をやっていた。サルトルとこのブラコの間には、風変わりな共犯関係、まったく対照的な互いの才能に対する驚嘆の関係があった。

何かしてやると、このチビのアルデンヌ男は、その返礼として、「サルトル旦那、このブラコには何なりと言ってくださいよ」と叫ぶのだった。サルトルはサルトルで、日記の中で何ページも費やして、この男のことを語っている。「この醜く垢まみれのチビの男の目は、聡明さで輝いている。……要するにこの男は、ここで偽名を使って生活している。盗んだり、くすねたり、物々交換したりしてせっせと働き、釈放の暁に使うための財産を貯めこもうとしているわけだ。一週間前に注文を出しておけば、彼が約束の品を持ってこないことは滅多にない。……彼は一時期私に目をかけてやろうと考えた。私が教授であることを知って、もしもの場合には、私が『有利な証言をしてくれる』かもしれないと考えたのだ。二度も煙草を持ってきた。三度目には私は固辞して受け取らなかった(15)」。

友情もあったが、嫌悪もあった。サルトルは、彼が舞いこんだ「倒錯者たちの共同体」、あの芸術家専用廠舎をほんとうはあまり買っていない。そこには、音楽家――例えばパリ高等音楽院の音楽家で、収容所の交響楽団長をしているルバタール――や、ショミッスのような自称プロデューサー、それにプロレスラー、ボクサーといった、あらゆる種類のスポーツ選手が、ごたまぜで交わっていた……。

彼の説明によれば、「ショミッスというのは、どこの馬の骨とも知れないといった種類の奴だった。ゴーモン・パラス映画館の前でタクシーのドアを開けるドアマンをしていたという噂もあった。ありえないことではない(16)」。

これらの自称芸術家たちの中には信用のおけない人間もいて、サルトルは彼らを嫌っていた。彼らは「フェアプレーをしない連中、打ち明け話や助言を自分の得になるように利用しようとするわけだが、そうなったら、ほんとうの敵にもなりかねない連中」[17]だからである。この連中とは別の人間たち、つまり仲間たちのためにサルトルは、グループの中心になって、冗談を言って人をかついだり、座をにぎわしたりする役割を十二分に演じたのだ。「晩には、私は彼らと徹底的につき合った。いろいろな話をしてやったものだ。廠舎の真ん中のテーブルに陣取って話をし、彼らは笑い転げた。ばか丸出しで、あることないこと何でもかまわず話したものだ……」。

のちに、ジャック＝ローラン・ボストにこうしたお話し会の様子を語って聞かせた際、サルトルはさらに次のようなディテールを付け加えている。「そういうわけで、大部屋の中で、仲間が寝入るまで笑い話を続けたのだ。そして、連中が私の話を聴いているかどうか確かめるために、頃合いを見計らって、一人ずつ彼らの名前を呼ぶわけだ。だれも答える者がいなくなると、そこで初めて私も眠りこむ、という具合だった」[18]。

一九四〇年冬のある日曜日には、ボクシングの公式試合までやっている。バンタム級の二ラウンド試合で、相手は地方出身者の若い植字工、ガイヨ。第一ラウンドは、明らかに哲学者優勢、第二ラウンドでは植字工が優位に立ち、結局試合は引き分け。サルトルはこう言い訳している。「何しろもう何年もボクシングなどやったことがないものだから、疲れが出て圧倒された。結果は引き分けだった。パルダイヤンは引き分けなどしない男だから、私としては不本意な結果だった[19]」。

見事に適応したサルトルは、他人と交わるかと思えば身を引き離す。芸術家廠舎の「なあなあ」で、「べたべたした」友人関係に嫌気がさしたサルトルは、毎朝「ジュース〔朝のコーヒー〕のあと」、四二号棟の棟長室へ勉強をしに行く方を好むようになった。棟長のマリユス・ペラン神父は、広くてストーブのある部屋を当てがわれており、最近サルトルが行なった講演を非常に高く評価した。講演ののち彼ら二人は、マルローやハイデッガーやリルケについて語り合い、二つの古き良き古典的教養の出会いという幸福感に浸ったのだった。それ以来、友情の絆が深まる。二人は本を貸し借りし、昼食に招きあい、友人となれそうな人間を紹介しあう。こうした条件の中で、ある程度まで彼らは相対的に同質の言語を話していたわけだ。

こうしてサルトルは、リヨンで修辞学教授をしているエスピタリエ神父からボシュエの『説教集』を借りて、再読することになった。しかし、読み終わって返すときには、不満気な顔だった。いささか安易なこの雄弁術は、自分にはあまり関係がないと思ったわけだが、しかしこれのおかげで古典主義に対する自分の理論を裏付けることはできた。やがて彼はペラン神父にハイデッガーの手ほどきをしようと申し出る。エチェゴワイヤン神父というのが、収容所の外のとある修道院に作業をしに行っており、そこで反ナチのドイツ人司祭と友人になっていたが、この神父が密かに『存在と時間』を一部持ちこんでくれた。こうして、第四二号棟の棟長室で、ストーブの傍らで、毎朝二時間、ペランと、ドイツ現象学の講読が行なわれることになったのである……。

要するに、司祭たちとは、彼は友情を感じることができたわけだ。信仰に関する果てしなき討論にもかかわらず。例えばある日など、四二号棟のテーブルを囲んで、例によって話しこんでいた際、サルトルはパイプをテーブルの上に置いてまくし立てた。「とはいえ、信仰を持つのは良いことです」と言い切ったエスピ〔タ〕リエ神父〕に対して、われらが哲学者はこう反駁した。「『信仰を持つ』というのはどういう意味ですか。あなたは、私がこのパイプを所有しているように、信仰を所有していると言うのですか？　それとも、信仰というのが、その所有者たるあなたとの間に魔術的なつながりを持っている、とでも言うのですか？　あなたが自分を信者となすのは、むしろ一つの根本的態度をあなたが引き受けるということじゃないんですか。あなたは司祭であるわけだが、毎朝ミサを唱えながら、あなたは自分の司祭性を更新するのだということを想い出すはずなのだ。だって、それであるところのものであるのは木造の聖人だけなのだから、違いますか？」[20]

こうまくし立てられて息もつけなくなったエスピは、自分の表現が不適切であったことを認め、このような「精神性の教訓」を垂れてくれたことについてサルトルに礼を言った。それから数分後に、エスピは一人の友人の司祭に、サルトルは「孤絶した人物であり、一種の預言者、堂々めぐりを許さない人間」だと打ち明けている。たまにはこうした言いすぎもあったけれど、瀆神的言辞を熱愛するわれらが抗議者《プロテスタン》は、司祭たちとすっかり打ち解けていた。彼と司祭たちの共通点は何かと言えば、独身、独立性ということにほかならない。ほかの捕虜たちは、収容所の外に家族の絆を持っており、責任や義務によって決定的につなぎ止められていた。ところが彼らは違う。サルトル自身はと言えば、ふわふわと浮かぶ気球、糸の切れた、係留用ロープなしの気球なのだ。そして彼が捕虜収容所で発見した最大のものは、監禁であるよりはむしろ責任である。「捕虜生活はわれわれを恐るべき潔白さ、無責任性というものへ連れ戻した。……われわれはここにいるということに責任を負っていない。われわれは、ここから出ることができないがゆえに、ここにいるのだ。精神にとって何という休息だろう！」[21]

「証人、常に証人。他人と自分自身の証人……。戦争が起こるまで私は何もしなかった。子供たちのまえで、あまりに古すぎて打ち壊すわけにも行かない観念と戯れていた。役所は毎月なにがしかの金を私に支給したが、その金と私のお喋りとの間にどんな関係があるのか、いっこうにはっきりしなかった。私は年金生活者で、やましさを感じており、純然たる消費者だった。……私は堂々めぐりしていて、時として自分を貸し出すことはあっても、自分を与えることはなかった。私は法外な婚約を待ち続ける処女で、すべての求婚者を拒絶した。彼らが充分に美しくなかったからである。とくにスペイン戦争を拒絶したのだ。それが私の戦争ではなかったからだ」[22]。

こうした爆発の可能性を孕《はら》んだ現在を目にするにつけても、過去を、あらゆるものから保護された人間、人から隔絶していた人間であったあの過去を想わざるをえない。そして、現在は、彼を行動へと駆り立てる。収容所というミニチュアの社会との接触によって、まるで彼の社会的全身不随はしだいにほぐれる術《すべ》を学んでいったかのようだ。一九四〇年のクリスマスに向けて、彼は劇作家となる。集団生活を機縁として、奇妙な事の成り行きで文化活動のリーダーになる人間は大勢いるが、彼もそのようにして劇作家となったのである。それにしても、何と素早く、何と易々と、彼は自分の仕事を履行してしまうことか！

戯曲を一本仕上げ、出演者を選んで、リハーサルをやって科白を覚えさせ、演出の構想を決定し、舞台装置と衣装を作る、これだけの仕事を六週間でやってのけようというのだ……。ハイデッガーについての個人教授を一月まで延ばさざるをえないのは申し訳ない、などと言いながら、彼はこれらのいくつもの活動に一日中掛かりきりになって、次から次へとばりばりこなしていく。丘の上にそびえる捕虜収容所の凍てついた鉄条網に囲まれながら、元気溌剌として、情熱をこめて演劇制作という冒険に乗り出すのだ。

友人の司祭たちは、企ての大胆さに唖然として心配そうに尋ねる。自信に溢れ、己れを完全に掌握しているサルトルは、胸を張って主題を予告する。すなわち自由。筋立ては、クリスマス聖史劇。そうして、仕事に取りかかる。しかもこの際だからと、ペラン神父のやや孤立した部屋よりは自分の大部屋の喧騒の中で好んで執筆する。戯曲の大筋ができあがると、ただちに主要な人物の配役決定に取りかかる。出演者の柄というものが、どのような場合も戯曲執筆者の想像力に影響を及ぼすはずであると確信しているからである。主要人物の役に選ばれたのは、アンリ・ルロワ、マルク・ベナール、それにフェレール神父。役が決まるやいなや彼らは、自分たちの科白を書き写す。それは戯曲全体が書き進められるにつれて、そのつどサルトルが手渡すのである。「こいつは面白い！」ルロワは、作者の熱狂に完全に感染して、こう叫ぶ。そしてリハーサルが始まる。

稽古場は、信頼のおける男であるボワスロ神父が、しばらく前に収容所長にかけあって、ミサやコンサート、演劇そのほかのさまざまな集団娯楽用に提供させた倉庫――ドイツ人は「ホール」と言っていた――である。サルトルはリハーサルに欠かさず出席し、自分でかけあって、衣装用にあらゆる色彩が揃った色紙のようなものをドイツ人から手に入れることにさえ成功する……。舞台装置、衣装、リハーサル、これらの作業が絡み合いながら、猛スピードで進められる一方で、戯曲の執筆も締め切りぎりぎりでようやく完了する。

十二月二十四日の晩、すべてが整えられた。まずアコーデオンの曲が流れる。「御来場の皆様、これからお見せ致しまするは、雷《いかづち》の子バリオナの前代未聞の尋常ならざる冒険の物語であります。時代は、ローマ人《びと》がユダヤを征服していた頃のこと。必ずや皆様の興味を惹くことと存じます。物語の進行の間、私の後ろにあります画面を御覧になれましょう。これによって皆様は、当時の風景を想像することができることでしょう。ご満足頂けましたなら、何卒惜しみなくお心尽くしを賜りますよう。音楽、スタート。これにて始まり始まり……」(23)。こうして口上役は退場して、語り手に席を譲る。筋は結局のところ単純である。バリオナは、絶望から希望へ、東方三博士によって予告されたメシアに対する不信の念から、より建設的でよりダイナミックな新たな決意へと、一八〇度の転換を行ない、自分の民《たみ》を率いてローマ人に反抗する。終幕の長科白で彼はこう叫ぶ。「同志諸君、キリストの兵士たちよ。諸君は猛々しく、また決然たる面構えだ。さぞや奮闘されることと思う。しかしどうか歓喜の中で果ててもらいたい。……さあ、いささかワインをやりたまえ。私が許す。そして前進しよう。ヘロデ王の傭兵に向かって、歌とワインと希望に酔いしれながら[24]」。

拍手喝采、一座全員打ち揃っての挨拶。自ら黒人博士バルタザールの役を演じた作者自身も、一緒に挨拶した。ちなみに言えば、のちに彼は、作者兼出演者としての自分の声に耳を傾けている密集した群衆を舞台の上から眺めた、この奇妙な経験を物語ることになる。彼はこう書いている。「私はフットライト越しに仲間に向かって語りかけ、彼らの捕虜という条件について語っていたわけだが、彼らが突然かくも著しく無言で注意深くなったのを目にしたとき、演劇というものがどのようなものであるべきかを、私は理解した。それは、集団的で宗教的な現象であるべきなのだ。……神話的演劇[25]」。さらに別のところでも、やはりこの劇によって、バリオナを媒介として、ドイツに対する抵抗心の敏感な琴線に触れようとしたのだと説明している……。さて、劇が終わると、ただちに俳優サルトルは衣装を替え、大急ぎで収容所合唱隊の列に加わり、真夜中のミサのために、エスピタリエの指揮の下でクリスマスの賛歌と答唱を歌うのだった。

翌朝、マリユス・ペラン神父は次のように記す。「昨夜は雪だった。あたり一面真っ白だ。地面にはほとんど足跡も見えない。……このクリスマスの朝、猫の子一匹見当たらない。……まだサルトルの顔を見ていない。彼が朝寝坊するのは、けだしもっともな話だ！　ルロワもまた眠ってしまった。まるで収容所全体がまだモルペウス〔夢の神〕の腕に抱かれているかのようである。……それでも、皆の話題となっていること、もしくはこれから話題となるはずのあのことについて語る必要がある。私は、サルトルが〈クリスマス〉を祝う代わりにやろうとしているものを、この目で見たくてうずうずしていた。そして私は見た。幸いなるかな、サルトルはサルトルのままだった。彼は自分を歪めることをせずに私たちを楽しませた。この『バリオナ』には、伝統的なクリスマス聖史劇の面影はない。聖処女も御子も舞台に姿を現わさない。わずかに科白のはしばしに暗示されるだけである。……バリオナ麾下《きか》の面々は出撃する。待っているのはおそらく死であろう。しかし、彼らが死ぬとしても、それは自由なる人間の希望が圧殺されることを妨げるためなのだ[26]」。

とは言え、この劇の反響は、みなこのようなものばかりであったわけではない。例えばピエール伍長はこう書いている。「サルトルは、反ユダヤ主義的発想の劇を手ずから書き、それを収容所の一座に上演させた。主題は、若い女の母としての権利に、その夫が疑義を差しはさむ、というものである[27]」。

最後に、サルトル自身の評を紹介しよう。それから三〇年後の発言で、どちらかと言えば否定的な声である。「僕は『バリオナ』を書いた。下手な戯曲だったが、そこには演劇についての一つの思想はあった。……収容所のドイツ人たちは社会参加《アンガジュマン》への暗示がわからなかったんだ。彼らはたんなるキリスト降誕劇だと思った。しかしフランス人捕虜たちはすべてを理解した。僕の劇は彼らの関心を呼んだわけだ[28]」。さらに、「私がキリスト教の神話体系から主題を採ったのは、私の思想の方向が収容所生活の間に、たとえ一時期にしても変わったということを意味するわけではない。捕虜仲間の司祭たちとの相談の結果、このクリスマスの晩に、キリスト者と非信者のもっとも広範な連合を実現しうるような主題を見つけ出そうとしたからに他ならない[29]」。

おそらくこれは、思ったよりも重要な経験であった。「僕に演劇への嗜みを与えてくれたのは『バリオナ』なのだ[30]」と、サルトルはのちに告白する。そしてシモーヌ・ド・ボーヴォワールが、こう補足する。「それについてあなたは幾通も手紙をくれて、これからは演劇をやりたいと言っていたわ」。実際、こうしたいささか異常なめぐりあわせの中で、偶然に負うところ大であったとはいえ、スタートは切られた。そして新米劇作家はそれからまもなくして、己れの技術を磨く機会を持つことだろう。

しかしこの劇をめぐる一連の証言の中で、気になる不協和音が一つだけある。先ほど紹介したピエール伍長の証言である。「反ユダヤ主義的発想の劇」と、彼は述べていた。われわれとしては、実際の科白を検討してみる必要があるだろう。「もちろん、君たちユダヤ人は部屋を暖めるすべを知らない。……君たちは本物の野蛮人だ……。君たちの信仰を奉ずる者の大部分は、己れの誕生日さえ知りはしない。大増水の年の生まれだとか、大豊作の年の生まれだとか、大雷雨の年の生まれだとか、やっているにすぎない。……本物の野蛮人。こう言ったからといって、気を悪くしないだろうね。君はユダヤ人ではあっても、教養ある人物なのだから。……何ならこう言ってもよい。ユダヤの民は未熟で幼稚だ、と。……ユダヤの民にここらで一度、はっきりと頭に芯を通してもらいたいものだ。その方が彼らにとってよいことのはずだ[31]」。

御覧の通り、これらの言葉は、ローマの官吏、レリウスが喋る科白であって、二次的レベルで読まれなければならず、決して一次的レベルで読んではならないものである。しかしそれにしても、このような主張をすべりこませるのは、場所といい、時代といい、聴衆といい、果たして適切だったろうか？　サルトルは一切気がつかなかったのだろうか？　それとも気づいてはいても、扱い方がへただったのだろうか？　サルトルがその点に関してどのように対処することに決めたかは、のちに見てみることにしよう。

と言うのも、当時収容所内に、司令部の後押しで、マルセル・ビュカールのファシスト・グループが形成されており、サルトルはただちに、彼らの勢力拡大の企てと真っ向から衝突するのだ。十一月二十五日に彼はこう記している。「もう二〇〇人も加入者がいる。いずれにせよ、うちの棟からは出ないだろう。私はうちの連中にピシャリと釘を打った。……しかし連中は煮え切らない。賛成なのか反対なのか煮え切らない。民主主義的幻想にとらわれているのだ。彼らはジリィとその一味を収容所の『スター』だと考えている。ジリィが好きなわけではないが、彼らにとってジリィは愉快で有名な人物なのだ。彼らは、平たくて青白い、傍若無人な顔の上に深々とシェシア帽〔飾り房のついた縁なし帽〕を被って、長靴をはいた彼が通っていく姿を目にするのが、嫌いではない。……彼が通ると、彼らは互いに肘でつつき合う。……この男も収容所で自分のツキにめぐりあった口なのだ。これは彼の生涯の最良の日々となるだろう」[32]。

実に明晰な分析である。早くもサルトルは、彼らの軟弱さをかぎとり、その迎合的な受動性を見破って、それに対する嫌悪を露わにする。そしてただちに彼らを攻撃しているのだ。彼らは当時、まだ少人数のグループにすぎなかったが、一年後にはマルセル・デアの〈全国人民連合〉に合流し、収容所内でデモを行なうにさえ至るのである。

しかもサルトルはその一方で、全く逆の党派の人間たち、例えばコミュニストとの論争も行なっている。ある日、彼はマリユス・ペランを芸術家棟での会合に誘った。その会合は、彼ら二人と共産党教員たちとの間の、かなり激しい政治論争となった。独ソ不可侵条約をどう見るか? スターリンの巧妙な戦術であり、ファシストの野望を挫くために必要な一挿話にほかならない、もちろん、やがては不可避的に、社会主義の、民主主義の、ソヴィエトの時代が到来する、とフランス共産党の忠実な支持者たちは答える。サルトルは、いっこうに納得せず、用いられた手段に対する批判の手をゆるめない。おそらくニザンのことを考えたことだろう。この竹馬の友に対して最近加えられた誹謗・中傷、彼の脱党に対する冷笑を、もちろん彼は認めはしなかったに違いない。

「昨日、エスピ、サルトル、それにルロワと長いこと話しあった」と、マリユス・ペランは、一九四一年の初め頃、その覚書に書き記している。「サルトルは、フランスで起こっている事態が気に入らない。ド・ゴールについては、どちらかと言えば、態度を保留している。……彼は、どんな政体にも共感を抱いていない。ファシスト政体にはおぞけを振るう。『下種ども』が権力を握った、と言うのだ。……『共和主義者』はどうかと言えば、老いぼればかりで、在郷軍人と行進でもやっているのがお似合いだ。それに彼らは、最後の一人まで『十字砲火面』をしている、と言うわけだ。彼は彼らに投票しなかったことは後悔していないが、今や何かをすべき時だと考えている。……自由なる人間の誤りとは、他人に白紙委任をしてしまうことだ。他人はそれをいいように利用してしまう。そこで彼は自分の塔を出て、雑踏の中に入っていく決心をしたのである[33]」。

ちなみに今後何をなすべきかという計画は、より具体的に追求されている。なにしろ当のその日の討論の中でサルトルは、着想を練り上げ、一つの行動計画の概要を提示するところにまで行きついているのである。「政党に入ることはできない。共産党も含めて、政党はどれもこれも腐敗しているからだ。……それに対して、新たな型の結社、『自由の党』とでも呼ぶべき結社を結成する余地がある。それは、哲学的信条を問わず、あらゆる自由なる人間に開かれたものとなる、というのである。彼の行動計画は、少なくともその大筋においてはできあがっている。そこには、フーリエの色合いがかなりうかがえ、またいくぶんサン＝シモンの臭いもする」と、ペランは付け加えて述べている。しかし、あまりお先走りしないでもう一、二カ月待ってみよう。そうした行動計画の大筋そのものが、今や政治へと成熟したわれらが捕虜によって、やがて実践の中で示されることになるだろうから。

さて、この変貌の行程を完成するために、ほかにまだ実現しなければならないことが残っているだろうか？　ほとんど何も残っていない。彼はほとんど終着点に到達している。経験の終着点、行程の、変身の終着点に。一日も早く行動を開始しなければならぬことを彼は理解した。しかしだからといって、政党に対する、官僚主義や集団への加人に対する嫌悪感を否認したわけではない。もっとも、そうした自分の限界は完璧かつ全面的に自覚している。「もし私が党に人るとしたら、それは無私の寛大さからであるだろうが、その寛大さはあまりにも寛大さそれ自体を意識しすぎる底のものであって、結局、倫理的なものにはなりえないだろう。共産党が知識人を信用しないのは、もっともなのだ[34]」と、「マチューの日記」には書かれている。要するに一日も早く行動を起こさねばならぬという必要は感じているが、それはあくまでも自由な単独行動なのである。

捕虜収容所で彼は紛れもなくある形の均衡を見出したのである。民族学者がバンツー人の一部族を発見するようにして他者を発見し、それを分析し、観察し、解釈した。殴られたり蹴られたり、いじめいびられたり、食うものも満足に食えないという生活をともに耐え忍んだ。可能な限りすべてのコミュニケーションの手段を動員して、彼ら他者たちに訴えかけようとした。平準化と生き残り戦略の試練にいきなりさらされ、それを見事に乗り切った。収容所という組織を、あるいは耐え忍び、あるいは拒絶し、あるいはやり過ごしつつ、結局ほかの何者にもまして見事に取りこんだのである。社会というものを、その両端から発見し、権威とか不服従とか連帯のような、いくつかの現実を実際に体験した。きたならしいドイツ捕虜収容所の鉄条網の中で、社会から落ちこぼれたはぐれ者にも出会ったが、そうした人間たちは実のところ、奇妙な戦争の間に押しつけられた三人の仲間よりは、はるかに共感しうる存在だった。ほかの者と逆に、彼は収容所で紛れもない自己解放を行なったのである。ほかの者なら、すべてを失ってしまったに違いないところだが、彼は鍛えられ、生きるすべを身につけた。この幸せな囚人は、ここから姿を消すまでに、なおいくつかの名文句を吐く。例えば、「向こう側より、こっちの方が自由でいられる[35]」と、マリユス・ペランに述べるのだ。あるいはまた、ここに到着した直後に日記に書き記された、いささか預言的な次の言葉。「われわれは何もしない。もちろんのことだ。一つの変貌の受動的な被験者なのだから[36]」。

それゆえ、幸せな囚人という最後のイメージには手をつけないでおこう。のちに、「捕虜の読書」についての大々的なアンケートが行なわれた際、彼はほとんどノスタルジーをこめてそれに答え、幼少時代の読書と収容所での読書の間の奇妙な対比を長々と物語るのである。「ドゥコブラ[*3]のインドを舞台とした『芳香を放つ虎の国』がとても気に入りました。ばかばかしい話だけれど、熱心に貪り読んだものです。その本がドイツの外へと連れ出してくれたからです。……また、探偵小説も読みましたし、ネルヴァルの『火の娘』やソポクレスの劇……それに、リルケとカロッサの詩をドイツ語で読みました。あそこで発見した掘り出し物は、『繻子の靴』〔クローデル〕と『田舎司祭の日記』〔ベルナノス〕です。ほんとうに衝撃を受けたのは、この二冊だけです。……これらはみな、行き当たりばったりに読んだ本ばかりです。あそこで暮らさなければならないとわかっていたら、これを持っていっただろうというような作品は、あそこでは見つかりませんでした。しかし、活動から離れていたあの日々、夢想というものが逃避の役割を果たしていたが、しかしまた、あまり過去のことは考えまいとするあの日々にあって、読書は、幼少時代にしか経験したことのない魅力と人の心を奪う力を持っていたのです。結局、何であろうと熱心に打ち込んで読むことができたわけで、あそこでの日々は、読んだ本で印がついているのです。サマセット・モームの日々、ネルヴァルの日々、さらにはドゥコブラの日々さえもあるわけです[37]」。

一九四一年三月、サルトルは、「右眼が部分的失明に侵され、その結果、方向障害がある」との偽の証明書のおかげで、釈放される。さらに、ドイツ軍士官によって没収されていた原稿も何とか取り戻すことができ、十日後にパリに戻ってくる。しかし、自分でも驚き、後悔さえしていた。「私が脱出したのは理性的判断からで、それほど欲求があったからではない。『やるなら、ここまでやらなきゃならない』と思ったのだ[38]」と、のちに彼は説明している。

トリーアの第十二D捕虜収容所は、彼にとって甘いノスタルジーの香りに満ちた後味を失うことはないだろう。彼はまるで物神崇拝者が崇拝の対象に抱くような情愛をこめて、それを想い出すだろう。そして、一九五三年夏のある日、アムステルダムへの旅行の途中、彼はシモーヌ・ド・ボーヴォワールをドイツ回りの迂回につき合わせて、ケンメル丘の上の、町を見下ろす、ノワル広場やホールや木造バラックの残骸を訪れることになる……。

3 「社会主義と自由」

一九四一年四月二日、パリ。彼はちょうど一年ぶりに首都に足を踏み入れる。今日、この日、この町は何に似ているだろう？　オペレッタの舞台装置にか？　受け入れることのできない悪夢にか？　それとも、幻想的小説にだろうか？　道路標識は方角が滅茶苦茶で、何もかも一緒くたになっており、この町の新たな主人用に、ドイツ軍司令部やドイツ学院、あるいはドイツ国防軍宗教局などの標識が付け加わっている……。緑青色の軍服、長靴、軍帽、ハーケンクロイツの赤旗、軍用自動車、軍隊式敬礼――要するに侵略された町なのだ。「向こう側より、こっちの方が自由だと感じられる」と、トリーアの丘の上でアンリ・ルロワ〔ママ〕に言ったのは、まだ二週間前のことにすぎない。収容所の仲間たち、ブラコの訛り、朝の行事、型にはまった、規律正しい、今では慣れ親しんだものとなった、あの行事の数々。こうした一切が頭の中でがんがん音をたてている。ところがここでは、これらの匿名の人間たちが、彼の生まれ育った町に侵入し、辱め、けがしている。彼は三十六歳で、季節は春。家に帰ってきたのだ。しかしパリは昔のパリではない。しかしまた、彼も昔の彼ではない……。妙な話だ。

生まれ育った町に異邦人のように舞い戻った男の、最初の自由の晩。彼は、昔の友人を訪ねていく前に、とあるカフェのドアを機械的に押す。「たちまち私は恐怖――あるいはほとんど恐怖に近いもの――を覚えた。これらのずんぐりとしてでっぷりとした建物が、その内部にこのような荒涼たる無人の野を隠し持っているなどとは、とても信じられなかった。私は途方に暮れた。ところどころにぽつんぽつんと陣取った客たちは、空の星よりも遠いものに思えた。壁際の長いベンチに一人、大理石のテーブルに一人という具合で、彼らに接触するには、私と彼らの間に横たわる『ぴかぴかの床』を踏み越えていかなければならない有り様だった。それぞれが自分の周りの空気が稀薄になったマフのようなものにすっぽり包まれて、ちかちかとまたたいているこの男たち、彼らが近寄りがたいものと思えたのは、私にはもう彼らの肩や膝に手を置いたり、『オイ、相棒』と呼んだりする権利がなかったからにほかならない。私はブルジョワ社会を再び見出したわけだ。『恭しく距離を置いた』生活というものを一から学び直す必要があった。そして、私はこうして突然の広場恐怖症に陥ってしまったわけだが、それはついこの間、永遠の別れを告げてきたあの一体生活への定かならぬ未練をはしなくも露呈していたのである(1)」。

彼を待ち受けている真の挑戦に立ち向かう前に、まず場所に、距離に、自由な人間同士の関係というものに慣れる必要があったのだ。最初に立ち寄ったのは、もっとも快適な寄港地。十六区のランバル大通り二三番の、母と義父のアパルトマン。ブルジョワ的安楽、よく気がつく女中、そして昼食。ここまで来ると、彼はもう、自由の目くるめく逆説的な空気に再び浸りこむだけの免疫ができている様子である。シモーヌ・ド・ボーヴォワールには会いに行かないのか？　もちろん、ホテルの彼女のメールボックスにメモを忍びこませ、それから待ち続ける。メーヌ大通りのカフェ〈ムスクテール〉で……。

「私は途方に暮れていた」。

一九四〇年六月から、フランスはその自主性も一体性も失ってしまった。ペタンによるヒトラーとの休戦協定調印、そして一方では「フランスは一戦闘に敗れた。しかし戦争に敗れたわけではない」という、ロンドンからのド・ゴールのアピール。フランスは、北部地域と南部地域、ペタン支持者と廉潔の愛国者とに、真っ二つに切り裂かれたかに見えた。ところが実は、二つどころか、ばらばらになってしまったのだ。狭いパリの文学界は爆弾を食らったように四方八方へ飛び散ってしまった。政治的傾向を持った作家は、自分の党やグループの行動指針にしがみつくか、さもなければ主義主張を放棄してしまった。そうなると、他の者と同じく、中心を求めてさまよう星のように、寄る辺なく途方に暮れ、かつてない孤独にうちひしがれる他はなかったのである。あらゆる目印が飛び散ってしまい、作家はそれぞれ自分の個人的なイニシアティヴだけに委ねられて、霧の中をつっ走る盲目のオートバイ乗りのように、虚空に転落していった。また作家たちは、ドイツによる占領が始まるや数カ月のうちに、砕けたチェスボードの上に散乱した歩《ふ》のように各地に移転していった。昔の傾向に従って、心理的性向のたどる紆余曲折に応じて、イデオロギー的、社会的、地理的、職業的、家族的位置決定によって、さらには、年齢や世代、そして自分が所属した軍のたどった運命によって……。ジイドは無気力に悲観に浸り、ドリュ[*1]は勝利者しか愛さない。サン＝テグジュペリはペタンにためらいつつも、ド・ゴールを恐れる。マルローはヴァカンスをとり、ブルトンはニューヨークに発ち、アラゴンは時局詩を書く……。ガリマール所属の作家たちだけを見ても、まさにバベルの塔といった有り様だった。

もっとも、パリの文学生活が経験した大変革というのは、ドイツによる検閲の存在ということではなかったろうか？　ドイツの検閲は、それ自体のイデオロギー的法則に従って、フランスの作家が発表するあらゆるものを、あるいは承認し、あるいは禁止して、監督したのである。むしろ、フランスの作家がかつて発表したもの、と言うべきかもしれない。と言うのも、早くも一九四〇年九月より実行に移された最初の「オットー・リスト」[*2]は、単に発売禁止のフランスの本の目録を告げているだけだったからである。出版社ごとに、著者名と書名が並んでいた。こうして開始された陶片追放《オストラシスム》の法則は、奇妙で解読困難なものだった。『N・R・F』＝ガリマール社の場合で言うと、マルローは『希望』と『侮蔑の時代』で、ニザンは『九月のクロニクル』で、ドニ・ド・ルージュモンは『ドイツ日記』で、それぞれ追放処分を受けた。サルトルは免除されており、一九四二年の第二リストでも同様である。どうやら、ユダヤ人作家や反独的作家が真っ先に槍玉にあがったようだが、ほかの者については、どういう基準なのかわけが分からなかった。

「フランスをドイツという車両に連結せよ」と、ヒトラーは命令を下し、第三帝国の最上層部は、彼の願いを適えるためには、いかなる出費も惜しまなかった。イデオロギー宣伝に関する彼らの財政政策はまったく法外なものである。フランス文学からユダヤ、共産主義、フリーメーソン等々のうじ虫どもを一掃し、アーリア風へと清めようとの彼らの計画を推進するには、それでも三つの機関、ドイツ大使館、ドイツ学院、宣伝部隊が必要だった。それらの機関はいずれもアルフレッド・ローゼンベルク〔ナチ党外務部長〕がフランスに送りこんだ配下と、パリでの特殊任務を遂行すべくベルリンが派遣した多数のナチ官僚に牛耳られていた。

こうした新たな公認の立役者たちがフランスの文学生活を作り出し、とりわけ壊すことになるわけだったが、彼らの中で、カール・エプティング、カール＝ハインツ・ブレマー、ゲルハルト・ヘラーの三人は、以前にドイツ語教師としてフランスの地方都市に滞在した経験があり、その際、フランス文化の共有財産が与える喜びを味わうという特権を持ったのだった。

「美男のフリードリッヒ」とあだ名されたジーブルクは、グラッセ社が彼の著書『神はフランス人か?』を翻訳しており、それ以来パリでも知られた人物となっていた。洗練された、颯爽たる三十五歳の大使、オットー・アベッツは、戦前、リッベントロップに指示された方向で仏独接近を実現するために活動したことがあったが、今やフランス女性と結婚したフランス贔屓《びいき》として、有頂天でこの征服された国に戻ってきたのである。

こうした人物たちの身近にいた作家エルンスト・ユンガーは、その日記に精選した言葉を書きとめて、ドイツの文学者たちがパリ滞在をどれだけ愛したかをわれわれに伝えてくれる。「パリ、一九四一年四月六日、今日は日曜、雨が小やみなく降る。マドレーヌ寺院に二度行った。階段には緑のツゲの葉が点々と散りばめられていた。昼食も夕食も〈プリュニエ〉。パリの町は、まるで古くから慣れ親しんだ庭が、今では荒れ放題になってしまい、それでも小道や遊歩道の跡は見分けられる、そうした庭のような感じだ(2)」。

驚くべき御一行様だ。この新来の立役者たちは、これまでその異国の魅力によって彼らのあこがれをかき立て続けていた一つの都市、一つの文化を、だれ憚ることなく享受したのである。そこで彼らは、〈プリュニエ〉や〈トゥール・ダルジャン〉で、はたまた〈リッツ〉や〈ジョルジュ・サンク〉では、芸術家然として、審美家よろしく、上物のワインやシャンペンやフォワ・グラを味わうのだった。文明社会の民族学者が、現地民の慣習に心ゆくまで耽溺する、といったところだ。そしてユンガーは、このような文学ジャンル、これよりよい言い方がないためやむをえず「ゲルマン審美家の飽食した良心」と名づけるしかない文学ジャンルにおいては、ほかに並ぶ者がない(3)。

「フランスに戻ってきたとき、ぼくは他のフランス人が……わかっていないと考えていた。……前線から戻ってきた連中はわかっているが、彼らを抵抗に踏み切らせる者がいない、と思っていたのだ。そこでパリに戻って真っ先になすべきと思われたのは、レジスタンスのグループを作ることだった。手近なところからしだいに輪を広げ、やがては大部分の人たちをレジスタンスの側に引き入れるよう試みること、そうしてドイツ軍を追い出す武力的運動を作り出すことだった」(4)。占領下のパリへの最初の潜入。ここにおいて捕虜収容所帰りのサルトルは、あたかも箱から飛び出した悪魔のように、一挙に直接行動の場に降り立ち、ただちに戦闘態勢をとったのである。この変貌は身近な友人たちを困惑させた。

シモーヌ・ド・ボーヴォワールも例外ではなかった。「彼の道徳主義の堅苦しさに面食らった」。彼女は、彼の示した新たな振る舞い、彼と交わした最初の会話を、正確に記述している。「彼は、私が闇でものを買ったかと尋ね、時々紅茶を買うと答えると、けしからん、と言うのだ。フリーメーソンでもユダヤ人でもない旨の誓約書に署名したのも、間違いだという。以前からサルトルは、自分の考えや好き嫌いを、その言動の中できっぱりと表明していたが、それを普遍的な道徳基準の形で表明することは決してなかった。……この最初の晩、もう一つ別の意味でも、びっくりするようなことを言い出した。彼がパリに戻ったのは、甘美な自由の味をかみしめるためではなく、行動するためだ、と言うのだ。どうやって？　私は呆然として尋ねた。みんな、こんなに孤立し、こんなに無力なのに！　だからこそ、この孤立状態を打破し、団結し、抵抗を組織しなければならないのだ、と彼は言った(5)」。

サルトルはまだ、最初の抵抗活動がすでに行なわれていることを知らなかったし、一九四〇年の夏と秋の間に、いくつかの愛国者グループが自発的に活動を開始していたことも知らなかった。彼は自分なりのやり方で準備していたにすぎない。一九四〇年十二月には、早くも「抵抗《レジスタンス》」という言葉自体が重要な意味を帯びて登場していた。「抵抗、それは、祖国の破滅によって悲嘆の中に打ち棄てられた諸君一人一人の心から絞り出される言葉に他ならない……」。最初の地下出版紙『レジスタンス』には、それを機関紙とする「救国全国委員会」のアピールが公然と掲載されていた。この委員会の背後には、「人間博物館」と称するグループがあったが、これは、ボリス・ヴィルデとアナトール・ルヴィツキィの二人の科学者によって創設され、のちに弁護士のノルドマン、作家アヴリーヌおよびカスー、それにジャン・ゼイ〔大戦直前までの文部大臣〕の官房長をしていたアブラアムがこれに加わった。このグループは非合法のビラの発行と配布を一九四二年二月まで続けるが、そこで大量検挙を食らってしまう。その他にも自然発生的レジスタンスの動きとしては、一九四〇年十一月十一日の第一次大戦勝利記念のデモがあった。しかし、「対独協力派」の青年グループによって、シャンゼリゼのショーウインドーが荒らされ、多数の逮捕者が出た。ついで、フランス・レジスタンスの週刊誌『リベラシヨン〔解放〕』や、『ラ・ヴレ・フランス〔真のフランス〕』、『スー・ラ・ボット〔軍靴の下〕』などが刊行され、それぞれ自発的な小グループを背後に持っていたが、そのうちのいくつかは、このレジスタンス零年の冬の間に、たちまち腰くだけに終わってしまう(6)。一方、共産主義陣営は孤立と潰走の中にあった。独ソ不可侵条約に全面的に賛同している強硬路線に反対するいくばくかの分子のみが、孤立の中で地下出版の準備を進めていた。

政治活動家たちは、それぞれ自分だけの個人的イニシアティヴに対面せざるをえなくなり、共産主義者は、ソ連との絆によって口を封じられ、動きがとれなくなっていたが、一方で、地下出版『ユマニテ』の中に路線の微妙な修正を読みとり、驚きを隠せないでいた。社会主義者にしてからが、指針を失ってしまっていた。こうした複雑を極めた情勢の中で、ジャン＝ポール・サルトルという名の小男の断固たる決意は、一九四〇年秋の最初のビラ、最初のデモと、同じ激しさを持っていたのである。政治と、社会一般に対しては新生児であるこの男は、捕虜生活をバネとして荒々しい怒りを表明し、その歩みを開始する。そのため、彼の変貌のきっかけとなった体験を知らない身近な友人たちは驚き呆れるばかりだった。何しろ、そのきっかけについては、彼はほとんど語ることがなかったのだ。人は一番重い傷のことは口にしないものだ。とりわけ、彼の場合がそうであるように、その傷が人を変貌させた場合には。

『事実判断は、現にあるところのものを対象とする。価値判断は、あるべきところのものを対象とする……』。これが、彼がわれわれに最初に書き取らせた言葉だった、と思う。一九四一年の春だった。われわれは倫理学を始めたところだった」。リセ〈パストゥール〉の哲学クラスの生徒であったジャン＝ベルトラン・ポンタリスの目の前に、何の予告もなしに彼のクラスの正教授がやってきた。不意の帰還、それとともに、哲学とは何かという把握に根本的な変化がもたらされた。「彼は際立っていた。（乾いた）声のせいなのか、（断定的な）言葉のせいなのか、それとも（ネクタイを締めないというような）噂によって伝えられたことのせいだったのだろうか。ともかく彼は際立っていたのだ(7)」。

実際、この帰還者は、あまりにも厳格な雰囲気に立ち戻ってしまったかのようだった。ポロシャツで現われると思っていたのが、チョッキまで着た三つ揃いの出立《いでたち》。すでに伝説となっていた生徒との仲間同士のようなつき合い方とは打って変わって、慎重に一線を画した態度……。それに、もっとも直接的な時事問題に関する沈黙。なにしろ「この数カ月の間、彼はわれわれに、ヴィシーについても敗北についても、彼が出てきた捕虜収容所についても、一言も言わなかったのだ」と、ポンタリスは述べている。「しかし、彼がわれわれに課した論文の主題は、『悔恨』だった」。

表面の修正と意外な外観、これに護られる形で、同時期に大工事が地下で進行していたわけである。また、内部で過熱する抵抗者の荒々しい激昂は、教授としての沈黙に護られていた。ポンタリスとその友人のブールラが、教室に貼り出すよう強制されたペタン元帥のポスターを破いて、学監がやってくるという事態になったとき、サルトルは彼らの行動をたしなめたが、ほんとうに非難したわけではなかった。「私が『身ぶり』と『行為』の違いを完全に理解したのは、その時であった」と、のちにポンタリスは説明する。

五人？　六人？　それとも七人？　何人集まったのだろうか？　モンパルナス駅の裏手、モンパルナス墓地のすぐ向こうの斜めに走る狭い通りにある、みすぼらしい栗色の壁をしたこのホテルの一室に。それより数時間前、ジャン・プイヨンは、ジャック゠ローラン・ボストから急ぎの電話を受け取った。「サルトルが収容所から戻った。あとで会いにこい。ホテル〈ミストラル〉だ」というのだ。身内の人間だけが集まっていた。ボストにオルガ、それにプイヨン、カストール、ヴァンダ……。サルトルは信じられぬほど決然たる声で長々と喋り続ける。ドイツ人をフランスから追い払う……証言する……説得する……大部分の人間をレジスタンスの側に引きこむ……この方向で活動すべく試みる……少しずつ輪を広げていって、やがては成功するだろう……。練り上げられ、がっちりと組み上げられた政治プロジェクトなのか？　占領者に対する具体的な防衛計画か？　いや、あの神父たちとの対話を彼はそこで続けていたのだ。木造のバラックから、今ではホテル〈ミストラル〉の部屋に移ったこともお構いなしに、彼は同じ論旨を展開する。彼は熱狂的で、説得力に溢れ、楽観的でさえある。早い話が、自然発生的な反抗のささやかな兆したる、個々ばらばらの小グループがしだいに発展し、互いに交わっては合流していくと確信しているのだ。地下活動にともなうさまざまの危険、弾圧を始めとする脅威にもかかわらず、互いに強化しあっていくと……。

「ファミリー」の次は、身近な友人だ。高等師範学校の「哲学の助教」をやっているメルロー＝ポンティである。彼は、一九四〇年の新学期以来、数カ月かかって「軍靴の下」という名のグループを作り上げていた。彼を中心として、高等師範学校《エコール・ノルマル・シュペリユール》での彼の生徒たちが集まっていた。教授資格試験の受験勉強をしている二十六歳のジャン＝トゥーサン・ドザンティ、ソルボンヌで歴史を学んでいる彼の若妻ドミニック、それに、フランソワ・キュザン、シモーヌ・ドゥブー、イヴォンヌ・ピカール。いずれも優秀で政治意識を持った若い哲学徒である。

彼らのビラは、高等師範学校の理工系学生と共同で作り上げたものだった。この理工系の活動家たちには、数学徒のレイモン・マロがいた。彼はグループの頭脳で、絶対自由主義者であり、共産主義者に対してはいかなる幻想も抱いていなかった。あるいはまた、「三七年度生」の物理学徒で、二十四歳のジョルジュ・シャズラと、その弟の医学生ジャンがいた。二人とも勇敢で行動力に溢れ、常に第一線で活動する大柄でたくましい快男児だった。こうして彼らの手で練り上げられた、きな臭い緊急のビラは、いかなる排斥もセクト主義も排して、時を移さず、あらゆる可能な形態で、サボタージュと抵抗を行なうべしと呼びかけていた……。

それから、「サルトル・ファミリー」と「軍靴の下」のちょうど中間ぐらいの立場にいる、ジャン・カナパやラウル・レヴィのようなかつての生徒ともきわめて迅速に連絡がついた。もっとも彼らは、一度も連絡を絶やしたことはなく、召集され、ついで捕虜となった恩師と文通もしていたし、カストールその他とすでに再会し、つき合っていたのである。レヴィは、ド・ゴール支持を表明していた。「なぜなら、フランス政府は何よりもまず、例えばオランダ政府に倣って、亡命する決断をすべきだったからだ」。彼はすでに一九四〇年に、シモーヌ・ド・ボーヴォワールにこう説明していた。「〔私がそう言うと〕彼女は非難がましい口調で、あなた、イギリス人みたいなことを言うのね、と答えましたよ」[8]。

「サルトルは、自分の捕虜生活の話をそそくさと切り上げた。それからこう言った。——さて、どうしよう。君たちは何か始めているのか？」[9]「軍靴の下」の旧メンバーたちとの最初の打ち合わせ会のことだ。語るのはドミニック・ドザンティ。場所はゲイ・リュサック通りのホテル〈エジプト〉の雑然とした一室。「一階の部屋で、窓から出入りできるのです」と、彼女は語る。「だから私たちは、警察に踏みこまれた場合にも逃げることができると思っていたのです。そのころはまだ私たちも、迫害に未経験な新規改宗者の無邪気さを持っていましたからね……」。

この二つのグループの間の合意の基礎は明快だった。ヴィシー政府とあらゆる種類の対独協力に対して、いかなるあいまいさも許さずきっぱりと戦うこと。右に対しては、社会主義に準拠してブルジョワとド・ゴール主義者に対して一線を画し、左に対しては、共産主義者と彼らの理不尽な対独条約に対して一線を画すこと。この了解に基づいて、グループの名を「社会主義と自由」とすることが、ただちに決定された。これからは、もっと先まで見通す必要があるのだ、とサルトルが説明した。

解放後のフランスの包括的な展望を練り上げ、将来への道筋を準備しなければならない。ひとたびファシズムが打ち負かされた暁には自由をこそ政権につける必要があるわけだが、その自由に基づいて社会主義を組織することが肝要なのだ、と。戦争はいつまで続くのだろう。サルトルは短期で終わるものと想像していた。「奇妙な話でした」と、ドミニック・ドザンティは断言する。「なぜって、彼は結構いい年《とし》の男だったのに、彼より十歳も若い私たち若者よりも楽観的であるところを見せたのですから」[10]。

「ヒトラーはわれらが同胞を収容所送りにしている。われわれは、このような事態に耐えられない。もしヴィシーの政府を容認するなら、われわれは人間でなくなる。対独協力者とはいかなる妥協も不可能だ。何となれば、これからは、自由の要求が空しい言葉にならない社会を築き上げることこそが肝要だからである……」。例えばある日、こういった文をサルトルが書く。ドミニック・ドザンティが、自分のタイプライターで原稿を原紙にタイプする。それからシャズラとマロのところへ持っていく。彼ら二人は、高等師範学校の地階で作業をするのだ。地階五〇号室が、彼らの秘密の工房だった。箱が積み重なり、物理の実験用具がところ狭しと並んだこの部屋の薄暗くほこりっぽいがらくたの真ん中に、彼らは印刷機材一式を据えつけた。原紙とインクつきの手回し式ロネオ謄写印刷機、物理実験室から盗んできた用紙、インクとベンジンの瓶、故障に備えてドライバーと金槌……。ところがその日は、印刷をやっている最中にドアが開いた。「だれだ、そこにいるのは?」ヒステリックな声が怒鳴った。その瞬間にシャズラは、それが「札つきの対独協力者《コラボ》」である、師範学校経理官のユシャンであることに気づき、電球にとびついてはずしてしまった。恐怖の数秒が流れ、マロが彼の耳に囁いた。「こうなったら、やつを殺すしかない!」サルトルの文をめぐる、メルヴィル風[*3]のシーン。と、突然階段から声が聞こえた。奇跡だ。「ユシャンさん、ユシャンさん、急いで下さい、お電話です、大至急お願いします……」。対独協力者の経理官の秘書がわれらが作業班を難局から救い出してくれたわけだ。

それから四二年後に、ジョルジュ・シャズラは、ため息をつきながらこう語るのである。「この三ページにも及ぶ自由に関するサルトルのお喋り、これにはほんとうに頭にきましたね。こんな類の文書のために、われわれがこんな危ない橋を渡るなんて、まったく悪い冗談ですよ。……自由が失われていくなんてことは、ほかの人間は、こんなビラで教えられなくたって感じているんだ。行進する軍靴の足音でね(11)」。

何とも珍妙な右往左往、突拍子もない状況、どたばた風の行き過ぎ――グループの冒険とへまの数々は、一歩さがって見た場合には、時としてギャグ漫画の筋のようなしっちゃかめっちゃかな様相を呈するのだった。まあ、実例で判断してもらいたい。ボストとプイヨンはサン・マンデのプイヨンの母の家のサロンにロネオ印刷機を据えつけたが、それが絨毯にしみをつけるので困り果てた。外に移した方がいいんじゃないか、例えば庭に、というんで、このル・アーヴル出身の二人の友人は、何と一九四一年の春という時期に、晴天白日の下でクランクを回し始めたのだ。そして、印刷機から出てきたインクの滴る完全に非合法なビラを、屋外で、衆人環視の下、整理して束にまとめるのだった……。また別の日などは、カフェ〈クーポール〉に待ち合わせでやってきたプイヨンは、突然きょろきょろと回りを探し出した。かばんはどこだ? どこへやったのだ? カフェに着いたとき、椅子の下に置いたのか? それとももともと手ぶらだったのか? もし地下鉄の中に置き忘れたとしたら、こりゃ、えらいことだ! 一切が入っている。生徒の宿題、同志の名前、住所、電話番号、それに何よりも配布予定のビラの束! さあ、一同パニックに陥った……翌日まで……。何と翌日、かばんは見つかったのだ。モリヨン通りの親切な遺失物事務所の棚の上に、手つかずで(12)……。

またある時は、ジョルジュ・シャズラが、ラヌラグ通りにある、友人の祖父の家でロネオ印刷機を回していた。その祖父というのは作家のフランソワ・コペのことで、孫の医学生ピエール・ストロースとその仲間に、その日の午後の間、場所を提供したわけである。と、突然入り口のブザーが鳴った。ゲシュタボだ。祖父の蔵書を調査しに来たのだ。皆は大慌てで腰をおろした。ある者は、ロネオ印刷機の上に、ある者はインクのついたままの原紙の上に。ストロースは、危険なビラを燃やしてしまおうと、暖炉の中に突進した。しかし、マントルピースにぶつかって傷をつけただけだった(13)……。

こんな具合に、綱渡りのような危なっかしい場面ばかりだった。地下活動の危険というものが、一挙手一投足にもつきまとっていたのである。

その危険は、時には高く、非常に高くつくこともあった。例えば、一九四一年六月十五日、ジョルジュ・シャズラは、明け方までかかって印刷をしたあと、徹夜でへとへとになっていたため、刷り上がったポスターを医学部の壁に貼ってしまった。爆弾と手榴弾で破壊活動を呼びかけるポスターなのだ。そして、朝の六時に逮捕され、それから六カ月間、ラ・サンテ監獄につながれてしまったのである。罪状は、大学の壁にビラを貼った、というものだった。

危険におびえ、その場その場を何とかしのぎ、綱わたりのような離れ業の連続——こうした中で、グループはメンバーを増やし、拡大していった。一九四一年の六月には、五〇人ほどになっていた。教授、文学や理学や医学の学生、技師、こういった人間たちが「社会主義と自由」のために活動していた。危険を避けるにはどうしたらよいのだろう？　警察に対して弱点をさらすことなく、強固な戦線を組むにはどうすべきか？　そこで、今後は「細胞」ごとに集まることになった。五人のメンバーで一つの細胞ができ、各細胞の各成員は、やはり五人からなる新たな細胞を作り出すことを任務とする。そうやって、どんどん増やしていこうというのだ。このメンバー獲得方針は有効に機能し、ホテル〈エジプト〉やらリュクサンブール公園やらで集会を重ねるごとに、行動計画は具体性を増し、任務分担は多様化していったが、メンバーの意見も多様化して、討論は時として険悪なものとなっていった。

マロはアナーキストで、メルロー＝ポンティはその頃すでにマルクス主義者だった。サルトルはプルードン主義で、断固たる反共産主義であり、リガルはトロツキストだった……。こうした事情にもかかわらず、サルトルの発言は決して偏狭なセクト主義に陥ることはなく、彼はマルクス主義者にも見解を表明させることが「不可欠」だと判断していた。ドザンティは語る。「彼は、ごわごわの葉が紙に穴をあけてしまう代用煙草をまいてシガレットを作ると、対話の時代の口を切った。それはむしろ対話というよりは多極話というべきものだったが、彼は［その後長い間］それを続けていくのである。『よかろう。これからは、論説は二回に一回はマルクス主義者が書き、その次には非マルクス主義者が書く、という風にしよう』。この決定は、もちろん、不断の対立を持ち込むものだった。平和の時代の雑誌だったら、そのような対立も、おそらくはありきたりのリベラルな内部対立で済んだかもしれなかったが。もしかしたら敵かもしれない通行人に聞かれぬよう、しっかりと窓を閉ざしたこの部屋の中で、サルトルは、その後彼の闘争の課題となっていくものに橋を架け渡したのであった。こうした反マルクス主義の拒否、反共産主義さえも拒否しようとする姿勢、これがのちに彼とカミュの対立点となる。共産主義者から浴びせられるののしりに耐えて堅持された、この寛容の決意、前衛の組織から『離れ』まいとするこの意志、これはすでに一九四一年のカルチエ・ラタンの午前に刻みこまれていたのである」(14)。

実際このジグザグ路線は当時にあっては困難に満ちたものだった。当時、共産党の活動家たちは、降りてくる指令が時として矛盾するものであったため、それを解釈するのに非常に苦労するという状態だったのだ。「われわれは、事態に真剣に当たろうとするあらゆるフランス人に、友愛の手を差しのべるものである」。共産党の政綱宣言は、このように述べていたが、一方、一九四一年六月二十日の非合法『ユマニテ』は、ド・ゴール派と、その「反動的・植民地主義的」動きを糾弾している、といった具合だった(15)。イデオロギー上の対立、もちろんこれには戦術上の対立がともなった。もっともラジカルな分子、マロ、「トゥーキ」〔ジャン゠トゥーサン〕・ドザンティ、シャズラを始めとする、襲撃と直接行動を無条件的に主張するメンバーの間で、長い論争が何度も行なわれた。「ドイツの弾薬列車を目にしたら、そいつを爆破するのは当たり前だ」と、彼らは重々しい口調で言う。「だとすれば、まず手始めに、サン・ミシェル大通りのドイツ系書店『左岸《リーヴ・ゴーシュ》』を襲撃したって悪いことはない[16]」。あるいはまたこうも言う。「破壊工作で妨害するために、ドイツ軍航空隊の位置と展開をつかんでおく必要があるだろう[17]」。別の日には、ペロンの細胞がこう提案してくる。「爆破箇所と避ける箇所を確定するために、ルノーの工場の詳細な平面図を復元してはどうか[18]」。女たちも論争に加わり、充分にコントロールされた限定的作戦を主張する。「ブラジヤック*4をやっつける任務は、ドゥブーと私のどちらがやるの[19]?」フランス作家団の最初のワイマール旅行の参加者の構成がわかった日に、シモーヌ・ド・ボーヴォワールはこう尋ねた。より現実主義的なドミニック・ドザンティは、ある日、次のような問題を提起した。「われわれのビラを、ドイツ兵に配る必要があるのではないか? ドイツ人とナチスとはまったく違うものだからである」。彼女を支持したのはサルトルだけで、この提案はそれ切りになった。しかしそれからしばらくして、今度はメルロー＝ポンティがこの問題に立ち帰る。「もしドイツの占領が長く続いたら、どうすべきだろう? 例えば三〇年、四〇年と続いたら」と、ある日彼は、ラウル・レヴィに漏らしている。「そうなったら私は、ドイツ軍兵士に接近し、説得し、できればその士気をそぐために記事を書く決心をしなければならなくなるだろう[20]」。

彼らはどこまでも行くだろう。占領された村を解放するためのコマンド作戦に、戦車と重火器を用いることさえ厭うまい。「君は爆弾の作り方を知っているか?」と、当時プイヨンはボストに尋ねた。「教えて貰えれば、自分で作れるようになるだろうさ」と。「それから数カ月後には、もう『イワシ缶』〔手製爆弾〕のことが口にされることになる」。

一九四一年六月、「社会主義と自由」のいっぱしの勇敢なる兵士たちは、大いに奮闘していた。間もなくグループは、各人が各々地位と部署を持つ蟻塚の如き様相を呈してくる。首脳部は文書を執筆し、論説執筆の権利を奪い合う。下部の活動家たちがそれをタイプし、印刷し、配布する。ポスターを貼り、家々の郵便受けにビラを押し込み、秘密の情報を探り出そうと努めるのだ。こうして彼らは、ジャン・ラボーやダヴィッド・ルーセのようなシンパの協力もしばしば仰ぐようになる。ダヴィッド・ルーセは、内務省で国際報道関係の雑誌を担当しており、あらゆる言語のラジオの情報に直接接することができた。もっともシモーヌ・ドゥブーは、こう言って苦笑している。「残念ながら、彼らが二週間後に差し迫っていると予告してきた事柄は、蓋をあけてみれば不正確だったというのが、しばしばでした[21]」。

これより秘密で、重大であったのが、サルトルがジャン・カヴァイエス[*5]との間にとっていた連絡である。カヴァイエスは、抵抗派の大知識人で、のちに銃殺される。「今日は、最大限の慎重さを君にお願いする」。サルトルは秘密めかしてこうラウル・レヴィに打ち明けた。そして、カヴァイエスが住んでいるホテル〈テラス〉があるヴァル・ド・グラース通りの方へと彼を連れて行った。サルトルとカヴァイエス、二人とも、高等師範学校出の哲学者で、ドイツ哲学を学び、プロテスタントで、ワイマール時代のドイツを「現地で」体験した人間である。しかし実はこの二人は、知識人の政治的行動への関わり方としては対蹠的な二つのモデルであった。それは、これからしばらくのちに証明されるはずである。当面は、ラウル・レヴィという二十歳の学生が観察したところだけに留めておこう。カヴァイエスは重々しく権威主義的で、彼の前でサルトルは献身的で崇拝の念をあらわにし、「ほとんど子供のよう」だった。

こうしてレヴィは「サルトル・グループ」を代表して、カヴァイエスとの連絡に当たることとなった。例えば秘密の情報やメッセージの伝達である。「実際は、私がこの任務を遂行したのは、一回だけでした」と、今日、ラウル・レヴィは語る。「恥ずかしくなったのですよ。それほどに、私が伝達するよう言いつかった情報はつまらぬものだという気がしたからです……」。というのも、レヴィがヴァイエスに手渡した紙の上に書きこまれていた二つの情報たるや、一つは、ドイツ占領地域における親独派新聞の購読に関する「統計的な」調査というものだった。ところがその情報は小数点三けたまでの数字で書かれていたのだ……。ラウル・レヴィとしては、カヴァイエスの数学的業績、その彼にこんなものを渡さねばならないという不釣り合い、この「アンケート」の科学的価値などを考えざるをえなかった。この「アンケート」は、せいぜい十五人ばかりの人間に質問して作り上げたものに違いないのだ！　もう一つの情報は、自動車の出入りの多さから判断するに、ランブイエの森にドイツ軍戦車が集結しているはずである、したがって、その地域にイギリス軍の爆撃が行なわれる必要がある、というものだった。(22) カヴァイエスの活動的なレジスタンス組織に対するサルトル・グループの伝言というのはこんなもので、まさに本物のプロ集団に対する、未熟な新米たちの素人っぽい、手仕事じみた寄与にすぎなかった。

夏に活動が中断する前に、現状の再確認を行なおうということになった。グループの二人の「スター」、サルトルとメルロー＝ポンティが、イデオロギー上の交互輪番制を守って、それぞれ一文を草することになったのである。この文書の第一の緊急任務は、「社会主義と自由」の考え方を広め、ほかの知識人、ほかのレジスタンス・グループを糾合すべく試みるというものだった。彼らは、ほかにも多数のグループが散在していると予想していたのだ。メルロー＝ポンティは二〇ページほどの文を提出し、サルトルの方も自分の原稿を書き上げた……。何と、一〇〇ページ以上にぎっしり詰まった原稿で、まさに戦後フランスのための憲法草案とも言うべきものだった！「信条表明よ」と、シモーヌ・ドゥブーは証言する。彼女はこの二つの文書を南部地域に運ぶ任務を課され、その際何度も何度も読み直したのだ。もっとも、車中で所持品検査をやられる恐れがでてきたので、列車のトイレの中でそれを破棄してしまった。彼女は、さらにこう言葉を続ける。「サルトルはその中で、プルードン色の濃い、恐ろしく時代錯誤の思想に依拠して、将来の国家のための政綱を開陳していたわけです。私たちが賛嘆おくあたわなかったあの言葉を駆使する腕の冴えが、すでにそこに明瞭に現われていました。私たちの中では、そうした腕を持っていたのは彼だけでした。もっとも、私たちは皆、『嘔吐』を読んでおり、彼がそうした文学者としての力量を備えていることは承知していましたけれど」。「彼の倫理＝政治的表明の最初の企てです」。ジャン＝トゥーサン・ドザンティは、こう付け加える。「彼によれば、フランスがナチの桎梏から解放された暁の、長期的な政治的・社会的・倫理的展望を同時に練り上げるのでなかったなら、われわれの直接的行動は何の意味もなかったということになってしまう、というのです」[23]。

このサルトルの最初の政治文書は、今となっては印刷された十部ともが完全に消失してしまったと思われるが、今日この文書を精一杯正確に把握するには、どうしたらよいのだろう。この紛れもない憲法草案の遺跡を、どうやって調査したものか？　それは一一〇から一二〇条の条文を含み、国家のあらゆる機構、経済、果てはユダヤ人まで含めた市民の身分にまでわたっていたという。労働に基づいた貨幣を創出する。それは物品の価値をその製造に要した労働時間数によって決定することを可能にするものである。マルクスを読んだばかりのサルトルはこう提案していた。また、さまざまの手工業者組合を始めとする職業別組合が民主的に代表を送り出すような新しい議会を創設する。彼はこうも提案していた。そのあとに、行政権から全面的に独立した司法権についての綿密な記述、従来と異なる兵役の方式に関する新たな提案、対外政策に関する一貫した政治路線の練り上げられた原則、等々……が続くのである。さまざまの証人の反応、わずかに残っている彼らの記憶の断片、こうしたものが情報の代わりをする。例えば、ラウル・レヴィは、当時まだ「サルトルに対して絶大な賛嘆の念」を抱いていたが、この憲法草案を隅から隅までじっくり読んだ結果、「まったくお笑い草の選挙公約[24]」だと感じざるをえなかった。

このサルトルの最初の政治的実践への提言というものは、将来彼が表明する見解のいくつかを萌芽としてすでに含んでいるものだろうか？　まず気づく点は、世界に働きかける具体的な政治的行動計画に一挙に突き進んでしまおうとする姿勢である。ジャン゠トゥーサン・ドザンティは、こう説明している。「サルトルはその頃から、このような型の運動のイデオロギー的・倫理的前提を立て、一定の期間を想定した政治的展開の計画を作り上げてしまえば、現に行なっている行動はすでにその目標に達していることになる、という風に考えていた。日々そのあり方を点検していく必要がある真の政治的実践の中に、そうした考察を組み込んでいくというのは、彼にとっては恐ろしく難しいことで、彼はその程度を正確に把握することはできなかったし、第一、そんなことにいかなる興味も持っていなかったのだ[25]」。それにしても、いくつかの細部は極端に綿密である。例えば、戦後のフランスにおける教員の待遇に、まるまる一条項が当てられている。それは、個人的研究ないしそれ以外の研究計画のためのサバティカル休暇の取得条件にまで言及しているのである。いずれにせよ、われわれが手にしている資料は、砕けたモザイクよろしくずたずたの状態にあるわけだが、それにもかかわらず、この文書の中に、何よりも捕虜時代のサルトルの言説の延長を見ることは許されるのではなかろうか？ ペラン神父が語っているあのサルトル、プルードン主義者、サン＝シモン主義者、ないしはフーリエ主義者サルトルを、かぎ出すことができる。そして、そこに見られるいくつかの力線は、のちに再び姿を現わすものであるが、またそこには、フランス左翼のいくつかの伝統、とりあえずアナルコ・サンジカリズムと同一視するほかない潮流の伝統というものが、透けて見えるのである。

電報、一九四一年八月二十一日、ブール、県復員事務所より、ヴィシー、文部省教育監督局宛。「電報にて至急知らせよ。サルトル、ジャン、一九〇五年六月二十一日生まれ、すでに復員せしや。またその日付け。然らざれば復員手続きを要す。サルトルはヌイイ、リセ〈パストゥール〉の教授の職にあり」。

電報、一九四一年八月二十二日、ヴィシー、文部・青年省より、パリ、文部省宛。「サルトル、リセ〈パストゥール〉教授、その職にありや、電報にて答えよ」。

電報、一九四一年八月二十三日、パリ、文部省より、ヴィシー、文部省宛。「サルトル、リセ〈パストゥール〉哲学教授、旧戦争捕虜、釈放、現在その職にあり(26)」。

一人の哲学教授の復員を公認するために、ブール・ガン・ブレス、ヴィシー、パリの間をメッセージが飛び交う。ところがこの哲学教授、そんな手続きなど気にもとめず、自分の教員としての経歴などもそっちのけで、この一九四一年の夏には、大いに忙しく飛び回るのである。と言うのも、「サルトル・グループのC・C〔中央委員会〕」——シモーヌ・ドゥブーの友人たちは皮肉っぽくこう呼んでいた——は、彼を南部地帯に派遣することを決定したのだ。ジィドやマルローのような著名作家の所在を探り、会見して説得し、「社会主義と自由」の影響力の拡大を試みようというのである。この夏のヴァカンスは、彼の長征、彼の生涯で最も長い行軍となるだろう……。

「占領地区と非占領地区のあいだでも、小荷物の郵送は認められていた。私たちはロアーヌに自転車と荷物を発送した。……そしてモンソー・レ・ミーヌ行きの切符を買った。私たちは、境界越えの案内人がいるカフェのアドレスを教わっていたのである」。サルトルと一緒にこの旅行をしたシモーヌ・ド・ボーヴォワールは語る。「町を出るか出ないうちに、サルトルの前のタイヤがぺちゃんこになった。こんな大冒険に出かけるというのに、どうして自転車の修理法を覚えてこなかったのか、われながら不思議だが、とにかく直せないのだから仕方がない。……ここ数年来、サルトルは自転車で長距離の旅をしたことがなかったので、四〇キロ走るとすっかりへたばってしまった」(27)。

二人のパリの人間が、非占領地区のがたがた道を自転車で行く。ロアーヌ、ブール、リヨン、サン・テチエンヌ、リヨン、ル・ピュイ、セヴェンヌ山地、モンテリマール、アルル、マルセイユ、グラース、グルノーブル、オークセール……何とも向こう見ずな行進だ。二カ月に及ぶ、不慣れな肉体の酷使、夜はテントで眠り、時々自転車の故障や政治的会見が折りこまれる、二カ月のヴァカンス。「サルトルは、徒歩旅行は単調であきあきするので、自転車で行く方がずっと好きだった。……サルトルは坂にかかると、おもしろがって猛然とスピードを出した。……平地では彼は実にのろのろと進むので、二、三度溝にはまってしまった。『考えごとをしていたもんでね』と、彼は言い訳した」(28)。

操り方の悪い操り人形のように、乱暴に揺られてぎくしゃく揺れ動きつつ、彼らは不器用に道中を続けていく。最小限の技術的能力も持ち合わせず、彼らはよろめき、くずおれ、傷つき、立ち上がってはまた倒れる。一切が彼らに対して冷酷になった。甘やかされて育った子供が、自分を守ってくれていたあぶくの中から抜け出そうとする際の、厳しい現実との出会いにほかならない。

「私たちのところまで自転車でやってくるなんて大変なことでした」と、ピエール・カーンの夫人は説明する。「私たちの住んでいた村、サン・テチエンヌ・ド・リュグダレスは、ガール、ロゼール、オート・ロワールの三つの県が交わる、険しい山の中なのです[29]」。

サルトルは、高等師範学校以来、二人とも哲学者であるピエールとアンドレのカーン兄弟の友人だった。アンドレ・カーンの方は、一時共産主義者だったことがあり、フランス中央部でもっとも強固なレジスタンス組織網の一つを作り上げつつあった。そんなわけでサルトルから会見を申し込まれたわけだが、サルトルにそれを勧めたのは、どうやらジャン・カヴァイエスらしい。当の会見に話を戻すと、サルトルはカーンに自分の憲法草案を示し、「社会主義と自由」の活動を詳しく説明した。カーンは、モンリュソンのリセでの教員としての経験や、非占領地区の共産主義者との接触について語った。「セヴェンヌ山地の松の下で、私はサルトルのもっとも見事な講義の一つを拝聴したのです」と、ピエール・カーンの夫人のマリィ・カーンは語る。「それは、解放後のフランスにおける労働組合の役割に関する、一種の即興演説でした[30]」。そして一人の男は、レジスタンスの統一から生まれ出るかもしれないものを、想像するのだった。それは、新たな左翼政党、個人の自由を尊重する、独特の左翼政党であろう……。カーン家で一夜を過ごし、そしてまた二人は、南へと出発した。

マルセイユ、一九四一年八月。「社会主義と自由」の周辺にいたトロツキストたちと一緒に活動したことのあるジャン・ラボーは、とある郵便局で、サルトルとボーヴォワールに出会う。「サルトルは、ランプを手にやってきて、レジスタンスをやるための人材を求めていると言いました。どんなレジスタンスか、ということは、はっきりしていませんでした……」と、彼は語る。「しかし、彼は人々との接触を求めていました。マルセイユで暮らしている社会主義者のダニエル・マイエルに、もう会ったとか、これから会うとか言っていました」[31]。シモーヌ・ド・ボーヴォワールは、こう書いている。「われわれの運動にたいして彼から与える指示はないか？　提案する任務はないか？　ダニエル・マイエルはレオン・ブルムに誕生祝いの手紙を出せと言った。サルトルは失望して彼のもとを去った」[32]。

のちにマイエルは、自分がそのような反応をしたのは、サルトルを試すために意図的にやったことだと説明している。何しろサルトルには、それまで政治的実績は皆無だったのだ。「サルトルはリストにアンドレ・ジィドの名を書きこみ、その横にとうてい読めないような字で彼のアドレスをなぐり書きしていた。カロリスだろうか？　ヴァロリスだろうか？　いや、きっとヴァローリスだ。……私たちは役場に寄って、アンドレ・ジィドはどこに住んでいるかと尋ねた。係員は、『写真屋のジィドさんですか？』と聞き返した。ほかにジィドという人は知らないという。……私はミシュラン社の地図で探した。……と、インスピレーションがひらめいた。カブリスだ」[33]。ジィドはカブリスを引き払って、グラースに移っていた。

こうしてわれらが戦闘的哲学者は八十歳の審美家にカフェで出会うことになるだ。二年前には、当のジィドが、夕食を一席設けて、『壁』の著者に紹介してくれるようアドリエンヌ・モニエに頼んだものだった[34]。それより少しのちに、ポーランから、一九三九年十一月に出る『N・R・F』の特集号に「ジィド讃」の原稿を書かないかとの提案があり、サルトルはそれを承諾した。「ジィドの日記について何か書きたいと思います。……もっとも、ジィドを『小説の実験家』として採り上げた方がよいというのなら（私はあまり関心がありません）別ですが[35]」。しかし、戦争が勃発して動員されてしまったため、サルトルの批評の躍動は急停止してしまったのだ。

どのように説いても、ジィドを説得することはできなかった。サルトルも固執しなかった。すでに一九四一年五月六日の日記に、ジィドはこう記していたのである。「悲しいかな、フランスは転落の坂道を自力でよじ登る力を持っているとは思えない。……ドイツとの協力は、もしそれが誠実なものであるとの確信が持てるなら、受け入れることも吝《やぶさ》かでないし、望ましいものであるとさえ思う。しばらくの間なら、耐えがたい屈辱であるとは言え、ドイツへの隷属の方が、今日ヴィシーがわれわれに提唱している規律などよりは害が少なく、まだましだとさえ、私は思いかねない[36]」。

こうした年老いたユマニストに対して、今や六月末以来ソ連が参戦しており、それによって共産主義者との共同闘争がより容易になるはずだ、などと熱弁を振るっても無益だったろう。ジィドが、サルトルの直接行動主義に乗ってくる可能性はなかっただろう。何しろこのジィドは、サルトルの訪問の直前に、エルンスト・ユンガーのパリ風審美主義に呼応したこんな文章を綴っていたのだから。「〈グランド・ホテル〉の私の部屋の窓から見える眺めは、どの時刻に眺めても、これほどの眺めは想像できないほどに美しい。目の前には、グラースの町。その中央にそびえる大聖堂の尖塔は、遠い山並みの稜線を切断している。町と私の間にうがたれた深い谷間まで、段々状に下へ下へと連なっていく家々の、調和のとれた無秩序。この稿を綴っているうちにも、太陽はその一日の運行の終わりに達し、カブリスの山々の背後に没する前に、えも言えぬ黄金色で染めぬくのだ。家々の壁を、屋根を、町全体を……。人生をやり直すべきだろうか？　いずれにせよ、もう少し冒険を加味するべく努めよう[37]」。

冒険と言うけれど、もちろんまだその時ではなかったというわけだ。サルトルは、行動とは無縁の、水がよどんでいるような作家しか見出さなかった。まるで、地球とは別の惑星に迷いこんでしまった男のようだった。「サルトルは、翌日マルローと会う予定だと言った。するとジイドは、別れ際にこう言った。『それじゃ、良いマルローにお会いすることを祈ります[38]』。そのあと、ジイドは机に向かい、ロジェ・マルタン・デュ・ガールに宛てて、こう書くのだった。「〔サルトルとマルローの会見は〕どうなることやら。マルローは、サルトルの文学を嫌っているのだ。もっともサルトルも、それは承知の上だ[39]」。

サン・ジャン・キャップ・フェラの近くのキャップ・ダイユ村。アンドレ・マルローは、新たな伴侶ジョゼット・クロティスと、二人の間に生まれた赤ん坊とともに、そこの〈椿〉荘で暮らしていた。「彼らは昼食に、豪勢なアメリカ風ローストチキンを食べた」。またしても語るのは、ボーヴォワールである。「マルローは、サルトルの言葉に慇懃に耳を傾けたが、当面、いかなる行動も有効性を持たないと思うと言った。戦争に勝つには、ロシアの戦車とアメリカの飛行機が必要だと考えていたのだ[40]」。

マルローはのちになって、すでに一九四〇年六月から、彼はロンドンに行く態勢ができていたが、それを知らせるメッセージが先方に着くことがなかったと説明している[41]。マルローがレジスタンスに積極的に加わるようになるのは、それから三年近くものち、一九四四年の初めになってからにすぎない。当面は、明るい日を浴びて、家族水入らずの日々を過ごしていたわけだ。しかも、その赤ん坊の名付け親はなんとあのドリュ・ラ・ロッシェルだった。彼はサルトルより三カ月前にマルローを訪れている。ドリュのためにマルローは、ジイドに口を利いてやったし、そのドリュは、十月に予定されたワイマール旅行の支度をしている頃だった……。自由地帯でのガリマール社系文学者たちの出会いというのは、こんな具合に交錯していたのだ。レジスタンスが組織されつつあるとき、ダスティエ・ド・ラ・ヴィジュリーによって、南部地帯に『解放《リベラシオン》』紙グループが創設されたとき、『フランス防衛』紙グループの若い学生たちがパリで地下活動の修業にますます磨きをかけているとき、一九四一年の夏の終わりというこのような時期に、パリの文学者たちは、サルトルにドアを閉ざし、地中海の日没に見とれていた。

再びグルノーブルに立ち寄ったサルトルとボーヴォワールは、コレット・オードリィの家に着くと、ぐったりした様子で語った。マルローは、フランスはもはや埒外だということで、〔レジスタンスへの参加の〕拒否を正当化している。あるいはもしかしたら、名が表に現われない英雄にはなる気がないからかもしれない、と彼らはそれとなくほのめかした。[42] シモーヌ・ドゥブーも同席していた。「われわれがやっていることは、マルローの関心を引かないのだ、とサルトルは、そのかん高い声で言った。それにいずれにせよ、われわれ二人が折り合うのは不可能だったろう。トップは一人でなくてはならない……」。パリに戻ると、サルトルは、どれも失敗に終わった首尾をドザンティ夫妻に物語った。数カ月前にはまだあれほど楽観的だった「威信溢れる特使」は、すっかりしょげきって戻ってきたわけである。

地方に運動を広げることにも失敗し、南部地帯で接触したさまざまの人士には拒否され、さらにとりわけ二人の同士が逮捕されたことによって、グループ「社会主義と自由」は、一九四一年の暮れ頃まで、がたがた動揺しながらかぼそい余命を保っていく。細胞によっては、さらに数カ月続いたところもある。いずれにせよ、初期に散発的に生まれた多くの運動体がそうであったように、組織された機構に支えられなかったため、消滅していったのだ。

「サルトルには用心したまえ。あれはドイツのスパイだ」。こんな噂を共産主義者たちはグループの第一人者を中傷するために南部地帯に流していた。サルトルが捕虜収容所から釈放されたのは、ドリュ・ラ・ロッシェルの直接の介入のおかげで、彼はその師ハイデッガーと同様に国家社会党《ナチス》の手先なのだ、などという噂もあった。こんな状態で、どうして彼らと手を組むことができただろう。サルトルは、この共産党の大々的な妄想症《パラノイア》の時期にあって、うってつけのスケープゴートにされてしまったのだ。何しろ、ニザンの竹馬の友なのだから、あのサルトルだってどこかのスパイをやっているに違いない、というわけだ。

「レジスタンスは、秘密の活動というものはみなそうだが、重要で厳格な規範あるいは特殊で危険な使命をともなうものだった。しかしその深い意味は、現在とは違う社会の建設であり、その社会は自由であらねばならなかった。したがって、個人の自由は、その実現のために各個人が闘っている自由な社会を理想としていたわけだ(43)」。のちにサルトルは、こう説明する。さらに、シモーヌ・ド・ボーヴォワールの方も、グループの最終的死滅の前にサルトルと繰り返した果てしのない議論を想い起こしている。「私たちは意見は同じだったから、彼は実は自分自身と議論していたのだった」と、彼女は断言する。「ただの依怙地《いこじ》から誰かの死の原因をつくったということになれば、そうやすやすと自分を許せなくなる。サルトルにとっては、収容所で長いあいだ温め、何週間ものあいだ嬉々として尽力した計画であるだけに、諦めるのは辛いことだった。でも彼は、やむなくこれを放棄した(44)」。

この運動の挫折を総括した場合、どの要素を挫折の最大の原因と考えるべきだろう? グループの無能、未経験、もろさだろうか? ド・ゴール派と共産党系の二つのレジスタンス大組織の伸張を前にして、重みがなく、能力もなかったという点か? メンバーの脱退が相次いだことか? ばからしい危険を冒すのを肯《がえん》じなかったからか? コミュニストの側からの激しい攻撃のためか? 隊列をふくらませるために打診を受けた作家を始めとする審美家たちが、のうのうと無気力をさらけ出したせいか？　イヴォンヌ・ピカールは逮捕され、〔パリ北東の〕ドランシー収容所に送られ、二度と戻ってくることはない。アルフレッド・ペロンだって、そうだ。姿を消したきり、どうやら収容所で死んだらしい。ほかにも危険な兆候はいくつもあった。例えば、高等師範学校で、シモーヌ・ドゥブーは、ジャック・メルロー＝ポンティ*7と一緒に大慌てでビラの包みを屋根に運び出さなくてはならなくなる。彼女はまた、「連絡員」として、パリのあらゆるグループとの連絡に派遣され、失望して戻ってくる。「彼らはみな、とても誠実でした」と、今日になって彼女は述懐する。「でも、およそ真剣味がなく、革命的でもありませんでした。私はこの使命を終えたあとで、コミュニストの方に戻って活動したのです。彼らははるかに組織されていました(45)」。

十月には、カフェ〈クロズリー・デ・リラ〉で、サルトル・ファミリーとジャン・カヴァイエスの会談が持たれることになる。「でも、私たちはパリのマキ〔武装レジスタンス組織〕というわけではなかった」と、プイヨンは言う。「せいぜい友人たちのグループというにすぎず、反ナチで、そのことを匿名でほかの人間に知らせるということに、内輪で意見が一致していたというにすぎません。もっとも」と、彼は言葉を続ける。「レジスタンス運動がしだいに組織立てられるようになると、われわれのようにほかとの接触もなく孤立したグループは、持ちこたえることができなくなりました。それに、われわれのビラが興味を引くとしたら、それはその内容によってというよりはむしろ、その存在によってではなかったでしょうか(46)？」

この小グループに加えられた緊張とさまざまな圧力によって、この弱々しい筏はじわじわと締めつけられ、やがて解体してしまう。まず内部での緊張があった。ラウル・レヴィによれば、「社会主義と自由」の内部では、少数の反対派と対決しなくてはならなかった、という。

「あなたはどうやら批判がたくさんありそうですね」と、ある日モーリス・メルロー＝ポンティは、レヴィに尋ねた。彼もまた、グループの中の何人かのおっちょこちょいには頭をかかえていたのだ。

「それを別にすれば、われわれは世間知らずだった」と、ずっとあとになって、彼〔サルトル〕は書くことになる。「熱狂のうちに生まれたわれわれの小集団は、熱病にかかり、一年後には、何をしてよいのかわからないために死んでしまった」[47]。

実際、一九四一年六月から、ソ連が参戦し、フランス共産党員が積極的に活動を開始したのちには、彼らが存在を主張するのは難しくなった。サルトル・グループは、一方ではド・ゴール派、他方ではコミュニストという、二つの強力なレジスタンス機構の間で、「第三の道」を目指すとの断固たる意志を常々表明していただけに、なおさらである。この二つの組織は、そのイデオロギー的潜在力においても人的ネットワークにおいても、強大でがっしりと組織されていた。かつて、一九四一年の春に、レヴィは二つの使命を託されたが、それには最大限の慎重さをもってすべしと勧告されていた。つまり、一つはトロツキストとの、もう一つはコミュニストとの接触だった。その際、トロツキストは、ソ連の参戦が迫っていることを、すでに予言していた。コミュニストの方は、グループの数的な情報だけを受けとろうと願っていた……。この二つの会見のあと、いかなる共同プロジェクトも生み出されなかったのである[48]。そして、「社会主義と自由」は、活動的なレジスタンスの風に吹き払われてしまう。活動的レジスタンスとは、二つの相反する潮流が短期的な政治的戦略で限定的に手を結んだものにほかならなかった。事態がそうなったとき、サルトルはコミュニストと手を組んで活動しようともしなかったし、もちろんド・ゴール派と活動しようともしなかった。「社会主義と自由」のほかのメンバーがだれもかれも、雪崩《なだれ》をうつようにフランス共産党の隊列に合流していったのとは、対照的である。この非同盟は、彼の政治的軌跡の中で重要な与件となっているが、これには意味があるのだ。のちにサルトルは判で押したように「コミュニストのお先走り」の役回りを演じていると非難されることになるが、そのときこのことを想い出す必要があるだろう。

「社会主義と自由」のかつてのメンバーの大部分は、自由地帯〔非占領地帯〕で活動的に、それも大抵の場合はフランス共産党の側に立ってレジスタンスを行ないながら、終戦を迎えた。あの挫折ののちにサルトルが決定した戦略の変更について尋ねられると、彼らはいずれも、一つの点に関しては同じ意見を表明した。つまりあの小男は、あの情勢に現実的に対処した、彼自身が持つ手段にもっとも適《かな》った闘争という方向で可能な限り賢明な態度を採用した、という点である。実際、マルローなりジィドを味方にしようとする企ては、おそらくあの一九四一年の夏の時点では時期尚早だった。糾合すべきグループはまだあまりにもばらばらであった。「社会主義と自由」というちっぽけな運動体と、その「第三の道」を目指す企てとは、ばらばらに孤立した作家たちが——サルトルとは逆に——直接的行動に飛びこむよりは受動的待機主義を好んでいた時期にあっては、生き残ることができなかったのである。

ド・ゴール派とコミュニストの狭間にぽっかりあいた空隙の中に追いこまれたサルトルは、自分が固執する第三の道にあくまでも忠実に、根気よく、執拗に、戦い続けていく。しかし、やり方は変わる。いわゆる政治的闘争ではなく、イデオロギー的闘争。直接行動からはきっぱりと手を引き、レジスタンスの主要な潮流から身を引き離して、この闘争を戦うのだ。初めての政治活動、そしてそうした活動から身を引くという初めての経験。コミュニストたちは、政治との最初の出会いが失敗に終わったことを、決して許そうとはしないだろう。それはおそらく、彼が彼らよりはるかに早く政治参加を始めたため、何らかの政党が優柔不断の果てに指令を出すまで待つことなく、自分自身のナチへの憎しみを思うさまぶちまけた、そのせいに違いない……。

ソ連の参戦とともに起こったのは、まさに雪崩現象だった、とドザンティ夫妻は考える。今日、彼らはこうも付け加える。「われわれはすでに共産党入党へと自然に向かっていた」。彼らは、自由地帯に残り、積極的なレジスタンス活動家となったのち、一九四三年に入党する。彼らが「社会主義と自由」から離れたのは、サルトルが「自ら決定した地下活動の企てを実現するための準備も能力も手段も持たなかったため、行動という流砂の中に呑みこまれてしまった(49)」と考えたからである。ジョルジュ・シャズラも、一九四二年にモンリュソンにやってくるなり、共産党に入党し、アリエ県のレジスタンスの軍事指導者となる。そして戦争末期には、一万人を指揮下において、ムーランとヴィシーを解放するのである。現在、パリでの地下活動の数カ月を回想するとき、彼の言葉は手厳しい。「あの経験で、私は、知識人の言うことをまともに受けとめようという気がなくなってしまった。サルトルは非常に大きな力を利用しうる立場にいた。すでにその名は知られていたし、あとについてくる人間もいた。しかし彼は、そうした人間たちを動かすすべを知らなかった。彼はそのためにうってつけの立場にいたというのに。最初から、私には彼らが子供じみて見えた。例えば、自分たちのお喋りが、ほかの人間がやった仕事をどれほど巻き添えにするか、決してわかろうとしなかったのだ……」。こう語ったのちに、彼は結ぶ。「それに、彼らは大学でいくつかの論証のテクニックを学んだかもしれないが、いずれにせよ、請け合ってもいいが、政治活動を前にしては、連中はものを考える能力などなかったのだ。おまけにサルトルは、この類の地下活動というのにはまったく向いていなかった。もっとも、しまいには彼にもそのことがよくわかったがね(50)」。

ラウル・レヴィは、終戦まで南部地帯で暮らすことになる。人種法の絶頂期、黄色い星印をつけることが強制された時期に、南北の境界線を越えることを選んだのだ。パリを発ったのは一九四二年六月だが、その直前にサルトルから、グループのための一種思想方針のようなものを検討するよう言いつかった。それは半ば政治的分析で、半ば夏休みの宿題といった底のもので、課題は「ヘーゲルにおける国家」だった。レヴィはこの仕事をやらないまま、戦争末期の何度かの短い来訪のほかはパリに戻らず、戦後、やはり共産党に入党する。リセ〈パストゥール〉の同級生、ジャン・カナパの入党と同じ年のことだった。この経験を、ラウル・レヴィは、われわれに喜んで語ってくれたが、その口調はうつろで極めて手厳しく、あの企てはまったく何の役にも立たなかったと彼は確信していた。あれは「ドイツの新聞を読んだあと、各人が思い思いに怒りをぶちまけるはけ口にすぎなかった」。彼は、さらにこうも言う。「お茶を飲みながらのお喋りグループ、といったところです」。彼はまた、サルトルが政治には全く向いておらず、当時の新聞を解読する力さえ持たなかった、とも確信しており、さらに、サルトルの政治参加《アンガジュマン》の主要な原動力は、「真の自発的な利害の中ではなく、むしろ〈歴史〉を自分の考察の中に組み入れなければならないという哲学的欲求[51]」の中に探し求めるべきだ、とも確信しているのである。

　一九四二年の終わりに、独ソ不可侵条約から解放されたコミュニストたちは、広く同盟者を迎え入れる態勢をとり、セクト的な孤立から抜け出して接触を求め始める。その時になると、まったく自然に、そして振り子運動につき動かされて、彼らはサルトルに接触を求め、〈全国作家委員会〉に加わり、地下出版の『レットル・フランセーズ』〔共産党系文芸誌〕に執筆してくれるよう頼むことになるのである。しかし、その時までは、彼らにとってサルトルは、疑わしい人物であった。まず第一に、ニザン——フランス共産党から脱退したために、モーリス・トレーズから「腐れ犬でサツの手先」と決めつけられたばかりだった——の友人であるがゆえに疑わしく、『嘔吐』がふんだんに証明しているように、プチブルの悲観主義的頽廃作家であるがゆえに疑わしかったのである。また、捕虜収容所から出られたのは、ブラジヤックを含むヴィシー系の人間の「お車」のおかげであり、何人かの証人が断言しているように、「半ば対独協力分子である女の愛人[52]」であるがゆえに疑わしかったのである。

このようなサルトルに対するコミュニストの疑惑の総合的な帰結として、ジャン・ポーランがジャック・ドクールに、サルトルを『レットル・フランセーズ』に加えるよう提案した際、ドクールが断固として絶対的な拒否権を発動した[53]、というような事件が起こっている。この出来事は、一九四二年の初め、ジャック・ドクールが銃殺される以前に起こった。サルトルが彼らとともに仕事をするようになるのは一九四二年の終わり頃、彼らがあらゆる方角に同盟の門戸を開放するようになってからだ。しかし、こうして束の間の協力の時期があったにしても、サルトルとフランス・コミュニストの関係は、その後もずっと、ある種の二面的態度に汚されたものであり続けるだろう。この両者の間には、四〇年間、長い一騎打ちが続くのであり、それがまさに始まったところなのだ。

以上見た通り、情勢は、同盟にも思いつきの活動にも適していなかった。そしてサルトルは、プイヨンが述べているように、「運動の組織者でも機関の人間でもなく、出たとこ勝負の人間[54]」であることを、悲しいことだが自ら確認する。こうしてサルトルは地下活動から身を引くわけだが、その前にへまを一つしでかしてしまうことになる。『コメディア』は対独協力的な週刊誌だが、これに論文を書くことを承諾してしまうのだ。シモーヌ・ド・ボーヴォワールによれば、定期的に論説を書くことまで承知したという[55]。ということは、毎週毎週、ドイツを知るよう、クライストやヘルダーリンが描いたドイツ的人物像を愛するよう読者に促す、言葉を換えて言えば、フランスはうまく行っている、フランスは楽しんでいる、文化生活は続いている等々、という主張を信用するよう促している雑誌に加わるということなのだ。この雑誌には、戦争の影はいささかもなく、ナチの弾圧の痕跡も見あたらない。「マックス・ジャコブ死去」、ある日、第一頁の囲み欄にはこんなニュースが載った。しかし、何ら詳細についての説明は加えられず、このユダヤ人作家の収容所送りへの言及もなかった。それはそれとして、サルトルは、『コメディア』の主筆、ドランジュの依頼により、ハーマン・メルヴィルの『白鯨』の批評を掲載することを承知したわけである。こうした過ちにもかかわらず、この論文はわれわれわれに美しい一文を提供している。「絶対というものはあるのだ、恐ろしくもまた親しげに、われわれの身近にあるのだ。われわれ自身の手でかぶせてしまった色さまざまのヴェールを、ほんの少し押し開きさえすれば、羊の骨のように白く艶やかなそれを、われわれは目にすることができるのだ、ということをヘーゲルとメルヴィル以上に痛感した者はいなかった[56]」。

一年後、パリでは、フランス警察によるユダヤ人の一斉検挙が行なわれた。その日、ジャン゠トゥーサン・ドザンティは、思い切って一歩踏み出し、コミュニストともに戦う武装闘争に身を投じる決意をしたのである。彼が語るのを聴こう。「あの子たちは叫ばなかった。一九四二年のこの朝、ユダヤの子供たちは泣きもしなかった。ただ周りを囲まれ、見張られて、待っていた。あの子たちはそこにいた。それだけだ。通りがかりの人に助けを求めようとしなかった。しかし、今でも想い出す。私は歩きながら、こう自分に言いきかせていたのだ。『昨年の暮れにMにプレゼントした、ヘルシュタル製ピストルを取り戻さなくちゃならないな。

あいつがちゃんと油をさして、うまく隠しておいてくれればいいんだが……』。それが私の、公然たる、そして『実践的な』回答だった[57]」。

4　行き詰まり

「糞《くそ》を出したって、連中は食べてしまうだろうよ！」青い前掛けを腰に結んで、石炭ストーブをかき回しながら、カフェの主人はいらだちをぶちまける。その前日、彼は臭《くさ》いにおいのする代用品のコーヒーをつかまされたのだが、客たちはみな文句ひとついわずにそれを飲みほしたのだ。一九四一年冬、サン・ジェルマン大通り。サン・ミシェルの方に向かって左手に、カフェ〈フロール〉がある。マホガニーのテーブル、鏡張りの壁、赤い椅子、そして円柱。古典的均整に則った平凡な装飾。ブーバル氏は、石炭、お茶、たばこがどこにあるかを、他のだれよりも知っている。闇で買うのだろうか？　商品と食糧の分配が、町によって、時期によって、人によって、まちまちの無秩序に支配されるこの時代には、ほんとうに確実といえるものは何ひとつない。そして、店内が暖かいせいで、このカフェは界隈でも人気のカフェのひとつとなっている。そのカフェの石炭ストーブの傍らに座って、小男はものを書いている。コートを着ているにはいるが、そのコートたるや、模造毛皮の何とも妙ちきりんな代物だ。丸いべっ甲の眼鏡をかけ、ありふれたブライアのパイプを口にくわえ、せわしなく頭を上げ下げしながら、彼はもう三時間もここで仕事をしているのだ。ここに入ってきたとき、ミルク・ティーを一杯注文し、それを一息に飲みほした。それっきり何もとらない。時々、椅子からはね起きると、人が床に捨てたたばこの吸い殻に飛びつき、それをほぐしてパイプに詰め、急いで吹かす。茶色のコートがだぶだぶで、しかも丈が短すぎるものだから、立ち上がったときの格好といったら、珍妙この上ない。ずんぐりとして丸い、しょっちゅう動きまわる妙な子供といったところだ。

ブーバルが、一つしかものを注文しないで何時間も腰を据える客を尊重しないことなど、お構いなしだ。ある日、客のサルトル氏に取り次いでくれという電話の一つもかかってきたなら、「お客様に、サルトルさんはいらっしゃいますか」という彼の声に、この毛皮とインクの塊が「私だ」と答えるのを聞いてびっくりして、このブーバルだって、もう少し親切になるかもしれないのだが、果してどうだろう(1)……。

ドイツ占領下のパリで迎えた最初の冬の間、サルトルの行動区域《テリトリー》は、モンパルナス、パッシー、サン・ラザールを頂点とする三角形の中に限られていた。モンパルナスというのは、ホテル〈ミストラル〉のことで、この陰気でうす汚れたホテルは、メーヌ大通りとゲテ通りの間にある。それに、彼が朝「コーヒーを一杯やる」カフェ〈ムスクテール〉も、ここにある。パッシーは、マンシー夫婦の家のあるところで、昔バルザックが住んでいた家のある場所から始まって、カーブしながらセーヌ川へと下っていく優雅な大通り、ランバル大通りの二三番地のこの家では、サルトルは家政婦が調理するブルジョワ風の食事に迎えられた。もっともこの家政婦、食料買い入れの列に並ぶのに、大半の時間をとられていたが。サン・ラザールというのは、一九四一年の新学期から彼が赴任した、リセ〈コンドルセ〉である。

この三つの点の間にサン・ジェルマン・デ・プレと、彼の根拠地、カフェ〈フロール〉が位置する。つき合う人間はどうかと言えば、「ファミリー」だけに限られていた。つまり、オルガ、ヴァンダ、ボスト。これに最近、リセ〈カミーユ・セー〉でのシモーヌ・ド・ボーヴォワールの生徒で、両親の許を離れてやってきたリーズが加わった。サルトルとボーヴォワールという二人のリセ教授の給料では、当時、このささやかな一族を養うにはぎりぎりだった。月に七〇〇〇フランというのは、二人で暮らすにはゆとりがある。しかし六人となると明らかに不足だ。何しろ、Dクラスのレストランでさえも、まずい食事のために貴重な食品券を使わなければならないのである。シモーヌ・ド・ボーヴォワールが、このグループの家計を一手に切り盛りした。各人の食品配給券を集め、料理もやる。ホテル〈ミストラル〉のサルトルの部屋の隣に、キッチン付きの部屋があるのを彼女は見つけ出した。これはもってこいだ。猛然と身を入れて、しかも系統的に想像力を総動員して、獣の足跡をたどるように、カラスの入荷とか、魚のエスカロープとかの情報をかぎ出すのである。この方式で支度した最初の食事の献立は、かぶのシュークルート、しかもキュブ印のブイヨンを入れた代物だった！　それでも料理した当人は欣喜雀躍である。食堂として借りたこのホテルの一室で、「サルトルは、これは結構いけると言い切った。彼はほとんど何でも構わず食べた。そして時には食事を抜いてもケロッとしていた。私の方はこれほどストイックではなかった(2)」と、彼女は書いている。

このささやかな一族は、夕方近くになるとカフェ〈フロール〉にやってきた。身内になった昔の生徒たちだけでなく、新しい生徒も時々立ち寄った。時には名前を知らない者同士が挨拶を交わすこともあり、彼らは端目《はため》にはわからない摩訶不思議な規則と掟に従って出会っては、二人組《ドゥオ》、三人組《トリオ》、四人組《クワトォール》を作り、ほかの者はそれに干渉しない。カストールはこう解説する。「私がオルガかリーズと話をしているとき、サルトルがヴァンダと出かけるとき、リーズとヴァンダが一緒に語り合っているとき、ほかの仲間はその二人のテーブルに加わろうとは思いもしなかった。端目にはは変わった習慣に見えたが、私たちには当たり前と思われた(3)」。

いつも近くのテーブルに座る常連と、少しずつ知りあうようになる。詩を書いているムルージ何某とか、刺激的な赤毛のローラとか。カフェというだれにでも開放された空間での、肘つきあわせた生活。人目を逃れることのない仕事と愛。そして、だれでも好きなときにやってきて、邪魔をしても構わない。個人の所有物もなければ、仕切りもなければ、秘密もない。何一つ、あるいはほとんど、隠すもののない社交生活。

一九四一年から四二年にかけての冬は厳しかった。首都パリでは、最高の寒さを記録した。パリっ子の記憶では、これほど厳しい冬は――前年の冬をのぞけば――これまでになかったという。そして食糧と石炭の制限は、月ごとに深刻になっていった。ついには、一人一日当たり肉二〇グラムにまで落ちた。ジャガイモも七〇グラムになった！　歩道には雪が何週間も残り、街路には吹きだまりと氷が残って、首都に文字通りの氷原が出現した。最初はだれもが、この極端な気候もドイツの侵入の自然な帰結、あらゆるものの様相を破壊してしまったこの粗暴な戦争の中で起こった一連の出来事を導く法則の一つの要素、ほかの破局と同様の一つの破局、だと考えた。それから春がやってきて、雪は解け、屋根から崩れ落ちてくる氷の塊が、ようやく頻繁になってきた空襲警報とともに、市民の恐怖の的となった。

今や住民は、寒さにもドイツ人にも多少は慣れてしまったが、そうなると、当時課されていたもう一つの条件がとくに気になり出すのだった。それは生活の背後に隠れて直接手で触れることができないだけに、そのおかげで日常生活は、どうやっても脱け出すことができない粘りつく夢のように、べとべとした曖昧なものとなってしまっていた。と言うのは、ドイツ軍は中部ヨーロッパ時間をフランスに押しつけたのである。二時間ものずれがあるため、冬の間は朝の九時まで暗い夜が続くことになったのだ！　外出禁止は、時には夕方六時から始まることもあり、制限品目のリストは新しく変わるごとに厳しさを増し、空襲警報が出れば、最寄りの地下壕や地下鉄駅に避難しなければならない。こんな具合に、各市民の空間的・時間的行動範囲は、〔バルザックの小説の〕あら皮のように縮んでいく一方だった。

一方から言えば、すべてを奪われた状態だったが、また一方から言えば、厄介なものの氾濫でもあった。もう二年前から、札入れには見慣れぬ紙類がぎっしりと詰まるようになり、それを使いこなすすべを学ばねばならなかった。まずアウスヴァイス、つまり新たな身分証明書。これには有効期限がドイツ語で「gültig bis zum……」と書かれていた。それから各種の購入カード。パンの購入カードには割当量が「ポイント」などという巧妙な名称で書きこまれていて、パン屋だけがそれを切る権利を持っていた。肉の購入カードにも券がついていた。石炭購入カードには小さな升目の欄が印刷されていて、まるで石けり遊びをするような具合に、その権利のある者にパンチを入れてもらう必要があった。さらに食肉カード、「代用石鹸」カード、繊維製品カード、等々。ピンクのクーポン、ブルーのクーポン、靴、たばこ、肉、自動車、燃料——ポケットの中は、しっちゃかめっちゃかだ！　それに忘れてならないのは、毎日きちんとメモをとっておかねばならず、ラジオに注意して、タンポポやスウェーデン・カブやうさぎの最新の入荷はいつかを調べ、乳製品屋の店先にできる果てしない列と押しあいへしあいを避けるために、もっとも良い時間を選ばねばならないことなのだ。

「われわれはドイツの占領下にあったときほど自由であったことはなかった。われわれはわれわれのすべての権利を、まず第一にものを言う権利を、失ってしまっていた。われわれは、毎日真っ向から侮辱され、しかも沈黙していなければならなかった。……いたるところ、壁の上に、新聞に、スクリーンの上に、われわれは、あの穢らわしい、生気のない顔を見せつけられていた。それは、弾圧者がわれわれに押しつけようとした、われわれ自身の顔だった。こうしたことすべてのゆえにこそ、われわれは自由だったのである。ナチの毒がわれわれの思考のなかにまでしのびこんでいたがゆえに、正しい思考の一つ一つが、一つの戦利品だった。全能の警察がわれわれを強制して沈黙させようとしていたがゆえに、どの言葉も、一つの信条の宣言のごとく貴重になった。われわれは追いつめられていたがゆえに、われわれの挙動はどれもアンガジュマンの重みをもっていた(4)」。

最初の政治運動の挫折とナチ抑圧者の日常的な存在とは、サルトルを乾電池のように充電していく。征服の行為はどうかと言えば、彼は以前の三倍もの征服行為を考え出すはずである。彼のように挫折した者の中には、落胆にひたり込んでしまう者もあろうし、他所へ行ってしまう者もあっただろう。しかし彼は違った。占領者への憎しみの塊であり、己れの決断への自尊心の塊でもあるこの小男は、足をふんばって押し戻そうとする。彼のアナルコ・サンジカリスト的憲法草案は、現実にはいかなる支持にも出あうことはないのだろうか？　彼は慌ただしくそれをポケットにしまいこみ、探求を始める。他の場所にではなく、自分自身のうちに。狂気じみた渦巻く求心運動の中に身体を丸めて沈潜し、追いつめられた行き詰まりの袋小路の壁の下で、がむしゃらに、そして頑固に、もぐらのように土を掘るのだ。占領下のパリでの日常生活はどうだったのか？　彼はのちにその報告をすることになる。彼の語るところを聞こう。

「まず紋切り型のエピナル版画式の描写はやめなければならない。ドイツ人は武器を手にして街を歩き回っていたわけでは断じてない。彼らは市民に道を譲れとか、自分らの前では歩道をよけよとかいった強要は断じてしなかった。彼らは地下鉄のなかでは老婆に席を譲り、子供を見るとともすると優しい気持ちになって、その頬を撫でたりした。……しかし、占領が毎日のことであった点を忘れてはならない。……四年間、われわれは生活をしたのであり、ドイツ人の方もまた、われわれの間で、大都市の一体的集団生活に呑みこまれ、埋もれて生活していたのだ。……われわれから見れば、かれらは人間というよりは家具といった感じだった。……しかし一つの――もっとも憎むべき――敵がいた、だがその敵は顔を持っていなかった。……パリの町なかには方々に隠れた穴があり、パリの町はまるで気づかぬ内出血に襲われていて、これらの穴から血を抜きとられていくというような感じだった。もっとも、このことはほとんど話題に上らなかった。人々は飢餓の話以上にこの絶え間ない出血のことを隠していた。一つには用心のためであり、一つには品位を保つためでもあった。……亡霊のような憎悪と、憎みきれないあまりにも親しげな敵とのたえざる共存を、どうか想像していただきたい(5)」。

頭を低く下げて、雄羊のように彼はつき進む。猛り狂い、鞭を入れられ、障害物に刺激されて、彼は全精力を傾注し、書く。絶えず書き続ける。食べるものがない？　それなら、棒パンで我慢しよう。煙草がない？　歩道やカフェの椅子の下に吸い殻が捨てられるのを待てばいい。まるで狂気のよう、麻薬のようだ。背を丸めて、集中し、周囲から隔絶して、彼はロボットのように原稿用紙を埋めていく。直接行動の挫折がどうした？　彼は御破算をして、自分自身の領分に立ち帰り、何度も考え直し、掘り返し、鋤き返す。ジィドやマルローなどとの会見の失敗が何だと言うのだ。彼は自分自身に沈潜し、袋小路からものを産み出す手段を発見する。挫折を感じるか感じないかのうちに、早くも彼は再出発したのだ。ほかの者は、大抵はまだ目が覚めてさえいなかった。彼の無条件の憎しみは、さらに拡大して、より的確に敵を撃ちとろうとする。ところでその敵は、数カ月前からますます猖獗を極めるようになってきた。

一九四一年六月二十二日、ヒトラーはソ連に部隊を投入する。一九四一年九月、フランスの右翼と極右は、さらに硬化して、ボリシェヴィズム撲滅のための悪名高い〈フランス義勇兵同盟〉を結成する。この組織は、L・V・Fというその略号の方でより知られているものだが、鳴り物入りでパリ中に貼り出されたメンバー募集のばかでかいポスターには、「このウインドーの前にユダヤ人の駐車を禁ず」と書かれていた。一九四一年九月には、ベルリッツ宮で展覧会「ユダヤ人とフランス」が開催され、フランス・ファシストは有頂天になる。その一方で、独ソ不可侵条約の破棄によって、最後のためらいから解放されたコミュニスト闘士による個別テロ行動が開始される。一九四一年八月二十一日、地下鉄バルベス駅で、ドイツ士官、海軍少尉候補生モーゼルは、見知らぬ男が六・三五口径で発射した三発の銃弾によって倒された。これはただちに連鎖反応を引き起こす。駐仏ドイツ軍司令官フォン・シュテュルプナーゲル将軍は、制裁を強要する。特別法廷が開かれ、ヴィシー政府の内務大臣ピュシューは、ユダヤ人とコミュニストを手始めに、犯罪とは無関係の人間を死刑にすることができる遡及効を有する政令を公布することを承諾する。制裁は時を移さず実行に移された。一九四一年九月十六日、パリにて、無実の人質十人の死刑執行。一九四一年十月二十二日、九八人の無実の人質の死刑執行、うち二七人は、シャトーブリアン[*2]にて銃殺。

「私は私の行為をなしたのだ、エレクトル、そしてその行為は正しかった」。一九四三年六月三日、シテ劇場の観客席は騒然となった。サルトルの最初の劇、『蠅』の総稽古だ。それは、停電の恐れがあるために、午後に行なわれた。エキストラの数も多く、デュランの演出は詰め込みすぎで、作者と演出家の意見が一致するのは容易なことではなかったのだ！　オレスト〔オレステス〕は〔生まれ故郷の〕アルゴスに戻ってくる。そのアルゴスの町は、悔恨の下に押し潰されている。「ここの人間は何も言わなかった……。彼らは何も言わなかった……。彼らは何もしなかった」と、ジュピテルは、己《おの》が王の死を前にした全住民の臆病さ、その強迫観念を描き出しながら、こう繰り返す。一人の老婆はこう説明する。「うちの亭主は野良に出ていました。私にいったい何ができたでしょう。私はドアに錠をかけました」。観客席の反応はというと、〔対独協力派の作家、リュシヤン・〕ルバテは「ウェー」とやじり、さまざまに相反する動きがあったが、ともかく反応があったのは確かだ。アルゴスの男たちの合唱隊が容赦なく、「あなた方が死んでしまったのに、私たちが生きていることをお赦し下さい」と繰り返すと、観客はざわめいた。オレストは父の仇を討ち、エジスト〔アイギストス〕と、自分の母である背信の女クリテムネストルとを殺す。そして妹のエレクトル[*3]を町から連れ出そうと試みる。オレストの第一幕の科白〔ママ。実際は二幕、三幕の科白も混じっている〕。「生まれながらに拘束《アンガジェ》されている人間もいる。そしてほかの人間もいる、沈黙している人間たちだ。……私は私の行為をなしたのだ、エレクトル、そしてその行為は正しかった。……私は主《あるじ》でも奴隷でもない、ジュピテル。私は、私の自由そのものだ！　お前が私を創った瞬間から、私はお前のものであることをやめたのだ」。騒然たる観客席は、このオレストという人物に耐えられなかった。何ともわけのわからない人物だったし、それに彼らは、しゃちほこばった衣装、ぎごちない甲冑、硬直した仮面、古代的な重苦しい姿勢、それにこの不安、こうしたものに当惑していたのである。

「ほんとうのドラマ、私が書こうとしたドラマは、街頭でドイツ人を殺害し、そのために五〇人の人質の死刑執行のきっかけを作ってしまうテロリストのドラマです」(6)。のちにサルトルはこう説明している。一九四一年夏の恐怖への暗示であることは明白である。同時に、無実の死者たちをめぐって、支持と誹謗が飛びかっていた論争に、自分も態度を表明しようとしたわけである。自分の行為を引き受けねばならない。そうなのだ。たとえそれが罪なき死者に責任を負わせることになるとしても。同時にまた、「この悔悛の病、後悔と恥辱へのへつらいを一掃すること」に貢献するという点もある。自分の憎しみをぶちまけることで、彼はヴィシーの精神と自らを責め苛む風潮に、青天の霹靂の如き一撃を加えたわけである。そこでこれは行き詰まりからの最初の出口、アンガジュマン理論の最初の表明ということになるわけなのだろうか？　ところが、『蠅』の一件のきっかけは、かなりいい加減なものだった。

ある日オルガが高飛車に彼に告げた。「ジャン＝ルイ・バローが『女優が劇の中で本格的な役を演じられるようになるための最良の手段は、だれかが君たちのために戯曲を書くことだ』と言い切ったわ(7)」と。この言葉を聞いたのは、聞く耳を持つ者であった。『バリオナ』の経験で刺激されたサルトルは、たちどころにアトレウス家の王族たちのドラマの構想を想い描き始めたのである。すでに一九四一年の夏には、ポルクロール島〔コート・ダジュールの近く〕の浜の砂の上で書き始めており、次いで、自転車でパリへと戻る途上、ジュラ山中の旅館で、不愛想な扱いを受けながら、そこの食卓の上で書き続けた。

異論の余地なく、劇は失敗だった。客席はがら空きで、公演は予定より早く中止になり、批評家の受けもはかばかしくなかった。尊敬を集めていたロラン・ピュルナルは、『コメディア』にこう書いている。「否定しがたい美しさを見せる件《くだり》もいくつかあるが、この作品には私は不満である」。彼は、注意深く、いかなる政治的ほのめかしにも言及を避けている。対独協力派の紙誌は、明瞭に悪意を示した。

ただ一人、ミシェル・レリスのみが、偽名で『レットル・フランセーズ』に書いた劇評の中で、この劇の「偉大な倫理的教訓」に賛意を示している。「オレストは、統治することを拒否し、生まれ故郷の町を永久に去る。町にはびこっていた蠅を後に従えて。……オレストは殺人を犯すが、それによって彼は悔恨に陥ることなく、むしろ充実を与えられる。なぜなら彼にとって、それは復讐でも、個人的野心でもなく、自由になしとげられた行為だからである。……オレストは、宿命的な循環を断ち切り、必然の支配から自由の支配へ向かう道を切り開いた(8)」。

要するに、この劇は熱狂的に迎えられたとは言いがたいわけだが、それはどうしてなのだろう? たしかに、ジロードゥーとコクトーに培われた戦時中のパリの観客層は、ギリシャ悲劇を下敷きとすることにもはや驚きはしなかった、という点がある。それに、アヌイの『アンチゴーヌ』が同じシーズンに現代的衣装で上演されており、また、神々が庭師から「親爺さん」扱いされるのに、人々は慣れっこになっていた。「ソポクレスの劇と同様に、私の劇の登場人物は、だれ一人として正しいとか悪いとか決められない」と、サルトルは説明を加えているが、どうやら観客の当惑の真の原因は、その辺にありそうである。

オレストとエレクトルは『アンチゴーヌ』ほど「読みとりやすく」ない。また占領下において大当たりした戯曲に、ヴェルモレルの『ジャンヌ・ダルク』があるが、これと比べても同じことが言える。この戯曲ではイギリス人はナチスの制服を着て登場するわけで、彼らと対決するジャンヌは、レジスタンスの直接的なアレゴリーとなっており、観客はここから直接的に、より明瞭な闘争を読みとったのである。サルトルは、あまりにも作品計画が知性化されたために、自分自身に裏切られたということなのだろうか? 「フランス国民を立ち直らせ、勇気を取り戻させることが絶対に必要だった」。作者サルトルは、こうも言っている。彼はドイツが拒否権を発動する恐れのないようなやり方で、ドイツの検閲に挑戦したのだ。当時は、ヴィシーの道徳的検閲の方がパリの政治的検閲よりはるかに民心にのしかかっており、そこにわずかながらつけ込む余地があった。もっとも、次のような『コメディア』の囲み記事は、この戯曲が与えた不安を証言している。「シテ劇場における『蝿』の上演は、芸術的世論の中にさまざまに相反する反応をひき起こした。批評の大部分は、ジャン＝ポール・サルトルの作品に厳しい評価を下した。……しかしながら、『蝿』によって生じた反響は、知識人界においても青年層においても深甚なものがある。とくに青年層は、この戯曲で新たな世界との接触を獲得し、発見の感覚を実感したのである。それゆえわれわれは、近々、『蝿』をめぐる討論を行なうものである」(9)。しかし『コメディア』はこの討論を始めることはなかった！　一方、アンドレ・カステロは、『ジェルブ』誌上で、この戯曲と、その作者にうかがわれる「低劣なものへの偏愛」に対する紛れもない嫌悪感を表明していた(10)。

『蝿』は、政治的戯曲としては論議の余地はあるにしても、サルトルの劇作家としてのキャリアを本格的に切り開いた作品であることは間違いない。のちに彼はこう書いている。「もし『嘔吐』が出版されなかったとしても、私は書き続けただろう。しかし、『蝿』が上演されなかったとしたら、何しろ私の関心は当時演劇からは非常に遠いものだったから、私が劇を書き続けたかどうかは分からない(11)」。

彼が演劇と関わるきっかけとなったのは、何よりもまずデュランとの出会いであった。デュランは、戦前からシモーヌ・ジョリヴェの伴侶であったのだ。こうしたほとんど「家族的」な関係があったため、日曜日を「デュラン夫妻」の田舎の家で過ごすというような形で、二人の出会いは非常に促進されたわけである。シモーヌは、グループの中で唯一人、公然と対独協力と反ユダヤ主義を表明している人間だったが、それでもこうした交際は続いていた。『蝿』の制作の過程で、サルトルとデュランの間には、作者と演出家の間の緊迫した関係が続いたが、それでもサルトルはこれによって、真に衝撃的な演劇教育をたたきこまれることになる。「デュランは、戯曲とは雄弁の横溢とは正反対のものでなくてはならないことを私に理解させた。……演劇では、やり直しはきかない。それをひとたび口に出したらもう後戻りはできないというような科白でないのなら、注意深く科白のやりとりから削ってしまわなければならない。……『蠅』のリハーサルに立ち会ってからというもの、私は演劇というものを以前のような目では決して見られなくなった[12]」。

叙任でもあり、童貞の喪失でもあるこの経験によって、サルトルは『バリオナ』の素人芸からはすでに完全に抜け出したのであった。そして、上演された劇とは、期待したほどのインパクトは与ええなかったとしても、一冊の本以上に多数の公衆を引き寄せる文学的出来事なのである。それは、新たな広がりの機会を提供し、世間の騒ぎや、世論の動きや、人々の会話の種となる。そうしたものが評判というものを形作るわけである。例えばポーランは、一九四三年六月二十三日付のジャン・フォートリエ宛の手紙の中で、次のようにその喜びを語っている。「昨日『蠅』を観ました。とても良い出来栄えと思います。モーリヤックの意見はまったく不当です。この悔悟に浸る者たちの町は、まるでヴィシーそのものです。それに仮面、とても美しい劇の仮面[13]」。こうしてサルトルは、それまでは文壇の中心からはずれたところに位置していたが、今や中央に位置する文学サークルの方へと、少しずつ移動して行くのであった[14]。

『蠅』とまったく同時期に、彼の七二二ページに及ぶ哲学作品『存在と無』が書かれ、そして発表された——刊行は一九四三年六月。これは一九四二年になって、狂気じみた激しさを帯びるようになった一連の出来事に駆り立てられるようにして、サルトルが一刻も早く書き上げようと大急ぎで執筆したものである。この一九四二年という年は、その始まりからしてよくなかった。「ボリシェヴィズム対ヨーロッパ」展が開催され、収容所送りのユダヤ人の最初の輸送列車が出発した。ナチが民心をたらしこもうとしていた良き時代《ベル・エポック》は終わり、全面的な硬化の時代がやってきたのだ。そして急速に、事態は複雑なからみあいの様相を呈してくる。一九四二年五月、ダルキエ・ド・ペルポワが、ヴィシーのユダヤ人問題担当委員に任命され、黄色い星の着用を命令する。「ユダヤ人種の」市民はだれでも、衣料配給券三枚と引き換えに、これを入手しなければならないとされたのである。二カ月後には、ユダヤ人がカフェ、映画館、劇場等々、あらゆる公共の場に立ち入ることが禁止される。もっともサルトル・ファミリーの周辺では、これらの法令はほとんど常に破られてはいた。〈フロール〉では、黄色い星はほとんど見かけなかった。しかし街角では告発があり、匿名の投書があり、とりわけ一斉検挙や身分証明書の検査の危険があった。そうなれば決まって、ドランシー収容所送りなのだ。

このおぞましい歯車は、一九四二年七月にその姿を明るみに出した。その日、パリ中のユダヤ人の一斉検挙が行なわれ、彼らはパリ十五区の冬季競輪場に集められたのだ。フランスの警察と憲兵隊は、自分たちで「春風」と詩的な名称を冠したこの作戦に従事し、ドイツの命令を一生懸命に実行した。ドイツへのフランス人志願労働者派遣と「交替」[*5]の企てが失敗に終わると、ヴィシー政府は時を移さず、強硬手段に訴える決心をし、強制労働奉仕制を創出した。悪名高いS・T・Oである。これは、十八歳から五十歳までのすべてのフランス人を対象とする、紛う方ない民間人徴用であり、耐えがたい措置であった。そこで徴用拒否の若者たちは、南部地帯に潜入し、マキに加わることになる。何としてもドイツでの強制労働だけは御免だ、というわけである。フランス全土は、ポスターや掲示板で埋めつくされる。容赦なく圧殺しようとするナチの命令が、追いつめられた鳥のようなフランスに襲いかかる。この間にもサルトルは、もちろん書き続ける。「ユダヤ教徒、入場を禁ず」、「子供専用公園、ユダヤ人は入場禁止」、あるいはまた、映画『ユダヤ人とフランス』の宣伝キャンペーンの謳い文句、「ユダヤ人の支配から身を護る決意をしたフランス人はだれでも、ユダヤ人を識別するすべを学ぶ必要がある」。

こうして、ナチの怪物じみた非道は加速度的に激化していく。そして、われらが作家の熱烈な血気も加速度的に激しさを増していく。彼の筆で新たに書かれる文章の一つ一つが、まるで占領者から盗み出し、もぎ取った文であり、彼らの手の出しようのない自由の断片であるかのようなのだ。

「ユダヤ=ボリシェヴィキの犯罪者」に対する逆上は、ますます募っていった。五月には、ジョルジュ・ポリツェール[*6]が処刑され、七月には、フェルドマンも処刑された。地下鉄内の告示、街頭でのビラ、あらゆるものがテロルの影を告げていた。しかし、ヴァカンスの間、パリでサルトルは書き続ける。一九四二年の復活祭の休みの間も、彼はル・アーヴルで書き続ける。収容所時代の友人のマルク・ベナールの家がル・アーヴルにあったが、そこを訪れた際にも書き続けたのである。空襲警報も、実際の空襲ももともせずに。また、一九四二年の八月には、トゥールマレ峠の上で書き続ける。「草の上に座って、吹きさらしの中で」、何ページも書き上げて「大いに満足」している(15)。またとくに、アンジューにあるモレル夫人の家でサルトル一行は歓待されたわけだが、山の上よりははるかに条件のよいこの家でも、やはり休みなく書き続けるのである。梁がむき出しで、赤い六角タイル張りのこの家で、サルトルが当てがわれた部屋は広々としていた。彼はほとんどこの部屋から外に出ることはなかった。というのも、モレル夫人たちの方が彼の部屋まで上がってきて、そこで食事をとり、時には夜の十二時過ぎまで居座ることもあったからである。

シモーヌ・ド・ボーヴォワールが、時々この四人を四つの壁に囲まれたこの部屋の中から引き剝がそうと試みた。引き剝がすのに成功すると、ロワール河畔の散歩ということになり、時には自転車での遠出になった。それから急いで家に帰り、サルトルの部屋でみんなしてイギリス放送を聴く。「スターリングラードにて、フォン・パウルス将軍の部隊、最初の敗北を喫す……」。一九四二年のクリスマスのニュースは、これだった。連合軍の北アフリカ上陸以後、最初のよいニュースだ！

「退屈な件《くだり》ばかりになってしまうだろう。しかし逆にきわどい箇所も一つ二つ出はじめている。一つは穴一般に関する件で、もう一つはとくに肛門とイタリア式セックスに関する件だ。これで埋め合わせがつくだろう(16)」。これはカストールへの手紙の一節だが、これが生まれつつある『存在と無』の最初の姿を描きだそうとする言葉であるとは、とても信じられないだろう。ところが、実はそうなのだ！　奇妙な戦争の倦怠と寒さの中で構想がまとまってきたこの作品を叙述しようとするこの件《くだり》にも、サルトル的精密さと挑発性は早くも現われている。うんざりするような退屈な箇所ときわどい箇所が踵《きびす》を接することになろうと、サルトルは予告しているわけだ。紙一キロ分、とポーランはのちに言うだろう。彼はこの本の二番目の用途を発見するのである。伝説によれば、この本はちょうど一キログラムの重さがあることが判明したため、この厳しい占領下の暮らしの中で、薬物、野菜などの正確な量を計るのに役立った、という。しかし余談はこれぐらいにして、この七二二ページの大著を真っ向から見据えることが肝心である。

『存在と無』は、まさしくサルトルの人生と作品の謎を解く鍵である。哲学者サルトルはこの本の中で、いくつものラインを並行して展開している。まず、それ以前の三〇年代の著作——小説も哲学も含めて——の根拠を据えている。また、自分の思想体系の理論的基礎を解明している。さらに、サルトル的信条を形作るあらゆる公理と主題を掘り下げてもいるのである。もしのちになって、例えばサルトルがノーベル賞を辞退したとき、わけがわからないと言って当惑する者がいたとするなら、あるいはまた、戦後になってサルトルが行なった講演にびっくりしてしまう者が出てきたとするなら、それは彼らがこの本の中心的要点をとらえそこなったからにほかならない。実は、この本のあらゆる要素は、存在〔ママ、対自の誤り〕と即自、言いかえれば主観性と世界との不断の緊張関係という観念に立脚しているのである。『存在と無』は、世界に対する主観性の絶対的優位を宣言するものにほかならず、それゆえ、根底的にデカルト的な作品なのだ。

それにしても、一九四三年にいたるまで、サルトルの作品は、明らかに孤独な意識の冒険物語にほかならなかった。そこで『存在と無』は、世界に対する意識の矜持というこの中心的観念を引き続き取り上げ、それを説明し、さらに豊かにふくらませようとするのである。この意識の矜持から、個人の絶対的自由という命題が出てくる。埋没であると同時に剝奪でもある意識、熱病でもあれば規律でもある自由、恒久不断の批判、結晶化し凝固した社会的役割というものへの不信感、こうしたものを通して、サルトルの政治との関わり、美的なもの、社会的なもの、そして倫理との関わりを根拠づける理由が順を追って明らかになっていく。これによって、のちにサルトルの省察がマルクス主義との間に保つことになる、親密性と根底的な異質性との狭間に揺れるきわめて特異な絆というものも、容易に理解できるようになる。サルトルという人間の中に、伝統的に受け入れられた社会的価値に対するさまざまの拒否を生み出したものも、この特異な絆にほかならないのだ。

この作品にうかがわれる、こうしたすべての傾向にとって、戦争は、紛れもなく孵化器の役割を果たすことになった。ハイデッガーを読んだことが、サルトルの思想の中で重要な位置を占めるにいたったのも、戦争がきっかけだった。一九四〇年二月に、『戦中日記』の中で彼が記しているところによれば、ハイデッガーの影響が「天佑であったと思えることが、最近になって、ときどきあった。何しろ、彼によって私は、本来性と歴史性を教わったのだが、それはまさに、戦争によってこの二つの概念が不可欠になろうとしていたときだったからだ。この二つの用具がなかったら、私の思想はどうなっていたか想像すると、想い出すだけでぞっとするといった気持ちになる。どんなに時間を得したかしれない(17)」。

『存在と無』の歴史的背景である一九四二年の緊張の高まりというものと、この作品の含み持つ信じがたいほどの徹底性の間には、何らかのつながりがあると考えるべきだろうか？ 弾圧の激しさと、サルトルの絶対自由主義的爆発との間には？ 疑いなくつながりはある。すでに戦前から、彼はフランス哲学の伝統に対して最初の攻撃の矢を放っていた。それを全体として「本質主義[*7]」と決めつけ、一切合財否定し去ったのだ。その際、ブランシュヴィック、ラランド、メイエルソンら、「食物摂取的哲学」ないし「消化的哲学[*8]」のフランスにおける大立者に対して彼がつきつけたのは、ドイツ現象学者たちだった。『存在と無』には、社会的レッテルへの、同じように激しい拒絶がある。「私は、ひとの言葉が私の限界であるところの限界を私に教えてくれるであろうときに、私の存在の対象的なもろもろの限界、たとえば、ユダヤ人、アーリア人、醜男《ぶおとこ》、美男子、国王、官吏、賤民、等々を、いかに体験するであろうか(18)？」

この文に続けて彼は、個人の疎外、その自傷、したがってその非本来性とは、これらの社会的レッテルを受け入れるところから生まれる、と言う。そして次のように明確に述べている。「事実、私は、ユダヤ人であったり、アーリア人であったりする。美男子であったり、醜男であったり、不具者であったりする。すべてそれらのことは、私が他人にとってそうであるのであって、私が外において持つこの意味を、私がとらえようと思ってもだめだし、まして、これを変えようと思ってもどうにもならない[19]」。あるいはまた、「一般的にいうならば、私が路上で出あう禁止、たとえば『ユダヤ人の出入りを禁ず』……は、私の自由な選択に基づき、それを根拠としてしか、意味をもつことができない。事実、選択される自由な諸可能性にしたがって、私は、この禁止をおかし、それを無視することができる。あるいはまた反対に、私は、この禁止に一つの強制的な価値を付与することもできる。この禁止がこのような価値をもちうるのは、私がそれに重みを認めるからに他ならない[20]」。

　直接的破壊活動の行き詰まりに追いこまれ、耐えがたい日常的な弾圧的秩序に締めつけられたサルトルには、受け入れがたいものとは何かが、一挙に見えるようになったのだ。もちろん、彼の自由の理論は、哲学的抽象化の中で練り上げられたものに違いない。しかし、彼がこの省察それ自体を練り上げたのは、こうした歴史的条件の中で、そしてそのもとにおいてなのだ。本来性と責任とに目覚めよとの呼びかけ、あらゆる形の非本来的行動への告発、彼がそれらを高々と激しく打ち上げたのは、ナチ支配下のフランスに向けてである。作家の倫理についての省察、それを彼が展開したのは、日常不断の言論の束縛という狂気じみた直接的圧迫のもとにおいてである。つまり、最も暗い抑圧の時代の中から、まるで魔法のように、自由と個人的アナーキズムへの呼びかけをサルトルは引き出したのだ。

　さて、この作品は一九四三年の夏に出た。当時、だれがこれを読んだだろう？　この年のうちにこれを論じたのは、どうやら『エチュード・エ・エッセー・ユニヴェルシテール』〔『大学研究評論』〕誌上のルネ＝マリル・アルベレスの論説だけである。それ以降、少しずつ書評が増えてくる。翌年には三本、一九四五年には九本、そしてサルトルが有名な講演を行なった一九四六年[*9]〔ママ〕には、十五本以上に達する。ということは、出版当初はほとんど無視されたということだ。哲学的な語り口、思想の分厚さ、刊行の時期、こうしたもので、それは容易に説明がつく。しかしそれにしても、哲学界にとって、こんな巨大な私生児が跳び出したというのは、呆気にとられるような不意打ち以外の何ものでもなかった。

この混合的著作は、言葉遣いや、文献への依拠、慣例通りの参照法、デカルト的論理といった点では古典的であり、疑う余地なく素晴らしい哲学論考の体裁を示している。しかし、その論の展開、援用する実例には、何とすさまじい爆弾が仕掛けられていることか！　当時支配的だった講壇的伝統を無視して、哲学者たる者が、自己の理論を開陳するのに、こともあろうに日常生活の「俗事」に訴えているのである。「たしかにカフェは、そのお客、そのテーブル、その腰掛け、その鏡、その光線、その煙った空気、騒々しい人声、皿のふれあう音、店内をみたしている足音などをふくめて、それ自体、一つの存在の充満である[21]」。

信奉者、熱狂者、真の読者が出てくるのは、もっとあとになってからにすぎない。例えばアンドレ・ゴルツの場合がそうだが、彼は一九四六年にスイスで初めてサルトルと会い、以後サルトルのもっとも忠実な友人の一人となる。「私には『存在と無』がしみ込んでしまった」と、彼は語っている。「最初は多くのことが理解できなかった。ただ、彼の思想の新しさと複雑さに魅了されていたのだ。やがて、このばかでかい代物を辛抱強く読み進んで行くうちに、しだいにこれに感染してその用語法を採り入れるようになり、これを百科全書の高みにまで祭り上げるにいたる。何しろあらゆることが扱われているのだから、これはすべてに対する答えを包み持っているはずなのだ。そして私は、『存在と無』という国境に囲まれた宇宙の中を動きまわるのだった[22]」。

このような『存在と無』の発見は、作家ミシェル・トゥールニエが歓呼して迎えたものでもあった。彼はこう語る。「一九四三年秋のある日、一冊の本がわれわれの机の上に落ちてきた。……一瞬、呆然自失という状態になり、それからゆっくりとした反芻が始まった。著作は巨大な岩の塊のようで、手強く、圧倒的で、抗いがたい力に溢れ、精妙な複雑さに満ち、百科全書的で、堂々たる技法を駆使し、隈々までダイヤモンドのように単純明快な直観に貫かれていた。いかなる疑いも許されなかった。一つの体系が、われわれに与えられたのだ[23]」。

当時のサルトル信奉者として、最後にオリヴィエ・ルヴォー・ダロンヌに登場願おう。ソルボンヌの勤勉な学生であった彼は「この大学組織の外からやってきた声に」ぞくぞくするほどの興奮を覚える。「その声は、例えば、大学で教えられているすべての哲学を『本質主義』と決めつけてはばからない。哲学が小説の中で表明されるということにも、無関心ではいられなかった。万人にとって解読可能な言葉で述べられるという点。カフェで作り出されるという点。たしかに、この世の中にはカフェ以外のものもあるが、少なくともソルボンヌの数よりは、カフェの数の方が多いことはたしかなのだ[24]」。

『異邦人』の中の一つの文は、それぞれ一つの島なのだ。われわれは文から文へ、無から無へと、滝のように落ちていく。カミュ氏がその物語を複合過去で作ることを選んだのは、それぞれの文の単位の孤立性を強調するためにほかならない[25]」。この頃、『異邦人』が出版されたが、サルトルは、この出たばかりのカミュの小説を読んで感激し、二〇ページの論説を書く。具体的で、深く掘り下げ、噛んで含めるように教育的で、明快な論文だ。そして、まるで密かにしのび込ませるようにして、暗黙のうちに、一種、自分との類縁性の如きものを浮かびあがらせるのである。まるで進むべき方向を見出した羅針盤のように魅入られて、サルトルはこう述べる。『異邦人』はここにある。人生から切り離され、正当化されず、正当化し得ないものとして、瞬時のもの、不毛のものとして、早くも作者自身から見捨てられ、他の現在へとゆだねられて。そして、まさにこのようなものとしてわれわれはこの小説を受けとめる必要があるのだ。すなわち、作者と読者という二人の人間の、理性を超えた、不条理の中における、唐突な交わりとして」。[*10]

サルトルは、この小説を、ヘミングウェイやヴォルテールの側に位置づけるわけだが、それによってもちろん彼は、カミュに対して手放しの称賛を送る最初の機会を見出したということになる。これは相互承認であったが、実はこれは交差した鏡の戯れともいうべきものであった。カミュはそれ以前に、『嘔吐』と『壁』に称賛の言葉を送っていたが、その言葉のいくつかは異論の余地なく、カミュ自身の作品の登場人物にあてはめてもおかしくないものである。彼はこう述べていたのだ。[(26)] 一人の男が「世界に対する自分の現前を分析する。指を動かしたり定まった時刻にものを食べたりという事実——こうした最も基本的な行為の奥底に彼が発見するのは、自分自身の根本的な不条理性なのである」。

この二人の間に、確実な類縁性の承認が行なわれたというのは、何ら驚くべきことではない。ものの考え方、振る舞い方も同じタイプであるし、神秘的ないし道徳的価値を否定する態度、悲観的徹底性も同じだったからだ。こうした下地の上に、現実の出会いが準備されていくのだった。

サルトルの『異邦人』論からちょうど四カ月後、『蠅』の総稽古の当日に、一人の男がサルトルに会いにきて自己紹介をする。それがアルベール・カミュだった。一方サルトルは、この批評を書いたのに引き続いて、『カイエ・デュ・スュッド』誌に、一連の現代フランス作家論を書くことになる。マルセイユで出されているこの雑誌には、ほかの対独抵抗派の作家たちも寄稿していたが、サルトルは同誌上で、文字通り文学の管理者よろしく、文学界のありようを整理し、然るべき作家によい評点を与えて、紛う方ない文壇のパノラマを作り上げるのである。パラン、ブランショ、バタイユが、次々とこの試験官の顕微鏡と大なたの検査に付されていった。そして彼は、その余すところない分析の果てに、次のように尊大に言い放つのである。「現代小説は、アメリカ作家によって、カフカによって、そしてわが国においてはカミュによって、それ自身の文体を見出した(27)」。

ほかの人間だったら、挫折のあとでは、すっかり打ちひしがれてしまっただろう。サルトルの場合、政治の行き詰まりで袋小路に追いこまれたように見えたが、急がば回れとばかりその場でトンネルを掘り始め、やがて多産で、多彩で、変幻自在の作家として、われわれの前に姿を現わした。一九四三年の夏にさしかかる頃には、自分の思想を深めるという、政治とは違ったもう一つの枠組みを仕上げきっていたのである。

彼は完全にノックアウトされたと思われていたかもしれない。しかし、二年後には、激烈な作品を携えて戻ってきたのである。その構成の密度、思想の闘争性からして、それはまさに強烈な一撃であった。例えば、その同じ年の一月に、ドリュ・ラ・ロッシェルを攻撃したときもそうだった。憎しみが絶頂に達したこの論文[*11]の中で、彼は吐きすてるように、こう言っている(28)。「彼は、大きな凸凹の頭をした長身の男で、齢をとり損なった青年のような、しなびた顔をしている。……情婦と手が切れなくて困っているので、いっそ戦争でも起こってくれたら、などと考える手合いもいるが、ドリュがファシスト革命を待望するのはそれと同じだった」。

5 「作家としてレジスタンスをしたのであって、レジスタンス闘士としてものを書いたのではない[1]……」

「私の靴は、白い石鹸と歯磨粉の古いしみが星くずのようにこびりついていた。ドラノワの靴は、生皮の惚れ惚れするような代物で、この二足の靴が並んでいたわけだ[2]」。一九四三年七月二日、パテ映画社のスタジオで最初の打ち合わせが行なわれた。映画監督のジャン・ドラノワがサルトルに執筆を依頼していたシナリオが、その日にできあがって来たのである。この映画の企画が持ち上がったのは、サルトルの仕事の最初の帰結だった。『蝿』の上演は、それまで彼がどっぷりと浸っていた親しい友人からなる狭いサークルを、いきなり打ち破ってしまった。そして彼の名は、『嘔吐』と『壁』を愛読した少数の弟子や学生や読者の枠を越えて、爆発的に知られるようになったのだ。あるいはドラノワ、あるいはレリス、あるいはカミュという風に、実に多くの新たな友人が、それ以来彼に近づいてきたのである。

戦争の形勢は、一九四三年夏に逆転し始めた。ムッソリーニの逮捕と失脚がこの夏に起こっている。戦争は第三局面に入ったのだ。とはいえ、フランス人同士の対決がますます狂気じみた荒々しさを見せて続いていくことに変わりはなかった。レジスタンスの組織網は、S・T・O〔強制労働奉仕〕を忌避したすべての青年を戦列に加えて、がっちりと編成を整えていたが、それと平行して、ヴィシーの民兵隊の意気ごみも高まっていった。一九四三年四月二十四日、レジスタンス派の銃弾で倒れた最初の民兵の葬儀が行なわれた。それから二カ月後に、デアのR・N・P〔全国人民連合〕の部隊が一大集結を行ない、ピエール・ド・クーベルタン・スタジアムでパレードをした。七月十四日の革命記念日のパリでは、陰鬱で容赦ない対決が繰り広げられた。青シャツにバスク風ベレー帽の民兵隊が旗を先頭にサン・ミシェル大通りを行進する、その尊大さ。その特務隊の粗暴さ。彼らは、敬礼をしない者を見つけると、だれかれかまわず平手打ちを加えてまわる。そして、花柄のワンピースを着た女たちは、憎しみを剝き出しにして拳を握りしめ、「やってしまえ！」とわめく……。同胞相撃つ内戦の点描風情景は、ますます激しさを帯びていく。『フランス防衛』紙の若いレジスタンス派学生は、地下鉄の中で危険を冒すことさえやってのける。やはり一九四三年七月十四日のことだが、彼らの非合法新聞五〇〇〇部が地下鉄内で配布された。パニックが起こり、群衆は相反するさまざまな動きを見せた。もっとも、こうなるのは目に見えていたのだ。なにしろこの国は、それより数カ月前には、ブルム、ダラディエ、ジョルジュ・マンデルといった、もっとも著名な政治家たちの何人かを敵に引き渡すことさえ承諾したくらいなのだから。

同じ一九四三年七月十四日に、地下出版の分厚い詩集が、〈深夜叢書〉から出版された。題して『詩人の名誉』。その序文にエリュアールがこう書いている。「今や、次のことを高らかに宣言すべきとき、もう一度言っておくべきときである。最良の詩人とは、ほかの人間と同じ人間であるということを。なぜなら、詩人たちのうち最良の者たちは、すべての人間が詩人のレベルにあるか、またはありうるものだと、不断に主張し続けているのであるから」。

まさか、詩が生み出されるに好適な時代というわけでもあるまい。いずれにせよ文学生活は、地下出版の経路によって人工呼吸を施され、細々と続き、何とか生き延びていた。例えば〈深夜叢書〉は、一九四二年二月には、ヴェルコール（ジャン・ブリュレールの偽名）の『海の沈黙』を出し、一九四三年八月に、フォレス（フランソワ・モーリヤックの偽名）の『黒い手帖』を発行する準備を進めていた。新聞・雑誌の類では、地下出版の『レットル・フランセーズ』があり、また南部地帯では、リヨンに『アルバレート』誌、アルジェに『フォンテーヌ』誌、エクスに『カイエ・デュ・スュッド』誌、ヴィルヌーヴ・レ・ザヴィニョンに『ポエジー・四……』があった。文学はなんとか才覚を働かせて、切迫した状態に適応した新たな形式、誇張的ないし抒情的形式に逃げ道を見出した。そして詩というものは、ほかのどのジャンルよりも希望のメッセージを伝えるに適したものであることが明らかになったのである。「パリは凍える。パリは空腹だ／パリはもう通りでマロンを食べはしない／パリは老婆の古着をまとった／パリは立ったまま眠る。空もなく、地下鉄の中で……」。このようにエリュアールは、ドイツ占領下のパリの痛ましい空気を伝える。一方、アラゴンは、フランソワ・ラ・コレール〔怒りのフランソワ〕という偽名で、十二音節《アレクサンドラン》の詩に怒りをぶちまける。「詩人に沈黙を強いるがよい／空飛ぶ鳥を徒刑囚にもできよう／だが、詩人がフランスを愛する権利／これを拒むことはできないと知りたまえ……」。感情の開花、詩的資質の解放、そしてまたこれは、フランス崇拝と愛国的諸価値の十全な爆発でもある。アラゴンの詩はまた、こうも呼びかけているのだ。「聞け、フランス義勇兵たちよ／監禁された息子たちの声を／隊列を作れ、隊列を……涙のパンは食べあきた／日々これヴァルミイ[*1]たり得るのだ……」。

「摂政の民兵隊の一分遣隊が通行人でごった返す通りへと入っていく……」。〈フロール〉のテーブルの前に一人腰をおろして、サルトルは書いている。「庇の短いヘルメットを被り、濃い色のシャツをまとった体をぴんと硬直させ、肩からはピカピカの肩帯をかけ、負い革で自動小銃を背負った民兵たちは、ザックザックと重い靴音を響かせて進んでいく……」。ここまできて、ペンを持った手が止まり、少しためらう。作家は顔を上げ、カフェの中を見回す。それからまた荒れ狂うように、筆を持つ手のすさまじい動きが始まる。「とあるみすぼらしい家の戸口のそばにもたれて、若く屈強な若者が二人、皮肉なまなざしで分遣隊が通るのを眺めている。彼らの右手は、背広のポケットに入れたままだ」。哲学教授の顔に一瞬満足の色が浮かんで消える。それから彼は立ち上がり、テーブルの縁を伝って通路に出ると、カフェの外に出て、立ち止まって空模様を見たが、それからまた急いで中に戻る。夏休みに入ったばかりの、この七月のある日の午後に、いったいどんな不安がサルトルの胸中に宿っていたのだろう？　一九四三年の夏は、滑り出しからしてまずかった。天気のせいにでもしなければ、やりきれないほどだった。陰気な灰色の空、寒くて雨が降る。まるで九月の午後だ。パリは今、なんと奇妙な季節なんだ！　小男は何とも落ち着かない。乱雑に重ねた原稿用紙の上に、パイプ、インク壺、万年筆。そして、まるで人を探しているかのように、あたりを見回す不安気な視線。あるいは、急に用事ができてしまい、そのためにヴァンダが激怒する恐れがあるからだろうか？　あの突然荒れ狂う怒り、彼女はその発作をスラヴの先祖帰りのせいにしているが、その怒りの洗礼を受けるのはやりきれない。そりゃ、たしかに約束はした。カストールが南部地帯に行って留守の三週間は、t・p・k(3)の言いなりになろう、何でも彼女の言う通りにしようと。彼女は、シングの『聖者の泉』でモリィ・バーンの役を貰っていたが、その稽古をつけてくれと頼んだ。そして彼はその通りにした。すると今度は、共和国広場の裏手のランクリィ劇場のうらぶれた楽屋で、リハーサルが終わるまで待っているよう、要求した。

彼はそれにも同意した。ただ、彼女が端役にすぎない持ち役のリハーサルをしている間に、急にいささか奇妙な感じがし始めたのだ。女優の引けるのを待ち、彼女の行くところにはどこでもくっついて行く、そんな老いぼれの類に自分はなってしまったのじゃなかろうか、という感じだった。初日の幕が開いたとき、彼女は神経が興奮して涙が止まらなかった。そこで彼女から、三日目になるまでは舞台を観に来ないでくれと言われ、承知した。ところが、彼女に来て欲しいと言われていた当のその日になってみると、メルロー゠ポンティから持ち込まれた話のせいで〈フロール〉で待ち続けなくてはならなくなってしまった。汽車の切符を手に入れるために果てしない列に並ばないで済ませるには、メルロー゠ポンティの提案を受け入れるしか手がなかったのだ。そしてサルトルは、「ポントーメルル」〔メルロー゠ポンティ〕が途中まで同行することを承諾した。しかし……まあ要するに、彼は〈フロール〉に釘づけになって、待ち続けなければならなかったというわけだ。さもないと、翌日の夜明けから、二人分の切符を買うために列に並ばなければならなくなる。しかし、ヴァンダはがっかりするだろう！

それにしても、この手の神経質な動きには、まだ何かが隠されているに違いない。そのせいで、青インクの文字は滑らかさを失い、時々不規則に用紙の左側の縁にはみ出してしまう。二人の女の間できちんと守らねばならない時間の配分のことなのか？　汽車に乗りそこねて、七月十五日にユゼルシュで落ち合う約束に間に合わなかったら、カストールは機嫌を悪くするだろう。「さようなら、僕の優しいカストール……力一杯君を抱きしめる。僕のチャーミングなカストール、心から君を愛している(4)」と、彼はたった今書いているところなのだ。一方、ヴァンダにかかりきりになると約束したのにそれを破ったのだから、彼女は泣くだろう。それを慰めるには随分と手間がかかることだろう。

あるいはむしろ彼の不安の種は、デュランの言葉少ない語り口だったかもしれない。前日電話で話したときに、演出家デュランの声の中に気まずさが感じとれるように思えたが、それ以来そのことが気になって仕方ないのだ。デュランはほんとうに、次のシーズンには『蝿』を週に一度しか上演しないつもりなのだろうか？　それはばかげている。三日後には、ヴァンダと一緒にフェロールのデュランの家に昼食によばれている。そこで詳しい説明があるだろうから、事情は明らかになるだろうけれど……。それにもちろん、翌日の打ち合わせのことも彼の不安の原因の一つになっていたはずだ。何しろ翌日に予定されたパテ社のスタッフとの二回目の打ち合わせですべてが決まってしまうのだ。サルトルはジロードゥーを喜ばせるために、シナリオに心理的な彩りをつけ加えたが、彼らがそのシナリオを全体として受け入れてくれれば、契約成立ということになり、金が入ってくる。三万七五〇〇フランの小切手——教授資格を持つ教授の月給の十倍の金だ！　しかし、シナリオがつっ返されでもしたら、とんだ骨折り損になってしまう！　翌日の会談の首尾には、実に多くの計画の成否がかかっていたのだ。幸いドランジュのおかげで、カストールのために一九四四年一杯の収入源は見つけてやることができた。彼女はリセ〈カミーユ＝セー〉で停職を食らったので、収入に不安を覚えていたのだが、この話はラジオ番組の台本を書くという仕事で、これで週に一五〇〇から二〇〇〇フランにはなる。もし何もかもうまくいけば、二人ともホテルを替えて、ヴァンダ、リーズ、オルガ、それにボストも一緒に住まわせてやることができる……。

作家としての生活の転機にあって、かくも多くの新たな申し出が寄せられるというこの重大な瞬間において、この男の気がかりは散文的なことおびただしい。しかし翌日には、一切心配はなくなる。シナリオは受け入れられ、さらに将来シナリオを三本書く分まで含めて契約は調印され、小切手は発送された。次の木曜日の同じ時刻には、ユゼルシュの、ヴェーゼル川を見おろすホテル〈シャヴァンヌ〉で、カストールと再会し、彼女が頼んでいた自転車のチューブを渡してやることができる。そして二人で、タルン峡谷を見下ろすうねうねと曲がりくねった豪勢な道路を自転車で走っていくだろう。夜は納屋の干し草の山の中で眠り、北部に比べて比較的恵まれた南部の物資の豊かさを味わうことだろう。村々では、農民たちが牛乳や卵やアップルタルトをすすめてくれるのだ。しかしまた雨風をしのぎ、さまざまな逆境にも耐えねばならない。例えば一度などは、突然夕立に襲われて、壁に立てかけた二台の自転車が横倒しになり、サルトルの小説の原稿が濁流にさらわれてしまうということがあった。黄色い蠟びきの自転車乗り用マントを着た小男は、眼鏡が濡れて前が見えない有り様だったが、ひきつったように笑いながら、ばらばらになった作品を拾い集め、長いことかけて乾かし、それから消えた文字を書き直した。(5) こうした冒険ののちに、二人はロワール河に出た。そこはまさに嵐を避ける港で、優しい町の灯があり、ラ・プエーズのモレル夫人の家に行けば、諸手を上げた歓迎と安楽な生活がある。そこで、ムッソリーニ失脚のニュースと、東部戦線でのドイツ軍の後退の報告がラジオで確かめられたときには、一同幸福感に浸ったものである。八月の半ば頃、サルトルはほんの数日パリに戻る用があって、汽車に乗る。C・N・Eの集会には出席しないわけにはいかなかった。

〈全国作家委員会〉――いわゆるC・N・E――がサルトルに接触してきたのは、コミュニストの戦術転換ののち、一九四三年の初めになってからにすぎない。それ以前は、彼はうす汚い回し者で、ジャック・ドクールが何としても受け入れようとしなかった、あのブルジョワで否定的な、いかがわしい人物として扱われていた。ドクールは、それをポーランに向かって、何度も何度も明瞭に言明し、ポーランとしてはどうしようもなかったのである。それから風向きが変わり、ドクールはフランス共産党の英雄としてほかの同志とともに弾圧に倒れた。そしてスターリングラード以降、コミュニストたちは当初のセクト主義を捨て、幅広い協調戦術を再びとるようになった。名高い振り子運動である。サルトルは、戦争の第一期にピシャリと門前払いを食わされていただけに、第二期の大幅な吸い上げ運動の中では、またとない狙い目となったわけである。そのことは彼も充分に承知していた。もっとも最初の会合の際、彼はきちんと駄目押ししておこうと思い、クロード・モルガンに対して、南部地帯で出された自分を誹謗するパンフレットは、まさに卑しむべきものであると説いた。「要するに、私の理解した限りでは、私はハイデッガーの現象学を引用し敷衍しているのだから、国家社会主義の狂信の徒である、ということです」と、彼はモルガンに向かって素っ気なく冷笑した。「このばかげた文書を書いたのは、マルスナックとかいう人物のようですが……」。クロード・モルガンは気まずそうな顔をして、南部地帯の同志たちに今後はそのような遺憾な「誤り」(6)を繰り返さぬよう注意すると約束した。こうして地ならしが完了した上で、共同作業が始まったのだった。サルトルは積極的に協力し、地下出版の『レットル・フランセーズ』に論説を書くことを買って出もしたし、討論の中では、不和・衝突に動じることなく、何とか一致できる点を見出そうと努めるのであった……。

　会合は、カルチエ・ラタンのピエール・ニコール通り十五番、エディット・トマ宅で行なわれた。最初はほんの少人数だったが、しだいに人数が増えて、一九四三年二月の合同会議には、二二人が集まった。ガブリエル・マルセル、エリュアール、クノー、ゲエノ、メイデュー師、レリス、ドゥビュ＝ブリデル、フランソワ・モーリヤックといった具合に、およそ毛色の違った作家たちが一堂に会したのだ。まことに例を見ない文学者の結集だった。内心の緊張は声に出さず、イデオロギー的対立は抑制して、作業はなんとか進むことができたが、それにしてもナルシシズムや個人的嫉妬や私的対立を抑圧しなければならず、しかも匿名性が要求されるというのは、どんなに辛いことだったか考えてみるとよい。そうすれば、この非合法の会合の正確な内実が理解できるはずだ。例えばモーリヤックである。彼はピエール・ニコール通りの会合に出席しているとき、戦前に自分をかくも残酷に傷つけ、かくも深傷を負わせた男と一緒に作業をしているのだということを、一瞬たりとも忘れることはできなかっただろう。何しろサルトルが彼を目がけて放った矢によって受けた痛手から、モーリヤックはまだ立ち直っていなかったのだ。そればかりか、彼はその後小説に復帰することは決してできないかもしれないのである。それも、この若い批評家が彼を「真面目で勤勉だが、目標に達していない作家」呼ばわりしたからにほかならない。このような自尊心の傷の痛みを、この時期の間は抑圧し、沈黙させ、忘れ去るすべを学ばねばならなかった。共同の事業のため、一つの政治的企てのために。しかも、例えば数年後にドゥビュ＝ブリデルが自問しているような、こういう疑問もあったのである。「匿名で何ページかの文学を刊行するために、あれほど多くの危険を承諾し、あれほど多くの人命を危険にさらすのは、賢明なことだったろうか？　レジスタンスの闘士は、より直接的に有効な任務（破壊工作、情報活動等）を行なう機会はいくらでもあった。列車を爆破するというのは戦争行為であり、その限りでどれほど犠牲が出ても、それは犬死にではなかった」(7)。

しかし、詩の場合はどうだろう。唯一引かれる例は、何篇かの愛国的な詩を載せた非合法ビラが戦場にパラシュートで投下されたが、現場で発見されたときには、そのビラは、戦死した兵士の死体の上にのっていて、血まみれで判読不可能だった、という話だけである。討論は——しかもこうした場所で行なわれるのだから、果てしなく続くことは請け合いだった——連綿として繰り広げられた。実際上の問題、用紙、印刷、配布、そして戦術上の問題、『コメディア』誌にものを発表すべきかどうか？　然りとすれば、それは同誌の中にトロイの木馬を潜入させるためであるが、それともアリバイに使われるのを避けるために、一切協力はしないとの態度をとるべきだろうか？[8]　さらには、〈深夜叢書〉の情報、南部地帯の情報……。これまで常に組織への所属を避けてきたサルトル、両大戦間時代の古きよき正統文学に唾棄してきたサルトル、バルビュスやらロマン・ロランやらの一派の精神を憎悪してきたサルトル、そのサルトルはこのような人間たちの間で気詰まりを感じないでいられただろうか？

とらえどころのない曖昧さ、さまざまな要素の寄せ集め、しかし、このような歴史的条件のもとでは、これ以上の均質性は望むべくもなかった。それにしても、例えば『レットル・フランセーズ』の第六号の目次を見てみると、その継ぎはぎ細工ぶりには呆れてしまう。そこに並んだタイトルの中には、「義勇兵の歌」と詩が一篇、それに「フランス映画」と「文学、この自由」と題する二本の戦闘的論文のタイトルが見える。貧弱な印刷で並んで収められているこれらの匿名のテクストの背後に、アラゴンやサルトルの名を読みとることのできる読者が、果たして何人いただろう。それに現在になってみると、この沈黙の執筆行為、この無償の原稿の提供者を判断する手立てはないのだ。いかなる署名、いかなる名前も、その身分証明をしてくれないのだから。その上、一九四三年十月までは、『レットル・フランセーズ』は、質の悪い茶色の紙に古ぼけた字体でタイプされた小さな四角いビラにすぎなかった。その割付は拙劣にして簡略で、テクストとテクストの間には余白さえなく、ただ定規で線が引いてあるだけだったし、タイトルは本文と区別するために大文字で手書きされていた。この地下新聞の存在そのものが一つの戦闘だったのだ。用紙統制の検閲の目をかすめ、執筆禁止、全体主義による口封じからもぎ取った貧弱な四枚の紙。そのとるに足らない紙の上に、言葉――これが武器なのか?――が、フランス最大の作家たちの匿名の言葉が盛られている。何とも奇妙な戦いだった! 不明瞭、不手際、印刷ミス、不定期な発行、こうした中で同誌は、やがて毎月印刷されて発行されるようになり、四ページから八ページとしだいに厚くなっていって、ついには一万二〇〇〇部も出るようになるわけだが、それはひとえにジョルジュ・アダンの献身のおかげだった。

抒情的な文を書く者がおり、愛国調の者がおり、時局に合わせた悲愴味を狙う者もいた。サルトルは、周りと調子を合わせることなく、烈火の如き怒りを選ぶ。ドリュに向かって、こう言い放つのである。「彼は、心身ともに活力を欠く臆病でだらしのない男にすぎない。『空のスーツケース』だ。……彼はドンチャン騒ぎをやり、麻薬をやった――もっとも、貧血気味だったから、控え目にやらざるをえなかった[9]」。あるいはまた、ルバテと『ジュ・スュイ・パルトゥー』紙を一刀両断にして、その寄稿者たちに襲いかかる。「この花形たちはほとんど才能に欠けている。セリーヌやモンテルランの場合は、かつては持っていたわずかばかりの活力と魅力を今では失ってしまったし、テリーヴやブラジヤックの場合は、最初から何も言うべきことを持っていなかった」。そして、冷ややかに高飛車に必殺の一撃を加え、敵にとどめを刺すのである。「蔑まれたはぐれ者たち、恐怖に打ちひしがれたテロリストたち、希望もなくドイツ人に隷属する者たち、彼らの声は発せられた瞬間からすでに、静寂の中で震えている。彼らは自分の声におびえるのだ。……彼らはものを書くことを愛していない、文学そのものを憎んでいる、それは明らかだ。なぜなら心の奥底で、自分に才能がないことを知っているからである[10]」。ほかの者は、詩的表現、感動的要素、祖国崇拝を選ぶかもしれないが、彼だけは、敵に対する死刑宣告を選ぶ。後方の守りを受け持つよりは、敵陣に切り込む方を好むのだ。その際、例えば、彼が完全に信頼し得る、うそ偽りのないジャンルと考える映画のような、個人的好みを動員することも躊躇しない。

彼は彼らの仲間であり、しかも外にいた。当時、彼の位置、彼の意図、彼の立場が奈辺にあるかにほんとうに気づいていた者がだれもいなかったとしても、何ら驚くには当たらない。個人的な内省の後方陣地から出てきて、限られた時間、作戦に参加しては、また自分の宿営地に戻っていくのだということが、まだ明らかに知られるにいたらなかったのも無理はないのである。そこでコミュニストたちは、のちにカナパの筆によって彼の孤立ぶりを力説することになる。リセ〈パストゥール〉でのサルトルのかつての生徒であるカナパは、自作の小説にラブザックという、年じゅうコミュニストの悪口ばかり言っている人物を登場させているが、これはあのドイツ占領期におけるサルトルの姿を描いたものなのだ。カナパは、この人物にこう言わせている。「〔連中は〕迫害のことばかり気に病んでいるが、あれは本物の病気だ。どんなところにもゲシュタポの影を見、裏切り者の姿を見る。それでいて、あの豚ども、われわれについてはあの調査というやつをやっているんだから！　まるで下劣なポリ公と同じだ！　連中はポリ公みたいな根性をしているってのが、ほんとうのところさ[11]」。

ここにうかがわれる緊迫した関係は、やがてもっと激しいものとなっていく。一方、ヴェルコールも、サルトルの態度が必ずしも明確なものではなかったのは残念だと述べている。例えばモーリヤックには〈深夜叢書〉から自作を出すことを承諾してもらったが、サルトルからは作品を貰うことができなかった。『蠅』は、ドイツの検閲のお目こぼしで上演されたわけだが、できればそんな形で上演して欲しくはなかった。彼はカミュについても、こんなことを言っている。できれば『異邦人』の原稿を自分に渡すことを承知してもらいたかった。そうすれば、ガリマールなどの手に渡ることなく、地下出版で出せたのだ。とはいえ、サルトルの態度を評するときの、こうしたヴェルコールの留保には、とげとげしい調子はうかがえず、ほんとうの遺恨の影はない[12]。

彼はそこにいて、しかも外にいた。その数年の間、地下に潜んだサルトルの姿は、その同時代人にも知られることなく、そのため彼が表立って何もしていないことをあげつらって中傷する者もいた。例えば、リセ〈コンドルセ〉では、早くも一九四三年に、英文学者のクルーゼとか校長その人も含む「左翼」教授のグループが摘発された。結局彼らは飛ばされてしまったが、サルトルは職に留まった。ここから何を読みとるべきだろうか？　それについては、彼に関する最後から二番目の視学報告を読んでみればよい。ヴィシー政府が、これ以上長く彼を「のさばら」せておかぬ決意を固めていたことがわかるのである。

一九四二年三月十七日付の報告書に、ヴィシーによって任命されたパリ大学区長ジルベール・ジデルは、こう記している。「サルトル氏は、同氏によってN・R・Fより発行された二冊の本、『壁』と『嘔吐』を授業に用いないところを見ると、これらの著作が、いかなる才能を証明するものであるにせよ、教授職にある者、すなわち人々の魂を導くべき立場にある者によって書かれたものとしては望ましいものではないことを理解したように思われます。願わくはサルトル氏が、この点に関してアンドレ・ベルソール氏が『同僚と社会』誌上に書かれたきわめて健全な一文についてよく考えられ、氏の経歴と生活の指針として役立てられんことを期待するものです[13]」。不思議なめぐり合わせだった。リセ〈ルイ大王〉におけるサルトルの旧師ベルソールは、それより数日前に死去しており、ヴィシー政府はその生前の業績をたたえる式典を行なったが、その場にはブラジヤックも参列していたのである。

ドイツ占領時代に地下に潜んだサルトルは、すでに一九四三年春からパリで、ピエール・カーンと再び連絡をとり始めてもいたようである。この間、カーンは「レジスタンス全国評議会」〔C・N・R〕の書記になっており、原則としては、南部地帯でジャン・ムーランの身近で活動していた。ところが彼は、一九四三年五月、ある使命を帯びてパリへやってきた。彼自身、大いに期するところあったその使命というのは、C・N・Rの行動計画が直接性も有効性も充分とはいえないところから、こうしたC・N・Rの機関の鈍重さを改善し、破壊工作用の技術活動グループ（A・G・A・T・E）を創設しようというものだった。

パリでのその使命遂行の過程で、ピエール・カーンは、「軽装歩兵《ヴェリート》」機関のメンバー何人かとも会った。ピエール・ピガニョル、ピエール・メルシエ、それにレイモン・クロラン等である。いずれも高等師範学校《エコール・ノルマル・シュペリユール》出の科学者であった彼らは、とりわけロジェ・ヴィボの仲介で、極めて早い時期からロンドンと連絡をつけており、あのカヴァイエスとともに行なった地下活動によって、知られるようになっていた。そこでサルトルは、何度もピエール・カーンに会い、この破壊工作グループの設立の趣旨に賛意を表明し、それに協力したい旨を表明した(14)。A・G・A・T・Eグループは、たちまちいくつもの支部組織を持つ組織に成長した。その一つはメルシエの息子の一人が指導するもので、これはコレーズ県のマキと連携して活動した。もう一つはパリに本拠を置き、ベルトランとサルトルが加わっていた。三つ目の支部は、メルシエのもう一人の息子とフィリップ・ヴァクルニエの監督下にあって、学生遊撃隊「自由《リベルテ》」を傘下に結集していた。彼らがただちに果たすべき任務は三つあった。情報網を作り上げること、危険にさらされた人物——例えばピエール・ブロソレットのような——を護る安全保障組織を設立すること、破壊工作の作戦を練ること、である。

パリ十三区のクルールバルブ小公園。ピエール・ピガニヨルは、竹馬の友のピエール・カーンからの連絡で、ここにやってきて、ドイツ語教授のピエール・イスレールに出会う。イスレールは、目立たぬように乳母車を押しながらやってきた。そこでイスレールはもう一人仲間が来ると告げ、二人は待った。やがて小男が、片時も離さないパイプさえ手にしていれば危険から護られているとでもいうように、大急ぎの様子で到着する。紹介の言葉はない。しかし歩きながら言葉が交わされる。「言葉も大変結構だと思います」とサルトルは言った。「しかし、今は行動の時です。私はいささかもロンドンのイデオロギーに与《くみ》するものではありません。しかし、時として作家が砲撃の言葉を駆使することができるということがあっても悪くはないでしょう。と言うのは、究極的な危機の時代には、作家は声を奪われてしまうからです。さて、すでにデュパン[15]には言ったことですが、もう一度確認すると、ヴィルジュイフとアルクイユの採石場に大量の武器を秘匿している友人たちと連絡をつけました」。実行しなければならない計画は次々に出てくる。武器を運ぶドイツの川船を爆破しなければならないし、ヴェルノンの水門に爆薬を仕掛けなければならない。「武器はあります」とサルトルは答える。「隠し場所もあります。その手段さえ手に入れれば、すぐにもほかのテロ活動を始めることができるはずです。列車の爆破とか。これについては、私にもいろいろ考えがあります。そのうち、新しいメンバーを加えることが必要になりますよ。メッセージを伝えるために。それからロンドンとの連絡方法を見つけるためにも……。私はいつでも始められます。作家として口を封じられているという気分には、もううんざりなんです……」。

　次の待ち合わせは、翌月〈クーポール〉にて、ということになって、サルトルは去っていった。「お互い隠しだてをするには及ばない。あの男がだれかわかっただろう?」と、イスレールはピガニヨルに耳打ちした。「いや。だけどあの顔、あの斜視じゃ、地下活動は難しいだろうね」。「あれはサルトルだよ」とイスレールは教え、さらに続けてこう言った。「あの男、才能もあり、勇気もあるが、カーンの話によれば、C・N・Rの関係じゃあまり高く評価されていないということだ。あの男の劇があのような状況で上演されたことについては、ずいぶん厳しい批判があったようだね(16)」。

A・G・A・T・Eグループにおけるサルトルの活動は、その後どうなったか？　実はこの組織は悲惨な末路をたどったのである。一九四三年十二月、パリで、遊撃隊「自由《リベルテ》」の青年たち四一人が銃殺され、ついでピエール・カーンが逮捕された。この二つの破局の直後に、組織網全体が崩壊してしまう。それにしてもピエール・カーンは、「私は地下活動の中のさらに秘密分子なのだ」と、妻にもらしていたのだ。彼は、一九四三年十二月二十九日、メルシエの息子とヴェルノン水門の襲撃の手はずを整えている最中に逮捕された。そして収容所送りになり、帰らぬ人となる。クロランも一九四五年に死んでしまう。この一九四三年におけるサルトルのレジスタンスへの意欲は、A・G・A・T・Eの挫折ならびにピエール・カーンの逮捕とともに頓挫をきたしたようである。あのいくつかの会談は、単なる意欲の表明にすぎなかったのだろうか？　それとも、より粘り強い計画を告げ知らせるものだったのだろうか？　いずれにせよ、サルトルの地下活動の跡は、一九四三年の終わり頃にプッツリとだえてしまう。

この地下活動の世界に彼の痕跡が、その後に一瞬、浮かび上がる例が一つだけある。一九四四年五月にアルジェにて受領とされる「極秘」の一件書類が、レジスタンス・グループ〈若鶏《コシエ》〉のリーダーをしていた、ジョルジュ・ウーダールの書類の中から見つかった。その中に「レジスタンス　明日のフランスと世界――一哲学者による」と題された文書があり、そこには手書きで「ジャン゠ポール・サルトル、高等師範学校出身、国民戦線に加盟」と注記が付されていた。その同じ一件書類の中には、「一レジスタンス知識人による」と題する文書もあり、それにもやはり手書きで「アルベール・カミュ、哲学教授資格保持者……政治的〈判読不可能〉、地下刊行物に執筆」によるもの〔ママ〕と記されている。サルトルはこの文書を書いた覚えがなかった。しかし、そこに盛られたすべての思想が自分のものであることは認めた。それにしても、この文書は、専門家統括委員会（C・G・E）によってまとめられたものである。この委員会は、ジャン・ムーラン[*3]によって創設されたものであるが、その創設以来、レジスタンス派知識人の人的資源について調査を行なっていた。[18]そしてこれは、「社会主義と自由」以来体験したあらゆる苦悩が色濃く刻みこまれた、著しく悲観的な文書となっており、これを読むと、カヴァイエス、キュザン、カーンが次々と姿を消していったあとでは、サルトルはもはや前のめりに具体的行動に突っこんでいく無垢な男ではなくなったことが感じられる。彼は翼に一撃を食らったのだ。また、この中に込められている声は、すでに戦後のサルトルの声そのものである。あの一九四四年の一年を通じてわれわれが耳にすることになるあの声。それが生まれたのは、フランス解放に先立つ数カ月前、この文書の中においてであった。

明晰だが幻滅を味わった声、苦渋に満ちているが人を奮いたたせる声、現実をしっかりと見据えた声、しかしまた、その声は初めて「われわれ」と言う。転換は果たされたのだ。「われわれ」とは、アルジェのそれに対置された、フランス国内のレジスタンス派の共同体に他ならない。それより数カ月後には、サルトルはこの国内の共同体を、ロンドンのそれに対置して発言することになるだろう。いずれにせよ、これは、作家サルトルの政治的意志の最初の表明であり、語ろうと欲する証人による分析と綜合が、この表明にともなっている。

この声は、こう語る。「われわれは不安の中に生きており、日々ますます希望を失っていく。……この抵抗《レジスタンス》は、ほとんど効果が上がらない。……フランス人は、ビラを読むことがない。……対独協力を行なった村の肉屋を殺したところで、何になろう。ダルナンは生きており、一度も襲撃の標的になったことがないのだから。……何と多くの誤りが犯されたことか。オート・サヴォワ県では、一日たりとも、罪なき人が打ち倒されない日はないのだ。……戦いは、大抵の場合、方向を見失った騒擾の様相を呈する。……この無益な戦いで、フランス国内の戦闘力は徐々に枯渇していく。……イギリス放送やラジオ・アルジェの勧告の中には、一種軽はずみの如きものがうかがわれるように思われる。……フランス人の最良の部分が次々と消されていくのを、われわれは手をこまぬいて見ているのだ。……フランスのレジスタンスは、全体として、まったく否定的なものである。われわれはだれに対して戦っているのかは知っているが、何のために戦うのかを知らない。……フランス人は、暗闇の中で戦っている。……その結果、レジスタンスの現在の局面の特徴をなす苦い諦念が生まれたのだ。ほかにどうしようもないがゆえに戦うのだ、われわれの人間としての尊厳がこの戦いを要求するがゆえに、戦っているのだ、というこの諦念が[19]……」。

事態の確認、総括、そして率直に状況を直視しようとする意志、いかなる欺瞞にも身を委ねまいとする意志。声は重々しく、幻滅はいささかも糊塗されることがない。やがて徐々にトンネルを抜け出し、概観的記述の代わりに、より鋭い批判や具体的な提言が現われる。あの「社会主義と自由」の時と同じく、ド・ゴール派にせよ、コミュニストにせよ、一方の側に傾倒してしまうことは何としても肯《がえ》んじまいとする姿勢、断固として第三の道の政策へと向かおうとする志向、この二点が絶えず反復される。声は冷徹に、こう語り続ける。「フランス人の大多数は、資本主義者でも共産主義者でもない。その間で揺れ動いているのである。……レジスタンス運動の無益な勇敢さと、われわれのために準備されている将来との間には、いかなる共通の尺度も存在しない。仮に襲撃と破壊工作とによって勝利が前進することを認めたとしても、われわれは何者の助けとなっているのかを知ることがないのだ。自分の行為のもっとも手近かな帰結さえも予想することができないということほど、意気ごみを挫くものはない。……地下放送局の業務を守り通すド・ゴール派のブルジョワ青年は、もしかしたら共産主義の到来を早めているのかもしれない。昨日銃殺されたコミュニストの青年は、もしかしたら、己れの死によって、己れが憎悪する資本主義的民主主義の再建に貢献したのかもしれないのだ……」。

やがて、この声は既成の政治制度への拒否を土台として、その独白の最後にいたって、思いがけない希望を語る。「フランス人は、人間が生きている共同体を変えれば、人間自体も変わることを理解し始めている。そしてフランス人は、その共同体を正義の諸原則に則って変えることを望んでいるのだ。……国家社会主義と個人の自由とは相対立する。それは確かだ。しかし他の形の社会主義もある。それに、つまるところ、個人の解放と人間の尊厳の復活とを最終的目的としない社会主義建設などは、いかなる意味も持たない技術にすぎないのである。どうやら今日われわれはどん底まで落ちたようだ。だとすれば、今や希望することが許される。亡命政府が、われわれがもがき苦しんでいる諸々の困難を認識し、生産手段の集団化による具体的自由の実現を合言葉に選ぶとすれば、フランス人の大多数はその周りに結集するだろう。そのような政府は、レジスタンス運動に積極的な信念を与えることになろう。このようなメッセージを帯びたフランスは、新たな政治と新たな尊厳を再び見出し、世界の中で新たな地位を築き上げることだろう[*4]」。

この力強い声、震えもせず、つっかえることもない、響きわたる声、これこそまさしく四十歳のサルトルの決定的な声ではあるまいか？　この時からサルトルは、「われわれ」と言う。自分の政治活動を、文学に比べれば副次的なものと彼がみなしていたことなど、大して重要なことではない。ともかく決断は下されたのだ。直接行動主義、理論的論争、数々の会談、あらゆる要請の自覚、組織的委員会への参加、コミュニストとトロツキストとド・ゴール派の間にあって、さまざまに試みたジグザグの歩み、これらのうちのどの要素からレジスタンス活動家としてのサルトルの政治的参加は生み出されたのだろうか？　それらのすべての試み、それらの試行錯誤から生まれたのだ。自分の学生たちとの議論、地下出版の雑誌か非占領地帯の雑誌にのみ書くという決意、自分の書いたテクストのうち一部のものしか発表しようとせず、小説は一時あと回しにするという選択……さらに、とりわけ一つの模索――組織化された諸集団からは一線を画しつつ、フランスの政治生活の中で一つの席を探し求めた模索、愛国者の詩人たちとは異なった声を見出そうとしたこの模索――こうしたものから生み出されたのである。彼が探し求めるこの席、それはいかなる既成の組織体も提供してくれはせず、彼が手持ちの手段によって作り出さねばならない底のものだった。しかし考えてみれば、この企ては充分成算のある企てだった。というのは、彼はこの間にパリの文壇の押しも押されもせぬ有力メンバーとなっていたからだ……。

一介の哲学教授は、こうして芸術生活の中心部へ向けて絶え間なく接近していく。そうなると、いろいろな企てが可能になってくる。パテ社との契約によって、今や豊かな収入も保証された……。一九四三年の秋、サルトル・ファミリーには、大きな変化が起こった。まず引っ越しだ。モンパルナスの薄汚い部屋を捨てて、サン・ジェルマン・デ・プレから目と鼻の先の、セーヌ通り、ホテル〈ルイジアナ〉に居を構える。ボーヴォワールとサルトルは、同じ階に部屋をとる。ボーヴォワールの方は、ソファ、大きなテーブル、家々の屋根を見晴らす眺望、それにキッチンがついた大きな部屋。サルトルは、廊下の反対側の奥の、調度もほとんどない小さな部屋。下の階には、「子供たち」、つまりナタリー・ソロキーヌ——ボーヴォワールのかつての生徒——が、ブールラ——サルトルのかつての生徒——と一つ部屋に住む。以前からこの「子供たち」は、ドーフィーヌ通りのカストールのホテルで一緒に暮らしていた。今やサルトルは金持ちになり、みながセーヌ通りのホテルを使うことができる。一緒の食事、時にはボストとオルガもそれに合流する。彼ら二人は、クーポールの裏のジュール・シャプラン通りのホテルに残ったのである。それから、この集団生活のもう一つの喜びの種は、ムルージとその恋人のブルーネットのローラもまた、ホテル〈ルイジアナ〉に部屋をとったことだった。彼女はたちまちみなの人気者となった。というのは、常連のシャツを洗濯して、アイロンをかけてくれたからだ。何しろ当時は、石鹸も配給の時代だった[20]！

「それは私の生活にとって大変な変化だった。突然、私たちのつきあいの輪は、ぐんと広がったのだ」。この二年間の耐乏生活が終わると、シモーヌ・ド・ボーヴォワールには一人でものを書きたいという欲求がむらむらと湧いてきた。彼女は、だれよりも早くトンネルを抜けたことを感じたのだ。この間、彼女は最初の小説『招かれた女』で文学賞を手にしており、今やサルトルと彼女の二人は、うまい呼び方ではないが、作家カップルとでもいえるものとなっていた。こうして一九四三年の夏休み明けには、新たな時代が、文学者同士の夕食会の時代が幕を開けたのであり、友人の作家たちのサークルの中に、この一風変わったカップルのイメージは強く刻みこまれたのである。何しろカストール——みなが彼女をこう呼ぶようになった——は、小男サルトルよりも頭の分だけ背が高く、磁器で作ったような目と均整のとれた顔をしており、早口で喋りながら、あらゆることに理路整然と決着をつけていく。一方サルトルは陽気で、甲高い声で喋り、次から次へと話題を持ち出しては、疲れも見せずに座を賑わすのだった。彼らはこうしてレリスの家に招かれ、クノーの家族とつき合うようになった。また、お返しという社交の不滅の掟に則って、今度は彼らが招待をした。彼らはこうしてカミュともつき合うようになり、彼の人を食った笑い方、話し方が気に入り、彼の自由闊達な態度を愛し、彼が女と話すときの、あるいは、腰をかかえてダンスに誘い、女を抱きしめてパソ・ドブレを踊る際の、いかにも地中海の男といった伊達男ぶりに見惚れたのである。彼のパソ・ドブレは、今までに目にした中でもっとも完全無欠なものだった。彼らはこうして、エルンスト、ミロ、ピカソ、ホワン・グリスら、現代美術のもっとも見事なコレクションの一つ——グラン・ゾーギュスタン通りのレリス夫妻の家に所蔵されている——の常連になったし、こうして彼らは、かつてのシュールレアリストたちの逸話に陶然として耳を傾けたのである。教授資格保持者の二人は、これまでこうした人間たちとは一切つき合いがなかったのだ。彼らは、クノーを高く評価するようになったが、それはとくに、ある日サルトルが彼にシュールレアリスムが彼に何を残したかと尋ねたとき、彼が「青春を持ったことがあるという印象さ」[21]と答えたからだった。またカストールは、モレル夫人から送られてくる小包や、ミシェル・レリスの妻のゼットから分けてもらったものを使って「御招待」することも覚えた。「質は大したことないけど、量はあるなァ」と、ある日カミュは感謝したものだ。

こうして彼らは、夜間外出禁止や配給や彼らを包みこむ抑圧のためにうちにこもった緊張を、だれ憚ることない哄笑の心地よいひとときの中で爆発させるのだった。しかし、これらの交流は、暗黙の協力、相互性、互いの承認によってすでに以前から準備されていたものだった。カミュは『嘔吐』と『壁』の批評をし、サルトルは『異邦人』を論じ、レリスは『蝿』を評し、サルトルは『成熟の年齢』を高く買うという風に、ずらりと並んだ鏡の戯れのように、彼らの文学的来歴は必然的・不可避的に交差しており、彼らの友情の物語は電撃的スピードで形作られていったのである。決まった頻度で行き来し、C・N・Eの会合にも一緒に出席し、いろいろなカクテル・パーティでも顔を合わせ、時には一緒にどこかへ出かける。どんな歴史的めぐり合わせも及ばないような融合が現出したのだ。ボーヴォワールは、のちに当時を回想して、あたかもマニフェストででもあるかのような調子をこめて、こう語る。「私たちが弾劾している制度や思想や人間たちには、いつまでも結束して対抗していこうと私たちは約束した。彼らの敗北の時は迫っていた。その後に開かれる未来、それを建設するのは私たちの仕事だった。おそらく政治的にも、そして、いずれにせよ知的な面において。私たちは、戦後に対して一つのイデオロギーを提供する義務があったのだ[22]」。

シモーヌ・ド・ボーヴォワールの処女小説『招かれた女』の刊行とともに、ここに描かれたトリオの男女関係の物語によって、読者と一般大衆は、いささか個人の秘密の中に忍びこんだような感じがしたことは間違いない。そして、サルトルとカストールのカップルは、いきなりガラス張りの私生活を演ずる役者となってしまった。ここには、フィクションを媒介にして、サルトルのオルガに対する恋情の衝動——作中では、ピエールのグザヴィエールに対する——、嫉妬と独占欲を制禦しようとする、ボーヴォワール＝サルトル＝オルガ——フランソワーズ＝ピエール＝グザヴィエール——のトリオの試みが物語られていたのである。この小説は、伝統的な夫婦が隠している部分、とりわけ当時にあっては社会的承認を受けていなかった、ブルジョワ的秩序の侵犯の体験を堂々と暴き出し、示してみせ、誇示してみせさえしたわけで、作家自身も認めているように、「好奇心や苛立ちや共感」を刺激し、それがほかのどの作品の場合にもまして恰好の宣伝材料となったことは疑いない。しかし、この小説にはまた、この二人の間のもっとも重要な協力関係がこめられていた。職業的協力関係である。カストールは長い間、絶え間なく、のちに『嘔吐』となる『メランコリア』の原稿の見直し作業を行なったし、またと得がたい話し相手となって、『存在と無』の中の命題のあれこれについて議論をした。そしてサルトルがほとんどストア学派的な一行の文で自由の理論を打ち出した――彼は「人は常に自由でありうる」と言ったのだ――とき、彼女は、長いこと執拗に食いさがったものだ。「それじゃ、例えばハレムの女たちには、どんな自由があるというの?」「まあ、人によって自由の程度が違うということはある。しかし、言うならば、誤差は無視しうる、ということさ[23]」と、サルトルは答えた。同じように、同様の相互協力によって、サルトルも『招かれた女』の誕生に協力したのである。

それはこの二人の作家がそれぞれ自分の小説技法と密着していた、より抜きの時期であった。サルトルは『自由への道』、彼女は『招かれた女』、ついで『他人の血』という風に。それに、このカストールの処女小説の原稿をポーランに頼んだのもサルトルだった。そして、原稿を読み了えたポーランが、「一から書き直す必要がある」と言ったときにも、サルトルはその話し合いに加わっていた。ポーランは、ボーヴォワールがすっかり絶望した顔をするのを見ると、あの伝説的な如才のなさを発揮して、こう結論したのだった。「それじゃ、何も変えないで出しましょう。このままでも結構よい出来です……」。

この間もサルトルは、哲学の教授として、リセ〈コンドルセ〉で教鞭をとり続けていた。生徒と議論し、彼らをからかったり、刺激したりしながら、週三回の半日勤務を真面目に行なっていた。同校の高等師範学校準備課程第一年の生徒たちは、L先生の授業に死ぬほど退屈していたが、『壁』の著者が隣の教室で授業をしていることを知ったときには、非常に感動した。そこで彼らは学監に対して、L先生の果てしもない『純粋理性批判』解説に加えて、サルトルの授業への出席も許可してもらいたいと要望したのである。前の年、彼らはこっそりと『壁』を回し読みしていた。そして今や、バラデュールとかネールとかリシャールといった連中は、楽しみのために哲学の授業を二回受けることになったわけである。こうして彼らは二年間のあいだ、この友達のような教授の授業に出席した。この教授は、教卓の上に腰かけて、テクストや引用を自由自在に操り、メモなど一切用いずに、文学、映画、演劇、哲学を論じるのだった。

「まばゆいほどだった」と、今日でもなおジャン・バラデュールはその驚嘆を語る。今では建築家となっているこの男は、自分の学歴を語る際には、サルトルの教え子であったことを明言する機会を逃しはしない。彼はこうも言っている。「明快な言葉遣い、一挙に主題の核心に迫り、恐るべき知性によってただちにそれを絞りこむ、その他に例を見ない手際[24]」。この教授は、実に教授らしからぬ教授だった。彼は、ぎっしりと中味が詰めこまれてはちきれんばかりのでかい革カバンを持ち歩いていたが、小柄なため、そのカバンの重さでほとんど引きずり倒されそうだった。筆記試験をやるときは、どんなに短い時間でも、その機会を利用して、その不思議なカバンを開け、ばらばらの原稿用紙を取り出しては書き始め、いつまでも書き続ける。授業の始めには、規則通りの出席をとることもせず、上下関係の権威的な作法など一切なしに、手をポケットにつっこんだまま、まるで友達同士で話をするような調子で、こんな風に切り出す。「クルーゾー〔アンリ＝ジョルジュ〕の今度の映画を観た人はいるかい?」とか「どうだい、バラデュール、ヘミングウェイの読書は進んでいるかい?」こんな話で始めたあと一転して、ハイデッガーとヘーゲルにおける〈彼方〉の意味の分析に移るのだ。「ロバがなかなか前へ進もうとしない。そこでロバの鼻さきに人参をぶら下げるわけだ。ロバはそれを食べようとして前へ進む。ハイデッガーの〈彼方〉というのは、たとえてみればこういうものなのだ。われわれは常に、際限なく目の前に提示される『可能』を持っているわけだ。一方、ヘーゲルの場合には、われわれはその都度ほんの少しずつ人参を食べる、ということになる」(25)。

こうして、切れ目らしい切れ目もなしに、日常生活から哲学へと話が移っていく。C・N・Eのビラを生徒に配り、ミュンヘン会談の話をし、市民は自分の国の歴史的志向を引き受けなければならないと語り、それから締めくくりに卑劣さに関する講義をする。水曜の昼時には、ル・アーヴル通りを横切って、サン・ラザール駅の真向かいの店で、彼らにビールを振る舞い、それから、そのうちの何人かとはさらに話を続け、ついには一緒に地下鉄に乗せて、午後を過ごしに連れ出してしまう。こうして、ジャン・バラデュールは、十八歳にして、アトリエでジャコメッティに紹介され、〈フロール〉でカミュに引き合わされ、『蠅』の総稽古も観に行ったのであった。バビロン通りのドミニコ会でサルトルが講演を行なったときも聴きに行ったが、その時は非常に面白かった。『存在と無』をめぐって、サルトルは、ガブリエル・マルセルとヴァーラン神父から、休む間もなく質問攻めにあったのだ。「バラの花は、どちらのカテゴリーに分類なさるのですか、即自ですか、対自ですか？」などという質問もあった。サルトルは困り果てて、四苦八苦しながら理論的説明に努めていた(26)。

彼と教え子たちの間柄は、やられたらやり返すという仲だった。時に学生特有のいたずらをやる連中もいたが、彼はそれにもユーモアで対処した。例えば、「数学クラス」――理工科学校と高等工芸学校の受験課程では、哲学は主要科目ではない――の授業で、十二月四日に筆記試験をやる巡り合わせになった。ところがこの日は聖バルバラの日で、数世代も前から「数学クラス生」の間で受け継がれてきたきわめて根強い習慣にぶつかることになってしまったのだ。つまりその日は、あらゆることをいつもの正反対でやる日なのである。サルトルが教室に入って口を開くや否や、ざわついた教室から、「聖バルバラ、祈れかし、われらのために」という答えが返ってきた。それから、三回の警告ののちに、答案を集め、いつもよりは短めの冗談で切り上げる。ところが翌週、この試験の講評が行なわれたが、このいたずら学生どもの驚いたことといったらなかった。まるで、水を撒いている当人が、逆に水をかぶってしまうという話そのままだった。答案は渦巻き状で書かれたり、右から左へ書かれたりしていたのだが、サルトルは、そんな学生どものお茶目のはるか上を行って、すべての答案を丹念に添削・採点していたのである。中には、一枚、架空の学生――彼はそんな学生が実在しないことを、ちゃんと承知していた――の答案もあったが、それも採点してあった。あのユルム通り〔高等師範学校〕のいたずらの立役者は、彼の中で死んではいなかったことが、これでも明らかだ(27)。

この教授は、時に皮肉屋で、時には怒りん坊、ともすると生徒をしかりつけて、挑発するのだった。「バラデュール、君は怠け者だ、勉強しない。つまるところ、碌なことにはならないぞ!」しかし、学年末の成績表には「秀」がついていた。かと思うと、リシャールという生徒が哲学者アランを崇拝していると聞くと、こんなことを言ったりもした。「リシャール、君はきっと靴下吊りをしているな。ひげは銃剣で剃ってるに決まってる。古いひげってのは、そういうものだ(28)!」サルトルの授業が終わると、いつも大混雑が起こった。二階の廊下は、鈴なりに彼を取り囲んだ生徒で溢れんばかりになるのだ。それを見て、ほかのクラスの生徒たちは非常に羨ましがった。おまけにバラデュールが、オリエント風のきらきら輝く大きな眼に全幅の信頼をこめて、しょっちゅう哲学への情熱を語って聞かせるものだから、その熱狂的な話にあおられて、彼らの羨望の念はますます強くなった。

一九四三年十一月十一日に、フランス国内のレジスタンス派の学生は、三年前の一九四〇年十一月十一日のデモを記念して、一斉に授業を「サボった」が、サルトルの教え子たちにも休んだ者がいた。そこで彼らをそう仕向けたのはサルトルだという噂が、廊下でささやかれさえしたものである。

サルトルの教え子たち――彼らは戦争中に青春期を過ごしたのだ――にとって、この教授の率直さ、自由さ、寛大さは、大きな驚きだった。彼には何でも言え、何でも頼むことができた。バラデュールはある日、一人の友達に会ってくれるようサルトルに頼んだ。それはミスライという、両親がトルコ出身の亡命ユダヤ人の青年で、最近『存在と無』を読み、その著者に会いたいと願っていたのだ。「四時から五時の間に〈フロール〉へ来たまえ」と、サルトルは彼に答えた。哲学の話や個人的な問題――話がはずんでいくうちに、最近、黄色い星の強制着用が布告されたことが話題になった。サルトルは心配になった。「また今度会いに来たまえ。君と話すのは大変愉快だ」。こうして何度か会って話をしているうちに、バカロレアを取得したこの若者が、ポーターとかメッセンジャーボーイといった、生活のたしにするためのアルバイトを続けるために、学業を諦めようとしていることがだんだん分かってきた。「教授資格試験を受けなきゃいけませんよ」と、サルトルは確信をこめて言った。最初はおずおずとした提案だったが、やがてその提案は具体的な形をとるようになった。つまり、教授資格試験の年までミスライに月々手当を出そう、というのだ。そして彼はその約束を守る[29]……。サルトルという人間の教育者としての能力については、さまざまな人間が感激している。そして、視学や校長などの斯界の権威からも、一様に賛辞が寄せられている。校長は次のように記している。「優秀、溌剌とした知性、瞠目すべき自在な弁舌と人の注意を引きつける声に恵まれる」。視学のアンドレ・ブリドゥーは、一九四三年一月三十日に授業を視察し、次のような高い評価を下している。「教材に関する傑出した知識と理解力、表現の明快さ、開かれた視野の広さ」。これに加えて、とくに次のような指摘が見える。「きわめて示唆に富んだ比較検討。例えばサルトル氏は、デカルトからスピノザへの過程で完遂された存在へ向かっての進歩が、現代哲学においてフッサールからハイデッガーへの過程の中に再現されていることを証明する」(30)。

しかし、教育者としての能力も、教え子への情熱も、もはや事の趨勢を押し留めることはできなかった。今や作家の方が教育者より比重が大きくなっており、間もなく教育者を辞職することになるのである。すでに、映画、演劇、ジャーナリズムといったあらゆるジャンルでの計画が彼を待ちかまえていた。いずれも、教員の世界ではなく、文学者たちのサークルにおける計画ばかりである。占領期の教授の陰で、「レジスタンスをする作家」がしだいに道を切り開き、やがて教授を押しのけようとしていたのである……。

5 「作家としてレジスタンスをしたのであって、レジスタンス闘士として……」

6　無数の若者の精神的指導者

「卵三つとヌードル一袋」。食品の細目というものが、占領地帯のあらゆる会話、あらゆる手紙のやりとりのライトモチーフになっていた。そしてサルトルといえども、それには逆らえなかった。例えば、ボーヴォワールは、サルトルからそうした類の話をよく聞かされたものだ。パンの切符がなくなったので、ヴァンダから七〇〇グラム分借りなければならなかった、だとか、ヌードル入荷の予定が駄目になって、代わりにジャガイモを受け取った、だとか、ジャン・レスキュールのおかげで、なによりも貴重な品を、今手に入れたところだ、つまり、スイスの一「ファン」からとくに彼宛に、五〇グラムのブロンド煙草が――しかも何たる洗練の極みか――外交小荷物という王道を通って送られてきた、だとか。ドイツの占領が長引けば長引くほど、物資の欠乏は厳しさをまし、それにともなって、矛盾、対立も激しさをましていった。「留まるところを知らぬ闇取引……言語を絶する窮乏……破廉恥なもうけ」。シャルル・ド・ゴールの『戦争回想録』には、一九四四年春の日付で、こう記されている。

同じ頃、ヴィシー政府の民兵とレジスタンス闘士の間では、容赦ない戦いが始まっていた。一九四四年一月三十一日、ヴィシー政府は民兵隊に対して「敵の宣伝根拠地をつきとめ、敵対勢力の指導者を探索し、反政府陰謀とデモを弾圧する」使命を託したのである。この使命は、時として行きすぎた熱意をもって遂行された。なぜなら、民兵隊は「義勇衛兵隊」を創設したからである。これは本物の軍隊集団で、しかも、すべてのレジスタンス派に対する公然たる武装闘争を宣言したダルナンの激烈な演説に鼓舞されていた。ドイツ軍から直々《じきじき》に武器供与を受けたこれらのファシスト集団は、フランス全土で本格的な内戦を開始する。ジュラ山中での血のイースター、アスクの市民虐殺、二三人の「外国人テロリスト」の処刑——彼らはいわゆる「赤いポスター」裁判で死刑を宣告されたわけだが、パリの地下鉄に彼らの写真が貼り出され、一般市民に密告を促していた……。ホテル〈ルイジアナ〉の小さな集団も、この戦争の引き起こす虐殺をしだいに肌身にしみて感じるようになっていく。ボーヴォワールは、こう語っている。「ある夜、天と地が炸裂したかと思った。……サルトルが私を呼びにきて、私をホテルのテラスへ連れ出した。地平線が赤々と燃えていた。そして空はまるでお祭りのような騒ぎだった。……この騒々しい見世物は二時間以上続いた。翌日になって、ラ・シャペル駅が粉々になり、その周りは瓦礫の山だと教えられた。サクレ・クール教会の丘のふもとにも爆弾が落ちたということだった(1)」。

フランスの主要都市は爆撃を受けた。ル・アーヴルも甚大な被害をうけ、ホテル〈プランタニア〉も破壊された。地理的な脅威と肉体的脅威。圧迫はさらに強まっていった。ある日、ムルージが打ちのめされた様子でやってきて、ローラとオルガ・バルブザの逮捕を知らせた。レジスタンス派の友人の家で一斉検挙にひっかかったのだ。サルトルは、「ラヴァルと非常に親しいといわれる」知り合いに頼みこんだ。あとは待つしかなかった。数週間後、フレーヌ監獄に監禁されていた彼女たちは、ようやく釈放された。[2] この事件は結局事無きを得たわけだが、間もなく「ファミリー」の中に本物の悲劇が引き起こされる。サルトルとボーヴォワールの二人の教授が、同じホテルに同宿している「子供たち」、ソロキーヌとブールラをどれほど可愛がっていたかは周知の通りだ。サルトルは、ウィンター・スポーツに出かけているボーヴォワールに、こんな風に書き送っている。「二人ともお利口さんだ。毎日、縞模様のテーブルクロスの上には、小鉢、椀、フォークとナイフという風に、私の食器一式が揃えられる。ほろりとしてしまう[3]」。日々の討論、一緒の食事、こんな具合に共同生活は全くうまくいっており、ソロキーヌとブールラのカップルは、この共同生活にすっかりとけ込んでいた。ソロキーヌは背が高く、なめらかなブロンドの髪をしているのに対して、ブールラの方は色が黒く、カールした濃い髪をして、スペイン系ユダヤ人の特徴を誇らしげに見せつけているという具合に、二人は際立った対照をなしていたが、二人とも文学的で情熱的な二十歳の若者だった。「空白というものを信頼する必要があります」と、詩作の経験をしたのちに、ブールラは説明した。彼は、やがてはナチズムが敗退することを確信していた。「もしドイツが勝った場合は?」と、ある日サルトルは尋ねた。「ドイツの勝利は、僕の計画の中に入っていません」と、彼はきっぱりと答えたものだった。[4] そのブールラが逮捕されてしまったのだ。それを知ったとき、「サルトル・ファミリー」は衝撃を受けた。

長い待機の時が過ぎ、数百万出せば彼を救い出してやろうというドイツ人が現われた。なんとか金を工面して頼みこんだのち、ボーヴォワールは、ドランシーまでソロキーヌに付き添っていった。ドランシーの収容所で、鉄条網の向こうにブールラらしい顔が見つかった。「ドイツ人の友人」のおかげでまだ生きていたのだ。ソロキーヌは遠くから手を振った……。しかし、実はそのドイツ人に欺されていたのだ。ブールラは逮捕されてすぐに殺されていた、ということが徐々にわかってきた。「ブールラは、私の身近で生きていた。私は彼を実の子のように愛した。そして彼はまだ十九歳だった。サルトルは、十九歳で死のうと八十歳で死のうと不条理なのは同じだと言って、何とか私をなだめようとした[5]」と、シモーヌ・ド・ボーヴォワールは書いている。

こうして肉体的な蛮行はますます募っていき、サルトル自身も身の危険を実感したわけだが、それと裏腹に、彼は文学の天空の高みへの上昇を続けていった。自分の尋常ならざる執筆欲を満たすために、映画、演劇、文学批評、小説、政治論文と、ジャンルの異なるものを交互に手がけながら……。このプログラム全体の中には、なんらかの優先順位はあったのだろうか？「パラン論を書き上げた。それから、いそいそと小説の続きを書き始めた。この方が、言語について論じるよりは、はるかに楽しい[6]」と、彼はある日書き送っている。純然たる楽しみ——小説——の時と、宿題のような義務的な仕事——批評——の時との絶えざる往復。ポーランに絶えずせっつかれて——「パラン論の続きを、今日か明日かとお待ちしています[7]」——、批評家サルトルは現代フランス文学の選別と開墾の活動を続けていく。ポーランは、右の手で作品を発表させ、左の手でそれをくそみそにやっつけさせるという、彼が見事にこなしているこの二股膏薬のゲームに耽溺していたのだろうか？　いずれにせよ、この件に関してはサルトルはだれよりも有能な手先であった。余計な回り道などせず、まっしぐらに罵詈雑言を投げつけ、あるいはよい点数を与え、早くも現在この瞬間に、明日の文学の輪郭や外延を描き上げることができた。良い種と悪い種をより分け、瀕死の病人にとどめをさし、新たな書き手を発掘・奨励する——これを、自分自身の憎しみと感銘に従って、思うままに行なったのである。カミュを論じたあとは、ブランショ、バタイユ、パラン、ポンジュの番だった。彼らはひとりずつ、サルトルの手で綿密・細心に詮索され、裸にされ、判断された。

「すべての不平分子が言語に対して怒りを向けえたわけではない。そのためにはまず、言語にあらかじめ特殊な価値を付与していなければならなかった。これがポンジュとパランの場合だった。言葉から観念を引き剝がすことができると思っていた者たちは、さしたる不安も覚えなかった。あるいは革命的なエネルギーをほかの方面に注いだ。しかしポンジュは、またパランは、前もって人間を言葉《パロール》によって定義していたのだ。ところが言葉《パロール》というものに何の価値もなくなってしまったのだから、彼らは袋の鼠になってしまった。この場合、彼らは絶望したと、たしかに言うことができる。彼らの立場がいかなる希望をも禁じていたのだ。周知の通り、パランは常にするりと逃れゆく沈黙にとり憑かれ、極端なテロリスムへと走り、やがてニュアンスに満ちたレトリックへと引き返してきた。ポンジュのたどった道は、より曲折している(8)」。

こうしてサルトルは、彼をフランスの文学生活の紛う方ない管理者に仕立てあげる地盤を一歩一歩築いていくわけだが、その間に、あわただしい社交生活の悦楽も発見する。文学上の出来事、さまざまの懇願、新たな出会い、こうした機会はめまぐるしいスピードで次から次へとめぐってきた。一九四四年二月には、プレイヤードの審査委員会に、マルロー、エリュアール、カミュとともに加わることとなり、早速、「秘蔵っ子」のムルージを当選させることに成功する。そして、受賞を祝ってレストラン〈ル・オガール〉での昼食会。一九四四年三月には、パリのマルセル・モレのアパルトマンで、文学者同士の会合と討論会。そこでサルトトルは、クロソフスキーやイポリットやダニエルー神父らと、バタイユの主張をめぐって罪というものの意味について論じることになる。一九四四年四月には、文部省に対して、「健康上の理由から」最初の休暇を申請する。そしてついに、ジャン・グルニエが、カフェ〈フロール〉でシモーヌ・ド・ボーヴォワールの耳許に身を乗り出して、あの宿命的な質問を発する。「あなたは実存主義者ですか?」

さらにとりわけ、われらが二人の作家にとって、そしてまた彼ら二人の身近な友にとっても、一つの夕べが画期的な出来事となる。事の発端は一九四四年の春のこと、ピカソが劇を一本書き上げて、『尻尾を摑まれた欲望』と題をつけた。この作品は、ずっと昔にさかのぼった二〇年代の前衛作品のパロディだったが、レリスが大いに気に入り、公開朗読会を行なおうと提案した。演出には、アルベール・カミュが当たることになった。豪華な配役、けたはずれのテクスト、二度と起こりそうにない巡り合わせ——素晴らしい夕べになる、あらゆる要素が集まっていた。

果たしてそれは素晴らしい夕べとなった。サルトルは「まるい先っぽ《ブーロン》」の役をやった。レリスは、「太足《グロピエ》」の役、ドラ・マールは「脂ぎった不安《アンゴワス・グラス》」、シモーヌ・ド・ボーヴォワールは「従妹《クージーヌ》」の役をやった。何度も稽古が行なわれ、大勢の招待客の中にはジャン=ルイ・バローのような演劇人、ジョルジュ・ブラックのような画家、サラクルー、バタイユ、ランブールのような作家、ジャック・ラカン医師やシルヴィア・バタイユ〔ジョルジュ・バタイユの前夫人〕のような人士もいた。その場の空気に興奮し、アルコールの酔いも手伝って、われらが新米の役者諸公は、客が帰ったあともしばらく居残り、歌を唱っていた。間もなく夜間外出禁止の時刻だった。するとそこでレリスが提案した。「ここで一夜を過ごしたらどうですか」。

歌、音楽、こうして親しい友人たちは夜を侵し、夜に腰を据える。物音一つせず、動くもの一つなく、またたく光一つ見えない、死んだように眠る都会の、まったく手つかずの闇夜。その闇夜に眠らずに起きているのは自分たちだけだ。自分たちだけが、押しつけられた沈黙に逆らって、ナチの秩序に逆らって、ここに共に集い、歌を歌い、歓喜し、笑いさざめいているという、陶然たる想い。ムルージに続いて、今度はサルトルがピアノに向かい、お気に入りの歌を二曲、「蛾」と「悪魔に魂を売った」を奏でる……。明け方五時まで続いた祝宴の夜、これはその後打ち続く一連の「フィエスタ」〔お祭り騒ぎ〕の幕開きであり、われらが二人の作家はこれを通して、ピカソやドラ・マールと友人になり、サラクルー夫妻と近づきになり、バタイユとつき合うようになる。こうしたシュールレアリスト的な交友関係の中で、サルトルとボーヴォワールは、これまで体験したことのない青春を、心ゆくまで汲み尽くすのであった(9)……。

占領時代のパリの芸術生活、サルトルとカストールはその中心部にれっきとした立役者として迎えられたのである。お祭り騒ぎならいつでもこいで、にぎやかに席を活気づける愉快な立役者、自然で機智に富んだホストとホステス。彼らは、自分のホテルの部屋や、友人たちの家、ボストの田舎の家に、客を呼んだ。洒落た装飾の豪奢なカミーユの家では、ある晩、集団的想像力がせきを切ったように爆発した。ボーヴォワールが語る。「講釈師や、大道香具師や、道化師や、口上師が一通り揃ったお祭りだった。ドラ・マールは闘牛の真似をし、サルトルは戸棚の中でオーケストラの指揮をし、ランブールは人喰い人種のような格好でハムを切っていた。クノーとバタイユは、酒びんを剣の代わりにして決闘し、カミュとルマルシャンは、なべを叩いて軍隊行進曲をやっていた。歌を歌える者は歌を歌い、歌えない者も歌った。パントマイム、コメディ、毒舌、パロディ、モノローグ、打ち明け話、こんな具合に即興の種は尽きなかった(10)」。

食料の制限、しだいに時間が早くなる夜間外出禁止、空襲警報、爆撃、友人の処刑、こういった個人の領分へのあらゆる侵害ののちには、一時的に猿ぐつわが破れる瞬間がやってきた。あるいは、幻想的な形での集団的解放、瞬間的な歓喜にすぎなかったかもしれない。深夜の喧騒、かりそめの放逸、こうした中でも生活は続いていく……。演劇、映画、政治と、サルトルの時間割は今やびっしりだ。詰まりすぎで、過労の危険があると言った方がよいかもしれない。この頃、サルトルはこんなことを書いている。「気分の問題だ。私の書いたシナリオが突っ返されたので、ちょっと機嫌を悪くした。今では称賛の言葉にすっかり慣れてしまったので、称賛の言葉が貰えないときには、どうしたらよいかわからなくなってしまうのだ[11]」。

事実、彼に称賛の言葉を呈しなかった人物がいる。ジャン・ドラノワだ。彼はこう語る。「パテ社でわれわれが受けとるシナリオがつまらないのにがっかりして、私はサルトルに会いにいった[12]」。サルトルが映画に対してどのような特権的な絆で結ばれているか、どのような共犯関係にあるかは、周知の通りであり、彼がこのシナリオにどれほど熱心に打ち込んだかは、想像に難くない。ル・アーヴルのリセの終業式の演説で、彼がどれほど嬉々として、教え子たちに、映画的文章技法に対する情熱を語ったかを想い出してみるとよい。彼はこう説明していた。「巧みなコンテというものは、互いにどれほど異質なシーンでも、隣り合わせにし、交錯させることが、常に可能なのである。今、野原にいたかと思えば、今度は町の中。町の中にいると思っていると、次の瞬間にはまた野原に連れ戻される……。アベル・ガンスの『ナポレオン』を想い出して頂きたい[13]」。

それにしても、特権的な時代だった。コクトー、パニョール、プレヴェールといった錚々たる文学者がスクリーンの世界へ歩み寄り、文学と映画の最初の盛大な婚礼を執り行なったのである。サルトルの場合は結婚に破れることになる。それは、互いをあまりにも求めすぎ、あまりにも理想が高く、おそらくは互いに似すぎていたために、なぜこうなったのか合点がゆかぬまま現実には破綻してしまう、二人の若者の情熱的な恋愛結婚に見られるような、不器用な結婚だった。

「情けない失敗ばかりだ」。彼自身は、自分の書いた映画のシナリオの大部分について、のちにこう言う。そして実際、彼は映画の世界には部外者のままであったし、永遠に部外者のままであり続けるだろう。彼は、アヴァンギャルドのあらゆる技法に恍惚として見とれていたわけだが、それと同じように映画の世界にも恍惚として見とれながら、その中に入りこむすべを知らず、入りこむことができずに、ウインドーの向こうで不器用に足踏みしているあわれな見物人だった。こうした部外者としての立場は、彼が一九四四年四月に地下出版の『レットル・フランセーズ』に書いた論文、『戦後へ向けた映画』を読めば、一目瞭然である。非常に説教調で、もたもたした、かなり腹にもたれる論文なのだ。その書きだしはこうだ。「現在、なぜに映画は押しつけられた道から脱け出すことができないでいるか、それを明らかに示してくれるような個別的なケースをとり上げよう……」。演説、方法、教授風のレトリック。あの批評家としての輝かしさ、腕の冴え、手際のよさはどこへ行ってしまったのか？　それに彼は、映画「のみが、群衆に向かって群衆について語ることができ、群衆の芸術という例外的な地位を要求することができる」と断言するわけだが、こんなひどく伝統的な映画観を開陳して、いったいだれを説得しようとしているのか？　まあ、それはよいとしよう。彼は、アンガジュマンの必要性、映画の政治的義務を強調しようとしているわけだ。しかし、なぜこんな鈍重な語り口でそれを行なっているのだろう？　それにまた彼は、「観客の飢えをなだめすかす餌のように投げ与えられた、『パリ風』といわれるある種の喜劇の眠けを催すような猥褻さ」などという奥歯にもののはさまったような言い方で、当時のシナリオ作家たちや、その年に製作された映画に噛みついているが、それはなぜなのだろう？　それに、彼が推奨するモデルというのは、幼少時代に熱中した映画作家たち、つまり「グリフィス、セシル・B・デミル、キング・ヴィダー、エイゼンシュテインのような、映画の偉大なるパイオニアたち」と彼が指名する作家たち以外の何ものでもないではないか？　サルトルの知的貪欲さ、時として——しかし滅多にないことだが——挫折に終わることもあるその誇大妄想癖、映画とはそうしたものの限界の一つがちらりと露呈した例なのだが、それにしてもそれは疑う余地のない実例だった。そして、彼自身は、映画を論じるに十分な知的用具を備えていると自負し、実際、シナリオ作家の世界に入っていくだけの情熱も教養も技術も備えていただろうが、大きなハンディキャップによって足をとられ、真っ直ぐ前へと進めなかったのである。

コクトーとかパニョールとかプレヴェールのような、映画の世界にかくも易々と入りこんでいった作家たち、彼らがサルトルに優っていたのはどんな点だったのだろう？　サルトルの受けた教育はきわめて大学的なものであり、その専門はきわめて理論的な哲学であり、彼の執筆活動にはとくに学校作文的修辞がこびりついており、そうしたところから、自分独自の土俵からあまりにも隔たった領域に入りこむのに柔軟さが欠けていた——こういった点に、理由を求める必要があるのだろうか？　映画、ジャーナリズム、演劇、政治と、際限なく新たな表現の場を征服し、力ずくで生み出していこうとする彼のさまざまな試みは、時には見事に図に当たったが、時にはそれほどうまく行かなかった。それをかくあらしめた法則については、これから徐々に突きとめるべく努めていこう。

彼が未知の土地の探検に出発したその出発点、彼が常に依拠する参照体系、それはもちろん哲学である。

それは、同時代の人間の目から見た一定の正統性を彼に付与してくれたわけだが、果たしてそれはほんとうに全能のものなのだろうか？　これらの新たな征服を見事にやり抜くのに、ほんとうに適切なものなのだろうか？　この点には、今後何度か触れることになろう。さし当たり、サルトルが現代映画について表明するところを聞くだけにしておこう。「この巨人、これを人は鎖につなぎ、ミニアチュールを描くよう強制した」と述べた上で、彼はこう付け加えている。「それは、この巨人が恐ろしいからだ」。

こうして彼は、シナリオ作家としての仕事を続けた。次々と、まるで一息に書き綴ったように、『賭けはなされた』と『チフス』、そしてレジスタンスを主題とするシナリオ一篇を書き上げたのである。いずれも『蝿』と『出口なし』――その頃すでに取りかかっていた次の戯曲――のテーマをかけ合わせ、直接的な時事性に答えるものであったが、また、病める都市、閉ざされた場所、住民の耐えがたい不快感といったテーマにつきまとわれてもいた。例えば、マレー諸島の一都市オタウィーは、疫病によって多くの住民を失ってしまう。登場人物のネリーはこう叫ぶ。「チフスがうろつくこの町を歩きまわるのは、ぞっとするほど恐ろしい。街角の到るところに、死の臭いがする……。もう一文無しだ。今夜どこで寝るのかさえわからない。私にはねぐらはないのだ」[14]。シノプシスに基づくシナリオ作成の作業は、シナリオ作家のニノ・フランクと行なったが、フランクはその驚きをこう語っている。「シーンごとに考えるのではなく、各ショットごとに考える科白作家というのは、初めて見ました。……彼は、非常に中身の濃い、非常に的確な科白をものすごい速さで書くのでした。驚くほど本能的な、したがって映画的な科白を」[15]。それが終わると、今度はジャン・ドラノワ自身が乗り出す、コンテ作成の番だ。ここでシナリオは、かなり省略や削除を加えられた。サルトルとフランクは、ドラノワ監督の才能には感嘆していたが、この切り詰め作業にはがっかりしてしまう。「状況はその荒々しさを失い、切っ先は丸められ、常識をはみ出した部分の痕跡は一切消し去られた。監督は、われわれの抗議に対して、観客とはこういうものだという知識とか、ハリウッドの規範とか、スクリーン上の必要性、等々を持ち出した。サルトルは、もう何も言うなと私に合図した。そして部屋を出てから、こう言った。『もうあのシナリオにはうんざりだ。好きなようにやらせておこう。肝心なのは映画ができるということだ』[16]。十年後に映画『誇り高き者』〔邦題『狂熱の孤独』〕のときには、まさにこの通りになるだろう。『賭けはなされた』の方は、一九四七年に日の目を見ることになる。

レジスタンスを扱ったシナリオは、映画になることはなかった。しかしサルトルは、ほんとうにそれが撮影に入ると信じていた。ある論文の中で、婉曲な言い方ながら、その映画のことを漏らしているのである。その論文は、戦後の映画が緊急に取り組まねばならない主題を開陳したものであった。その書き出しはこうだ。「何ぴとも、われわれに代わって、収容所送りや、銃殺や、軍服なき兵士の戦いについて語ることはできないだろう。……それは、プロパガンダ映画を作ることではない。……このような映画を企画する勇気のある演出家は、今からすぐにそれを考え、今から資料を集めておかねばならないだろう。その演出家の意図するところは、単に証言することにある。しかしその証言は、同時に、映画に対して本来の大きさと力強さを取り戻してやる結果になるだろう。何となれば、映画というものは大規模な社会の絵巻を描き出さねばならないだろうからである[17]」。

こちらに失敗があれば、あちらには成功がある。映画には期待を裏切られたが、演劇では成功する。まさに紆余曲折だ。一九四四年五月二十七日、ヴィユー＝コロンビエ座——モンパルナスとサン・ジェルマン・デ・

プレの中間にある――で、『出口なし』の初日の幕が開いた。出演はタニア・バラショヴァ、ミシェル・ヴィトルド、演出はレイモン・ルーローとギャビィ・シルヴィア。これは注目すべき出来事だった。しかも、そもそもの発端が気まぐれなおねだりだったのだから、なおさらである。と言うのも、ヴァンダは、姉がサルトルの劇に出演したのを見て、自分もサルトルの劇で役をやりたいと言い出した。オルガ・バルブザもやはり同じことを言った。しかも、オルガの夫は、地方公演旅行を企画したのである。女の役が二つ、そこでサルトルは男の役を一つこれに加え、カミュにその役をやってみないかと提案した。カミュは演出も引き受けることになった。サルトルは執筆に当たって一つだけ条件を自分に課した。三人の役者のうちだれかに有利になるということのないよう、三つの役の科白の長さを同じにする、ということである。稽古は一九四三年のクリスマスに始まり、カストールのホテルの部屋や、カミュの家で続けられた。その間、多少の波風も立った。カミュとヴァンダがいい仲になったりしたのだ。「彼女のロシア的魂は、私たちはその二重の引き出しの底の底まで探検し尽くしていたけれど、カミュにとってはまだまだとらえどころのないものなのだ」と、サルトルはカストールへの手紙の中で、嫉妬の気持ちはいささかもないとしながら、述べている。「彼はちょっとばかり彼女にいかれてしまい、彼女の〈天才〉とか〈人間的価値〉とかを力説している(18)」。

ほかにも事件が起こった。そちらの方は重大事件で、二人の女優のうちの一人、オルガ・バルブザが逮捕されてしまったのだ。それで稽古は決定的に停止してしまい、サルトルは、自分の劇が日の目を見ないのではないかと心配した……。ヴィユー＝コロンビエ座の支配人、アネ・バデルがこれに興味を示し、今度は本職の俳優と実績のある演出家によって、稽古が再開されることになった。

「三人の人物を一緒に登場させて、そのうちのだれかが退場するということが決して起こらないよう、最後まで三人を、まるで永遠に居続けるような具合に舞台上に居続けさせるにはどうしたらよいかと考えました。そこで思いついたのが、地獄を舞台にして、三人ともがそれぞれほかの二人に対して地獄の鬼となるという風に設定するという着想です[19]」とサルトルは語っている。いかにも気の利いた裏話だ。しかし、劇作家の単なる「思いつき」ということを越えて、この劇が提示する閉ざされた状況は、戦争の雰囲気、捕虜収容所の幽閉状態、時として「戦争捕虜の心理」などと名づけられる気分を実感させる。当時捕虜収容所に監禁されていた哲学者のジャン・カズヌーヴは、この戦争捕虜の心理という主題で原稿をフランス大学出版〔P・U・F〕に送ってきた。そして、ジャック・メルロー゠ポンティが、地下出版『コンバ』にその書評を書いた。その中に、こういう文が見える。「〔本書の〕『制限された視界』の章は、サルトルが『出口なし』で描き出した架空の地獄、壁と廊下しかなく、どこまで行っても壁ばかりで、外というもののないあの牢獄と比較して考えることもできよう[20]」。

バラショヴァは、暗色のドレスに絹のターバン、そして研ぎすまされたような鋭い顔つき、こういう出立でイネスを演じた。ショートカットの髪に、白いロングブラジャー・ドレス、黒い長手袋のギャビィ・シルヴィアが、エステル役。この二人の女、二つのタイプの女の間にはさまって、タウンウェアに三十男の魅力をたたえたミシェル・ヴィトルドがガルサンだった。舞台は、第二帝政風のサロン。同時に地獄へ落とされた三人の人物が登場する。死因は「肺炎」、「ガス自殺」、「十二発ほどの銃弾をくらった」、である。絶望的な永遠、消し去りようのない残り二人の存在、いつも三人という耐えがたいゲットー、こうしたものに直面して、誘惑と憎悪のバレエが展開し、最後にガルサンは吐き捨てる。「地獄とは他者のことだ」。この科白は観客を魅了した。また、息苦しい緊張が高まる場面もあった。例えば、エステルとガルサンのカップルに対して、激高したイネスがこうわめく。「どうでも好きなようになさい。あなたたちの方が強いのだから。でも忘れないでね。私はここにいて、あなたたちを見ているのよ。ガルサン、私はあなたから目を離さない。あなたは私の目の前でその子を抱くのよ。ああ、あなたたちを憎むわ、二人とも。存分にいちゃつくがいい。ここは地獄なんだ。今に見ているがいい」。そしてガルサンはエステルに言う。「さあ、唇を！」

のちになってサルトルは、彼の有名な科白が誤って解釈されたのに答えて、次のように説明を加える。「われわれは、他者から与えられた自己判断の手段によって互いに判断を下しあうのです。……もし私の他者に対する関係が悪いものであるなら、私は他者に全面的に依存することになります。そしてその場合には、結局私は地獄にいることになるのです[21]」。この戯曲のかもし出す雰囲気、その名文句の数々、劇的衝撃、こうしたもの以上に特筆すべきは、この『出口なし』の上演が、サルトル特有の一原則、彼の才能の特徴をなす一つの原則の端緒となったという点である。というのは、『存在と無』の刊行から一年後に上演された『出口なし』は、いわば『存在と無』の大衆向けの翻訳だからである。こちらでは、用語上、理論上の厳格さ、大学人向けの参照対象、あちらでは、劇場の観客席の柔軟さ。こちらでは抽象的思考、あちらでは、きらびやかなその具体的例証、というわけである。「私の厖大な〔哲学的〕[*1]著作が、哲学なしの逸話の形で物語られるわけです[22]」と、彼は説明している。要するに、彼の作家生活が始まった当初から、種類を異にする受容層との同時的対話、演劇と哲学への一対をなした立脚という、彼の商標となる第一の特徴が姿を現わしているのである。まことに異例のケースといえるが、それはその後、時を経る中で、さらに一層複雑なものとなっていく。

対独協力派の新聞は、その「背徳性」を理由として、この劇に罵声を浴びせた[23]。R・フランシスもあらん限りの罵詈雑言を投げつけたが、それは戦後になって、サルトルがたっぷり頂戴する悪口の長いリストの第一ページともいうべきものだった。それはこんな調子である。「サルトル氏のことは存じ上げている。彼は一風変わった哲学教授で、『壁』と『嘔吐』以来、教え子のズボンの中の研究を専門とすることになったと見える。……氏は、ちょっとした忠実な『さくら』の如きものを持っており、氏が、本の中でなり劇の一場面でなり、脚を高く上げると、そのつど若者と不能の老人の小さな群れがやってきて、くんくんにおいを嗅ぐことになっている。それが終わると彼らは、紙の上に筆を動かして満足の色をあらわすわけだ[24]」。これと正反対に、『ジェルミナル』紙上では、クロード・ジャメが興奮した筆致でこう書いている。「ジャン＝ポール・サルトルは、疑いなく、アヌイ以来、若いフランス演劇の最大の事件である[25]」。

何はともあれ、事は成就した。彼は今や、「スター」になるための決め手を手に入れたのだ。一九四四年の春からは、支持者と中傷者、熱狂的な味方と憎悪に燃えた敵とを持つようになったのである。文学批評家の世界でサルトルが有名人になるには、もうこれぐらいで充分だろう。さらにはフランスの作家の世界でも、彼は同じような世論の動きを引き起こしている。例えば、ガブリエル・マルセルは、彼が劇によって勝ちとった「非常な成功」に敬意を表しながらも、この作品の中に見られる「堕天使的原理《リュシフェール》」は、「わが国の再建にいささかも貢献する[26]」ことはできないだろうと、遺憾の意を表明している。こうして多くの論議を巻き起こしたところから見ると、この成功もやはり、時代が理想主義に傾いているときに、互いに責め苛《さいな》みあう人間を舞台にのせた作者の大胆さ、この三人の礼節をかなぐり捨てた振る舞いに、いささか負っているとも考えられるのである。

「サルトルのものを読んだことがあるかね。あれは裏返しにしたジロードゥーだ[27]」。ポーランは、ジューアンドーにこう尋ねる。一方ジャン・ゲエノは、『出口なし』の上演を観た日、『暗黒の歳月の日記』の中に、この劇のあらゆる要素、「口汚い言辞」、「喚起される耐え難いイメージ」、「無責任な人間たちの挑発的で偽りの冷笑に満ちたたわ言」、こうしたすべてに嫌悪を覚えたと書き記す。そして最後に、「いったいだれがわれわれを、この泥沼から救い出してくれるのだろう」と、嘆息している。[28] ポーランの手紙の中、ゲエノの日記の中で、サルトルは大問題なのだ。ポーランはやや見くびり、ゲエノはまったく理解できなかったが、いずれにせよ彼らには、サルトルがいささか別世界のもののように思えた。そして、この二人の戦前の文学者は、この「サルトルという物体」を警戒しながら眺め、あらゆる角度からためつすがめつしても、なんらかの既知の分野にそれを分類することができず、途方にくれて、これはほんとうのところいかなる新製品であるかと考えこんでしまうわけだが、このことこそ、『出口なし』によってサルトルは分類不可能なものとなった、ということを意味しているのではなかろうか。

分類不可能というのは、すでに存在するあらゆるものの外にあるということだ。たしかに、だれもが彼にある種の才能を認める。しかし、彼の主題や特性を記述するために、ほかの作家の中に彼が典拠としたり影響を受けたりした点を探し求めようとするのである。例えば、ポーランは、サルトルとは「一種の裏返しのジロードゥー」だと言うが、このように言うこと自体、当時のフランス文学の限界の一つが乗り越えられたということを暗に表明することではなかろうか？　そのこと自体、戦後のフランス文学の新たな地形図の大筋を描き出すことではないのか？　一方、ギヨーム・アノトーは、とりわけ『出口なし』とその総稽古が果たした、目覚ましい宣伝効果に注目している。彼はこう断言しているのだ。『『出口なし』は、疑いなく、サン・ジェルマン・デ・プレの黄金時代の幕を切って落とした文化的事件であった[29]」。

ある者は激高させ、またある者は魅了し、時には才能ある劇作家とみなされ、かと思うと時には国民の意気を挫く元兇ナンバー・ワンと目されながら、『出口なし』によって、サルトルがパリの文学サークルの狭い境界を飛び越え、大衆から知られる作家となったことは明らかである。その反響は、何人もの人間の書簡や日記、新聞・雑誌の批評、サロンでの議論の中に響きわたる。だから、一九四四年六月十日――『出口なし』の初日から一週間後――に、彼がジャン・ヴィラールの招きで「劇的文体」について講演を行なったとしても驚くにはあたらない。その講演会は、セーヌ河岸に面した一続きのサロンをぶち抜いて行なわれ、聴衆は厳選された立派な人士ばかりだった。「言葉とは一つの行為であります」と、彼は語る。さらにさまざまのことを語り、会場に居あわせた同業者のカミュとサラクルーの劇にも敬意を表するのを忘れない。その後、ジャン・ヴィラール、ジャン＝ルイ・バロー、ジャン・コクトー、アルベール・カミュなどが加わった討論が行なわれたが、(30) サルトルはいかにもその熱気を楽しんでいる風だった……。この趨勢は今やとめようがなかった。六月の終わり頃、リセ〈コンドルセ〉の生徒たちは、教授が軽やかな足どりで、手をポケットにつっこんだまま教室に入ってくるのを目にして、びっくりする。あの中身のぎっしり詰まった大きなカバンは見当たらない。彼がひたすら文字で埋めていた原稿用紙はどうなったのだろう？　すでに本になっていたのだ。彼が積み重ねていた手帖は？　もう終了したのだ。そして、彼が次々と演じてきたあらゆる役回り、答案を決して添削しない教授、同業者の気持ちを逆なでする劇作家、自分から活動停止してしまったシナリオ作家、大学人向けの爆弾を製造した哲学者、組織というものに我慢がならない政治活動家、こうした役回りの中にうかがえた、あのほかに例を見ない秩序破壊的能力、これもひとまず終わりを告げた。一九四四年六月の終わりに、作家ジャン＝ポール・サルトルは、教育者としてのキャリアを終わらせることを決定したのである。

この間、連合軍のノルマンディ上陸があり、パリには、もはや幻想ではない解放の最初の兆しが届いていた。カミーユの家でお祭りをやった翌日の朝、一九四四年六月七日午前五時、サルトルとカストールは、始発の地下鉄を降りたところで、見慣れぬ掲示が出されているのに気づく。モンパルナス駅発西部方面行きの列車の発車はすべて見合わされた、というのだ。その直後に二人は、ラジオであのニュースを知ることになる。ボーヴォワールは語る。「それからの数日間は長い祝祭だった。人々は笑顔を見交わし、太陽は輝いていた。通りはなんと陽気だったことか!……私は、サルトルや友人たちと〈フロール〉のテラスで代用のチュラン・ジンを飲んだり、〈ロムリー・マルチニケーズ〉のテラスで代用品のポンチなどを飲んだりした。私たちは未来を築きつつあった。そして大喜びだった(31)」。

しかし、一九四四年の六月と七月は暴虐と死者のリストが大きくふくれあがった日々でもあった。オラドゥール・シュル・グラーヌのある村で、すべての住民が虐殺される。元文部大臣のジャン・ゼイが暗殺される。ジョルジュ・マンデルが逮捕される……。パリではドイツ軍最後の行進が行なわれていた。シャンゼリゼで、フォン・ルントシュテット元帥と、「大パリ総司令官」フォン・ボイネブルク=レングスフェルトの尊大な顔の前で行なわれた、SS機甲師団のうちもっとも名高い師団の行進のさまは、だれも忘れることはできないだろう。最後の闘争が激しさを倍加し、その仕返しもますます狂気じみた流血を呼んでいった。カミュが所属していた〈コンバ〉機関には、サルトルもカミュに連れられて時々顔を出していたが、この組織網もしだいに解体しつつあった。予防的防衛措置を講じる必要があった。カミュはサルトルに住所を変えるよう忠告した。そこでサルトルたちは戦争中の最後の夏を、最初はレリス夫妻の家に泊めてもらい、次いでヌイイ・スー・クレルモンに移って過ごした。シモーヌ・ド・ボーヴォワールの証言。「八月十一日、新聞やラジオは米軍がシャルトルに接近していると告げた。私たちは大急ぎで荷作りをし、自転車に乗った。幹線道路は使えないという話だった。……そこで私たちは回り道をしてボーモン経由でシャンティイに行く道を選んだ。日射しは強烈だったが、私たちは熱にうかされたようにペダルを踏んだ。ぐずぐずしているとパリに入れなくなってしまうという焦りにせき立てられた。パリ解放の日をこの目で見たいと思っていたのだ(32)」。

「それは祝日のように始まった。そして今日になってもまだ、人気《ひとけ》がなく、時々断続的な軽機関銃の掃射の音が鳴り響くサン・ジェルマン大通りは、悲劇的な荘厳の雰囲気を漂わせている。ともすると、あのかつての日曜日、戦前の平和な日曜日を、想い出してしまう。群衆が定期市《フェア》にひしめき、スポーツ大会へと急いでいる、ところが突然、事故が発生した、——そんな日曜日のことを。そんな時、人々の顔は不安で青ざめ、明るい色の服の波がざわめく。しかし、まだどことなく陽気な色を残しており、日に照らされながら、血まみれの事故死体を一目見ようとのぞきこむ。祝日、三日も続いた流血の日曜日……」。

パリ解放の日々の中で織り上げられていく現在、これを証言するこの刻々と変化する瞬間のリポーター、これこそジャン゠ポール・サルトルその人だ。カミュの依頼を受けた彼は、『コンバ』紙の第一面に「蜂起したパリの散策者」と題する連載記事を書き始める。このタイトルは、彼自身が選んだものなのだろうか、それとも、同紙の編集部が決めたのを受け入れただけなのだろうか？　いずれにせよ、「散策者」はまた行為者でもあった。彼は過去との決着をつけたのであり、こうしてカミュのおかげで、世界の中に両足をそろえて跳びこんでいくのである。「どんな静かな街角でも、二、三分おきに、石に小石が投げつけられる乾いた音がする。それは銃弾なのだ……。そして突然、どこからとも知れず、軽機関銃の射撃の音が起こる。どうしてそんな音がするのか、わけがわからない。もう界隈にはドイツ軍はおらず、F・F・I〔フランス国内軍〕は遠い。しかし、その音の謎を詮索する者はだれもいない。顔を見合わせて厳粛に、『殺してるな』と言う。それだけだ」。

幸福感に満ちた数日間、しかしそれはまたサルトルと歴史との邂逅の期間でもあった。パリは今日、彼の町となったのだろうか？　捕虜収容所から戻った時、それは劇の舞台の背景のようだった。しかし今やそれは実際の生活の背景となっている。「サン・ジェルマン大通りのセーヌ通りに曲がるところで、二時間ごとに何人もの一般市民が殺された。……パリが自らの自由のために戦っているときに、部屋にひとりで閉じこもっていようとだれが思うだろう？……危険は予測がつかない。午後の三時にはあそこが危険だったが、四時にはここが危険だ、という具合である。そんな危険を避けようとしても無駄なのだ。このように危険がどこそこに向けられるかもしれないという事実の中に、私はある種の偉大さを見る。それこそがパリに、このような尋常ならざる相貌を与えているのだ……」。

他の者も喜びに燃え上がっていた。例えばクロード・ロワは、その喜びを抒情的に書きとめる。「知性の裏切り者たちとナチス知識人の手から解放されたソルボンヌの上に、フランス国旗が掲げられる。一人の学生は恋人を抱きしめる。われらが生涯の最良の日。一人の年とった教授は、もっとよく見ようとして鼻眼鏡をかける。われらが生涯の最良の日。群衆は『ラ・マルセイエーズ』を歌う。われらが生涯の最良の日。一人の若い娘が両手を空に向けて突き出し、笑い、そして踊る。われらが生涯の最良の日」[33]。戦争というトンネルを抜けて、人生と再会したのだ。パリ解放というドラマの特等席に、われらが作家はいる。彼はこの解放の数日間に繰り広げられた儀式やいけにえの奉納の中に、解放のための個人的行為への自分の憧れを燃え立たせてくれるものを見出していた。そして、ギリシャ悲劇を熱愛する劇作家たる彼が、歴史という劇の出演者の役回り、独唱者、合唱隊、語り手の役を引き受けたわけである。

「蜂起の地理的分布ともいうべきものがある。地区によっては、もう四日間も休みなく猛烈な戦闘が続いているかと思えば、一方では、ほとんど不気味なまでに静寂がじっと腰を据えている地区（モンパルナス）もある。しかし、パリの戦闘地図を作るのは難しい。一種の惰性がこの群衆の上にたれこめている。彼らはドイツ軍がパリから無血撤退することを願っている。まるで贈り物を待つように連合軍を待っているのだ。サン・ジェルマン大通りまで足をのばして、がっかりして帰ってくる人もいる。ハーケンクロイツの旗が、まだ上院の上に翻っているのだ。『やつら』はまだいるのだ。……走ることのできない年輩の男がひとりだけ、大通りにとり残された。ドイツ軍は彼を狙う……。彼は近くの建物の入り口に駆けよる。力一杯ドアを叩く。開けさえすれば、彼は助かるのだ。しかしドアは閉ざされたままだ。ドイツ軍は発砲し、その男は倒れる……。この出来事だけで充分だった。人々は変わったのだ。ドイツ軍の無血撤退という彼らの甘い夢は、かき消されてしまった……。もはや彼らは、全くの一般市民というわけではなくなった。旗幟鮮明にしたわけである。……戦争はそこにあった。白日のもとに」[34]。

「水曜日、米軍がヴェルサイユまで来ているという知らせが、しょっちゅう届いた。そのつど、それが誤報とわかり、われわれの喜びをかき消した。だれかがヴェルサイユまで電話をかけてみる。そこで、まだ米軍は来ていないことがわかるのだ。ところが同じ水曜日に、突然イギリス放送が、パリは解放されたと告げた。私と友人は、そのニュースを腹這いになって聴いた。ちょうどその直前に、建物の周りで猛烈な射撃が起こったからだ。そんなわけで、われわれとしては、パリ市民に向かってなされたこの発表は、たいへん意外であり、いささか時宜を得ないものであるとみなさざるをえなかったのである。パリは解放された。しかし、建物から出ることはできなかった。パリは解放された。しかし、私が住んでいるセーヌ通りは、完全に遮断されていた[35]」。

「砲声は沈黙した。パリは眠りについた。しかし翌日は明け方から、通りは黒山の人だかりになっていた。みな朝刊を奪いあって読んだ。……レンヌ通りでは、満艦飾のバルコニーに肘をついて眺めていた婦人が、手を叩いて歓呼した。地べたに仰向けになって、三色旗の下に隠れ、股を開いてその間から撃っている男がいる。腕に子供をかかえてほほ笑んでいる男がいる。ところがその子供は人形で、その下に拳銃が隠されているのだ。彼らの心を蝕む憎悪は、パリの町全体にその影を広げている[36]」。

ついに解放は完了した。「二週間前、蜂起は刻々と勃発した。私はその時、この同じリヴォリ通りにいた。通りには人影はなかった……。今日、彼らはここにいる。彼らは、間もなく行進してくる。私は〈ルーヴル・ホテル〉のバルコニーにいる。目の前には、大蔵省の黒々とそびえる大きなビル。下を見れば、日に照らされて輝いている群衆。こんなに多くの人間をいち時に目にしたことはない。……こんな奇妙な、こんな見事な行進を見たことはない。軍隊の大閲兵式に見られる秩序立った順序も荘重さもなかった。ちょっと見には、奇妙な記章や白ペンキの文字におおわれた色とりどりの車輌はカーニヴァルを想わせた。ただし、惨めなカーニヴァル、戦争のカーニヴァルだが。小型トラックに乗って、旗や幟を翻しながら男や女がゆっくりと行進していくさまは、カーニヴァルの最終日の山車《だし》の行列のようだった。……最初の銃声が鳴り響き、ほかの銃声がそれに続いた。このほとんど悲劇的なまでに緊張した雰囲気の中で、これらすべての武器の激昂、六日間にわたる血と栄光の日々を経た今、これらの銃声はいささかも場違いな感じはしなかった。あえて言えば、最初は、祝祭の自然な帰結と思えたほどだ」(37)。

一九四四年八月二十六日土曜日、パリ中の人間が街頭に出た。ド・ゴール、ルクレール、シャバン゠デルマスが、シャン・ゼリゼを徒歩で行進したのち、第二機甲師団の戦車に乗って、パリの目抜き通りを行進した。パリ全市が歓喜にむせび、フランス娘はアメリカ兵に抱きつく……。〈ルーヴル・ホテル〉のバルコニーからサルトルは、臨時政府首相シャルル・ド・ゴールが戦車に乗って起立したまま通り過ぎるのを見る。その日の夕方、知りあったばかりのジュネとともに、レリス夫妻の家に夕食に招かれた彼は、そこで米軍の制服を着たパトリック・ヴァルドベルグに会い、ドルーへ、ついでヴェルサイユへと進出してきたときの模様を語る彼の話に、長いこと耳を傾けた。

このルポルタージュの執筆以外にも、彼は狂ったようにパリを駆けまわった。新聞社でカミュと会見、フォッシュ大通りでサラクルーと昼食、コメディ・フランセーズで全国演劇委員会のための会合。この間何昼夜も続けてコメディ・フランセーズで過ごし、長いこと街中を徒歩で動きまわったのである。この日々こそ、その後に書かれる論説、「沈黙の共和国」(38)、「占領下のパリ」(39)、「対独協力者とは何か?」(40)、「大戦の終末」(41)、「パリ解放、黙示録の一週間」(42)に、長い間発想を提供し続けることになるのだ。ちょうどよい時に現われたもっともふさわしい証人として、サルトルは、間もなく、占領下のパリの雰囲気を説明する者となるのである。「恐怖は耐えがたいものだったが、同時にまた、われわれはそれに実にうまく順応していた、こんな風に言ったら理解してもらえるだろうか？」「ロンドンが誇りの中で経験したものを、パリは絶望と羞恥の中で経験した」。「われわれはドイツによる占領の下におけるほど自由であったことは決してない」。「占領は、しばしば戦争よりも苛烈なものであったということを理解して頂きたい。というのは、戦争においては、各人は自分の人間としての務めを果たすことができるのにひきかえ、占領というあいまいな状態においては、われわれはほんとうに行動することも、考えることさえも許されなかったからである」。「戦争は、その死に際して、剝き出しの人間、幻想もなく、自分自身の力だけに委ねられ、自分以外にたよれるものはもはやいないことをついに理解した、そうした人間をあとに残したのである」[*2]。

「パリの日常生活は、あい変わらず正常に復していない。しかし、安堵と希望は感じとれる。……パリの住民は、あい変わらず無秩序な個人の群れにすぎない。それぞれが自分の想い出を抱きつつ、絶え間なく降り続ける冬の雨の中を歩いていく」(43)。一九四四年の終わりに、ジャネット・フラナーはこう書いている。全国作家委員会では、連日長い会議が続いた。さまざまな報復の思惑をこめて、粛清に関する激しい論争が繰り広げられていた。流謫《るたく》の地から戻った作家たちは、真相の解明に乗り出す。例えばピュシューは、高等師範学校出身でペタン政府の内務大臣となり、なかでも遡及性諸法規施行の責任者であったが、この男の件が問題となったときには、作家たちの意見は真っ二つに分かれた。カミュは、断固として死刑に反対し、自分の論説が『レットル・フランセーズ』に社説として掲載されることを望んだ。エリュアールとモルガンは、それに反対した。彼らの考えはこうだった。「われわれに悪事を働いた者を許す権利は、われわれも持っているかもしれない。しかし、無実の人を殺害した者を許す権利は、われわれにはない[44]」。ブラジヤックについても、同じ内容の論争が戦わされることになる。

何たる光景！　今やフランスの文学者たちは引き裂かれ、互いにいがみ合うのだ。アノトーは語る。「粛清をめぐる当初の討論は、なんとも形容しがたいものであった。だれもが個人的な恨み重なる仇を持っていた。モーリヤックは、エドモン・ジャルーの息の根をとめてやろうとしていたし、アラゴンはといえば、アルマン・プチジャンを告発させ、銃殺させようと願っていた[45]」。一方、ジャン・レスキュールも、公然たるぶちまけ話、個人的怨恨にあおられた剝き出しの衝突という側面を強調している。「ブルトンが『コメディア』誌に書いた論文をめぐる討論は、果てしがなかった。いかなる教理も明確な形で表明されていなかったため、余計その論争は長びいたのだ[46]」。

世代と、政治的所属と、文学的傾向とを問わず、あらゆるものが一緒くたになって、フランス文学は、どんな手を使ってもかまわない巨大なリングと化してしまった。カードは配り直しの最中であり、そのゲームにかけられたものは重大だった。未来の方向、戦後の輪郭は、その中で描き出されていったのだ。台風は、さまざまな様式とモデルを一掃し、吹き飛ばし、破壊し尽くして去った。モーリヤック、マルロー、ジイド、ロラン、マルタン・デュ・ガールは、もはや過去の人となった。粛清をめぐる論争の中から新たな世代が抬頭したのである。

「粛清の旗頭はアラゴンだった。彼はできる限り多くの人間を粛清しようとしていた。ただし、かつての対独協力者でも、共産党にとり入った者は除いての話だが[47]」。ドゥビュ゠ブリデルは、こう語っている。

こうしてフランスの作家は、「粛清派」と「反粛清派」のいずれかに分かれたわけだが、その態度決定の原則は必ずしも解読可能なものばかりではなかった。ポーランとモーリヤックは、一貫して穏健な粛清を主張した。カミュの態度は場合によって変わった。ヴェルコールは最強硬派に同調し、出版人の粛清さえも提唱した。サルトルは比較的穏当な態度を選んだ。

粛清委員会が創設され、粛清リストをいくつも発表していくが、その二番目のリストは、一〇〇人以上もの名を載せたものになる。ある日、ヴェルコールとセゲールは熱弁を振るった。出版人の方が作家よりも一層有罪である。したがって清掃は、個人よりも機関から始めるべきだ、というのだ。しかしポーランはガリマールの立場を弁護した。アラゴンがガストン・ガリマールに会いにいくと、ガストンはこう言ったものだ。「しかしねェ、ルイ、私が哀れな紙商人にすぎないことは君にもわかっているだろう！……それに、私はバンダ〔ジュリヤン〕に金を出すのを一度たりともやめたことはない(48)」。

ガリマールはアラゴンにいくつかのことを約束し、それでアラゴンは論争から身を引いてしまう。ヴェルコールとセゲールは、粛清委員を辞任する。彼らが票決で敗れ、出版人が粛清を免れることになったからである。サルトルは、ヴェルコール一派の側に立って弁舌を振るった形跡はあまり見えない。彼はその時まさに、個人的アンガジュマン、個人的責任の理論を練り上げている最中だった。そしてガリマールは、雑誌の発行に金を出すことを承知したところだったのだ。『レ・タン・モデルヌ』である。

〔ボーヴォワールはこう述べている。〕「私たちは戦後に一つのイデオロギーを与えなければならない。私たちには具体的な計画があった。……カミュ、メルロー゠ポンティ、サルトル、それに私自身を加えた四人で、チームとしてのマニフェストを出そうというのである。サルトルは、私たちが一緒に主宰する雑誌を創刊する気になっていた。私たちは今や夜明けの間近にまでたどり着いたのだ。東の空が白み始めていた。私たちは結束してまったく新しい出発をしようとしていたのである」[49]。雑誌の編集委員会には、アロン、ポーラン、オリヴィエ、メルロー＝ポンティ、それにもちろんサルトルとボーヴォワールが名を連ねる。

早くも一九四四年の終わり頃には、〈深夜叢書〉から雑誌『クロニック・ド・ミニュイ〔深夜時評〕』を出すことになっていたヴェルコールは、サルトルをその主筆に据えようと考えていた。共通の基盤に立って、ナチズムの残滓と戦おうというのである。サルトルはその提案を断った[50]。もう一つの前兆は、その頃サルトルとカミュが、スイユ社から出されている雑誌『エスプリ』に加わらないかという誘いを断っていることである。彼らの好みからすれば、その雑誌は「キリスト教的」にすぎた。

さて、『レ・タン・モデルヌ』の第一次編集委員会がどのような緊張をはらんでいたか、ポーランのジィドに宛てた手紙を読めば理解できるだろう。「サルトルは『レ・タン・モデルヌ』のためにマニフェストを書き上げましたが、そのマルクス主義的な部分はかなり内容が充実しているのに対して、形而上学的部分は根拠のない妄想に満ちています。フローベールは、パリ・コミューンの鎮圧を糾弾しなかったから悪い、プルーストは異性愛〔ママ〕について語ったから悪い、といった調子です。まあそれでもよしとしましょう。彼の言うところの参加の文学なるものの繁栄を祈るとしましょうか。しかし彼がその参加の文学を何とかマルクス主義から引き出すことができたのは、アルベルチーヌ〔プルースト『失われた時を求めて』の登場人物〕より一〇〇倍も軽い人間の自由を軸にして、くるりと向きを変えることによってです。私はこの雑誌の編集委員会に加わることを承知しましたが、どうやったらこの雑誌が退屈な理性や偽りの理性に足をとられずに済むか、あまりよくわからないままです。しかし文学においては、どんなことでも役には立ちます[51]」。

口角泡をとばす議論、灰神楽が立ったような騒がしさ、過去の怨恨からの仕返し――全国作家委員会の会合はこんな様子だった。そしてサルトルは、一九四四年の秋と冬には、この会合に出ることも少なくなり、もっぱら「雑誌のための」会合に打ちこんだ。ポーランはレイモン・ゲラン宛の手紙に、こう書いている。「全国作家委員会だって？　何でまた手の平を返したように、ものわかりのよいところを見せようと夢中になっているのだ？　カミュは辞任してしまった！　サルトルはぱったりと足が遠のいた。私は冬眠を決めこむことにした……。実際に検証してみると、あれは単に、コミュニストの政策がモーリヤックやデュアメルなどの名前を隠れ蓑に使う一つの手にすぎないことが明らかになったのだ」。

ポーランは、エリュアール宛の手紙でも、こう書いている。「私と同じ意見の者がひとりもいない委員会で、一体何をしろというのかね？……問題は、他の作家を告発することが、作家としての名誉からして許されることなのか、必要なことなのか、ということなのだ。私はそうは思わない。それだけだ。……人を裁くのもいやだし、密告するのもいやだ[52]」。サルトルも、ポーランと同様に、こうした過去との決着のための会合にはうんざりして、前へ進むことを優先していく……。

とはいえ彼は、組織的集団に加わることはない。例えば、一九四四年十二月二十日に、共済会館《ミュチュアリテ》で『アクシヨン』誌主催の討論会が行なわれたが、彼はそれに出席しているだろうか？　それには、ピエール・エルヴェ、モーリス・クリージェル＝ヴァルリモン、パスカル・コポー、ジャン＝ダニエル・ユルゲンセンなど、雑多な面々が出席しており、彼らはレジスタンスの単一組織を作り出そうと企てていたが、サルトルは彼らと会って話をしているであろうか？　いや、サルトルはまさしく、そういう潮流には与《くみ》していない。彼からすれば、コミュニストとの衝突が再び始まったように思えた。

当時、「実存主義」を攻撃する論文がいくつも出されたのに答えて、サルトルは『コンバ』紙〔誤り。実は『アクション』誌〕に「実存主義について――批判に答える」と題する論文を書く。彼がその中で述べているのは、とりわけ次のようなことである。「あなた方はどんな点を、われわれに対して非難しているのか？　まず、ドイツの哲学者でナチでもあるハイデッガーから発想を得ているという点であり、次に、実存主義の名の下で、不安の静寂主義を説くという点である。……私は私で実存主義のみについて語ろう。あなた方はせめて、読者に対してこれを定義したのだろうか？　とはいえ、実に簡単なことなのだ。……人間は自分自身の本質を自ら作り出さなくてはならない。世界の中に身を投じ、世界の中で苦しみ戦いながら、人間は少しずつ自分を定義していく。……不安とは、行動への障害であるどころか、かえって行動の条件そのものなのである。……人間が意欲するということは、何よりもまず自分が孤独であり、自分自身の他は何者も頼りにできず、助けも救いもなく、自分で自分に与える目標以外には目標もなく、この地上に自分の手で作り出す運命以外には運命もなく、無限の責任に取り囲まれてこの地上に遺棄されているのだ、ということを理解したときに初めて可能なのだ(53)」。

マルクス主義イデオロギーに対する回答が、今や明確な形をとるに至った。双方の立場ははっきりと定義されたのである。サルトルが擁護するのは、日々の創造としての個人的生活であり、「われわれはわれわれ自身にとってわれわれ自身の芸術作品である」という点である。個人というものを純然たる創造性、噴出、出現として説明しようとする根底的な企ての中で、その点を擁護しようというのである。『嘔吐』の理論が、戦争によって新たな土壌に移植された。戦前の孤立した道程が、〈歴史〉と出あったのだ。どこかへ置き忘れられていた人間というものが、中心に据えられたのである。

パリ解放の日々の、あのすべてを押し流すようなうねりの中にサルトルが切り開いた突破口、それは一つの潮流を生み出した。そして今や、侵入者であり、ダークホースであり、アウトサイダーたる彼こそが、カミュとともにその流れを導いていくのである。彼はいかなる場所にいるのか？　あらゆるものの配置が決定されようとしている戦略的地点にいる。しかも、出版界と演劇界において、徐々に蓄積した資源を手にしている。すでに一定の知名度を獲得しており、文学界から人がいなくなってしまったパリを象徴的に支配下におさめたのである。歴史のめぐり合わせなのだろうか？　言うまでもない。一切が御破算になった戦後の風潮の中で、彼の徹底的悲観論の思想、反抗と不服従と絶対的孤独の思想が、ついに時流と合致したのだ。そして今や、肥沃な腐植土の上で開花することが可能になったのである。

「社会主義と自由」が挫折したことによって、彼は大いに事を急いだ。挫折の結果、何が残ったかといえば、小説二篇、哲学論考一篇、戯曲二本、シナリオ五本、文学評論十一篇、ルポルタージュ八篇、政治論文三篇、映画評論一篇という大成果であり、これに書簡や覚書や手帖も加えなければならない。彼の手を逃れる分野など、ひとつもないと言えるほどである。彼の巨大志向は、最初は政治活動の中で完膚なきまでに破産を宣告されたが、今度は異常な執筆欲の形をとったのだった。ちょうど、刈りとられるとたちまち猛烈に生長し始め、あらゆるものに侵入していくという、あの植物と同じように。

一九四四年には、サルトルはまだ哲学の権威と社会的価値の恩恵に与ることができた。この哲学というピラミッドの頂点から出てきた男、高等師範学校出身、教授資格所持者で、しかも首席で資格試験に通った男、要するにエリート主義の濃縮物のようなこの男は、あたかも無人の野を行くが如く、フランス知識人世界に侵入していく。彼の意志と業績と才能の超人的な力によって、文字通り爆撃を受けて、あらゆるものが木っ端微塵となる。哲学者としての正統性を身にまとって、彼はさらに映画、演劇、小説、批評、ジャーナリズム、政治といった、あらゆる付属領域において文字通り正統性の叙任を行なうのである。自分自身の出発点から出撃して、それらの領域を吸収し併合するという手、哲学的用具を、抗いがたいとどめの剣のように振りかざすという手、文学批評や小説のような、より伝統的な領域では、この手は必殺のテクニックであった。しかし逆に映画とかジャーナリズムとか職業的政治においては、時として途方もない空振りに終わることもあった。

折しも、戦争に疲弊したこの国にあって、人々の感受性が極端に鋭くなった時期であった。戦前の人間、ポーランやゲエノなどの輩は、困惑のまなざしでサルトルを見守っていた。それに対して戦後の人間は、逆上するほどの熱狂で彼を迎えた。サルトルとは、彼らの側の人間だったのだ。全国作家委員会の討論と決着とが彼をうんざりさせたのも偶然ではない。彼は、そんなものとは別の場所、つまり未来の中にいたのだ。青年たちの大部分とまではいかずとも、まるまる一部分が、彼のもとへと殺到した。あの徹底性、因襲的な模範への恒常的な侵犯、カフェでの生活、秘密めかすことのない開けっ広げの態度、ブルジョワの眉をひそめさせるあのアウトサイダー的性格、こうしたものに熱狂したのである。

一九四四年秋に、サン・ジャック通りの〈文学会館〉で彼が行なった「小説の社会的技法」と題する講演は、学生や批評家など、『出口なし』に感動したすべての人を引き寄せた。それは、アメリカ小説の技法の擁護であった。「ヴァージニア・ウルフ、ドス・パソス、フォークナーなどが論じられるのを聞くのは、それが初めてだった」と、ミシェル・ビュトールは語り、さらにこう付け加えている。「私自身の小説の問題系のかなりの部分が、この講演の際に考えついた着想から出発して発展したものであることは、絶対に確実である」[54]。講演者サルトルは、「バビラとエルネスチーヌの恋を語ることを永遠に繰り返す」[*3]ことなど、是が非でもやめにしたいと強調するわけだが、こうして、このようなサルトルの言葉から自然に一つの小説観の系譜が生まれることになったのである。

もう一つ、若いアレクサンドル・アストリュックもすでに、サルトルの全作品について、一種情熱的な信仰告白ともいうべき十二ページの論文を書いている。「フランス文学には、われわれを魅了するような出来事はそうそう多くは起こらない。……サルトルの最初の何篇かの著作はそのような種類の出来事であるように、私には思われる」。こういった調子で力強く書き出したのち、彼はこう続ける。「彼の反抗の持つ新しさは、それが徹底的であること、それが実存するという事実そのものを対象としていること、こうした点からくるのである。……こうして、リュシヤン・フルーリエ『一指導者の幼年時代』からオレスト『蠅』に向かう間に、文学がこれまでにわれわれに提供した最も正確な人間像の一つが描き出され、完成して行く」[55]。

壊滅的打撃を受けたこの国の全般的混迷の中にあって、信奉者と崇拝者をあとにつき従えて進むサルトルだけは、己れの進む道を知っているように見えた。それに、彼の小説と戯曲の主人公たちは、すでに手本となっていたのである。である以上、ポーランが友人のジューアンドー宛の手紙に、どちらともとれる以下のような言葉を書きとめているとしても驚くにはあたらないだろう。彼は、一九四四年の終わり頃というこの時点で、こう告げている。「サルトルは、無数の若者の精神的指導者となりつつある」[56]と。

奇妙な戦争の最初の日々、出発の時を待つ間、膝にノートを広げてものを書き続けていた二等気象兵。この一介の兵士を、戦争の荒々しい風は決定的に吹き飛ばした。そして、一九四四年十二月の初め、モンパルナスの〈ドーム〉の裏手のホテル〈ジュール゠シャプラン〉の中庭にボストが駆けこんできて、息を切らして、「カミュが、『コンバ』を代表してアメリカ旅行に行かないかと提案してますよ」と叫んだとき、サルトルは欣喜雀躍する。彼はニューヨークへと出発するのだ。アメリカ発見の旅に……。

7　バッファロー・ビルからルーズヴェルト大統領まで
――最初のアメリカ旅行――

一九四五年一月十一日土曜。フライト・ナンバー一三七二七九の軍用機ＤＣ８が、アメリカに向けてパリ空港を離陸する。機内には八人のジャーナリスト。下は二十五歳から上は六十五歳に達するこの八人のフランス・ジャーナリストは、アメリカ国務省によって二カ月の旅行に公式に招待されたのである。レジスタンスの活動的な証人であるこの八人は、それぞれが代表する新聞紙上で、アメリカの戦争努力について報告するべく招待を受けたのであった。

この招待の申し出を受けて、フランス情報省は鳴り物入りで動員をかけたが、その甲斐なく、まだいくつか空席が残るという有り様だった。意外にもフランスの新聞界は、先を争ってこの招待にとびつくということはなかったのである。旅客名簿の中には、ただちにアメリカ国務省の役人から要注意人物と目された人物の名があった。アンドレ・ヴィオリスである。『ユマニテ』紙と『ス・ソワール』紙の特派員である彼女は、いわば不承不承アメリカに迎えられたわけだ。六十五歳の彼女は、これまでに世界中を股にかけており、インド、中国、それにもちろんソ連のルポルタージュを発表していた。危険なコミュニストと目されたため、彼女はこの旅行の間中、FBIの警官から一挙手一投足を念入りに監視されることになる。もっとも彼らは、この団体のメンバーの一人一人の動きを、細大漏らさず念入りに書きとめて、その報告を上司に打電した。「国内治安」と注記がついたその報告書は、「アンドレ・ヴィオリス夫人、別名アルデーヌ・ド・ティザック夫人、他……」（ママ）というファイルの中に分類される。彼女ほど要注意でないほかのメンバーは、『フランス・ソワール』紙のドノワイエ、『リベラシオン』紙のピゼラ、『コンバ』紙ならびに『フィガロ』紙のジャン＝ポール・サルトルの諸氏であった。リヨンからは、ロベール・ヴィレール、グルノーブルからはジャン・テルクラン、マルセイユからはルイ・ロンバール、そして最後にトゥールーズからはエチエネット・ベニションが合流した。

「ジャン＝ポール・サルトル。『壁』ならびに多数の哲学的著作の著者、同世代のもっとも強力で、もっとも影響力ある、最も独創的精神の一人……」。ニューヨークの夕刊はこう報じていた。しかし、今回の軍用DC8での飛行がサルトルにとって初飛行であり、ヨーロッパ以外への初めての旅行であるということは、だれも報じる必要に思い至たらなかったと見える。到着まで二日間、寄港地三カ所、飛行時間だけでも二四時間以上、しかも機内の気圧は調整されていない。一緒に乗ったジャーナリスト・グループとは、関心も計画も経験もずいぶんと異なる。こういうわけで、この果てしない大西洋横断旅行の間、サルトルはまどろみ、夢み、そして想いに耽るのだった。実際、彼のアメリカとの恋物語は、第一次大戦の勃発の頃に始まっていたのである……。

九歳のとき、彼は母を引っ張って、セーヌ河岸の古本屋という古本屋を夢中になって漁りまわった。戦争のせいで手に入らなくなった絵本を探し出そう、何が何でもバッファロー・ビル、ニック・カーター、シッティング・ブル、テキサス・ジャックといったお気に入りの英雄をつかまえようとしたのである。熱烈な少年ファンにとって、房飾り付きの上着にブロンドの髪をした、もっとも偉大な野牛撃ちの名人、バッファロー・ビルの姿を表紙に見つけたときは、どんなに身震いするほど嬉しかったことか！　しばしば収穫は豊作だった。こうしていちどきに何十冊もという具合に買いこんだ絵本は、間もなく五〇〇冊ほどの財宝となる。どちらを見ても、不思議の国アメリカだった。広大な平原のアメリカ、そこでは、バッファロー・ビルが投げ縄をくるくる回しながら、息せき切ってインディアンを追い駆けていた。マンハッタンの摩天楼もアメリカだった。そこでは、ニック・カーターが悪漢と格闘し、ブロードウェイと五番街の角のマジソン・スクエアで、ぶちのめしていた。場末の空き地などのいかがわしい場所のアメリカ、まるでそれが存在理由であるかのように乱闘の起こるのを待ち構えているプレハブの仮小屋のアメリカ。少年サルトルには近寄りがたい物語の舞台と、それを背景として活躍する孤独なヒーロー。第一次大戦中の品不足のために、彼らは余計に貴重で、余計に神秘的になっていた。殺人者と正義の味方は、両者ともが自由で、自分自身の主権を持っており、ピューリタンの血なまぐさい町の中で、毎晩ナイフで話の決着をつけるのだった[1]……。

ジャーナリストたちは、また彼ら同士の会話を始めた……。自分にはチンプンカンプンの隠語にうんざりして、サルトルはまた眠りこむ。彼のアメリカは、こうしたこと一切とは無縁だ。それに彼は、実のところ、アメリカの戦争努力などどうでもいい！　彼は『マンハッタン乗換駅』〔ドス・パソスの小説〕の夢を見るのだ。スコットランドとアイルランドの混血の労働者マックとともに、イリノイ州シカゴとネヴァダ州ゴールドフィールドの間を駆けまわる夢を。もう十五年も前から、彼はドス・パソスの奇想天外な物語の中に自分の役を見つけていたが、今、夢の中で、断片的にいくつも混じりあうシーンの赴くままに、彼はこの物語に再会しているのである。

「ドス・パソスにおけるアメリカ的傾向……アメリカ的人間……アメリカというるつぼの中で鋳直された移民たち……行動主義《ビヘヴィアリズム》……外から見た人間……ジャーナリズム……新聞の重要性……ルポルタージュ小説……個人の中にある一般的なものを、うんざりするほどまで、精密に書き記すこと……絶対的客観性……決して判断しない……群衆の印象、さらにその印象を通して、世界の印象……傑作、エレノアから見た宣戦布告……世界は次々と各人の視点から見られる……世界に呑みこまれた個人……人間たちの間の一人の人間がいかにちっぽけなものかを感じさせる(2)……」。一九三二年冬、ル・アーヴルのカフェ〈リール・アヴレーズ〉で、彼は初めてドス・パソスに対する熱狂、情熱を表明した。彼の生徒たちは、何を読んだらいいのか、何を買うべきかをせっかちに尋ねた……。それが難しいのだ。当時まだ『財閥』はフランスで出版されてさえいなかった。そこでカストールは、『U・S・A』三部作[*1]を一巻ずつ、彼のために訳してくれた。手間ひまかけて、何ページも何ページも、やや右に傾いた細い書体で埋めながら……。それから二人は、二人の人生をアメリカ小説のように生きた。一日の出来事を、ドス・パソスならこう語っただろうというやり方でお互いに語りあったのだ。自分たちをバドかマックならびに『シカゴ・トリビューン』紙のリポーターに見立てるということを交互に繰り返しながら。「なんと簡単なのだろう、この手法は、何と効果的なのだろう。一人の人間の人生をアメリカ・ジャーナリズムの技法で語ればいいのだ。そうすれば人生は社会的なものに結晶する」。のちに一九三八年になって、彼はこう書くことになる。そして、『N・R・F』に載ったこの激烈な論文は、次のような決定的な言葉で終わっている。「私はドス・パソスを現代のもっとも偉大な作家と考える(3)」。

こういう具合に、だんだんと抗いがたく、アメリカは彼の黄金境《エル・ドラド》となっていった。息がつまるようなフランスの地方生活に対する異国風の救済策となったのだ。ルーアンのカフェ〈ヴィクトール〉やル・アーヴルのカフェ〈ギヨーム・テル〉の奥に腰かけて、サルトルとカストールは、当時の友人たちとともに、眠りこけた地方都市を、象徴の手榴弾や虚構のピストルで爆破する遊びに打ち興じた。それらの武器は、その日のためにアメリカの小説や「ミステリー」や映画から借りてきたものだった。自分たちのグループの特徴を描写しながら、彼はこんな風に吐きすてたものだ。「最後に彼らは、自分たちが波止場人足だったら共産党に加入したに違いないが、自分たちの置かれた立場からすれば、常にプロレタリアートの側に立つということが、できることの精一杯だと言い切った[4]」。

　間もなく彼はニューヨークに着く。間もなくマンハッタンを見ることができる……。しかし今はまだ、機体は小刻みに揺れ、ジャーナリストたちは談笑している。われらが小男は生まれて初めてエアポケットというものを、それも何度も経験した。そのうち、初めは何となく、しかし次第に鮮明に、『サートリス』の主人公たち、ベイヤード老人のこと、若き日のベイヤードのこと、ジョン老人のこと、若き日のジョンのこと、第一次大戦中の飛行機事故のこと、あの鈍重でのろのろした耳が不自由で頑固な祖父のことなどが、頭に浮かんできた……。とりわけある一つの場面が執拗に何度も現われては消えた。ベイヤード老人が錆びついた大箱の傍らに椅子を引き寄せ、大箱からゆっくりと一つ一つ品物を取り出していく場面だ。やがてベイヤードは「銅の留め金のついた分厚い聖書」を見つける。それから、ますますゆっくりとした動作で、それを開く……。「ベイヤード老人は、長いことじっと、時が消し去ろうとしているその強烈な系譜、彼の名の持つこの至高の栄光を見つめていた。サートリス家の人間は時の神をあざ笑ってきたが、時の神は恨みを抱くことがなかった」(5)。フォークナーは、こう書いている。メンフィス、クェンティン、ベンジー、サイモン……人の名と地名とが脳裡に舞う。サッド老人に対する憎しみの混じった愛、「金持ちで仕事もなく余暇もなく、気品はあっても教養はなく、自分の地所にしばりつけられ、黒人たちの主人でありながら同時にその奴隷となっており、退屈し、時間を自分たちの動作でうめようとしている」(6)あの人間たちが住むこの国の沈黙と身ぶりと倦怠。またエアポケットだ。そこでサルトルは戦争の直前に『N・R・F』誌上にこう書いたことがあるのを想い出す。「フォークナーの独白は、随所にエアポケットのある飛行機の旅を想わせる。エアポケットにぶつかるたびに、主人公の意識は『過去に落ちこむ』。そして立ち直ってはまた落ちこむのである」(7)。

しかし彼はすでに承知していた。このアメリカという国で、彼は黒人や労働者、それに負け犬たちを探し求めていくであろうということを。どことなく嫌悪を催させながら、同時に非常に好感もそそるこの国、それに手を触れないうちから、それが彼に引き渡していたあの強烈な矛盾のすべてを探し求めていくであろうことを……。それにまた、この国が爪でがっしり鷲づかみしている未来のあらゆる印を探し求めてもいくだろう。やがて彼はこう書くことになる。「一九二五年ごろ、二十歳であったわれわれは、よく摩天楼の話を聞いたものである。それはわれわれにとって、アメリカの驚くべき繁栄の象徴だった。映画の中にそれが出てきたときは、唖然としてしまった。映画が未来の芸術であり、ジャズが未来の音楽であるのと同じように、摩天楼は未来の建築だった」(8)。

ジャーナリストのグループに対して、サルトルはどうも打ちとけられなかった。外見《そとみ》では調子を合わせているように見えたかもしれないが、旅行の間中、居心地の悪いままだった。結局、パリ・ニューヨーク間の飛行の間に、彼らの会話に対して感じたいらだちは、サルトルの彼らに対する態度を余すところなく象徴するものであったことが、はっきりするのである。空港からニューヨークまでは、迎えにきていた大型リムージンに揺られて向かったわけだが、その車中で、彼はすっかり魅了され、度はずれの感嘆ぶりを見せて、まずここですっかり浮き上がってしまう。彼が最初に発見したニューヨーク、それは雪におおわれた夜の都会、お伽話のような都会だった。「それはきらきらと輝いており、店という店には電灯がついていた……店はイルミネーションで照らされ、開いており、人が働いていた……床屋が夜の十一時に開いているのだ……夜の十一時に散髪やひげ剃りや洗髪をやらせることができるのだ……」。

われらが小男と新世界との苦難に満ちた格闘の第一歩は、「セントラルパーク西、五七番通り、プラザ・ホテル」で踏み出された。そここそ、知らぬ者とてないとびきり豪華なホテル、地球上のあらゆる奢侈の震源地である。彼はマックとバワリー、ドス・パソスとフォークナーを夢みていたのだが、その彼が何といきなりフィッツジェラルドの作品の真っ只中、『グレート・ギャツビー』の一場面に降り立ってしまい、スコットとゼルダ[*2]に面《つら》つき合わせることになってしまったのだ……。五年に及ぶ戦争と外出禁止と食料制限に疲れ切り、腹をすかせ、よれよれになり、ぼろぼろになった、われらが八人の国賓たちは、二日間の旅行、二五時間の飛行、六時間の時差で体調も狂い、足には雪のしみ込む厚紙底の靴まがいのものをはいて、プラザ・ホテルの回転ドアをくぐっていく。夢の中の世界のように、すれ違い、肩をかすめて通り過ぎる人びとは、タキシード、ロング・ドレス、ダイヤモンド、毛皮、香水で着飾った紳士淑女で、まるで舞踏会の入り口さながらの笑いさんざめきだ……。一九四五年一月十二日の真夜中、ニューヨーク市で、二つの集団——二つの世界——がすれ違う。

のちにサルトルは言うだろう。「私にはまるで平和が戻ってきたように思えた。彼らは今はまだ戦争中だということがわからなかったのだ」[(9)*3]。アメリカ最初のこの夜を、サルトルは、グループの最年少者のヴィレールと同室で過ごす。それ以来、この二人は旅行の間中、「お二人様」にされてしまう。現にある晩、カナダ人のドアマンは彼らに向かって華々しく「お二人様」と言ってのけたものだ！　そういうわけで、サルトルとヴィレールは、アメリカ最初の朝に一緒に朝食をとることになったわけだが、その朝食たるや、銀の盆の上に、ケーキ、オムレツ、おびただしいイチゴ、ホイップクリーム、それにコーヒーは巨大な銀製のコーヒーポットで出されるという、豪勢な代物だった。さて朝食を済ませると、サルトルは階下に降りていき、一人で、徒歩で、ニューヨーク探訪を始めるのであった。

「気がついたらいきなり、五八番通りと五番街の角に出ていた。私は長い間、凍てつく空の下を歩いた。一九四五年一月のある日曜日、見捨てられた日曜日だった。私はニューヨークを探し求めたが、見つけ出すことはできなかった。独創性もなく、冷ややかなまでにありきたりの通りを進むにつれて、ニューヨークはまぼろしの都会のようにあとずさりしていくようだった。私が探していたのは、おそらくヨーロッパ的な都市だったのだ。……こうして、私のヨーロッパ的な近視眼的まなざしは時間をかけてさ迷い歩き……何でもいい、何か目につくもの、突然道路の向こうをさえぎって姿を現わす家並みとか、ふとした街角とか、年代を経た古い家とかを、ニューヨークで発見しようと努めるのであったが、その甲斐もなかった。なぜかと言えば、ニューヨークとは遠視眼向きの都会だからなのだ。ここでは無限というものに『順応する』しかないのである」[(10)]。

雷にうたれるように一目惚れすると思っていたところが、最初に感じたのは気詰まりであり、居心地の悪さであり、「ちょうど海で船酔いがしたり、空で飛行機酔いがしたり、高山で山酔いがしたりするような」、一種、「ニューヨーク酔い」とでもいえる不快感であった。そして文化的な参照基準を求めたり、頭の中で考えたものを見つけ出そうとするあまり、一介の歩行者として虚心に肉感的にこの神話的な都会と向きあおうとする姿勢が、かき乱されがちになる。しかし、さ迷いながらも心を奪われ、心地よい居心地の悪さをじっくりと味わいながら、しょっちゅう空を見上げて歩くわれらが小男は、呼べば簡単に止まる大きな黄色いタクシーや、ニューヨークの地形図の筆舌に尽くしがたい合理性や、空と空間が不断に姿を見せているということなどを発見していく。とはいえ、この最初の曖昧な組み打ちの中では、サルトルはこの都会にほんとうに手が届くところまでは行っていない。ニューヨークは、まだ今のところ、彼に飼いならされることを拒んで、強情でそれでいて挑発的な女のように、彼の手をすり抜けるのである。

半ば浮浪者で、半ば英雄たち。戦時情報局の職員は、彼らが迎えた大切な賓客たちが飛行場に降り立ったとき、それが実に惨めな格好をした奇妙な一団なのを目にして、あわててしまった。彼らの接待を公式に担当する部局である戦時情報局は、われらが八人の名誉ある罹災者を人並みの人間に変えるために奮発することにした。急ぎ係員が派遣され、金に糸目をつけずに彼らの身なりを整えることに当たったのである。五番街を大挙してぶらつく間に、彼らは衣装と食事と靴を与えられ、いずれも魔法の杖が触れたように変身した。サルトルが店を出てきたときには、縞のズボンにぴったりと背丈に合った上着という出立で、晴れ晴れとした笑みを浮かべていた。彼が到着のとき肩にかけていたコートは、どこかに片付けられてしまった。サルトルがパイプをくわえて、ポン・デ・ザール橋の欄干に肘をついている、カルチエ゠ブレッソンのとった写真は有名だが、そのコートは、その写真の中でサルトルが着ていたコートだった。

（彼らはこの時には、自分たちの世話をしているのが、あのドノヴァン将軍の部局にほかならないことを知っていただろうか？　それは真珠湾の敗北の直後に、ヨーロッパ諸国向けのアメリカの戦争宣伝を充実させるために創設された部局である。例えば、フランス人に向けて、〈ヴォイス・オブ・アメリカ〉は、N・B・Cの電波にのせて「〈ヴォイス・オブ・アメリカ〉がフランスにお送りします」で始まるいくつもの連続番組を放送していた。一九四二年秋から、詩人アンドレ・ブルトンの少し息がもれ加減の美声が、ピエール・ラザレフの書いた「ニュース解説」を読み上げていた。五七番通り西の〈ヴォイス・オブ・アメリカ〉ニューヨーク事務所には、亡命フランス人の文学者、ジャーナリスト、知識人のもっとも見事な集団が糾合されていた。毎日放送される二三本の番組の制作に、日々八〇人の協力者が携わっていたが、その主だった者を挙げると、ジュリヤン・グリーン、ロベール・ド・サン・ジャン、ミシェル・ゴルディ、エドゥアール・ロディティ、ジャック・シェラー、アンリエット・ニザン、ルイス・ギャランチエール、ドニ・ド・ルージュモン……といった具合である。ドニ・ド・ルージュモンはこう書いている。「われわれのチームの構成員を文学通信風に記しておくのも、後世のために一興かもしれない。『パリ・ソワール』紙の元主筆（ピエール・ラザレフ）が主任で、『ルヴュ・エブドマデール』誌元編集次長が副主任。『N・R・F』誌の元編集次長と『マタン』紙元主筆が主任に原稿を渡す。『シュールレアリスム革命』誌と『新精神《エスプリ・ヌーヴォー》』誌の元編集長（アンドレ・ブルトン）が、マイクの前でその原稿を読む。その間、大きなオフィス内では、『ヌーヴェル・リテレール』誌や〈社会学研究所〉や『エスプリ』誌や『フィガロ』紙の元寄稿者たちが忙しく立ち働いている、という具合である」[11]

八人の賓客の滞在は、たちまちのうちに儀式や招待や会見で目のまわるような忙しさとなった。まず手始めは、ニューヨークのフランス人共同体だった。戦時情報局とも密接な関連を持つ〈自由高等研究学院〉は、初代院長にはフォシヨン、ついでマリタンが任じていたものであるが、ここにはコイレ、ギュルヴィッチ、アドルノ、マルクーゼ、ブレヒト、トーマス・マンといったヨーロッパ知識階級の極みが迎えられていた。またそれ以外のサークルには、エチヤンブル、シャガール、カルダー、レジェ、マッソン、タンギー、レヴィ＝ストロース、ピエール・シェーファー——彼は着いたばかりだった——がいた。亡命生活、本国との距離、それにアメリカの心のこもった歓待のせいで、あらゆる通常の垣根はとり払われ、かの地で結ばれた絆には、高揚した自由の味わいがあった。

　そういうわけで、ニューヨーク在住のフランス人社会では、だれもがわれらが八人の賓客をもてなすために奮発し、先を争って彼らと会話を交わそうと努め、彼らは有名人として、本物の英雄として扱われたのである。ルージュモンの紹介で、サルトルはコンシュエロ——サン＝テグジュペリの未亡人——の家に夕食に招かれた。彼女は、かつてはグレタ・ガルボが住んだことのある、イーストリヴァーを見下ろす素晴らしい屋上アパルトマン《ペントハウス》に住んでいた。そこでサルトルが引きあわされた人間のなかには、とくにイギリスの詩人オーデンがいる。ほかのサークルでは、カルダーやレジェと昵懇《じっこん》になり、ジェラン夫妻と再会し、自分の専門領域以外の芸術家たち——タンギーやマッソンのような——と好んでつき合い、さらには私的映写会の機会に、『市民ケーン』のようないくつかの映画を一般公開に先立って観ることができた。毎日毎日が、めまぐるしいほどの新たな発見の連続だった。

　「ニューヨークへやってきたこの人々はいずれも、まるで飢えた者のようにがつがつとアメリカを我がものにしようとし、ついでに私たちのことも我がものにしようとしたので、私たちまでその熱気に感染してしまいました。まさに彼らにとってニューヨークとは、何よりもまず村のお祭りでした。彼らはひっきりなしに婚礼から宴会へと、若い娘から娘へと、酒のボトルからボトルへと、渡り歩いていったのです[12]」と、アンリエット・ニザンは語っている。

レジスタンスの硝煙の中から現われて、最初にアメリカ合衆国に滞在するジャーナリストたちという、この珍重すべき客に対してアメリカ人が見せた熱狂的歓待は、いささかお返しのようなところがあった。彼ら八人は、ニューヨーク市民から熱にうかされたような歓迎ぜめにあい、天にも昇るほどに祭り上げられたわけだが、それはまさに、解放されたパリに戦車で凱旋入城したアメリカ兵たちが、フランスの女たちのキスや歓声や喝采に迎えられたことへの返礼だったのではなかろうか？　この八人は、この熱にうかされたような歓待とこの豊かな国に酔い痴れて、狂った犬のように興奮し、陶酔の中でパリ解放の第二幕を生きたのであった。ニザン夫人は、先の言葉に続けて、こう語っている。「彼らは、あの窮乏生活ののちに、妻を国に残して一人でやってきたのです。どっしりと足が地についたアメリカ人の前では、彼らはむしろ軽薄で滑稽に見えました。要するに彼らのアメリカ滞在というのは、一種の括弧にくくった生活、異国での本筋からはずれた脱線だったわけで、そのため彼らは、取るに足りない、何の影響も残さない、ちょっと異星人のような感じがしたものです……」。

一月二十日月曜日の午後五時に、彼らは戦時情報局の一室で最初の記者会見を行なった。アメリカ言論界の至宝ともいえる面々が招待された。彼らは、「スター」たちに質問し、その話に耳を傾けようと、いささか狭すぎるその会場に、ぎっしりとつめかけたのである。最初に八人のうち二人の婦人が、奇抜な黒い帽子をかぶってテーブルについた。それから、三人は長身で、二人は中肉中背、もう一人は小男という、何とも不揃いの六人の男が会場に入ってきた。その六人のうち五人は、そろって茶色のべっ甲の円縁眼鏡をかけていた。一風変わったユニフォームである。ヴィオリスは、自分の地下活動の経験を語った。パリで全国作家委員会のために記事の執筆やビラの配布に従事したが、のちにゲシュタポの捜査の手を逃れて、ドローム県に潜入したのである。ベニションは、レジスタンスにはさまざまな運動体があったが、全体として一致団結していたことを述べ、「イデオロギー的対立が無意味であること」（ママ）を強調した。

しかし、もっとも強い感銘をあたえたのはドノワイエだった。戦前にもっとも優れたアメリカ・ルポルタージュを書いてストラスブール賞を受賞し、ロックフェラー財団の留学生にもなったという経歴と交友関係からして、当日の出席者の中にも、彼の友人は多かった。より抜きの英語で、彼は、ルーアンやル・アーヴルのような地方大都市の爆撃の被害や再建の諸問題について語った。とりわけ、仏米間の友好関係に敬意を表し、こう断言するのであった。「われわれは、イギリスやソ連のような国にどれほど多くのものを負っているかを承知しております。しかしアメリカは決定的な国でありました。われわれ一同は、アメリカなかりせば、今日ここにこうしていることもできなかったであろうことを承知しております。貴国にあってわれわれが果たすべき任務とは、よく見、よく理解し、もってフランス国民に、もっとも有力な同盟国のより正確で余すところないイメージを与えることでありましょう……」。

これに続いて、会場から質問が次々に発せられた。「レジスタンス闘士は、もっぱらコミュニストであったのか」と、あるニューヨークの記者が尋ね、それに対してヴィレールがこう答えた。「例えば、フランソワ・モーリヤックは、コミュニストではありません。さらに忘れてならないのは、地下出版の新聞・雑誌の中でもっとも有力なものの一つは『カイエ・デュ・テモワニャージュ・クレチャン』でありましたが、この雑誌を創刊し、その編集長に任じられていたのはカトリックの司祭です……」。

すべてのアメリカ・ジャーナリストが大いに意外に思い、だれ一人として強調しない者はいなかったことであるが、この二時間に及ぶ記者会見の間中、何とサルトルは全面的かつ完全に沈黙したままで、つまらなそうに天井を眺めていたのである……。場違いな席に引き出されたというのだろうか？　しかし、そのひと月前には、ジャン゠ポール・サルトルと署名のあるフランス・レジスタンスに関する最初の記事「沈黙の共和国」が、『アトランティック・マンスリー』誌に英訳されていたのである。同時にその記事に付された筆者紹介には、彼は『壁』ならびに多数の哲学的試論の著者にして、全国作家委員会のリーダーの一人、気高い勇気をもって地下活動に献身し、傾向を異にする文学者間に連携の絆をうちたて、非合法出版を組織した人物、要するに、アラゴン、エリュアール、ポーランとともに、戦後フランス文学の最も輝かしい動向を代表する者……」と書かれてあった。こうしたわけで、サルトルは好奇心と興味をもって待たれていたわけだが、それだけに彼の沈黙は見逃せないものと映ったのである。何しろ当時、同時代のフランス作家の中でニューヨークで話題になっていたのは、サン゠テグジュペリだけだった――『戦う操縦士』はアメリカの新聞で絶賛され、『夜間飛行』は、一九四二年に映画化されていた。一九四四年七月三十一日に飛行中に消息を絶った彼は、当時まだアメリカ人の目から見れば、もっとも有名なフランス作家だった。

「ド・ゴールの敵にアメリカの資金援助。パリではもっぱらの噂」。一月二十五日、『ニューヨーク・タイムズ』の一面には、こんな見出しがでかでかと載せられていた。それは、前日『フィガロ』紙に掲載されたサルトルの最初のアメリカ滞在報告を要約した記事で、いわばブーメランのように大西洋を往復して戻ってきたこの要約記事には、なにやら物騒な趣きがあった。実際、「米国におけるフランス・ジャーナリスト、アメリカより見たフランス、わが社特派員ジャン゠ポール・サルトル」と題されたこのサルトルの最初の記事は、文字通り大きな波紋をまき起こすことになる。それをめぐって多くの人間がさまざまのことを書き、三月までたくさんの釈明の手紙が交わされることになるが、その結果、おそらくは、ニューヨークにおけるフランス政界の膿を出すのに貢献することになる。というのは、まず米国務省によるわれらが八人のジャーナリストの招待というのは、複雑でこみ入った事情、一九四〇年の対独停戦〔降伏〕から一九四四年のノルマンディ上陸に至る間の仏米関係を背景としているのである。その背景とは、きわめて微妙であって、水面下での工作やら個人的対立やらにこと欠かないが、最低限言えることは、ド・ゴールはこの仏米関係の経過の中で、きわめて激しい圧迫を受け、忌避されていたということである。そして一九四五年一月のこの旅行も、一連の行為とそれへの反応という応酬の一環をなすことになるのだ。それらの応酬は、事の真相をきわめて明白にさし示している(13)……。

「忘れないで頂きたい。事はわれわれとジローの間で決せられるのではない。ジローなど取るに足らない。事はわれわれと米国政府の間で決せられるのだ」。一九四三年にド・ゴールは、その『大戦回顧録』に記している。連合軍の北アフリカ上陸〔一九四二年十一月〕とダルランの暗殺*4のち、ダルランの後継者としてジローが指名されたが、それは明らかに米国政府の遠隔操縦による出来事だった。「ワシントンは、あらゆる手段を用いて、ジローをフランス・レジスタンスの首長に祭り上げようとしている」とも、ド・ゴールは手厳しく記している。

ド・ゴールとジローという二人のフランスの将軍の間の長い対立は、実際、氷山の一角にすぎなかった。アメリカ人はド・ゴールの中に共産主義の脅威を見ていたわけであるが、ジローは、その脅威に対抗するためにアメリカが押し立てたまったくの傀儡《かいらい》であることが、やがて明白になっていった――このことは、現代の歴史家たちの研究が確証しているところでもある。一九四三年六月、アイゼンハワーはジローとド・ゴールを招いて会談を行ない、ジローを仏軍最高司令官の地位に留めることを要求する。ルーズヴェルトは次のようにコメントした。「英米両国政府は、現時点においてド・ゴールが軍に対して権限を持つことには反対である。なぜなら、両国政府は、ド・ゴールがなにをなしうるかに完全な信頼をおくことができないからである……」。フランス国内の問題に対するアメリカの干渉は非常に圧力を増していき、ついに一九四三年の暮れ、ド・ゴールはチャーチルに面と向かって激しく抗議した。「どうやらあなたは、私がルーズヴェルトに対してフランスの政権担当者として立候補してみせなければならないとお考えのようだが、それはなぜなのですか？　フランス政府は、ちゃんと存在しています。私はこの点に関して、米国に対してもイギリスに対しても、何かをお願いしなくてはならないなどということはありません……」。

緊張状態は、一九四四年六月六日のノルマンディ上陸まで続いた。しかしその頃には、アメリカ政府は、自分の手駒のジローが無能であることを認めるしか手がなくなっていた。彼は政治的センスもなければ、何らかの勢力を背景としているわけでもなく、「まったく役立たず」だったのである。徐々に情勢に押されて、ルーズヴェルトはついに一九四四年七月、ド・ゴールをホワイトハウスに招待する。「四年にわたる不信と抗争とが、彼の中で消え去ることはあり得まい」と、ド・ゴールはアメリカから戻ると、『回想録』に記す。一方ルーズヴェルトはルーズヴェルトで、「ド・ゴールは、フランスの名誉に関わることにはきわめて敏感である」と断言するのである。

「アメリカ人として、また一人の兵士として私は、あなた方の首長ド・ゴール将軍に対してわが国がとった態度を、恥ずかしく思う」。マッカーサー将軍は一フランス・ジャーナリストに対して、先頃このように言明していた。さらに加えて、こうも言っていたのである。「北アフリカでの悲しい顛末によって、わが政府が自らかいた恥は、長い間消えることはないだろう。私としてはあなた方に、ド・ゴール将軍へのルーズヴェルトの態度、さらにはチャーチルの態度に対する嫌悪感を表明せざるをえない……」。レジスタンス派のフランス・ジャーナリスト代表団を招待するというのは、マッカーサーの言うところの「恥を消す」ために米国政府が試みた最初の行為の一つということになるのかもしれなかった。

一方サルトルはサルトルで、まったく誠実に新聞紙上で発言していく。しかし、このような事情が背景にあったため、彼の発言は爆弾を投じたような結果を引き起こすのである。「ここでわれわれのためになされた歓待は友情に満ち、感動的である」と、彼は言う。しかしそのあとすぐに、いささか耳ざわりな確認が付け加わるのである。「アメリカ人はフランスを愛している。しかし、彼らはフランスについて二つのイメージを持っており、二つの愛し方でフランスを愛している」。こう言っておいてから、いよいよ非礼も顧みず忌憚なく言う決心を固めて、自分たちの旅行の「真の意味」を理解するために、どうしても必要なことがひとつある、と告げる。

それは、「一九四〇年六月以来、この地の人々が経験した仏米関係の経緯を簡単に述べること」にほかならない。こうして彼は敢然と難題に挑み、物語るのである。しかし、当時のジャーナリストが充分な情報を得ていなかったことを考慮して、あまり辛辣になることはないだろうし、米国政府の体面を傷つけぬ手だてさえ見つけ出し、この件に関して米国政府の無罪を証明する手だてさえもほとんど見つけ出すだろう。とはいえ、アメリカ人にとって恥となるこの期間のことを喚起したということは、それだけでもう、ある種の人間にとっては紛う方ない挑発なのであった。[14]

実際、この件に関するサルトルの論の立て方の基本は、アメリカを二つに割ってしまうことにあった。つまり、彼自身の言葉によれば、フランスを「臆病なフランス」と見るか「革命的フランス」と見るかで対立する二つの陣営に分かれるというわけである。ある意味で、彼の記事は、アメリカでこの間に行われたいくつかのプレス・キャンペーンの見事な報告でもあった。とくに一九四三年の初めに、ジローとそのスタッフ——ペイルートン、ノゲス、シャテルを含む——を痛烈に批判するプレス・キャンペーンが行なわれ、米軍が北アフリカに上陸したのちにも、依然としてモロッコには捕虜収容所が残り、アルジェリアでは反ユダヤ法が存続した事実を明るみに出したのである。ウォルター・リップマンは、『ニューヨーク・ヘラルド・トリビューン』一九四三年一月十九日号紙上で、ロバート・マーフィを、それらの悲しむべき事例の責任者として告発し、彼の更迭を要求することさえ行なっている。サルトルは、自分の記事の中で、リップマンを初めとする筋金入りのアメリカ人の主張を、明瞭に名前も挙げて紹介した。これらのアメリカ人は、アメリカの表現の自由の伝統に支えられて、ジローの施政の悪事の数々と、フランスの国内問題へのアメリカの支配と干渉主義について、敢然として世論に警鐘を鳴らしたのであった。

ここでサルトルは、純然たるド・ゴール支持者の役回りを演じているが、そのようなイメージは、これが最初にして最後である。この部分はじっくり見るだけの価値はあるだろう。彼は、アメリカに亡命したフランス人社会を描写してみせ、その機会に便乗して、ド・ゴール派の結社「フランスよ永遠に」協会に言及する。もっとも、これは在米フランス人全体のわずかに二・二パーセントを代表するだけの著しい少数派にすぎない。さて、これについでサルトルは、新聞界について語り始める。「私は具体的な名を挙げようとは思わない。しかし、大資本に買収され、ついで米国務省に買収された何人かのフランス人ジャーナリストが出していたフランス語新聞は、われわれの大義に対して大いに害をなしたことは言っておく必要がある……」。この短い一節がきっかけとなって、大西洋の両岸で、また、政治的に対立するあらゆる陣営から、手紙や見解表明が滝のように降り注ぐことになるのである。

アメリカのジャーナリストの中には、サルトルの記事を、「機転がきかない」と評した者もいる。例えば、『ニューヨーク・タイムズ』紙のパリ特派員の場合がそうである。彼は、パリから『ニューヨーク・タイムズ』に折り返し回答を送ってよこし、その中で、問題の記事はほんとうに、「まさにフランスが武器やとりわけ財政援助のゆえに、かくもアメリカを必要としているこの時期にあって、適切なものだったか、また大西洋の両岸にまたがるド・ゴール派の反米主義は、この際その切っ先をゆるめた方が得策ではないのか[15]」と、疑問を呈している。そこで、『フィガロ』の編集長は直々に乗り出し、『ニューヨーク・タイムズ』に対して、同紙がアメリカに対して熱烈な好感を持っていることを明言することになる。

一方、痛いところを突かれたジュヌヴィエーヴ・タブイは、憤慨し大いに根にもって、技巧の限りを尽くして、『ニューヨーク・タイムズ』の主筆に公開状を送り、また自分の新聞『プール・ラ・ヴィクトワール〔勝利のために〕』に長文の論説を書く。この中で怒り心頭に発した彼女は、サルトルの記事を、「一九四〇年以来アメリカ合衆国に避難したすべてのフランス作家に対する侮辱であるばかりでなく、米国政府および米国民に対する侮辱でもある」として、激しく論難する。事実関係について反証を挙げることはせず、この「反アメリカの一味」の不作法を批判するのだ。彼らは、米国政府から公式に招待されていながら、その務めを果たす、つまり「米国の戦争努力を報告する」ことをせずに、「フランスの友人たるアメリカ人に対する乱暴な非難を[16]」行なったというわけである。

これに答えて、今度はサルトルが、『ニューヨーク・タイムズ』の主筆に書簡を送る。そこには、なかんずく以下のように記されている。「私は米国に招待されて当地へやってきたという事実を、見失ったことは決してありません。……私は貴紙がこれまでわれわれの立場を擁護してこられたことを存じております。私はここで一つのことを断言したいと思います。それは、私が行ない、今後も続けていくはずの批判は、アメリカ合衆国に対する私の真剣な友情に深く根ざしたものである、ということにほかなりません。私は今後も私の報告を続けていき、私一人の責任において、貴国で興味を引きつけられ、興味を覚えたすべてのことを語るつもりであります。私は、ニューヨークに到着するずっと以前から、自分の知っているすべての貴国のものに対して深い愛着を抱いておりました。こう申しますのも、貴国の兵士がわが国の国境を守るために戦っていることを、フランス市民のだれひとりとして決して忘れることはないからでありますが、そればかりでなく、私の世代の人間は貴国の文学に強い影響を受け、ドイツ占領下の時代、われわれは、自由なる国々のなかで最大の国たる貴国へと目を向けたからにほかなりません。今回の不幸な誤解には私個人としても心を痛めておりますが、これでこの誤解が一掃されることを強く祈念致すものです[17]」。

アメリカの金の力とニューヨークのジロー派グループ——これは、その一人アンリ・ド・クリイが対独協力で告発されたこともあって、まさにどん底の状態にあった——に対するサルトルの決然たる批判について、「勇み足」と評する者もいた。というのも、サルトルの主張は全体としてはとび抜けて独創的とはいえないものだったが、新聞界の連帯性を破ってはならないという、暗黙のうちにジャーナリストの間で行なわれていた同業者同士の倫理規範を犯していたからである。「一切を暴露し」、全面的な精神の独立を守り抜こうと固く決意したサルトルは、ニューヨークにおけるジロー派とド・ゴール派のこの文字通りの「内戦」を、綿密に具体的に描写し続ける。さらに、「最良の家族をも真っ二つに」割ってしまったこの闘争を、「新たなドレフュス事件」と呼び、「軍事的理由からジローを支持していた」米国務省が方向転換をしたことを指摘し、米国民のド・ゴールに対する熱狂的歓迎を描写しつつ、それを「フランスの二つのイメージのうち、一つのイメージのもう一つに対する凱旋を意味する」(18) 掛け値なしの「勝利」と規定するのである。

このトラブルは、時を移さずニューヨーク在住のド・ゴール派によって引き取られることになる。アンリ・トレスの肝入りで彼らは「フランスよ永遠に」と称する協会を結成し、週刊誌『フランス＝アメリカ』を刊行していたが、タブイとクリイの政敵たる彼らは、今度の事件には大いに気をよくし、この際決定的にくぎを打ち込んでしまおうとするのである。アンリ・トレスは、同誌上にいみじくも「クリーニング」と題する論説を掲載し、その中でこう述べる。「サルトル事件というものがあるらしい」。そして、続けて「われわれは、この大作家が当地に来る以前から、非常な好感を抱いていたが、それは今でも変わらない。氏は、もっとも厳しい抑圧の状況の中でも、己れの自由と生命を賭して、アングロサクソン民主主義に対する信頼の証《あかし》を示した」。

さらに、同業者のタブイに対して、こう呼びかける。「お静かに。何も言いたもうな、カッサンドラ夫人よ。[*5] 親愛なるジュヌヴィエーヴよ、一つだけ言わせて欲しい。私たちの昔からの友情によって、私はこれまであなたには随分寛大だったのだから。つまり、あなたには、われわれのレジスタンスの英雄の一人と張り合う力はないということだ。……何年もの間、何カ月もの間、あなたはド・ゴール将軍をののしり続け、レジスタンスを認めようとしなかった。アメリカを愛するという口実で、アメリカとフランスを引き離そうとしたのだ[19]」。

さて、この事件の行きがかり上、大義を擁護する必要からすっかり偉大な闘士に仕立てあげられたわれらが八人のジャーナリストは、「フランスよ永遠に」の本部に感激の訪問を行なった。その模様を報じる『フランス＝アメリカ』誌は、彼らをこう紹介する。彼らは「四年の間、拷問の危険を冒したが、それればかりでなく、情報が正確に伝わることができたのは、彼らの地下新聞のおかげなのである」。また、「彼らは飢えや寒さや破壊や苦しみについて語ったが、まるで毎日の仲間の話をするかのように、極端に誇張することがなく、その話し方には[20]」聴衆一同、感嘆の念を禁じえなかった、とも書かれている。さらに同じ記事は、サルトルにも触れる。「サルトルについては、その輝かしい文学的成功にもかかわらず、いささかも奢ることのない、素朴で魅力的な人物、としか言いようがない。最近新聞紙上に発表された一連の評論で、この大作家は、真実を歪めることに与《くみ》しない態度を、すでに示している[21]」。遠回しの表現ながら、今回の事件で真っ先に得をした彼らの立場が、見事に表明されている。この会見に続いて、レストラン〈シェ・フェリックス〉のサロンにて豪華な夕食会が催された。フランス総領事のゲラン・ド・ボーモンがその席の主人役をつとめ、フランスとアメリカへの乾杯が真夜中過ぎまで繰り返された……。

この旅行団の中でいささかも付和雷同することなく、アメリカの戦争努力のあれこれの様相などには一向に関心を示さず、ジャーナリスト仲間の暗黙の申し合わせに対してはまったく縛られず――また常にそうありたいと考え――ひたすら己れを魅了するものだけを追い求めるサルトルは、アメリカ発見の旅を続けていく。しかしカミュは口に出して文句を言いはしないが、大いに不満である。サルトルは『コンバ』紙――サルトルを旅行に加えることにしたのはこの新聞なのだ――には、技術的で退屈な記事しか送ってよこさないのに、『フィガロ』紙には、凝った文体のより精彩に富んだ文を振る舞うのだから。仏米間の政治については、当惑し、不器用な対応しかできなかったサルトルも、話が文学になると、熱がこもり、精彩を帯びてくる。「ところで、フランス文学はどうなってますか?」到着早々に、ドニ・ド・ルージュモンはこう尋ねた。サルトルはそれに答えて「そうですね、偉大な作家が二人います。アルベール・カミュとシモーヌ・ド・ボーヴォワール……」。「アルベール・カミュというと?」「アルジェリア出身の作家です。アルジェリア植民ですね。彼は私とは正反対で、ハンサムでエレガントで、おまけに合理主義者です」[22]。そして、フランス文学について講演を頼まれると、二つ返事で了解し、早速その最初の講演の準備に取りかかるのであった。その講演は紛れもないカミュへの頌歌であったが、その中でサルトルはジィド、ジロードゥー、アヌイというヴェテランたちと、カミュ、カスー、レリスという新進作家たちについて語る。「危険な状況の中で、多くの地下出版の記事をしばしば書いたため……彼らは、書くとは一つの行為であると考える習慣が身につき、行動を好む風を身につけたのです。作家には責任がないなどと主張することからはほど遠く、彼らは、作家が常に自分の書いたことの責任をとることを要求します。地下出版の新聞では、一行の文といえども、それを書いた者、あるいは印刷する者の生命を危険にさらすことなく書かれることはありえません。……こうした若い作家すべてにとって、語るということは真剣な事柄であり、書くとはさらに真剣な事柄です。そして、自分の作品が必然的に読者を拘束することを知っているがゆえに、彼らは自分の作品の中に全面的に自分を拘束しようとするのです。今日フランスにおいて『参加〔拘束〕の文学』がかくも問題とされているのは、こうしたわけであります……」。彼は、いささかの抒情性も交じえぬ決然とした口調で語った。いやおうなく語られる内容の明白さを納得させてしまう、明瞭で正確な口調。よどみない堂々たる声。かみそりの刃のようにきっぱりと裁断するその語り口。メモも見ず、ポケットに手をつっこんだまま、彼は真剣に注意深く語り、最後にいささかのたじろぎも見せず、断固たる予言によって結ぶのであった。「両大戦間時代に輝いた世代は間もなく後景に引き下がるでしょう。……しかし、カミュの暗く澄み切った作品の中には、未来のフランス文学の主要な特徴が読みとれるかもしれません。それがわれわれに約束している文学とは、幻想を持つことはないが、人間性の偉大さへの信頼に満ちている文学、無情であるが、無益な荒々しさを持たず、ひたむきであるけれども憚ることを知らない、そうした古典的文学なのです。……社会の動きに完全に参加しつつ、人間の形而上学的条件を描き出そうと努める文学でありますᆢ(23)」。講演ののちルージュモンはサルトルに近寄って、こう言った。「その、人間は自由であると同時に責任があるという考えですが……」。サルトルは答えた。「だれの著作からヒントを得たか、承知していますよ。ルージュモン著『人格の政治学』、一九三四年刊、です(24)」。

その国の言葉を使いこなせない場合、その国を理解するのは難しい。なにしろ道ひとつきくことができない。文学や映画や政治の話をすることもできない。新聞も読めない。直接情報を把握することができないのだ。通訳などの媒介の助けを借りなくてはならないわけである。それまでのところ、サルトルは、在留フランス人としかつき合わなかった。彼らがつなぎ目の役を果したのである。何しろ、他人の助けを借りずに、自分の力だけでアメリカの何を知ることができるかといえば、せいぜい建築、風景、音楽ぐらいなものだ。それ以外のすべてについて、「介添え」が必要となる。このような立場は、サルトルには我慢がならなかった。彼はある日、同じハンディキャップを持っているピゼラにこう語った。「何と答えていいかわからないときは、

『ファイン』と言うんです。これは、あらゆる種類のものに適用できます。女にも男にもウィスキーにも健康にも天気にも、音楽、映画から料理、地上軍に空軍、民間の営業航空、ローラースケートやだまし討ちまで、それこそ何でもかんでもです。フランス語の『オー・ポワル』に当たるのです」。

こうして、サルトルから教わった素晴らしい「ネタ」に有頂天になったピゼラは、ところかまわず「ファイン」を連発することになる。こうやっておけば、だしぬかれることは決してあるまいと、密かに確信しながら！[25] サルトルは少しずつ英語の語彙を増やしていった。やがて、「ウィスキー・オン・ザ・ロック」とか「ウィスキー・アンド・ソーダ」とか言うようになり、また多少意味をはみ出しながらも、「ホワイ・ノット？」などと言うようになる。この間にも、彼はニューヨークを歩きまわり、徐々に町に慣れていき、新たな言語、新たな伝達手段を発見するのだった。例えばこんな発見もある。「壁が話しかけてくる。右を見ても左を見ても、ポスターや電光広告や、巨大なウインドーだ。……こちらには、顔をのけぞらせて、アメリカ兵に唇をさし出している女がいるかと思えば、あちらには、爆弾を落としている飛行機。そしてその写真の下には、『爆弾はもうたくさん、聖書を』という文句が書いてある」[26]。

しだいしだいに、ニューヨークと彼の愛のダンスは変貌していく。パートナー同士が少しずつ相手に慣れてきたのだ。彼の自発的で公然たる愛の告白たる文の中には、とりわけこう書かれている。「私はニューヨークを愛する。愛するすべを学んだのだ。私は、その巨大な建物群、その広大な展望に慣れてきた。私の視線は……たちまちスカイラインを駆けめぐって、霞の中にかすんだビルディングを探す。それはもはや単なる塊、空をいかめしく縁どる枠でしかない。しかし、大通りを絶壁のように縁どる二列の建物の列を眺めるすべを知った今となっては、そんなことは何でもない。……私はニューヨークの空を愛するすべを学んだ。

……私はマンハッタンの大通りを愛するすべを学んだ。……慣れる必要があったのだが、いったん慣れてしまった今となっては、ニューヨークの群衆の中ほど自由な気分になれるところはほかにない[27]」。

今や完全なニューヨーク市民として、彼は、これらの無数の文化を接合している暗黙の了解やしきたりや無数の慣行を味わっていく。ラジオでのハリケーンや雷雨や吹雪の予報を味わい、人々の目の中に読みとれる視線への恐れや、他人の領分の尊重を味わい、群衆の大きなリズムを味わうのである。その人ごみに呑みこまれてしまえば、単なる歩行を越えた向こう側に入りこみ、あまりにえり抜きであると同時に極めて民主的でもあるこの巨大なクラブの正式の一員となってしまう。レヴィ＝ストロースは、これを「無数の穴のあいた織物」と呼び、さらにこう付け加えている。「(穴を) 選び、そこにもぐり込むだけでよいのである。そうすれば、アリスが鏡の向こう側に抜け出したように、まるで非現実と見えるほど魅惑に満ちた世界に到達することができた。……(なぜなら) あの頃、あれほどの逃避の便宜が存在したのは、おそらくニューヨークをおいて他にはなかったからだ。……現代的生活様式と、ほとんど古風とさえいえるほかの生活様式との〔あの〕信じがたいほど複合的なイメージ[28]」。

もっともこの間、われらがジャーナリスト・グループは引っ越しをした。「パークアヴェニュー三〇一、四九番通りと五〇番通りの間」、ホテル〈ウォールドーフ・アストリア〉に、いきなり移されたのである。これは、まるまる一区画を占めた、三〇年代の建築家の署名のあるアール・デコ様式の際立ってエレガントな大建造物で、両大戦間時代のヨーロッパ趣味とアメリカ流巨大志向の完璧な結合といえる代物であり、一八〇〇の部屋とアメリカ最大のレセプション・サロンを持ち、もちろん、高さ六二五フィートの高層ビルをそびえ立たせていた。世界最大のホテル、と広告には謳われていた。しかし、われらが八人のジャーナリストにとって、だれもが何度も道に迷ったという一個の都市のようなこの巨大な建物の中でもっとも珍妙な発見は、おそらく地下の理髪サロンだった。四ドル五〇セントで、顔のマッサージと洗顔とひげそりをやり、その間、最初に熱いタオル、ついで冷たいタオルで顔を包むのだが、それはニューヨーク的なエキゾチスムと贅沢の極致に思え、男たちはみな面白がって頭から地下へ跳びこんでいったものだった[29]。

「私は、今日のヨーロッパ人がだれしもそうであるように、最初はニューヨークにみなぎっている物質的な安楽に驚かされた。しかし、しばらくすると、窮乏というのではないが、少なくとも厳しい倹約の兆候を見抜けるようになった」。こう言って、サルトルは、ニューヨーク市民が耐え忍んでいる制限を数え上げる。例えば例のブラウン・アウトである。これはブラック・アウト〔灯火管制〕の緩い形で、夜の灯火が完全に消えるというのでなく、通常の二分の一に絞られるものである。「パリの陰鬱な夜に慣れたフランス人なら、こうしたおびただしい電灯やネオンや街頭の光に、きっと仰天してしまうだろう。ところが戦前の豪勢さを知っているアメリカ人からすれば、歓楽街に一抹のわびしさが漂っているということになる。……要するに私は、フランス人を唖然とさせる豊かさの中に、困窮ではないが、注意深く物惜しみする倹約の最初の兆候をかぎわけることが、少しずつできるようになっていった[30]」。

しだいに公式のレセプションや社交的カクテル・パーティには足が遠のき、タイムズスクエアーの庶民的ダンスホールやブロードウェイの映画館へと足を向けるようになったサルトルは、ある種のアメリカ的現実を解読し始める。それはまた、淋しさと安楽と不安とを結び合わせることであり、心ここにあらずといった夢見るような様子でジルバを踊る水兵たちと、喧嘩ばかりしている小僧《ボーイ》っ子たちとを、区別して考えることでもあり、とりわけまた、「技術の勝利」に感嘆することでもあった。例えば、ある有力者の家に招待された時のことだが、その招待者は「自分のテーブルを離れることなく、ただ軽くボタンを押すだけで、どんな料理もどんな食器も目の前に出てくるのである」[31]。

やがてすっかり町に慣れた彼は、街区や通りの雰囲気を識別することができるようになる。しだいしだいに、「パークアヴェニューの陰気な優雅さ」とか、「五番街の化粧煉瓦の冷ややかな豪奢と無情さ」、「六番街と七番街の陽気な浮薄さ」、「九番街の食料品市場」、「十番街のノー・マンズ・ランド」、「バワリーの悲惨さ」[32]を、感じとることができるようになるのだ。要するに彼は、ナイトクラブへ行き、映画館へ行き、もちろんジャズを探しに行く。

リセ〈パストゥール〉での教え子たち、とりわけピアニストのジャック・ベスと、その親友、生き字引のベルナール・ランブランという二人の本物のジャズ・ファンは、サルトルが自分たちのように、ジャズ音楽のもっとも前衛的な動向に熱烈に傾倒することがなく、例えば、ホット・ジャズやブギウギのことは何も知らないことを残念がっていた。『嘔吐』の「いつか近いうちに」[*6]だって、彼らにはいささか表面的な言及だと思えたのである……。サルトルは、彼らとのつき合いの中から多くのことを学んだわけだが、ここニューヨークでも、早速、もっともアップ・トゥー・デイトなクラブ、もっともホットな場所に通おうとする。七年前、当時十八歳のチャーリー・パーカーは、カンザスシティをあとにして、ハーレムの〈サヴォイ〉に、チック・ウェッブのドラムスやアート・テイタムのピアノを聴きにやってきた。やがて彼は、ケニー・クラーク、ディジー・ジレスピー、レスター・ヤング、セロニアス・モンクとともに、一一八番通りの〈モンロー〉とか〈ミルトンズ・プレイハウス〉といったうす汚いクラブで演奏するようになる。

サルトルがニューヨークへやってきたとき、チャーリー・パーカーは、かの有名な五二番通りの大黒柱の一人となっていた。当時、「通り」といえば、五二番通りのことで、戦時中雨後の筍のように七つものクラブが店を開いたのである。そして、五番街と六番街の間のこの夢の空間では、〈ジミー・ライアンズ〉や〈オニックス〉や〈フェイマス・ドア〉や〈スリー・デューセス〉といったクラブで、「鳥《バード》」〔チャーリー・パーカー〕が演奏するのだった。ここは、昼間は「シドニー・ベシェット」、「ハワード・マッギー」、「コールマン・ホーキンス」といった豪華な名前の幟《のぼり》がひるがえり、夜になると、ネオンがまたたき、熱烈なトランペッターたちが時にジャム・セッションを開いて、その見事な対決の熱気が充満する。そして、ビー・バップがここで生まれつつあった……。

「私はニューヨークで、ジャズが国民的な娯楽であることを知った」と、〈ニックス・バー〉で過ごした夕べに衝撃を受けて、サルトルは書いている。彼がこれまで描いていた図式は崩れ去った。パリからニューヨークへくると、すべてが逆転したのだ。フランスのジャズがいかにまがい物であったか、「上品な仲間同士で涙を流す口実」にすぎないものだったかを、彼は実感させられたのである。ニューヨークの夜のもっとも神聖な場所の一つで、ジャズに浸り切りながら、彼は語る。「たばこで煙った観客席に座る。周りに座っているのは、水夫、ごつい男、鑑札なしの娼婦、社交界の御婦人。話をする者はいない。……だれも身動きひとつしない。ジャズが流れる。……太ったトロンボーン奏者は、激しい展開についていくのに必死だ。ピアニストは情け容赦もなく飛ばす。コントラバス奏者は、ほかの奏者に耳も貸さずに、弦を弾く。彼らが訴えかけるのは、あなた自身の最良の部分、もっとも乾いた、もっとも自由な部分、憂鬱でも反復でもあろうとせず、一瞬の耳を聾するばかりの炸裂であろうとする、そうした部分に対してなのだ。彼らはあなたを要求する。子守歌のようにうっとりさせはしない(33)」。

彼は、〈プラザ・ホテル〉も〈ウォールドーフ・アストリア〉も忘れて、そこに留まり続けるだろう。「負け犬」たちに混じって。そこは、まさにニューヨークで一番行きたいと夢見ていた場所なのだ。〈ニックス・バー〉で、彼はだれを聴いたのだろう? チャーリー・シェーヴァーズのバンドだろうか? ギターはテディ・バン、サックスがラッセル・プロコープ、そして、ヴォーカルは際限のないスキャットであの驚くべき声を聞かせるレオ・ワトソンの、あのバンドだろうか? 彼はベニー・モートンとエド・ホールを従えたビル・コールマンを観に行こうとしただろうか? 〈ヴィレッジ・ヴァンガード〉で夜を過ごしただろうか? 〈ヒッコリー・ハウス〉では? あの有名な〈アポロ〉では? 〈ケリーズ・ステイブル〉では? 〈サヴォイ〉で、ラッキー・ミリンダーとアースキン・ホーキンスをともなって、シスター・ロゼッタ・サープがギターを弾きながら、セミ・スピリチュアルを歌ったあの名高い夕べに居合わせただろうか? ウィルバー・バスコムが、トランペット・ソロで、「タキシード・ジャンクション」のテーマを演奏したあの夕べに?……「ジャズとは、バナナのようなものだ。その場で消費される」と、のちに彼は書いている。確かにジャズは、公式ディナーや記者会見や、いやいや聞かざるをえない、爆弾やら空母やらのアメリカ製最新兵器の説明会などに対する、おあつらえ向きの解毒剤であり、彼はこの解毒剤を消費したわけである。

五二番通り——もちろんだ——のバー〈ワン・トゥー・スリー〉を始めとして、至るところで、彼が若い女性と一緒にいる姿が見られるようになる。その女性は、くすんだ顔色をして、背丈は彼と同じくらい、常にほほ笑みを絶やさない。ドロレス・ヴァネッティといって、両大戦間時代にモンパルナスのゲーテ通りのある劇場で女優をやっていたが、その頃、〈ドーム〉だったか〈クーポール〉だかで、彼女は、サルトルたちがテーブルについているところを遠くから見かけたことがある。最近『嘔吐』を出した作家だと教えられたが、その本は読んでいなかった。例えば、マルセル・エーメの『青い牝馬』などの方が好みだったのだ。戦時情報局でフランス語の放送が始まると、彼女は「女性ショー」の担当になり、準備一切から、毎日原稿を書いてそれを読むことまで、すべてをそつなくこなした。彼女の重々しく抑揚のついた一種独特の声は、まったく生粋のパリっ子風の軽口を叩いたかと思うと、驚くほど巧みに生粋のニューヨークっ子風の表現に切り換え、しかも不自然さを感じさせなかった。説得力があり、自然で、率直で、外向性に富み、下心などなく、鷹揚で、すぐに友達言葉で話し出す彼女は、〈ヴォイス・オブ・アメリカ〉のオフィスの人気者だった。とくにアンドレ・ブルトンは、自分の雑誌『V・V・V』に彼女の書いた詩を載せてやったりしていたが、彼女を同伴することを非常に喜んでいた。彼女の卵型の美しい顔、そのほほ笑みの清らかさ、人を元気づけるその磊落さ、いつでも上機嫌なその明るさ、その自然な教養、ずば抜けた明晰さ、空想力と真面目さが交互に表に出るところ、こういったものを非常に愛していたのである。例えばブルトンが、レヴィ＝ストロースやデュテュイやマックス・エルンストと連れ立って出かけるときなど、彼女は理想的な連れだった。こうして彼らは三番街の骨董屋で長いこと品定めをして、テオティワカンの石の仮面を買ったり、五五番通りの南アメリカの装飾品を売る店をひやかしたりした。ジョン・ドス・パソスがサルトルに会いたいと言ってきたり、コイレが彼と話したいと言ったときなど、ドロレス・ヴァネッティは、サルトルの名を耳にしても、それを以前に会ったことのあるラウル・デル・サルトという彫刻家と取り違えていた……。八人のジャーナリストが一連のインタビューに答えるために戦時情報局に招かれた日、彼女は初めてジャン＝ポール・サルトルと出会うことになる。「私の机の前に、フランス・ジャーナリストが一列に並んで、録音室に入る順番を待っていました」と、ドロレスは語る。「その列の一番後ろに、あの小柄な方がいました。一番小柄で、一番最後だったのです。彼は何かにぶつかって、パイプを落とし、それから拾い上げました。それがきっかけで、話を交わしたのです。どんな話をしたか覚えてませんが、ともかくこうして二言三言話を交わしたせいで、あとで彼は私に会いたいと言ってきたのです[34]」。

二人だけで向き合うと、サルトルはカストールのこと、オルガのこと、ヴァンダのこと、ボストのこと、ル・アーヴルのこと、あらゆることを長々と語った。「彼は陽気でいつもわさわさしており、人を楽しませよう、自分の人生の中に入りこませようとして、色々な話をしてくれ、いつも相手を一番喜ばせるのは何かと考えて大変に気をつかい、気前よくレベルを下げて調子を合わせてくれるのです」。

それから彼は、ドロレスのニューヨークでの生活について、無数の質問をした。それがきっかけとなって、彼女は、彼が新聞を読むのを手助けしたり、会話の通訳をしたり、自分の好みの場所に彼を案内したりするようになる。例えば、カーネギー・ホールの裏の〈ロシアン・ティー・ルーム〉――古色蒼然たる素晴らしいサロンで、壁には赤い壁かけが下がり、給仕はコサックの扮装をしている――へ彼を案内したのも彼女だ。一杯のウオツカとワトルーシカを飲んでいたとき、彼らは見覚えのある顔に気づく。「あら、ストラヴィンスキーだわ。それから彼の髪の毛の蔭になっているのは、グレタ・ガルボよ……」と彼女が言うと、彼は否定し、どうしても認めない。そんな「有名な」顔にも気をそそられないほど、彼は正常なセンスを失っていたのである！

「それにしても、ドロレスは、私にアメリカを与えてくれた！」一九七四年に、七十歳になったサルトルは、シモーヌ・ド・ボーヴォワールの質問に答えて、こう言うだろう。この恩はとてつもなく大きいと同時に限定されたものでもある。さて当面のところは、賓客たちにアメリカを見せるのは、国務省の仕事である。こうした仕事はちゃらんぽらんに片付けるというわけにはいかないものであるから、彼らのためにとくに念入りに旅行計画が作成されることになる。それにしてもすごい旅行計画だ！　八週間にわたって、彼ら八人とも、とくに彼らのためにチャーターされた軍用機で旅行するのだ。こうして、北から南、東から西へ、ケベックからニューオーリンズへ、フィラデルフィアからサンフランシスコへ、デトロイトからニューメキシコへと、彼らは、一九四五年冬の霧のかかったアメリカの空を飛びまわることになる。

彼らは、にこやかにくつろいで、海水の淡水化技術の実験の説明を受けるだろう。ほほ笑みながらも緊張の面持で、ノルマンディ上陸に用いられた哨戒艇で海上をひと回りすることを承知するだろうし、ハリウッドではフォックス社の撮影所を見学するだろう。首に双眼鏡をかけ、ヴァージニアの訓練場で、米陸軍の戦車を始めとした突撃車両の演習を見物してへとへとになるだろうし、パラシュートの製造工場を見学し、クラシックのコンサートを聴き、海軍の作戦基地に行ったかと思えば、外交官の夕食会へ、中西部の農民の夫婦と会ったかと思えば、マニトバ〔カナダ〕大学での討論会へ、ピッツバーグの商業会議所からボーイング社の航空機製造工場へと、姿を現わすことだろう。テネシー峡谷公団のダムの上にも、『シカゴ・サン』紙主催のきわめて上品なカクテル・パーティにも姿を現わし、テキサスのサン・アントニオの滑走路では、特別チャーター機——爆撃機B29——の前で、カメラマンたちのためにフランス人グループだけでカメラに収まり、ジョージア州の歩兵学校の将校たちと気をつけの姿勢でカメラに収まり、あるいはまた、目張りをした板張りのサロンで社交界風のくつろぎを見せて、ラ・ファイエットの肖像画の下でフランス大使ボネ夫妻とともにカメラに収まるだろう。兵器工場やら、軍用航空機やら、突撃車両の試作品やら、「分留方式」という精巧な方式による航空機用燃料の製造に関する凝った説明やらを、いやというほどに詰めこまれ、叩きこまれるだろう。寒さもあれば、暑さもあり、おまけに恐怖もあるだろう。例えば二月十一日、大旋風の日に、彼らの乗った機のパイロット、フィンチ少佐が、コロラドのグランドキャニヨン上空の飛行を敢行して、切り立った崖すれすれに、五〇〇キロにわたってうねうねと蛇行する狭い峡谷を下っていったときなどが、そうだ。バラ色や紫色の自然の彫刻、ゴチック大聖堂か月面の風景と見紛う奇怪な形の岩が、現われては後方に消えていく。乗客一同は、岩の起伏の中にいまにも呑みこまれて、一命を落とすのではないかと、気が気ではなかった。そうこうするうちに、ようやく長いトンネルを抜けて、ニューメキシコの青い空の中、サンタ・アルバカーキとタオス・プエブロの間の高原の上に出たのである。それは一風変わった高原で、かつてインディアンが、ここにバラ色の土で風変わりな都市を築いたところであり、立方体の家がぎっしりと凝集している光景は、神秘で不可思議な調和を感じさせるのだった。

三月十一日には、ワシントンの下院のサロンで、下院外務委員長のソール・ブルーム主催になる、彼らのための表敬大晩餐会が行なわれ、彼らは記者団の歓迎を受けることになる。一月三十一日にはバルチモアで、戦時経済の平和的再転換委員会の書記ローレンス・ドレイクによる、同委員会の活動領域に関する説明を聴く。二月二十一日にはシカゴで、当地の新聞の記者たちと会見する。三月三日にはワシントンで、再び記者会見に臨み、ドイツ占領期間における食糧制限に関して際限なく質問を受け、いい加減なアメリカ新聞界によって流布された誤った情報を修正し、ジュヌヴィエーヴ・タブイの「裏工作」を告発し、今後数年間にわたってアメリカの輸出に対するきわめて強い要求がフランスよりなされることを予告し、さらに、ワシントンで、ジャーナリストのウォルター・リップマン主催で行なわれたカクテル・パーティの席で、ド・ゴールがあの時期において、いかに適所にある適材であったかを強硬に主張する。そして、各日刊紙は、彼らの写真とインタビューを第一面に載せて、彼らに敬意を表する。彼らの勇気、彼らの英雄的行動、彼らの意志について書き立て、彼らがもたらした未発表の情報を引用するのである。こうして彼らは、これまで知られることの少なかった地下戦争の当事国を代表する大使としての役割を見事に果たし、これによってアメリカのジャーナリストは、強制労働奉仕制によって、二十歳から二十五歳のすべての青年が余すところなく徴用されたこと、ゲシュタポが一般市民数十万を殺害し、パリだけでも七万五〇〇〇人が殺害されたこと、レジスタンスの影響でフランスの新聞界は一新され、一変すること、すべてのフランス国民が今や未来に向けて、アメリカ人に多くを期待していること、こうしたことを知るに至るのである[35]。

最後に特筆すべき、この旅行のハイライトともいうべきものは、三月九日、ホワイトハウスにルーズヴェルト大統領を訪問したことである。まず記者会見があり、それに続いて内密の会談が行なわれたが、この会談だけでも、彼らのアメリカ旅行はその目的を達したといえる。サルトルは書いている。「彼がわれわれ一人一人に握手をしている間、私は彼の褐色で、やや土色を帯びた顔を眺めていた。実にアメリカ的な顔だ。……彼は写真で見るのとは全然違っていた。まず心に訴えるのは、繊細であると同時に頑強なこの面長の顔の深い人間性をたたえた魅力である。……彼はわれわれにほほ笑みかけ、低くゆったりした声で語った。フランスを愛しており、かつてフランス国中を自転車で走破したことがあるという……」。丁重な挨拶が交わされ、フランスのジャーナリストたちは、「両国の間にたちこめた雲」が将来は消え去ることを願うとの希望を表明した。これは米国大統領にとっても、ド・ゴールに対する長く根強い不信感を公式に消し去り、いわば取り消しにする、またとない機会だった。それというのも、ルーズヴェルトは、「両国政府間の軋轢なるものは、ジャーナリストのでっち上げである」と、熱心に弁明したのである。その証拠は何かといえば、「ド・ゴールが米国を訪れた際、両者の関係はとりわけて心のこもったものであった」。この大統領の言葉は、われらが八人の特命ジャーナリストによって、フランス国民に伝えられた。サルトルも、『フィガロ』に、「ルーズヴェルト大統領、フランス・ジャーナリストに、わが国への愛を語る」と題した記事を送る。[36] してやったり。旅行は大成功だ。フランス・レジスタンスの「英雄」たちは、たった今、米大統領の言外にこめられた自責の念を承認したわけである。米大統領は、何とかこれまでのいきさつを御破算にしようと努め、ド・ゴール将軍への親愛の情を伝えてくれるよう、われらが八人の使者にくどくどと頼み、「私と将軍とは親友です」と、満足げにもみ手をしながら言葉を結んだ。この伝言はド・ゴール将軍の許に届いただろうか？　それはどうでもいいことだ。なぜなら、それからひと月もせずに、ルーズヴェルトは死の床に就いたからである。

飽きるほど聞かされた軍事的説明は、サルトルのフォークナー的夢想と、うまく折り合うことができただろうか？　期待と期待はずれ、幻想と幻滅を彼の中でうまく同化させるには、いかなる錬金術を動員する必要があったのだろうか？　彼のルポルタージュは、兵器や爆撃機、タンクや水上飛行機を完全に無視している。レセプションやら社交やらの田園恋愛詩的絵巻やその時々の挨拶の交換などは、完全に黙殺されている。もっとも、英語ができない以上、ほかにやりようはなかっただろう。

いずれにせよ、彼のアメリカ通信は、彼の最も輝かしい作品の殿堂に残るような底のものではない。平板で、数字にあっぷあっぷした、消化不良のそれらの記事は、長々と工業的事業について記述を行なうが、そのデータをうまく使いこなすことができない。例えば、『コンバ』紙に送った綿密な一文は、テネシー峡谷公社のダムとは、「一言でいえば、個人の発意と私的企てとを、厳密に制限された国有の組織を核とする壮大な協同事業に結集しようとすることにほかならない[37]」がゆえに、一個の「民主的企て」である、ということを納得させようとするものである。また別の記事の中では、労働組合に関する専門的な脱線が長々と続く。これによって読者は、A・F・L〔アメリカ労働総同盟〕と、労働者大衆の三分の一しか結集していないC・I・O〔産別会議〕の区別を教えられたり、「われわれが『階級闘争』と呼んでいるものが、アメリカ合衆国でどのような形態をとっているか」を教えられたり、アメリカの経営者は「ある種の社会階級を代表する者ではない」という説明に出あったり、あるいはまた、とくに、「私は十五分の休憩時間の間、工場の中を歩き回ったが、彼らの顔の上に読みとれる呆けたような活気のない表情に胸をつかれた[38]」などという、生々しい記述に出あったりもする。ある記事の中には、こんなことも書かれている。「アメリカでは、道ですれ違っただけでは、労働者とブルジョワの見分けがつかない。この国では、外面的な階級の印は存在しないのだ」。彼は、アメリカの社会学者の発言や数字を引用して、アメリカとヨーロッパのプロレタリアートの比較分析を提唱することとさえ行なっているのである。

これに比べれば、ハリウッドからのアメリカ映画についてのルポルタージュは、はるかに自家薬籠中のものとなっている。「ロサンゼルス、三月十一日、灯火管制は実施されていない。夜になると、この都会は四〇マイルにわたって灯火で輝く。まるでたなびく銀河のようだ。……。ハリウッドは変わった。……かつてのスター、フランスのファンにもなじみのスターたちは、もうあまり出演しようとしない。……ロバート・モンゴメリー、ジェイムズ・スチュアートといった、他のスターは出征している。ジェニファー・ジョーンズ、イングリッド・バーグマン、ベティ・フィールドといった新スターたちは、まだギャラも安く、デビューしたばかりで、昔のスターほどの輝きはない。……この外国人訪問者にとって、最初に目につくことは、アメリカ映画、彼が四年間夢み続けていたあの映画が、その活力をいささか失ったらしいということである。……『ハレルヤ』〔一九二九〕や『群衆』〔一九二八〕や『ビッグ・パレード』[*7]に匹敵するようなものはひとつも見当たらなかった。平和の到来とともに、何かが消え失せたようである。しかし、逆に獲得されたものもある……」。サルトルは、戦時中にハリウッドのシナリオ・ライターとして活躍したウラジミール・ポズナーとじっくり話し合い、その会話から必要な情報を入手するに至っている[39]。ライターたちの仕事の進め方や「抜き打ち試写会《スニーク・プレビュー》」の慣例、さらにはアメリカ映画特有の精彩を生み出す源泉である、多数のシナリオ・ライターと観客そのものとのさまざまの協力、こうしたことを物語る専門的な記事は、こうして得た情報の成果にほかならない。「われわれは無声映画を手に入れ、ついで話す映画〔トーキー〕を手に入れました。今や、考える映画の誕生に立ちあっているところです」と、ポズナーはサルトルに語る。そこでサルトルは、『カサブランカ』、『明日の世界』、あるいは『寒風』を例として挙げ、さらに次のように述べるのである。「私が映画の全能の力を再び見出すためには、私的な映写会の席で、ひとりのフランス人演出家の手になる映画を観ることが必要だった。それは、あの驚嘆すべき『秋を抱きかかえよ』で、ルノワールがテキサスの小農の生活を語る農民小説をもとに撮った映画であるが、これはまだニューヨークでは上映されていなかった。……大人になったことで、アメリカ映画は、その愛らしさ、子供っぽい魅力、その巧妙な表現力を失った。しかし獲得した長所もある。歴史的な正確さを尊重しようとする態度がそれである」[40]。

アメリカ南部諸州の人種問題に関する彼のルポルタージュも、やはり熱のこもった、感動的なものとなっている。この旅行の最後に、八人のジャーナリストは、それぞれ好きな旅程を選んで補足的な個人旅行をすることが許されていたが、これを利用して、サルトルはテキサスとニューメキシコへ行った。ヴィレールとピゼラは、社会性よりもはるかに政治性に富む旅程を選んだ。二人は太平洋の島々へと飛び、マッカーサー将軍と会見し、将軍からド・ゴールに宛てた内密の伝言という一大スクープをものにして、意気揚々とフランスに帰還するのである。一方、サルトルの方は次のような文を書く。「テキサスとニューメキシコのいくつかの地域におけるほど、農民の貧窮が深刻な場所はない。アメリカは植民地的な国であって、多くの差異があるとはいえ、アメリカの労働者は、モロッコのフランス植民と比較して考えるべきであろうと思う(41)」。アメリカで目にした黒人問題へのこの最初の認識、人種的不正の知見を、彼はのちに、フランスに帰ってから、さらに磨き上げ、明確なものにしていく。記事や評論や講演や戯曲の中に、この遠い異国への旅から生まれた社会的憤慨の痕跡が見られることになろう。かつて彼は、戦争の衝撃によって、新たな戦いへと駆り立てられたわけだが、それ以後、最初に彼を駆り立てることになるもの、彼が自らそのスポークスマンたることを選びとる問題、それは、この一九四五年の冬に、テキサスとニューメキシコで体験した人種的抑圧なのである。人民戦線以前のル・アーヴルの港湾労働者とその賃金要求は、彼をして政治活動への参加を選ばしめることは決してなかった。フランス国内での選挙は、彼の政治的感覚を作動させるには至らなかった。純然たる社会的大義に対する彼の最初の支持が生まれるのは、実は、自分の居住するところから遠く、日常の現実から、社会的・歴史的共犯関係から遠い異国においてだった。そこにおいて、サルトルという戦車は動き始め、もはや止まることはない。

「この国がその民主的制度に誇りを抱いているのは、まことにもっともと言わねばならないが、当のその国において、十人に一人の人間は政治的権利を奪われている。この平等と自由の地に、一三〇〇万の不可触賤民が暮らしている……。彼らは食卓であなたに給仕し、あなたの靴を磨き、エレベーターを運転し、客車のコンパートメントまであなたのスーツケースを運ぶ。しかし、彼らはあなたとは関わりを持たず、あなたも彼らとは関わりがない。彼らが関わるのは、エレベーターであり、スーツケースであり、靴であるのだ。彼らは機械のように務めを果たす。……彼らは自らを、『三等級の市民』と呼ぶ。それが黒人なのだ。彼らを『ニガー』と呼んではならない。彼らを傷つけることになるだろう。……南部では、彼らは主に農村プロレタリアートを構成している。米国の全黒人人口の六四パーセントが、農業労働か家事労働に雇われている。……南部では至るところで『人種隔離』が行なわれている。公共の場で、白人と黒人が混在する場所はひとつもない。……鉄道や電車では席が分かれている。教会や学校も別だ。そして黒人の学校は、白人の学校より貧弱で数もきわめて少ない。工場内でも作業所が別ということがしばしばである。この賤民たちは、完全に政治的権利を奪われているのだ[42]」。

調書のように、あるいは宣戦布告のように淡々と、彼の報告は容赦なく語り続ける。これこそ、米国務省がお膳立てをした旅行が生み出した、もっとも予期せざる帰結の一つだった。彼はさらにこうも付け加えている。「シカゴのうらぶれた黒人街には、ギリシャ・ローマ風の神殿がいくつかある。それらの建物は、外から見ると、まだしゃんとしている。しかし、中では、シラミとネズミに痛めつけられた十二の黒人家族が、五つか六つの部屋に詰めこまれているのだ[43]」。

『文学とは何か』、『ユダヤ人問題の考察』、『恭しき娼婦』など、サルトルの数々の作品が、彼がアメリカで発見した現実を近い将来に再び取り上げることになる。また特筆すべきは、こうして黒人問題に敏感となったことが、アメリカの作家リチャード・ライトとの友情という具体的な形をとることである。サルトルより三歳年少のライトは、ミズーリ州ナッチェスで生まれた。一九四五年の初め、彼は同時に二つの排斥に直面することになる。一つは、アメリカ共産党からの排斥であり、彼は、「私はもはや共産党を、社会変革の有効な用具とは考えない」と宣言して、公然と離党する。もう一つは、ニューヨークの「芸術家」街、グリニッチ・ヴィレッジで体験した、より日常的で許しがたい人種差別という排斥であり、アパートを借りるのに、それこそ果てしのない苦労をしなければならなかったのである。彼は、一九四五年一月二十日および二十一日の日記の中に、こう書いた。「戦争が終わったら、そして運がよければ、人種的憎悪とアメリカの抑圧を置き去りにして、どこか別の国、すべての時間をこの大作の完成に捧げることができるような国に行って暮らしたいものだ」。一九四五年三月、彼の自伝『ブラック・ボーイ』がアメリカで出版され、ただちにベストセラーとなる(44)。

サルトルは、当時ライトが体験していた問題のことは、聞かされていなかった。彼がライトに出会うのは、どうやらもう少しあとのことらしい。しかし、八人のジャーナリスト・グループは、いくつかのショッキングな場面を目にしており、当然サルトルもその場に居合わせている。例えば、バルチモアからフィラデルフィアまで旅行した日のことである。彼らはプルマン車といわれる寝台付き客車の客だったが、食堂車で夕食を始めた。そこへ二人の黒人将校が現われて席を頼んだが、給仕長にはねつけられてしまった。われらがジャーナリストに同伴していた通訳は、こうした光景がどれほど彼らの心証を害するかをただちに理解して、小声で給仕にとりなした。ここぞと交渉が行なわれ、二人の黒人将校は食堂車の奥に席をあてがわれることになったが、ピンクのカーテンがさり気なく引かれ、彼らは他の乗客の目から隠されてしまったのである(45)。

「二月七日、Xは電話にてわれわれのオフィスに連絡を入れ、フランスのジャーナリストの一人が、最近ニューオーリンズで展示されたナチスのスパイの写真を熱心に注視し、うち一葉を分け与えるよう頼んだと報告した。結局、写真は彼に与えられたが、彼がそれをいかなる目的で使用するかはわからないままである」。「二月二十四日、Xはわれわれのワシントン・オフィスに電話をした。彼はフランスのジャーナリスト・グループのP・B・Y水上飛行機製造工場見学に関してカンザスシティにて作成された報告書を所持していた。この報告書は、ジャーナリストたちが、とりわけ労働者の社会的諸問題、全従業員中に占める女性のパーセンテージ、組み立てラインの技術に興味を示した事実を強調している。Xはまた、個人的感想として、彼らはいずれも明らかに平均以上の知性を持つものと思われたが、逆に、彼らの専門的能力はきわめて劣るものと思われたと述べた」。「Xの通報によれば、グループの一メンバーが気分が悪くなり、レセプションを中座したとのことである。しかし、まもなくレセプションに復帰するものと思われる」。

これらは、アメリカ当局がこの旅行団をいかに慎重に見守っていたかを示す、細心な観察の点在する跡である。FBIの捜査員たちは、どんな立ち寄り先も見逃すことなく彼らをつけまわし、これこれの水陸両用車の製造工場の見学の際には、「いかなる秘密、いかなる極秘情報も」もらされることはなかったと、安堵しつつ強調する。さらには、「二月十日、ジャーナリスト・グループ全員は、ニューオーリンズ空港に赴き、テキサスのサン・アントニオ郊外のケリー・フィールドへ向かう特別機に乗りこんだ。出発時刻は、午前九時二二分。到着時刻は、午後一時三〇分の予定である。サン・アントニオのオフィスには連絡済み」などと、度はずれた正確さで報告するのだ。われらがニック・カーターの愛読者にとっては、何とも皮肉なことだ。まさしく水をまく男が水をかぶったというあの話そのままである。彼の一挙手一投足は細大漏らさず記録され、例えばワシントンの〈スタットラー・ホテル〉では、彼はW八〇八号室にヴィレールと同室になり、サン・アントニオの〈セント・アンソニー・ホテル〉では、三七二号室に一人で泊まったとか、あるいはまた、

「三月一日、ジャン＝ポール・サルトルは、予定されたシェネクタディでの日程に従わず、午後同市を離れたが、その列車の行き先はニューヨーク市であると思われる」とかいうことが、すべてわかってしまうのである。

実際、サルトルは相変わらず、グループとは一線を画し続ける。そしてこの公式招待旅行の最後に、しばらく一人でニューヨークに滞在する。単にフランスへの帰国を急いでいなかったというだけの話ではない。街をぶらつき、歓楽を尽くし、アメリカが与えてくれる楽しみと自由を味わうのである。フランスの政治的再建のさまをその目で見ることなどどうでもいい、今現在固まりつつある勢力配置に乗りおくれることなど意に介さない、といわんばかりだ。まずワシントンで、ついでニューヨークで、彼は再びアンリエット・ニザンに会う。そして彼女に、ニザンを誹謗するコミュニストのキャンペーンのことを知らせ、それをやめさせるつもりだと断言する。アンリエットは、ダグラス大学のニュージャージー女子カレッジで、早くも一九四一年に『嘔吐』についての講義をしたと、彼に告げる。アメリカの大学でのサルトルについての最初の講義だ。彼はまた、ガストン・ガリマールのために、良い本を発掘して持ち帰ろうと努める。興味深い本があったら、自由に契約を結んでよいという権限を与えられてきたのだ。彼はまた、編集者のジャック・シフラン〔アンドレ・シフリンの父〕と夕食をとる。この男は、ガリマール社に勤め、〈プレイヤード叢書〉を担当していたのだが、人種法のせいでフランスを離れざるをえなくなり、現在は、パンセオン社で、カートおよびヘレンのウルフ夫妻とともに仕事をしていた。彼はまた高等師範学校《エコール・ノルマル・シュペリユール》での同級生、ジャン＝アルベール・ベデにも再会する。ベデは、今ではコロンビア大学の教壇に立っていた。彼はさらに、現代フランス文学に関する講演をいくつか行ない、国務長官補佐官のアーチバルト・マクレーシュと会見し、ドロレス・ヴァネッティに再会し、ようやく五月になってパリに戻る。

「ぼくの人生は一連の冒険、というかむしろ一つの冒険であるべきだった」。一九七四年にサルトルは、少年時代の幻想を回想しながら、こう語っている。「ぼくは自分の人生をそのように考えていた。冒険はほとんど至るところに起こっていたが、パリでは滅多に起こらなかった。なぜならパリでは、インディアンが出現するなんてことは滅多になかったからだ。……だから、冒険の必然性からして、ぼくは冒険をアメリカやアフリカやアジアに押しこめざるをえなかったのだ。それらは冒険向きの大陸というわけだ。……そこでぼくはアメリカへ行き、ごろつきと格闘し、うまく切り抜け、その何人かをやっつけてしまう、というようなことを夢み始めた(46)」。

彼はインディアンも見たし、「ごろつき」も目にした。大統領にさえ招かれて、大統領が集めている、民主党の象徴のロバのコレクション——大理石のものや、ゴム、プラスチック、あるいは陶器と、あらゆる種類のものがあった——に目をみはった。しかし、ごろつきを打ちのめしはしなかったし、バッファロー・ビルにも、いわんやニック・カーターにもなることはなかった。

原註

一　作品のタイトル、掲載紙誌名等の書誌情報は、基本的に原文のまま提示し、邦訳がある場合は、その書誌情報を（　）内に提示する。ただし、邦訳刊行物がない場合も、必要に応じて、タイトルの和訳を（　）で示すこともある。

一　引用で、邦訳がある場合は、そのページを示す。ただし訳文については、既訳を参考にするに留めたため、異同があり得る。

一　また、出典が、のちに何らかの書物の中に再録され、それが和訳されている場合は、日本人にとって入手可能なその書物でのページを示すこともある。〈例〉*Les Temps modernes*, 一九四六年七月, p.89.（『シチュアシオンⅢ』一五五～一五六頁）

一　原書の出典ページ数が異なる場合、そのページ数をそのまま示し、〔　〕内に正しいと思われるページ数を示す。〈例〉*Les Mots*, p.114.〔p.113.〕（『言葉』一〇二頁）

一　また稀に、出典の書名がやや異なる場合がある。例えば、第二部6章の（49）*La Force de l'âge*, II, p.644. の場合、訳者が確認しえた限りでは、*La Force de l'âge*, p.643. が正しい。このような場合は、*La Force de l'âge*, II, p.644. の後に、〔*La Force de l'âge*, p.643.〕という記載を付すことになる。日記、手紙等の日付に誤りがある場合も、同様にする。

一　サルトルの著作の邦訳のほとんどすべては、人文書院より出版されている。そこで、書誌的記載の中で、人文書院の名称は割愛した。

第一部　天才への歩み（一九〇五年～一九三九年）

1　ジャン＝バチストに照明《ライト》を

（1）この手紙、ならびに、本書中に引用されるジャン＝バチスト・サルトルの手紙はいずれも、サルトル家の私的アーカイヴに由来する。それらの手紙は、ミシェル・シュミット＝ジョアヌーが、フランス南西部の調査を行った際に、その先見の明によって発見されたものである。

（2）理工科学校アーカイヴ。

（3）レイノー夫人の証言。一九八四年四月二十三日にアニー・コーエン＝ソラル〔以下、A・C－S〕が聴き取る。

（4）これらの評定、ならびに本章に引かれるすべての評定は、ジャン＝バチスト・サルトルの私的ファイルに由来する。

（5）海軍参謀本部の、極東艦隊とフランスとの未公開通信文書。一八九八〜一八九九年度。海軍歴史部局。
（6）私的な家族アーカイヴ。

2　アンヌ＝マリーの不幸の数々

（1）アルベルト・シュヴァイツァー展カタログ。この展覧会は、一九七五年に、ストラスブール大学国立図書館にて開催された。
（2）本章に引用される手紙はいずれも、やはりペリグーで発見されたサルトル家の私的アーカイヴに由来する。

3　お山の大将の私的寓話集

（1）*Les Mots*, Gallimard, 1963, p. 17.（『言葉』澤田直訳、人文書院、一五頁）
（2）*Ibid.*, p. 23.（同書、二〇頁）
（3）*Ibid.*, p. 13.（同書、一〇頁）
（4）*Ibid.*, p. 48.（同書、四三頁）
（5）*Ibid.*, p. 31.（同書、二八頁）
（6）*Ibid.*, p. 91.［p. 90.］（同書、八一頁）
（7）*L'Histoire d'Alsace racontée aux petits enfants* par l'oncle Hansi,（アンシ小父さんが子どもたちに語るアルザスの歴史）ならびに *Le Grand Livre de l'oncle Hansi*,（アンシ小父さんの立派な本）éditions Herscher, paris, 再版 1983.
（8）サルトル＝シュヴァイツァー家の家族アーカイヴ。
（9）*Les Mots*, p. 132.（『言葉』一二二頁）
（10）*Ibid.*, p. 22.［p. 21.］（『言葉』一九頁）
（11）未発表の「自伝素材集」からの抜粋。これは、テレビ番組（一九七五年、ジュリアン・プロジェクト）のシナリオのために、サルトルが準備したもの。ダニエル・リンデンベルクのアーカイヴ。
（12）*Les Mots*, p. 150.（『言葉』一四七頁）
（13）*Ibid.*, p. 148.（『言葉』一四五頁）
（14）*Ibid.*, p. 56.［p. 55.］（同書、五〇頁）
（15）ニック・カーターを始めとする少年時代のサルトルの読書についてのこれらの情報は、『次号に続く』誌のジャン＝ポール・ムージャンと、ピエール・パスカルに由来する。
（16）*Les Mots*, p. 114.［p. 113.］（『言葉』一〇二頁）
（17）*Ibid.*, p. 183.［p. 182.］（同書、一七五頁）
（18）*Ibid.*, p. 184.［p. 183.］（同書、一七六〜一七七頁）

4　ラ・ロッシェルの生活情景

（1）« Jésus la Chouette, professeur de province » in *les Écrits de Sartre*, Gallimard, 1970.（「ふくろうジェジュ、田舎教

師」、『サルトル著作集』）

（2）ジェラシとの対談。*Œuvres romanesques*, Pléiade, Gallimard, 1981.（プレイヤード版『小説集』）に引用されている。

（3）教会参事会員レイモン・ド・マゴンドーの証言。一九八三年四月、ミシェル・シュミットの聞き取りによる。

（4）ギィ・トゥーブランの証言。一九八四年二月十四日、A・C－Sとの対談による。

（5）ガストン・ブランシャールがA・C－Sに報告した証言。一九八四年二月二十日。

（6）*La Cérémonie des adieux*, Gallimard, 1981, p. 373.（『別れの儀式』人文書院。ただしこのような件は見当らない）

（7）「自伝素材集」、前掲、よりの抜粋。

（8）Fernand Braudel et Ernest Labrousse, *Histoire économique et sociale de la France*, t.IV, 1er vol., archives 1880-1914, P.U.F., 1979.（フェルナン・ブローデル、エルネスト・ラブルース『フランス経済・社会史』）

（9）サルトルとカトリーヌ・シェーヌの対談。『ル・ヌーヴェル・オプセルヴァトゥール』一九七七年一～二月。『別れの儀式』三六五頁、参照）

（10）*La Cérémonie des adieux*, p. 186.（同書、一八五頁）

（11）「自伝素材集」、前掲、よりの抜粋。

（12）一九二二年九月の手紙。

5　千人のソクラテス

（1）ポール・ニザン『アデン・アラビア』への「序文」Maspero, 1960.（のちに『シチュアシオン IV』に収録、一一六頁）

（2）サルトル＝ランヌ家の家族アーカイヴ。

（3）ジョルジュ・カンギレムの証言。一九八二年六月八日および一九八三年三月二十四日に、A・C－Sが会見。

（4）当時の高等師範学校受験準備課程生と高等師範学校生については、J－F・シリネリの博士論文を参照。

（5）未発表のテクスト。ミシェル・リバルカ・アーカイヴ。

（6）ポール・ニザン『陰謀』。

（7）*Les Écrits de Sartre*,（『サルトル著作集』）に所収。

（8）未発表のテクスト。しかし、その一部は次のものに掲載されている。*Le Magazine littéraire*, spécial Sartre, 1970.

（9）「自伝素材集」p. 11.

（10）ルネ・フレデの証言。一九八三年三月二十三日ならびに六月二十九日にA・C－Sが会見。

（11）*The Philosophy of Jean-Paul Sartre*, La Salle, Illinois, Paul-Arthur Schilpp, interview de Sartre, pp. 5-51. を見よ。

(12) アンリエット・ニザン・アーカイヴ。

(13) 国立文書館。

(14) ウェリギリウスの『アエネーイス』のもじり。その第三歌は「Timeo Danaos et dona ferentes［ドナ フェレンテス］」（私はギリシャ人が恐ろしい。われわれに贈り物をくれるとはいえ）とある。

(15) ヴィクトル・ユーゴー『街と森の歌』［1865］のもじり［デリュ エ デボワ Des rues et des bois がデグリュ エ デボア des grues et des boas となっている］。

(16)「大立方」（« archicube »［archi＝「上位の」「大…」、cube＝「立方体」］）ノルマリアンの隠語で「昔の学生［出身者］」を意味する。

(17) これら一切のレヴューの場面については、ジョルジュ・カンギレムの証言。一九八二年六月八日および一九八三年三月二十四日に、A・C－Sが会見。

(18)「忠実なカトリック信者」と「無神論者」を意味する。

(19) Jean Bruhat, *Il n'est jamais trop tard*, Albin Michel, 1982. を参照。また、ジャン・ブリュアの証言。一九七八年十月九日ならびに一九八〇年四月十四日に、A・C－Sと会見。

(20) サルトルの悪ふざけについては、ジャン・バイユーの証言、一九八二年六月九日にA・C－Sと会見。エミール・ドゥヴァルネーの証言、一九八三年五月十六日にA・C－Sと会見。ルネ・フレデの証言、ジョルジュ・ルフランの証言。

(21) *Lettres au Castor et à quelques autres*, Gallimard, 1983, p. 35.（『女たちへの手紙 サルトル書簡集 I』朝吹・二宮・海老坂訳、人文書院、三七頁）

(22) アルマン・ベラールの証言。一九八三年四月十六日にA・C－Sと会見。

(23) ジャン・バイユーの証言。一九八二年六月九日にA・C－Sと会見。

(24) Raymond Aron, *Le Spectateur engagé*, Julliard, 1981, ならびに *Mémoires*, Julliard, 1983. を参照。

(25) アンリエット・ニザン・アーカイヴ。

(26) *Aden, Arabie*, p. 54.（『アデン アラビア』篠田浩一郎訳、晶文社、一一～一二頁）

(27) ジョルジュ・ルフランの証言。一九八二年五月二十六日にA・C－Sと会見。

(28) レイモン・アロンの証言。一九八〇年四月三十日ならびに一九八三年三月九日にA・C－Sと会見。

(29) 高等師範学校アーカイヴ。学生の読書記録簿。

(30) *Carnets de la drôle de guerre*, p. 111.（『戦中日記——奇妙な戦争』一〇二頁）

（31）*Les Nouvelles littéraires*, novembre 1926.

（32）高等師範学校入学試験準備課程と高等師範学校の時代のサルトルについては、他にも以下のようなきわめて多数の証言の恩恵を被っている。ルネ・アイエ、一九八二年九月二十四日、十月十一日、十一月一日に、A・C-Sと文通、マルセル・ブイセ、一九八三年四月七日、A・C-Sと文通、モーリス・デクソンヌ、一九八三年四月二十七日、A・C-Sと文通、エチエンヌ・フュゼリエ、一九八三年にA・C-Sと会見、アンリ・ギユマン、一九八二年六月七日にA・C-Sと文通、ウラジーミル・ジャンケレヴィッチ、一九八二年七月二日にA・C-Sに書簡、オリヴィエ・ラコンブ、一九八三年三月二十七日にA・C-Sと電話で会話、ロベール・リュコ、一九八三年四月三日にA・C-Sと文通、アンドレ・モンシュー、一九八三年三月二十三日にA・C-Sと文通、マルセル・パコ、一九八三年三月二十三日にA・C-Sと文通、ルイ・ロベール、一九八三年三月二十五日にA・C-Sと文通、エドゥアール・セルゼル、一九八三年六月一日にA・C-Sと会見、ピエール・ヴィラール、一九八二年六月二日にA・C-Sと会見、ロベール=レオン・ヴァグネル、一九八〇年四月二十八日にA・C-Sと会見。

（33）アルレット・エルカイム=サルトル・アーカイヴ。

（34）一九二三年十月十一日付の未公開の手紙。ペリグーのサルトル=ランヌ家アーカイヴ。

（35）ジャンヌ・ヴィルムーネの証言。一九八四年四月にミシェル・シュミットと会見。

（36）サルトルとカトリーヌ・シェーヌの対談。「サルトルと女性たち」、『ル・ヌーヴェル・オプセルヴァトゥール』一九七七年二月。

（37）*Lettres au Castor...*, p. 15.（『女たちへの手紙』一四頁）

（38）*Ibid.*, p. 33.（『女たちへの手紙』三五頁）

（39）*Ibid.*（同書、三六頁）

（40）*Ibid.*, p. 29.（同書、三一～三二頁）

（41）*Une défaite*, pp. 81-82.（『ある敗北』）

（42）とくにジャン・バイユー、一九八二年六月九日にA・C-Sと会見。

（43）*Une défaite*, p. 36.（『ある敗北』）

（44）C・シェーヌとの対談を見よ。

（45）同上。

（46）モーリス・ド・ガンディヤックの証言。一九八〇年四月二十二日、一九八二年五月十日、一九八五年二月二十七日にA・C-Sと会見。

（47）*Les Mémoires d'une jeune fille rangée*, Gallimard, 1958, p.

467『娘時代』朝吹登水子訳、紀伊國屋書店、三一五頁）

（48）*Ibid.*, p. 468.（同書、三一六頁）

（49）*Ibid.*, p. 480.（同書、三二四頁）

（50）*Carnets de la drôle de guerre*, Gallimard, 1983, p. 99.〔p. 98-99.〕（『戦中日記——奇妙な戦争』九〇頁）

（51）*Lettres au Castor*..., pp. 42-44.〔p. 42.〕（『女たちへの手紙』四五頁）

（52）*Simone de Beauvoir aujourd'hui*, entretiens avec Alice Schwarzer, Paris, Mercure de France, 1984, p. 115.（『今日のシモーヌ・ド・ボーヴォワール』）

6　ただひとりのソクラテス

（1）終業式のスピーチ。未発表（冒頭の部分については）。ル・アーヴルの〈リセ〉のアーカイヴ。校長クロード・シャルトレル氏のご厚意で参照することができた。一九八三年五月二十七、二十八日にA・C-Sと会見。

（2）*Lettres au Castor*..., p. 46.（『女たちへの手紙』四九〜五〇頁）

（3）Sartre, *Œuvres romanesques*, p. 1736.（『嘔吐』のヴァリアント）

（4）ジャン・ジュスティニアニの証言。一九八三年五月二十八、二十九日にA・C-Sと会見。

（5）ロベール・マルシャンドーの証言。『リセ〈フランソワ一世〉卒業生年報』七五号、サルトル特集に掲載されている。同誌は、一九八三年五月二十七日にジェラール・ヴォーゲルのご厚意で拝借したものである。

（6）同誌上の、ピエール・ギタールの証言。

（7）同誌上の、ルネ・ピカールの証言。

（8）ピエール・ブリュマンの証言。一九八三年五月二十七日にA・C-Sと会見。

（9）ジャック＝ローラン・ボストの証言。一九八二年十一月二十五日にA・C-Sと会見。

（10）『リセ〈フランソワ一世〉卒業生年報』前掲書、上の、ジョルジュ・ル・シダネの証言。

（11）サルトルの経歴ファイル、文部省アーカイヴ。

（12）*La Cérémonie des adieux*, p. 332.（『別れの儀式』三三八頁）

（13）サルトルのル・アーヴル滞在については、他にも以下の方々の証言の恩恵を受けている。フランシス・ボベ、一九八二年五月二十九日にA・C-Sと会見、クレール・ボスト、一九八二年七月十八日にA・C-Sと会見、ジャック・ルヴァヴァスール、一九八二年十一月十四日にA・C-Sと電話にて会話、さらにリセ〈フランソワ一世〉同窓会報、サルトル特集号における、ロジェ・フルーリイ、アルベール・パル、ダニエル・パルメールの証言も、挙げておく必要がある。

(14) *La Force de l'âge*, I, Gallimard, 1968, p. 25.（『女ざかり 上』朝吹登水子・二宮フサ訳、紀伊國屋書店、一六頁）

(15) *Carnets de la drôle de guerre*, pp. 329-331.（『戦中日記——奇妙な戦争』三三〇〜三三三頁）

(16) *Lettres au Castor...*, p. 9.（『女たちへの手紙』七頁）

(17) Sartre, *Œuvres romanesques*, p. XLIV. に引用されている。『小説作品集』）

(18) *Ibid.*, p. 11.（『嘔吐』鈴木道彦訳、一五〜一六頁）

(19) *Ibid.*, pp. 34, 1739, 13, 65, 66, 1739.（同書、ただし p. 1739. は、『嘔吐』のヴァリアントであり、邦訳されていない）

(20) *Les Mémoires d'une jeune fille rangée*, p. 476.（『娘時代』三二二頁）

(21) *Œuvres romanesques*, p. 1728.（『嘔吐』のヴァリアント）

(22) *Ibid.*, p. 1755.

(23) Jean-Toussaint Desanti, *Introduction à la phénoménologie*, Gallimard, 1976, p. 32.

(24) *Carnets de la drôle de guerre*, p. 111.（『戦中日記——奇妙な戦争』一〇二頁）

(25) Jean-Toussaint Desanti, *op.cit.*, p. 148.

(26) *Carnets de la drôle de guerre*, p. 226.（『戦中日記——奇妙な戦争』二一六頁）

(27) *Ibid.*, p. 225.（同書、二一五〜二一六頁）

(28) *La Transcendance de l'Ego*, Vrin, 1966, p. 18.〔p. 74.〕（『自我の超越　情緒論粗描』竹内芳郎訳、七五頁）

(29) *Ibid.*, p. 13.（同書、二〇頁）

(30) *Ibid.*, p. 86.（同書、八五〜八六頁）

(31) *Ibid.*（同書、八五〜八六頁）

(32) François H. Lapointe, *Jean-Paul Sartre and His Critics, an International Bibliography (1938-1980)*, Philosophy Documentation Center, Bomling Green State Unversity, U.S.A., 1981, p. 329.

(33) *Carnets de la drôle de guerre*, p. 226.（『戦中日記——奇妙な戦争』二一六頁）

(34) 未発表のサルトル・ポーラン往復書簡。ポーラン・アーカイヴ。

(35) *Carnets de la drôle de guerre*, p. 226.（『戦中日記——奇妙な戦争』二一六頁）

(36) ル・アーヴルでの講演の未公開の原稿。シモーヌ・ド・ボーヴォワールより拝借。S・ド・ボーヴォワール・アーカイヴ。

(37) 文字通りに訳すと、「それは私の上を、油を塗った鴨の上を水が流れるように、流れて行く」。

(38) モーリス・ド・ガンディヤックの証言。一九八二年五月十日および一九八五年二月二十七日にA・C－Sと会見。

(39) この情報は、一九八〇年十一月にシュジニに会ったジャン＝フランソワ・シリネリから得られたものである。

(40) J.-B. Duroselle, *Politique étrangère de la France: La Décadence, 1932-1939*, Points, Le Seuil, 1979, pp. 57-61.

(41) Pierre Mac Orlan, *Le Mystère de la malle no 1*, Christian Bourgeois, 1984, pp. 185-186.

(42) *Ibid.*, pp. 162, 163.

(43) レイモン・アロンの証言。一九八三年三月九日にA・C－Sと会見。

(44) アンリ・ブランシュヴィックの証言。一九八三年三月十八日にA・C－Sと会見。

(45) *Carnets de la drôle de guerre*, p. 332.〔p. 338-339.〕(『戦中日記――奇妙な戦争』三三〇頁)

(46) サルトルのベルリンでの生活の詳細については、アンリ・ジュルダンから頂戴した情報の恩恵も蒙っている。一九八三年三月六日および五月九日付のA・C－S宛手紙。

(47) *Carnets de la drôle de guerre*, p. 341-342.(『戦中日記――奇妙な戦争』三三二～三三三頁)

(48) *Ibid.*, p. 345.(同書、三三七頁)

(49) *Ibid.*, pp. 82-83.(同書、七四～七五頁)

(50) *Ibid.*, p. 225.〔この引用、前後が逆転している〕(同書、二一五～二一六頁)

(51) ウージェーヌ・シュジニからJ－F・シリネリに伝えられた逸話。

(52) Raymonde Vincent, *Le Temps d'apprendre à vivre*, Julliard, 1982, pp. 261-262.

7　不機嫌、狂気、そしてあれこれの旅行……

(1) *Carnets de la drôle de guerre*, p. 111.〔p. 100.〕(『戦中日記――奇妙な戦争』九一頁)

(2) *L'Imagination*, P.U.F.1936, pp. 201-201.〔訳註＊2を参照〕

(3) *La Force de l'âge*, I, p. 241.(『女ざかり』一九六頁)

(4) S・ド・ボーヴォワールとA・C－Sの会見。一九八三年三月二十七日。

(5) *La Force de l'âge*, I, p. 292.(『女ざかり』二三七頁)

(6) *Carnets de la drôle de guerre*, pp. 14-15.(『戦中日記――奇妙な戦争』一〇頁)

(7) *Ibid.*, p. 102.(同書、九三頁)

(8) *Ibid.*, p. 102.（同書、九三頁）
(9) *La Force de l'âge*, I, p. 293.（『女ざかり』一三九頁）
(10) *Ibid.*, p. 279.（同書、一二七頁か？ この引用の邦訳に相当する文は見当たらない。勘違いがあるように思われる）
(11) *Ibid.*, p. 278.（同書、一二六頁）
(12) *Ibid.*, p. 277.（同書、一二五頁）
(13) *Lettres au Castor...*, p. 109.（『女たちへの手紙』一一五頁）
(14) *L'Âge de raison*, Pléiade,〔プレイヤード版『小説作品集』〕pp. 453-454.（『自由への道（一）』海老坂武・澤田直訳、岩波文庫、一三三〜一三四頁）
(15) *Carnets de la drôle de guerre*, p. 342.（『戦中日記――奇妙な戦争』三三三〜三三四頁）〔ここに *Ibid.*,（同書）とあったが、訂正した〕
(16) *Œuvres romanesques*, p. 1689.（『小説作品集』）に引用されている。
(17) *Lettres au Castor...*, pp. 52-53.（『女たちへの手紙』五七頁）
(18) *Ibid.*, p. 99.（同書、一〇四頁）
(19) *Ibid.*, p. 79.（同書、八三〜八四頁）
(20)『嘔吐』の削除された文。*Œuvres romanesques*,（『小説作品集』）p. 1736-1931.
(21) Marcel Jean, *Autobiographie du surréalisme*, Le Seuil, 1978, p. 335. の引用による。ブルトンの論文のタイトルは « Du temps que les surréalistes avaient raison »（「シュールレアリストたちが正しかった頃」）。これには、二六人のシュールレアリストとシンパが署名することになるが、そのなかには、ダリ、エリュアール、エルンスト、マグリット、ペレ、マン・レイ、タンギー等の名が見える。
(22) コレット・オードリィの証言。一九八二年十二月九日にA・C－Sと会見。
(23) *Le Cheval de Troie*, Gallimard, 1935, pp. 58-60.（『トロイの木馬』野沢協訳、新日本出版社、pp. 36-38.）
(24) *Ibid.*, p. 196.（同書、一一四頁）
(25) *La Force de l'âge*, I, p. 272.（『女ざかり』一二一頁）
(26) *Lettres au Castor...*, p. 113.（『女たちへの手紙』一二〇頁）

8 慌ただしい幕間劇――二年間の幸福

(1) ロベール・ガリマールの証言。一九八二年十一月十八日にA・C－Sと会見。
(2) *Lettres au Castor...*, p. 114.（『女たちへの手紙』一二〇

～一二二頁）

（3）*Ibid.*, p. 114.（『女たちへの手紙』一二〇～一二二頁）

（4）*Ibid.*, p. 115.〔ただし、引用はやや正確を欠く。〕（『女たちへの手紙』一二三頁）

（5）ジャック＝ローラン・ボストの証言。一九八二年十一月二十五日にA・C－Sと会見。

（6）サルトルとガリマール社の往復書簡。*Œuvres romanesques*,（『小説作品集』）p. 1691-1694. に引用されている。

（7）*Ibid.*, pp. 1691-1694.

（8）*Ibid.*

（9）*Ibid.*, pp. 1693-1694.

（10）この件については、*Le Débat*, no 29, 一九八四年三月、を見よ。

（11）*Lettres au Castor…*, p. 146.（『女たちへの手紙』一五四頁）

（12）五〇年代からは、彼が出版に関するガリマール社内でのサルトルの担当となる。

（13）往復書簡。*Œuvres romanesques*,（『小説作品集』）p. 1694.

（14）ラウル・レヴィの証言。一九八三年一月二十一、二十七日にA・C－Sと会見。

（15）ジェラール・ブランシェの証言。一九八三年一月六日および七月二十六日にA・C－Sと会見。

（16）ベルナール・パンゴーの証言。彼はサルトルの担当クラスと並行するクラスの哲学の生徒だった。一九八三年二月三日にA・C－Sと会見。『トレ・デュニオン』については、*Le Matin*, 一九八一年四月十五日のパンゴーの記事も参照のこと。

（17）ジャック・ガンズベルクの証言。一九八二年十二月二十一日にA・C－Sと会見。

（18）Alfred Tomatis, *L'Oreille et la Vie*, Laffont, 1977, pp. 37-39.

（19）文部省アーカイヴ。サルトルの経歴ファイル。

（20）リセ〈パストゥール〉での教師としてのサルトルの経験に関しては、哲学教授資格試験合格後にサルトルの下で教育実習を行なったジャン・プイヨンの証言にも恩恵を受けている。一九八二年八月十七日にA・C－Sと会見。また、一九三七年から一九四二年まで、視察官の秘書を務めたマルタン嬢の証言。一九八二年十月十二日にマリー・ニミエと会見。

（21）一九三七年七月二十七日付の手紙。

（22）*Cahier de la Petite Dame*, tome 3, 1938-1945, Gallimard, 1976.

(23) 書評一覧については、*Œuvres romanesques*, (『小説作品集』) p. 1701-1711. を見よ。

(24)『壁』の書評一覧については、*Œuvres romanesques*, (『小説作品集』) p. 1810-1817. を見よ。

(25) *Lettres au Castor...*, p. 217. (『女たちへの手紙』二二九頁)

(26) *Ibid.*, p. 210. (同書、二二一〜二二二頁)

(27) Le Mur, *Œuvres romanesques*, (『小説作品集』) p. 386. (「一指導者の幼年時代」中村真一郎訳、『壁』人文書院、二四四〜二四五頁)

(28) この点については、Susan Suleiman, *le roman à thèse*, P.U.F., 1983. を参照のこと。

(29) 未発表のポーラン書簡。ポーラン・アーカイヴ。一九三七年七月付の手紙。

(30) 同上、一九三七年七月二十一日。

(31) 同上、一九三八年八月十三日。

(32) 同上、一九三八年九月十三日。

(33) 未発表のサルトルとポーランの往復書簡。ポーラン・アーカイヴ。一九三八年の手紙。

(34) 一九三八年夏、カサブランカにて。

(35) 一九三九年の手紙。それ以上、何の説明もない。

(36) 順に、ドス・パソス、モーリヤック、フォークナーについての、彼の論文。いずれも*N.R.F.*誌上、一九三八年二月、一九三八年八月、一九三九年二月。

(37) *L'Action française*, 一九三九年四月十三日。

(38) *Gringoire*, 一九三九年三月十六日。

(39) 三〇年代の極右運動の歴史については、次のものを見よ。J. -F. Sirinelli, « Action française, main basse sur le Quartier latin », in la revue *L'Histoire*, no 51, 一九八二年十二月。

(40) *Ce soir*, 一九三八年五月十六日。

(41) *N.R.F.* 一九三八年十一月 (「ポール・ニザン著『陰謀』」鈴木道彦訳、『シチュアシオン I』二二五頁)

(42) ジェラール・ブランシェの証言。

(43) この点については、次のものを参照。Claude-Jean Philippe, *Le Roman du cinéma*, Fayard, 1984.

(44)『文学とは何か』の抜粋。『シチュアシオン II』一八四頁 (「四　一九四七年における作家の状況」白井健三郎訳)

(45) *Lettres au Castor...*pp. 214-215. (『女たちへの手紙』二二六〜二二七頁)

(46) *Ibid.*, p. 233. (同書、二四五頁)

(47) *Ibid.*, p. 188. (同書、一九八頁)

(48) *Ibid.*, p. 268. (同書、二八二頁)

(49) *Ibid.*, p. 271.（同書、二八五～二八六頁）

(50) *Marianne*, 一九三八年十一月二十三日ならびに十二月七日。

第二部　大戦中の変身（一九三九年～一九四五年）

1　カフカ風の戦争

(1) *Situations X*, Gallimard, 1976, p. 179.（『シチュアシオンX』一六七頁）

(2) ジャン・ポーランへの手紙。一九三九年九月二十三日付。

(3) La Cérémonie des adieux, pp. 451, 489.（『別れの儀式』四四二頁および四七八頁〔この部分、四八九頁の長い引用の中央に、四五一頁の引用が一文だけ挿入されている〕

(4) フランス国立文書館に保存されている証言。ファイル「捕虜収容所」。

(5) ジャン・ポーランへの手紙。一九三九年十二月十三日。

(6) アドリエンヌ・モニエへの手紙。一九四〇年二月二十三日付。『小説作品集』p. 1911. に引用されている。

(7) *Carnets de la drôle de guerre*, p. 60.〔p. 59-60.〕（『戦中日記――奇妙な戦争』五二～五四頁）

(8) *Ibid.*, pp. 195-196.（同書、一八七～一八八頁）

(9) *La Mort dans l'âme*, ヴァリアント、*Œuvres romanesques*,（『小説作品集』）p. 2055.

(10) *La Cérémonie des adieux*, p. 337.（『別れの儀式』三三三頁）

(11) シモーヌ・ド・ボーヴォワールへの手紙。一九四〇年一月十二日付。*Œuvres romanesques*,（『小説作品集』）p. 1903. に引用されている。

(12) 国立文書館、前出。

(13) 同上。

(14) *La Cérémonie des adieux*, p. 360.（『別れの儀式』三五六頁）

(15) シモーヌ・ド・ボーヴォワールへの手紙。一九四〇年四月十三日付。*Œuvres romanesques*,（『小説作品集』）p. 1906. に引用されている。

(16) 国立文書館、前出。

(17) 同上。

(18) 同上。

(19) シモーヌ・ド・ボーヴォワールへの手紙。一九三九年十月二十二日付。*Œuvres romanesques*,（『小説作品集』）p. 1895. に引用されている。

(20) ジャン・ポーランへの手紙。一九三九年十二月十三日。

(21) シモーヌ・ド・ボーヴォワールへの手紙。一九三九年十月二十六日付。*Œuvres romanesques*,（『小説作品集』）に引用されている。
(22) 同上、一九四〇年一月六日。
(23) 同上。
(24) *Carnets de la drôle de guerre*, p. 297.（『戦中日記――奇妙な戦争』二八九頁）
(25) *Ibid.*, p. 95-96.（同書、八七頁）
(26) *Ibid.*,〔とあるが、誤り。正しくは、*Lettres au Castor...*, II. 以下（34）まで同様。なおこの部分は邦訳未刊行〕一九四〇年四月二十三日。
(27) *Ibid.*〔本文中に一九四〇年一月六日とある〕
(28) *Ibid.*, 一九四〇年一月九日。〔未刊行部分〕
(29) *Ibid.*,〔本文中、十月二十六日とある〕（『ボーヴォワールへの手紙　サルトル書簡集 II』一一五頁）
(30) *Ibid.*, 一九四〇年一月十五日〔未刊行部分〕
(31) *Ibid.*
(32) *Ibid.* 一九四〇〔一九三九〕年十二月三日（『ボーヴォワールへの手紙　サルトル書簡集 II』一九九～二〇〇頁）
(33) *Ibid.* 一九三九年十月二十六日（同書、一一四～一一五頁）
(34) *Ibid.* 一九四〇年一月六日〔未刊行部分〕
(35) *Œuvres romanesques*,（『小説作品集』）p. 1860. に引用されている。
(36) シモーヌ・ド・ボーヴォワールへの手紙。一九三九年十月二十三日付〔一九三九年十二月三十一日付〕(*Œuvres romanesques*,〔『小説作品集』〕p. 1900. に引用されている）
(37) *Ibid.*〔*Lettres au Castor...*, II. p. 163.〕一九四〇年四月十五日。
(38) *Ibid.*, 一九四〇年五月四日。（*Œuvres romanesques*,〔『小説作品集』〕にも *Lettres au Castor...*, II にも確認されない）
(39) *Ibid.*,〔p. 58.〕一九四〇年一月二十五日。
(40) *Ibid.*,〔p. 57-58.〕一九四〇年一月二十五日。
(41) *Ibid.*,〔p. 201〕一九四〇年五月一日。
(42) *Ibid.*, 一九三九年十一月二十七日。〔*Lettres au Castor...*, I. p. 440.『ボーヴォワールへの手紙　サルトル書簡集 II』一八二頁〕
(43) *Ibid.*,〔p. 32-33.〕一九四〇年一月十二日。
(44) *Ibid.*,〔P. 31.〕一九四〇年一月十一日。
(45) *Ibid.*,〔p. 147〕一九四〇年三月二十三日。
(46) 国立文書館、前出。
(47) *La Force de l'âge*, pp. 476, 479.（『女ざかり 下』一四八頁、一五〇頁）
(48) *Lettres au Castor...*p. 391.（『ボーヴォワールへの手紙

サルトル書簡集Ⅱ』一二九頁)

(49) クレール・ヴェルヴァンによるサルトルのインタビュー。*Les Lettres fançaises*, 一九四四年十二月二日、p. 3. 所収の彼女の論文「捕虜たちの読書」のためのインタビューである。

(50) *Lettres au Castor*...pp. 291, 658.(『ボーヴォワールへの手紙　サルトル書簡集Ⅱ』二四頁〔p. 658については、確認不可能〕

(51) *Ibid.*, p. 307.(同書、四〇頁)

(52) *La Mort dans l'âme*, 日記の数ページ。雑誌 *Messages, exercice du silence*, Bruxelles, 1942, *Ecrits de Sartre*,(『サルトル著作集』) pp. 638-649.

(53) *Ibid.*

(54) *Ibid.*

(55) *Ibid.*

(56) *La Cérémonie des adieux*, p. 490.(『別れの儀式』四七九頁)

(57) *Les Chemins de la liberté*, III, *La Mort dans l'âme*, Livre de poche, p. 45.(『自由への道(五)』岩波文庫、八三頁)

(58) *Ibid.*, p. 233.(同書、四三六、四三七頁)

(59) ジャン・ポーランへの手紙。一九四〇年六月九日。

(60) *La Cérémonie des adieux*, pp. 490-491.(『別れの儀式』四七九頁)

(61) *Ibid.*,(同書、四七九～四八〇頁)

(62) 国立文書館、前出。

2　尊大な捕虜

(1)「捕虜たちの読書」前出。

(2) Jean-Paul Sartre, « Journal de Mathieu »,(「マチューの日記」)未刊行の手帖、*Les Temps modernes*, 一九八二年九月。(『レ・タン・モデルヌ』)

(3) *Ibid.*, p. 450.

(4) ジョン・ジェラシとの会話。一九七三年。*Œuvres romanesques*, p. LXI. に引用されている。(『小説作品集』)

(5) *Les Temps modernes*, *op.cit.*, p. 460.(「マチューの日記」)

(6) *La Mort dans l'âme* のヴァリアント。*Œuvres romanesques*, p. 1580. に引用されている。(『小説作品集』)

(7) 映画 *Sartre*, p. 67.(『サルトル――自身を語る』人文書院、七一頁)

(8) ジョン・ジェラシとの会話。一九七三年。*Œuvres romanesques*, p.LXI.(『小説作品集』)

(9) *Les Temps modernes*, *op.cit.*,(「マチューの日記」)

(10) *Ibid.*, p. 457.

(11) *Ibid.*

（12）*Ibid.* pp. 451-452.
（13）*Ibid.*
（14）Marius Perrin, *Avec Sartre au Stalag XIID*, Paris, 1980, pp. 128-129.（『捕虜収容所でサルトルとともに』）
（15）*Les Temps modernes, op.cit.*, p. 472.（「マチューの日記」）
（16）*La Cérémonie des adieux*, p. 338.（『別れの儀式』三三五頁）
（17）*Ibid.*,（同書、三三四〜三三五頁）
（18）ジャック＝ローラン・ボストの証言。一九八二年十一月二十五日にA・C－Sと会見。
（19）*La Cérémonie des adieux*, p. 410-411.（『別れの儀式』四〇四〜四〇五頁）
（20）Marius Perrin, *op. cit.*, pp. 107-108.（『捕虜収容所でサルトルとともに』）
（21）*Ibid.*, pp. 453-458.
（22）*Ibid.*, p. 463.
（23）*Ibid.*, pp. 65-66.（*Les Écrits de Sartre*,『サルトル著作集』に掲載されている。pp. 565-566.）
（24）*Ibid.*（p. 632.）
（25）*Un théâtre de situations*, Gallimard, 1973, p. 61-62.
（26）Marius Perrin, *op.cit.*, pp. 93, sqq.（『捕虜収容所でサルトルとともに』）
（27）国立文書館、前出。
（28）*La Cérémonie des adieux*, p. 238.〔p. 237-238.〕（『別れの儀式』二三六頁）
（29）*Les Écrits de Sartre*, p. 564.〔p. 565.〕（戯曲『バリオナ』の開始前に、エピグラフのような形で掲げられている文。一九六二年十月三十一日の日付が付されているが、出典は示されていない。）
（30）*La Cérémonie des adieux*, p. 237.（『別れの儀式』二三六頁）
（31）*Les Écrits de Sartre, op.cit.*〔pp. 568-570.〕
（32）*Les Temps modernes*, pp. 474-475.（「マチューの日記」）
（33）Marius Perrin, *op.cit.*, pp. 127-128.（『捕虜収容所でサルトルとともに』）
（34）*Les Temps modernes*, p. 466.（「マチューの日記」）
（35）Marius Perrin, *op.cit.*, p. 149.（『捕虜収容所でサルトルとともに』）
（36）*Les Temps modernes, op.cit.*（「マチューの日記」）
（37）「捕虜たちの読書」*Les Temps modernes, op.cit.*
（38）*La Cérémonie des adieux, op.cit.*（『別れの儀式』二三六頁）

3　「社会主義と自由」

(1) *Situations IV*, pp. 348-349.（「ジャコメッティの絵画」矢内原伊作訳、『シチュアシオンⅣ』二九七〜二九八頁）

(2) Ernst Jünger, *Premier Journal parisien*, 1941-1943, Christian Bourgeois, 1980, p. 15.

(3) 占領下のフランス文学の汚染に関しては、以下のものを見よ。Gérard Loiseaux, *La Littérature de la défaite et de la collaboration*, publications de la Sorbonne, Paris, 1984.

(4) *La Cérémonie des adieux*, p. 492.（『別れの儀式』四八一頁）

(5) *La Force de l'âge*, II, pp. 459-460.〔pp. 549-550.〕（『女ざかり下』一〇九〜一一〇頁）

(6) ジャン＝ダニエル・ユルゲンセンの証言。一九八二年十月二十五日にA・C－Sと会見。

(7) J－B・ポンタリスの執筆中の本の抜粋。ポンタリスのご厚意により、同書の一部を伝達して戴いた。ならびにJ－B・ポンタリスの証言。一九八三年五月十一日ならびに十八日にA・C－Sと会見。

(8) ラウル・レヴィの証言。一九八三年一月二十一日ならびに二十七日にA・C－Sと会見。

(9) Dominique Desanti, « Le Sartre que je connais »,（「私の知るサルトル」）in *Jeune Afrique*, 一九六四年十一月八日付。

(10) ドミニックとジャン＝トゥーサンのドザンティ夫妻の証言。一九八二年七月七日にA・C－Sと会見。

(11) ジョルジュ・シャズラの証言。一九八二年九月二十日にA・C－Sと会見。

(12) ジャン・プイヨンの証言。一九八二年八月十七日にA・C－Sと会見。

(13) ジョルジュ・シャズラの証言。前出。

(14) Dominique Desanti, in *Jeune Afrique*, *op.cit.*

(15) Stéphane Courtois, *Le P.C.F dans la guerre*, 参照のこと。

(16) ドザンティ夫妻の証言。前出。

(17) G・シャズラの証言。前出。

(18) 文部総視学、ルイ・フランソワの証言。フランス国立文書館にて収集。整理番号72AJ49。

(19) シモーヌ・ドゥブーの証言。一九八二年七月二十一日にA・C－Sと会見。

(20) ラウル・レヴィの証言。一九八三年一月二十一日ならびに二十七日。

(21) シモーヌ・ドゥブーの証言。一九八二年七月二十一日。

(22) ラウル・レヴィの証言。前出。

(23) ジャン＝トゥーサン・ドザンティの証言。前出。

(24) ラウル・レヴィの証言。前出。

（25）ジャン＝トゥーサン・ドザンティの証言。前出。
（26）文部省アーカイヴ、ファイル〈サルトル〉。
（27）*La Force de l'âge*, II, p. 562.〔pp. 561-562.〕（『女ざかり 下』一一九〜一二〇頁）
（28）*Ibid.* p. 563. を追加（同書、一二〇頁）
（29）ピエール・カーンの夫人の証言。一九八二年九月二十三日にA・C－Sと会見。
（30）同上。
（31）ジャン・ラボーの証言。一九八二年八月二十三日にA・C－Sと会見。
（32）*La Force de l'âge*, II, p. 566.〔p. 565.〕（『女ざかり 下』一二二頁）
（33）*Ibid.* p. 566. を追加（同書、一二三頁）
（34）Gisèle Freund, *le Monde et ma caméra*, Denoël, 1970, p. 94.
（35）ジャン＝ポール・サルトルからジャン・ポーランへの手紙。未発表の書簡。ジャックリーヌ・ポーラン・アーカイヴ。日付はないが、どうやら一九三九年八月二十六日前後に発送されている。
（36）André Gide, *Journal 1939-1942*, Gallimard, 1946, p. 123.（『ジイドの日記 V』大久保敏彦訳、日本図書センター、七四頁）
（37）*Ibid.*, 一九四一年九月十五日、pp. 158-159.（同書、九九〜一〇〇頁）
（38）*La Force de l'âge*, II, p. 567.〔p. 566.〕（『女ざかり 下』一二三頁）
（39）アンドレ・ジイドとロジェ・マルタン・デュ・ガールの往復書簡。p. 237.
（40）*La Force de l'âge*, II, p. 567.（『女ざかり 下』一二三頁）
（41）Jean Lacouture, *André Malraux*, Le Seuil, 1973, p. 276.
（42）コレット・オードリィの証言。一九八二年十二月九日にA・C－Sと会見。
（43）*La Force de l'âge*, II, p. 459.（『女ざかり 下』）
（44）*Ibid.*, II, p. 573.〔pp. 572-573.〕（同書、一二八頁）
（45）シモーヌ・ドゥブーの証言。前出。
（46）ジャン・プイヨンの証言。前出。
（47）*Situations IV*, p. 193.（『シチュアシオン IV』一六二頁）を参照。
（48）ラウル・レヴィの証言。前出。
（49）ドザンティ夫妻の証言。前出。
（50）ジョルジュ・シャズラの証言。前出。
（51）ラウル・レヴィの証言。前出。
（52）ジャック・ドゥビュ＝ブリデルの証言。一九八二年十月八日にA・C－Sと会見。彼はS・ジョリヴェのことをほのめかそうとしていた。

(53) 同上。

(54) ジャン・プイヨンの証言。前出。

(55) *La Force de l'âge*, II, p. 554.（『女ざかり 下』一一三頁）

(56) Michel Contat, Michel Rybalka, *Les Écrits de Sartre*, pp. 634-637. に引用されている（「ハーマン・メルヴィルの『白鯨』」拙訳、『いまサルトル』思潮社、p. 227.）

(57) Jean-Toussaint Desanti, *Un destin philosophique*, Grasset, 1982, p. 149.

4　行き詰まり

(1) *La Force de l'âge*, II, p. 606.（『女ざかり 下』一五四頁）

(2) *Ibid.*, p. 576.〔p. 575.〕（同書、一三〇頁）

(3) *Ibid.*, p. 579.（同書、一三一～一三三頁）

(4) *Situations III*, Gallimard, 1949, p. 11.（「沈黙の共和国」白井健三郎訳、『シチュアシオン Ⅲ』七頁）

(5) *Ibid.*, pp. 18-22.（「占領下のパリ」同書、一三～一五頁）

(6) *Un théâtre de situations*, pp. 223-240.

(7) *La Force de l'âge*, II, p. 556.（『女ざかり 下』一一四頁）

(8) *Les Lettres françaises* clandestines, no 12.（地下出版『レットル・フランセーズ』）

(9) *Comœdia*, 一九四三年六月十九日、p. 1.

(10) *La Gerbe*, 一九四三年六月十七日。

(11) *Un théâtre de situations*.

(12) *Les Écrits de Sartre*, p. 165. これはかなり誤りと言わざるを得ない（ただし p. 91. に、部分的には該当する引用があるものの）。正しくは、*Un théâtre de situations*, pp. 227-228.

(13) ポーラン・アーカイヴ。未刊行の手紙。

(14) 占領下のフランス演劇に関しては、クリスチアン・カサドゥシュスの証言のお蔭を蒙った。一九八二年五月十日および十月十四日。

(15) *La Force de l'âge*, II, p. 595.〔p. 594.〕（『女ざかり 下』一四五頁）

(16) *Lettres au Castor...*, tome I.

(17) *Carnets de la drôle de guerre*, p. 224.（『戦中日記――奇妙な戦争』二二五頁）

(18) *L'Être et le néant*, Gallimard, 1943, p. 610.（『存在と無 下』新装版、九七六頁）

(19) *Ibid.*, p. 606.（同書、九七〇頁）

(20) *Ibid.*, p. 607.（同書、九七二頁）

(21) *Ibid.*, p. 44.（『存在と無 上』六一頁）

(22) André Gorz, *Le Traître*, Le Seuil, 1958, p. 243.（アンドレ・ゴルツ『裏切者』権寧訳、紀伊國屋書店、二二五頁）

(23) *Les Nouvelles littéraires*, 29 octobre 1964.
(24) « Les pieds dans le plat », dans *Le Nouvel Observateur*, 21 avril 1980.
(25) *Situations I*, Gallimard, 1947, p. 109. 〔p. 117.〕(「『異邦人』解説」窪田啓作訳、『シチュアシオン I』九六頁)
(26) *Alger républicain*, 一九三八年十月二十日.
(27) *Situations I*, p. 133. 〔p. 143.〕(『シチュアシオン I』一一六頁)
(28) *Les Lettres françaises* clandestines, (地下出版『レットル・フランセーズ』) 一九四三年四月。

5 「作家としてレジスタンスをしたのであって、レジスタンス闘士としてものを書いたのではない……」

(1) ジェラシとの未刊行の会談。一九七三年。*Œuvres romanesques*, p. LXIII.(『小説作品集』)
(2) *Lettres au Castor...*, p. 827. 一九四三年夏、を参照。
(3) 「toute petite Kosakievics」(小ちゃいコサキエヴィッチ)という意味の、サルトルの用いた略号。こうして、妹のヴァンダを姉のオルガと区別するわけである。
(4) *Lettres au Castor...*, pp. 831-832.
(5) *La Force de l'âge*, II, pp. 632 sqq.(『女ざかり 下』一七六頁)
(6) *Les Don Quichotte et les autres*, Guy Roblot, 1979, p. 140.
(7) Jacques Debû-Bridel, *la Résistence intellectuele en France*, (『フランスの知的レジスタンス』) Julliard, 1970, p. 95.
(8) ジャン・レスキュールの証言。一九八二年九月二十一日にA・C－Sと会見。
(9) *Les Lettres françaises* clandestines, (地下出版『レットル・フランセーズ』) 六号、一九四三年四月。訳註、前々章＊1、前章＊11を参照)
(10) *Ibid.*, 十五号、一九四四年四月。
(11) Jean Canapa, *Comme si la lutte entière*, p. 256.
(12) ジャン・ブリュレール＝ヴェルコールの証言。一九八二年九月二十二日にA・C－Sと会見。
(13) 文部省アーカイヴ。
(14) ピエール・カーンの夫人の証言。一九八二年九月二十三日にA・C－Sと会見。
(15) ピエール・カーンの偽名の一つ。
(16) ピエール・ピガニョルの証言。一九八三年十二月十四日にA・C－Sと会見。
(17) 国立文書館に保存されている、ウーダール文書のファイル。
(18) *Les Écrits de Sartre*, pp. 110-111. を参照せよ。アンリ・ミシェルの仮説は、全く適切だと、私には思える。とはいえ、コンタとリバルカが指摘しているように、この文書を一九四一年という年と「社会主義と自由」の経験とに帰することは全く不可能である。「社会主義と自由」のメンバーだった者で、この点について私が質問した者――ドゥブー、ドゥザンティ、シャズラ――は全員、それに関する私の疑念を確証してくれた。逆に――そして、文書そのものが含む歴史的要素が、明白な証拠にほかならないが――この文書は、一九四三年という時期とピエール・カーンとの接触とに関連すると考える余地は大いにある。

(19) 未発表の文書。国立文書館。

(20) *La Force de l'âge*, II, pp. 636.（『女ざかり 下』一七八頁）

(21) *Ibid.*, p. 641, さらに p. 655.（同書、一八二頁さらに一九三頁）

(22) *Ibid.*, p. 644.（同書、一八五頁）

(23) S・ド・ボーヴォワールの証言。一九八三年三月二十三日にA・C-Sと会見。

(24) ジャン・バラデュールの証言。一九八二年十一月十六日にA・C-Sと会見。

(25) ジャン・バラデュールの授業ノート。私的アーカイヴ。

(26) ジャン・バラデュールの証言。前出。

(27) ジャン・シュールールの証言。一九八三年二月二十二日にA・C-Sと会見。

(28) サルトルその人が、Un théâtre de situations, pp. 105-106.（当該箇所に見当たらず）で言っていることを、参照せよ。「アランは、教授というものは生徒を夢中にさせてはならない……」。

(29) ロベール・ミスライの証言。一九八二年十月七日にA・C-Sと会見。

(30) 文部省アーカイヴの、サルトルの経歴ファイルを参照。

6 無数の若者の精神的指導者

(1) *La Force de l'âge*, II, p. 659.（『女ざかり 下』一九六頁）

(2) S・ド・ボーヴォワールによる。*Ibid.*, p. 650.（同書、二〇〇頁）を参照。

(3) *Lettres au Casor...*, p. 834.〔p. 318.〕

(4) *La Force de l'âge*, II, p. 605.（『女ざかり 下』一五三頁）

(5) *Ibid.*, p. 662.（同書、一九八〜一九九頁）

(6) *Lettres au Castor...*, p. 319.

(7) 未刊行の手紙。ポーラン・アーカイヴ。

(8) *Situations I*, pp. 229-230.〔p. 249.〕（『シチュアシオンI』二二五頁）

(9) S・ド・ボーヴォワールによる。*La Force de l'âge*, II, p.

653, 654, 655.（『女ざかり 下』一九〇～一九二頁）を参照。

(10) *La Force de l'âge*, II, p. 658.（同書、一九五～一九六頁）

(11) *Lettres au Castor...*, p. 319.

(12) *Combat*, 一九四七年四月十五日。

(13) ル・アーヴルのリセの私的アーカイヴ。

(14) 未発表のシナリオ。映画高等学院アーカイヴ。マリアンヌ・ド・フルーリィのご厚意のお蔭で伝達して戴いた。

(15) Nino Frank, *Petit Cinéma sentimental*, pp. 167-174. を参照。

(16) *Ibid.*, ならびにニノ・フランクの証言。一九八三年二月二十五日にA・C－Sと会見。

(17) *Les Lettres françaises* clandestines,（地下出版『レットル・フランセーズ』）一九四四年四月十五日、p. 4.

(18) *Lettres au Castor...*, p. 835.〔p. 321.〕

(19) *Un théâtre de situations*, p. 238.

(20) *Combat*, 一九四五年二月九日。

(21) *Un théâtre de situations*, p. 238.

(22) それは、以下のものの中で彼自身が述べているところである。*Situations IX*, Gallimard, 1972, p. 10.（「作家の声」海老坂武訳、『シチュアシオン IX』八頁）

(23) Alain Lauvreaux, *Je suis partout*, 一九四四年六月四日、紙上で。

(24) 以下のものに引用されている。Pierre-Marie Dioudonnat, *L'Argent nazi à la conquête de la presse française*, 1940-1944, Jean Picollec, 1981, p. 262.

(25) *Germinal*, 一九四四年六月三十日。

(26) *Horizon*, 一九四五年七月。

(27) 未発表の手紙（一九四四年？）。ポーラン・アーカイヴ。

(28) *Journal des années noires*, Gallimard, 1947, p. 475, le 30 mai 1944.

(29) ギヨーム・アノトーの証言。一九八二年十月十四日にA・C－Sと会見。

(30) 発表と討論の文言は、*Un théâtre de situations*, pp. 22-50. に見出される。

(31) *La Force de l'âge*, II, p. 667.（『女ざかり 下』二〇三頁）

(32) *Ibid.*, pp. 675-676.（同書、二一〇頁）

(33) *Les Yeux ouverts dans Paris insurgé*, Julliard, 1944, p. 13.

(34)『コンバ』紙に掲載された七回連載の記事。未刊行。その一、一九四四年八月二十九日、pp. 1, 2.「ある都市の怒り」。

(35) 一九四四年九月一日、「蜂起の希望と不安」。

(36) 一九四四年九月二日、「解放は戸口にまで迫っている」。

(37) 一九四四年九月四日、「銃弾飛び交う勝利の日」。

(38) *Les Lettres françaises*, 二十号、一九四四年九月九日（『シチュアシオン I』に収録。七頁）

(39) *France libre*, 一九四五年十一月（同書、九頁）

(40) *République française*, 一九四五年十一月（同書、二九頁）

(41) *Les Temps modernes*, 一号、一九四五年十月（同書、四三頁）

(42) *Clarté*, 九号、一九四五年八月二十九日。（『実存主義とは何か』増補新装版、一四九頁）

(43) Janet Flanner, *Paris Journal 1944-1965*, Harcourt Brace Jovanovich, 1977, p. 3, 翻訳はA・C－Sによる。

(44) Claude Morgan, *op.cit.*, p. 154.

(45) ギヨーム・アノトーの証言。一九八二年十月四日にA・C－Sと会見。

(46) ジャン・レスキュールの証言。一九八二年九月二十一日にA・C－Sと会見。

(47) ジャック・ドゥビュ＝ブリデルの証言。一九八二年十月八日にA・C－Sと会見。

(48) 同上。

(49) *La Force de l'âge*, II, p. 644〔*La Force de l'âge*, p. 643.〕（『女ざかり 下』一八五頁）

(50) ヴェルコールの証言。一九八二年九月二十二日にA・C－Sと会見。

(51) 未刊行の手紙。ポーラン・アーカイヴ。一九四四年十二月十日付。

(52) 同上。一九四四年十月一日付。

(53) *Les Écrits de Sartre*, pp. 653-658. に全文収録されているので、参照せよ。（「実存主義について――批判に答える」拙訳、『実存主義とは何か』増補新装版、一三五～一四七頁）

(54) *Obliques*, 特別号 « Sartre et les Arts »（「サルトルと芸術」）, 1981, pp. 67-69. におけるミシェル・ビュトールの言明。

(55) « Signification de Sartre », dans *Messages*, 1943, pp. 413-424.

(56) 未刊行の手紙。ポーラン・アーカイヴ。一九四四年、ただし月は不明。

7 バッファロー・ビルからルーズヴェルト大統領まで
――最初のアメリカ旅行

(1) *Les Mots*, pp. 181-182.（『言葉』一七四～一七五頁）による。

(2) 未刊行のサルトルのメモ。シモーヌ・ド・ボーヴォワール・アーカイヴ。

(3) *Situations I*, pp. 14-24.〔p. 25.〕(「ジョン・ドス・パソス論」生田耕作訳、『シチュアシオンI』二二頁)

(4) *La Force de l'âge*, I, p. 159.〔pp. 159-160.〕(『女ざかり上』一一七頁)

(5) *Sartoris*, pp. 119-121.(ウィリアム・フォークナー「サートリス」齋藤忠利訳、『フォークナー全集 4』冨山房、一一一頁)

(6) *Situations I*, p. 9.(『シチュアシオンI』九頁)

(7) *Ibid.*, p. 68.〔p. 74.〕(同書、六三〜六四頁)

(8) *Situations III*, pp. 113-115.〔pp. 122-123.〕(「植民地的都市ニューヨーク」吉村正一郎訳、『シチュアシオンIII』八二頁)

(9) *La Cérémonie des adieux*, p. 304.(『別れの儀式』三〇〇頁)

(10) *Situations I*, pp. 113-115.〔pp. 114-115.〕(『シチュアシオンIII』七六〜七七頁)

(11) Denis de Rougemont, *Journal d'une époque, 1926-1946*, Gallimard, p. 514.

(12) アンリエット・ニザンの証言。一九八二年二月二十三日にA・C-Sと会見。

(13) 実際、サルトルがその最初の記事を発信したまさにその頃、アメリカの新聞界では、ドノヴァン将軍による、CIA〔中央情報局〕の創設が迫っているとのニュースが流れた。「アメリカ版ゲシュタポだ」と、とくに上院議員、ホーマー・ケイプハートは、一九四五年二月に、激怒した。サルトルらの滞在と同時期の、これらすべてのアメリカ国内問題については、以下のきわめて豊かな著作を参照せよ。Anthony Cave Brown, *The last Hero: Wild Bill Donovan*, Times Books, octobre 1982.

(14) この点については、次のものを見よ。J.-B. Duroselle, *L'Abîme*, Imprimerie nationale, 1982.

(15) *New York Times*, 一九四五年一月二十五日。

(16) *Ibid.*, 一九四五年一月三十日、ならびに *Pour la victoire*, 一九四五年二月三日。

(17) *New York Times*, 一九四五年二月一日。

(18) *Le Figaro*, 一九四五年二月二十五日。

(19) *France-Amérique*, 一九四五年二月十一日。

(20) *Ibid.*, 一九四五年二月四日。

(21) *Ibid.*

(22) ドニ・ド・ルージュモンの証言。一九八三年七月十一日にA・C-Sと会見。

(23) « New Writing in France » のタイトルで、*Vogue*, juillet 1945, に掲載されている。ならびに *Œuvres romanesques*,(『小説作品集』) pp. 1917-1921. に、収録されている。

(24) ドニ・ド・ルージュモンの証言。前出。
(25) 次のものの中にある。Stéphane Pizella, *Les Nuits du bout du monde*, André Bonne, 1953.
(26) *Situations III*, p. 78.（「アメリカの個人主義と画一主義」佐藤朔訳、『シチュアシオン III』五五頁）
(27) *Ibid.*, pp. 120-121.（同書、八〇〜八一頁）
(28) Claude Lévy-Strauss, *Le Regard éloigné*, Plon, 1983, pp. 348, 350, 358.（クロード・レヴィ＝ストロース『はるかなる視線 2』三保元訳、みすず書房、三八五、三八八、三九四頁）
(29) Pizella, *op.cit.*, 中にある。
(30) « Un Français à New York », dans *Combat*, 2 février 1945.
(31) *Ibid.*, 4 février 1945.
(32) *Situations III*, pp. 116-117.（「植民地的都市ニューヨーク」前出、『シチュアシオン III』七八頁）
(33) « Nick's Bar, New York City », in *Jazz 47*. Les Écrits de Sartre, pp. 680-682. に引用されている。
(34) ドロレス・ヴァネッティの証言。一九八三年五月四日にA・C－Sと会見。
(35) この復元は、ポール・ヌーヴェグリーズ・アーカイヴ所蔵、ならびに彼女の夫、ロベール・ヴィリエに由来する多数の新聞記事と写真のお蔭で、初めて可能だった。さらに、FBI、国務省、空軍省によって提供された数千ページの資料が、これを補足したものである。
(36) *Le Figaro*, 一九四五年三月十一、十二日。
(37) *Combat*, 一九四五年三月八、九日。
(38) *Combat*, 一九四五年七月十二、十四、三十日。
(39) ウラジミール・ポズナーの証言。一九八二年十一月三日にA・C－Sと会見。
(40) *Combat*, 一九四五年四月五日。
(41) *Combat*, 一九四五年六月七日。
(42) « Ce que j'ai appris du problème noir »,（「黒人問題で私が学んだこと」）in *Le Figaro*, 一九四五年六月十六日。
(43) *Situations III*, pp. 99-100.（「アメリカの町々」渡辺明正訳、『シチュアシオン III』六七頁）
(44) Addison Gayle, *Richard Wright: Ordeal of a Native son*, Doubleday, 1980, pp. 162, 171.
(45) Pizella, *op.cit.*, p. 156. に語られている挿話。
(46) *La Cérémonies des adieux*, p. 292.（『別れの儀式』二八九頁）

訳註

はじめに

＊1『戦中日記――奇妙な戦争』海老坂武・石崎晴己・西永良成訳、人文書院、二九七頁。

＊2　**ヌーヴォー・ドルーオ**　オテル・ドルーオは、世界で最古の競売会場。プロヴァンス通り九番。

第一部　天才への歩み（一九〇五年～一九三九年）

1　ジャン＝バチストに照明《ライト》を

＊1『言葉』澤田直訳、人文書院、一六～一七頁。

＊2　**理工科学校生**　理工科学校（エコール・ポリテクニック）は、革命期のフランスによって一七九四年に設立された理工系の高等専門学校（グランド・エコール）。国防省の管轄で、入学者は少尉に任官し、給与が支給されるが、士官学校ではなく、高級官僚や企業家を輩出する。

＊3　**グランド・エコール受験準備クラス**　フランスでは大学（ユニヴェルシテ）には、バカロレア（大学入学資格」保持者は、入学試験なしで入れるが、グランド・エコールには、それぞれ難関の入学試験に合格しなければ入れない。理工科学校入学試験のための受験準備クラスは、二年間の課程で、有力なリセに設けられている。リセ〈アンリ四世〉は、リセ〈ルイ大王〉とともに、フランス最高のリセ。

＊4　**サント・ジュヌヴィエーヴの丘**　パリのセーヌ左岸の丘、カルチエ・ラタンの中心部をなし、その頂上にパンテオンが聳える。理工科学校もこの丘の上に所在した（現在は、パリ南郊のパレゾーにある）。

＊5　**モンペリエ大学医学部**　モンペリエ大学の創設は一二八九年とされ、パリ、トゥールーズに次いで、フランスで三番目に古い大学とされるが、この創設に先立って、法学、医学、神学の各学部はすでに活動していた。特に医学部は最も名高く、フランソワ・ラブレーの他、ノストラダムスとして知られるミシェル・ド・ノートルダムも出身者。また、ルネサンス人文主義の代表、ペトラル

カは、法学部で学んでおり、ポール・ヴァレリィが法学部出身であることは有名。

＊6 **韃靼人**　清帝国の支配民族、満洲＝女真人のこと。韃靼人とは、本来、モンゴル人の一部族、タタール人を指すが、ヨーロッパ人は、モンゴル人をこの名で呼んだ。満洲＝女真人も、同様にこう呼ばれることが多かったのであろう。

＊7 **葉緑素への激しい嫌悪**　サルトルが葉緑素アレルギーであることは、よく知られているが、ここで筆者は、それを父親の故郷への嫌悪感と解釈しているようである。

2 アンヌ＝マリーの不幸の数々

＊1 『言葉』前掲書、一八頁。

＊2 **ジュール・フェリィ Jules Ferry（一八三二～一八九三）**　第三共和制確立期の代表的政治家。一八七九年から、教育相を二度、首相を二度務め、ライシテ（世俗性、公共の場からの宗教性の排除）の原則に基づく、現代フランスの教育制度の根幹を形作る一連の改革と法整備を行なった（いわゆるジュール・フェリィ法）。同時に、フランスの帝国主義的植民地獲得にも中心的役割を果たし、清仏戦争を引き起こして、失脚するに至る。

＊3 **フェリックス・ペコー Félix Pécaut（一八二八～一八九八）**　プロテスタント神学者として、宗教上の「自由主義」擁護の著作を残したのち、ジュール・フェリィの下、教育総監として、教員養成機関の整備、初等教育の理念の樹立に貢献。

＊4 **フェルディナン・ビュイッソン Ferdinand Buisson（一八四一～一九三二）**　公教育総監として、ジュール・フェリィの下、教育の世俗性、無償性、女性選挙権の実現に挺身。急進社会党の代議士にもなる。『教育学事典』の著者。人権同盟総裁。ノーベル平和賞受賞（一九二七年）。

＊5 **アルベルト・シュヴァイツァー Albert Schweitzer（一八七五～一九六五）**　医師、オルガン奏者にして、哲学・神学者。ストラスブール大学の神学科講師になった後、同医学部で医学を修め、フランス領ガボンに赴き、病院を建設して、劣悪な医療環境の中、医療活動に当たる一方、パイプオルガン奏者として、病院の資金集めのために先進諸国で演奏活動を行なう中で、名声が高まり、一九五二年にはノーベル平和賞を受賞。なお生地はアルザスだが、第一次大戦後のアルザスのフランスへの編入後もドイツ国籍に留まっている。

＊6 **コングレガシヨン**　「修道会」とも訳されるが、修

道士が俗世との関係を絶って、修道院にこもって宗教的献身を行なう「盛式誓願」ではなく、「単式誓願」による聖職者によって構成される修道会。十九世紀フランスには、大小無数のコングレガシヨンが存在し、医療などさまざまな社会活動に当たったが、特に教育には支配的な力を揮った。第三共和制は、教育の場からこの勢力を駆逐することに意を用い、最終的に、修道会経営の教育機関を廃止し、修道会所属の修道士を教育現場から排除して、師範学校出の教師に替えて行った。

3 お山の大将の私的寓話集

＊1 『言葉』前掲書、七二頁。

＊2 **近親相姦**　ここは、出典では、単に「それは……」とのみある。「近親相姦は……」としたのは、筆者である。この代名詞が受ける名詞は、直接的には「兄と妹の（近親相姦的）な間柄」と解することができるが、あからさまに「近親相姦」であるわけではない。

＊3 **左翼連合 bloc des gauches**　一八九九年に成立したヴァルデック＝ルソー内閣は、穏健共和派に急進派と、社会主義者ミルランも入閣させて、「共和国防衛」内閣と呼ばれたが、このような穏健共和派、急進派、社会主義者の一部からなるブロックを、「左翼連合（ブロック）」と呼ぶ。しかしやがて社会主義者たちは、大同団結の道をたどり、一九〇一年の二党の結成（ゲードなどの「フランス国社会党」とジョレスなどの「フランス社会党」）を経て、一九〇五年に「統一社会党」の結成へと至り、いきおい急進派主導の政府への対決姿勢を強めて行くことになる。

＊4 原註（7）を参照。

＊5 この引用、やや文言が変更されている。正しくは「ぼくは王道を行くだろう。僕という人間において、殉教のアルザスは高等師範学校に入るのだ」。

＊6 **ベルトラン・ド・ボルン**　ペリゴールの吟遊詩人。オーフォールの城主。一一四〇～一二一五頃。

＊7 『言葉』前掲書、三九頁。

＊8 『言葉』では、シャルルは少年サルトルの「才能」に関しては、むしろ現実主義的で慎重であり、そのことが逆にサルトルを文学志望にのめり込ませることになった、とされている。一三〇～一三六頁を参照。

＊9 この手紙は、いくつか綴りの誤りを含むとされており、実際、essayé が誤って esseyé, sens が sence になっている。また、ここで Dhantéon bourelle と書かれているものは、Panthéon-Courcelles と考えられる（「パンテオン＝クルセル」）。ただし、筆者は少年サルトルの手書き

をDhantéon bourelleと転記しているが、コピーを見る限り、Phantéon bourcelleと読めなくはない。だとすると、誤りはPの後のhと、Cがbになっている点（Courcellesの語末のsの欠落を誤りとするのは、酷であろう）ということになる。訳文では、誤った箇所に傍点を付した。

＊10　ミシェル・ゼヴァコ Michel Zévaco（一八六〇〜一九一八）　コルシカ出身の大衆剣戟小説作家。ジャン・ジョレスの『小社会主義共和国』、次いで『ル・マタン』紙に連載小説を書き、次々にヒットさせる。代表作「パルダイヤンもの」を初め、彼の作品は現在も、映画・テレビ化されている。なお邦訳としては、鈴木悌男訳で『パルダイヤン物語　騎士父子の冒険』（近代文芸社、二〇〇五）と『パルダイヤン物語　愛の叙事詩』（春風社、二〇一〇）がある。パルダイヤンものの前編と後編に当たる。

4　ラ・ロッシェルの生活情景

＊1　「自伝素材集」。原註前章（11）参照。

＊2　ポンソン・デュ・テライユ Pierre Alexis de Ponsson du Terrail（一八二九〜一八七一）　新聞連載の大衆小説家。代表作は『ロカンボール』だが、その奇想天外な物語から、rocambolesqueという形容詞まで生まれている。

＊3　クロード・ファレール Claude Farrère（一八七六〜一九五七）　本名はフレデリック＝シャルル・バルゴーニュ。ベスト・セラー作家で、一九〇五年にゴンクール賞を受賞。四十歳すぎで、少佐まで進んだ軍人としてのキャリヤを、執筆に専念するために捨てたという変わり種。

＊4　『ゲッツ・フォン・ベルリヒンゲン』　この名の人物は、そもそもは十六世紀ドイツの実在の騎士で、戦いで失った右腕に鋼鉄の義手を付けていたところから、「鉄の手」の異名があり、決闘と称して強請や強盗を繰り返した悪人として恐れられたが、ドイツ農民戦争で農民側の隊長を勤め、捕われて幽閉された。この人物を素材として、ゲーテは一七七三年に処女戯曲『鉄の手のゲッツ・フォン・ベルリヒンゲン』を自費出版した。翌七四年の小説『若きヴェルテルの悩み』とともに、一躍ゲーテの名を轟かせた作品である。ゲーテのゲッツは、自由のために戦う剛勇にして誠実な英雄で、六十歳過ぎまで生きた現実のゲッツとは逆に、英雄らしく若くして死ぬ。少年期のサルトルが、この人物に魅せられて、小説を書いたのは本文にある通りだが、周知の通り、『悪魔と神』（一九五一）は、ゲッツを主人公とする戯曲である。また本

文中の、時計の針で首をはねられる、というのは、少年サルトルの「創作」である。

5 千人のソクラテス

＊1 『戦中日記――奇妙な戦争』八七頁。

＊2 アラン 本名、エミール＝オーギュスト・シャルチエ（一八六八～一九五一）は、『プロポ』などで名高い哲学者だが、彼は一九〇九年から一九三三年ころまで、リセ〈アンリ四世〉の哲学教授を務め、特に高等師範学校受験準備クラスで、多くの俊英を薫陶した。

＊3 ブリュアン Aristide Bruant（一八五一～一九二五） 十九世紀末の人気シャンソン歌手。社会の底辺の人々を歌った現実派（レアリスト）シャンソンの創始者と言われ、俗語をふんだんに取入れ、ブルジョワの顰蹙を買うような歌詞も多い。トゥールーズ＝ロートレックによる肖像画で有名。リヨンの絹織物工を歌った、有名な *Les Canuts* などの作者。

＊4 セギュール伯爵夫人 Ségur（一七九九～一八七四） 児童文学の人気作家。ロシアの将軍の娘で、父とともにフランスに永住、フランスの貴族と結婚した。

＊5 ハーフィズ Hâfiz（一三二六頃～一三八九） ペルシャの詩人。ペルシャ文学四大詩人の一人とされる。

＊6 両世界レヴュー 原語では *La Revue des Deux Mondes* で、これは十九世紀の主要な雑誌『両世界評論』のもじり。フランス語の revue は、「雑誌」と「レヴュー」を意味する。なお同誌には、ヴィニー、バルザック、サント＝ブーヴ、ボードレールも執筆している。ラン＝ソンは、高等師範学校校長のギュスターヴ・ランソンの名の当てこすりで、Lanson を Lang-son と書いているわけだが、これはあるいは、中国名を真似ているのかもしれない。

＊7 花咲ける若き間抜け面のかげに プルーストの『失われた時を求めて』の第二巻『花咲ける乙女たちのかげに』の fille（フィーユ「乙女」）を bille（ビーユ）に替えた洒落。bille は、顔、間抜け、の意味がある。

＊8 リュシヤン・エール Lucien Herr（一八六四～一九二六） アルザス出身の社会主義者知識人。高等師範学校出身で、一八八八年から生涯の終りまで、高等師範学校の図書館司書のポストにあって、学問上の相談に乗る中で多くの俊英を感化し、思想の師、精神の父として尊敬を集めた。特段の著作もないが、フランス知識人の歴史の中で重要人物として評価が高まっている。

＊9 カジモド ヴィクトル・ユーゴー『パリのノートル・ダム』に登場するせむしの鐘楼守り。

＊10 グリフィス David Wark Griffith（一八七五～一九四

八）　初期のアメリカ映画人。さまざまな映画技法（モンタージュ、カットバック、クローズアップなど）を開発して、演劇から独立した映画文法を確立した「映画の父」。

＊11　**アニー**　『嘔吐』の主人公ロカンタンの恋人がアニーであることは、周知の通り。また、『存在と無』（原書）の p. 574. には、「もし私がアニーに会いたいと思うならば、汽車にのって、不眠の一夜を過ごさなければならない……」との一文がある（訳書、新装版、下、九二三頁）。

＊12　**サンセヴェリナ**　ファブリス・デル・ドンゴは、スタンダール『パルムの僧院』の主人公。サンセヴェリナ公爵夫人は、彼を愛する叔母のジーナ。

＊13　**ビーバー**　Beauvoir（ボーヴォワール）を英語風に発音すると、beaver のような音になる。フランス語では、ビーバーは castor となる。

＊14　**ついにサルトルが来た**　「ついにマレルブが来た」という有名な句のもじり。マレルブ（François de Malherbe, 一五五五〜一六二八）は、古典主義の規範を樹立した詩人。ボワロー（Nicolas Boileau, 一六三六〜一七一一）は、『詩法』*L'Art poétique*（1674）で、古典主義文芸理論を集大成した詩人だが、その中にこの句が見える。

6　ただひとりのソクラテス

＊1　『戦中日記――奇妙な戦争』九〇頁。

＊2　**ダミアとフレエル**　ダミア（Damia, 一八八九〜一九七八）は、暗い現実、絶望と孤独の人生を歌う現実派シャンソンの代表的歌い手で、『暗い日曜日』（一九三六）は、放送禁止となった（日本では発禁）。日本でも人気があり、一九五三年に日本公演を行っている。他にも『人の気も知らないで』など、愛唱された曲は多い。フレエル（Fréhel, 一八九一〜一九五一）も、極貧の中で育ち、アルコール中毒だった。最初の夫は、離婚後ほどなくして、ダミアの男となる。その後、モーリス・シュヴァリエと付合い始めるが、彼も彼女を捨てて、大スター、ミスタンゲットの恋人となり、彼女は自殺未遂を引き起こす。

＊3　**『王妃の首飾り』**　アレクサンドル・デュマがマリー・アントワネットの首飾り事件を題材として書いた小説（一八四九、五〇年に新聞に連載）を原作とする映画。一九二九年の、トニィ・ルカンとガストン・ラヴェルによるものと考えられる。

＊4　『嘔吐』の主人公の名、「ロカンタン」は Roquentin だが、そうではなく、Roquentin と書く、という意味。

つまり、発音は同じだが、文字が一つだけ違う、ということ。

＊5　**フォン・パーペン Franz Joseph Hermann Michael Maria von Papen（一八七九～一九六九）**　ドイツの政治家。ワイマール末期に首相に就任するが、ヒトラーに接近し、一九三三年、ヒトラー内閣が成立すると、副首相となる。

＊6　**マルク・ブロック Marc Bloch（一八八六～一九四四）**　リュシヤン・フェーヴルとともに「アナール派」歴史学を創始。レジスタンスに参加して、ドイツ軍に銃殺される。

＊7　**クリストファー・イシャウッド Christopher Isherwood（一九〇四～一九八六）**　英国生まれのアメリカ作家。『さらば、ベルリン』（一九三九年）を著す。

＊8　**ツァーラ・レアンダー Zara Leander（一九〇七～一九八一）**　スウェーデン出身の歌手・女優。三〇年代のドイツ映画のトップ・スター。

7　不機嫌、狂気、そしてあれこれの旅行……

＊1　『戦中日記――奇妙な戦争』九二頁。

＊2　**『想像力』**　これは誤りで、正しくは『想像的なもの』＝『想像力の問題』。これに続く引用は、*L'Imaginaire*, Gallimard, 1940, p. 202.（『想像力の問題』平井啓之訳、人文書院、三〇一～三〇二頁）なお原註には、*L'Imagination*, P.U.F.1936, pp. 201-201. とあるが、この本は一六二ページの薄い本であるから、p. 202. というページは存在しない。示されたページが、*L'Imaginaire* のそれと極めて近いところから、*L'Imaginaire* を参照しながら、書名については取り違えた、と考えられる。

＊3　**ルネ・ドーマル René Daumal（一九〇八～一九四四）**　シュールレアリスムの影響下に、独自の文学活動を行った。

＊4　**パパン姉妹事件**　一九三三年二月二日、ル・マンのブルジョワ邸宅で、女中二人が女主人とその娘（二十七歳）を殺害し、両眼をくり抜き、全身を切り刻んだという猟奇的殺人事件。犯人のクリスチーヌ（二十八歳）とレア（二十一歳）のパパン姉妹は、貧困の中、修道院で生まれ育ち、初めて「世俗世界」に出た女中奉公で、冷ややかなブルジョワ婦人に虐待されていたらしい。この事件は、一大センセーションを巻き起こし、シュールレアリストなど、文学者・知識人に広範な関心を呼び起こしたが、のちにジャン・ジュネの出世作『女中たち』は、これを素材としている。

＊5　**ムザンス Edouard Léon Théodore Mesens（一九〇**

三〜一九七二）　ベルギーのピアニスト、作曲家、詩人、造形作家。ベルギーのシュールレアリスム運動の創始者の一人。

＊6　未婚婦人　サルトルの祖父、シャルル・シュヴァイツァーの最晩年に、そのかつての教え子の独身女性が、彼の家に出入りするようになり、その手で彼の性器を愛撫するという奉仕を行なったが、その愛撫は時に出血に至ることがあった。この件について、ボーヴォワールが、『老い』（朝吹三吉訳、人文書院）の中で、偽名を用いて詳述している（三八五〜三八六頁）。

8　慌ただしい幕間劇——二年間の幸福

＊1『戦中日記——奇妙な戦争』九四頁。

＊2　ロベール・ガリマール Robert Gallimard（一九二五〜二〇一三）　ガリマール社の創業者、ガストン・ガリマールの一番下の弟、ジャックの息子。サルトルやカミュの担当となり、戦後は〈プレイヤード叢書〉の編集責任者となるなど、ガリマール社の編集部門の中心を担い続けた。なお、ガストンの孫、アントワーヌ（クロードの息子）が、現社長。またガストンの弟、レイモンは、社の営業部門を統括し、その子ミシェルは、カミュと親しく、将来を嘱望されたが、一九六〇年にカミュとともに自動車事故で死亡した。

＊3　シモーヌ・カマンケル（シニョレ）Simone Signoret（一九二一〜一九八五）　戦後フランスの個性派美人女優。一九五一年にイヴ・モンタンと再婚。おしどり夫婦で鳴らした。

＊4　ジャン・カナパ Jean Kanapa（一九二一〜一九七八）　ヌイイのリセ〈パストゥール〉でのサルトルの教え子だが、早くからサルトルに批判的で、一九四七年に『実存主義はヒューマニズムにあらず』というサルトル批判の書を刊行。フランス解放期（一九四四年）に共産党に入党し、文芸、政治理論を担当、『ヌーヴェル・クリティック』編集長などを歴任、中央委員会委員、次いで政治局員に上る。一九五二年、サルトルが共産党の「同伴者」となった際、サルトルと和解したが、一九五四年、ディオニス・マスコロの『共産主義』と、コレット・オードリイが『レ・タン・モデルヌ』誌上に掲載した、同書についての好意的な書評に対して、カナパが『ユマニテ』紙上で激しい批判を加えたのに憤慨して、サルトルは「カナパ作戦」（『レ・タン・モデルヌ』一九五四年三月）にて激烈な批判を行なった。そののちカナパは、『ユマニテ』紙上に釈明の手紙を掲載した。「カナパ作戦」は、『シチュアシオン Ⅶ』に収録されている。

＊5 ラブレー 「現代文学のあらゆる傾向」の列挙の中に、ラブレーが登場するのは、いかにも奇妙であるが、考えられることは、バフチンのラブレー研究が、すでにフランスに紹介されており、新たな現代的な要素として、受け止められたからではなかろうか。ただ、バフチンの『ラブレー論』の第一版（「リアリズム史上のラブレー」）が完成したのは、一九四〇年で、これに加筆修正した論文を、学位論文として提出したのは一九四六年であり、この推測には時間的に問題がある。

＊6 『リュシフェール』 『自由への道』の前身。なお Lucifer とは、美しい大天使長でありながら、神に叛き、天上を追われた堕天使。周知のように、ダンテ『神曲』では、地獄の最深部、地球の中心には、巨大なルチフェロ（＝リュシフェール）が立ったまま埋まっており、その体をたどって潜って行くと、いきなり上下が逆転して、今度は南半球の底に出てしまい、両脚を上にして逆さまに埋まっているルチフェロの姿を目にすることになる。

＊7 『テレーズ・デスケルー』 「モーリヤック氏と自由」でサルトルが俎上に上げたのは、数年前に刊行された『夜の終り』（一九三五）であるから、厳密にいえば、本文は誤り、ということになる。ただし『夜の終り』は、『テレーズ・デスケルー』の続編で、主人公はテレーズ・デスケルーである。

＊8 オーリヤック 中央山塊の中央部をなすオーヴェルニュ地方の重要都市。カンタル県の主邑。九世紀の僧院など、教会や城郭建築などで有名。『言葉』の中で、少年サルトルが、天才的な作家ではなく、凡庸な教授としての生涯、あるいは生前無名のまま死んだ作家としての自分を想像する際の空想の、地理的舞台をなしている（一九三二、一三三、一五一、一五四、一五五、一九七、一九八頁を参照のこと）。なぜなのかは、未詳。幼年期のヴァカンスの地は、ボルドーに近い、ジロンド県の海岸、アルカションだから、直接の関連は窺えない。ただ、サルトル家の出身地、ティヴィエからは、直線距離としては遠くはない。ちなみに、カンタル県には、モーリヤックという町がある。

＊9 オフュルス Max Ophuls（一九〇二〜一九五七） ドイツ出身の映画作家。ユダヤ人であるため、ナチの台頭を逃れてフランスへ、フランスの敗北後は、アメリカに亡命。しかしハリウッドではあまり仕事をせず、一九五〇年にヨーロッパに帰還、ダニエル・ダリューなどの主役作を撮り、「女性映画」の巨匠と言われた。早川雪洲主演の『ヨシワラ』（一九三七）という作品もあり、これは戦後日本で公開された最初のフランス映画。

＊10 ルビッチ Ernest Lubitsch（一八九二～一九四七） ベルリンに生まれ、劇団員としてのキャリアののち、映画界に入り、一九二三年にハリウッドに迎えられた。独自の「ルビッチ・タッチ」を確立し、ビリー・ワイルダー、小津安二郎らに影響を与えた。

＊11 パープスト George Wilhelm Pabst（一八八五～一九六七） ボヘミア出身で、ウィーン育ち。無声映画時代から、監督として活躍、表現主義とリアリズムの混在する独自の映像世界を作り出した。

第二部　大戦中の変身（一九三九年～一九四五年）

＊1 原書 *Lettres au Cstor…*, II, p. 21.（邦訳はなし）

＊2 Antenne Divisionnaire（師団情報部）の略と、プレイヤード版『小説作品集』の註は推測している。

1　カフカ風の戦争

＊1 ドルドーニュ県ストラスブール　ドルドーニュ県はフランス南西部、主邑はペリグーで、ボルドーを主邑とするジロンド県の東隣り。この文言の意味は、ストラスブールが、ドルドーニュ県の中にある、という意味になる。

＊2 ガルビュール　ピレネ山麓のベアルヌ地方の郷土料理。ガチョウやキャベツのスープ。厳密には、ペリゴール料理には属さない。

＊3 イスの町　ブルターニュの伝説の町。四、五世紀に海中に没したと伝えられる。

＊4 C・T兵士　C. T. は不明。Contingent temporaire（臨時召集兵）の略とも考えられるが、確証はない。

＊5 『戦中日記――奇妙な戦争』の原書（*Carnets de la drôle de guerre*）は、一九八三年刊。邦訳は、一九八五年七月に刊行であるから、原書刊行から時をおかずに、刊行されている。本文にもある通り、これは、当時発見されていた五冊の手帖を刊行したものだが、その後、新たに一冊の手帖が発見され、それを加えた増補改訂版が、一九九五年に刊行されている。ただしこの部分は、いまだ邦訳されておらず、邦訳が待たれるところである。

＊6 この引用（ならびに、これに続く、原註番号（34）までの引用）は、『戦中日記――奇妙な戦争』ではなく、『ボーヴォワールへの手紙 II』（ただし邦訳は未刊行）からのものであるが、著者は原註で、『戦中日記――奇妙な戦争』からの引用であるかのように処理している。あるいは、実際に混同が起こっていたのかもしれない。

＊7 『自由への道』第二巻『猶予』の最初の仮題。『猶予』

は、一九三八年九月のミュンヘン会談を主題とし、九月二十三日から三十日までを、一日ごとにたどる形で編成されることになる。なおミュンヘン会談を主題としたものとしては、ニザンに『九月のクロニクル』（一九三九）があり、サルトルの『猶予』は、これに大いに啓発されたと考えられる。

＊8　**一九三九年十月二十二日。**　『ボーヴォワールへの手紙　サルトル書簡集Ⅱ』一〇五頁。

＊9　この文は、『魂の中の死』と題されているが、これについては私が雑誌『飛火』に訳出している。以下の引用箇所については、同誌三九号の、それぞれ七二、七四、七六、七八頁。なお『魂の中の死』というタイトルは、のちに『自由への道』の第三巻のタイトルとなる。

2　尊大な捕虜

＊1　**「マチューの日記」**　捕虜時代に綴った未刊行の手帖。サルトルの死後、発見され、『レ・タン・モデルヌ』一九八二年九月号に掲載された。「マチューの日記」と名付けられているのは、サルトルが、『自由への道』の主人公、マチュー・ドラリュの名を自らに与えているらしいからである。「土曜日」と日付を付された部分に、彼が「ドラリュ！」と呼びかけられる件がある（p. 466.）。

＊2　**『アデン・アラビア』の序文**　一九六〇年に、マスペロ社がポール・ニザンの『アデン・アラビア』を刊行するに当たって、乞われて執筆した序文。この刊行は、ニザンの名誉回復を意味した。この序文は、「ポール・ニザン」の表題で『シチュアシオンⅣ』に収録された。鈴木道彦訳。

＊3　**ドゥコブラ**　Maurice Dekobra、本名モーリス・テシエ（Maurice Tessier, 一八八五〜一九七三）推理小説を中心に活躍。

3　「社会主義と自由」

＊1　**ドリュ・ラ・ロッシェル Pierre Drieux La Rochelle（一八九三〜一九四五）**　絶望と倦怠を生きる虚無的な青年として、シュールレアリスムに接近するも、やがてファシズムに傾倒。占領下に『N・R・F』の編集長を務めて、対独協力を行ない、フランス解放後、パリで自殺した。サルトルには「ドリュ・ラ・ロッシェル、もしくは自己への憎悪」という評論がある（地下出版『レットル・フランセーズ』六号、一九四三年四月）。

＊2　**オットー・リスト**　一九四〇年九月二十八日付で、出版人組合と占領軍当局との間に交わされた検閲協定の

付録をなす出版物リスト。フランスの出版人が、自主的に「発禁」措置をとった書籍のリストである。「オットー・リスト」というのは、時の在フランス・ドイツ大使、オットー・アベッツの名を冠した通称であるが、ドイツ側が作成したものではない。『占領下のパリ文化人　反ナチ検閲官ヘラーの記録』大久保敏彦訳、白水社、に同協定全文と同リスト前文が掲載されている。

＊3　メルヴィル風　映画『海の沈黙』の監督、ジャン＝ピエール・メルヴィル（一九一七〜一九七三）。ユダヤ人で、本名はグルムバッハだが、『白鯨』の作家、ハーマン・メルヴィルから、芸名をとった。戦後は、暗黒映画などとともに、レジスタンスを描いた『影の軍隊』などがある。

＊4　ロベール・ブラジヤック Robert Brasillach（一九〇九〜一九四五）　ヴィシー政府支持、対独協力の作家。高等師範学校出身。『アクション・フランセーズ』紙の文芸欄担当を経て、親ナチスの新聞『ジュ・スイ・パルトゥー』の編集長。パリ解放後、逮捕され、死刑判決を受け、一九四五年二月に銃殺刑に処される。

＊5　ジャン・カヴァイエス Jean Cavaillès（一九〇三〜一九四四）　数学者、哲学者、フランス・エピステモロジー（認識論・科学史）の基礎を樹立し、多くの科学史研究者に影響を与える業績を残したが、第二次世界大戦の勃発とともに、動員され、捕虜となり、次いで脱出し、レジスタンスに身を投じ、重要なグループと組織網を構築した。しかし、裏切りによって、逮捕され、銃殺される。その学問的業績と、レジスタンス闘士としての壮絶な生涯との対比が、いやが上にもその声望を高めることとなった。

＊6　ブール・ガン・ブレス　アン県の主邑。当時、「自由地帯」＝非占領地帯に属していた。サルトルは、「社会主義と自由」の勢力拡大のために、ボーヴォワールとともに非占領地帯に潜入した際、この町で復員（動員解除）手続きを行なっている。これについては『女ざかり下』一二〇頁を見よ。パリではなく、なぜここでなのか、については、同書一一一頁に、「もし法規に従うつもりなら、サルトルは非占領地区のブールで、動員解除の手続きをすべきであった。しかし大学当局はこの点についてやかましいことはいわなかった」とある。兵士としてのサルトルの身分は、ブール・ガン・ブレスの管区に属していたと考えられるのである。

＊7　ジャック・メルロー＝ポンティ Jacques Merleau-Ponty（一九一六〜二〇〇二）　モーリス・メルロー＝ポンティの従弟だが、彼自身も、哲学者、認識論・科学史

研究者としてパリ大学ナンテール校の教授を務めた。第二次世界大戦中には、捕虜となり、脱出して、レジスタンスに加わり、ゲシュタポに逮捕されるという経験をしている。

4　行き詰まり

＊1　内出血……　知らぬ間に、とくに夜の間に、身寄りや友人が姿を消して行くという現象。この文の直前には、次の文がある。「パリの人間はだれでも、その身寄りなり友達なりを逮捕されるかどこかへ拉致されるか銃殺されるかのいずれかの目にあっている」。

＊2　シャトーブリアン　ロワール・アトランチック県の都市。ドイツ占領軍が、政治犯収容所を建設した。

＊3　妹のエレクトル　ギリシャ悲劇（アイスキュロス）では、エレクトラ〔エレクトル〕は、オレステス〔オレスト〕の姉であるが、サルトルの劇、『蝿』では、妹となっている気配が強い。

＊4　神々が庭師から「親爺さん」扱いされる……　『蝿』には、神々の王、ジュピテルが、好々爺然とした旅人として登場する。一方、三七年に上演されたジャン・ジロードゥーの『エレクトル』では、神ジュピテルと思われる乞食が登場する（ジュピテルは、さまざまなものに化けることで知られている）。この乞食は、ギリシア悲劇におけるコロスの役回りを果たし、未来を予言したり、その場では見えない、宮殿の奥で起こっていることを、物語ったりする。また、庭師も登場し、舞台は、王女エレクトルが庭師と結婚する当日である（この点は、エウリピデスの『エレクトラ』からヒントを得ている）。ジロードゥーは、ギリシア神話を下敷きにした一連の「擬古典主義的」な劇を発表し続けたが、サルトルの『蝿』がそこから発想を得ているのは明らかである。

＊5　交替　ドイツに抑留されているフランス軍捕虜と、ヴィシー政府が徴募して、ドイツに移送する労働者とを交換する制度。一九四二年夏にドイツとの交渉がなされて、成立。捕虜一人対労働者三人、というものだったが、結局、ドイツ側が要求する数的割り当てを満たすことができず、失敗に終わり、一九四三年二月に、強制労働奉仕制（ＳＴＯ）を実施、三月までに二五万、六月までに一七万の青年が、ドイツで労働するために送り込まれた。この制度による徴用を忌避する青年も多く、その多くが山岳地帯に逃れて、マキに加わることとなり、結果的に武装レジスタンスが強化されることとなった。

＊6　ジョルジュ・ポリツェール George Politzer（一九〇三〜一九四二）　ハンガリー人（ただし、現在はルーマ

ニア領となっているトランシルヴァニアの）哲学者。フランス共産党の創設以来の党員で、〈パリ労働者大学〉で弁証法的唯物論を講じ、心理学者としては、フロイトを批判した。サルトルやボーヴォワールと交流があり、美しい赤毛とそばかすが印象的であったらしく、サルトルが『嘔吐』の主人公、ロカンタンを赤毛としたのは、ポリツェールの「燃えるような」赤毛を借用したものであるという（ボーヴォワール『女ざかり 上』一七八頁を参照）。

＊7 **本質主義** 『存在と無』の中には、明示的な「本質主義への批判」はない。戦前の哲学的著作の中でも、同様である。「本質主義」という用語は、サルトルが、サルトル的実存主義のマニフェストたる『実存主義はヒューマニズムである』で、「実存は本質に先行する」と宣言した後に、実存主義の反対概念として、フランスの思想界に登場したと思われる。

＊8 **「食物摂取的哲学」「消化的哲学」** ベルリン滞在期間の一九三四年に執筆された、最も古い哲学的著作たる「フッサールの現象学の根本的理念」（『シチュアシオンI』）には、「何たる食物摂取的哲学か！」（二六頁）、「経験批判主義や新カント主義の消化的哲学」（二七頁）という文が見える。

＊9 **一九四六年** サルトルが有名な講演「実存主義はヒューマニズムか？」を行なったのは、一九四五年十月。ただし、本は一九四六年に出ている。

＊10 『異邦人』解説」窪田啓作訳、『シチュアシオンI』八八頁。

＊11 « Drieu la Rochelle ou la haine de soi »（「ドリュ・ラ・ロッシェル、もしくは自己への憎悪」）と題するこの論文は、*Les Écrits de Sartre,* に収録されている。引用部分はpp. 650-651.

5 「作家としてレジスタンスをしたのであって、レジスタンス闘士としてものを書いたのではない……」

＊1 **ヴァルミィ** 一七九二年、革命下のフランス共和国が、侵入したプロイセン軍を撃破した戦闘。外国侵入軍に対する、革命フランスの最初の勝利であった。

＊2 **…文書** これについては、原註（18）に示唆されているように、『サルトル著作集』*Les Écrits de Sartre,* 一九四四年の項に二ページにわたって、詳細な解説が施されている。サルトルが、書いた覚えはないが、内容的には自分のものであり得ると認めたこの文書が、〈第二次世界大戦史委員会〉（C・H・G）のアルシーヴに保管されていることは、同委員会委員長、アンリ・ミシェルが、

その著『レジスタンスの思潮』(Henri Michel, *Les Courants de la Résistence*, P. U. F., 1962) で明らかにしたことによって、知られるに至った。またこの文書には、「四四年五月にアルジェに送られたもの、ウーダール書類」との但し書きが付されていた。なおアルジェは、当時すでに「解放」されており、したがって、ロンドンを本拠地とする、ド・ゴールの〈自由フランス〉政府の下にあった。それがどのような経緯でウーダールの手に渡ったかについては、不明であるが、レジスタンス組織網内部の文書は、安全保障上の理由で筆者の名を記さないものが多かったため、不分明が生じたのであろう、というのが、原註(18) で言及されているアンリ・ミシェルの仮説である。なおこの文書は、分析精神への批判、総合的思考の提唱、「全体主義的」という語の示唆など、のちに『レ・タン・モデルヌ』創刊の辞」で展開する要素を予告している。

＊3 **ジャン・ムーラン Jean Moulin** (一八九九～一九四三) レジスタンスの最高指導者。ロンドンのド・ゴールの許に合流していたが、ド・ゴールの指令で、南部地域のレジスタンス組織の調整・統一の使命を帯びて、一九四二年に「自由地帯」にパラシュートで降下し、統一組織、〈全国レジスタンス評議会〉(CNR) を作り上げ、その議長となるが、裏切りにより逮捕され、拷問によって殺される。一九六五年に、パンテオンに祀られることとなった。

＊4 原註 (19) 参照。

6 無数の若者の精神的指導者

＊1 出典にある「哲学的」Philosophique が欠落しているので、〔 〕内に捕足した。

＊2 ここに並ぶ五件の抜粋は、いずれも『シチュアシオンⅢ』に収録された記事＝論文からの引用である。以下にそのタイトルと同書中の該当ページを、順に示す。「占領下のパリ」一六頁、同一〇頁、「沈黙の共和国」一頁、「占領下のパリ」二八頁、「大戦の終末」四九頁。

＊3 **バビラとエルネスチーヌの恋** 二人とも、ジャック・オッフェンバックのオペラ・ブーフ『シューフルーリィ氏』の登場人物。エルネスチーヌは、同氏の娘で、無名の作曲家、バビラを愛しているが、父は結婚を認めない。そこで彼女は一計を案じ、有名な音楽家を複数招いて、音楽の宴を催す。オッフェンバック Jacques Offenbach (一八一九～一八八〇)は、ケルン生まれのドイツ人だが、十四歳の時にパリに上って以来、生涯、フランスで活躍。オペレッタを量産し、第二帝政期の文化界に君臨した。シューフルーリィという名が、**chou-fleur** (カリフラワー)

のもじりであることは、容易に察しが付く。なぜここでこの二人の恋が引き合いに出されたのか、不詳であるし、大した意味はないかもしれないが、もしかしたらこの頃、このオペレッタが話題になっていたのではなかろうか。

7 バッファロー・ビルからルーズヴェルト大統領まで——最初のアメリカ旅行

＊1 『U・S・A』三部作 ジョン・ドス・パソス（一八九六〜一九七〇）の代表作。第一部『北緯四十二度線』（一九三〇）、『一九一九年』（一九三二）、『財閥』（一九三八）からなる。エレノアも、マックやバドも、これの主要人物。なお、前出の『マンハッタン乗換駅』（一九二五）は、彼の出世作で、この三部作の先駆と言える。

＊2 スコットとゼルダ スコットはスコット・フィッツジェラルド Scott Fitzgerald（一八九六〜一九四〇）。アメリカの作家で、ロスト・ジェネレーションの代表的存在。代表作は『グレート・ギャツビー』（一九二五年）、『夜はやさし』（一九三四年）。美貌の妻ゼルダ Zelda とともにヨーロッパで派手な遊興生活を繰り広げ、「スコット王子とシンデレラ・ゼルダ」と言われた。

＊3 一九四五年一月、まだヨーロッパの大戦は終わっておらず、いわんやアメリカは日本と戦争中だった。

＊4 ダルランの暗殺 ダルラン（Jean Louis Xavier François Darlan, 一八八一〜一九四二）は、海軍元帥にまで上り詰めた軍人だが、ペタンを支持し、ヴィシー政府の海軍大臣、のちには副首相に就任し、実質上の首相として権勢を振るった。アイゼンハワー旗下の連合軍が北アフリカに上陸するに際して、たまたまアルジェに来ていたダルランは、連合軍と休戦協定を結び、「北アフリカにおけるフランス国元首兼陸海軍総司令官」を称したが、一九四二年十二月、ダルランの本部に侵入した青年によって暗殺され、ダルランの地位はジローが継承することになる。

＊5 カッサンドラ夫人 カッサンドラは、トロイア王プリアモスの娘で、予言能力を持っていたが、アポロンの求愛を斥けたため、予言がだれにも信じてもらえないという呪いをかけられた。この呼び方には、タブイの言葉はだれにも信じられないだろう、との皮肉がこめられていると思われる。

＊6 いつか近いうちに some of these days『嘔吐』で、主人公アントワーヌ・ロカンタンは、この古いラグタイムのレコードを聴くのを愛しており、「吐き気」の発作に襲われたときも、これを聴くと発作が治まる。

＊7 前二作は、いずれもキング・ヴィダー監督の作品。

三番目のものは、フランス語タイトルを直訳すると『素晴らしい騎行』となるので、もしキング・ヴィダーのものだとすると、『ビッグ・パレード』（一九二五）ではなかろうかと推測したのだが、どうであろうか。

詳細目次

著者紹介

アニー・コーエン＝ソラル（Annie Cohen–Solal）

アルジェリア生まれ。ソルボンヌで文学博士を取得。ポール・ニザンの伝記『ポール・ニザン、不可能なコミュニスト』が、アメリカの高名な出版人、アンドレ・シフリンの目に留まり、サルトルの伝記執筆のオファーを受ける。本書『サルトル伝』は国際的なベストセラーとなり、11カ国語に翻訳された。それ以来サルトル関係の著作が5点あり、うちクセジュ文庫の『サルトル』は、邦訳（石崎晴己訳、白水社）のほか、アラビア語、トルコ語にまで訳されている。1989年に初渡米、駐米国フランス大使館文化参事官としてニューヨークに滞在。その後、芸術の世界へと関心を広げ、アメリカ絵画に関して旺盛な研究・執筆活動を進めつつ、欧米各国の有名美術館での特別展企画運営、フランス内外の大学での講義など、幅広く活躍している。アメリカ美術関連の著書は5点。それぞれ複数の言語に翻訳され、フランス芸術アカデミーのベルニエ賞やアートキュレル賞を受賞したものもある。

〈本文中の図版〉

Archives Thierry Bodin : 144 頁； Archives Mme Roland Dorgelès: 87 頁； Archives de l'École Polytechnique: 25 頁； Archives familiales : 82 頁，96 頁； Archives du Ministère de la Marine : 50 頁

〈口絵写真〉

AFP : 33, 36, 42, 46; Archives de l'École Polytechnique, Palaiseau, Photos H. Josse-Éditions Gallimard : 5, 6, 7; Archives Israël Government Press Office : 47; Archives Kibboutz Merhavia : 48; Archives du Ministère de la Marine, Vincennes, Photo H. Josse-Éditions Gallimard : 8 ; Archives Robert Villers : 28 ; Bernand : 41; Gilberte Brassaï : 25; Annie Cohen-Solal : 2; Collection Jacques Boutineau, Thiviers : 3; Collection G. Canguilhem : 19, 20; Collections particulières, Photos Éditions Gallimard : 4, 9, 10, 12, 13, 14, 15, 16, 17, 18, 21, 23, 24; Gisèle Freund/Agence Nina Beskow : 1, 40; Brinon/Gamma : 34; Sas/Gamma : 50; Keystone : 38, 44; Yves Manciet : 30; Papillon : 27; Paris-Match/de Potier : 35; William Leftwich/*Time Magazine*/PPCM : 29; Berretty/Rapho : 43; Doisneau/Rapho : 31;Niépce/Rapho : 53; Jacques Robert-Éditions Gallimard : 51, 52; Rue des Archives : 45, 49, 55, 番号なし ; Melloul/Sygma : 54; Lapi-Viollet : 26; Archives Dityvon/Agence Vu : 22; X-D.R. : 11, 37, 39. 56, 57; Robert Cohen-Agip: 32.

訳者紹介

石崎晴己（いしざき・はるみ）

1940年生まれ。青山学院大学名誉教授。1969年早稲田大学大学院博士課程単位取得退学。専攻フランス文学・思想。

訳書に、ロットマン『伝記アルベール・カミュ』（共訳、清水弘文堂）、セリーヌ『戦争、教会』（国書刊行会）、サルトル『戦中日記――奇妙な戦争』『実存主義とは何か』（共訳、人文書院）、コーエン=ソラル『サルトル』（白水社）、ボスケッティ『知識人の覇権』（新評論）、ブルデュー『構造と実践』『ホモ・アカデミクス』（共訳）、トッド『新ヨーロッパ大全 I II』（II 共訳）『移民の運命』（共訳）『帝国以後』『デモクラシー以後』『文明の接近』（クルバージュとの共著）『最後の転落』（監訳）『不均衡という病』、レヴィ『サルトルの世紀』（監訳）、カレール=ダンコース『レーニンとは何だったか』（共訳、藤原書店）など多数。

編著書に、『サルトル　21世紀の思想家』（共編、思潮社）『世界像革命』『21世紀の知識人』（共編、藤原書店）など。

サルトル伝《でん》 1905-1980 〈上〉

2015年4月30日　初版第1刷発行©

訳　者　石　崎　晴　己
発行者　藤　原　良　雄
発行所　株式会社　藤　原　書　店

〒162-0041　東京都新宿区早稲田鶴巻町523
電　話　03（5272）0301
FAX　03（5272）0450
振　替　00160-4-17013
info@fujiwara-shoten.co.jp

印刷・製本　中央精版印刷

落丁本・乱丁本はお取替えいたします
定価はカバーに表示してあります

Printed in Japan
ISBN978-4-86578-021-5

晩年の側近による決定版評伝

世紀の恋人
（ボーヴォワールとサルトル）

C・セール＝モンテーユ
門田眞知子・南知子訳

「私たちのあいだの愛は必然的なもの。でも偶然の愛を知ってもいい。」二十世紀と伴走した二人の誕生、出会い、共闘、そして死に至る生涯の真実を、ボーヴォワール最晩年の側近が、実妹の証言を踏まえて描いた話題作。

四六上製　三五二頁　**二四〇〇円**
（二〇〇五年六月刊）
◇978-4-89434-459-4

LES AMANTS DE LA LIBERTÉ　Claudine SERRE-MONTEIL

ボーヴォワールの真実

晩年のボーヴォワール

C・セール
門田眞知子訳

ボーヴォワールと共に活動した最年少の世代の著者が、一九七〇年の出会いから八六年の死までの烈しくも繊細な交流を初めて綴る。サルトルを巡る女性たちの確執、弔いに立ち会ったC・ランズマンの姿など、著者ならではの挿話を重ね仏女性運動の核心を描く。

四六上製　二五六頁　**二四〇〇円**
（一九九九年一二月刊）
◇978-4-89434-157-9

SIMONE DE BEAUVOIR, LE MOUVEMENT DES FEMMES　Claudine SERRE-MONTEIL

デリダが、われわれに遺したものとは？

別冊『環』⑬ ジャック・デリダ 1930-2004

〈生前最後の講演〉
赦し、真理、和解――そのジャンルは何か？　デリダ
〈講演〉**希望のヨーロッパ**　デリダ
〈対談〉**言葉から生へ**　デリダ＋シクスー
〈寄稿〉バディウ／シクスー／ガシェ／マラッティ／アニジャール／マルジェル／ロネル／カムフ／鵜飼哲／増田一夫／浅利誠／港道隆／守中高明／竹村和子／藤本一勇
〈鼎談〉**作品と自伝のあいだ**　ファティ＋鵜飼哲＋増田一夫
[附]デリダ年譜／著作目録／日本語関連文献

菊大並製　四〇〇頁　**三八〇〇円**
（二〇〇七年一二月刊）
◇978-4-89434-604-8

デリダ唯一の本格的マルクス論

マルクスの亡霊たち
（負債状況＝国家、喪の作業、新しいインターナショナル）

J・デリダ
増田一夫訳＝解説

マルクスを相続せよ！　だが何を？　いかに？　マルクスの純化と脱政治化に抗し、その壊乱的テクストの切迫さを、テクストそのものにおいて相続せんとする亡霊的、怪物的著作。

四六上製　四四〇頁　**四八〇〇円**
（二〇〇七年九月刊）
◇978-4-89434-589-8

SPECTRES DE MARX　Jacques DERRIDA

アルチュセールの新たな全体像

哲学・政治著作集I

L・アルチュセール

市田良彦・福井和美訳

よく知られた六〇年代の仕事の「以前」と「以後」を発掘し、時代順に編集。「善意のインターナショナル」「人間、この夜」「ヘーゲルへの回帰」「事実問題」「ジャン・ラクロワへの手紙」「結婚の猥褻性について」「自らの限界にあるマルクス」「出会いの唯物論の地下水脈」「唯物論哲学者の肖像」ほか

A5上製　六三二頁　八八〇〇円
（一九九九年六月刊）
◇978-4-89434-138-8

ÉCRITS PHILOSOPHIQUES ET POLITIQUE TOME I
Louis ALTHUSSER

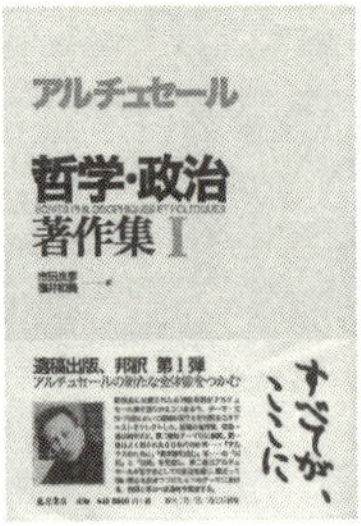

全著作を対象にした概念索引を収録

哲学・政治著作集II

L・アルチュセール

市田良彦・福井和美・宇城輝人・前川真行・水嶋一憲・安川慶治訳

アルチュセールが生涯を通じ、際だって強い関心を抱き続けた四つのテーマ（マキァヴェッリ-フォイエルバッハ、哲学、政治、芸術）における、白眉と呼ぶべき論考を集成。マキァヴェッリとスピノザを二大焦点とする、「哲学・政治」への全く新しいアプローチ。

A5上製　六二四頁　八八〇〇円
（一九九九年七月刊）
◇978-4-89434-141-8

ÉCRITS PHILOSOPHIQUES ET POLITIQUE TOME II
Louis ALTHUSSER

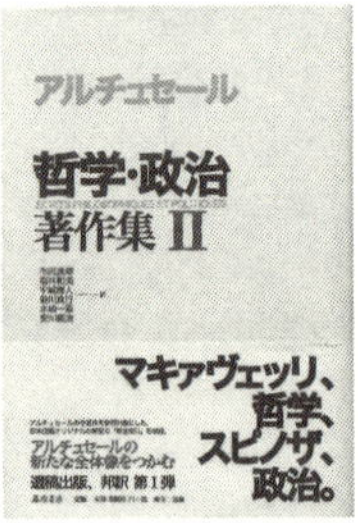

初訳論文群と伝説的名篇を集成

マキャヴェリの孤独

L・アルチュセール

福井和美訳

アルチュセールが公的に活動していた全期間におけるその時代時代の最も特徴的な傑作の一大集成。「歴史の客観性について」「哲学と人間科学」「〈社会契約〉について」「レーニンと哲学」「自己批判の要素」「アミアンの口頭弁論」「終わった歴史、終わらざる歴史」「マキャヴェリの孤独」他。

A5上製　五六八頁　八八〇〇円
（二〇〇一年一〇月刊）
◇978-4-89434-255-2

SOLITUDE DE MACHIAVEL
Louis ALTHUSSER

死後発見された哲学的ラブレター

愛と文体I・II（全5分冊）

〈フランカへの手紙 1961-73〉

L・アルチュセール

阿尾安泰・飯田伸二・遠藤文彦・佐藤淳二・佐藤（平岩）典子・辻部大介訳

アルチュセール絶頂期における、最愛の既婚知識人女性との往復恋愛書簡、五百通、遂に完訳なる。『マルクスのために』『資本論を読む』の時期に綴られた多様な文体、赤裸々な言葉が、生身のアルチュセールを浮き彫りにする。

四六変上製　各三九二頁
I・II　三八〇〇円（二〇〇四年六月刊）
I◇978-4-89434-397-9
II◇978-4-89434-398-6

LETTRES À FRANCA
Louis ALTHUSSER